龙岩年鉴

2018

龙 岩 市 人 民 政 府 主 办
龙岩市地方志编纂委员会 编

方志出版社
Publishing House of Local Records

图书在版编目(CIP)数据

龙岩年鉴.2018 / 龙岩市地方志编纂委员会编.—北京：方志出版社，2018.12

ISBN 978-7-5144-3659-4

Ⅰ.①龙… Ⅱ.①龙… Ⅲ.①龙岩-2018-年鉴 Ⅳ.①Z525.73

中国版本图书馆 CIP 数据核字(2019)第 031351 号

龙岩年鉴(2018)

编　　者： 龙岩市地方志编纂委员会
责任编辑： 王　娜

出 版 人： 冀祥德
出 版 者： 方志出版社
地址　北京市朝阳区潘家园东里 9 号(国家方志馆 4 层)
邮编　100021
网址　http://www.fzph.org
发　　行： 方志出版社图书经销中心
电话 (010) 67110500
经　　销： 各地新华书店
印　　刷： 龙岩市日升彩印有限公司

开　　本： 889×1194　1/16
印　　张： 29
字　　数： 906 千字
版　　次： 2018 年 12 月第 1 版　2018 年 12 月第 1 次印刷
印　　数： 0001~1000 册

ISBN 978-7-5144-3659-4　　**定价：** 285.00 元

《龙岩年鉴》总编室

编　辑　说　明

一、《龙岩年鉴》是龙岩市人民政府主持编纂的大型综合性年刊，1992年创刊，每年出版一卷。2018年卷为总第二十六卷。

二、《龙岩年鉴(2018)》编纂工作以马克思列宁主义、毛泽东思想、邓小平理论、“三个代表”重要思想、科学发展观、习近平新时代中国特色社会主义思想为指导，坚持辩论唯物主义和历史唯物主义的立场、观点和方法，力求全面、系统、翔实地记载2017年度龙岩市经济和社会发展情况，为领导决策提供依据，为中外人士了解和研究龙岩提供信息，录史存真，宣传闽西，服务社会，传承文明。

三、本年鉴采用分类编辑法，保持卷首、百科、卷末三个基本组成部分和类目、分目、条目三个层次的框架结构，个别层次较多的在分目下设子分目。卷首设特载、大事记、龙岩概况。百科部分，坚持年鉴编纂主题性与部门性的统一，中央苏区建设、生态文明建设、客家文化、新农村建设、重点产业园区、商会等时代主题鲜明、区域特色突出的部类日趋成熟，新设立市域“三大战略”、市域“三大战役”部类。具体为：原中央苏区与革命老区建设，生态建设，客家文化，农业经济，新农村建设，工业经济，重点产业园区，城乡建设与环保，商贸、物流，对外经贸及对港澳台经贸，旅游业，交通运输，财政、税务，金融，信息业，经济管理，人事管理，中共龙岩市委，龙岩市人大常委会，龙岩市人民政府，政协龙岩市委员会，纪检、监察，民主党派，社会团体，商会，法治，军事，教育、科技，文化、新闻、出版，卫生、体育，社会生活，外事、侨务、港澳事务，县(市、区)概况，人物、先进集体等类目。卷末设附录、索引。共设39个类目，198个分目，41个子分目，1408个条目，全书计100.7万字。

四、本年鉴所刊载的文字内容和数据，均由市直各部门(机构)、各县(市、区)和部分中央、省驻龙岩市单位提供，并经各供稿单位领导审核。国民经济和社会发展主要数据以龙岩市统计局公布的为准。

五、适应年鉴图文一体化的要求，入鉴配文图片189幅，图片由供稿单位及市委办《闽西通讯》编辑部提供。

六、本年鉴的检索系统包括目录和索引。目录在卷首，分列中文目录和英文目录。索引在卷末，主要采用主题分析索引的方法，并对附表和随文图照列有辅助索引。

编　者

2018年9月25日

目　　录

特　载

大事记

龙岩概况

市域“三大战略”

市域“三大战役”

原中央苏区与革命老区建设

生态建设

客家文化

农业经济

新农村建设

工业经济

重点产业园区

城乡建设与环保

商贸　物流

对外经贸及对港澳台经贸

旅游业

交通运输

财政　税务

金　融

信息业

经济管理

人事管理

中共龙岩市委

龙岩市人大常委会

龙岩市人民政府

政协龙岩市委员会

纪检　监察

民主党派

社会团体

商　会

法　治

军　事

教育　科技

文化 新闻 出版

卫生　体育

社会生活

外事 侨务 港澳事务

县(市、区)概况

人物　先进集体

附　录

CONTENTS

Special Reports

Records of Major Events

Overview of Longyan

Three Strategies

Three Battles

Construction of Old Central Soviet Areas and Old Revolutionary Areas

Ecological Construction

Hakka Culture

Agricultural Economy

Building New Countryside

Industrial Economy

Key Industrial Parks

Construction of Town and Country and Environmental Protection

Commerce and Logistics

Economy and Trade with Hong Kong, Macau and Taiwan

Tourism Industry

Transportations

Finance and Taxation

Finance

Information Industry

Economic Management

Human Resources Management

Longyan Municipal Committee of the Communist Party of China

Longyan Municipal People's Congress

Longyan Municipal People's Government

Longyan Municipal Committee of the Chinese People's Political Consultative Conference

Longyan Municipal Disciplinary Committee and Supervision Bureau

Democratic Parties

People's Organizations and Social Organizations

Chamber of Commerce

Rule of Law

Military Affairs

Education, Science and Technology

Culture, Journalism and Publishing

Public Health and Physical Education

Social Life

Foreign Affairs, Overseas Chinese Affairs And Hong Kong and Macao Affairs

Overview of Counties and Districts

Personages and Advanced Groups

Appendixes

（目录翻译：Translated by: Zhang Huizhong）

龙岩市地图

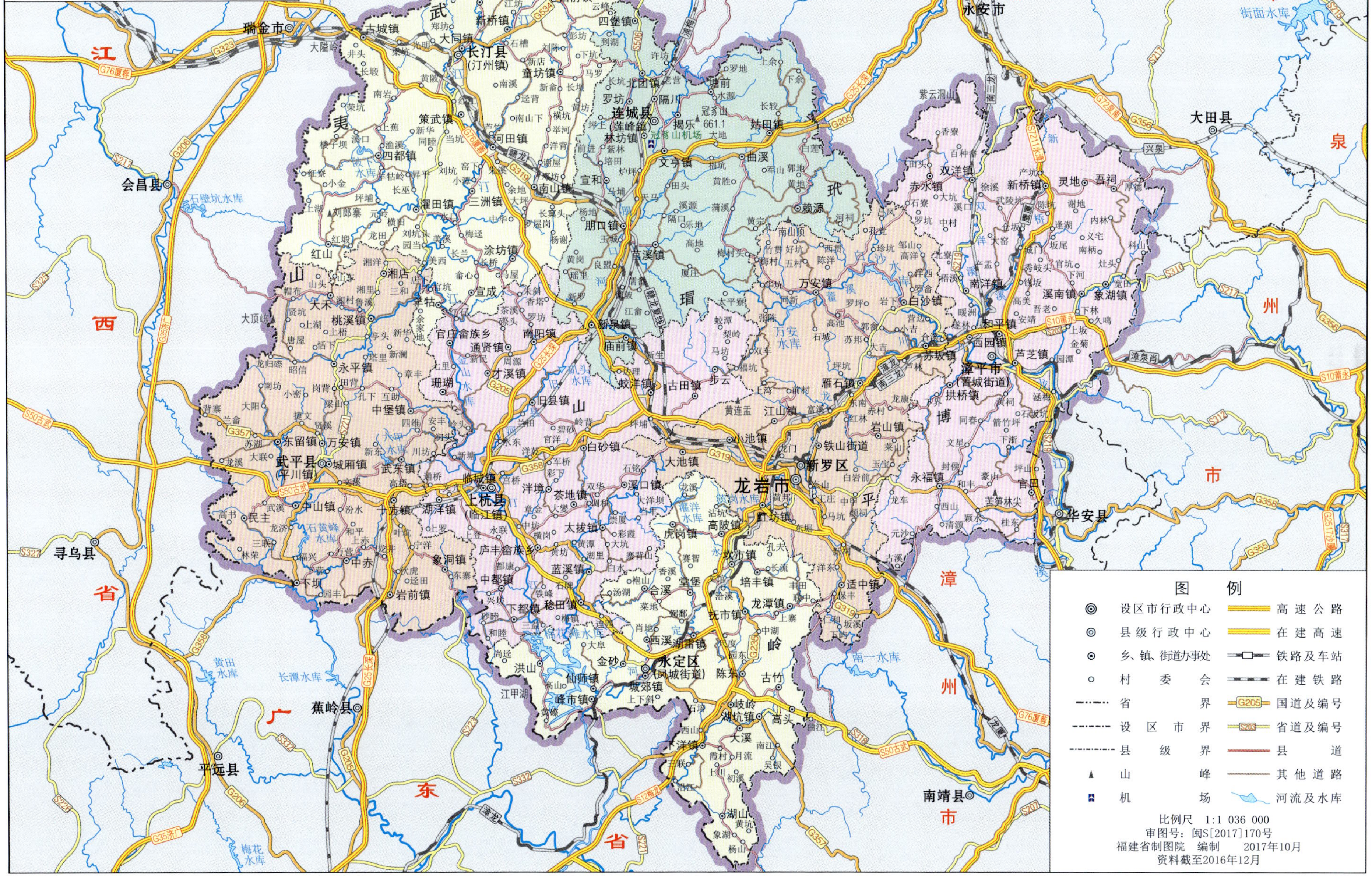

龙岩市
新罗区
永定区
(凤城街道)
上杭县
(临江镇)
武平县
(平川镇)
长汀县
(汀州镇)
连城县
(莲峰镇)
漳平市
(菁城街道)
三明市
永安市
大田县
泉州市
华安县
漳州市
南靖县
广东省
蕉岭县
平远县
江西省
瑞金市
会昌县
寻乌县
图例
设区市行政中心
县级行政中心
乡、镇、街道办事处
村委会
省界
设区市界
县级界
山峰
机场
高速公路
在建高速
铁路及车站
在建铁路
国道及编号
省道及编号
县道
其他道路
河流及水库
比例尺 1:1 036 000
审图号：闽S[2017]170号
福建省制图院 编制 2017年10月
资料截至2016年12月

高举习近平新时代中国特色社会主义思想伟大旗帜

开启新时代 踏上新征程

以习近平新时代中国特色社会主义思想为指导全面贯彻党的十九大精神

2017年10月18日上午，中国共产党第十九次全国代表大会在人民大会堂开幕。习近平代表第十八届中央委员会向大会作了题为《决胜全面建成小康社会 夺取新时代中国特色社会主义伟大胜利》的报告。图为市领导集中收视十九大开幕式 （市委办《闽西通讯》编辑部 提供）

把实绩写在大地上 把项目落在坐标上

展示新时代 新担当 新作为

2018年8月10日，龙岩市开展新时代新担当新作为“大督查大落实”工作动员电视会议在龙岩人民会堂召开。会议的主要任务是，深入贯彻落实中央《关于进一步激励广大干部新时代新担当新作为的意见》和省委《实施意见》精神，以新担当展现新作为，以大督查推动大落实，激励调动各级各部门和广大干部在龙岩高质量发展、赶超发展中建功立业、奋勇争先（市委办《闽西通讯》编辑部提供）

2017年11月10日，中央宣讲团党的十九大精神宣讲报告会在福建会堂举行，市委中心组成员在龙岩人民会堂分会场收听收看，认真聆听（市委办《闽西通讯》编辑部 提供）

2017年12月19–23日，市委在人民会堂举办龙岩市厅级干部和市管干部学习贯彻党的十九大精神专题研讨班（市委办《闽西通讯》编辑部 提供）

2017年7月5日，省委廖俊波先进事迹报告团到龙岩作事迹报告（市委办《闽西通讯》编辑部 提供）

2017年5月4日，全市党委办系统全面从严治党工作会议，强化思想自觉、行动自觉、落实自觉、担当自觉，不断提升“三服务”水平（市委办《闽西通讯》编辑部 提供）

为学习宣传贯彻中共十九大精神，贯彻落实习近平总书记在文艺工作座谈会、中国文联十大开幕式上的重要讲话精神，扎实推进“深入生活、扎根人民”主题实践活动，弘扬文艺志愿服务精神，2017年10月30日上午，中国音乐家协会，福建省委宣传部、省文联，市委、市政府在上杭共同举行“金钟之星”艺术团送欢乐·下基层慰问演出（市委办《闽西通讯》编辑部 提供）

2017年9月28日，由市直机关党工委、市委文明办、市文广新局、市总工会联合举办的市直机关、驻龙岩单位“喜迎十九大·颂歌献给党”歌咏比赛在人民会堂举行（市委办《闽西通讯》编辑部 提供）

2018年5月9日，省委书记于伟国（前排左二）率领的省委省政府工作检查组第一站就来到闽西革命老区龙岩。图为省委书记于伟国在龙岩市行政服务中心，检查“e龙岩”网上政府公共服务平台

（市委办《闽西通讯》编辑部 提供）

2018年6月23-24日，福建省长唐登杰（前排右二）带领省直有关部门负责人到龙岩市新罗区、上杭县、长汀县等地调研，与老区人民共学习近平新时代中国特色社会主义思想，共商加快老区高质量发展的对策（来源：闽西党旗红）

市委书记许维泽（前排右二）、市长林兴禄（前排左一）率市委、市政府工作检查组察看安通电装汽车线束生产项目（市委办《闽西通讯》编辑部 提供）

市长林兴禄（右三）在“12345”便民中心察看政民互动分流转办情况（市政府办 提供）

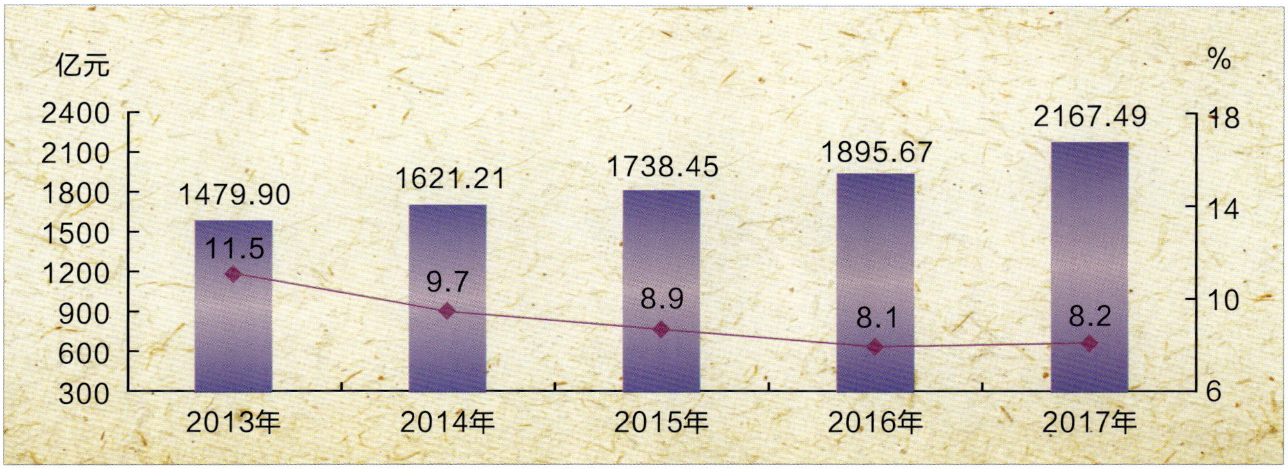

2013-2017年龙岩市地区生产总值（GDP）及增速

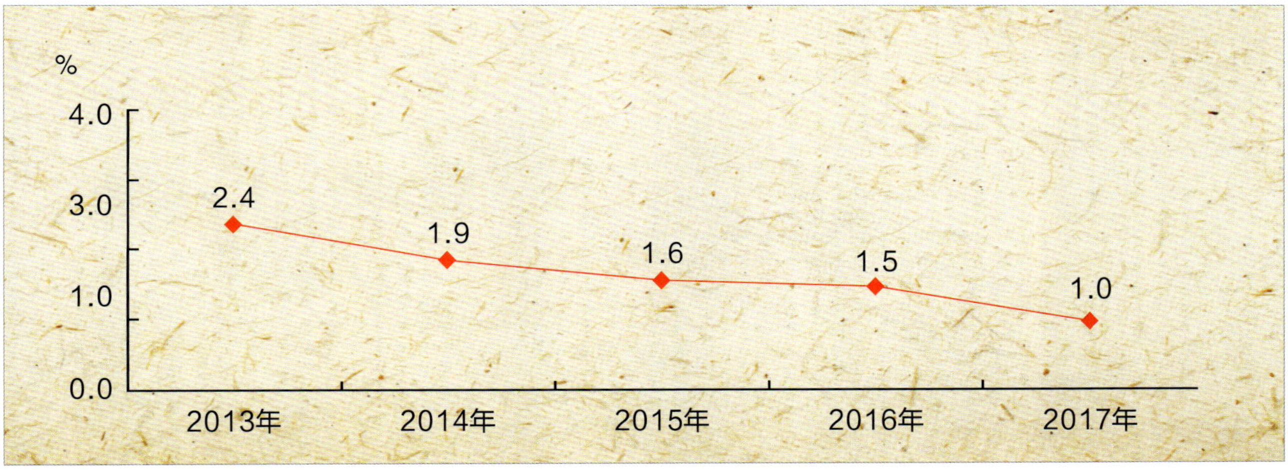

2013-2017年龙岩市居民消费价格涨跌幅度

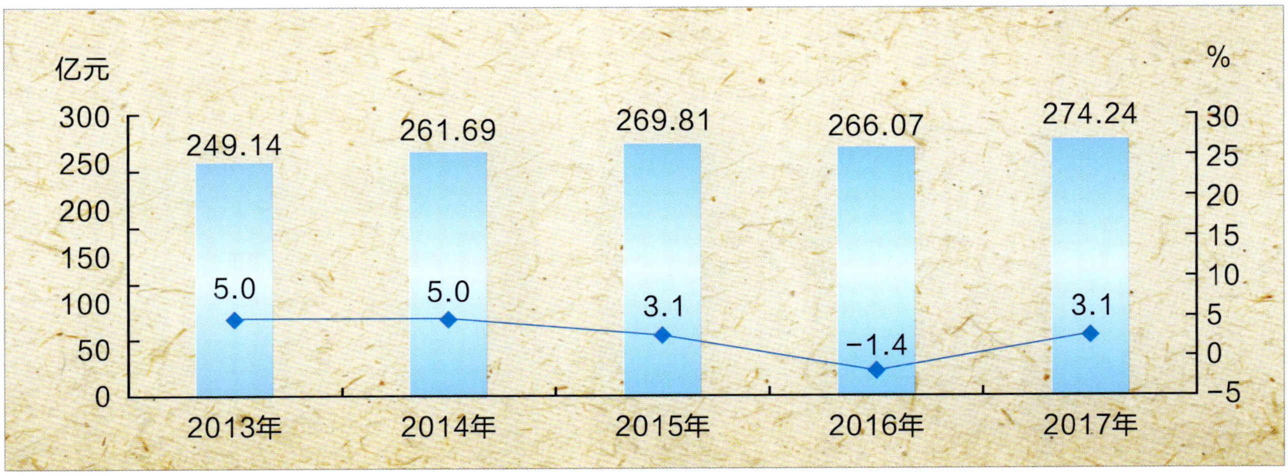

2013-2017年龙岩市财政总收入及增速

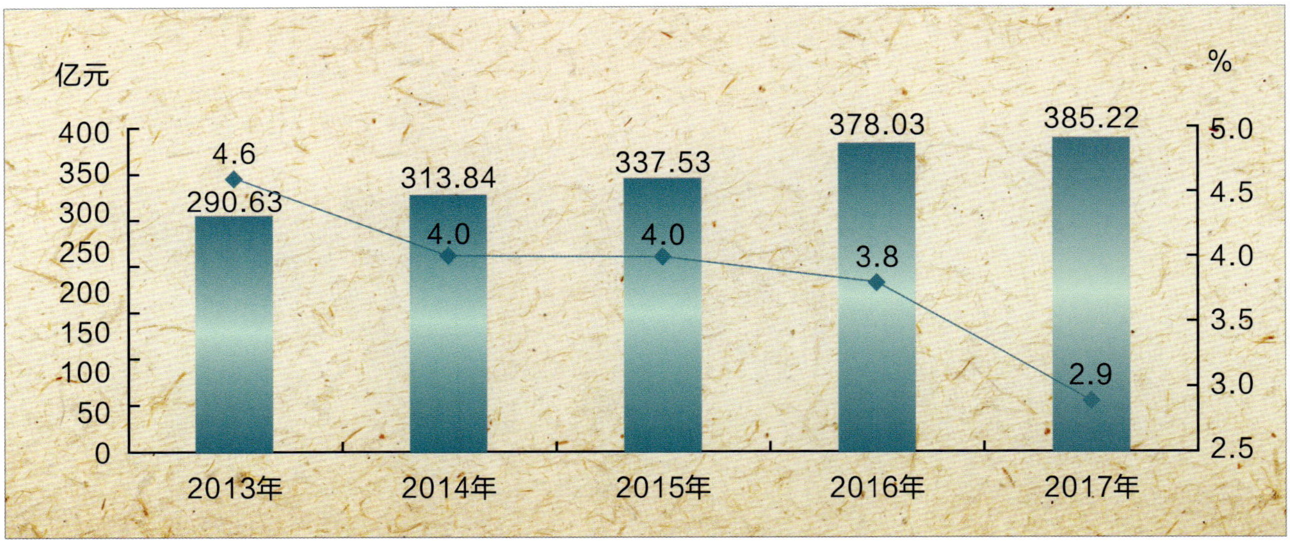

2013-2017年龙岩市农林牧鱼业总产值及增速

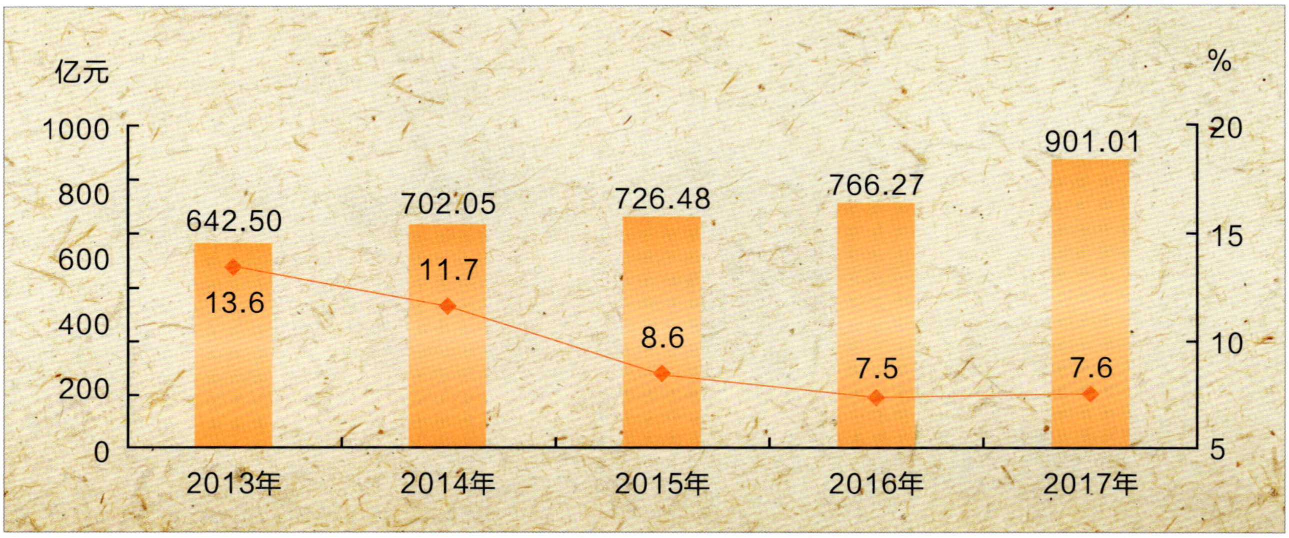

2013-2017年龙岩市全部工业增加值及增速

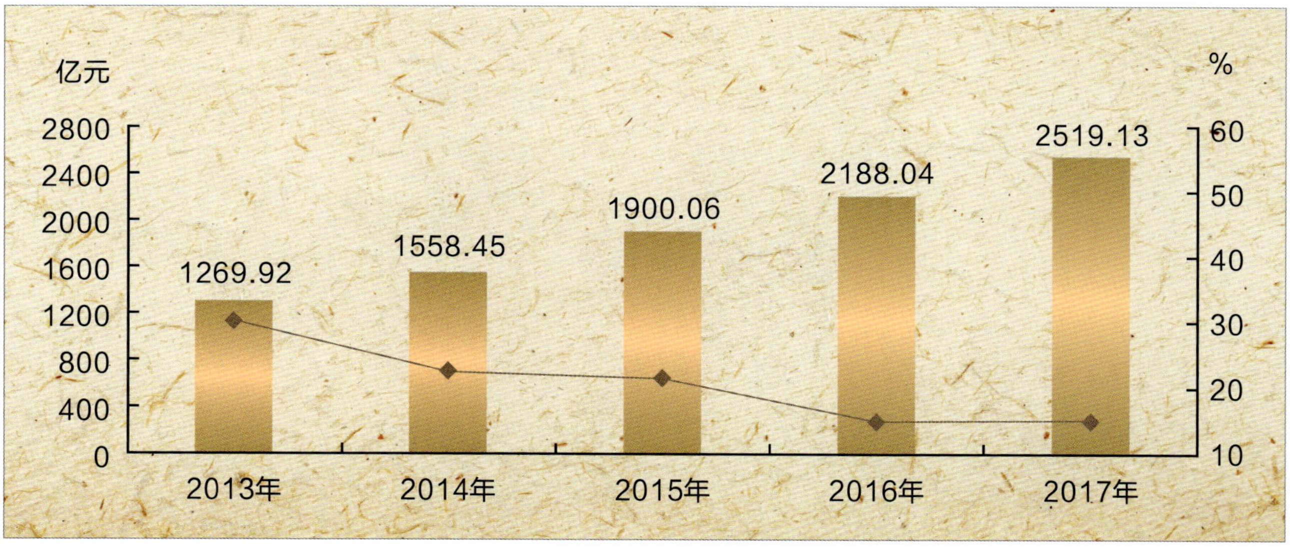

2013-2017年龙岩市固定资产投资及增速

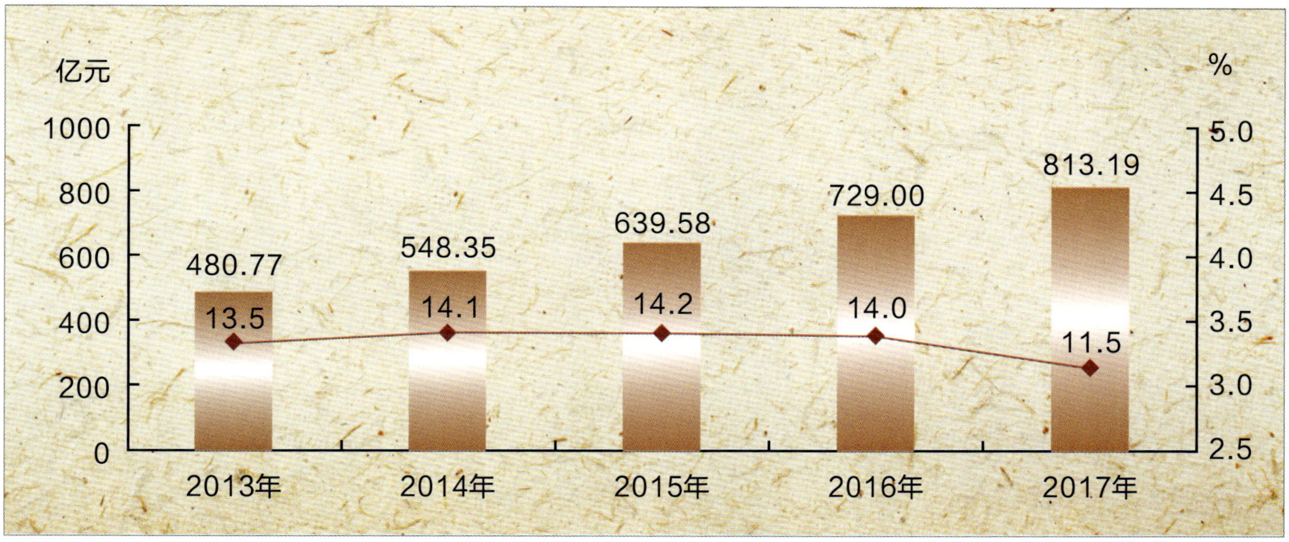

2013-2017年龙岩市社会消费品零售总额及增速

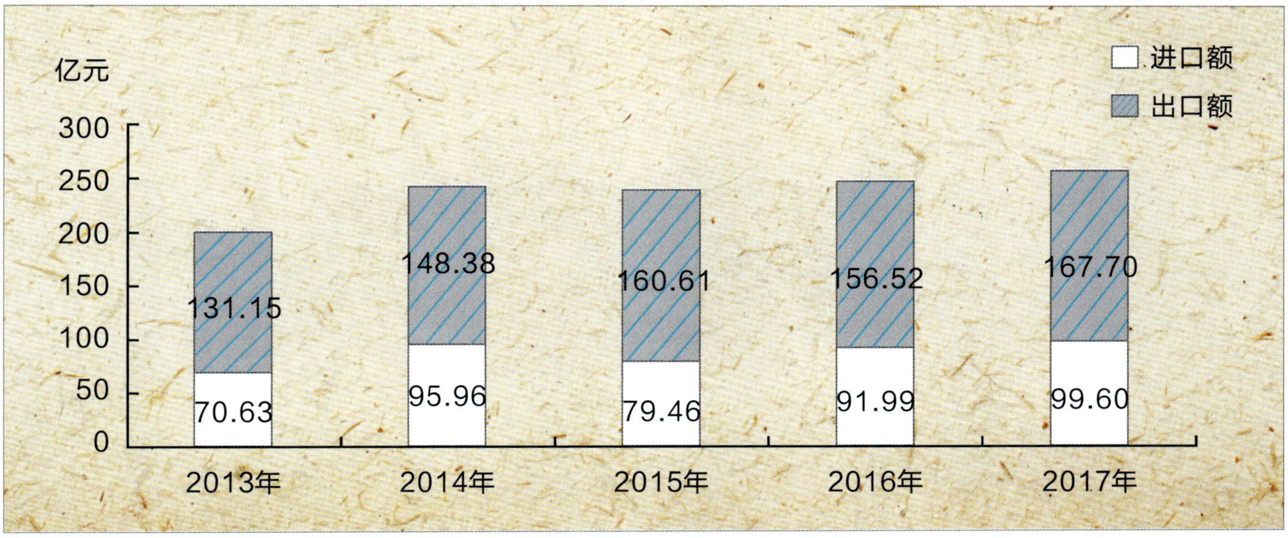

2013-2017年龙岩市外贸进出口总额

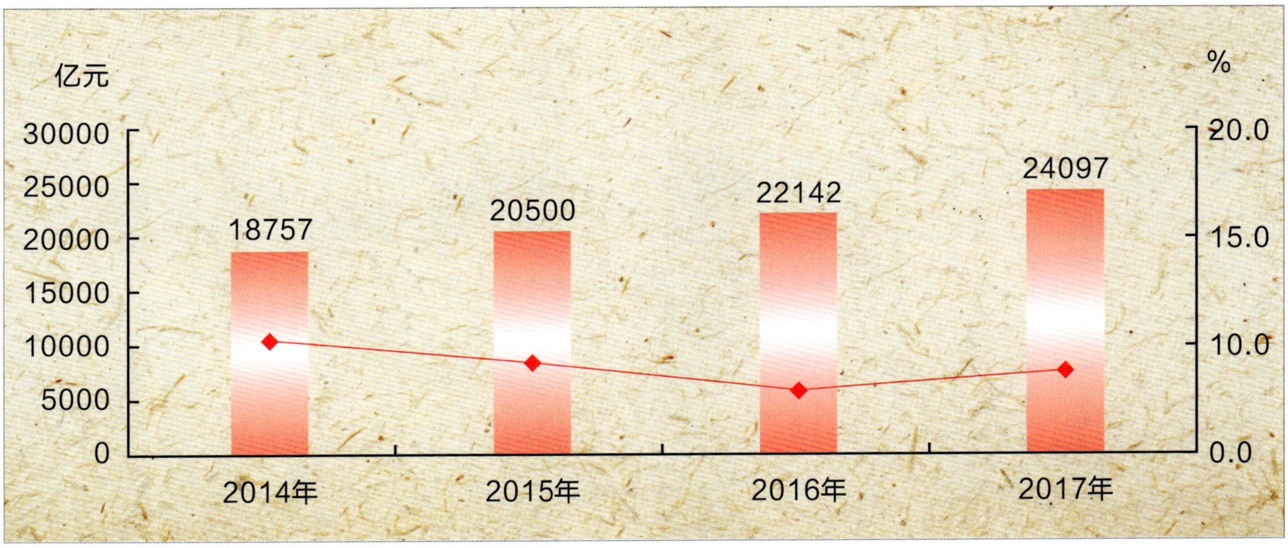

2014-2017年龙岩市居民人均可支配收入及增速

（来源：市统计局网）

03 项目攻坚

2017年2月10日，市委、市政府召开全市“三大战役”2016年总结暨2017年部署工作电视会议。深入打好“三大战役”，抢占发展先机，赢得发展未来（市委办《闽西通讯》编辑部 提供）

2017中国海峡项目成果交易会龙岩市产业项目推介会暨签约仪式（市委办《闽西通讯》编辑部 提供）

2017厦门国际投资贸易洽谈会龙岩市项目签约仪式。签约45个合同项目，总投资176亿元（市委办《闽西通讯》编辑部 提供）

2017年8月23日，中国电子科技集团走进闽西携手军民融合发展项目对接会暨项目签约仪式在上杭古田举行。会上，龙岩市推介了重点产业，举行“中国电科大学古田党性教育培训基地”揭牌仪式，中国电科集团下属14个单位与龙岩各县（市、区）、龙岩经开区签约，包括中国电科大学古田党性教育基地项目、武平智慧城市项目、长汀医院智能管理系统开发项目、连城光电产业合作协议项目等46个项目（市委办《闽西通讯》编辑部 提供）

2017年11月8日，第八届海峡两岸机械产业博览会暨第十届中国龙岩投资项目洽淡会举行开幕式。开幕式后，有60个项目集中签约（市委办《闽西通讯》编辑部 提供）

2017年10月11日，龙岩市人民政府与福建龙洲运输股份有限公司签订“一企一策”备忘录签约仪式（市委办《闽西通讯》编辑部 提供）

2017年8月11日，龙岩市人民政府、长汀县人民政府与长汀金龙稀土有限公司签订“一企一策”备忘录仪式（市委办《闽西通讯》编辑部 提供）

2017年龙净环保被工信部评为除尘设备单项冠军（市政府办 提供）

龙净中巴经济走廊660兆瓦机组除尘设备.图为出口巴基斯坦首个660兆瓦机组设备投入运行的厂景（市政府办 提供）

龙工集团成功研发挖掘机高压液压元件，在行业内率先实现国产替代进口（市政府办 提供）

龙马环卫制造+服务。图为龙马环卫生产车间，龙马环卫车在天安门前执行环卫保洁工作（市政府办 提供）

上杭县对“重中之重”项目实行重点跟踪、重点协调、重点推进，着力推动项目建设取得突破性进展。图为鸿航有色金属及五金水暖卫浴产品生产项目生产线一角（林斯乾、黄旭摄）

华润永定（湖坑）风力发电场首台机组吊装完成（胡剑文摄）

漳平工业园区一家纺织机械制造厂里，工人正在组装一批即将发往国外的订单产品（市委办《闽西通讯》编辑部 提供）

武平县亿思达激光显示产业园（市委办《闽西通讯》编辑部 提供）

永定客家古镇项目是继平潭古镇后的福建省第二个古镇项目。总投资32亿元，占地647亩，以客家传统民居风格建筑为载体，集吃住行、游购娱于一体。图为在建客家古镇全景（市委办《闽西通讯》编辑部 提供）

龙岩市探索创新一线考核干部工作机制。图为一线考核市委党校迁建工程（市委办《闽西通讯》编辑部 提供）

上杭太阳铜业（市委办《闽西通讯》编辑部 提供）

连城县光电企业贴绝缘胶区生产车间（市委办《闽西通讯》编辑部 提供）

04 扶贫攻坚

武平县民主乡组织70多名贫困户前往江西寻乌县学习脐橙栽培技术与电商产业管理。图为在脐橙种植基地接受培训情景 （市委办《闽西通讯》编辑部 提供）

长汀县造福工程易地扶贫搬迁麻陂安置区，落实安置贫困户352户1413人，其中安置国标贫困户搬迁246户983人，省标贫困户搬迁106户430人

（市委办《闽西通讯》编辑部 提供）

武平县民主乡西兰花种植基地，采取“龙头企业+基地+贫困户”的模式，实行“统一规划、统一供苗、统一技术指导、统一收购销售”的营运管理机制（苏建新、钟辉琴摄）

新罗区江山镇果蔬种植竞争性扶贫项目

（市委办《闽西通讯》编辑部 提供 ）

传授养蜂技术，增加贫困户收入 （市委办《闽西通讯》编辑部 提供）

05 美丽乡村建设

中共十九大报告指出要加快推进农业农村现代化。长汀县狠抓农业不放松，稳农强农夯基础，全县1.09万公顷晚稻喜获丰收。图为2017年11月1日航拍的河田国家粮食基地，现代化收割机在收割晚稻（郑 雄摄）

加强新型职业农民培训，当农民成为一种职业。图为智力扶贫，永定区组织农民学员到“福建第一淘宝村”新罗区培斜村现场教学培训（市委办《闽西通讯》编辑部 提供）

村民自治能力不断提升，图为开展村官廉政你来评活动（市委办《闽西通讯》编辑部 提供）

2017年8月，永定湖坑土楼群被评为国家级特色小镇（市委办《闽西通讯》编辑部 提供）

古田吴地打造红军小镇（市委办《闽西通讯》编辑部 提供）

连城县吕溪璧洲村 （卢雨村摄）

新罗区江山镇三塘村美丽风光 （李艺爽摄）

枫林村万花园林蝴蝶兰培育基地 （李文星摄）

补齐水利发展短板，夯实农业农村基础。图为连城县文川河莲峰镇江坊村段，挖掘机正在加紧生态防洪堤的填土整修作业 （黄水林摄）

生态建设 06

2017年7月27日，全国深化集体林权制度改革经验交流座谈会在武平县召开（市委办《闽西通讯》编辑部 提供）

清澈的小溪河水 （市委办《闽西通讯》编辑部 提供）

加强河道管理，实行河长制，让绿水长流 （市委办《闽西通讯》编辑部 提供）

林下种植仿野生灵芝（市委办《闽西通讯》编辑部 提供）

永福红掌基地 （市委办《闽西通讯》编辑部 提供）

07 改革创新

“e龙岩”是贯彻落实习近平总书记“通过网络走群众路线”重要精神，适应“互联网+政务服务”发展趋势，通过网络组织群众、宣传群众、引导群众、服务群众，提升社会管理和公共服务水平的市级统一网上公共服务平台，涵盖政务微信、微博、App手机客户端和今日头条号“龙岩发布”，包含资讯发布、网上办事、政民互动、资料共享等四大功能（市委办《闽西通讯》编辑部 提供）

2017年11月8日，由龙岩市人民政府主办、中共龙岩市委组织部指导、龙岩人才发展集团有限公司承办、龙岩市金融工作办公室协办的中国·龙岩“创业、创新、创投”发展论坛，在龙岩人民会堂举行（市委办《闽西通讯》编辑部 提供）

2017年6月7日，由省委宣传部、省发改委、省科技厅等单位联合主办，龙岩市人民政府承办的“双创在福建”走进龙岩主题活动中龙岩旅游创客工厂负责人向中央、省、市多家媒体介绍创新设计的旅游产品“红军饭”（市委办《闽西通讯》编辑部 提供）

海峡两岸青年文化创意产品交流展（郑秋生摄）

2017年9月28日，在龙岩市科技局指导和支持下，由海峡股权交易中心、深圳证券信息有限公司主办，中国高新区科技金融信息服务平台承办，龙岩市高新技术创业服务中心、龙岩市蚁人之家众创空间共同协办的“海峡股权交易中心企业投融资路演第一期（龙岩专场）”在龙岩市蚁人之家众创空间成功举办（市委办《闽西通讯》编辑部 提供）

新罗蚁人众创空间共享办公室，家装设计师根据互联网客户要求进行装修设计（王 毅摄）

创城全国文明城市 08

2017年11月，龙岩市被中央文明委评为全国文明城市（市委办《闽西通讯》编辑部 提供）

武平县被中央文明委命名为第五届全国文明城市 （市委办《闽西通讯》编辑部 提供）

落实文明城市建设常态长效机制（市委办《闽西通讯》编辑部 提供）

2017年11月，龙岩市跨入第五届全国文明城市行列。图为2017年7月21日，龙岩市创建第五届全国文明城市宣传月启动仪式（市委办《闽西通讯》编辑部 提供）

龙岩中心城区龙津湖公园规划用地面积643.65亩，其中水域面积11.72公顷，项目总投资约42亿元（含征地拆迁费），设计规划为集休闲、展示、景观为一体的城市综合性公园。项目从2017年4月全面动工以来，数百台机械昼夜施工，目前已完成超过百分之三十左右的工程量，工程预计在年底竣工，建成后将成为城区最大的人工湖。图为无人机航拍的龙津湖建设场面（傅长盛摄）

正在建设中的龙津河滨水文化休闲走廊建设场面（2017年9月18日 傅长盛摄）

2017年6月30日，庆祝建党96周年暨“文明岩城·益起幸福”首届创城城市公益节晚会在街心广场举行。图为垃圾分类宣传解说场景（市委办《闽西通讯》编辑部 提供）

志愿者深入社区开展卫生整治保洁活动（市委办《闽西通讯》编辑部 提供）

践行社会主义核心价值观文明活动交通守法成为市民共识（市委办《闽西通讯》编辑部 提供）

后门前邮政交通节点（李艺爽摄）

海关交通节点下穿通道畅通工程 （市委办《闽西通讯》编辑部 提供）

小溪河及其滨河景观鸟瞰（市委办《闽西通讯》编辑部 提供）

龙岩大桥中引桥地面道路。龙岩大桥项目位于龙岩市南北交通中心轴和景观轴线龙岩大道上，全长3395米，全线跨越双洋路、罗龙东路、人民路、登高西路、西陂路等城市主干道，项目总投资约24亿元（市委办《闽西通讯》编辑部 提供）

为方便市民安全出行，龙岩市大力推进人行天桥建设。图为华莲路恒兴绿景人行天桥（陈律金摄）

畅通工程（市委办《闽西通讯》编辑部 提供）

佳宝路口改造，交通顺畅（市委办《闽西通讯》编辑部 提供）

省人大常委会组织在闽十二届全国人大代表围绕“健康福建建设”和“缩小居民收入差距”开展专题调研活动。图为2017年8月8日，考察组在考察龙岩市第二医院远程医疗平台（市卫计委 提供）

2017年12月26日，古田干部学院正式揭牌（市政府办 提供）

龙岩市直机关幼儿园莲东分园（市委办《闽西通讯》编辑部 提供）

龙岩师范附小（市委办《闽西通讯》编辑部 提供）

上杭县纪念畲族民族成分恢复三十周年暨首届“三月三”畲族文化节开幕式现场

（市委办《闽西通讯》编辑部 提供）

十畲音乐队 （市委办《闽西通讯》编辑部 提供）

2017年12月3日，武平县举办海峡两岸交流基地授牌仪式暨第六届海峡两岸定光佛文化旅游节（市委办《闽西通讯》编辑部 提供）

连城县兰花博览园获评国家AAA级旅游景区，“国家重点花文化基地”等（市委办《闽西通讯》编辑部 提供）

梅花山玻璃栈道引来众多游人（市委办《闽西通讯》编辑部 提供）

市重点项目龙岩体育运动学校（海峡两岸龙岩体育交流基地）施工有序进行（市委办《闽西通讯》编辑部 提供）

位于龙岩市华莲西路的紫金山体育公园（李艺爽摄）

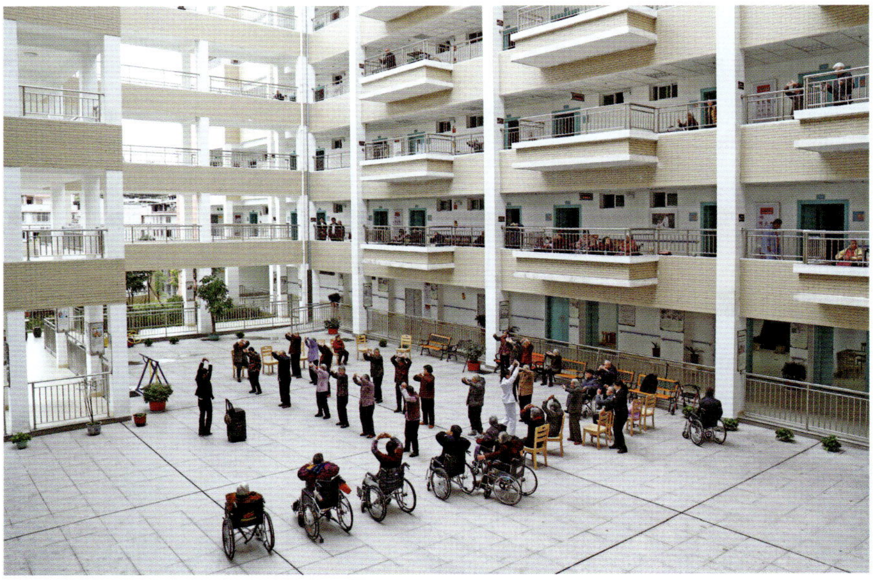

漳平德亨仁厚医养中心项目（市委办《闽西通讯》编辑部 提供）

《绝命后卫师》描述闽西客家子弟为掩护主力红军突破湘江的惨烈战斗，为中国革命史留下气壮长河的惨烈篇章（市委办《闽西通讯》编辑部 提供）

由市委宣传部、市文化广电新闻出版局、文学艺术界联合会主办的“瑶池集庆2017新春文艺晚会”在龙岩人民会堂拉开帷幕。各县（市、区）代表团欢动闽西贺新春，歌舞、武术、小品、相声、戏曲等节目轮番上演、异彩纷呈，为市民献上一台视听盛宴。图为群口相声《龙岩是我家，文明靠大家》（赖永刚摄）

做有智慧的闽西人

上“龙岩地情网”dqw.longyan.gov.cn

做有内涵的闽西人 从“龙岩地情”开始

龙岩市地方志编纂委员会官方微信平台

微信公众号平台账号：longyandifangzhi 龙岩地情

1 特　载

编辑　游友荣

张春贤到龙岩调研

2月22–25日，中共中央政治局委员、中央党的建设工作领导小组副组长、中央新疆工作协调小组副组长张春贤来到福建就深入学习贯彻党的十八届六中全会精神进行调研。

在福州、宁德、泉州、龙岩等地，张春贤来到贫困乡村、街道社区、高校、企业，深入了解各级党组织和广大党员干部学习贯彻六中全会精神情况，与基层干部群众广泛交流。他说，要把学习贯彻六中全会精神作为当前重要政治任务，组织引导各级党组织和广大党员深入领会精神实质，紧密结合中央对各领域基层党建的决策部署抓好贯彻落实，不断提升基层党建工作水平。

在龙岩市上杭县，张春贤瞻仰了古田会议会址，并在基层召开党建工作座谈会。他强调，刚刚结束的省部级主要领导干部学习贯彻六中全会精神专题研讨班上，习近平总书记特别强调要以解决突出问题为突破口和主抓手，推动六中全会精神落到实处。贯彻六中全会精神和《准则》《条例》，关键要在落细落实上下功夫。要在旗帜鲜明讲政治、增强“四个意识”上落细落实，坚决维护以习近平同志为核心的党中央权威，坚决同党中央保持高度一致，确保党中央政令畅通、令行禁止。要在加强党性修养、发扬斗争精神上落细落实，勇于自我革命，不断增强党内政治生活的政治性、时代性、原则性、战斗性。要在抓“关键少数”上落细落实，真正发挥以上率下的作用。要在见诸行动、解决问题上落细落实，以解决突出问题的有力行动和实际效果真正维护党中央权威。要在督促检查上落细落实，不断强化责任担当，切实把全会精神落到实处。

张春贤指出，福建具有光荣的革命传统，要坚持继承和创新相结合，始终不忘初心、继续前进，同时站在时代高度，不断推进党建工作理念创新、机制创新、手段创新，切实提高党内生活的吸引力和感染力，永葆党的生机活力。

福建省委常委、组织部部长王宁，龙岩市领导林国耀、林兴禄、李成荣、王金福、詹昌建、魏东、张斌、赖双奇参加在龙岩期间调研或座谈会。

汪洋出席全国深化集体林权制度改革经验交流会

7月27日，全国深化集体林权制度改革经验交流座谈会在福建省武平县召开，国务院副总理汪洋出席会议并讲话。他强调，集体林权制度改革是继家庭联产承包责任制后农村生产关系的又一次深刻调整，对推动绿色发展、建设生态文明具有重大意义。要深入学习贯彻习近平总书记关于深化集体林权制度改革的重要指示精神，按照党中央、国务院的决策部署，紧紧围绕增绿、增质、增效，着力构建现代林业产权制度，创新国土绿化机制，开发利用集体林业多种功能，广泛调动农民和社会力量发展林业，更好实现生态美百姓富的有机统一。

武平县是全国集体林权制度改革的发源地，经过15年的接力奋斗，实现了生态环境改善和农民脱贫致富协调发展，为全国探索了路子、树立了标杆。汪洋强调，要深入总结推广福建集体林权制度改革的经验，不断开拓创新，推动林业改革再上新台阶。要进一步理顺林业发展的体制机制，加大政策支持力度，推动农民多种树、种好树，全面提高林业生态效益、经济效益。要逐步建立集体林地所有权、承包权、经营权分置运行机制，积极引导适度规模经营，强化管理和服务，发展壮大涉林产业。要坚持林地农民集体所有不动摇，不能削弱集体林地家庭承包的基础性地位；坚持森林生态保护红线不放松，不能以牺牲和破坏生态环境为代价；坚持农民利益不受损，不能借改革之名与民争利、损害农民合法权益。

会前，汪洋到武平县万安镇捷文村和县林权服务中心，实地了解集体林权改革进展和林权登记、流转、抵押等工作情况。13个集体林权制度改革任务较重的省（区、市）和中央有关部门负责同志参加了会议。

郭声琨到龙岩调研

8月30日，国务委员、公安部部长郭声琨在福建调研时强调，要深入学习贯彻习近平总书记系列重要讲话精神和治国理政新理念新思想新战略，牢固树立政治意识、大局意识、核心意识、看齐意识，继承革命传统，传承红色基因，筑牢忠诚警魂，以过硬的纪律作风保障职责使命的忠实履行，努力以党和人民满意的优异成绩迎接党的十九大胜利召开。

郭声琨先后来到古田会议旧址接受革命传统教育、考察上杭古田派出所工作，并出席全国公安民警革命传统教育培训基地挂牌仪式、公安机关学习贯彻习近平总书记重要讲话精神推进会。他要求，要持续深入推进习近平总书记在全军政治工作会议和会见全国公安英模代表时的重要讲话精神的贯彻落实，毫不动摇地坚持党对公安工作的绝对领导，坚决做到对党忠诚、维护核心，始终在思想上政治上行动上同以习近平同志为核心的党中央保持高度一致。要严格落实管党治党责任，毫不动摇地坚持从严治警，压紧压实管理责任，持续强化监督执纪，坚持不懈开展正风肃纪，坚决做到作风优良、纪律严明。要深入推进“迎接十九大忠诚保平安”主题活动，全力以赴做好维护国家安全和社会稳定各项工作，努力为党的十九大胜利召开创造安全稳定社会环境。

公安部党委副书记、常务副部长傅政华主持推进会，公安部党委委员、中央纪委驻部纪检组组长邓卫平出席推进会并讲话。省委常委、政法委书记王洪祥，副省长、省公安厅厅长王惠敏陪同调研。

8月30日，国务委员、公安部部长郭声琨在龙岩市上杭县古田派出所与群众亲切交谈　　（人民公安报记者　张建鑫　摄）

张建龙到龙岩调研林改工作

5月31日，国家林业局局长张建龙深入龙岩市调研林改工作。省政府副省长黄琪玉，国家林业局总工程师封加平和相关司局负责人，省直有关部门负责人，市领导林国耀、林兴禄、詹昌建、张朝阳，武平县主要负责人参加调研活动。

张建龙一行先后察看了武平县林改展览馆筹备工作情况、万安镇捷文村林改情况、东留镇黄坊村富贵籽种植基地、城厢镇云礤村森林人家，并主持召开武平县林改工作座谈会，听取龙岩市、武平县林改工作汇报，与各级各部门负责人和村干部、林农代表谈变化、话发展，听取各方意见建议。

张建龙对龙岩市林改工作取得的成绩给予充分肯定。他强调，要认真学习贯彻落实习近平总书记对福建集体林权制度改革作出的重要指示精神，坚持绿水青山就是金山银山，进一步深化集体林权制度改革，确保落实“明晰所有权、放活经营权、落实处置权、确保收益权”，实现生态美、百姓富的有机统一。要总结提升经验。武平县是全国“林改第一县”，是福建集体林权制度改革的缩影，在发展林下经济、森林旅游和新型林业经营主体等方面有许多好经验、好做法，要建好展示平台、加强经验交流、讲好林改故事，把集体林权制度改革的思路、方向、措施传承好、发扬好、提升好。要深化森林分类经营。放活商品林，管严生态林，在加强保护的基础上，充分调动林农积极性，大力发展绿色富民产业，做好森林科学经营，积极推进多种形式的适度规模经营，切实做到资源增加、百姓增收，实现经济效益、社会效益、生态效益“三赢”。要做优服务保障。坚持把林农需求放在第一位，健全完善林业金融、评估、流转等服务平台，为各类林业生产经营主体提供细致服务，深入开展林业精准扶贫，为林农增收、林业产业发展营造良好环境。

黄琪玉表示，集体林权制度改革是一个循序渐进的过程，是一个不断发现问题、解决问题，不断推进深化的过程。福建省将认真贯彻落实习近平总书记对福建集体林权制度改革作出的重要指示精神，系统总结林改经验，深入分析当前林改面临的困难和问题，不断开拓创新，持之以恒、一以贯之，推动集体林权制度改革工作再上新台阶。

“新古田会议”以来龙岩发展回眸

2014年金秋，习近平总书记来闽来岩考察，并在古田主持召开全军政治工作会议。习总书记来闽来岩考察的重要讲话，体现了他对闽西发展的关心和期盼，给闽西苏区干部群众以巨大的鼓舞和鞭策，为推进闽西苏区科学发展跨越发展提供了行动指南和强大动力。

回望“新古田会议”以来近三年的发展历程，龙岩全市上下深入贯彻习总书记系列重要讲话和来闽来岩考察重要讲话精神，以“新古田会议”为契机，牢牢把握发展新机遇，借力谋势、开拓创新，发展的歌声嘹亮动听，崭新的变化数不胜数！

(一)机制活

在机遇与挑战叠加、助力与困难并存的新常态下，发展动力和活力从何而来？龙岩将改革作为破题良方。

近三年来，市委、市政府带领全市广大干部群众，紧紧抓住“新古田会议”重大历史机遇，发挥产业基础优势，拓宽合作思路，创新合作机制，积极争取军委各总部、各军兵种、军工集团的大力支持，推动军民融合发展不断取得新突破。8月4日，市军民融合办向记者提供的数据就是明证：截至7月底，全市共有38家企业生产的专用车、机械配件、光电产品、纺织品等八大类产品供应部队、军工企业，累计销售额23亿元。

改革、开放、创新是机制活的源泉，也是发展的源动力。全市上下深入学习贯彻习近平总书记治国理政新理念新思想新战略，坚定不移推进供给侧结构性改革，全面实施创新驱动、产业兴市、人才强市“三大战略”，加快推进“放管服”改革，建设开放大通道，落实“参西”政策……用改革开放创新的“金钥匙”，不断创造新的发展成就。龙岩市大力发展“制造业+”“矿业+”“互联网+”等新模式、新业态；大手笔引进人才，组建人才发展集团，每年预算统筹不少于2亿元资金用于“人才强市”。市委、市政府从建立机制、强化政策入手，抓好“三去一降一补”任务落实，进一步提升发展的质量和效益；以创新驱动为动力，着力培育发展新动能，2017年全市列入省重点技改项目77个，争取带动全年技改投资600亿元以上。

(二)产业优

只有把准发展脉搏、加快转型升级，才能始终走在发展的前列、时代的前列。“新古田会议”以来，龙岩以加快产业转型升级为重点，先后启动实施2014—2018年产业发展倍增计划、产业兴市战略。

在大战略的指引下，龙岩市实施了产业兴市行动计划，建立产业分析推进工作机制，做大做强有色金属、机械制造、文化旅游等3个主导产业，改造提升建筑与房地产、能源与精化、农产品加工、烟草、建材、纺织等6个重点产业，培育发展光电与新材料、生物医药、互联网、现代物流、健康养老等5个新兴产业，推动“365”产业集聚发展。

2016年以来，全市上下打响了项目落地战役，实行挂图作战、挂牌征战，开展“五晒”活动，扎实推进项目落地攻坚。2016年新开工建设10亿元以上项目44个、新竣工投产10亿元以上项目37个，省市重点项目共完成投资807亿元。2017年，全市列入省“五个一批”项目1278个、总投资1.13万亿元，年度计划投资1077亿元，上半年完成年度计划的69.3%。近期，龙岩市还出台促进工业发展十五条政策、成长型中小微工业企业三年培育计划、进一步鼓励通过“一业一策”“一企一策”和支持民间投资实施意见等一系列政策措施，加快扶持培育一批优势产业。

(三)百姓富

“治国之道，必先富民。”如何让改革发展的红利惠及城乡百姓？做好老区的脱贫攻坚工作，是最大的民生，是闽西广大党员干部肩扛的责任。心有所念，计有所定。

早在2014年，市委、市政府就将扶贫工作单列为八大重点任务之一，出台《关于创新农村扶贫开发机制扎实推进精准扶贫的意见》，实施精准扶贫“九到户”。2016年以来，市委、市政府又把脱贫攻坚列入全市“三大战役”之一，吹响新一轮冲锋号角。

在此基础上，龙岩市组织市县乡30383名干部挂钩帮扶39212户贫困户，全市380个贫困村全部安排挂钩帮扶单位，31个扶贫攻坚重点乡（镇）由市领导挂钩联系，实现所有贫困户、贫困村、贫困乡镇挂钩帮扶全覆盖。2016年全市贫困人口脱贫人数55863人，造福工程扶贫搬迁51939人，均超额完成省下达任务。

2017年，龙岩市围绕“全年脱贫56980人，长汀县、7个扶贫开发重点乡镇、80个贫困村实现摘帽”的目标，健全贫困户进退管理、扶贫信息平台、行业扶贫政策落实专报、第三方跟踪评估等机制，突出抓好产业扶贫、扶贫搬迁、健康扶贫、发展集体经济等4项重点任务，组织开展季度攻势行动，进一步加大攻坚力度。同时，其他民生短板也在加快补齐，近年来，龙岩大道南引桥通车，中心城区多个交通要道改造完成，百姓出行更加方便；龙川路沿线滨河绿道提升，龙津湖规划建设快速推进，宜居环境建设越来越好；开展分级诊疗，稳步推进医疗改革，让百姓享受医疗资源优化配置的福利……民生投入逐年提高，老区人民共享更多的发展成果。

（四）生态美

7月27日，全国深化集体林权制度改革经验交流座谈会在武平召开，中央政治局委员、国务院副总理汪洋莅会并发表重要讲话，充分肯定龙岩市集体林权制度改革15年来取得的成绩，对全面深化林改工作提出殷切希望和明确要求。

一直以来，闽西人民始终牢记习总书记“进则全胜，不进则退”的嘱托，不等不靠，敢于创造，勇闯新路。水土流失治理长汀经验、林改武平经验、在全国先行先试生态资源审判的“龙岩样本”……这些都为深入推进生态文明建设提供了重要启示，坚定了强烈自信。

特别是2017年以来，龙岩市组织实施“清新水域”“洁净蓝天”“清洁土壤”“绿满青山”四大提升工程，着力突破畜禽养殖业污染防治、城镇污水垃圾处理设施建设、流域重金属污染治理等六大重点工作。进一步提升林改武平经验，在全省率先出台《关于深化生态公益林管理体制改革的意见》。在全省率先启动河长制工作，向社会公布全市各级河长名单共2549名，共配置河道专管员（含保洁员）2045人，覆盖1875个村（居）。2017年以来，龙岩城市空气质量达标天数比例达99.1%，环境空气质量综合指数排名全省第二。

（五）不忘初心　继续前进

回望峥嵘岁月，“红旗跃过汀江，直下龙岩上杭”，在革命战争年代，闽西儿女前赴后继，英勇斗争，创造了“二十年红旗不倒”的奇迹。“新古田会议”期间，习总书记在接见老红军、“五老”同志和军烈属代表时指出：“闽西是原中央苏区所在地，对全国的解放、新中国的建立、党的建设、军队的建设作出了重要的不可替代的贡献。”

作为“思想建党、政治建军”的发源地，闽西红土地上的党员干部群众对传承红色基因有着特殊的责任和使命。从古田再出发，市委、市政府始终坚持把思想政治建设放在首要位置，持续巩固提升党的群众路线教育实践活动、“三严三实”专题教育、“两学一做”学习教育成果，不断“四个意识”，着力在增强核心意识上走前头，在增强看齐意识上立标杆，更加紧密团结在以习近平同志为核心的党中央周围，突出把习总书记对闽西苏区的重要批示指示贯彻好、落实好。

全面从严治党，凝聚发展力量。近三年来，龙岩市大力弘扬古田会议精神、才溪乡调查精神，坚定不移推进全面从严治党，积极营造闽西苏区风清气正的政治生态。市委带头严格落实全面从严治党主体责任，制定并实施《关于在全市党员干部中纠正不良习气树立清风正气的意见》等，进一步强化党风廉政建设；出台《进一步治理“为官不为”提振党员干部干事创业精气神的实施办法》《开展一线考核干部工作的办法（试行）》，着力提振干事创业精气神。此外，我市深化作风建设“闽西实践”，保持惩治腐败高压态势，积极探索运用监督执纪“四种形态”，真正把纪律和规矩挺在前面，用纪律管住大多数。

参天大树，必有其根；环山之水，必有其源。回望来路，展望未来，全市广大党员干部群众将牢记习近平总书记对闽西发展的谆谆嘱托，锐意进取、攻坚克难，不敢懈怠、不辱使命，以铿锵步履砥砺奋进在建设新龙岩的大道上。

龙岩制造：阔步迈向“中国专用车之城”

近年来，龙岩制造的各式特色专用车，在中国大地的种种重要场合进入人们的视线。

汽车产业是龙岩机械产业的“三驾马车”之一，起步早，是福建省三大汽车制造基地之一，也是福建省载货车和专用车门类最齐全、规模最大的制造基地，汽车生产企业数最多的地区，龙岩市委、市政府提出打造“中国专用车之城”的目标。

2017年，全市拥有整车企业1家、公告内专用车生产企业10家，配件企业100多家，整车生产能力15万辆/年，各类专用车生产能力2万辆/年。产品种类包括多用途乘用车、客车、载货车和各种专用车产品以及车桥、缸套、轮毂、线束等汽车零部件产品。主要专用车产品有环卫系列专用车、半挂车、厢式车、自卸车、水泥搅拌车、应急电源车、大功率抽水车、警用执法车等多个系列。产品有环卫车、应急电源车、大功率抽水车、半挂车、厢式车、自卸车、水泥搅拌车等近百种。全市汽车整车制造和零部件加工已形成了一定的产业规模。

据介绍，2016年年产各类汽车超2万辆，比增10.71%，年产各类专用车11719辆，比增9.79%。截至2016年12月，列入国家工信部“汽车企业与产品公告”的专用车产品有672种，数量位居全国第四。2016年实现产值79.14亿元，占机械产业的25.26%。

“今年新增环海专用车项目、双富和环创专用车项目，龙岩专用车生产又将壮大，力争2017年实现产值40亿元以上。”龙岩市机械产业办公室负责人表示。

专用车之路发展进入快车道之时，各类专用车企业发挥优势，除了不断提升企业的自发研发能力外，还分别与中国汽车技术研究中心、汉阳专用汽车研究所、中国水利水电科学研究院、中国科学院工程研究所、中国科学院高能研究所等20多个国家级科研院所建立了合作关系，并从一汽、二汽、中国汽车工业协会、清华大学、吉林大学等10多家知名企业和科研院所聘请了25位著名的汽车专家为龙岩汽车产业发展顾问。

为推进"中国专用车之城"建设，龙岩将按"一基地两园区、多层次发展"的格局，在全市范围内，以龙岩经济技术开发区（龙岩高新区）及龙州工业园为主打造专用车专业产业园，全力推动专用车整车制造及其零部件企业发展，在全市形成专用车生产与销售服务产业链。力争"十三五"末期全市专用汽车实现产值300亿元以上，公告内企业数达20家以上，把龙岩打造成"中国专用车之城"，并力争成功申报"中国专用汽车之城"称号。

同时，在新能源汽车快速发展的时代背景下，充分发挥新龙马整车资质优势，坚持发展新能源车辆为导向，重点开发新能源底盘、新能源专用车、纯电动乘用车。扩大海德馨、侨龙等应急保障专用汽车产品的开发力度，形成应急装备保障车辆供应体系。并将创新经营模式、培育龙头企业，加快推动设立机械（汽车）产业公共服务平台，成立龙岩汽车（专用车）及新能源汽车关键零部件检测平台和行业协作平台。

武平林改十五年

"无主"的山林，禁不住的乱砍滥伐

与共和国同龄的李永兴，在武平县林业局采购站干了20多年。1999年，在龙岩市的林业经营体制改革中，李永兴被买断工龄、提前内退，回到老家万安镇捷文村当了村支书。村子不大，5个村民小组、164户、632人；山林不少，1333多公顷，人均2公顷多。与福建很多山村一样，捷文村祖祖辈辈靠山吃山，然而让李永兴一上任便头疼的是，这山吃得让全村差点成了"寡妇村"。

话还得从头说起。新中国成立后，集体林权制度经历了四次大的变动，先是土改时期的分山到户，然后是农业合作化时期的山林入社，接下来是人民公社时期的山林统一经营，后来就是改革开放初期的林业"三定"——划定自留山、稳定山权林权、确定林业生产责任制。

资料显示，到上世纪80年代中期，全国集体林区蓄积量在300万立方米的林业重点县，由50年代的158个减少到不足100个，能提供商品材的县由297个减少到172个。全国第三次森林资源清查，南方集体林区活立木总蓄积量较第二次清查时减少了1.8亿多立方米。也正因此，国家出台林业"三定"方案：稳定85%林权为集体所有；划定15%为林农自留；确定集体林要由村集体所有，由村集体分配至每户负责管护，各有各的责任区。

缺少收益权利，却担管护责任，导致林农根本不愿意去管理，甚至出现极端现象——"山林被放火，群众笑观火，干部去打火，领导气得直冒火。"

在实行集体林统一经营的年代，集体林砍伐销售采取的是计划经济办法，由当地林业局统购统销。林业部门定好一个价格向村里采购（俗称山价款），村里再组织村民或村里的林场采伐。而这个山价款中还含有一部分要作为村集体收入，最后林农实际到手的收入不多。而林业局采购来的木材销售到市场时，依据的又是市场价——这就是"剪刀差"，差出来的这些利润，要养林业系统职工，也是县财政的来源。据资料显示，像武平这样的山区林业县，最高峰时"木头财政"所得，占当地财政收入四成以上。

直至21世纪初，由于既没收益权、又不走市场价，人称"八山一水一分田"、中国南方重点集体林区的福建，虽然没有出现大规模乱砍滥伐的现象，但占全省面积八成以上的山却是一片死寂：占了全省人口总量七成以上的山区林农，收入与沿海居民差距逐年加大。据统计，1991年时福建南平、龙岩、三明、宁德4个山区市地区生产总值占全省比重为33%，到2003年下降为22%；沿海与山区的城乡人均收入比1985年时为1.87:1，到2004年时扩大至2.73:1。

于是，但凡家里急需现金，林农就跑到山上集体林中砍上几棵树。你也砍、我也砍，"虽说是插根扁担都发芽，但基本上是长不到碗口粗就被砍光了。"李永兴回村的那一年，因为盗伐，全村就有10人被抓、7人被判刑。只要听说森林公安来了，村里很多男人都闻风"跑路"，捷文村因此落下个"寡妇村"的名号。那个年代，放眼整个武平，严重的乱砍滥伐现象，令县委、县政府焦头烂额。

为此，龙岩市率先进行"放开林木经营权"改革，全市林业系统"自己砍了自己一刀"：全面取消林木统购统销政策、裁撤全部乡镇采购站，把"剪刀差"还给林农。可市场价的利润到了村里，在有的地方又成了村干部截留乃至瓜分的"肥肉"，落到林农手中的仍是"零头"。

李永兴正是由于乡镇采购站裁撤而内退回村。他担任村支书后一查账：10余年间，林子被砍了无数，村集体账目竟还倒欠28万元！一怒之下，李永兴提议解散了与原村两委成员有着纠缠不清利益关系的村林场，组织村干部白天值班、夜里设卡，坚决杜绝盗伐集体林势头蔓延。结果，这得罪了村里一些"吃木头"的地痞，一天晚上有人酒后闯进他家，用四楞铁打伤了他的右臂。10多年过去了，至今伤痕仍在。

闽西盛夏，忽而浓云，忽而疾雨。隐隐的雷声中，期待着一道闪电。其时，正处1998年亚洲金融危机冲击中的福建，也在酝酿着一场惊雷。

林改等来发令枪响

1999年1月7日，龙岩市委1号文件提出“深化林业经济体制改革”。当年7月，市林委在给市人大的《关于深化林业经济体制改革的报告》中，提出“林权改革”。这份连红头文件都算不上的报告，成了武平县开展集体林权制度改革的唯一依据。

我国的“林权”，是指“林地所有权和经营权、林木所有权和使用权”4项权利。2000年，国家林业局推行换发全国统一式样的林权证，但此次“换证”仍只是对以往集体林再次确权为集体，产权问题上并未松动。

2001年5月，福建省林业厅组织开展换证试点，武平县被确定为试点县之一。

“要试就试出点新东西来，最好要在产权制度上做点文章。”时任武平县委书记、现任福建省林业厅副厅长的严金静说。他讲的“试出点新东西”，就是许多林农一直想说却没敢说出来的“把集体林权分到户”。

2001年7月的一个晚上，李永兴到邻村串门，恰好遇到县林业局和镇里干部讨论“到底选哪个村试这件事情”。这不正是整顿村里林业秩序的好机会嘛，李永兴当即向镇领导表态，捷文村愿意试点。

捷文村，就这样意外地走进了历史的画卷。

不出李永兴所料，回到村一说分山、分林，全都同意，而且不到两个月他们就根据县林业局和5个自然村群众的意见，整理出了一套分配方案：四权中，林地所有权仍归集体所有，其他三权归林农；户户都要分，期限为50年；界线以当年集体林时每户的责任区为依据；村里的公益林一起分配，专门用于对新增人口和林地面积较小的人家进行“补瘦”；按山林肥瘦程度分为四个等级，每年每户每亩向村委会上交0.5至1.5元的林地租金。之后，又用了不到两个月，村两委带着测绘人员走遍全村每座山头，为全村164户人家勘定分界、勾画四至。

2001年12月30日，第一本清清楚楚标注着“林地使用权、林木所有权和林木使用权归林农自己所有”的新式林权证在捷文诞生了。

林权分了、林权证也发了，然而无论对县委、县政府还是对李永兴而言，真正的考验其实才刚开始。

李永兴急的是扛起守好这片青山的责任，所以得选个得力的搭档。他选中的是钟泰福。钟泰福以前也当过村干部，因为看不惯原来村两委的做法，干脆自己办了木材加工厂，一年收入七八万元。“要当村主任，就得先把你的这个厂子关了。”虽说钟泰福并不参与乱砍，但村民盗伐的木材有不少就是在他这个厂加工后卖出去的。

集体林统一经营时代，盗伐成风，如今把林子分下去，会不会更加刺激群众，真的“一夜砍光”？严金静的担心也是如此，而这也正是考验这场改革是否对路的关键问题。果然，麻烦来了，省里一位相关领导专门打电话来查问此事，之后撂下一句：这么做会不得了的。

县委、县人大、县政府、县政协为此派出多批人马到捷文和其他试点村调研，形成调查报告，几上几下，多次讨论。2002年4月，武平县委、县政府正式出台《关于深化集体林地林木产权制度改革的意见》。在既没有上级授权、也没法律依据、更没其他地方经验做法参考的情况下，武平“抢跑”了第一步。

两个月后，2002年6月21日，时任福建省省长的习近平同志带着省直相关部门负责人，专程来到已经在每个乡镇铺开林改试点的武平县调研，给予充分肯定。“林改的方向是对的，要脚踏实地向前推进，让老百姓真正受益”“集体林权改革要像家庭联产承包责任制那样从山下转向山上”——时任省林业厅厅长的黄建兴，至今依旧清晰地记得习近平同志考察时在现场作出的指示。

由此，中国集体林权制度改革在福建拉开序幕；2003年，福建全省推进集体林权改革；2006年，福建深化集体林权改革并得到中央认可；2008年，全国集体林权改革全面启动。

“从山下转向山上”，激活连串配套改革

“事实证明，‘一夜砍光’是过虑了。从林改那年起，捷文村再没发生一起盗伐乱砍。”李永兴说。2001年，武平县近22万公顷林地林木总蓄积量为900多万立方米，2016年增长到2100多万立方米，15年间增长了一倍多！

林权改革在释放强大生产力的同时，也触发了一道道新难题，但这开了弓的箭再没回头。

第一道难题：造林的钱哪里来？

分到山后，林农纷纷上山植树造林。上级下达的造林计划，远远跟不上群众的热情。“2003年和2004年两年计划数是1.5万亩，2005年群众造林超过4万亩，2011年超过9万亩。”武平林业局副局长吴吉富，其时最发愁的是树苗不够，只好不断给省林业厅打报告要求增加计划、增调树苗。“以前我们只从江西调过，后来几乎把南方其他省份都调了一遍。我们自己的育苗基地面积，也累计扩大了4倍。”

种树的钱从哪里来，成为制约林业发展的一个瓶颈问题。

造林大户一般拥有200至300亩山林，每亩要种220至240棵，一株杉木苗大约1元，总共算下来光苗木成本就六七万元；当时人工费每天每人80元，一个造林季节，每户仅成本就在10万元以上。

没钱怎么办？武平县提出了“担保贷款”思路：2005年，武平林业局成立了林权贷款担保公司——由县政府累计注资240万元，再由银行5倍放大。可操作了几年效果并不理想，只贷出28户。症结在于一旦发生贷款风险，银行也好，公司也好，都难以处置林木资产变现。2013年，武平县再度创新，成立了林权收储担保中心。与前者不同的是，后者既能操作专业林木资产评估，也可提供林权流转服务。更关键的是，发生风险后可以将被抵押的林权进行收储，通过采伐或再次流转实现林木资产变现。

有了风险资产处置能力，银行闻风跟进。截至2017年7月，已有4家银行与武平县林木收储担保中心签约，条件也正准备从“一贷一年”放宽至“一贷三年”，放大比例也考虑扩大到8倍。短短3年，已放贷530多户、6000多万元，其中捷文村就贷了110多万元。这一做法，福建已普及推广，截至2017年7月，全省已建立223个林权流转平台、38家林权收储机构、200多家林业调查等中介服务机构。福建还率先在全国推出贷款期限长达15至30年、月息在6‰以下、具备第三方支付功能的“林权支贷宝”。

第二道难题：林子如何变成“摇钱树”？

2013年7月25日上午，武平在捷文村举行林权直接抵押贷款开贷典礼，50多岁的村支书钟泰福与其他5位林农，第一批与邮政储蓄银行武平支行签订了林权直接抵押贷款协议，得到了4万至10万元不等的贷款。

贷款虽然拿到了，但钟泰福一贯是“有多少钱，办多少事”，钱多就多买苗种树。而隔壁乡镇拿着抵押来的资金加上补助，通过大户带领林农合股办起各种林业专业合作社，一路风风火火。甚至有外地企业主跑到捷文买林租地，成为全村最大林业种植户，而捷文村人却依旧“单打独斗”。实际上随着分山到户，就如同当初分田到户一样，山林流转、规模经营、专业合作，同样是山林最终能变成“摇钱树”的不二选择。

“起了个大早却赶了个晚集。”钟泰福至今还在后悔。

捷文村当然也有不甘心的，李美元就是其中一个。当年不到30岁的李美元，是早年全村第一个去广东打工的年轻人，不但赚了一些钱，更练就了对市场敏锐的嗅觉。2006年，李美元闯荡10多年后回到了老家，“种树也一定能致富！”这一年，武平县农民人均纯收入增幅连续第三年高于城镇居民。但李美元的估计又过于乐观了，在此之后连续5年，武平农民人均纯收入增幅再度低速徘徊。

不过这倒也给了李美元机遇：他连续6次成功流转本村其他村民的山林，再加自己手上的，总共近47公顷，是捷文村的第二大户。像他这样的大户，捷文村共有7位，平均林地规模五六百亩。当初林改时，捷文村164户、平均每户8.3公顷，截至2017年7月，这7户所拥有的可采伐林地面积，占到全村1/4以上。靠林吃饭的户数越来越少、平均种植规模越来越大，资金足且专业性强，他们成为林改后诞生的新型林业经营主体。2017年，福建省共有新型林业经营主体4500多家、营林面积73.33万公顷，参与农户近20万户。

随着新型经营主体的涌现，2011年至2016年，武平农民人均纯收入增幅再度连续超越城镇居民，最高一年增幅高出5个百分点。

2012年，李美元被选为捷文村主任，与钟泰福搭班子。就在他们准备大干一场的时候，又一场新的改革，落到了肩上。

不能砍树之后

由于环境优良，2012年底，新建的捷文水库成为武平县唯一的饮用水源地，周边的山林被县里划定为“县级生态林”。树，不能砍了。

2012年，福建提出建设“生态文明示范省”。不砍树也致富，成为福建谋发展的一道最新课题。由此，福建不断收紧林木采伐政策：商品林中杉木采伐年限从16年延长到26年，松木采伐年限从21年延长到31年，位于重点生态区位的977万亩商品林被限伐……为此，相当一部分曾投资林业的福建林农，必须作出利益牺牲。

所谓“县级生态林”，是武平县先于省里一步，对捷文水库实施一级水源地保护工程，将其周边2000多公顷山林按“生态林”进行保护和禁伐。但因没有划入省级或国家级生态林范围，所以他们只能“自掏腰包”，对这片林地的业主给予生态补偿，平均每户每年每亩6.75元。这其中就涉及捷文村40多户群众，包括李永兴。

李永兴从村支书岗位退下来后，被聘为水库管理站站长。他有20多公顷林地被划入生态林。之前当支书、后来当站长，李永兴没太多的时间好好经营林地，因此全都是天然林，每亩只能出3至4立方米杂木。杂木价格不高，每立方米最多500元；要是经营种植杉木的话，每亩少则可出7至8立方米，人工抚育好的话可以出到12至13立方米，杉木价格每立方米至少1000元。杉木采伐周期为26年，中间每10年还可有一次间伐。如此一算，损失可想而知。

保护生态是没错，可是具体到让每个林农牺牲自家的利益来承担，工作自然不好做。李永兴又成了这次改革的“突破口”，“你是党员，又是老书记，你得带头签字。”钟泰福冲着李永兴没二话。县里也适当放宽政策，特批达到采伐年限的4户林农间伐了一次。截至2017年7月，捷文已有80%以上的林农签字同意。去年，福建省又开展重点生态区位商品林赎买等试点工作，省市县三级每亩补贴达到2000元。

当初拥护林改，是奔着致富，这点补偿当然远远不够。

钟泰福带领102户村民成立合作社，取名为“绿富”。他盯准的是林下经济：发展阔叶树育苗、养蜂、种花、栽中草药……而这正是福建省“机制活、产业优、百姓富、生态美”的生态文明发展战略中“点绿成金”的秘诀。“每个项目经过验收后，都会有多种扶持与补贴。”据钟泰福介绍，捷文村拿到林下经济项目补助累计已超过100万元，5个自然村因此全部修通了竹山便道30多公里，由此仅运输竹子成本就能下降八成。2016年，捷文村绿富合作社毛收入1600万元，平均每户近16万元。

不过李美元觉得钟泰福“胆子还不太大、视野还不够远”，他最羡慕的是“云礤村模式”。

武平县城厢镇云礤村就在捷文村的隔壁，村里的山林先后被划入省级、国家级自然保护区，连间伐也不允许。结果全村40多户林农陆续搬到县城谋生。但划为保护区，经过10余年休养，山美了，水清了。2014年，武平县引进江西一家企业投资1.3亿元建成梁野山公园，如今已是5A级景区。40多户云礤人又全部搬了回来，吃起森林旅游饭，80%被林业部门评为“森林人家”——给予统一装潢、统一价格、统一灶具等补贴。“现在我们40多户，家家都买了汽车、盖了新房，一年纯收入至少15万元。”云礤村党支部书记钟尚明告诉记者。

“‘不砍树也致富’，其实就是发展生态经济。”李美元脑子灵活：捷文村有山有水，也可以发展生态旅游。这一设想得到了村民的支持。如今，合作社的林下经济发展起来了，旅游规划也已经请人做了……

弹指15年，山河焕然一新。林改前为国定贫困县、农民人均年收入只有3000元的武平县，2016年农民人均年收入达到1.3万元；全县财政收入增长近10倍，还跻身全省发展“十佳县”。

在这个中国“林改第一县”里，在这个领取了第一本新式林权证的地方，新一代的武平人，又有了新梦想。就在他们的眼前与身后，那大片大片的“福建绿”，正在向全国拓展……

尤权、于伟国到龙岩检查工作

4月18–19日，省委书记尤权、省长于伟国等省领导带领全省各设区市、平潭综合实验区党政主要领导和省直有关部门负责同志到龙岩市开展工作检查。省领导张志南、梁建勇、周联清、黄琪玉一同调研检查，市领导林国耀、何明华、詹昌建、王龙、张斌陪同调研检查或在检查点上参加活动。

4月19日上午，省委、省政府工作检查组在龙岩经开区（高新区）察看龙马环卫“智慧环卫系统”项目　　（闽西日报社　供稿）

检查组一行先后深入连城、新罗及龙岩经开区（高新区），实地察看以晴科技园、连城兰花博览园、小池镇培斜美丽乡村建设、丰晟科技、龙马环卫等企业和项目，全面调研检查我市贯彻落实省党代会精神，加快再上新台阶、建设新龙岩的工作情况。检查中，省领导对龙岩市经济社会发展取得的成绩给予充分肯定，对闽西老区发展寄予殷切期望。

产业转型升级是龙岩“十三五”发展的一条主线。2016年以来，全市围绕“365”产业体系，建机制、抓重点，精准施策，全力开展招商推介和项目对接，加快落地一批重大产业项目。连城以晴科技园手机、平板电脑生产项目就是一个增资、引资项目，项目一期已于2017年3月投产，同时还引进投产3个配套项目。进车间、看生产、听介绍，尤权、于伟国一行详细了解企业的生产经营情况，鼓励企业进一步加强技术研发，优化产品结构，主动对接市场，提高整体经营能力和竞争力。

连城兰花“浴水重生”更芬芳。2015年遭遇特大洪灾后，连城兰花博览园在废墟中重建升级，并借农业供给侧改革的东风，把兰花产业嫁接休闲观光、电子商务、文化创意等新业态，实现产业叠加融合。兰花争奇斗艳，工人紧张忙碌……尤权、于伟国在兰花博览园细致察看，饶有兴致地站在打包好的盆栽前，看单子上填的是发往哪些区域。对连城兰花公司致力产业扶贫，采取“公司+基地+农户”模式带动贫困户脱贫的做法，尤权、于伟国给予了充分肯定。

新罗区小池镇培斜村是远近闻名的“竹茶之乡”、全省第一个“淘宝村”，也是全市首批美丽乡村试点村之一。在村中淘宝街，尤权、于伟国与年轻店主亲切交谈，问经营状况，听创业故事；在游客服务中心，他们认真察看竹文化展示馆，了解培斜文旅融合的发展思路。走进培斜，看到的不仅仅有产业的兴盛，沿村道而行，满眼青翠，水流淙淙，美景入画，游客不绝。检查组的同志对培斜的美丽乡村建设和生态建设、产业提升纷纷点赞。

省第十次党代会报告中提出实施创新驱动强动力。龙岩市结合实际，全面实施创新驱动、产业兴市、人才强市“三大战略”，以创新驱动为主动力，着力培育发展新动能。龙岩经开区（高新区）的丰晟科技年产15亿安时锂离子动力电池生产项目既是一个军民融合的战略性新兴产业项目，也是“千人计划”人才项目。听到公司负责人说“龙岩资源丰富，上下游环境好，这个产业有发展前景”，尤权、于伟国高兴地表示：“省里支持你们。”

就在两天前，龙马环卫在江西省南昌县新中标环卫服务项目订单，“装备+服务”的创新模式再下一城。近年来，随着一辆辆“福龙马”清扫车从龙岩开向全国，龙马环卫的保洁服务也推向全国。这一由装备制造和环卫服务融合而成的“龙岩扫”，扫出了环卫装备产业发展的新天地，走出了二产与三产融合的新路子。“两者相加，成本就是大优势。”尤权、于伟国一行边看产品演示，边与企业负责人交谈，希望他们在继续做好成本控制的同时，努力往垃圾分类、利用等后续服务上拓展，加快实现营收超百亿元目标。

文化部批准设立国家级闽西客家文化生态保护实验区

2017年2月6日，文化部批准设立实验区的文件到达龙岩。

这次文化部批准设立的实验区以活态传承的非物质文化遗产为核心，结合物质文化遗产和自然遗产进行整体性保护，并采取有效措施优化其保存、生存环境。其保护范围为“古汀州八县”，即包括现今龙岩市的长汀县、上杭县、武平县、连城县、永定区和三明市的宁化、清流、明溪三县，保护区面积1.94万平方公里，人口292.1万人。

源远流长的客家文化是维系客家后人的精神纽带，设立实验区，不仅可以维护文化生态系统的平衡和完整，促进经济社会全面协调和可持续发展；同时对于提高文化自觉，建设中华民族共有精神家园，推进对台文化交流、促进与海外侨胞情感沟通交流等方面，都发挥了巨大的不可替代的重要作用。据此，实验区建设的重要意义不言而喻。

2016年11月中旬，文化部专家组一行对申报情况进行实地考察。闽西浓厚的客家文化生态保护工作氛围以及取得的成效，给专家们留下了深刻印象。“闽西客家文化遗产极为丰富，尤其是近年来闽西对客家文化非遗保护重视的程度及成效真是太大了。”两次到闽西考察的文化部非物质文化遗产司原巡视员、中国非遗保护专家委员会副主任委员周小璞对此赞不绝口。

近年来，龙岩市以永定土楼这一世界级文化品牌为重点，大力加强闽西客家文物古迹、闽西汉剧、十番音乐、客家山歌、客家戏曲、客家民俗等特色文化的保护，深入研究客家民系、客家文化的形成和发展情况，挖掘客家民俗活动的丰富内涵——几年来，市县各级通过财政投入以及民间集资等方式，先后筹集3亿多元资金，重点加强一批文化遗产的维修和抢救保护。

2008年底，龙岩市启动实施打造“海峡客家”品牌计划，5个客家县每县重点打造1个县域特色文化品牌，永定做足客家“楼”文化，上杭做深客家“根”文化，武平做大客家“佛”文化，长汀做强客家“城”文化，连城做好客家“民俗”文化，全面深入推进客家文化的保护和传承弘扬工作。2009年起，全市投入30多亿元资金，先后建成一批客家博物馆（园），成为保护传承展示宣传非物质文化遗产的重要平台载体。

为摸清家底，把老祖宗馈赠的文化遗产保护、传承好，龙岩市从2012年起，用两年时间，组织人员深入城镇乡村、走访民间社团，挖掘现有非物质文化遗产的种类、数量、分布状况以及传承人等情况，进行全方位深入普查。

同时，龙岩市注重发挥文化、教育、传媒等作用，大力开展文化生态保护的宣传教育，让非物质文化遗产走进学校、社区、厂区，进一步提高群众参与文化遗产保护的积极性。市人大代表、市政协委员专程就龙岩市文化建设和保护专题调研，为龙岩市文化生态保护汇智聚力。

此外，社会各界广泛参与保护过程，龙岩市由民间自筹资金建设的非物质文化遗产展馆（厅）有5处、传习中心6个，在传承、展示非物质文化遗产方面发挥了积极作用。

全市有国家级非物质文化遗产8项，省级26项；世界文化遗产1处，全国重点文物保护单位14处40个点，省级文物保护单位80处110个点；国家级历史文化名城（村、镇）12个、省级11个，中国民间文化艺术之乡7个，充分体现了闽西客家文化的多样性、独特性和完整性。

2月5日，武平县梁野山脚上演的《元初客家欢》乡村春晚受到全球上亿观众的追捧，各类民俗民情节目演绎的乡音乡情勾起海内外游子的乡愁记忆。其中，有着“南国牡丹”美誉的闽西汉剧也展现着独特的魅力。

看到如此情形，国家级闽西汉剧传承人邓玉璇心里甚是欣慰：近年来，市委、市政府高度重视汉剧的保护传承发展，2006年闽西汉剧被列入第一批国家级非物质文化遗产保护名录，同时荣获多个奖项。从一个濒危项目，打造成为全市的文化品牌和名片，并呈现繁荣发展的态势。如今更是通过新媒体等方式向世人展示，让更多人了解知晓汉剧、参与传承汉剧。

保护和传承历史文化遗产，就是守住过去的辉煌、今天的资源和未来的希望。今天，聪明智慧的闽西儿女正用实际行动履行这神圣的使命。

"设立实验区的核心是对非物质文化遗产的保护，原生态保护和整体性是其基本准则。"市民间文艺家协会名誉主席、国家二级艺术管理何志溪说，不仅在于保护某项文化遗存，更要保护该文化遗存赖以存在的自然生态环境、社会生态环境和政治生态环境等。这就要求更真实地体现和保存在历史长河中或当下存在的一些具有个性化特色的非物质文化遗产形态。

在推进实验区建设过程中，龙岩市将享受到各级经费保障和政策扶持。据介绍，国家将采取中央、省、市财政拨款和民间筹资等方式，全面推进实验区建设。

在新的起点走上龙岩市将在文化部及省文化厅的指导下，进一步加强领导，建立层级分明的保护机制及保障机制；搞好规划，组织制订生态保护区中长期总体规划，对重点区域实施整体性保护，不断健全完善非物质文化遗产保护措施，提高闽西地区客家文化生态的整体保护水平，促进龙岩市经济社会全面协调和可持续发展。

到2021年，初步建立起3处文化遗产展示区、40个客家文化保护项目传习中心等重点保护区域，一个优美的非物质文化遗产所依存的自然生态环境和人文生态环境将呈现在人们面前，国家级闽西客家文化生态保护实验区建设将取得初步成效。

龙岩总结部署打赢"项目、脱贫、生态"三大战役

2月10日，龙岩市委、市政府召开全市"三大战役"2016年总结暨2017年部署工作电视会议，会议开到县、乡、村各级。

市委书记林国耀指出，过去的一年，全市项目落地、脱贫攻坚、生态环保"三大战役"首战告捷，实现了"十三五"良好开局。打出了创先争优的气势，打出了稳中向好的态势，打出了新时期苏区干部的精气神。

林国耀强调，要持续攻坚，纵深推进"三大战役"。一要全力以赴打好项目落地攻坚战。围绕530个攻坚项目、200个谋划项目、200个签约项目，聚焦增强后劲，全力抓好"重中之重"；聚焦关键环节，持续推进"五个一批"；聚焦补齐短板，扎实抓好工程包项目；聚焦优化环境，合力加强要素保障。二要精准精细打好脱贫攻坚战役。围绕全年完成脱贫5万人，7个扶贫开发重点乡镇、80个贫困村实现摘帽的目标，突出重点任务、国定脱贫，突出精细管理、责任落实，精准施策，打好脱贫攻坚"组合拳"，确保全面完成年度脱贫任务。三要保质保量打好生态环保战役。围绕加快建设国家生态文明试验区，着力推进突出问题整治，促进环境质量更加优良、环保设施更加完善、环保机制更加健全、责任落实更加到位。

林国耀强调，要提振精气神，确保"三大战役"取得实效。我们要沉下心、沉下身、沉下力，把发展的宝押在自己身上；要挂图作战、挂牌征战、挂牌督战，撸起袖子加油干；要机制化、常态化、规范化，确保"三大战役"有序推进、高效运作，以更加昂扬的斗志、更加务实的作风，争分夺秒、迎难而上，奋力夺取"三大战役"的全面胜利，以优异成绩迎接党的十九大胜利召开。

市委副书记、市长林兴禄要求，各级各部门要认真按照会议部署，牢固树立"围绕发展抓攻坚、围绕项目抓落实"意识，迅速抓好落实，压紧压实责任，把一个个项目当作一场场战斗，通过每一场战斗实现"三大战役"目标，以各个战役目标实现全市加快发展的战略目标。当前，要抓住好天气、好时机，马上行动，大干快上，确保实现各项工作"开门红"。

会上通报表扬了龙岩市2016年度"三大战役"绩效考评成绩突出单位和个人、2016年度突出贡献企业家和重点项目建设成绩突出个人。"三大战役"的常务副总指挥分别就2017年项目落地、脱贫攻坚、生态环保战役主要内容及相关政策进行了详细解读。

2月10日召开的会议上，对2016年度"三大战役"绩效考评成绩突出的单位和个人予以表彰

政府工作报告

——2018年1月7日在龙岩市第五届人民代表大会第二次会议上

龙岩市人民政府市长　林兴禄

一、2017年工作回顾

过去一年，在省委、省政府和市委的正确领导下，我市各级政府认真学习贯彻党的十九大精神和习近平新时代中国特色社会主义思想，坚定不移贯彻新发展理念，扎实推进供给侧结构性改革，坚持稳中求进工作总基调，深入打好项目落地、脱贫攻坚、生态环保“三大战役”，着力补齐民生短板，经济社会发展取得新成效。

1. 经济发展稳中向好。出台工业21条、服务业20条等产业发展意见及扶持政策，“一企一策”支持龙头企业发展，开展服务业“三比一看”竞赛活动，推动实体经济持续向好。预计全市生产总值2158亿元、增长8%，地方一般公共预算收入138.8亿元、增长5.6%，固定资产投资2519亿元、增长15.1%，规模以上工业增加值635亿元、增长8%。产业结构调整优化，第三产业增加值增长11.4%、对经济增长的贡献率达53%，机械装备、有色金属两大工业主导产业增长20%，高新技术产业增加值增长27%，“八大珍”“八大鲜”、林下经济、花卉苗木、优质果蔬等特色农业加快发展。企业质量效益提升，七成工业企业产值保持两位数增长，企业利润总额增长60%，新增亿元以上企业50家、国家高新技术企业15家，龙工集团成功研发挖掘机高压液压元件，在行业内率先实现国产替代进口，龙工装载机市场占有率稳居行业首位，龙净环保入选工信部制造业单项冠军。新动能不断汇聚，“制造+服务”等新模式进一步推广，龙马环卫获评国家服务型制造示范企业，新培育4家省级服务型制造示范企业。众创、电子商务等新业态加快兴起。军民融合项目新开工16个、新投产9个，国家军民融合新型工业化产业示范基地建设有新进展。成功创建国家应急产业示范基地。

2. “三大战役”成效显著。深入开展项目落地攻坚，出台项目工作20条，实行领导挂钩，推进一线考察干部，全力突破征迁难题，“五个一批”项目、重点项目、“重中之重”项目、投资工程包均超额完成年度目标任务，紫金铜业技改扩建、中石油催化裂化剂、龙工“四轮一带”和靖永高速等一批重大项目开工建设或建成投产，杭广高铁双龙段等项目前期取得重大进展。组织开展脱贫攻坚季度攻势行动，突出抓好搬迁扶贫、健康扶贫、金融扶贫等工作，完善精准扶贫信息平台，开展激励性扶贫试点，预计5.7万人如期脱贫。组织实施生态环保“四大提升工程”，全面推行河长制，做好迎接中央环保延伸督察工作，环保突出问题得到有效治理。重点流域1~2类水质比例达36.4%，尤其是中心城区小溪河水质从长期的劣五类提升至三类水标准，登高桥断面部分时段20年来首次达到二类水标准。城市空气质量优良天数比例达99.2%，居全省前列。获评全国森林旅游示范市。龙岩地质公园入选世界地质公园推荐名单。长汀县获评首批国家生态文明建设示范县。

3. 城乡建设开创新局面。龙岩市及武平县成功创建全国文明城市。推进创城工作常态长效机制建设，城市管理水平明显提升，城市面貌明显改善，群众共建共享的积极性、主动性大幅提高，市民认同感、获得感明显增强。组织实施中心城区畅通工程，主干道路、拥堵节点改造、停车设施等一批重点城建项目加速推进，全年新开竣工57个项目，新建及改造城市道路17.8公里，新增公共停车位3000多个，新投放一批新能源公共汽车、共享单车，市民出行更加顺畅。制订《龙岩市城市绿化导则》，启动实施中心城市园林绿化提升工程，道路沿线、公园庭院和重要节点绿化改造力度加大，城市绿化美化再上新水平。特色小镇和美丽乡村建设扎实推进，新增1个国家级、2个省级特色小镇和1个田园综合体省级示范点、13个中国传统村落，村镇面貌持续提升。

4. 重点改革取得新突破。全国集体林权制度改革现场会在武平县召开，林改“武平经验”进一步推广。漳平市被确定为全国农村集体产权制度改革试点县。顺应“互联网+”发展趋势，建设“e龙岩”网上公共服务平台；开展“减证便民”专项行动，审批服务事项全部进驻网上办事大厅，“一趟不用跑”“最多跑一趟”事项达83.1%，让数据多跑路、百姓少跑腿，群众和企业办事更便捷、更舒心。不动产登记实行“一窗办理、集成服务”，办证速度全省首位、全国领先。全面完成市、县两级政府部门权责清单编制公开工作，基本完成环保机构垂直管理改革，理顺龙岩经济技术开发区、厦龙山海协作经济区和“大古田”管理机制。进一步规范改进市直单位人事编制管理。全面推行预决算公开，加强政府性投资项目概算调整管控。通过政府购买服务方式，发动社会力量参与重点工作。改进中心城区应急性项目建设管理，在“四保”前提下推进城建项目建设提速增效。国有企业改革有序推进，市属国企总资产规模突破1000亿元。创新招商工作机制，坚持领导带队招商，把服务好现有企业作为招商重点，求实求效办好“11·8”大型招商活动，全年新签约项目257个、总投资665亿元。

5. 民生保障更加有力。预计城镇居民人均可支配收入32840元、增长8%，农村居民人均可支配收入15655元、增长8.5%；城镇登记失业率2.48%，城镇新增就业1.9万人。全市公共财政用于各类民生支出247.4亿元、增长14%，占地方公共预算支出的82.2%。全面完成23项为民办实事项目，一大批惠民举措落地实施，教育、卫生与健康、养老服务、城乡民生基础设施四大领域补短板工作不断加强。出台加强基础教育工作十条措施，新增中小学学位近1万个、幼儿园学位1.5万个，组建17个教育组团，推行“阳光招生”，推动教育教学质量提升。深化医药卫生体制改革，分级诊疗试点全面推行，妇幼等医疗卫生薄弱领域建设得到加强。提高城乡低保标准，实行城乡居民基本医疗保险市级统筹。基本建成保障性住房1.2万套，新开工建设4080套。成功入选全国居家和社区养老服务改革试点地区。在全国率先通过地方立法保护红色文化遗存，获批设立国家级客家文化(闽西)生态保护实验区。

平安县乡村三级联创和“3个10%”做法在全国推广；涉麻制毒、电信诈骗犯罪等专项整治成效显著。安全生产治理能力和监管水平有效提升。食品药品安全放心市建设扎实推进。全民健身和竞技体育全面发展。与此同时，龙岩市及7个县(市、区)被评为全省双拥模范城(县)，连续三届“满堂红”，国防动员和后备力量建设成效明显。妇女、儿童、老年人工作继续加强，防灾减灾、对台事务、民族宗教、残疾人、人防、地方志、档案等各项事业取得新进步。

6. 政府自身建设不断加强。认真学习贯彻党的十九大精神，深入推进“两学一做”学习教育常态化制度化，在“学懂、弄通、做实”上下功夫，扎实做好政府各项工作。牢固树立“四个意识”，把政治建设摆在首位，坚持在市委统一领导下开展工作。主动接受人大、政协监督和社会监督，办理人大代表建议295件、政协提案645件(次)，办复率均为100%，办理质量进一步提升。修订完善《市政府工作规则》，建立市、县两级政府主要领导“三三一”工作机制，制定实施“三大战役”奖励问责办法，增强“马上就办、真抓实干”意识，形成苦干实干狠抓落实的工作氛围。我市机制创新项目在全省绩效管理考评中获第二名。坚持依法行政，政务公开和权力运行网上公开全面推进，“七五”普法深入开展。行政监察、审计监督持续深化，政府系统党风廉政建设和反腐败工作扎实推进。

各位代表，过去一年取得的成绩，是坚持以习近平新时代中国特色社会主义思想为指引的结果，是省委、省政府和市委正确领导的结果，是全市人民齐心协力、攻坚克难和各方面大力支持的结果。我代表龙岩市人民政府，向全市人民，向人大代表、政协委员、各民主党派、工商联、各人民团体和各界人士，向中央和省直驻岩机构、驻岩部队和武警官兵，向关心支持龙岩发展的港澳台同胞、海外乡亲和国际友人，表示诚挚感谢！

同时，我们更清醒地看到存在的困难和问题，主要是：产业转型提升难度大，经济增长的内生动力不强，发展质量和效益有待提高；优势资源发挥不充分，大项目、好项目缺乏，项目支撑不足；财政增收困难，新的财源点少，地方财力较为薄弱；城乡、区域之间发展差距依然较大，脱贫攻坚仍然艰巨，教育、医疗、养老等民生领域还有许多短板；安全生产、生态环保、社会治安等方面存在不少薄弱环节，基本公共服务和社会保障能力有待进一步提升。政府工作中仍有许多不足，有些政策和改革措施落实不到位，工作机制不完善，一些工作人员的素质、能力和作风不适应新要求，存在担当不够、效率不高、服务不优、工作不实等问题。对此，我们一定直面问题，攻坚克难，做实做好政府工作，推进龙岩加快发展。

二、2018年工作安排

2018年是贯彻党的十九大精神的开局之年，是改革开放40周年，是决胜全面建成小康社会、实施“十三五”规划承上启下的关键一年。中央、省高度重视闽西老区发展，习近平总书记先后20次到龙岩考察指导工作，先后对长汀水土流失治理、福建集体林权制度改革工作作出重要批示；党的十九大报告特别强调“召开古田全军政治工作会议，恢复和发扬我党我军光荣传统和优良作风，人民军队政治生态得到有效治理”，提出“绿水青山就是金山银山”等新理念。这些为我们加快发展指明了方向，提供了难得机遇，让我们倍受鼓舞、倍感振奋。今后，龙岩红色文化优势和绿色生态优势将更加凸显。

我们将在市委统一领导下，全面贯彻党的十九大精神，以习近平新时代中国特色社会主义思想为指导，按照中央“五位一体”总体布局和“四个全面”战略布局，坚持新发展理念，以供给侧结构性改革为主线，坚持稳中求进工作总基调，把实现总量赶超与提高发展质量有机统一起来，统筹推进稳增长、促改革、调结构、惠民生、防风险各项工作，抢抓新机遇，发挥新优势，拓展新资源，深入实施“三大战略”，持续打好“三大战役”，着力产业兴市，着力项目带动，着力城乡协同，着力改善民生，着力改革创新，促进经济社会持续健康发展，推动“再上新台阶、建设新龙岩”迈出新步伐。

全年经济社会发展主要预期目标是：全市生产总值增长8.6%；一般公共预算总收入增长3.5%，地方一般公共预算收入增长8.1%；固定资产投资增长15%；外贸出口增速不低于全省平均水平，实际利用外资增长6%；社会消费品零售总额增长12%，居民消费价格总水平涨幅3%左右；城镇登记失业率控制在4.2%以内；城镇居民人均可支配收入增长9.3%，农村居民人均可支配收入增长9.3%；完成节能减排降碳任务。

为此，重点做好以下五个方面工作：

(一)强化产业兴市，推进发展动力变革

落实省“百千万支撑工程”，按照全市“365”产业布局，坚持创新驱动、龙头引领，做强做优做大先进制造业，加快发展现代服务业，壮大实体经济，增强发展内生动力。

1. 全力实施“双培育”行动计划。实行“一业一策”“一企一策”,集中优势资源,培育做大支柱产业和龙头企业。培育发展支柱产业。重点抓好有色金属、机械装备、文旅康养三大千亿级产业。围绕打造有色金属之城,推进太阳铜业连铸连轧铜杆、龙德六氟磷酸锂、闪烁及激光晶体等重大项目,延伸拉长金铜循环经济产业链,推动稀土材料开发高附加值产品、拓展应用新领域,力争有色金属产业产值突破700亿元。围绕打造专用车之城,推进新龙马战略重组,加快新能源汽车全产业链发展;抓好环卫保洁、应急电源、排水防涝、冷链物流等专用车项目建设,支持企业从生产领域延伸到工程服务领域,建设省专用车辆产品质量检验中心,做大国家应急产业示范基地。大力推进装载机、挖掘机等整机及配件项目,发展高端工程机械、智能矿山机械等项目,加强大气污染治理设备研制与工程总包,拓展固体废弃物处置、水污染防治等领域产品开发,力争机械装备产业实现产值400亿元以上。围绕打造文旅康养之城、全国性养生养老中心,强化资源整合,引进行业龙头企业,推进体验互动式的业态融合,提升壮大文化旅游产业;发挥独特的红色文化优势,深入挖掘古田会议精神内涵,推进古田红军小镇等项目建设,开发研学旅行精品线路,积极争取国家机关以及央企、部队在岩设立教育培训基地,大力发展红色教育培训产业;深入推进全国居家和社区养老服务改革试点,引进实施一批中高端医养结合项目,打响“清新龙岩·养生福地”品牌,力争文旅康养产业实现产值850亿元以上。同时,继续抓好特色产业发展提升,力争建筑业产值突破900亿元,农产品加工业产值突破400亿元,现代物流业产值突破150亿元,争取成为新的支柱产业。培育壮大龙头企业。完善领导挂钩、部门帮扶、一企一议等机制,在项目推进、用地用林等方面给予倾斜支持,推动紫金矿业、龙烟、龙工、龙净、龙马环卫、金龙稀土、龙洲股份等龙头企业做强做大,推动龙岩高岭土、新罗容和盛等企业尽快上市,加快培育一批产值超10亿元、50亿元、100亿元企业,打造更多数得上、叫得响的闽西“龙”字头企业军团。支持现有企业技改提升,抓好100个重点技改项目。各县(市、区)和龙岩经济技术开发区均培育1个以上支柱产业和一批龙头企业。

2. 积极推动创新融合发展。发挥苏区优势和新古田会议效应,推进军民融合深度发展。持续深化与部队、军工企业的项目、技术、人才、资本对接,加快国家军民融合新型工业化产业示范基地建设,力争全年新开工项目25个以上、新投产项目15个以上、新增25家企业取得参军资质。强化企业主体地位,推进产学研合作,重点推动高端装备制造、新材料、新能源、信息技术、生物医药等领域技术成果引进应用,争取新增国家高新技术企业15家、省级科技小巨人领军企业20家、省级以上研发机构5家,积极创建国家创新型城市。推广服务型制造,支持企业发展主辅分离、个性定制、在线诊断等新模式,新培育一批省级服务型制造示范企业。开展重点行业企业智能制造试点示范,支持企业引进智能制造装备、开发智能终端产品,促进新一代信息技术与制造业加快融合。深化与今日头条、美团点评等互联网企业的对接合作,推动生产、流通、政务、民生等领域大数据普及应用,培育一批创新创业平台,发展新产业、新业态。开展质量提升行动,鼓励企业加强品牌建设,支持重点企业争创制造业“单项冠军”和“专精特新”中小企业。

3. 激发各类市场主体活力。大力扶持发展中小微企业。深化成长型中小微工业企业培育计划,继续开展服务业发展竞赛活动,帮助协调资金、技术、用工等问题,支持有市场、有核心技术的企业快速成长,全年新增规模以上工业企业50家、亿元以上工业企业50家、规模以上服务业企业50家。做强做优做大国有企业。深化国资国企改革,加大整合重组,改进经营管理,优化绩效激励,加强风险管控,增强企业投融资能力,加快打造主业突出、规模较大、实力较强的国有企业。鼓励国企开展资本运作,以资源整合、股权合作、资本招商等方式,策划实施优质产业项目,提高国资质量,助推产业转型。激发和保护企业家精神。构建亲清新型政商关系,主动与企业家联系对接,听取企业家建议意见,对突出贡献的企业家进行表彰,形成尊重企业家、支持企业家的良好氛围,鼓励更多社会主体投身创新创业,让市场活力和社会创造力竞相迸发。

(二)强化项目带动,推进发展提速提质

持续打好项目落地攻坚战,推动“五个一批”项目滚动接续,发挥投资对优化供给结构的重要作用,进一步提高发展的速度和质量。

1. 全力攻坚重大项目。全年新谋划项目200个、新签约项目200个、新开工项目80个、新投产项目60个、新增资项目50个以上,安排省市重点项目300个,固定资产投资完成2900亿元以上。全力推进60个“重中之重”项目,突出抓好中石油催化裂化剂、龙马环卫装备扩建等30个产业项目,厦蓉高速东联络线、万安溪引水工程等15个基础项目,龙岩大道高架桥等15个城建项目。建成南三龙铁路、厦蓉高速扩容天宝至蛟洋段等项目,力争开工建设杭广高铁双龙段等项目,全力推进龙岩机场、厦渝通道赣龙厦高铁等重大项目前期。

2. 坚持真招商招真商。主要领导带头招商,实行“管行业必须管招商”,推行全员招商,鼓励以商引商,形成大招商的浓厚氛围。完善招商引资办法,开展常态化、针对性招商,突出主导产业招商,盯紧央企、军工企业,主动对接招商。打好“乡情牌”,实施“龙商回归”工程，吸引龙岩籍企业家返乡投资兴业。既倡导“饿虎扑食”又防止“饥不择食”，坚持优惠与贡献衔接，把好项目准入关，提高招商引资质量。推进龙岩经济技术开发区、厦龙山海协作经济区以及县域特色专业园区建设，完善政策配套和基础设施，做优园区招商平台。主动对接“一带一路”建设，深化龙台产业合作，扩大龙港龙澳合作和国际友城交流，做好新生代侨胞工作，拓宽招商引资渠道。

3. 完善项目管理和推进机制。坚持集中精力抓项目，建立完善领导挂钩、定期会商等制度，对“重中之重”项目、“双培育”行动计划项目，成立工作专班，落实“一对一”管理责任，全力攻坚突破。强化项目策划生成，依托支柱产业、龙头企业延伸项目，围绕优势资源开发项目，推动现有企业增资扩产新上项目。强化部门联动，做细做深项目前期，对重特大项目定人、定责、定进度跟踪推进。改革完善项目工程管理制度，推行精细化管理，提高工程效率，确保质量安全，打造精品工程。

4.加强要素保障。加大财政资金统筹力度，优化投资计划管理，突出保证重大关键性项目及民生需求迫切项目。用好中央、省支持苏区发展政策，积极向上争取项目资金扶持。完善产融合作平台，促进项目融资精准对接。推进项目测绘、财审、图审等改革，进一步优化审批服务。坚持依法征迁、和谐征迁，集中开展“净地行动”，清理盘活闲置、低效土地，节约集约利用，为新项目提供用地保障。实行差异化扶持政策，集中优势资源推进主导产业、龙头企业项目建设。建立联动执法机制，坚决打击影响施工的各类违法行为，优化项目建设环境。

（三）强化城乡协同，推进美丽龙岩建设

统筹生产、生活、生态布局，促进城乡基础设施一体化和公共服务均等化，推动人与自然和谐共生，建设宜居宜业的美丽龙岩。

1. 推动文明建设常态长效。巩固文明创建成果，着力推进基层行动及群众参与、基础设施提升、政府部门管理、政府服务质量提升、市民素质提高、创城活动运作等常态长效，开展“六项提升行动”，加快形成共建共治共享的城市发展新格局。深化城市执法体制改革，推行“街长”“巷长”负责制，开展无物业小区、农贸市场、夜市、流动摊贩等规范治理，实现城市管理全覆盖。建设新型智慧城市，完善数字城管、智能交通等信息平台，健全巡查报告、受理处置、反馈回访、监督考评等机制，推进城市精细化管理。深化群众性精神文明创建活动，推进诚信建设和志愿服务制度化，进一步增强市民认同感和主人翁意识，让讲文明、守规则、有秩序成为社会风尚。

2. 建设宜居宜业城市。认真贯彻“以人为本、尊重自然、传承历史、绿色低碳”的规划理念和“适用、经济、绿色、美观”的建筑方针，突出山水生态元素和历史文脉，推进新一轮城市总体规划修编和“多规合一”成果应用，优化城市设计，彰显特色风貌。在产业协同发展、基础设施一体化建设、公共服务共享等方面加大统筹力度，推动永定区加快融入中心城市。以消除市民出行堵点为目标，继续大力实施畅通工程，加快罗桥节点改造、溪南节点改造、罗龙西路二期、人行过街通道等项目建设，完成“三桥一路”节点改造，火车站北站房综合枢纽建成投入使用，天马路二期、金鸡路全线贯通，全市新增公共停车位2500个以上。推进公交优先发展，更新200辆新能源公交车，新建一批城市公交站场。实施葫芦溪分洪等项目，推进雨污分流和老旧管网改造，进一步提高城市防洪防涝能力。按照“经济、生态、美观”原则，重点抓好龙津湖公园、东山湿地公园建设和龙岩大道一期、大锦山公园等园林绿化提升工程，加快打造景观优美、舒适宜人的城区环境。

3. 推进乡村振兴。按照产业兴旺、生态宜居、乡风文明、治理有效、生活富裕的总要求，推进农业农村改革发展。稳定粮食生产，做优七大特色产业，强化农产品质量安全，打响闽西特色农业品牌。培育新型农业经营主体，发展多种形式适度规模经营，提高农业综合效益。大力发展精致农业、休闲农业、农村电商和乡村旅游，构建农村快递物流体系，促进农村一二三产业融合发展，拓宽农民增收渠道。坚持因地制宜、比土不比洋，加快建设2个国家级、5个省级、8个市级特色小镇和永福田园综合体，打造省级美丽乡村120个、美丽乡村景观带3条以上，加强古村落古民居保护。推进健康乡村建设，开展农村人居环境整治行动，抓好农村“厕所革命”和农村危房改造，建立城乡一体化垃圾处理机制，提高农村生活品质。推进“四好农村路”建设，推动农村基础设施提档升级，完成农村路网提级改造450公里、危桥改造60座、农网生命安全防护工程300公里，推行路长制、乡村道路专管员制度，让百姓出行更通畅、更安全。实施一批高效节水灌溉、水库除险加固、农村安全饮水巩固提升等工程，加强农田水利设施建设。抓好农村集体产权制度改革试点，深入推进农村土地“三权”分置和承包经营权确权登记，创新农村“两权”抵押模式，保障农民财产权益，壮大集体经济。做好村级组织换届工作，改革农村“六大员”管理机制，加强农村服务队伍建设，培养造就一支懂农业、爱农村、爱农民的“三农”工作队伍。开展移风易俗行动，提升农民精神风貌，不断提高乡村社会文明程度。

4. 加强生态建设。持续打好生态环保攻坚战，守护好、利用好绿水青山这一最宝贵的资源和资产。强化生态环保属地管理、行政执法和企业治污主体责任，推行环境污染责任保险、环保信用评价、信息强制性披露等制度，实行环保督查常态化。推进生态保护红线、永久基本农田、城镇开发边界三条控制线划定工作，做好饮用水源地保护，加强自然保护区、湿地公园建设和管理，加快推进梅花山国家公园前期。打好“清水翻身仗”，总结推广小溪河治理成功经验，深入推进河长制，加大执法问责力度，开展生猪养殖业污染、小流域污染、城市黑臭水体等专项治理，全面消除重点小流域劣五类水质，全市流域水质优良比例达95%以上。打好“青山修复仗”，加大落后产能淘汰力度，加强矿山生态恢复治理，开展国土绿化行动，完成造林绿化7300公顷，综合治理水土流失2.67万公顷。打好“蓝天巩固仗”，强化重点工业企业污染治理和臭氧污染防治，确保空气质量保持全省前列。打好“净土保卫仗”，加强铁锰矿、铅锌矿污染整治，推行垃圾废弃物无害化处理，开展化肥农药使用量零增长减量化行动，全面完成土壤污染防治与修复任务。从严治理城市噪音、油污、扬尘等污染，营造良好人居环境。支持企业开展循环经济示范试点，开展创建节约型机关、绿色学校、绿色社区和绿色出行等行动，培育绿色生态文化。

(四)强化补齐短板，推进民生事业改善

时刻把群众冷暖放在心头，主动回应群众关切，既尽力而为、又量力而行，下大力气解决群众关切的痛点、堵点问题，努力让群众操心事烦心事更少、获得感幸福感更多。

1.坚决打赢脱贫攻坚战。精准扶贫是政治责任、是底线任务，我们必须带着情怀和责任抓落实。按照习近平总书记“全面建成小康社会，一个不能少；共同富裕路上，一个不能掉队”的要求，压实责任、精准施策、精细落实，确保在册建档立卡贫困人口全部脱贫、160个贫困村和14个贫困乡镇退出。突出产业帮扶，发挥农业龙头企业带动作用，扶持贫困户发展可直接受益的项目，让贫困户稳定增收。突出金融支持，整合各类扶贫资金，探索建立贫困户资产性收益增收机制。突出健康扶贫，落实好大病医疗补助、医疗叠加保险等政策，加大临时救助、慈善救助等帮扶力度，防止因病致贫返贫。注重扶贫同扶志、扶智相结合，推广激励性扶贫，激发贫困人口内生动力。对无法通过产业扶持和就业帮助脱贫的家庭，实行政策性保障兜底。完善政策引领、投入保障、责任落实、社会参与等脱贫攻坚长效机制，加强脱贫后续保障，提高脱贫质量，确保贫困人口稳定脱贫。用好精准扶贫信息平台，实现全过程指导、推动和监管，以信息化促落实、促公开、促精准，确保脱真贫、真脱贫。严厉查处扶贫领域腐败问题，坚决反对和纠正弄虚作假、做表面文章等侵害群众利益的不正之风。

2.促进教育优质均衡发展。坚持把教育事业放在优先位置，努力满足市民对优质教育的新需要。推进城乡义务教育一体化改革发展，努力让每个孩子都能享有公平而有质量的教育。认真落实加强基础教育工作十条措施，全面加强教学质量管理，完善以教绩为导向的职称评聘管、教师教绩考核激励、班主任考评奖励等机制，让一线教师、骨干教师和教学成绩突出的教师“多劳多得、优绩优酬”。加快推进城区基础教育学校扩容，实行代建、施工一体化“交钥匙”工程，全市新改扩建中小学31所、新增学位1万个以上，新办公立幼儿园20所、新增学位7200个以上，扶持发展普惠性民办幼儿园，加快消除“大班额”。深入实施“名校带动工程”，推动基础教育组团发展，扩大优质教育资源覆盖面。深化产教融合、校企合作，推动职业教育转型发展。支持和规范民办教育，办好特殊教育、终身教育，建设学习型社会。

3.推进文化繁荣兴盛。坚定文化自信，加快建设文化强市，激发闽西特色文化创新创造活力。培育和践行社会主义核心价值观，传承和弘扬红色文化、客家家风家训，凝聚发展正能量。完善公共文化服务体系，实施文化惠民工程，抓好市博物馆改造提升等项目，多建一批百姓身边的文化设施，丰富群众性文化活动。以国保带省保、县保，加大红色文化遗存保护力度，全面推进国家级客家文化(闽西)生态保护实验区建设。推进海峡两岸交流基地、台湾青年创业基地建设，深化龙台文化交流。规划建设龙岩洞文化创意产业园、特色文化街区，鼓励支持闽西特色文艺创作，大力培育新型文化业态，让文化资源优势转化为产业发展优势，进一步打响闽西文化品牌。

4.建设健康龙岩。持续深化医药卫生体制改革，全面推进分级诊疗和医联体实质性运作，加强基层医疗卫生服务体系建设，推动优质医疗资源下沉。加快推进产科、儿科、老年科等薄弱学科建设，新增产科床位100张、儿科床位200张以上。鼓励和支持社会资本办医。精准引进高层次医学人才，定向培养一批本土化医学人才，提高基本医疗服务水平。促进健康与旅游休闲、体育健身、养生养老、中医药等融合发展，实施居民营养计划，研究推广闽西特色药膳养生文化，加快发展健康产业。从严抓好食品药品安全工作，坚决把好百姓饮食用药的每一道关口，创建国家食品安全示范市。继续建设一批市民身边的健身设施，满足市民健身需要。打造“一县一品”全民健身活动品牌，备战第十六届省运会。实施好全面二孩政策，加强与妇幼保健、教育等政策配套衔接。

5.健全社会保障体系。就业是最大的民生。实施积极的就业政策，加大对灵活就业、新就业形态的支持，鼓励创业带动就业，抓好高校毕业生、进城务工人员、困难人员等重点群体就业，新增城镇就业1.8万人以上。坚持“房子是用来住的、不是用来炒的”定位，加快建立多主体供应、多渠道保障、租购并举的住房制度。加大棚户区改造力度，基本建成保障性安居工程6000套。完善社会救助体系，继续推进大病统筹保险和医疗救助，继续提高城乡低保标准，扩大低保对象覆盖面，整合资源协力救助在校贫困大学生，实施红土助残工程，使困难群众心里有温暖、生活有奔头。推进社会保险扩面，实施全民参保计划，继续推进机关、事业单位养老保险制度改革。发展社会福利、慈善、老龄事业，关心帮助孤寡老人，支持建设一批居家养老和日间照料中心，加强农村留守儿童关爱保护，切实维护妇女和未成年人合法权益。落实好双拥优抚政策，支持驻岩部队建设，提高国防动员、后备力量和人民防空建设水平。

6.建设平安龙岩。平安是发展的前提，是最基本的民生。坚持共建共享，持续深化平安县乡村三级联创活动。推进“互联网+社会治理”，完善立体化、信息化社会治安防控体系，坚决整治群众反映强烈的治安问题。落实综治维稳责任，加大联合惩戒激励力度，提高就地及时解决信访问题能力，筑牢社会稳定的第一道防线。广泛开展普法宣传教育，加强公共法律服务体系建设，积极引导群众养成用法维护权益、解决纷争的习惯。弘扬生命至上、安全第一的思想，认真落实“党政同责、一岗双责、失职追责”，深入开展重点行业、重点领域专项整治，坚决遏制重特大安全事故，提高防灾减灾救灾能力。坚持控新化旧，规范政府融资举债行为，稳妥处置隐性债务。加强金融信用建设，完善不良贷款协调处置机制，依法打击恶意逃废债行为，有效防范涉众型经济风险。依法妥善解决好农民工欠薪问题。创新社区治理模式，推动社会治理重心向基层下移，强化街道、社区治理和服务职能。发挥群团组织在社会共治的积极作用，推进社区、社工和社会组织联动发展。

（五）强化改革创新，推进效率变革

硬件不足软件补。坚持问题导向、刀刃向内抓改革，做到群众期盼什么、发展需要什么，改革就抓住什么、解决什么，不断增强发展的动力和活力。

1.加大“放管服”改革力度。以利企便民促发展为导向，打造行政审批和便民服务升级版，努力让群众、企业办事像“网购”一样方便。完善一口受理、同步审批、限时办结、信息共享等集成审批服务机制，推行“互联网+政务服务”，不断提升“e龙岩”功能。聚焦项目投资、工程建设、社会民生等重点领域，进一步提高审批效率、简化办事程序，推动市级行政权力下放县级管理。加强政府市场监管职能，在更大范围内实行“多证合一”，试行“证照分离”，全面推行网上登记系统，逐步实现电子营业执照跨领域互通互认，提高市场监管和服务水平，以高效便捷的政务服务增进群众认同感、获得感。

2. 深化投融资改革。全面实施市场准入负面清单制度，适合市场化运作的建设项目一律向民资开放，鼓励社会资本以特许经营、参股控股等方式，更多投向民生补短板、生态环保等领域。深入推进政银企担合作，推动金融机构支持实体经济发展。大力发展普惠金融，加强对“三农”和小微企业的金融服务。有效运作产业基金，支持企业资本运作，着力解决企业融资难融资贵问题。创新财政支持方式，集中力量扶持重点产业、重点企业发展，加快培育壮大财源。

3.创新工作机制。拓展提升水土流失治理“长汀经验”、林改“武平经验”生态品牌，深入开展生态环境损害赔偿制度试点等改革；设立绿色发展基金，探索政府与社会资本合作、第三方治理等模式，鼓励龙净等龙头企业参与水环境治理、固体废物处置，形成更多可推广的龙岩模式，在生态文明试验区建设中走前头。加强对已出台政策措施的跟踪评估，完善抓项目兴产业的常态长效机制。创新引才引智模式，积极引进培育一流人才，推动在岩高校加强应用型办学改革，加快培养一批实用型技能人才。突出在经济建设一线、产业发展中培养和使用人才，充分发挥人才作用。弘扬工匠精神，评选命名一批“龙岩工匠”。完善政府性投资信息系统建设维护机制，推进跨层级、跨地域、跨系统的协同管理和服务。

4.严格激励奖惩。落实好“三大战役”奖励问责办法，大力推进一线考察干部，推动正向激励和逆向惩戒常态化。激发县一级作战单元的积极性、创造性，鼓励和支持各级各部门“走出去”跑政策、跑项目、跑资金。完善绩效管理考评办法，全面实行单位内部二级绩效考评，坚持以群众和企业评价结果为依据、以实际效果为导向，倒逼部门提升行政服务效能。坚决整肃懒政怠政行为，确保各项政策和任务不折不扣落到实处。

三、进一步加强政府自身建设

打铁必须自身硬。我们将深入贯彻习近平新时代中国特色社会主义思想，增强“四个意识”，坚定“四个自信”，坚决维护以习近平同志为核心的党中央权威和集中统一领导，坚持发展第一要务，坚持以人民为中心，增强八种本领，认真履职、积极作为，建设人民满意的服务型政府。

1. 建设担当政府。深入开展“不忘初心、牢记使命”主题教育，发扬闽西苏区光荣革命传统和优良作风，拼精神、下狠劲，全力以赴做实做好各项工作。始终以党和人民利益为重，坚决反对当无原则的“老好人”，敢作敢为、担当负责，只要是有利于闽西长远发展的事、有利于群众利益的事，都要紧盯不放、坚持不懈往前做。坚持严管与厚爱结合、激励与约束并重，旗帜鲜明为干事者鼓劲、为担当者撑腰，让广大干部想干事、敢干事、干成事。

2.建设法治政府。坚持在党的领导下、在法治轨道上开展工作，推动形成办事依法、遇事找法、解决问题用法、化解矛盾靠法的良好法治环境。自觉接受人大法律监督和工作监督、政协民主监督、监察机关监督，主动接受社会监督和舆论监督。构建依法行政制度体系，完善权力、责任、监管三张清单，持续深化政务公开，严格规范公正文明执法。

加强行政执法与刑事司法相衔接。完善风险评估、专家论证、集体研究、公众参与的重大决策机制，广泛听取各方面意见，提高行政决策科学化、民主化水平。

3. 建设实干政府。不驰于空想，不骛于虚声。坚持“实”字为本，说实话、谋实事、出实招、求实效，把雷厉风行和久久为功有机结合起来，多干少说、力戒空谈、反对“作秀表演”，以求实的思维多谋打基础、利长远之策，以务实的行动多做破难题、解民忧之事。认真办好市委、市政府28件为民办实事项目，着力解决群众需求最迫切的问题。坚持“干”字当头，埋头苦干、攻坚克难，当好“施工队长”，一件接着一件干，以钉钉子精神抓好工作落实，把好思路定成好机制、好方案做成好项目，以好项目推动高质量发展。坚持“新”字为要，创新机制方法，善于运用互联网技术和信息化手段开展工作，推动社会治理精准化、公共服务高效化。纠正文山会海，改进检查评比方式，提高督查督办质量，减轻基层负担。

4. 建设廉洁政府。认真落实新时代党的建设总要求，深入推进党风廉政建设和反腐败斗争。巩固拓展落实中央八项规定精神成果和市委《关于在全市党员干部中纠正不良习气树立清风正气的意见》，锲而不舍改进作风，坚决反对和纠正形式主义、官僚主义。紧紧扎牢制度的笼子，依法依规加强对公共资金、公共资源、人事编制、国有资产等监管。推进审计管理体制改革，更好发挥审计监督作用。推行政府购买服务，把第三方可提供的事务性管理服务交给社会去办。坚持过紧日子思想，把每一笔钱花在明处、用在实处，进一步压缩一般性支出，集中更多财力用于发展产业、改善民生。

各位代表，幸福都是奋斗出来的。新时代、新使命，新征程、新作为。让我们在习近平新时代中国特色社会主义思想指引下，更加紧密团结在以习近平同志为核心的党中央周围，在中共龙岩市委的坚强领导下，不忘初心、牢记使命，扑下身子抓落实、心无旁骛促发展，为决胜全面建成小康社会，加快建设机制活、产业优、百姓富、生态美的新龙岩而不懈奋斗！

2 大事记

编辑 蓝丽玲

1 月

1月3—4日，国家质检总局国家级质量安全示范区考核组到龙岩，对出口环保机械装备质量安全示范区实施现场进行考核验收。

1月7—10日，中国人民政治协商会议第五届龙岩市委员会第一次会议在龙岩人民会堂举行。会议选举出政协第五届龙岩市委员会常委会委员，黄福清当选政协第五届龙岩市委员会主席。

1月8—11日，龙岩市第五届人民代表大会第一次会议在龙岩人民会堂举行。会议选举产生市五届人大常委会组成人员和市政府新一届领导班子，张天洲当选人民代表大会常务委员会主任，林兴禄选举为龙岩市市长。

1月19日，龙岩市医疗保障管理局在市金融商务中心挂牌成立。

1月20日，首部以红军长征前最后一次战役——松毛岭战役为背景的电视剧《烽火连城决》开机仪式暨新闻发布会在连城举行。

2 月

2月6日，“美丽龙岩——全国著名画家走进闽西油画写生邀请展暨龙岩美术馆揭牌仪式”在龙岩市博物馆南门龙岩美术馆举行。

2月6日，文化部批准设立客家文化(闽西)生态保护实验区的文件到达龙岩。实验区以活态传承的非物质文化遗产为核心，结合物质文化遗产和自然遗产进行整体性保护，范围包括龙岩市的长汀县、上杭县、武平县、连城县、永定区和三明市的宁化、清流、明溪三县。

2月17日，中国科学院学部咨询评议项目“发展高效生态农业 实现中央苏区精准脱贫”启动会在龙岩市召开。6位中国科学院院士：陈宜瑜、罗锡文、黄路生、桂建芳、谢联辉(闽西籍)、谢华安(闽西籍)，助力龙岩市的扶贫开发工作。

2月22—25日，中共中央政治局委员、中央党的建设工作领导小组副组长、中央新疆工作协调小组副组长张春贤到福建就深入学习贯彻党的十八届六中全会精神进行调研。张春贤瞻仰了古田会议会址，并在基层召开党建工作座谈会。

2月24日，上杭县上生单采血浆站举行揭牌仪式，标志着福建省首家单采血浆站在上杭县正式启用。

3 月

3月1日，龙岩市首部地方性实体法规《龙岩市烟花爆竹燃放管理条例》正式施行。

3月1日，厦蓉高速A线K153+100处(龙岩往长汀方向)上方，厦蓉扩容工程A7标段在建的龙潭特大桥右线悬浇梁体倾覆，导致桥面5名施工工人滑落，并造成厦蓉高速公路上行驶的两部集装箱货车被压，共7人受伤。

3月6日，清华大学科技成果转移研究院与龙岩紫荆创新研究院签约，授牌设立“清华大学(老科协)科技成果转移研究院福建基地”。

3月7—9日，龙岩市委书记林国耀率团赴深圳开展经贸交流活动。林国耀一行先后走访华为、亿思达科技、华润水泥控股、爱迪尔珠宝、中兴通讯、比亚迪等知名企业，进行项目对接、合作洽谈。

3月7日，龙岩学院马克思主义学

院举行成立暨揭牌仪式。

3月7日，以晴集团冠睿电子科技项目——4G智能手机和平板电脑研发、生产、销售项目在连城工业园区以晴生态科技园正式竣工投产，标志着福建省首个智能手机项目在连城县落地，填补了省内空白。

3月12日，龙岩市委书记林国耀率领龙岩市党政代表团赴福州市学习考察。龙岩市党政代表团考察了福州京东方光电科技有限公司、福清市重点项目征迁指挥部、福州规划馆、飞凤山公园二期休闲步道、福州市市民服务中心。

3月13日，水利部公布2016年度国家水土保持生态文明工程名单，路地合作典范铁路项目——龙厦铁路名列其中，被评为全国15个生产建设国家水土保持生态文明工程之一。这是龙岩市首个获评的铁路项目。

3月15日，中央环境保护督察组到龙岩督察筹备工作专题会议在龙岩人民会堂召开。会议就中央环境保护督察组到龙岩督察的迎检工作进行再动员、再部署。

3月28日，由中国美术家协会、中共龙岩市委宣传部主办的纪念中国工农红军长征胜利80周年暨中国共产党成立95周年全国第四届架上连环画展·龙岩站在龙岩美术馆开幕。

3月28日，国家民委副主任李昌平带领调研组一行到上杭官庄畲族乡特色村寨、民族休闲场所、民族中学校园等地，就畲族乡的教育发展、乡村旅游、民族文化、民族团结进步等进行调研。

3月30日，龙岩市唯一入选“2016年度感动福建十大人物”钟宜龙，王瑞泉入选“中国好人榜”。

4 月

4月5日，连城籍科学家黄小龙参加由中国科学家主导的第三次南海大洋钻探活动，钻井深度突破1500米。

4月5—7日，中国地质科学院党委书记、副院长王小烈带领专家组一行7人到龙岩市指导申报第十批世界地质公园工作。

4月7日，中国著名矿井瓦斯防治专家、中国煤矿瓦斯学科的开拓者和主要奠基人之一、中国工程院院士周世宁应邀到龙岩学院作《创新思维方法》学术讲座。

4月9—14日，台湾桃园市客庄聚落探研学会郑致远理事长率“福建省客家聚落文化参访团”一行40人，参访上杭客家族谱博物馆、长汀古城、连城培田古民居等地，并与龙岩市台联、龙岩学院闽台客家研究院专家进行座谈交流。

4月12日，国家发改委将龙岩市纳入中欧区域政策合作案例地区，这是继广州开发区、天津市、成都市、武汉市、汕头市等5个地区之后国家发改委新增的案例地区，龙岩是全省唯一一个被纳入案例地区的城市。

4月14—17日，日本财团理事长尾形武寿一行，在中国社会科学文献出版社社长谢寿光、省外办人员的陪同下到龙岩市考察。

4月18—19日，省委书记尤权、省长于伟国等省领导带领全省各设区市、平潭综合实验区党政主要领导和省直有关部门负责人到龙岩市开展工作检查。

4月19日，梁明大泼彩山水画展在中国美术馆开幕，展出梁明创作的画作60件。这是龙岩市首位本土画家首次在国家级美术殿堂开展，展期8天。

4月22—25日，由国家煤矿安监局国务院安委会组成的安全生产巡查组到龙岩市开展安全生产巡查。

4月24日，由西藏自治区边坝县委书记同敏玺绕带领的边坝县党政代表团一行到龙岩市考察交流。

4月24日，国务院通报表扬54个节地成效明显市(县)，龙岩市是福建省唯一在列的设区市，并获用地计划指标333.33公顷奖励。

4月24—25日，国家环保部牵头组织中央电视台摄制组，就生态环境保护情况到长汀拍摄采访。央视摄制组一行先后深入河田水土保持科教园、三洲湿地公园、河田来油坑科教园等实地考察拍摄，并围绕“滴水穿石、人一我十”的长汀精神，采访当地为生态环境改善建功立业的平凡人、感人事。

4月25日，公安部领导到龙岩慰问因公牺牲民警家属。

4月26—27日，国家人力资源和社会保障部副部长汤涛率调研组到龙岩市调研指导工作。

4月28日，福建省政协副主席薛卫民到龙岩调研。

5 月

5月3—4日，福建省委常委、政法委书记王洪祥到龙岩市调研政法综治维稳工作。

5月5日，山西省人大常委会副主任张茂才一行到龙岩调研交流人大信访和红色文化保护工作。

5月7—8日，中央党史研究室副主任兼秘书长张树军一行到龙岩市考察。

5月11日，教育部副部长、党组成员朱之文率教育部调研组到龙岩市调研基础教育改革发展工作。

5月11—12日，中国人民大学党委书记靳诺一行到龙岩调研。

5月13日，由龙岩市政府主办、市体育局承办的龙岩市第十五届运动会在龙岩体育中心举行。全市7个县(市、区)和42个行业的代表团近4000人参赛。上杭代表团以 242.5 枚奖牌、总分 1522 分获得县(市、区)组奖牌榜和积分榜第一名,连城代表团和新罗代表团分获二、三名;市教育局代表团以 54.5 枚奖牌、总分 531 分位居行业组奖牌榜和团体总分榜榜首,市卫计委代表团和市银监局代表团分获二、三名。

5 月 14 日,国际钢琴大师艾迪丝·费舍尔夫妇受邀到龙岩,举办一场“钢琴教学艺术”讲座。

5 月 17—18 日, 全国政协委员、内蒙古自治区政协党组书记、主席任亚平率住内蒙古部分全国政协委员和盟市政协主席考察团就福建省对外开放和绿色发展及创新政协工作情况到龙岩考察交流。

5 月 19 日, 国家发展改革委城市和小城镇改革发展中心调研组一行到长汀开展基础设施投融资项目调研工作。

5 月 19 日, 武平高新技术产业园区举行省级高新区揭牌成立暨项目签约仪式,这是福建省首个由县级政府打造建设的省级高新区。

5 月 22—23 日,福建省政协副主席刘可清率省直有关部门和福清市相关领导深入挂钩联系的连城县,开展脱贫攻坚工作调研。

5 月 23 日, 全国供销合作总社党组成员、监事会主任宋璇涛到龙岩市调研,了解龙岩市深化供销合作社综合改革和“三会”(供销合作社实行社员代表大会领导下的理事会、监事会制度)制度建设等工作的做法和经验。

5 月 28 日, 清华大学专家学者考察团到龙岩调研,并在龙岩学院紫金研究院召开清华大学选调生座谈会,并前往上杭等地考察。

5 月 28 日,龙岩市第三十三位“中国好人”、闽西红色山庄纪念馆馆长王瑞泉的先进事迹刊登在中国文明网头条推出的《好人 365》专栏,成为第九百九十五期的封面人物。

5 月 31 日, 国家林业局局长张建龙深入龙岩市调研林改工作。

6 月

6 月 1 日,龙岩市委书记林国耀主持召开市委常委会会议,传达学习习近平总书记对福建集体林权制度改革作出的重要指示,研究龙岩市进一步深化集体林权制度改革的相关举措。

6 月 5 日,由祥鹏航空执飞的“昆明—连城—南京”航线顺利开通。

6 月 10 日,由国务院侨办、省政府侨办和市外侨办主办的 2017 年海外华裔青少年“中国寻根之旅”夏令营福建龙岩营,在“福建省华文教育培训基地”龙岩侨中开营,来自新加坡的华裔青少年学生、领队等 30 余人参加活动。

6 月 11 日, 在北京大学举行的第十一届中国电子政务高峰论坛暨“2017 中国新型智慧城市创新 50 强” 授牌仪式上, 龙岩市荣获创新服务奖, 入选“2017 中国新型智慧城市创新 50 强”。

6 月 18—20 日,由国家林业局自然保护区研究中心专家组一行到长汀现场调研评审福建汀江源国家级自然保护区总体规划工作。

6 月 18 日, 龙岩市产业项目推介会暨 6·18 项目签约仪式在福州举行。会上现场签约项目 28 项, 合计总投资近 100 亿元。截至 6 月 18 日,全市对接合同项目 884 项、总投资 131.1 亿元,成果转化创新产品 102 项, 征集技术需求 187 项, 邀请 82 位专家、172 家企业参会。

6 月 19 日,以“两岸同根,闽台一家”为主题,由中华海外联谊会、中华全国台湾同胞联谊会、中华文化学院指导, 省海外联谊会等海峡两岸 11 家单位主办的第九届海峡论坛·海峡百姓论坛在龙岩开幕。第九届海峡论坛·海峡客家(长汀)风情节在长汀客家母亲缘广场举行。

6 月 24 日,由西藏昌都市委、市政府,福建省文化厅、省政府对口支援办公室、第八批援藏工作队联合主办的“康巴风·闽藏情”——2017 年昌都市赴福建省文艺巡演走进龙岩,在龙岩人民会堂上演。

同月,龙岩市友城瑞典菲利普斯塔德市教育局国际项目合作处副处长彼尔到龙岩侨中参观访问。

7 月

7 月 11 日,福建省委常委、厦门市委书记裴金佳一行到龙岩市考察,开展党性教育,与龙岩市召开山海协作联席会议,商谈两市合作事宜。

7 月 12 日, 国家旅游局督查组一行到龙岩市开展汛期旅游安全督导检查工作。

7 月 18 日, 农业部公布第七批全国一村一品示范村镇名单,龙岩市上杭县临城镇九洲村(九翠洲蜜雪梨)榜上有名。

7 月 24 日消息, 海关总署完成“2016 中国外贸百强城市”名单,并由海关总署主管的《中国海关》杂志公布。龙岩以综合得分 70.0 分位列第四十三名。

7 月 26—29 日,由中广联合会广播新闻节目工作委员会、福建省新闻出版广电局、福建省广播影视集团主办的“红星耀古田——全国广播媒体走进龙岩大型采访活动”在龙岩举行。

7 月 27 日, 全国深化集体林权制度改革经验交流座谈会在武平县召开,国务院副总理汪洋出席会议并讲话。

7 月 29 日,“香港青少年红色之旅福建行”活动在中央苏区(闽西)历史博物馆开幕,近 400 名香港青少年参观中央苏区(闽西)历史博物馆,瞻仰古田古田会议会址。

7 月 27 日,住建部网站发布《关于拟公布第二批全国特色小镇名单的公示》(建村规函〔2017〕99 号),龙岩市永定区湖坑镇入选全国第二批特色小镇。

8 月

8月1日,龙岩市党政代表团赴新疆呼图壁县开展考察慰问活动。

8月8日,《中国作家协会2017年会员发展公示》公报,龙岩市林永芳、赖晓平两位女作家名列其中。这是龙岩市女作家首次加入中国作协。

8月8—11日,福建省人大常委会组织在闽十二届全国人大代表深入龙岩市围绕"健康福建"建设开展专题调研。

8月12日,中共龙岩市委五届四次全会通过《中共龙岩市委关于加快社会事业发展补齐民生短板确保如期全面建成小康社会的决定》。

8月13日,第十三届全运会拳击比赛在天津宝坻区体育馆进行。龙岩女将杨晓丽夺得75千克女子拳击比赛亚军。这是福建省拳击队自组队以来的第一枚全运会银牌,开创了福建拳击运动的历史,也是龙岩竞技体育的一个突破。

8月17日,龙岩市完成首例跨省异地就医登记,龙岩市全市参保人员到外地符合国家异地就医联网结算条件的定点医院发生的住院医疗费用可以直接联网结算,外省参保人员到龙岩市符合跨省异地就医联网结算条件的定点医院可以直接联网结算。

8月23日,中国中科集团走进闽西携手军民融合发展项目对接会暨项目签约仪式在上杭古田举行。

8月24日,龙岩市与中国移动福建公司签订深化合作协议。

8月30日,国务委员、公安部党委书记、部长郭声琨到龙岩调研,实地调研上杭古田派出所、参观古田会议旧址并出席全国公安民警革命传统教育培训基地挂牌仪式。

9 月

9月6—8日,国家文物局副局长刘曙光率队到龙岩调研革命文物保护利用工作,并在长汀县召开座谈会。

9月7—13日,闽西籍当代艺术家袁文彬的作品《微信时代——朋友圈》与他的东方艺术家面孔亮相纽约时代广场。

9月8日,全国纪检监察系统表彰大会在北京召开。中共龙岩市纪律检查委员会获"全国纪检监察系统先进集体"称号,这是福建省唯一获此称号的设区市纪律检查委员会。

9月15日,国家边检总局公布,连城县为全国首个出口国兰质量安全示范区。

9月15日,龙岩市首届"十佳森林人家"评选结果揭晓。漳平九鹏溪森林人家、中国虎园森林人家、连城星光森林人家、永定招宝生态农庄森林人家、龙岩七彩蓝田生态农业休闲观光园森林人家、武平云礤森林人家休闲农业专业合作社、上杭县添福山庄森林人家、长汀县松毛岭红色山庄森林人家、连城县碧泉山庄森林人家、武平县箩斗坑森林人家。

9月19日,福建省人大常委会党组副书记、副主任张广敏,副主任刘群英带领调研检查组到龙岩,就贯彻落实中央、省委关于加强县乡人大工作和建设有关文件精神的情况开展调研检查。

9月20—21日,广西桂林市委书记、市人大常委会主任赵乐秦率考察团到龙岩市考察。

9月21日,环境保护部在浙江省安吉县召开全国生态文明建设现场推进会,命名授牌13个第一批"绿水青山就是金山银山"实践创新基地和46个第一批国家文明建设示范市县。长汀县为福建省唯一同时获得这两个称号命名授牌的县份。

9月21日,福建汀江源国家级自然保护区管理局在长汀县揭牌成立。

9月22日,由中国地方志指导小组办公室、福建省地方志编纂委员会主办的《中国影像志·福建名镇》暨《八闽历史文化名镇名村影像志》开机仪式在上杭县古田镇举行。

9月23—25日,龙岩市获得中国体育"精品景区"和"精品项目"称号。

9月28日,2017年香港杰出专业女性及女企业家选举颁奖典礼举行。新罗区东肖籍香港同胞陈芳作为唯一的闽籍香港女企业家获2017年香港杰出女企业家大奖。

9月28日,中央党史研究室副主任吴德刚、第一研究部副主任王相坤到龙岩调研。

9月28日,由龙岩市人民政府、河南省文学艺术界联合会、河南省归国华侨联合会、河南省美术家协会共同主办的喜迎十九大"客家情怀"沈钊昌山水画作品巡展(龙岩站)暨慈善公益活动开幕式在龙岩市美术馆举行。

9月29日,厦渝通道项目前期规划研讨会在龙岩召开。

9月,中国侨联确认33个单位和机构为第五批"中国华侨国际文化交流基地",永定区"胡文虎纪念馆"为其中之一。

10 月

10月1日起,龙岩市参保人员个人账户在省内异地就医、购药将实现即时刷卡结算,异地住院经备案登记后也可实现异地联网实时结算。

10月10日,闽西职业技术学院与英湟教育投资发展有限公司签订校企合作协议并举行校外实习实训基地揭牌仪式。闽西职业技术学院将设立"英湟合作班",开展订单人才培养,校企双方共建校外实训基地。

10月16—18日,"寻根客家首府汀

州”暨世界客属第二十三次公祭客家母亲河大典在汀江河畔的长汀客家母亲缘广场举行。

10月30日，由中国音乐家协会，福建省委宣传部、省文联，龙岩市委、市政府共同主办的“金钟之星”艺术团送欢乐·下基层慰问演出活动在上杭古田、才溪举行。

11 月

11月3日，第十届海峡两岸（厦门）文化产业博览交易会在厦门国际会展中心开幕，新罗区报送的作品《葫芦妙想》和《城市标识》，分别获文创产品奖铜奖和概念设计奖铜奖，龙岩市文改办获组织促进奖。

11月8日上，龙岩产业发展高峰论坛和中国·龙岩“创业、创新、创投”发展论坛在龙岩人民会堂举行。

11月8日，由龙岩市政府、省闽台交流协会、省青年联合会主办，市台办、团市委承办的2017海峡两岸（龙岩）青年文化创意产品交流展颁奖仪式在机博会中心展区举行。

11月11日，团中央宣讲团到龙岩市宣讲中共十九大精神。

11月14日，龙岩市和武平县获“第五届全国文明城市”荣誉称号。

11月14日，福建省省委宣讲团深入长汀宣讲中共十九大精神。

11月8—10日，第八届海峡两岸机械产业博览会暨第十届中国龙岩投资项目洽谈会在龙岩举行。来自海峡两岸300余家机械及产业相关企业参展，60个项目举行集中签约，总投资243亿元。

11月24日，《龙岩市红色文化遗存保护条例》的决定获福建省人民代表大会常务委员会审议批准，将于2018年3月1日正式实施。这是全国第一部由设区市指定的红色文化遗存保护地方性法规。

12 月

12月2—4日，由龙岩市政府、台湾海峡两岸客家文经交流协会主办的海峡两岸交流基地授牌仪式暨第六届海峡两岸定光佛文化旅游节在武平县岩前镇均庆寺举行，来自海峡两岸的各界人士2000余人，齐聚海峡两岸交流基地，共同回顾历史、品味文化、畅叙亲情和发展的机会。

12月5日，国家林业局到漳平考察森林可持续经营试点工作。

12月12日，国家禁毒办督导组到龙岩市督导检查禁毒工作。

12月12日，由中国旅游报社、省旅发委、市政府共同主办的中国智慧旅游创新发展大会暨第四期培训班在龙岩市举行。

12月12日，以“聚力合作共赢 助推全域旅游”为主题的2017闽粤赣十三市旅游局长联席会议在龙岩市召开。

12月15日，由香港闽西联会会长江全孚担任团长，香港闽西联会、澳门闽西同乡总会会董、青委会、社会事务骨干成员等130余人组成的2017年闽西籍港澳同乡社团社会事务骨干培训班在中央苏区（闽西）历史博物馆开班。

12月28—29日，福建省人大常委会党组副书记、副主任叶双瑜率省直机关工委、省人大常委会侨台工委负责人到武平县调研产业发展、项目建设、民生事业和脱贫攻坚等工作。

3 龙岩概况

编辑 上官克盈

自然概貌

【地理】 龙岩市位于福建省西南部，通称“闽西”，地处北纬24°22′31″—26°2′35″，东经115°50′56″—117°44′15″。境域东至漳平吾祠陈地，南至永定湖山杨山，西至武平东留兰畲，北至长汀铁长鸡公岽，东西长190.3公里，南北宽182.6公里，总面积19052平方公里。属亚热带海洋性季风气候。

地处武夷山脉和博平岭山脉之间，地势东高西低，北高南低。境内武夷山脉南段、玳瑁山、博平岭等山岭沿东北—西南走向，大体呈平行分布，控制全市地势。低山、中山面积占全市总面积78.55%。由于流水切割强烈，以致地形破碎，岭谷相间，丘陵、河谷平地交错分布。全市平均海拔652米，千米以上山峰571座。最高峰为玳瑁山区的狗子脑主峰，海拔1811米；最低点位于永定县仙师乡芦下坝永定河口，海拔69米。

境内河流主要属汀江水系、九龙江北溪水系、闽江沙溪水系、梅江水系，还有属九龙江西溪水系、赣江贡水水系，但集水面积小。其中汀江水系集水面积9666平方千米，占50.7%；九龙江北溪水系集水面积5771平方千米，占30.3%；闽江沙溪水系集水面积1594平方千米，占8.4%；梅江水系集水面积1461平方千米，占7.7%。汀江干流河道长285公里，坡降1.5‰。集水面积500平方千米以上的支流有濯田河、桃澜溪、旧县河、黄潭河、永定河、金丰溪；九龙江北溪干流在龙岩市境内河道长47公里，主要支流有万安溪、雁石溪、新桥溪、溪南溪、双洋溪；沙溪水系主要支流有北团溪、文川溪、姑田溪；梅江水系主要河流有中山河。

【气象】 2017年，龙岩市基本气候概况：年平均气温20.7℃、属异常偏高，创有气象记录以来历史最高值，年降水量1508.6毫米、属正常，日照时数1837.4小时、属正常。

2017年全市气候总体平稳，暴雨、强对流、寒潮等灾害性天气强度偏弱，因气象灾害造成的损失较轻，气候年景较好。主要气象灾害有暴雨、台风、寒潮、高温、干旱等，温高、雨少相对往年表现较为突出：冬季和秋季全市平均气温创历史同期最高值，1月、9月、10月部分测站最高气温创历史同期最高值；8—12月降水持续偏少，各县（市、区）出现不同程度的气象干旱，山塘水库蓄水量偏少，部分乡镇出现不同程度的作物受旱和人饮困难。

气温。2017年，全市平均气温为20.7℃，异常度2.1，与常年相比，属异常偏高，创历史新高（第二为1998年20.6℃，第三为2015年20.5℃）。其中，冬季（2016年12月至2017年2月）和秋季（9月至11月）全市平均气温均创历史同期最高值。各县(市、区)年平均气温介于19.6℃(长汀)至21.8℃(漳平)之间，异常度1.7至3.0，与常年比较，各地属显著偏高至异常偏高。从各季气温分布看，春季全市均属正常；冬季连城和新罗显著偏高、其余均异常偏高，除新罗外其余县（市、区）创历史同期最高值；夏季上杭和永定正常、其余偏高至异常偏高；秋季各县（市、区）平均气温均异常偏高，除上杭外其余县（市、区）创历史同期最高值，上杭秋季平均气温历史第二高。

全市年极端最低气温介于-1.9—2.9℃之间，均出现在12月21日。全市霜日数差异较大，上杭未出现霜日，长汀霜日20天，连城11天，其余县（市、区）在1天—3天之间。上年度终霜日长汀出现在3月2日，连城、武平和漳平出现在2月13至14日，其余县（市、区）在2016年/2017年冬季未出现霜日；当年度初霜日出现时间：长汀、连城出现在12月9日，漳平、永定出现在12月20日，新罗出现在12月21日，上杭和武平未出现初霜；年无霜期281(长汀)至365(上杭)天。

年极端最高气温介于37.0—39.4℃之间，分别出现在7月22日(长汀)、7月25日(连城)、9月27日(武平)、7月29日(上杭)、8月20日(漳平)及9月28日(新罗、永定)，其中1月、9月、10月份部分县(市、区)最高气温创历史同期最高。35℃以上高温日数：漳平73天，其中出现38℃以上的高温天气达11天；其余县(区)26—36天，高温日数比常年多11天(上杭)—29天(漳平)，新罗高温日数达33天，创历史新高。

“20型”秋寒和“23型”秋寒各县(市、区)先后于10月中旬至下旬出现，与常年比较属偏迟。

降水。2017年，全市平均年降水量为1508.6毫米，与常年相比偏少9%，属正常。各县(市、区)年降水量介于1370.6毫米(漳平)—1636.9毫米(新罗)之间，与常年相比，上杭、新罗和永定属正常，其余县(市、区)偏少。从各季分布看，除夏季偏多两成，其余季节均偏少1—5成，冬季属偏少，其余季节属正常。年雨日124—152天，较常年相比，上杭与常年持平，其余偏少4—28天；各县(市、区)年暴雨日数为4—8天、累计出现39场次暴雨，暴雨出现时段为3—10月，暴雨日数较常年相比，武平偏少2天，上杭偏少1天，长汀、连城与常年持平，其余偏多1—3天。

日照。2017年，全市平均年日照时数为1837.4小时，异常度为1.0，与常年比较属正常。各县(市、区)年总日照介于1660.2小时(长汀)—1950.2小时(武平)之间，异常度0.3—1.8，与常年比较，武平、新罗和永定显著偏多，其余县(市)正常。从各季分布情况看，四季日照时数均属正常。

寒潮、霜冻、结冰和低温阴雨。2017年1至3月及12月先后出现8次的强冷空气过程，其中2月下旬中前期全市维持低温阴雨天气，长汀、连城和武平达寒潮标准。霜冻和结冰天气主要出现在1月中旬末，2月上旬后期、3月末到4月初和12月中旬。1月中旬，受强冷空气影响，全市气温明显下降，下旬中前期天气转为晴冷，最低气温过程降温幅度达7.0至10.2℃，极端最低气温北部1至3℃、南部4至6℃，高海拔山区低于0℃，以22日长汀玫瑰茄合作社-1.0℃为全市最低。1月22—24日和26—27日长汀出现5天霜日，其中22日出现结冰。2月8日受强冷空气影响，全市气温自北而南明显下降，9至13日受冷高控制以晴冷天气为主，早晨有霜或霜冻，北部部分乡镇有结冰，最低气温过程降温幅度8—12℃，极端最低气温北部0—2℃，其余3—4℃，高海拔山区低于0℃，其中以新罗区曹溪镇的高山站红尖山-5.2℃为最低。3月31日到4月2日，受冷空气影响，全市过程降温10—13℃，最低气温出现在2日早晨，全市最低气温在4—8℃之间，长汀4℃、连城4.7℃，达寒潮标准。12月4日夜里受冷空气南下影响，全市出现了小雨，气温明显下降，4—9日过程降温9.8—12.6℃，过程极端最低温-0.1—4.4℃、出现在9日，长汀、连城出现初霜。12月13至16日受强冷空气影响，气温下降并伴有降水，17—22日维持晴冷天气，全市大部分出现霜，长汀、连城出现结冰，14至19日过程降温8.5至12.7℃，长汀、永定达到寒潮标准，过程极端最低温-1.9—2.9℃；

暴雨。2017年各县(市、区)暴雨日数4至8天，共39场次，其中3月7场次，4月2场次，5月3场次，6月18场次，7月3场次，8月4场次，9月1场次，10月1场次。3月9日下午至10日夜里，受高空短波槽东移、低层切变南压和低空西南急流共同影响，全市普降暴雨，局部乡镇出现大暴雨，据龙岩市区域气象自动站资料统计，9日12时至11日08时全市共有191个站雨量≥50毫米，其中3个站雨量≥100毫米，以连城文亨镇湖峰村103.9毫米为全市最大。4月20—21日，受高空槽东移、低层切变南压和冷空气共同影响，全市普降中雨，中北部大雨到暴雨，局部乡镇出现大暴雨，龙岩市区域气象自动站资料统计，20日20时至21日20时，全市有45个站超过50毫米，10个站点降水量≥100毫米，以上杭通贤乡195.0毫米为最大。21日01时—07时，上杭县部分乡镇出现短历时强降水，通贤乡3小时、6小时降水151.2毫米、190.8毫米，南阳镇达146.5毫米、189.3毫米，均超当地气象站3小时和6小时百年一遇降水量。降水发生时，局地出现8级短时大风，连城宣和乡18.6米/秒为最大。5月11至12日，受高空槽和低层切变影响，北部部分县市出现暴雨、局部大暴雨，龙岩市区域气象自动站资料统计，11日20时至12日20时，全市20个站雨量超过50毫米，3个站累积雨量超过100毫米，以连城柯坊村121.0毫米为最大。5月15—16日，受高空槽和低层切变影响，全市出现大雨到暴雨、部分大暴雨，龙岩市区域气象自动站资料统计，14日20时—16日08时，全市92个站雨量超过50毫米，32个站累积雨量超过100毫米，3个站累积雨量超过150毫米，以永定区仙师镇159.3毫米为最大。6月共18场次暴雨，其中2至3日出现8场次暴雨、14—20日出现了10场次暴雨，14—20日为当年雨季降水集中期，给部分乡镇造成较严重的经济损失。据龙岩市区域自动站数据统计，6月1—4日，受切变东移过境影响，全市普降暴雨，部分乡镇大暴雨，据区域自动气象站资料统计，6月1日20时—4日14时，全市206个站点雨量超过100毫米，9个站雨量超过250毫米，以连城曲溪乡蒲溪村的336.6毫米为最大。有28个站降水极值超过50毫米/小时，以连城莒溪镇的89.5毫米/小时为最大。6月13—22日，受第2号台风“苗柏”登陆减弱后的低压云系、低层切变和低空西南急流影响，全市出现持续性强降水过程、局地伴有强雷电、短时强降水等强对流天气，这也是进入雨季后的第二个降水集中期，其间，共出现10场次暴雨(其中1场次大暴雨)。据区域自动气象站资料统计，12日20时到22日20时，全市共246个站点雨量超过100毫米，165个站雨量超过250毫米，以新罗曹溪红尖山576.5毫米为最大，其中，漳平和永定气象测站累积雨量创历史同期最大值。

强对流。2017年，强对流天气主要是冰雹、强雷电、短时大风等，春季受冷暖空气交汇影响，局部乡镇出现8—9级大风、短时强降水等强对流天气，夏季受副高和台风影响，多雷雨大风、局地小冰雹等强对流天气，但均未收到灾情信息。3月5日傍晚到夜里，受地面冷空气和低层切变影响，全市部分乡镇出现强雷电、雷雨大风等强对流天气，其中，5日22时13分至23时19分上杭才溪(26.9米/秒,10级)、旧县紫金山(22.4米/秒,10级)、古田(18.3米/秒,8级)、新罗莲台山(22.8米/秒,9级)及永定虎岗(17.5米/秒,8级)出现8至10级雷雨大风。6月28日午后，受副热带高压边缘西南气流影响，全市自北而南出现强雷雨，部分乡镇并伴有8级大风，连城、上杭、永定共有5个自动站出现8级大风，以永定虎岗18.9米/秒为最大，17:05至17:11上杭太拔院田村出现冰雹，17:30永定虎岗出现冰雹。漳平本站6月29日14:48分出现10级大风(风速达27.0米/秒)。7月8日，在副高南侧偏东气流影响下，午后出现阵雨或雷阵雨，部分中到大雨、局部暴雨。8日8时至20时，全市共有61个自动站逐时极大风风力超过7级，其中19个自动站逐时极大风风力达8级，4个自动站逐时极大风风力达9级，2个自动站逐时极大风风力达10级，以漳平双洋镇中村25.9米/秒(10级)为最大。7月30日至到8月1日，受9号台风“纳沙”和10号台风“海棠”共同影响，全市风力逐渐加强，全市阵风5至7级，最大阵风8至9级，以长汀策武镇五雷山30日14至15时的阵风20.1米/秒(9级)为最大，气象测站以永定31日09至10时的阵风13.9米/秒米/秒 (7级)为最大。8月，在逐渐加强的副热带高压和台风云系的影响下，午后多阵雨雷阵雨，局地伴有短时强降水、7—11级雷雨大风、新罗万安、漳平永福局地小冰雹等强对流天气。其中，2—3日，全市有69个站次出现10.8米/秒的6级以上大风，以3日武平大禾乡29.7米/秒(11级)为最大，未收集到灾情信息；10日114个站次出现10.8米/秒的6级以上大风，以武平象洞镇光彩村31米/秒(11级)为最大；漳平18日14时50分出现直径2厘米左右冰雹、19日新罗江山等地收集到冰雹实况；8月下旬后台风多发影响，全市风力较大，阵风4至6级，最大阵风7至9级。8月，短时强降水过程主要出现在9—10日、17日以及25—26日，共有9个站点小时雨强超过50毫米/小时，以26日凌晨武平万安镇69.1毫米/小时为最大。

台风。2017年，影响龙岩市的台风有5个，分别为2号台风“苗柏”、9号台风“纳沙”、10号台风“海棠”、13号台风“天鸽”和14号台风“帕卡”。其中，9号台风“纳沙”和10号台风“海棠”分别生成于7月26日11时菲律宾以东太平洋洋面和7月28日20时菲律宾以西南海洋面，两者生成时间、地点相近，先后登陆台湾、进入海峡，然后再次先后(30日06时，31日02时50分)在福建省福清市沿海以台风强度登陆。7月30日至8月1日受台风“纳沙”“海棠”云系影响，全市出现暴雨，部分乡镇大暴雨降水过程。2号，台风“苗柏”于6月11日14时在南海中北部、菲律宾以西洋面生成，生成后偏北移动往广东珠江口以东沿岸靠近，12日23时前后，在广东省深圳市大鹏半岛沿海登陆，登陆时由强热带风暴级减弱为热带风暴级登录时强度为强热带风暴，登陆后继续北行，强度逐渐减弱填塞。受“苗柏”登陆减弱后的低压云系、低层切变和低空西南急流影响，2017年6月13至22日，全市出现持续性强降水过程。7月30日至8月1日，受台风9号台风“纳沙”和10号台风“海棠”云系影响，全市出现暴雨，部分乡镇大暴雨降水过程。据区域自动站统计，7月30日08时至8月2日08时，全市有225个区域自动站雨量超过50毫米，137个站雨量超过100毫米，4个站雨量超过250毫米，以永定堂堡乡朱罗村259.9毫米为最大；30日起风力加大，具体描述见短时大风。据各县(市、区)防汛办统计，此次过程龙岩市共有漳平、永定、经开区3个县(市、区)部分乡镇受灾，经济损失达1000多万元。

高温。2017年，35℃以上高温日数：漳平73天，位列历史高温日数第二多，并出现11天38℃以上的高温天气；其余县(市、区)26至36天，新罗33天高温日数创历史新高，高温日数比常年多11天(上杭)至29天(漳平)。年极端最高气温介于37.0—39.4℃之间，其中，新罗9月份最高气温37.8℃创历史同期最高，连城、武平、漳平和永定9月份最高气温为历史同期第二高。10月新罗35.8℃、武平36.3℃、永定36.1℃，破10月历史最高气温纪录，连城35.0℃、上杭36.1℃、漳平36.8℃，均处10月历史第二高温。

干旱。2017年，全市降水分布不均匀，夏、秋、冬3个季节均出现了不同程度的气象干旱，其中夏秋连旱范围广，漳平、长汀、永定达夏秋连旱特旱，其中漳平、新罗、永定、武平等县(市、区)出现农作物受灾和人饮水困难。1月15日至2月21日，永定区出现了38天日降水量≤2.0毫米的连旱天气，达到了冬春小旱标准。2月22—26日受高空槽前西南气流、低层切变维持和地面冷空气不断补充南下影响，出现持续性低温阴雨天气，冬春小旱解除。8月初，降水总体偏少，部分县(市、区)出现不同程度的气象干旱。漳平自8月2日至11月30日、长汀自8月27日至11月30

日、永定自9月13日至11月30日，日降水量≤2.0毫米的连旱日数分别达121天、96天、79天，三地达气象夏秋连旱特旱；新罗自10月17日至11月15日连旱日数达30天，出现秋冬旱兆、连城自10月17日至11月18日、武平自10月17日至11月20日连旱日数分别达33天、35天，出现秋冬小旱。11月26日至12月31日，全市多晴好天气，据统计新罗、永定出现连续36天日降水量≤2.0毫米的连旱天气，达到了秋冬季气象小旱标准。

气象与科技。依托龙岩市气象局创立的省气象局“短临强天气预警技术研究创新团队”，开展强对流天气实时监测和临近预警技术研究，完善了冰雹、雷雨大风、短时强降水自动识别预警技术，建立业务一体化、功能集约化的强天气短临预警预报平台，积极开展网格精细化预报，初步实现“预报到乡”的精准度。短临强天气预警服务主动、提前、准确，为全市乃至全省的强天气防抗、政府决策灾调度工作争取了宝贵时间。

省科技厅项目《利用新一代天气雷达自动监测和预警森林火灾》通过验收，项目成果投入业务应用，有效拓宽了天气雷达的监测应用领域。该项目开发建设的全省雷达监测林火平台实时为防火部门及供电公司提供林火监测预警信息，最大限度发挥气象为政府防灾减灾、企业增产增效的服务能力。

（赖巧珍　撰稿）

【环境】 环境空气质量状况。2017年，全市空气质量以优良为主，总体空气质量优于上年同期。全市总体空气质量达标天数比例范围在99.1%—99.7%，平均为99.5%，同比提高0.6个百分点。龙岩中心城市空气质量总达标天数比例为99.2%，同比提高0.6个百分点，高于全省平均水平。龙岩中心城市空气质量综合指数为3.14，首要污染物为臭氧，空气质量在全省9个设区城市中并列第一，空气质量综合指数排名全省第二。全市6个县级城市（漳平市、长汀县、永定区、上杭县，武平县、连城县）环境空气质量良好，环境空气质量综合指数范围为2.27至3.44，首要污染物为臭氧、细颗粒物。在全省58个县级城市空气质量排名中，武平排名第二、永定排名第七、上杭排名第十四、连城排名第十七、长汀排名第二十二、漳平排名第五十。

水环境质量状况。2017年，龙岩市境内3条主要河流（汀江、闽江、九龙江）总体水质保持良好，与上年同期相比，水质有所下降。全年Ⅰ—Ⅲ类水质比例占82.4%，与上年同期相比下降11.7个百分点；Ⅰ—Ⅱ类水质比例为29.4%，与上年同期相比持平。其中，Ⅰ类水质占5.9%，Ⅱ类水质占23.5%，Ⅲ类水质占52.9%，Ⅳ类水质占17.6%，无Ⅴ类水和劣Ⅴ类水。主要超标项目为总磷、氨氮。全市3个主要湖泊水库水质有所好转，Ⅰ—Ⅲ类水质比例为100%，较上年提高11.1个百分点。按综合营养状态指数评价，3个湖泊水库为中营养状态。龙岩市辖区内16个城市集中式饮用水水源地水质均达到或优于Ⅲ类标准，水质达标率为100%。6个县级城市（漳平市、长汀县、上杭县、永定区、连城县和武平县）的10个集中式生活饮用水源地水质达标率均为100%。龙岩城市内河Ⅰ类至Ⅲ类水质比例为75%，与上年同期相比上升25个百分点。小溪河水质从长期的劣五类提升至三类水，其中登高桥、见龙桥断面部分时段达到2类水质。

【水文】 降水量。2017年，全市年平均降水量1558.0毫米，折合水量为296.80亿立方米，比上年偏少41.8%；比多年平均值偏少9.3%，属正常年。全市各县年降水量最多的是永定区1742.6毫米，最少的是漳平市1456.1毫米。全市年降水量主要集中在3至7月，5个月合计降雨量1149.1毫米，占全年降水量的78.9%，与正常年份相当；8至12月，降雨量220.3毫米，占全年降水量的15.1%，比正常年份偏少50.0%。全市站点降水量距平为−27.6%~16.5%。总体看全市降水特点是时空分布不均。与多年平均相比，除永定区外偏多2.3%，其他县市均偏少，少4.3~14.4%，偏少最多的是长汀县，最少的是连城县，属正常年。

2017年龙岩市各县（市、区）降水情况

表1

市、县	新罗	漳平	永定	上杭	武平	连城	长汀	全市
年降水量（毫米）	1612.8	1456.1	1742.6	1545.1	1501.0	1646.0	1462.5	1558.0
折合水(亿立方米)	43.19	43.32	38.74	44.00	39.48	42.73	45.34	296.80
与上年比较（%）	−39.3	−42.9	−35.9	−41.1	−46.1	−41.6	−44.0	−41.8
多年平均降雨量（毫米）	1727.4	1648.4	1702.9	1714.1	1724.6	1719.6	1708.8	1717.9
与多年比较（%）	−6.6	−11.7	2.3	−9.9	−13.0	−4.3	−14.4	−9.3

洪水。2017年，全市水文站点发生超过警戒以上洪水共35站次，超保证水位以上洪水0站次，其中九龙江控制站漳平水文站6月16日出现年最高水位158.88米，超警戒水位0.88米，相应流量为2180立方米/秒；汀江控制站上杭水文站6月2日出现年最高水位178.99米，差1.01米超警戒水位，相应流量为2540立方米/秒。东兴水位站6月15日出现最高水位320.16米，超警戒1.56米；杨家坊水文站6月2日出现最高水位292.46米，超警戒1.96米。

表2

2017年龙岩市主要水文(位)站点最高水位情况

站名	观音桥	上杭	桃溪	永定	杨家坊	东兴	漳平	麦圆	龙门
最高水位(米)	307.50	178.99	273.58	180.37	292.46	332.16	158.88	296.24	349.14
出现时间	4月21日	6月2日	6月2日	6月15日	6月2日	6月15日	6月16日	6月15日	6月15日
与警戒水位差(米)	-0.30	1.01	0.58	1.07	1.96	1.56	0.88	0.74	0.84

说明：表中水位为黄海高程，相应流量单位：立方米/秒

【水环境】 根据2017年1月至12月的监测数据对实测的85个水功能区(包含17个国家级水功能区，68个省级水功能区)进行水质评价。水功能区水质评价依据《地表水环境质量标准》(GB3838-2002)，采用单因子评价法。评价项目为水温、pH、溶解氧、五日生化需氧量、氨氮、高锰酸盐指数、氟化物、挥发酚、氰化物、六价铬、汞、砷、硒、铜、铅、镉、锌、总磷、总氮(湖、库)、阴离子洗涤剂、硫化物共21项，对照水功能区水质类别管理目标，进行水质达标评价。重点城市主要供水水源地评价项目增加硫酸盐、氯化物、硝酸盐、铁、锰5项，共26项，对照《地表水环境质量标准》Ⅲ类标准，进行水质合格评价。

在监测的85个水功能区中，水质达到水功能区水质管理目标的个数按全指标评价有74个，占87.1%；水质达到水功能区水质管理目标的个数按双指标评价有78个，占91.8%；主要流域水功能区评价河长2213.35公里，达标河长1819.76公里，占82.2%。

监测的85个水功能区涉及全市7个县(市)区，按照水质监测断面所在的县级行政区进行水功能区的达标评价。

闽江、九龙江、汀江、韩江等主要流域的85个水功能区中，水质达到水功能区水质管理目标的74个，占87.1%。水功能区评价河长2213.35公里，达标河长1819.76公里，占82.2%。

【地震】 龙岩市的地质构造经历多次的地质构造运动，形成了多种构造体系。控制该区山脉走向和河谷分布的主要构造有华夏系、新华夏系和南岭东西构造带，另外还有经向构造，北西向构造，龙岩山字形构造。同时，有2条地震构造带经过龙岩，东南部有一条经大田—漳平—龙岩东进入广东大埔的政和—海丰构造带，西北部有一条经宁化—长汀—武平进入广东的河源—邵武构造带。由于地质构造错综复杂，龙岩市被国务院列为全国25个地震重点监视防御区之一，全市所有县(市、区)均被列为全国地震重点监视防御的县(市、区)。

2017年，龙岩市辖区内共发生地震40次，2.0级以下地震32次，2.0-3.0级地震8次，最大地震2.9级；2017年9月，漳平市芦芝镇连续发生11次3级以下地震，其中2.9级2次。

科普宣教。多渠道多形式融入各类媒介宣传。在中国龙岩网、龙岩人民广播电台分别举行“居安思危，了解必备的防震减灾知识”、“减轻社区灾害风险，提升基层减灾能力”主题在线访谈；在电视台、闽西新闻网、红土地视频网、闽西日报、今日头条等媒体报道40多条新闻；在“龙岩市民服务”、移动、联通、党群e家亲等微信公众号推送行业信息；在市政府机关楼宇视频播放《地震预警》《守护生命》《撑起一片天》等科普短片；在《科圃》杂志刊登“农居抗震设防指南”等科普知识。实施“减灾文化+书法”系列活动。联合市文联开展“防震减灾关系你我他”主题书法创作大赛暨优秀作品展活动，从投稿的210多幅作品中评选出60名获奖者，获奖作品于“5·12”期间在中心城区人口集中地段龙津艺苑展出，吸引上万群众观展，宣传抗震精神和防震减灾文化。创新“一团一队一融合”宣传模式。每个县(市、区)组建1个专业科普宣讲团，1支科普志愿者队伍，与民政、城建、教育、司法、消防、科协、红十字会等部门深度融合，建立合作机制，实现优势互补；上杭试点工作取得明显成效。印制各类宣传品。编印《防震减灾主题书法集》1万册、《龙岩市地震应急救援手册》3万册、《地震预警宣传手册》8万册。

（市地震局　供稿）

资　源

【土地资源】 龙岩市土地面积19052平方公里，占全省陆地面积15.7%，居省内各设区市的第三位。土地资源具有绝对数量大、人均占有量少；类型多样、区域差异显著；难以开发和质量不到的土地面积较多的特征。龙岩7个县(市、区)中，长汀县土地面积最大，永定县土地面积最小。

按地貌类型划分，全市山地面积14966平方公里，丘陵面积3101平方公里，平原面积985平方公里。

【水资源】 2017年全市水资源总量为180.33亿立方米(不包括入境水量)，比上年偏少47.7%，比多年平均偏少5.4%，人均水资源量约为6124立方米，全市平均径流系数0.608，平均径流模数94.7万立方米/平方公里。各市、县中水资源量最多的是长汀县，占全市总量的15.5%。

2017年龙岩市各县(市、区)水资源总量

表3　　单位:亿立方米

市、县	新罗	漳平	永定	上杭	武平	连城	长汀	全市
地表水资源量	27.08	26.08	22.82	26.09	23.29	27.09	27.88	180.33
地下水资源量	6.19	5.77	5.66	6.06	5.35	6.08	6.06	41.16
水资源总量	27.08	26.08	22.82	26.09	23.29	27.09	27.88	180.33
多年平均水资源量	28.41	27.02	21.44	28.63	25.60	28.11	31.37	190.58
与上年比较(%)	-45.0	-47.3	-43.9	-47.5	-53.1	-45.9	-50.4	-47.7
与多年平均比较(%)	-4.7	-3.5	6.4	-8.8	-9.0	-3.6	-11.1	-5.4

【矿产资源】 龙岩市素有“金山银水”的美称，矿物资源相对丰富，是福建省的主要矿产地。矿产资源有以下特点：一是矿种较齐全。涵盖了能源、金属、非金属和水气类型矿产，关系到国计民生的主要矿产中除石油、天然汽等少数矿种外在龙岩市均有发现，为龙岩发展能源、冶金、建材等行业提供了原料基础；二是储量相对丰富。全市有煤、铁、锰、铜、金、银、稀土、钼、白云岩、耐火黏土、硫铁矿、膨润土、水泥粘土、高岭土、石灰岩等15种矿产储量位居全省第一，有7种矿产储量占全省的70%以上，有13种矿产储量占全省的40%以上。紫金山金铜矿、马坑铁矿、东宫下高岭土矿等都是享誉全国的大型矿床；三是开发利用的难度较大。小矿床多，大中型矿床少；四是矿产分布较分散，不平衡。新罗、漳平、永定、上杭的资源总量相对丰富，但漳平、永定、上杭的矿种较单一，武平、连城的矿种较全，但资源总量不大。

龙岩市已发现64种矿产（其中能源矿产3种，金属矿产18种，非金属矿产40种，其他矿产3种），有35种矿产进行过普查—勘探工作，大多数矿产已被开发利用。探明资源储量的矿产地300处，其中特大型矿床1处，大型矿床10处，中型矿床44处，小型及以下矿床245处，探明资源储量的潜在价值超过5000亿元。龙岩马坑铁矿的储量、品位，均居华东地区的前列；东宫下高岭土矿为国内有名的大型优质矿；白沙南、高陂、昌福山等煤井田驰名省内外；漳平岭兜石灰岩储量1.89亿吨，在省内具有较高的知名度；紫金山铜矿系国家“七五”期间发现的最主要的有色金属矿产地之一。

【生物资源】 龙岩市地跨中亚热带和南亚热带两个气候带，加上境内山川纵横、河流交错、地形地势复杂，造就了自然生态条件多样、植物地带性分布特点明显、生物资源丰富、区系复杂的生物多样性特点。

动物资源。龙岩市野生动物资源种类繁多，品种多样。至2016年，全市共有陆生脊椎动物79科229属380种，其中兽类20科40属70种，鸟类41科135属211种，爬行类10科40属70种，两栖类8科12属30种，鱼类20科74属92种，贝类27种，浮游动物170种，微生物大型真菌29科73属116种，藻类4门30科218种。其中国家一级重点保护物种5种：蟒、黄腹角雉、白颈长尾雉、云豹、黑麂；国家二级重点保护物种有44种。

植物资源。据2013年统计，全市有高等植物233科879属2741种。其中国家一级保护植物有：银杏、水松、南方红豆杉、伯乐树等4个物种；国家二级保护植物有：金毛狗、长叶榧、福建柏、浙江楠、闽楠、榉树、巴戟天、厚朴、凹叶厚朴、观光木、短萼黄连、红椿、半枫荷、花榈木、红豆树等15种；省重点保护植物有油杉、南方铁杉、沉水樟、福建樱桃、福建假稠李、乐东拟单性木兰、福建青冈、吊皮锥、福建酸竹等9种。

【旅游资源】 龙岩是福建旅游的新亮点。奇山、秀水、幽洞，民居、民俗、民风，名城、名乡、名人交相辉映，构成一幅绚丽风情画卷。旅游资源具有种类多、品位高、规模大、保存好的特点。龙岩市有1个世界文化遗产地（福建土楼永定景区)，2个国家AAAAA级旅游景区(福建土楼永定景区、古田景区)，10个国家AAAA级旅游景区(连城冠豸山、新罗龙硿洞、长汀红色旧址群、漳平九鹏溪、连城天一温泉旅游区、连城培田古村落景区、梅花山华南虎园生态旅游景区、梁野山景区、才溪乡调查纪念馆、永定天子生态旅游区),14 个国家 AAA 级旅游景区(闽西革命历史博物馆、武平定光佛祖庙、武平文博园景区、永定下洋中川景区、永定金砂红色旧址群景区、新罗东肖红色旧址群、新罗竹贯古村落、上杭李氏大宗祠文化旅游区、长汀汀江源龙门风景区、长汀汀江国家湿地公园、漳平象湖红色旧址群、新罗培斜福海龙乡、连城星光农场、武平刘亚楼将军故居红色旅游区),1 个国家级风景名胜区 (冠豸山),1 个国家工业旅游示范点(上杭紫金工业旅游区),1 个国家农业旅游示范点(新罗云顶茶园),3 个国家水利风景区(新罗梅花湖、永定龙湖、漳平九鹏溪景区),1 个国家矿山地质公园(上杭紫金工业园区),1 个国家历史文化名城 (长汀)、3 个国家历史文化名乡(镇)(上杭古田镇、武平中山镇、永定湖坑镇),7 个国家历史文化名村(连城宣和乡培田村、三洲乡三洲村、适中镇中心村、庙前镇芷溪村、新罗区万安镇竹贯村、长汀县南山镇中复村、漳平市双洋镇东洋村),4 个国家森林公园(龙岩国家森林公园、上杭西普陀国家森林公园、漳平天台山国家森林公园、永定王寿山国家森林公园),2 个国家自然保护区(梅花山、梁野山),4 个全国特色景观名镇(村)(永定湖坑镇、上杭县古田镇、连城县宣和乡培田村、漳平市赤水镇香寮村),3 个全国休闲农业与乡村旅游示范县(漳平市、上杭县、连城县),2 个全国休闲农业与乡村旅游示范点(上杭五龙村农家乐、永福高山农业旅游区),10 个全国红色旅游景区,13 处(39 个点)国家重点文物保护单位。福建旅游十大品牌中,龙岩占 2 个,即“神秘的客家土楼”和“光辉的古田会址”。全市有 3A 级以上旅行社 38 家,其中出境业务资质社 5 家,赴台资质旅行社 1 家;星级饭店 32 家,其中五星级 1 家,四星级 17 家,三星级 14 家。

(市旅游局　供稿)

建制沿革

【古近代时期】　闽西古为闽越地,周时属“七闽”,秦属闽中郡。西晋太康三年(282 年)置新罗县(县治在今长汀县东南),属晋安郡。南朝宋泰始四年(468 年)改晋安郡为晋平郡,废新罗县,原新罗县地属晋平郡。梁天监年间(502—519 年)析晋平郡地增置南安郡,龙岩地域属南安郡。大同六年(540 年)南安郡增置龙溪县,闽西隶属该县。唐开元二十四年(736 年)置杂罗县(一说新罗县,治今龙岩市),同年置汀州,辖长汀、黄连、杂罗 3 县。天宝元年(742 年)汀州改为临汀郡,杂罗县改名龙岩县,黄连县改名宁化县。乾元元年(758 年)临汀郡复名汀州。大历十二年(777 年)龙岩县改属漳州。原建州所属沙县改隶汀州。五代南唐保大六年(948 年)划沙县归剑州。汀州管辖长汀、宁化 2 县。北宋淳化五年(994 年)上杭、武平升场为县,元符元年(1098 年)置清流县,南宋绍兴三年(1133 年)置莲城县,时汀州辖长汀、宁化、上杭、武平、清流、莲城 6 县。元至元十五年(1278 年)升为汀州路。元至正六年(1346 年),改莲城为连城。明洪武元年(1368 年)改为汀州府,成化六年(1470 年)置归化县,成化七年 (1471 年) 置漳平县,成化十四年(1478 年)置永定县,时长汀、上杭、武平、清流、连城、归化、宁化、永定通称“汀属八县”。隆庆元年(1567 年)析龙岩、永安、大田 3 县地置宁洋县。清雍正十二年(1734 年)升龙岩县为直隶州,辖漳平、宁洋 2 县。清末汀州府、龙岩州均属汀漳龙道。

【民国时期】　民国 2 年(1913 年)废州、府,复龙岩为县,属西路道。民国 15 年废道制,各县直属省辖。民国 22 年 12 月,中华共和国人民革命政府(“福建人民政府”)成立时属龙汀(龙漳)省。民国 23 年 7 月,分属第七行政督察区(驻龙岩,辖龙岩、永定、上杭、武平、漳平、宁洋、华安 7 县)和第八行政督察区(驻长汀,辖长汀、连城、宁化、清流、明溪、永安 6 县)。民国 24 年 10 月,分属第六行政督察区(辖龙岩、漳平、大田、永定、上杭、华安、宁洋 7 县和峰市特种区)和第七行政督察区(辖长汀、连城、宁化、明溪、清流、武平、建宁、泰宁 8 县)。民国 36 年,以龙岩、长汀、永定、上杭、武平、漳平、连城 7 县为第七行政督察区,驻龙岩。1949 年 8 月至 11 月各县相继解放。

【中华人民共和国时期】　中华人民共和国成立初期,福建省下设 8 个专区,闽西各县属第八专区。1950 年 4 月第八专区改称龙岩专区。1956 年 3 月划入永安、宁化、清流、宁洋 4 县,7 月撤宁洋县。1963 年永安、宁化、清流 3 县划归三明专区。1970 年龙岩专区改称龙岩地区。1981 年撤销龙岩县,设立县级龙岩市。1990 年撤销漳平县,设立县级漳平市。1997 年 3 月,撤销县级龙岩市,设立新罗区。1997 年 5 月 1 日,撤销龙岩地区,设立地级龙岩市,市人民政府驻新罗区。2014 年 12 月 13 日,撤销永定县,设立龙岩市永定区。

(市方志委　撰稿)

行政区划

【概况】　截至 2017 年底,龙岩市辖新罗区、永定区和上杭、武平、长汀、连城 4 个县,代管漳平市。各县(市、区)共辖 13 个街道、85 个镇、36 个乡 (含 2 个民族乡)。乡(镇、街道)共辖 1783 个村委会、144 个社区居委会。

2017年龙岩市行政区划

表4　　单位：个

县级行政单位	土地面积(平方公里)	人口密度(人/平方公里)	乡级行政单位(个)				村(居)委会(个)		
			合计	乡	镇	街道办事处	合计	村委会	居委会
全市	19052	138.0	134	36	85	13	1927	1783	144
新罗区	2679	270.6	20	0	10	10	337	282	55
永定区	2224	163.2	24	11	12	1	280	262	18
上杭县	2976	81.3	16	3	11	2	199	174	25
武平县	3100	129.7	18	5	13	0	300	290	10
长汀县	2859	130.8	22	5	17	0	345	331	14
连城县	2638	105.0	17	5	12	0	219	214	5
漳平市	2576	95.9	17	7	10	0	247	232	15

说明：人口密度按常住人口计算

36个乡中，包括2个民族乡，分别是上杭县庐丰畲族乡和官庄畲族乡

（市民政局　供稿）

人　口

【概况】　据龙岩市公安局统计，2017年末全市总户数为96.36万户，总人口315.89万人，净增2.60万人，增加8.30‰。其中女性人口152.08万人，性别比（以女性为100）为107.71；城镇人口139.64万人，占总人口的44.20%。全年出生人口77583人，人口出生率为24.56‰；死亡人口37573人，人口死亡率为11.89‰；人口自然增长率为12.67‰。与上年相比，人口出生率、死亡率均呈上升态势，自然增长率有所下降。从户籍迁移情况看，全年迁入人口5.88万人，迁出人口7.28万人，净迁入-1.40万人，户籍人口净流出态势较上年有所加剧。

2017年人口变动情况抽样调查结果：全市2017年常住人口264万人，占全省的6.75%，常住人口规模在全省9个设区市中居第八位。调查人口出生率为16.1‰，死亡率为6.9‰，人口自然增长率为9.2‰，居全省第三位。城镇化水平为55.7%，比全省平均水平低9.1个百分点，但较上年提高1.9个百分点，提升幅度居全省首位。

2017年龙岩市人口基本情况与城镇化水平

表5

	总户数(户)	户籍总人口(人)	总人口增长(%)	人口出生率(‰)	人口死亡率(‰)	人口自然增长率(‰)	常住总人口(万人)	常住人口城镇化率(%)
全市	963637	3158903	0.83	24.56	11.89	12.67	264	55.7
新罗区	186540	533986	2.17	22.21	13.73	8.48	73.4	71.4
永定区	153781	506693	-0.31	20.79	11.01	9.78	36.3	48.1
漳平市	86073	296693	-0.18	19.02	13.21	5.81	24.2	54.6
长汀县	165191	545190	1.35	31.32	12.38	18.94	40.2	51.4
上杭县	147253	529208	0.57	23.45	11.24	12.21	37.5	48.3
武平县	114792	400691	1.28	27.13	7.98	19.15	27.7	48.5
连城县	110007	346442	0.42	26.53	14.00	12.53	24.7	47.6

说明：本表数据除常住总人口、常住人口城镇化率外，均为公安部门统计数

【人口分布】 全市常住人口 264 万人，城镇常住人口 147.05 万人。分县(市、区)来看，新罗区常住人口 73.4 万人，城镇常住人口 52.41 万人；永定区常住人口 36.3 万人，城镇常住人口 17.46 万人；漳平市常住人口 24.2 万人，城镇常住人口 13.21 万人；长汀县常住人口 40.2 万人，城镇常住人口 20.66 万人；上杭县常住人口 37.5 万人，城镇常住人口 18.11 万人；武平县常住人口 27.7 万人，城镇常住人口 13.43 万人；连城县常住人口 24.7 万人，城镇常住人口 11.76 万人。

【人口年龄构成】 根据人口抽样调查测算，2017 年全市常住人口中，少儿组(0—14 岁)人口占总人口的 20.34%，成年组人口(15—64 岁)占 67.04%，老年组人口(65 岁及以上)占 12.63%。不满周岁婴儿(0 岁)占 1.57%，学龄前儿童(1—6 岁)占 10.00%，小学学龄组(7—12 岁)占 6.72，初中学龄组(13–15 岁)占 2.99%。总人口中，育龄妇女(15–49 岁)占 24.31%；劳动年龄组人口(男性 16—59 岁，女性 16—54 岁)占 57.79%。

【人口变动特点】 出生率持续提升，但提升幅度受限。“全面二孩”政策有助于全市妇女生育水平的回升，但受育龄妇女总量逐年减少的影响，短期内出生率虽会提升但不会引起大幅度反弹。2010 年全市 15–49 岁育龄妇女 72.26 万人，而人口抽样调查数据显示，2017 年仅为 64.18 万人，年均减少 1.15 万人。人口净流出水平为近 10 年之最。2015 年以后，龙岩市出台了一系列落户优惠政策，户政服务环境进一步优化，落户政策进一步放宽，准入门槛进一步降低，全市户籍人口迁移仍呈现农村人口向城镇迁移、县市人口向龙岩中心城区迁移、全市人口向外地经济发达地区迁移的态势，全市除新罗区迁入人口略大于迁出人口外，其余各地均是迁出人口大于迁入人口，全市机械变动整体负增长。全市已连续 7 年出现迁出人口大于迁入人口的情况，2017 年机械变动减少 13984 人，机械变动率负增长 4.43‰，为近 10 年之最。劳动适龄人口减少，抚养负担持续加重。人口抽样调查数据显示，2017 年龙岩市常住人口中劳动适龄人口（15–64 岁）占比 67.04%，较 2010 年下降 6.44 个百分点，较上年下降 1.02 个百分点，全市劳动力供给减少。少年儿童(0–14 岁)抚养比 30.34%，较 2010 年提升 8.11 个百分点，较上年回落 0.41 个百分点；老年人口(65 岁及以上)抚养比 18.84%，较 2010 年提升 4.98 个百分点，较上年提升 2.66 个百分点；总抚养比 49.18%，较 2010 年提升 13.08 个百分点，较上年提升 2.25 个百分点。

（张丽懋　撰稿）

经济社会发展

【经济综合实力】 2017 年，全市生产总值 2167.5 亿元，增长 8.2%；人均生产总值 8.2 万元，增长 7.6%。其中，第一产业增加值 227.2 亿元，增长 2.7%；第二产业增加值 1125.2 亿元，增长 6.8%；第三产业增加值 815.1 亿元，增长 11.9%。三次产业结构由上年的 11.8:51.0:37.2 调整为 10.5:51.9:37.6。

【工业经济】 全市规模以上工业增加值 632.5 亿元，增长 8.1%；企业利润总额增长 80.7%。机械装备、有色金属两大主导产业增长 24%，有色金属产业产值突破 600 亿元、机械装备产业产值接近 350 亿元；六成以上企业保持两位数增长，新增亿元以上企业 42 家、总数达 442 家；成功创建国家应急产业示范基地。高新技术产业增加值增长 26.6%，新增国家高新技术企业 18 家、省级以上研发机构 10 家。龙工集团成功研发挖掘机高压液压元件，在行业内率先实现国产替代进口，龙净环保入选国家工信部制造业单项冠军。“制造+服务”等新模式进一步推广，龙马环卫获评国家服务型制造示范企业，新培育 4 家省级服务型制造示范企业。成功创建国家军民融合新型工业化产业示范基地，军民融合项目新开工 17 个、新投产 13 个；军民融合企业超 50 家，实现产值 587 亿元、增长 33.5%。

【第三产业】 社会消费品零售总额 813.2 亿元，增长 11.5%；限额以上批发和零售企业实现网上零售额 11.05 亿元，增长 21.6%；“正统网”入驻电子商务企业 933 家。全年销售商品房 315.2 万平方米，增长 13.7%。全年接待旅游总人数 3784 万人次，增长 23.7%；旅游总收入 332.8 亿元，增长 31.3%。年末公路通车总里程 14421 公里，其中，高速公路 662 公里。年末铁路通车里程 486 公里。年末机动车保有量 96.8 万辆，增长 3.1%。年末互联网用户达 84.06 万户，增加 8.61 万户；固定及移动电话用户达 315.67 万户，减少 1.51 万户。

【农业经济】 农林牧渔业完成总产值 385.22 亿元，增长 2.9%。粮食播种面积 17.84 万公顷，粮食总产量 109.2 万吨，下降 0.5%。蔬菜产量 205.48 万吨，增长 1.5%。肉蛋奶总产量 52.8 吨，增长 3.2%。水产品总产量 8.65 万吨，增长 6.7%。林下经济经营面积 62.31 万公顷，实现产值 169.4 亿元，增长 17.2%；林下经济合作组织 700 个，惠及林农 15.7 万户。

【固定资产投资】 全市固定资产投资完成 2519.2 亿元，增长 15.1%。按产业分：第一产业投资 186.2 亿元，增长 47.2%；第二产业投资 1143.9 亿元，增长 16.9%；第三产业投资 1189.1 亿元，增长 9.8%。按领域分：工业投资 1134.5 亿元，增长 17.1%；房地产开发投资 185.1 亿元，增长 2.7%；基础设施投资 717.1 亿元，增长 1.8%。按类别分：民间投资 1796.7 亿元，增长 26.7%；国有投资 604.7 亿元，下降 8.3%。

【财政金融】 一般公共预算总收入 274.2 亿元，增长 3.1%；地方一般公共预算收入 138.8 亿元，增长 5.6%；财政支出 301 亿元，增长 9.7%。年末金融机构本外币各项存款余额 1861 亿元，增长 5.5%；金融机构本外币各项贷款余额 1664.6 亿元，增长 14.5%。全市保险企业各项保费收入 52.7 亿元，增长 3.9%。

【对外经贸】 全年进出口总额 257.3 亿元，增长 4.9%；其中进口 99.6 亿元，增长 7.5%；出口 157.7 亿元，增长 3.3%。新批外商直接投资项目 33 个，新增合同外资金额 3.03 亿美元，下降 55%；外商直接投资 2.96 亿美元，增长 6.5%。

【人民生活】 全体居民人均可支配收入 24097 元，增长 8.8%；城镇居民人均可支配收入 33022 元、增长 8.6%；农村居民人均可支配收入 15698 元、增长 8.8%。城镇登记失业率 2.48%，城镇新增就业 1.86 万人。居民人均生活消费支出 16502 元，增长 5.8%。年末参加城镇基本养老保险人数（不含退休）45.7 万人，比上年增加 0.49 万人。年末养老机构总床位数 1.22 万张。城乡居民享受最低生活保障救助人数分别为 0.3 万人、3.75 万人。

【城乡建设】 中心城区建成区面积新增 2 平方公里，达 58 平方公里。实施中心城区畅通工程，主干道路、拥堵节点改造、停车设施等一批重点城建项目加速推进，新建及改造城市道路 17.8 公里。罗龙西路改造提升、“三桥一路”改造等 12 个项目新开工建设，东肖南路二期改造提升、北三环等 4 个项目竣工通车；新建人行天桥 4 座；新开通公交线路 3 条，延伸优化公交线路 18 条，开通中心城区至永定高新区城际公交；新增公共停车位 3000 多个，新投放一批新能源公共汽车、共享单车。城市污水集中处理率 90%，城市生活垃圾无害化处理率 99.6%。实施新型城镇化和美丽乡村建设三年行动计划，新增 1 个国家级特色小镇、2 个省级特色小镇、1 个田园综合体省级示范点和 13 个中国传统村落；124 个美丽乡村和 122 个省级“千村整治、百村示范”工程全部开工建设；农村家园清洁行动深入开展，完成 380 个农村垃圾治理任务；完成国省干线建设改造 81 公里、农村路网提级改造 450 公里，建成 S205 线“生态公路”110 公里。

【社会事业】 出台加强基础教育工作十条措施，建立以教绩为导向的职称评聘管、教师教绩考核激励等机制，实施“名校带动工程”，推动基础教育组团式办学，扩大优质教育资源覆盖面，推进教育教学质量提升。统筹规划、土地、建设、财政及社会资源，推进城区基础教育扩容，计划用两年时间在中心城区建设学校 28 所，2017 年中心城市新增中小学学位近 1 万个、幼儿园学位 1.5 万个。通过政府购买服务方式，由本校教师兼任辅导员，先行在中心城区 29 所小学开展课后 1 小时服务活动。推进城乡义务教育一体化改革发展，推行“阳光招生”，努力让每个孩子都能享有公平而有质量的教育。持续深化医药卫生体制改革，全面推行分级诊疗、医联体试点。提高城乡低保标准，实行城乡居民基本医疗保险市级统筹。成功入选全国居家和社区养老服务改革试点地区。在全国率先通过地方立法保护红色文化遗存，获批设立国家级客家文化（闽西）生态保护实验区。平安县乡村三级联创和“三个 10%”做法在全国推广；涉麻制毒、电信诈骗犯罪等专项整治成效显著，长汀县全国涉麻制毒警示通报地区实现降级。安全生产治理能力和监管水平有效提升。食品药品安全放心市建设扎实推进。成功举办龙岩市第十五届运动会、第二届环永定土楼国际山地马拉松赛等大型体育旅游赛事。龙岩市及 7 个县（市、区）连续三届被评为全省双拥模范城（县），国防动员和后备力量建设成效明显。援藏援疆工作扎实推进。

（市政府办　供稿）

4 市域“三大战略”

编辑 陈 芬

产业兴市战略

【概况】 九大工业产业实现产值2338.5亿元,比增17.8%。其中:两大主导产业(有色金属、机械装备)实现产值935.5亿元,比重比上年提升1.7个百分点,达40%。有色金属产业产值首次突破600亿元,增长33.6%。机械装备产业专业化、特色化发展,新能源物流车全国细分领域市场占有率达20%,专用车产销量突破1.5万辆,产值约40亿元,占全省50%以上。应急产业集群初步形成,新罗区龙州工业园区获批国家应急产业示范基地。5个重点产业(能源精化、农副产品加工、烟草、纺织、建材)实现产值1269.4亿元,比增13.2%。光电新材料、生物医药2个新兴产业实现产值133.5亿元,增长23.2%,比全市平均增速快5.4个百分点。高技术产业实现增加值27.6亿元,比增27.7%,比全市规模以上工业增加值增速快19.6个百分点。

【“双培育”行动计划】 推进“365”产业发展,加快培育形成一批支柱产业、龙头企业,全力打造“三城一基地”(有色金属之城、专用汽车名城、文旅康养之城和军民融合示范基地),推动动能转换,实现更高质量的发展,12月26日,市委、市政府出台《龙岩市培育支柱产业龙头企业三年行动计划(2018—2020年)》,以下简称“三年行动计划”。“三年行动计划”提出的工作目标:到2020年,全市培育形成有色金属、机械装备、文旅康养3个千亿级支柱产业,各县(市、区)、龙岩经济技术开发区(高新区)均培育形成1个以上百亿级产业,全市培育形成产值(营业收入)100亿元以上企业10家,50亿元—100亿元企业10家、10亿元—50亿元企业80家,合计100家,其中工业企业50家,建筑业30家,服务业20家。

(市经信委 供稿)

人才强市战略

【载体建设】 进一步实施引进高层次人才、工科类青年专业人才、百千万人才工程、青年拔尖人才、技能大师等项目,助力企事业单位发展。开展留学人员创业启动支持计划,推动项目落地发展。会同龙岩经济技术开发区举办人才政策入企业集中宣讲活动,切实提高人才政策知晓率。开展企事业单位高层次人才岗位需求征集活动,发布20余家企业人才需求计划90名,大力吸引人才来龙岩创业创新。2017年,全市确认为福建省引进高层次人才21名、发放一次性安家补助1400万元,其中A类人才2名、B类人才15名、C类人才4名,A类人才引进实现零的突破;确认为工科类青年专业人才93人,发放企业聘用补助1050万元;福建蔚嘉生物医药有限公司李泽敏博士创业项目入选2017年省级优秀项目,为龙岩市经济发展提供有力的人才支撑。

【人才智力引进】 编制实施《龙岩市2017—2018年度紧缺急需人才引进指导目录》,支持引进一批战略性新兴产业急需紧缺人才。完善人才政策,配合制定和落实8类本地优秀人才政策支持措施,盘活本地人才。制定《关于加强和改进龙岩学院人才工作的意见》,有效扩大高等院校选人用人自主权。2017年11月,首次在山区地市举办2017年中国·福建海外人才创业周(龙岩会场)活动,邀请30余名海外留学人才与龙岩市110多家企事业进行对接洽谈活动,企事业单位与8名海外留学博士达成初步合作意向。2017年,全市新增6名政府特殊津贴专家,分别是龙岩学院的石小琼、龙岩市农业科学研究所的郭其茂、紫金矿业股份有限公司的黄怀国、福建永强岩土股份有限公司的许万强、福建龙马环卫装备股份有限公司的闵龙林、武平县土肥站的钟菊文。新增1名国家级“百千万人才工程”专家，龙净环保股份有限公司的廖增安。积极组织市第一医院周晨等17位优秀人才申报百千万工程领军人才、青年拔尖人才。全市共有53名享受政府特殊津贴专家，入选第三层次省级“百千万人才工程”13人，青年拔尖人才1人。以双一流高校优秀毕业生为重点，为发展全市公共事业提供人才储备和智力支撑。2017年，全市选拔引进高校优秀毕业生177名，其中干部储备人才86名、中小学教师人才47名、医疗卫生人才25名、事业单位专业技术人才19名；博士16人、硕士157人。征集发布2018年事业单位专业技术储备人才引进培养“千人计划”岗位需求25名。

龙岩技师学院大力发展职业教育，培育高技能人才，服务龙岩产业发展

【服务体系建设】 加强人力资源市场监管和业务指导，2017年选送4家人力资源服务机构7名从业人员参加省级业务培训；对漳平市、永定区、新罗区等3个市（区）开展市场监管业务督查。加强基层就业服务设施建设，加快构建覆盖城乡、统一规范的人力资源公共服务体系，做好流动人员人事档案基本公共服务。落实福建省促进人力资源服务业发展措施，培育各类人力资源服务机构，2017年，新许可龙岩市好工作人才服务有限公司等3家人力资源服务机构。

【高技能人才培养】 实施《龙岩市高技能人才培养规划（2010—2020年）》，积极开展高技能人才培训。2017年，全市高级工以上发证1555人，其中技师、高级技师108人，完成省人社厅下达的新增高技能人才1500人的任务。建设龙岩市第一批市级技能大师工作室，大师工作室建设是高技能人才培养的一种途径。在培育一批国家级、省级技能大师工作室的基础上，出台《龙岩市市级技能大师工作室管理办法》，根据该办法，本着客观公正、注重技术技能和技艺传承的原则，设立涵盖焊工、电工等5个工种7家市级技能大师工作室建设项目。

【科技成果转化】 为推动全市加快转变经济发展方式、培育经济发展新动能，提升经济发展质量效益和竞争力，发挥专业技术人才在促进本地科技成果转化的作用，2017年转发了省人社厅转发的《人力资源社会保障部关于支持和鼓励事业单位专业技术人员创新创业的指导意见》的通知（闽人社文〔2017〕166号），积极支持和鼓励事业单位选派专业技术人员到企业挂职或者参与项目合作；积极支持和鼓励事业单位专业技术人员兼职创新或者在职创办企业；积极支持和鼓励事业单位专业技术人员离岗创新创业。同时，建立科研人员双向流动机制，对于离岗创业的经原单位同意、主管部门批准，可在3年内保存其人事关系，并与原单位其他在岗人员同等享有参加职称评定、社会保险等方面的权利，3年内要求返回原单位的，按原职级待遇安排工作。

（市人社局　供稿）

创新驱动发展战略

【概况】 2017年，龙岩市深入实施创新驱动发展战略，明确科技发展总体布局。在全省率先出台《龙岩市加快知识产权强市建设实施意见》；牵头制定出台《龙岩市加快高水平科技创新平台建设发展九条措施》，制作高企优惠政策宣传动漫，建立高新技术企业重点培育库；编印《龙岩市科技创新服务简明手册》《龙岩市科技创新创业政策汇编》；成功创建全省县域首个省级高新区——武平县高新技术产业园区，成立福建省应急救援装备产业技术创新战略联盟，圆满举办“双创在福建”走进龙岩主题活动，龙岩市在创建国家知识产权试点城市考核中连续两年被评定为优秀等次，国家知识产权试点城市以优秀成绩通过考核验收并申报开展国家知识产权示范城市培育工作。

【财政投入】 2017年，市本级预算安排科技经费4623.47万元。严格落实税收减免优惠政策，2017全市地税系统落实固定资产加速折旧优惠428.86万元；为19户企业落实2016年度研发费用加计扣除1.01亿元。2017年汇算清缴期间，国税系统落实40户企业研发费用加计扣除税收优惠，合计加计扣除额9214.67万元。2017年至第四季度，共有18户企业享受固定资产加速折旧税收优惠，加速折旧优惠额330.09万元。

【企业为主体健全创新体系】 建立以企业为主体、市场为导向、产学研相结合的技术创新体系，激励企业开展技术创新，大力发展高新技术产业、培育科技小巨人领军企业，不断培育新的经济增长点。2017年，组织61家企业参加高新技术企业认定，22家市级科技小巨人领军企业参加省级备案，全部通过省级备案。华达环卫、航凯木业等11家企业认定为省质量信誉承诺企业。长汀盼盼、新洲林化等5家企业认定为省品牌培育试点企业。万腾车桥、天泉药业、龙合智能等16家企业认定为省级“专精特新”中小企业。新增省级工程技术研究中心4家、市级众创空间7家、省级众创空间2家、3家省级企业技术中心。全市有高新技术企业105家(预计值)、国家级创新型企业1家、省级创新型企业32家、省级科技小巨人61家、科技型企业196家。国家高新技术企业、省级科技小巨人企业数量提前三年完成“十三五”规划目标任务。

【培育发展特色机械制造产业】 机械装备产业智能化、特色化发展，龙工“四轮一带”项目投产，年产3000台龙工挖掘机产能回归项目完成装试。龙马环卫扩建、侨龙智能液压系统及应急排水装备技改等项目有序推进。应急产业集群初步形成，龙州工业园区获批国家应急产业示范基地。

【培育发展光电与新材料产业】 光电新材料、医药2个新兴产业增长24.3%，比全市产值增速快6.5个百分点。高技术企业实现增加值25.2亿元，比增26.6%，比全市增速快18.7个百分点。连城冠睿电子智能手机和平板电脑项目3月投产，实现产值10亿元。长汀依托医疗器械产业园加大招商引资，吸引入驻企业14家。永定工业园引入光电信息产业上下游企业，永锋电子、全凯智能等10家企业投产，实现产值2.2亿元。

【培育发展能源与精化产业】 推动能源精化、烟草、农林加工、纺织、建材等传统产业转型升级，漳平木村林产公司实施机器换工，引进智能成套设备，节省近40%劳动力，实现产值超10亿元，增长14.3%。长汀纺织行业规上企业全部向全自动电脑针织机升级，每万纱锭用工100人左右减少至50人左右。上杭瓮福紫金30万吨湿法磷酸技改扩能，月均生产量从1.7万吨提升至2.1万吨。

【培育发展现代特色农业】 不断优化农业内部结构，大力推进特色农业发展。编制闽西“八大珍”“八大鲜”产业总体规划。制定出台特色产业发展扶持政策，组织实施一批产业发展项目，2017年，全市“八大珍鲜”产值33.73亿元，比增16%。生猪出栏449万头，出栏量同比减少0.68%。其他主要农产品均保持稳中有增，全市蔬菜产量205.48万吨，比增1.52%；茶叶2.4万吨，比增4.9%；水果48.5万吨，比增12.3%；食用菌16万吨，比增3.5%；家禽出笼9120万羽，比增22.83%；肉兔出栏806万只，比增13.40%。水产品产量8.58万吨，比增5.73%。

【培育发展现代服务业】 为加快推动现代服务业发展，出台《龙岩市2017年现代服务业发展“三比一看”竞赛活动实施方案》《龙岩市现代物流业三年行动计划(2017—2019年)》等促进服务业发展的保障政策，加大对现代服务企业培育扶持力度。引导企业实施主辅分离，推广龙马环卫“制造+服务”发展模式。新培育1家国家级（龙马环卫）、4家省级服务型制造示范企业。举办工业设计专题讲座，全市省级、市级工业设计中心累计2家和11家。龙岩公路港物流园等5个现代物流项目列入省级生产性服务业重点项目。龙岩陆地港被列为省级示范物流园区。

【攻克转化一批新技术】 突破关键核心技术，整合各类创新资源，实施重大攻关项目，突破制约龙岩市机械制造、有色金属、节能环保等优势产业发展的关键技术瓶颈、先进基础工艺和核心零部件，做优做强有色金属、机械制造等

成立福建连城兰花股份有限公司院士工作站，推进兰花产业发展

主导产业。借助透皮短肽、全向搬运机器人、图形化蓝宝石等一批重点创新项目，着重突破产业关键核心技术，延长产业链条，加快培育光电与新材料、生物医药、互联网产业、现代物流产业、健康养老产业等新兴产业。发挥清华紫荆创新研究院、龙腾新能源汽车研究院、厦门大学新材料(龙岩)研究院、厦龙工程技术研究院等作用，推进新材料、增材制造技术、石墨烯压力传感器、硬质合金异形刀具等一批新技术、新成果的产业化实施应用。整合各类创新资源，实施重大攻关项目，着力突破制约龙岩市机械制造、有色金属、节能环保等优势产业发展的关键技术瓶颈、先进基础工艺和核心零部件，做优做强有色金属、机械制造等主导产业。大力推进“机器换工”，加大高纯度黄金、铜合金管材、船用电缆、稀土永磁材料、稀土催化剂等研发，推动产业向技术高端化、智能化发展。2017 年，上杭紫金铜业通过技术创新，吨铜综合能耗下降 14.31 千克标准煤，年销售收入增加 43.3 亿元。同时，加快建设设备共享平台，推进大型科研仪器向社会开放服务，全市大型仪器设备共享平台数据库共收录大型仪器 118 台（套），签约仪器管理单位 9 家。

【构筑区域创新平台】 以建设高新技术产业园区为核心，推进区域创新能力建设。支持龙岩国家级高新区、武平省级高新区、厦龙山海协作经济区等产业创新发展平台建设。2017 年 3 月，全省县域首个省级高新区—武平县高新技术产业园区成功获批建设，11 月，龙岩市龙州工业园区通过国家三部委评审，列入国家第二批应急产业示范基地。

【建设产业技术研发平台】 出台《龙岩市加快高水平科技创新平台建设发展九条措施》，重点围绕龙岩市主导产业，着力培育一批产业技术创新研究院、工程技术研究中心、重点实验室、科技孵化器等科技研发平台。2017 年，新认定省级企业工程技术中心 4 家、省级企业技术中心 3 家、市级企业技术中心 6 家，“福建省应急救援装备产业技术创新战略联盟”获省科技厅批复授牌。全市有省级以上（企业）工程技术研究中心 31 家（提前完成“十三五”规划 30 家的目标任务），省级以上企业技术中心 31 家，省级以上重点实验室 6 家，省级新型研发机构 2 家，院士（专家）工作站 16 家。

【打造军民融合发展平台】 2017 年，全市累计与部队、军工企业签订合作项目 55 个，总投资 117.5 亿元；续建、新开工项目 29 个，累计完成投资 33.9 亿元，占年度计划 118.2%；民品参军销售额 15.9 亿元。实施“参军资质提升工程”，新促成 40 家融合企业进入军队物资供应商库或通过船级社认证，新办理 20 本军工“四证”。龙岩经开区申报国家新型工业化产业示范基地（军民结合）答辩成绩名列第一。中国电科 11 所下属雷生强式公司投资 12.5 亿元的闪烁及激光晶体项目正式落地。

【完善“双创”支撑平台】 全市有省级众创空间 10 家、科技孵化器 5 家(其中国家级 1 家)。2017 年组织企业和团队参加第五届福建创新创业大赛暨第四届龙岩市创新创业大赛，组织 70 家企业和团队报名参赛，产生一等奖 2 名、二等奖 4 名、三等奖 6 名、优胜奖 8 名，同时有 27 家企业进入省复赛，1 家获得省二等奖、8 家获得省优胜奖，其中 1 家进入国家电子行业总决赛，获得“优秀企业”称号，连续三届晋级省赛企业数和获奖综合排名位居全省前列。成功举办“双创在福建”走进龙岩主题活动，引起中央和地方 26 家新闻媒体深入报道，充分展示了龙岩市创新创业成效，激发大众创业万众创新新热潮。

（市科技局　供稿）

5 市域“三大战役”

编辑 陈 芬

项目落地攻坚战役

【概况】 2017年，全市持续深化项目落地攻坚战役，全年实现“五个一批”项目1267个，“七大领域”会战攻坚项目完成投资1634.8亿元，超额完成年度既定目标任务。其中实现谋划项目366个，签约项目524个，开工建设项目157个，建成投产项目220个，增加投资72.2亿元。

【“五个一批”项目】 全市实现项目落地攻坚战役“五个一批”项目1267个，增加投资72.2亿元，超战役目标数616个(任务数651个)。谋划一批：全市实现谋划项目366个、同比增长19.2%，占年度计划200个的183%。从项目分类看，生产性项目315个，占比86.1%；从投资规模看，30亿元以上项目18个、10亿元—30亿元项目126个、5亿元—10亿元项目102个、5亿元以下项目120个。签约一批：全市实现签约项目524个、同比增长15.7%，占年度计划200个的262%。从投资规模看，10亿元以上项目33个、5亿元—10亿元项目33个、5亿元以下项目458个；从投资主体看，央企及军民融合签约项目46个、民企签约项目442个、外企签约项目36个。开工一批：全市实现开工建设项目157个、同比下降32.3%，占年度计划138个的113.8%。其中，重点项目开工建设103个、行动计划重大项目开工建设14个、工业技改项目开工建设40个。建成一批：全市实现建成或部分投产项目220个、同比增长6.8%，占年度计划113个的194.7%，其中重点项目建成或部分投产97个、行动计划重大投资项目建成或部分投产90个、工业技改项目建成或部分投产33个。增资一批：全市52个增资项目增加投资72.2亿元、同比增长37.3%，占年度计划19.4亿元的371.9%。

【“七大领域”项目】 全市530个“七大领域”会战项目完成投资1634.8亿元、同比增长20.4%，占年度计划1183.9亿元的138.1%，超投资目标450.9亿元；实现开工建设项目157个，占年度计划138个的113.8%；建成或部分投产项目220个，占年度计划113个的194.7%。全市38个交通领域项目完成投资150.1亿元、同比增长6.9%，占年度计划113.4%；实现开工建设项目5个，占年度计划62.5%；建成或部分投产项目5个，占年度计划250%。全市18个能源领域项目完成投资56.4亿元，同比增长92.7%，占年度计划123.2%；实现开工建设项目6个，占年度计划150%；建成或部分投产项目7个，占年度计划140%。全市222个工业科技领域项目完成投资623亿元，同比增长36.4%，占年度计划141.9%；实现开工建设项目87个，占年度计划120.8%；建成或部分投产项目110个，占年度计划180.3%。全市50个农林水利领域项目完成投资67.8亿元，同比下降15.3%，占年度计划144.4%；实现开工建设11个，占年度计划110%；建成或部分投产项目24个，占年度计划218.2%。全市49个社会事业领域项目完成投资116.5亿元，同比增长38.4%，占年度计划154.3%；实现开工建设项目17个，占年度计划94.4%；建成或部分投产项目14个，占年度计划175%。全市62个城建环保领域项目完成投资345.5亿元，同比增长14%，占年度计划142.2%；实现开工建设项目10个，占年度计划200%；建成或部分投产项目17个，占年度计划242.9%。全市91个商贸服务业领域项目完成投资275.4亿元，同比增长4.2%，占年度计划136.9%；实现开工建设项目21个，占年度计划100%；建成或部分投产项目43个，占年度计划226.3%。

【"重中之重"项目】 全市60个"重中之重"项目完成投资274.6亿元，占年度计划212.4亿元的129.3%，其中30个产业项目完成投资112.7亿元，占年度计划77.1亿元的146.2%；15个基础项目完成投资113.3亿元，占年度计划92.6亿元的122.3%；15个城建项目完成投资48.6亿元，占年度计划42.7亿元的113.8%。

【投资工程包项目】 全市30个投资工程包完成投资508.7亿元，占年度计划285.8亿元的178%，其中17个继续推进整合一批投资工程包完成投资402.3亿元，占年度计划221亿元的182%；5个提升拓展一批投资工程包完成投资66.9亿元，占年度计划39.8亿元的168.3%；8个新增实施一批投资工程包完成投资39.5亿元，占年度计划25.1亿元的157.4%。

（市发改委　供稿）

生态环保攻坚战役

【概况】 2017年，全市以强化生态环保攻坚战役为抓手，把党政领导生态环境保护目标责任书目标任务分解落实为四大提升工程、六大工作重点、277个项目进行攻坚，实行"挂图作战"，坚持"一月一通报""半年一督查"，四大提升工程和六大工作重点取得显著成效，277个攻坚项目完成年度计划投资的105.6%。省对龙岩市生态环保目标责任书考评为良好。

【进展情况】 2017年，全市生态环保工作取得明显成效。全市3条主要流域Ⅰ—Ⅱ类水质比例同比提高4.6个百分点、达36.4%，中心城市内河Ⅰ—Ⅲ类水质比例同比提高25个百分点、达75%，尤其是小溪河水质从长期的劣Ⅴ类提升至三类水标准，其中登高桥、见龙桥断面部分时段自上世纪90年代以来首次达到Ⅱ类水质。城市空气质量优良天数比例达99.2%、并列全省第一，空气质量综合指数排名全省第二。获评全国森林旅游示范市，长汀县获评首批国家生态文明建设示范县（全省共5个市县）和"绿水青山就是金山银山"实践创新基地（全省唯一），龙岩地质公园入选世界地质公园推荐名单。

【"清新水域"提升工程】 克服全年降雨量和主要河流径流量锐减的不利影响，全市3条主要河流总体水质优良，优质水（Ⅰ—Ⅱ类）比例同比提高4.6个百分点、达36.4%；优良水（Ⅰ—Ⅲ类）比例为86.4%，其中汀江（含梅江）流域优良水比例达100%。汀江流域生态补偿机制逐步完善。51个汀江流域生态环保项目完成投资21.2亿元，超额完成年度任务，占年度计划投资的161%。永定大埔青溪、武平园丰电站、武平羊角电站等3个跨省界断面水质达到年度要求，均稳定Ⅲ类及以上水质。重点行业水污染整治效果显著。加快重点行业技术改造，依法取缔不符合产业政策的水污染企业，完成"水十条"要求的印染、化工等重点行业技术改造。加强工业园区污水集中处理。永定、上杭、漳平等3个省级以上工业园区和连城朋口、晋江（长汀）、武平十方等6个省级以下工业园区的污水集中处理设施建设分别完成投资3680万元、1.4亿元，均完成年度投资计划。

【"洁净蓝天"提升工程】 大气环境质量保持全省前列，中心城区空气优良天数比例达99.2%、并列全省第一，空气质量综合指数保持全省第二。强化大气重污染行业深度治理。重点实施脱硫、脱硝提升工程，福建华电漳平火电公司超低排放改造项目投入试运行。加快燃煤锅炉淘汰及节能环保综合提升改造，全市关停城区燃煤小锅炉61台，除漳平因集中供热工程进度滞后有9台未完成淘汰，其他县（市、区）均完成淘汰任务。推进机动车尾气污染防治，全年淘汰黄标车4809辆，提前超额完成省、市年度任务。全力推进中心城区臭氧污染防治，在全省率先开展臭氧成因分析及防治对策研究，根据研究成果，加快制定龙岩市臭氧污染防治工作方案。

【"清洁土壤"提升工程】 开展土壤污染治理与修复。制定出台市级和县级土壤污染防治工作方案，完成市级土壤污染治理与修复规划；有序推进连城县庙前历史遗留工矿重金属、漳平市大深矿区土壤污染治理与修复试点项目；开展土壤污染状况详查工作，全面完成全市2010个点位核查及新罗区、长汀县采样工作。加大农业面源污染治理。推进主要农产品产地环境监测，全面完成238个农产品产地环境监测点位的信息确认、采样、制样、送样，加快推进化肥、农药、农膜减量化工作。强化危废综合处置和危废工程包建设。列入省、市工程包的6个项目完成投资1.56亿元，完成年度计划的112%。

【污染治理工作】 全面完成畜禽养殖业污染防治。全市生猪出栏440.92万头，同比减少9.8个百分点，实现控制在460万头以内的年度目标；关闭拆除生猪养殖场341.75万平方米，完成年度任务的216%；完成可养区生猪标准化改造改造2658家，完成率314%。深化中心城区大气污染防治。加强大气污染执法，市政府出台《2017年度中心城区大气污染专项整治工作方案》，市环保局、执法局、交警支队等部门全年共查处道路扬尘、施工扬尘、餐饮油烟、焚烧垃圾污染问题1500余起，责令整改450余起，处罚金额140余万元。加强大气污染应急，制定《龙岩市大气重污染应急预案》和《龙岩市中心城市轻微污染天气应对工作方案》，成立污染天气应对小组，全年开展5次应急行动。推进城镇污水垃圾处理设施建设，56个乡镇污水设施建设项目建成26个、在建25个，39个乡(镇)垃圾转运站建设项目建成37个、在建2个。持续提升重点小流域水质。26条重点小流域中19条完成消灭劣Ⅴ类水质目标，占比73%，其中达到Ⅰ—Ⅲ类水质的15条，占比57.7%。省定82个小流域监测点位中有66个水质达Ⅰ—Ⅲ类，占比80.5%，与2016年普查水质提高33个百分点。加大流域重金属污染治理。通过一系列整治，新罗区小溪河流域对照铁矿采选工业污染物排放标准，铁、锰测值均符合标准。漳平大深溪流域对照铁矿采选工业污染物排放标准和集中式生活饮用水地表水源地标准，4月以来铁、锰测值均符合或基本符合标准。强化永定洪山石板材行业整治。永定区全面关停饰面石材矿山、企业，开展矿山复绿、企业搬迁工作；石材循环经济产业园开工建设，规划总用地面积200公顷、总投资约10亿元，总工期36个月，已完成投资4.9亿元，2018年3月底前可以满足21家入园企业需求。

（市生态环保战役指挥部　供稿）

脱贫攻坚战役

【概况】 2017年，全市减贫任务超额完成，贫困人口脱贫57289人，完成省下达任务56980人的100.54%，其中国标30147人。全年实现80个贫困村、7个贫困乡（镇）、1个贫困县（长汀）摘帽。扶贫搬迁任务超额完成。全市完成造福工程扶贫搬迁34670人，完成省下达任务31688人的109.41%，其中国定5706人，完成省下达任务5215人的109.42%，省定6531人，占任务的103.8%。全年完成14个百户以上、13个50户以上、27个20户以上省级集中安置区建设，集中安置3621户。

【总体目标】 到2018年，现行国定扶贫标准的农村贫困人口全部脱贫，实现不愁吃、不愁穿，义务教育、基本医疗和住房安全有保障。到2020年，省定扶贫标准的农村贫困人口全部脱贫，同时实现农村低保标准与国定扶贫标准相衔接；实现3个省级扶贫开发工作重点县、31个市级扶贫开发重点乡镇全部摘帽，380个贫困村全部整村脱贫，与全市同步实现小康。

【强化组织领导】 配强队伍。中共龙岩市委、市政府连续两年把脱贫攻坚列入全市“三大战役”之一，根据工作需要充实扶贫力量，在市脱贫办原只有一个扶贫科的基础上，增设督导评估科、扶贫工作服务站，工作人员保持在10人以上。各县(市、区)也配备脱贫办专职工作人员10名以上，乡镇配备专职脱贫干部1名以上。高位推动。市、县、乡、村四级层层签订《脱贫攻坚责任书》，构建市级推动、县抓落实、工作到村、责任到人的工作机制。2017年，市委常委会4次、市政府常务会4次专题研究部署脱贫攻坚工作，市委、市政府先后召开四次现场推进会、15次脱贫攻坚专题会议，市委、市政府主要领导还经常现场协调、现场推动工作，及时研究解决脱贫攻坚工作中遇到的困难和问题。完善政策。2016年以来，市委、市政府制定出台42份脱贫攻坚政策性文件，其中2017年出台25份，形成精准扶贫政策支撑体系。持续加大投入，市本级财政扶贫支出从上年的10416万元提高到12919.52万元。

【强化动态管理】 严把政策。举办2次综合业务培训、3次动态调整业务培训会，全面提高扶贫干部政策把握的准确性、贫困进退标准的精准性和程序的规范性，加强农村低保和扶贫开发政策衔接，对符合扶贫条件的农村低保家庭，按规定程序纳入建档立卡范围，并针对不同致贫原因予以精准帮扶。规范程序。坚持“农户申请、村级评议、乡级审核、县级认定”程序和“两公示一比对一公告”制度，做到过程透明公开、结果客观公正。全面实行“五查五看”识别方式，严防优亲厚友、人为拆户并户和平均分配等错误行为，做到应进则进、应退则退，并及时完整录入国网。比对甄别。以村为单位，采取由脱贫干部抽查调查为主，干部走访调研为辅的办法，将精准扶贫信息与住建、公安、人社、公积金中心等部门信息数据逐一比对甄别，力争“一个不错”。经过甄别，全市共清退建档立卡贫困人口1080户3727人，其中有房清退283户1020人，有车清退223户850人，其他原因清退577户1867人。因错标识脱贫作返贫处理的14户40人；漏评和户内新增人口等补录1639人（含已脱贫补录553人），其中整户补录186户605人，户内补录1034人。

【生产扶持】 全市扶持17628户、58331人次实施生产发展项目，其中种植业9707户、32548人次，养殖业6450户、20768人次，加工业446户、1529人次，商业1025户、3486人次。参与光伏发电项目3272户。

【就业援助】 全市组织1.01万名贫困人口参加就业技能培训，发放职业技能培训补贴和职业技能鉴定补贴7.2万元，实现就业0.6万人。完成雨露计划培训28476人。全市各类新型主体吸纳3296个贫困劳动力就业，人月均增收1380元，购买就业岗位解决贫困劳动力就业895人，人月均增收1400元。

【建房补助】 全市落实造福工程扶贫搬迁对象9846户、34670人，完成省下达任务31688人的109.41%。其中国定1973户、5706人，完成任务的109.42%；省定1911户、6531人，完成任务的103.8%。

【金融扶贫】 全市扶贫小额信贷风险担保金为贫困户担保贷款28028.95万元，累计为贫困户担保贷款44750.97

万元，累计扶持12075户贫困户发展生产，贫困户平均覆盖面为30.79%。

【教育资助】 全市发放非义务教育阶段各类助学资金1.74亿元（含生源地信用助学贷款），资助困难学生11.62万人次。其中学前教育阶段幼儿8160人次、1071.22万元；普通高中阶段学生7615人次、844.32万元，免学费惠及16802人、1976.26万元；中等职业教育阶段助学金5207人次、243.7万元，免学费惠及53685人次、3443.42万元；高等教育国家助学金5889人、1027.63万元；市县财政共资助在校大学生3891人、485.25万元；生源地助学贷款贫困大学生10561人、7365.44万元。

【医疗救助】 全市建档立卡农村贫困人口实际发生医疗费用10023.96万元，医保政策范围内医疗费用9590.42万元，基本医保报销人数37107人、8550.05万元，其中基本医保6422.37万元，大病报销1486人、301.03万元，医疗救助人数30934人、1633.57万元，精准扶贫医疗叠加保险报销13423人、193.15万元（第一道补助12291人次、126.45万元，第二道补助1504人次、66.7万元）。

【生存救助】 把可支配收入低于最低生活保障标准的农村人口全部纳入低保范围，做到应保尽保。把符合条件的农村低保人口全部纳入建档立卡贫困人口范围，做到应纳尽纳。全市有农村低保对象19194户、37487人，其中农村低保对象和建档立卡贫困人口“重叠对象”9678户、20931人；全市发放农村低保金9586.63万元，人均月补助240.61元。

【生态扶贫】 聘用建档立卡贫困户95人担任生态护林员，平均月工资810元；补助538户建档立卡贫困户营林生产共98.32万元；补助680户建档立卡贫困户林下经济发展资金68.01万元；优惠201户建档立卡贫困户异地搬迁建房用林面积达1.711万平方米；为14029户建档立卡贫困户发放生态林补偿资金308.27万元；为6935户建档立卡贫困户发放水土流失区燃料补贴399.78万元。

【社会扶贫】 组织动员民营企业和商会挂钩帮扶贫困村、结对帮扶贫困户，引导各类办学基金、奖学基金把扶贫对象子女上学纳入资助范围，及时在精准扶贫信息平台发布扶贫需求、资源供给等信息，搭建社会各界参与扶贫互动平台。全市有73家企业（商会）挂钩帮扶65个贫困村，希望工程资助911人、419.37万元，春蕾计划资助316人、62万元，光彩助学资助1092人、380万余元，金秋助学次助1850余人、330万元，千万启明工程筹资20多万元资助200人；慈善总会扶贫助学资助273人、65万余元。

（市农业局　供稿）

6

原中央苏区与革命老区建设

编辑：饶晓艳

中央苏区发展论坛

【第四十二讲：落实全面从严治党责任 加强意识形态领导权】 2月24日，市委中心组在龙岩人民会堂举办第四十二期“中央苏区发展大讲堂”，听取李俊伟做《落实全面从严治党责任 加强意识形态领导权》专题报告。李俊伟是中共中央党校教授、博士生导师、全国思想政治工作科学专业委员会秘书长。报告会上，李俊伟教授从“全面从严治党与意识形态的基本态势”“认真贯彻意识形态的责任制度”“增强意识形态建设的主动性”等3个方面，对意识形态工作进行全面、系统、深入的阐述和解读。

【第四十三讲：神奇的碳纳米材料：富勒烯、碳纳米管与石墨烯】 3月17日，市委中心组在龙岩人民会堂举办第四十三期“中央苏区发展大讲堂”。院士成会明在学习会上做《神奇的碳纳米材料：富勒烯、碳纳米管与石墨烯》专题报告。报告以碳元素为中心，讲述碳相关领域的研究历程，并分别就富勒烯、碳纳米管和石墨烯作详细介绍，展望先进碳材料的研究和发展前景。

【第四十四讲：环境形势与环保政策制度创新】 4月20日，市委中心组在龙岩人民会堂举办第四十四期“中央苏区发展大讲堂”，听取环保部原总工程师，中国工业环保促进会会长、中国环境科学学会副理事长杨朝飞做《环境形势与环保政策制度创新》专题报告。报告从全国生态环保形势、“十三五”环保新任务和深化改革，推动环保机制、体制创新等3个方面，详细解读了新形势下中国环境保护面临的机遇和挑战。

【第四十五讲：坚持全面从严治党 抓好精神文明建设】 5月25日，市委中心组在龙岩人民会堂举办第四十五期“中央苏区发展大讲堂”，听取中央党校党史部教授、教研室主任、研究生导师沈传亮做《坚持全面从严治党 抓好精神文明建设》专题报告。沈传亮是北师大法学博士、中央编译局政治学博士后、中共中央实施马克思主义理论研究和建设工程课题组首席专家、中央党校中国特色社会主义理论体系研究中心特约研究员。报告从“党的建设新理念”“从严治党新思路”“全面从严治党新实践”和“抓好精神文明建设”等4个方面，对全面从严治党和精神文明建设工作进行深入的阐述和解读。

【第四十六讲：学习项南精神 提振干事创业精气神】 6月16日，市委中心组在龙岩人民会堂举办第四十六期“中央苏区发展大讲堂”，观看5集纪录片《项南》，深切缅怀项南，学习项南精神。学习会首先播放了纪录片，新华社福建分社原社长肖辉家、市委党史研究室主任苏俊才、项南研究会会长傅长灿分别围绕主题作了发言，从不同角度追忆项南的光辉业绩和崇高风范。随后，市委书记林国耀作学习报告。

【第四十七讲：绿色存在才有小康社会建成——由中央系列发展理念形成的新观点】 7月7日，市委中心组在龙岩人民会堂举办第四十七期“中央苏区发展大讲堂”，听取省统计局党组书记、局长孙希有做《绿色存在才有小康社会建成——由中央系列发展理念形成的新观点》专题报告。孙希有以全面建成小康社会为中心主题，对中共十八大以来中央提出的系列发展思想进行详细讲解，系统阐述对社会健康可持续发展的独到思考，提出简洁主义理论、微流程管理理论等一系列具有知识产权观点的概念和理论。

【第四十八讲：民法典编纂与中国法治发展】 8月25日，市委中心组在龙岩人民会堂举办第四十八期“中央苏区发展大讲堂”，听取北京大学法学院教授、博士生导师薛军做《民法典编纂与中国法治发展》专题报告。薛军是意大利罗马大学法学博士、北京大学法制与发展研究院秘书长、北京大学电子商务法律与发展研究基地主任、全国人大财经委立法专家顾问。报告围绕《民法总则》制定的历史背景、现实意义、主要制度创新等方面，结合中国法治的发展历程，对新修订的《民法总则》进行深入的阐述和解读。

【第四十九讲：认真学习、深刻领会习近平总书记“7·26”重要讲话精神】 9月15日，市委中心组在龙岩人民会堂举办第四十九期“中央苏区发展大讲堂”，听取福建师范大学教授、博士生导师郑又贤做《认真学习、深刻领会习近平总书记“7·26”重要讲话精神》专题辅导报告。郑又贤是全国首届百名“两课”优秀教师、全国理论宣讲先进个人、全国优秀社会科学普及专家、福建省社会科学普及名家，先后受聘担任省委中共十六大、十七大、十八大、十八届三中和六中全会精神宣讲团成员。报告围绕中共十九大的重要意义和宏观谋划、中共十八大以来的历史性变革和成就、全党必须高举中国特色社会主义伟大旗帜、继续毫不动摇地坚持和完善党的领导等4个方面对习近平总书记“7·26”重要讲话精神进行深刻阐述和解读。

【第五十讲：中共十八大以来全面从严治党的回顾与展望】 9月21日，龙岩市在龙岩人民会堂举办“砥砺奋进的五年”主题宣讲系列活动第二场，也是第五十期“中央苏区发展大讲堂”。报告会采用电视报告会的形式，听取省委党校党建教研部原主任、教授李新生做《党的十八大以来全面从严治党的回顾与展望》专题宣讲报告。李新生是全国党的建设研究会特邀研究员，全国党的建设教学与研究专委会学术委员，省委政研室特邀研究员，省理论宣讲专家库专家，党的建设研究基地首席专家，长期从事党的建设理论教学与研究和实际工作。报告围绕主题“砥砺奋进的五年”，回顾中共十八大以来，福建省委、省政府深入学习贯彻习近平总书记系列重要讲话精神和治国理政新理念新思想新战略，全面落实中央重大决策部署和习总书记对福建工作的重要要求，在经济、社会、民生、文化、生态建设、党的建设等方面取得各项成就，并通过“党的十八大以来全面从严治党的丰富实践和卓越成就”“中共十八大以来全面从严治党的深刻启示”和“站在新的历史起点推进全面从严治党向纵深发展”等三个方面，对中共十八大以来全面从严治党作了回顾与展望。

重要纪念活动

【怀英亭落成揭牌暨《闽西籍开国元勋展》开展仪式】 3月1日，怀英亭落成揭牌暨《闽西籍开国元勋展》开展仪式在闽西红色山庄举行。怀英亭以怀念闽西革命英烈为主题，由市原闽粤赣边老同志联谊会在省、市党史教育基地——闽西红色山庄，建造成为革命传统教育和爱国主义教育基地。《闽西籍开国元勋展》由市委宣传部、市委党史研究室、闽西红色山庄联合举办，共汇集展出71位闽西籍党和国家领导人、开国将军的主要事迹。市原闽粤赣边老同志联谊会老同志代表，市直、新罗区直有关单位人员参加仪式。

【纪念建军90周年南昌起义纪实展】 3月27日至5月27日，中央苏区（闽西）历史博物馆与南昌八一起义纪念馆共同举“八一”军旗红——纪念中国人民解放军建军90周年南昌起义纪实展。3月27日，开展仪式在中央苏区（闽西）历史博物馆举行。展览分“危难中奋起”“伟大的决策”“打响第一枪”“南征下广东”“转战上井冈”“闽西铸军魂”六大部分，通过65块展板、200余幅珍贵历史图片，再现中国共产党人不畏强暴、坚持革命、打响武装反抗国民党反动派的第一枪的历史画卷。

【祭奠闽西籍湘江战役红军烈士】 3月28—31日，市领导王乃谦、毛高良、张朝阳率队到湘江战役主战场广西灌阳、兴安县，寻访烈士遗迹，祭奠先烈英灵。期间，市领导一行参观了湘江战役纪念馆、湘江战役渡江指挥部旧址，追思红军烈士浴血奋战的英勇事迹。

【祭奠松毛岭战役红军烈士】 4月1日，林国耀、林兴禄、张天洲、黄福清、王乃谦、何明华、李成荣、詹昌建、邓菊芳、魏东、毛高良、张朝阳等市四套班子和龙岩军分区领导，到长汀、连城松毛岭战役烈士纪念地祭奠红军英烈，缅怀先辈的丰功伟绩，继承光荣的革命传统，提振新时期干事创业的精气神。

【祭扫无名红军烈士墓】 9月30日，龙岩长汀、连城，厦门，福州，广州等地的红色文化志愿者60余人专程到长汀县红山乡童屋村，祭奠在苦竹山战斗中牺牲的无名红军英烈，参观当年的红军驻地、储粮洞、红军井、红军阵地工事等历史遗迹。童屋村地处闽西深山腹地，苏区红色武装曾在此驻扎作战，先后6次攻打苦竹山，历时4年之久，许多红军指战员在战斗中献出了生命。2017年，长汀县拨出专款为苦竹山战斗红军烈士修建了公墓。

【公祭红军英烈活动】 9月5日（农历“中元节”），连城县保卫中央苏区战地遗址保护协会、朋口镇文坊村“无祀会”后裔、连城县人文生态促进会、龙岩市文旅集团松毛岭项目部、松毛岭战地遗地保护开发服务中心、南窠“红军村”等单位，长期守护着这片红色遗址的宣和乡郭公寨“红色四兄弟”之黄润通、黄润济，长汀县涂坊乡干部、群众、学生代表等近百人，先后在连城县松毛岭红军英烈墓、南窠七岭红军英雄祭坛，举行一年一度的公祭红军英烈活动。

【红军南方三年游击战争历史深度研究学术座谈会】 8月8日，中央苏区（闽西）历史博物馆和福建铁军文化研究会联合召开红军南方三年游击战争历史深度研究学术座谈会。张鼎丞之子张泰山、邓子恢之女邓小燕等数十名革命前辈的亲属参加会议。研讨会作了“南方游击战争与长征时整体性的胜利”的专题报告，与会人员围绕“红军南方三年游击战争历史”主题作主旨发言，进行深入探讨。

【福建省纪念建军90周年革命文物联展】 9月11日至11月10日，由省文物局、省军区政治工作局主办的“八闽军旗红——福建省纪念建军90周年革命文物联展”在中央苏区（闽西）历史博物馆举行。

作为2017年国家文物局公布的“纪念建军90周年、抗战全面爆发80周年”十个主题展览推介项目之一，此次展览重温中国人民解放军从无到有、由弱到强的历史，充分反映人民军队在中国共产党领导下前赴后继、英勇奋战、为中国革命事业建立伟大功勋的辉煌历程。展览分为“土地革命的枪声”“光辉的古田会议”“风展红旗美如画”“艰苦卓绝游击战”“抗战解放号声隆”“八闽军旗更飞扬”等六大部分18个单元，展出土地革命战争以来的珍贵文物、实物430件/套，珍贵历史图片148张，展示导弹、战斗机、航空母舰等各式现代武器装备模型以及新式各兵种服装。

【纪念闽西南三年游击战争胜利座谈会】 9月26日，龙岩市委、市政府召开纪念闽西南三年游击战争胜利暨新四军成立80周年座谈会，缅怀革命先辈的光辉业绩、传承红色基因、弘扬革命传统。叶小楠、皮国湧、江旅安、丁丹尼、张泰山、邓小燕、方超、方穗明、温建民、孙梦洁、谭靖恒、黄婧等老红军及新四军后代代表，省直有关部门和研究会领导，市领导林国耀、詹昌建、孙秋霞，龙岩市新四军及闽粤赣边老同志联谊会代表谢毕真等参加座谈会。

座谈会上，省委党史研究室副主任汪一朝、省新四军研究会常务副会长刘云刚、原中顾委常委江渭清之子江旅安、全国人大常委会原副委员长张鼎丞之子张泰山、全国侨联原副主席方方之女方穗明先后发言，回顾总结闽西南三年游击战争艰苦卓绝的历程及其独特的历史地位、作用和贡献，缅怀老一辈无产阶级革命家的丰功伟绩。

【“翰墨丹青寄情怀——百名共和国开国将军抗战将士油画肖像暨箴言书法展”】 11月16日至12月5日，由中国延安精神研究会、北京十一同学会和中央苏区（闽西）历史博物馆联合举办的“翰墨丹青寄情怀——百名共和国开国将军抗战将士油画肖像暨箴言书法展”在中央苏区（闽西）历史博物馆举行。周恩来侄子周秉和，朱德元帅外孙、八路军研究会副会长刘进，徐向前元帅外孙女熊陆丰，刘亚楼将军之女刘煜鸿，蔡顺礼将军之子蔡四维，苏启胜将军之子苏光等出席16日举办的开展仪式。此次展览是中央苏区（闽西）历史博物馆纪念建军90周年系列活动之一，展出500余幅油画肖像及34位书法家书写的革命前辈箴言。

【纪念郭滴人诞辰110周年】 12月8日，由中共新罗区委、龙岩市委党史研究室主办的郭滴人烈士诞辰110周年纪念活动在闽西宾馆举行。市委副书记、区委书记何明华，郭壮友等郭滴人烈士家属代表，市区相关部门领导，龙岩市原闽粤赣边老同志联谊会代表及龙门镇村干部群众代表参加座谈会。座谈会上，何明华回顾了郭滴人的革命生涯，深切缅怀他的丰功伟绩、革命精神与崇高品质。何明华强调，缅怀郭滴人烈士的光辉业绩和崇高品德，就是要学习和弘扬郭滴人坚定信念不动摇的政治品格，忠贞不渝紧跟党走；就是要学习和弘扬郭滴人无私无畏勇担当的革命精神，开拓进取敢为人先；就是要学习和弘扬郭滴人点点滴滴为人民的崇高情怀，求真务实服务民生。座谈会后，部分与会人员前往龙门镇湖一村郭滴人烈士纪念馆瞻仰、参观郭滴人烈士生平事迹展览，向烈士敬献花篮，并前往湖坑村参观湖源乡农民协会旧址。

【纪念十五位闽西籍开国功臣诞辰百年联展】 2017年是丁甘如、孔瑞云、张日清、罗洪标等闽西籍开国将军，邓启修、李欣、范希贤、林茂、胡成放、姜洪照、黄立功、黄庆熙、黄良诚、黄胜真、黄鹏等闽西籍老同志诞辰100周年。12月11日，由市委宣传部、市文广新局主办的“红土骄子　彪炳千秋——纪念十五位闽西籍开国功臣诞辰百年联展”，在承办单位中央苏区（闽西）历史博物馆举行，开国功臣后代等出席开展式。展览展出十五位开国功臣在各个历史时期的珍贵文物资料700多件（套），其中历史图片390余幅、珍贵文物248件（套），反映他们在土地革命、抗日战争、解放战争时期为中国革命做出的重要贡献及社会主义建设时期创下的辉煌业绩。展览持续至2018年1月10日。

【粟裕大将、萧克上将生平事迹展】 2017年是粟裕、萧克诞辰110周年。12月16日，《粟裕大将、萧克上将生平事迹展》开展仪式在古田会议纪念馆举行。开国大将粟裕之子粟戎生中将，开国上将萧克之孙萧云志，开国将军韩伟之子韩京京，开国将军张云龙之女张薇薇等出席开展仪式。展览持续至2018年1月16日。

【“纪念建军90周年暨红26军成立85周年‘照金精神’巡展”】“照金精神”是以刘志丹、谢子长、习仲勋等为代表的共产党人,在创建以照金为中心的陕甘边革命根据地的浴血奋战中逐渐形成的革命精神。12月29日,由陕西省铜川市委、市政府主办,古田会议纪念馆、陕甘边革命根据地照金纪念馆共同承办的“纪念建军90周年暨红26军成立85周年‘照金精神’巡展”在古田会议纪念馆广场举行开展仪式。展览展期7天,分为前言、红色热土、红色精神、红色传承、结束语五部分,阐释以“不怕牺牲、顽强拼搏的英雄气概,独立自主、开拓进取的创新勇气,从实际出发、密切联系群众的工作作风”为主要内容的“照金精神”的深刻内涵,向外部展示革命老区翻天覆地的变化和转型发展中的美丽铜川。

对接中央苏区政策

【概况】2017年,龙岩市可参照执行西部地区政策新增并落实6项,可参照执行西部地区政策累计114项,已落实的政策累计109项;全年争取到中央、省预算内资金11.62亿元;3家上市企业定增融资65.66亿元,额度全省第三;3家“新三板”挂牌企业定增0.97亿元;3家企业在“新三板”成功挂牌上市。3月,龙岩市被国家发改委列入中欧区域合作案例地区,成为全省唯一被纳入案例地区的城市。长汀河田鸡美食小镇、武平岩前新显小镇2个特色小镇入选第二批省级特色小镇创建名单。

【生态项目补助资金】2017年,争取国家发改委、省发改委补助项目5个,资金补助3840万元,其中中央预算内投资项目2个,补助3600万元(其中武平县中山河流域水环境整治项目3000万元,龙岩市城镇污水处理厂污泥处理处置工程600万元),省级预算内投资项目3个,补助240万元(其中长汀县南山镇中复集镇污水处理工程100万元、长汀县古城镇生活污水收集与处理项目100万元、生态文明试验区漳平公众管理服务平台项目40万元)。

（市发改委　撰稿）

扶贫开发

【概况】2017年,全市农村居民可支配收入15698元,增长8.8%。长汀、连城、武平三个贫困县农村居民可支配收入平均增长9.4%,分别比全省、全市高出0.5个百分点和0.6个百分点。市委、市政府制定出台25份脱贫攻坚政策性文件,形成精准扶贫政策支撑体系。市本级财政扶贫支出从上年的10416万元提高到12919.52万元。

超额完成减贫任务。全年全市贫困人口脱贫57289人,完成省下达任务56980人的100.54%,其中国标30147人。全年实现80个贫困村、7个贫困乡镇、1个贫困县(长汀)摘帽。

超额完成扶贫搬迁任务。全年全市完成造福工程扶贫搬迁34670人,完成省下达任务31688人的109.41%,其中国定5706人,完成省下达任务5215人的109.42%,省定6531人,占任务的103.8%。全年完成14个百户以上、13个50户以上、27个20户以上省级集中安置区建设,集中安置3621户。

精准施策。生产扶持方面,全市共扶持17628户、58331人次实施生产发展项目,其中种植业9707户、32548人次,养殖业6450户、20768人次,加工业446户、1529人次,商业1025户、3486人次;参与光伏发电项目3272户。就业援助方面,全市共组织1.01万名贫困人员参加就业技能培训,发放职业技能培训补贴和职业技能鉴定补贴7.2万元,实现就业0.6万人。完成雨露计划培训28476人,完成省下达任务9660人的294.78%。金融扶贫方面,新发放贷款28028.95万元,累计放贷44750.97万元,贷款余额34918.32万元,累计扶持12075户贫困户发展生产,贫困户贷款覆盖面30.79%。全市累计还款9832.65万元,存量贷款34918.32万元,贷款余额为风险担保金的3.52倍。

【精准甄别】以村为单位,采取由脱贫干部抽查调查为主,干部走访调研为辅的办法,将精准扶贫信息与住建、公安、人社、公积金中心等部门信息数据逐一比对甄别,力争“一个不错”。经过甄别,全市清退建档立卡贫困人口1080户3727人,其中有房清退283户1020人,有车清退223户850人,其他原因清退577户1867人。因错标识脱贫作返贫处理的14户40人;漏评和户内新增人口等补录1639人(含已脱贫补录553人),其中整户补录186户605人,户内补录1034人。

【信息化平台管理】率先在全省建成市级精准扶贫信息平台,全面反映贫困户的基本信息、挂钩帮扶、脱贫政策落实、脱贫措施实施等有关情况,实时统计汇总重点任务进展情况,实现脱贫措施落实的线上动态监管。10月17日组织7个县(市、区)、127个有脱贫攻坚任务的乡(镇、街道)党政主要领导进行脱贫攻坚公开考试,对考试结果不理想、数据信息异常的个别县(市、区)和乡(镇)的主要领导、分管领导进行约谈。

【精准扶贫机制】激励性扶贫机制。采取政府购买成果的方式,引导农业新型经营主体发挥资金、技术、市场的优势,在扶贫项目支持中引入竞争上岗机制,在项目实施效果考评中引入优胜劣汰动态管理机制,搭建政府、经营主体带动贫困户脱贫的载体,让贫困户通过竞争方式,选择自己想做的、能做的、会做的产业发展,多劳多得,少劳少得,不劳无获,全方位激发贫困户内生动力。全市有 126 个乡（镇）实施 419 个竞争性产业扶贫项目，5751 户、19304 人次受益。

挂钩帮扶机制。出台挂钩帮扶帮扶工作方案，制订挂钩帮扶“三大纪律、八项注意”纪律要求，按照干部挂钩帮扶贫困户“五个一”、部门挂钩帮扶贫困村“四个一”、市（厅）级干部联系帮扶贫困乡（镇）“三个一”的工作要求，实现干部挂钩帮扶贫困户、市（厅）级领导挂钩联系贫困乡（镇）、部门挂钩帮扶贫困村、驻村工作队派驻、村级聘用扶贫协理员“五个全覆盖”。全市有贫困人口的 1818 个村均聘用 1 个村级扶贫协理员。

贫困进退机制。出台《龙岩市完善精准扶贫管理机制的意见》《龙岩市贫困退出验收工作方案》，对贫困村、贫困户的脱贫和新增或返贫对象的认定标准、认定程序、识别方法等作出明确规定。

政策落地机制。实行脱贫攻坚每年一次审计、行业扶贫政策落实情况季报制度，将脱贫攻坚列为纪检、监察的监督重点。实行每年举办 2 期以上扶贫综合业务培训制度，提升扶贫队伍业务素质。编印《脱贫攻坚二百问》《扶贫干部培训教材》等，分发到县、乡、村干部手中，提高政策知晓面和准确度。

党建引领机制。严格落实脱贫攻坚期内贫困县党政正职保持稳定的规定，推及至贫困乡镇党政正职，为贫困县、贫困乡镇如期实现摘帽提供组织保障。加强农村基层党组织建设，在 380 个贫困村和 20 个党建示范村选派干部驻村任第一书记。结合“两学一做”学习教育，发挥党员的先锋模范作用，组织有帮带能力的党员，带动贫困户共同致富。结合“10·17”国家扶贫日，在全省率先开展脱贫攻坚成绩突出集体和个人评选表扬系列活动。

【精准监督】 从严督查考评。下发《干部挂钩帮扶贫困户工作成效考核办法》《县级党委政府扶贫开发工作成效考核办法》《市直单位和中央、省属驻岩单位扶贫开发工作成效考核办法》，把脱贫攻坚列为市对县、对部门、对干部绩效考评内容，建立覆盖全市各级、各部门和每个干部的考评机制。印发脱贫攻坚督查巡查工作方案，采取县域间定期交叉督查检查脱贫攻坚重点工作进展情况的方式推动工作，并将督查结果在季度通报时直接采用，在年度工作成效考评时直接作为重点工作完成情况计分依据。

从严执纪问责。制定出台脱贫攻坚工作问责办法、纪检监察机关精准监督助推精准扶贫具体实施方案等政策文件，对在脱贫攻坚工作中，没有正确履行职责的有关领导和相关责任人，明确规定追究责任的四类 21 种情形及问责方式。开展“1+X”专项督查助推精准扶贫行动，开展扶贫领域“最后一公里”专项督查，把教育和医疗列为 2017 年精准监督的专项督查内容，紧盯主体责任、政策落实、项目资金和脱贫实效，对涉及资金的审批、拨付、使用等关键环节，加强纪律约束和震慑，确保脱贫攻坚有序推进。

从严监管资金。严格按照各类财政扶贫专项资金管理办法的相关规定，严把资金用途，规范拨付程序，严控资金沉淀。实行扶贫资金使用管理一月一统计制度，及时掌握资金使用进度，对拨付使用进度慢的，实行每周一统计、通报制度，确保资金使用高效、安全，资金结余结转率为 0。

2017 年龙岩市贫困村退出名单

表 6

类别	贫困村		
	总数	退出数	退出村名称
新罗区	42	10	江山镇山塘村、大池镇黄美村、龙门镇湖坑村、铁山镇富溪村、雁石镇坪坑村、万安镇松洋村、岩山镇黄固村、东肖镇肖坑村、红坊镇板子斜村、曹溪街道科桃村
永定区	54	11	抚市镇里兴村，湖雷镇荷花村，堂堡乡磜下村、下村村，合溪乡汤湖村，峰市镇信美村，下洋镇富川村，岐岭乡蒲山村，大溪乡莒溪村，湖坑镇实佳村，高头乡高东村
上杭县	50	10	湖洋镇五坊村、下都镇吉安村、庐丰畲族乡丰济村、稔田镇石牌村、太拔镇上村村、溪口镇石铭村、白砂镇樟黄村、古田镇赤坑村、通贤镇通贤村、官庄畲族乡贵和村
武平县	58	12	万安镇捷文村，民主乡岭下村，下坝乡大田村，中赤乡中赤村，岩前镇龙井村，十方镇处明村，武东镇袁下村，永平镇杭背村，桃溪镇江坑村，大禾乡山头村、贤坑村，湘店乡尧山村

续表 6

类别	贫困村		
	总数	退出数	退出村名称
长汀县	78	16	三洲镇小溪头村，大同镇高坑村、建明村，四都镇上蕉村，馆前镇汀东村，策武镇高田村，庵杰乡庵杰村，涂坊镇河甫村，河田镇伯湖村，铁长乡铁长村，古城镇青山村，南山镇严婆田，濯田镇长高村，童坊镇双桥村，新桥镇湖口村，宣成乡下畲村
连城县	62	13	塘前乡上琴村、莲峰镇赤岭村、隔川乡联益村、林坊镇塘坵村、罗坊乡坪上村、四堡镇田茶村、宣和乡洋贝村、庙前镇水北村、北团镇江园村、朋口镇张家营村、曲溪乡曲溪村、姑田镇中堡村、文亨镇班竹村
漳平市	36	8	芦芝镇圆潭村、西园镇可人头村、南洋镇南洋村、象湖镇灶头村、新桥镇云墩村、双洋镇东洋村、拱桥镇下界村、溪南镇溪南村
合计	380	80	

（市脱贫办　供稿）

老区扶建

【老区村扶建】 2017 年，老区扶贫建设资金 442 万元，其中，新罗区 68 万元、长汀县 72 万元、永定区 86 万元、上杭县 72 万元、武平县 50 万元、漳平市 44 万元、连城县 50 万元。困难老区扶贫建设资金 210 万元，其中，新罗区 20 万元、长汀县 30 万元、永定区 30 万元、上杭县 40 万元、武平县 30 万元、漳平市 20 万元、连城县 40 万元。

【革命基点村扶建】 市委、市政府出台《中关于加大脱贫攻坚力度加快革命基点村发展的实施意见》，市老区办与交通、农业（扶贫）、水利等部门沟通协调，落实“全市不搬迁的革命基点村未硬化的 379 公里道路按 4.5 米宽标准完成硬化，市财政给予每公里 5 万元额外补助，并列入预算。”“革命基点村造福工程扶贫搬迁群众在享受中央、省补助政策的基础上，享受市、县叠加补助政策，叠加补助标准从原有的 1000 元/人提高到 1500 元/人。在 2020 年底前全面完成危旧土坯房改造任务，实现基点村群众住房安全目标。”“将革命基点村特色经济发展列入市县（市、区）产业发展规划，‘十三五’时期继续实施革命基点村毛竹丰产示范工程。2017—2020 年，每年安排革命基点村竹业发展专项资金 100 万元。”等政策。全年对 29 个革命基点村 65.5 公里道路进行硬化，下达市级财政补助资金 327.4 万元。革命基点村造福工程搬迁人数 1427 人，下达市级财政补助资金 107.025 万元。

【革命基点村调研】 5 月，市老促会联合市、县老区办、老促会组成调研组，到 7 县(市、区)9 个乡（镇）中的 105 户革命基点村建档立卡贫困户家中调研，并召开 9 场乡（镇）、村干部座谈会，详细了解扶贫政策落实、扶贫项目进展、挂钩帮扶落实、脱贫成效等情况，听取对精准扶贫工作的意见建议，形成《龙岩市革命基点村贫困户脱贫情况调研报告》呈送市委、市政府。报告（以下简称“报告”）分析了革命基点村在脱贫攻坚中采取的主要措施、做法，取得的成效和存在的主要困难、问题，向市委、市政府提出大力扶持革命基点村发展壮大特色产业、扶贫先扶志等 5 点建议。市委书记林国耀做出批示。市老促会配合省老区办开展全市老区乡村脱贫攻坚专题调研，召开座谈会，深入武平县、长汀县进行专项调研。同时，各县（市、区）也开展革命基点村特色产业发展情况、革命遗址与红色生态旅游开发建设、美丽革命基点村示范村建设、省定革命基点村未通安全饮用水情况等调研，深入探讨加快脱贫攻坚的思路、途径、举措，就如何做强做优促进基点村发展提出切实可行的意见建议。

【生产性项目】 组织实施新罗区曹溪街道黄洋村脆皮金桔种植示范基地、长汀县古城镇梁坑村特色蔬菜种植科技示范基地、漳平市西园镇可人头村辣木引进培育种植推广示范项目、武平县武东镇张畲村藤制品产业科技示范项目、永平镇昭信村龙山脐橙基地科技示范项目、连城镇北团镇石丰村连城白鸭养殖示范推广项目等 6 个生产性（科技示范）项目。

【革命遗址维护】 对新罗区龙门湖一村“郭滴人纪念馆”、上杭县通贤镇障云村邱国光将军故居、洋境乡元康村原苏维埃旧址、庐丰乡“上杭县第一个农村党支部诞生地”——天后宫、永定区西溪乡政府“革命遗址雷神宫”、湖雷镇“开国将军熊兆仁故居”、武平县大禾乡大磜村“蓝文兆将军纪念室”、武东镇安丰村“廖步云将军故居”、长汀县古城镇梁坑村“古城农民暴动指挥部旧址”、连城县朋口镇政府“开国将军杨尚儒故居”、项南文化活动中心温坊战斗纪念馆等11个革命遗址进行维修保护，进一步推动乡村红色旅游的发展。

（市民政局 供稿）

【编辑《红土新韵——奋进中的革命基点村》】 市老促会与市民政局联合启动编辑《红土新韵——奋进中的革命基点村》一书，反映基点村的革命历史、发展变化和自然风光、特色人文资源等，阶段性总结命基点村的改革发展成就。

【“从美丽乡村看魅力”宣传报道活动】 配合省老促会、人民网福建频道开展“从美丽乡村看魅力”宣传报道活动。7月，人民网记者走进上杭连四村、永定南江村、长汀梁坑村、漳平大坂村、武平光彩村、新罗培斜村等革命基点村采访采风，8月开始，以图文报道形式陆续在人民网福建频道、今日头条、搜狐、腾讯等发布各地的红色资源、红色故事、文化内涵、历史特色、产业发展等，宣传龙岩苏区美丽基点村特色魅力、红色记忆、革命精神和改革发展成就，展示闽西苏区新貌。

【办实事好事】 发放福建省黄仲咸教育基金会奖学金94万元，奖励学生940人；发放“福彩公益金”7万元，资助革命老区“五老”后代、贫困户子弟大学生70人。继续开展联系点工作，向市政府争取资金35万元，帮扶7个联系点村进行道路建设、路面硬化、毛竹苗补助、红军桥维护等生产生活设施改善，助力联系点村脱贫。

（唐道容 撰稿）

关怀“五老”人员

【“五老”人员慰问】 春节期间，采取集中慰问与重点慰问的方式，配合省办、省老促会、市委、市政府领导深入乡村慰问全市革命“五老”人员，发放慰问品、慰问金。同时各县（市、区）也经常开展走访、慰问活动，尽力帮助协调解决“五老”人员的实际问题和困难，让革命“五老”人员老有所依、老有所养、老有所乐。

【“五老”人员生活定补、医疗补助】 落实革命“五老”人员生活定补、医疗补助，增发6个月抚恤补助金作为丧葬补助费政策。10月1日起，在原生活定补标准每人每月1030元基础上每人每月增加100元，调整后革命“五老”人员生活定补标准每人每月1130元。全年市级财政负担的医疗补助资金52.00万元、革命“五老”人员生活定补资金597.20万元以及提高定期生活补助标准市级补助经费6.63万元及时足额下达各县（市、区），保证革命“五老”人员老有所养、病有所医、安度晚年。

【完善“五老”人员医疗救助机制】 在享受生活定补、医疗补助、节日慰问等优待基础上，将革命“五老”人员列入民政医疗救助对象，各县（市、区）认真做好民政医疗救助系统信息录入和动态管理工作，确保革命“五老”人员享受医疗救助即时结算服务。

（市民政局 供稿）

7 生态建设

编辑　游友荣

生态市创建

【单位能耗下降】 2017年，龙岩市单位GDP能耗下降2.2%，单位工业增加值能耗下降1.2%。

【淘汰落后产能】 积极推进煤炭行业去产能。2017年,全市共完成关闭退出地方煤矿20处、化解产能136万吨/年,超额完成上级任务。淘汰落后机砖、石灰窑、石材加工产能。以中央环保督察为契机,关停91家石材加工企业,淘汰9家石灰窑企业,取缔非法机砖生产企业31家，停电停产淘汰类机砖企业37家。严厉打击地条钢、淘汰铸造企业落后炼铁设备，对全市使用中频炉、工频炉的铸造、钢铁企业进行地毯式排查,制定并实施“周巡查、月上报”制度。

【节能与循环经济】 重点引导企业实施锅炉改造、电机节能、能量梯级利用、余热余压利用等节能改造工程,以及节水、节电、节材等循环经济项目。2017年,共组织实施重点项目18个,年可节约标煤约1万吨。龙雁经济开发区、蛟洋工业园区获批省循环经济示范园区,15家企业入选省循环经济示范试点企业，紫金铜业获工信部绿色工厂称号，瓮福紫金成功申报国家绿色制造系统集成项目。

【燃煤锅炉综合整治】 完成龙岩中心城区10蒸吨及以下燃煤锅炉淘汰任务。截至2017年,龙岩中心城区共淘汰燃煤锅炉43台，其中新罗区36台、永定区2台、经开区5台。基本完成省下达给龙岩市的2014-2017年燃煤锅炉节能环保综合提升整治任务。截至年底,全市累计实施锅炉节能环保综合提升整治321台。鼓励和支持10-20蒸吨/小时燃煤锅炉实施清洁化改造,对2017、2018年实施清洁化改造的锅炉给予财政奖励。

【资源综合利用】 认真落实国家支持节能减排、资源综合利用的所得税、增值税优惠政策,积极引导企业加强对煤矸石、采矿废渣及矿山废石等工业废弃物的利用。

（市经信委　供稿）

【汀江上下游补偿机制成效显著】 自2016年3月福建、广东两省签订汀江-韩江流域上下游横向生态补偿协议以来,龙岩市以项目为抓手,实施旧县河、黄潭河流域水环境综合整治,象洞溪流域水环境综合整治等132个重点整治项目,完成投资36.38亿元。通过系列整治,汀江出境水质明显改善,补偿协议涉及的3条河流水质持续改善并保持稳定(汀江、中山河、象洞溪),总体达到协议要求。汀江、中山河跨省断面水质全年稳定在Ⅲ类及以上;象洞溪水体功能逐步恢复，水质稳定保持Ⅲ类，2017年9月、11月更是达到Ⅱ类水质。2017年,省、市两级积极与广东省、环保部、财政部沟通,请求继续支持推进汀江-韩江上下游补偿长效机制，延长试点期限,取得积极成效。省财政厅已经下达广东省拨付福建省2017补偿资金9000万元。

【自然生态修复】 持续推进水土流失治理,扎实推进国家、省级生态市建设,加快生态文明建设示范区提档升级。在“山定权、树定根、人定心”林改“武平经验”的基础上,进一步深化集体林权制度改革推进绿色产业发展,开创龙岩林改新局面。水土流失治理“长汀经验”在全国总结推广,成为南方红壤区治理的典范。长汀县获评首批国家生态文明建设示范县和“绿水青山就是金山银山”实践创新基地。上杭、漳平通过国家生态县(市)技术评估;积极开展生态市创建工作,6个县(区、市)均顺利通过省级生态市验收;全市获得命名的省级以上生态乡镇121个、省级生态村376个,其中19个村已通过生态环境部审核。

【环保监管】 已建成市、县(市、区)、乡镇(街道)、村(居)四级网格化环境监管体系,共有2230名网格员。2017年投入900万元,率先在全省独立建设完成环保监管网格化信息平台,并完成对2146名基层网格员的信息化配备,每位网格员手机移动端安装“网格化环境监管app软件”,通过软件及时上报巡查情况。在全省率先实行网格化公示管理制度、四级网格员有奖举报办法,督促、引导、鼓励基层网格员发挥日常巡查监管作用。

【推行环境污染责任险制度】 印发《龙岩市环境污染责任保险工作实施方案(试行)》(龙政综〔2017〕89号),确定2017-2018年度龙岩市环境污染责任保险承保公司,组织第三方环评机构对龙岩市6大污染重点行业企业进行环境风险评估并出具评估报告。同时,督促各县级环保部门积极推动企业购买污染责任保险,并在全省率先出台财政补贴政策。

(市环保局 供稿)

长汀水土流失治理

【长汀县水土流失治理由绿向富迈进】坚持生态建设与强林惠农并重,打造五大基地,积极发展绿色富民产业。截至年底,全县建成速生丰产用材林基地1.99万公顷、丰产竹林基地2.24万公顷、丰产油茶林基地6400公顷、花卉苗木繁育示范基地50公顷、林下经济种植示范基地290公顷,建成实施农业146.7公顷,推进花卉苗木、毛竹、油茶、林下经济等特色优势产业效益提升。

林下经济突破性发展。全县形成以林菌、林药、林花、林茶、林禽、林下产品采集加工,森林旅游为主要内容的林下经济。2017年,全县林下经济经营面积11.27万公顷,参与农户21303户,实现产值26.02亿元,支持47家农民专业合作社、家庭农场和林业大户,实施林下经济项目,带动农户1065户。

发展崩岗经济、生态旅游。采取削坡造地方法变崩岗区为生态种养区、工业园区、生态移民安置点,建立“生态——经济型”崩岗综合治理示范点,引导群众在崩岗台面上种植杨梅,油茶等经济作物,累计治理崩岗417座。同时重点打造汀江源龙门景区、庵杰——新桥汀江十里生态画廊、南坑美丽乡村示范园、河田水保科教园、三洲国家湿地公园等生态景区,形成别具特色的生态文明旅游观光路线,利用水土流失治理成果举办杨梅节、蓝莓采摘节,生态旅游年吸引观光人数100多万人。

【长汀县南方水土流失治理典型案例被列为全国典型模式案例推广】 11月,国家发改委印发中国国际工程咨询公司关于生态保护与建设示范区建设情况中期咨询评估报告,经中咨公司对全国143个示范区进行评估,长汀县南方水土流失治理典型案例被评定为合格示范区,列入全国典型示范区推广。

长汀县曾是全国南方红壤区水土流失严重的县,“山光、水浊、田瘦”“晴三天,闹旱灾;雨三天,闹洪灾”曾是长汀县挥之不去的烙印。从20世纪80年代开始,长汀县拉开了新一轮水土流失治理攻坚战的大幕,经过30年努力,长汀森林面积提高到成24.67万公顷,森林覆盖率提高到79.4%,生物防火林带330公里,省级生态乡(镇)创建率达83%。被誉为我国南方地区水土流失治理的一个典范。

近五年来,全县累计治理水土流失面积4.58万公顷,植树造林1.81万公顷。据2015年底遥感调查,水土流失面积从2011年底的3.18万公顷下降到2015年2.64万公顷,减少5393公顷,减少减轻流失率3.25%,其中,强度以上水土流失面积比2011年底减少1913公顷,近70%的强度以上流失区得以明显减轻。全县水土流失率降低到8.52%,低于全省8.87%的平均水平,在全省11个水土流失治理一、二类县中最低,取得良好的生态经济社会效益。

(市方志委 供稿)

武平林改

【6家央媒聚焦“武平林改”】 7月10日,6家央媒聚焦“武平林改”,刊播“武平林改经验”。人民日报(头版)标题为“福建林改:将改革从山下转向山上——绿了群山 富了林农(砥砺奋进的五年)”、人民日报(专版)标题为“从曾经的国定贫困县到福建省“十佳县”——武平林改十五年(人民眼·林权改革)”、新华社标题为“山定权 树定根 人定心——福建林改奏响绿色发展咏叹调”、经济日报(头版)标题为“山定权 生态美 百姓富——全国集体林权制度改革成就综述”、中央电视台的新闻联播、中国日报(专版)标题为“林下经济助力扶贫攻坚.改善民生”“林权改革保绿水青山.造金山银山”、澎湃新闻标题为“砥砺奋进的五年 福建林改15年:捷文村破局不砍树也能富”。

5月29日:中央电视台新闻联播头条播出《福建林改:生态美了,百姓富了》,重点报道武平林改工作历程与成效,指出2001年6月,“破天荒”的林改从武平捷文这个小山村率先开始。2002年6月21日,时任福建省省长习近平到武平实地调研,为捷文村的林改一锤定音指明了方向。

【出台完善林改配套政策措施】 2017年,中共武平县委、武平县人民政府相继出台文件,不断深化集体林权制度改革,完善配套政策措施。3月,出台武平县人民政府《关于武平县林权抵押贷款实施办法的补充通知》（武政文〔2017〕86号）。7月，出台《中共武平县委武平县人民政府关于全面深化集体林权制度改革加快国家生态文明示范县建设的意见》（武委〔2017〕114号）、《中共武平县委　武平县人民政府关于深化林业金融体制改革的若干意见》（武委〔2017〕113号）。

【黄琪玉调研武平县林改工作】 6月28日，省政府副省长黄琪玉、省政府副秘书长刘琳、省林业厅厅长陈则生一行到武平县调研林改工作，龙岩市领导林国耀、张朝阳，武平县领导陈厦生、廖卓文、张丽华、钟发贵参加调研活动。

调研组一行先后察看了万安镇捷文村林改情况、梁野仙蜜养蜂专业合作社、挡风岭万亩合作经营基地、城厢镇云礤村森林人家、城厢镇畔旎湖铁皮石斛种植基地以及武平县林权服务中心，并认真听取了林农、专业合作社负责人、基层林业部门负责人的情况介绍，深入了解武平县集体林权制度改革的历史、做法和成效。

黄琪玉一行对武平县林改工作所取得的成绩给予充分肯定。他表示，武平县是集体林权制度改革的策源地，在发展林下经济、森林旅游和新型林业经营主体等方面有许多好的经验和做法，对于全省乃至全国林改工作起到了重要的示范作用，要认真总结、借鉴并推广武平林改经验，为地方经济发展和全国林业建设作出新的、更大的贡献。

就下一阶段如何做好林改工作，黄琪玉指出，要从林农的实际利益出发，将改革政策与措施跟林农的切身利益相结合，进一步调动林农积极性，大力发展绿色富民产业，研究推广更多集体林地适度规模经营的措施；要进一步完善林业产业扶持政策，探索林下经济补助扶持机制，建立林权市场化收储补贴机制，完善林权抵质押贷款制度、森林保险制度等，努力满足林农需求；林改工作要与精准扶贫相结合，利用先富带后富，切实发挥更好、更多的作用，实现生态美和百姓富有机统一。

【全国深化集体林权制度改革现场经验交流会在武平县召开】 （参见“参市区概况·武平县”）

【武平县在全省率先发放“惠林卡”】 7月13日，武平县举行“普惠金融·惠林卡”发放仪式。

为全面深化集体林权制度改革，拓宽林业投融资渠道，切实帮助林农解决资金困难问题，武平县先后开展林权抵押贷款试点、林权直接抵押贷款和村级担保合作社贷款，此次又率先在全省推出“普惠金融·惠林卡”，确定“惠林卡”首批52名发放对象。该“惠林卡”手续简单、审批快速，最长有效期为5年，县农村信用联社根据林农所拥有的林权面积和信用条件进行授信，额度最高可达30万元。

【武平县被列为集体林业综合改革试验示范区】 9月，武平县被国家林业局列为集体林业综合改革试验示范区。

武平是习近平总书记亲手抓起、亲自主导的集体林权制度改革的发源地，经过15年的接力奋斗，极大地解放和发展了林业生产力，既守护了绿水青山，又成就了金山银山，为全国林改探索了路子、树立了标杆，被誉为“全国林改第一县”。7月26—27日，全国深化集体林权制度改革现场经验交流会在武平县召开，中共中央政治局委员、国务院副总理汪洋出席会议并讲话，武平县林改的经验和做法得到了中央、省、市的充分肯定。

（市方志委　供稿）

8

客家文化

海峡两岸客家交流

【第六届海峡两岸定光佛文化旅游节在武平县举行】 12月2–4日，由龙岩市政府、台湾中华海峡两岸客家文经交流协会主办的海峡两岸交流基地授牌仪式暨第六届海峡两岸定光佛文化旅游节在武平县岩前镇均庆寺举行，来自海峡两岸的各界人士2000余人，齐聚海峡两岸交流基地，共同回顾历史、品味文化、畅叙亲情和发展的机会。

国台办交流局局长黄文涛、台湾中华海峡两岸客家文经交流协会荣誉理事长饶颖奇、省台办副主任宋志强，市委常委、秘书长、宣传部长詹昌建，市政府副市长王建生等出席揭牌和开幕仪式。仪式由王建生主持。黄文涛为基地授牌。

詹昌建在开幕式上致辞并宣布开幕。他代表市委、市政府，向长期以来支持龙岩发展的各位领导、来宾表示衷心感谢，对武平县成功获批“海峡两岸交流基地”表示热烈祝贺。他简要介绍龙岩市近年来深化对台交流合作工作情况，并表示将以此次授牌为契机，努力把“海峡两岸交流基地”建设好，为增进“两岸一家亲”做出新的更大贡献，期盼两岸同胞以定光佛这一共同信仰为纽带，推动两岸客家交往交融、增进了解，热忱欢迎更多台湾朋友到龙岩投资兴业，推进两岸客家聚居区互利共赢、共同发展。

活动分两个阶段。第一阶段为12月2日至4日，除保留定光佛祭典朝拜、金身绕境巡安等传统活动，还增加养生音乐会、参观文化艺览、海峡两岸青年骑游交流和联谊活动等全新活动项目。第二阶段为12月2日至31日，为第六届海峡两岸定光佛文化旅游月活动，游客可免费参加斋饭体验、参观定光佛文化艺览展厅、体验养生打坐教授等系列活动。

【台湾桃园市客庄聚落探研学会到龙岩交流客家文化】 4月9–14日，台湾桃园市客庄聚落探研学会郑致远理事长率“福建省客家聚落文化参访团”一行40人，参访上杭客家族谱博物馆、长汀古城、连城培田古民居等地，并与龙岩市台联、龙岩学院闽台客家研究院专家进行座谈交流。

通过参访，参访团深刻认识到闽西是客家重要祖籍地，汀江被誉为客家母亲河，泽被后代；龙台地缘相近、血缘相亲，台湾众多居民先祖自闽西客家迁居而去，有着相同的客家文化、习俗，台湾民众述祖归宗、根裔认同、文化融合，两岸同根，客家一家亲。

通过研讨，双方在龙台客家文化在衣食住行等方面的同异性，客家文化发展面临的困难与危机及应对办法；客家文化传承在促进两岸和平发展中的作用等方面达成广泛共识。

【第四届全国海峡客家烹饪大赛在连城举行】 4月26–27日，由中国烹饪协会主办，中烹协名厨委员会、连城客家美食协会承办的第四届全国海峡客家烹饪大赛，在连城县客家文化公园举行，来自福建、广东、台湾等海峡两岸15个省份39支代表队的208位名厨同台竞技，交流客家美食烹饪厨艺，展示客家饮食文化精髓。

【海峡客家(长汀)风情节举办】 6月19日，第九届海峡论坛·海峡客家(长汀)风情节在长汀县客家母亲缘广场拉开序幕。本届海峡客家(长汀)风情节由龙岩市人民政府、(台湾)世界客属总会、台湾中华海峡两岸客家文经交流协会联合主办，以“客家源(缘)·两岸情”为主题，通过客家文化研讨会、历史名城旅游研讨会、项目产业投资推介会以及两岸基层交流等活动，进一步弘扬客家文化，推进两地产业合作，促进两岸经贸、旅游、文化的交流。

中共龙岩市委常委、秘书长、宣传部长詹昌建在致辞中表示，“龙岩与台湾的交往源远流长，特别是近年来，龙岩充分发挥客家祖地和客家文化优势，着力打造‘大陆阿里山’和‘海峡客家’品牌，龙台两地经贸合作不断扩大，文化交流持续深化”“同是客家人，共谋客家事，希望龙台两地实现互利共赢、共同发展。”

台湾中华海峡两岸客家文经交流协会理事长刘盛良赞誉汀州客家深厚的历史、灿烂的文化。他表示，天下客家是一家，海内外的客属乡亲要充分利用好海峡客家风情节这个平台，努力推进两岸经贸、文化等领域的合作发展。

开幕式后，还举行海峡论坛·海峡客家（长汀）风情节广场文艺演出与客家美食节活动。精彩的刻纸龙灯展示、九连环、踩马灯、山歌对唱等客家特色文艺演出，琳琅满目的汀州客家风味小吃，赢得现场两岸客家乡亲的一致好评。

民俗活动

【连城县宣和乡举行“游公太”民俗活动】 2月28日，农历二月初三，连城县宣和乡(吴家坊)“客家庄园”古村落培田、升星等村举行十三年轮一次的传统“游公太”庙会。

在玱瑚公王庙隆重祭祀“公太”(闽王王审知)仪式后，人们从四乡八邻涌进宣和乡培田、升星村。铳炮山响，鼓乐齐鸣，旗幡招展，彩车驰动。由8000多人组成的彩车、旗幡、鼓号、乐队、腰鼓、马队、狮队、龙队等队伍长达5公里，缓缓在村内与田畴间游弋。“游公太”队伍穿行在黛瓦青砖的古村老巷之间，观看庙会的人数上万，摩肩接踵，满眼乡愁的古村落迎来十三年一次的狂欢节。

彩车队伍延绵不绝

“游公太”民俗活动起源于明代，以连城朋口、宣和境内的吴家坊、曹坊、张家营等十三个村庄为主，民间称河源十三坊，每个村庄集体举办一年，以十三年为一轮回。2017年由吴家坊的培田和升星、紫林等共同举办，将公太迎进村落后，每家每户还将单独举行“承公太”活动，请戏班唱戏，并摆出流水席招待亲朋好友。据史料记载，闽王王审知(862—925年)是河南固始人，公元885年入闽先后任福建观察副使、威武军节度使，后梁封为闽王。清廉主政八闽29年，保境安民，使福建经济繁荣。为纪念闽王功绩，连城县宣和、朋口等乡镇的十三村坊，每年轮流举行“二月三，游公太(闽王)”庙会。

培田是800年历史的“客家庄园”古村落，“中国最美的历史文化村镇”。今年为让纪念活动更有意义，从福州迎来了王审知金身塑像，纪念王审知，弘扬闽王廉政爱民的精神。

【上杭举办首届“三月三”畲族文化节】 上杭县纪念畲族民族成份恢复30周年暨首届“三月三”畲族文化节于3月29—31日举行，主题为客家畲乡红，主会场设在城区客家缘广场，官庄畲族乡、庐丰畲族乡设分会场，同时举办少

首届“三月三”畲族文化节开幕式现场

数民族篝火晚会、畲族文化会演及特色农副产品(畲药)展销、民族小吃展、民族乡村30周年变化新貌图片展、"大美畲乡"油画、水彩画作品展等民族传统文化展示系列活动。

【连城县上江村举行巡游"客家第一粽"民俗活动】 3月12日，农历二月十五，连城县北团镇上江村，非物质文化遗产、被誉为"天下客家第一粽"的上江游大粽民俗活动隆重举行。

9时30分，随着数声电子空气炮的巨响，"游大粽"仪式开始。金锣、龙凤旗、宝伞队开道，随后是"五谷真仙"轿、两棚大粽、8棚古事和宣传弘扬传统文化、清风正气、禁毒综治、计生国策的花车，浩浩荡荡穿梭于大街小巷和田间小道，一路上唢呐鼓乐伴奏，几千游人前拥后护。

"游大粽"最精彩的一幕发生在小学操场里。游行队伍绕着操场行走几圈后，大粽、花灯、彩旗停在操场中间，村民们在锣鼓声中，拉着架在板车轮上的8棚古事，沿着操场跑道奔跑竞走，奋勇争先，以期待孩子们学好知识文化、力争上游。

上江"游大粽"民俗活动旨在祈祷风调雨顺、五谷丰登，距今已有300余年的历史。每年农历二月初六，村民就着手准备做大粽，他们用上万片粽叶缝制粽衣，用70公斤糯米裹粽，制作成1.6米高的大粽，随后下锅蒸煮三天三夜。大粽蒸熟之后裹上金箔纸，贴上吉祥纸花，另包上数百粒指头大小的公母小粽，挂在大粽顶尖处。农历二月十三至十五抬出巡游，十八则是分粽，将大粽分到每家每户酿客家美酒，村民们则将"粽子"撒向田间，由此开始闹春耕。

客家文化研究

【国家级客家文化(闽西)生态保护实验区设立】 2017年1月23日，文化部向福建回复《关于同意客家文化(闽西)生态保护实验区的复函》，同意设立客家文化(闽西)生态保护实验区。实验区以活态传承的非物质文化遗产为核心，结合物质文化遗产和自然遗产进行整体性保护，其保护范围为"古汀州八县"，即包括今龙岩市的长汀县、上杭县、武平县、连城县、永定区和三明市的宁化、清流、明溪三县。保护区面积1.94万平方公里，人口292.1万人。

【武平"元初客家欢"乡村春晚向全球网络直播】 2月5日，武平举行"元初客家欢"乡村春晚，集合客家文化精神，激活古老优秀传统。春晚通过中国文化网络电视等媒体向全球"一带一路"21个国家直播。武平"元初客家欢"乡村春晚，由武平乡村群众在春节期间，结合客家传统文化，自编、自导、自演的综艺性文艺联欢晚会。龙灯、狮灯、船灯、马灯、口技、山歌、汉剧、木偶、山工号子、服饰展演、美食、灯谜、歌舞，民俗风情节目轮番上演，妇孺老幼、父老乡亲参与其中、自娱自乐，使千年民俗与时俱进，成为一个客家民俗的大演示。

【"客家情怀" 沈钊昌山水画作品巡展(龙岩站) 开展】 9月28日–10月8日，由龙岩市人民政府、河南省文学艺术界联合会、河南省归国华侨联合会、河南省美术家协会共同主办的喜迎十九大"客家情怀"沈钊昌山水画作品巡展(龙岩站)暨慈善公益活动开幕式在龙岩市美术馆举行。

沈钊昌是河南省优秀的画家代表之一，出生于福建永定堂堡，长期组织开展海峡两岸客家文化与中原文化的交流活动，为闽西慈善教育事业做出了积极的贡献。

此次活动展出沈钊昌近年来创作的100余幅精品力作，其中，沈钊昌先生为了回馈家乡，把50幅扇面展出作品现场义卖，并将所得款项全部捐赠家乡扶贫和慈善教育事业。

【世界客属第23次公祭客家母亲河大典】 (参见 "县市区概况·长汀县"条目)

【长汀县举办第二届"大美汀州·非遗流芳"展演】 12月8日，长汀县第二届"大美汀州·非遗流芳"在城区三元阁广场精彩展演。活动期间，来自大同镇、河田镇、涂坊镇等乡镇的民间文艺队伍表演十番音乐、公吹、九连环、踩船灯、唢呐等丰富多彩、充满客家风味和乡土气息的文艺节目，吸引着广大当地群众及游客驻足观赏。此外，活动还精选50块非遗展板，通过图文并茂的形式展示多彩的非物质文化遗产。

【举行客家文化生态保护研讨会】 12月10日，由龙岩学院闽台客家研究院、福建省高校人文社科研究基地客家研究中心、福建省统一战线客家文化研究基地主办的客家文化生态保护研讨会在龙岩学院举行。

市政协副主席刘友洪，龙岩学院领导，市直有关部门负责人，来自台湾、广东、广西、四川、江西以及我省高校和研究机构、地方团体的专家学者、学生代表共80多人参加开幕式。

与会专家学者紧紧围绕"客家文化生态保护"主题进行主旨发言，按照"客家文化生态保护和传承""客家古村落保护与文化旅游""客家民俗与信仰传承保护""客家非物质文化遗产传承保护"等专题展开研讨。研讨会共收到论文80多篇，其中，69篇入选研讨会交流。

(市方志委　供稿)

9 农业经济

编辑：饶晓艳

综　述

【概况】 2017年，全市实现农林牧渔业总产值395.46亿元，按可比计算增长5.77%。其中农业产值145.58亿元，增长5.56%；林业产值48.68亿元，增长4.42%；牧业产值182.75亿元，增长6.13%；渔业产值9.65亿元，增长8.08%；农林牧渔服务业产值8.90亿元，增长6.83%。

全市农村居民人均可支配收入15698元，增长8.8%。其中，工资性收入6164元，增长8.4%；家庭经营净收入7632元，增长8.0%；财产净收入188元，增长12.9%；转移净收入1714元，增长13.6%。

粮食播种面积12.93万公顷，比上年减少2520公顷，总产81.93万吨，比上年减产0.36万吨。生猪出栏450.23万头，出栏量比上年下降9.81%。全市蔬菜产量133.63万吨，比上年增长1.74%；茶叶2.1万吨，比上年增长5.06%；水果33.93万吨，比上年增长21.33%；食用菌4.39万吨，比上年增长6.3%；家禽出笼15598.95万羽，比上年增长18.77%；肉兔出栏328.76万只，比上年增长4.25%。水产品产量5.33万吨，比上年增长6.57%。全市“八大珍鲜”产值32.74亿元，比上年增长15%。加强“三品一标”认证，新获无公害认证农产品115个，绿色食品30个，地理保护标志12个，全市有效用标认证农产品314个，位居全省第二。

【特色农业】 市政府出台《关于加快七大优势特色农业产业发展的实施意见》，市级财政安排1000万元专项资金，促进茶叶、水果、蔬菜、薯业、畜禽、林竹、花卉苗木七大优势特色农业产业发展。农业部门制定果业、茶业、蔬菜、薯业、畜禽五大特色产业实施方案，分类施策，推进五大特色产业全环节升级、全链条增值。继续加大对发展闽西“八大珍鲜”特色产品的政策扶持，促进“八大珍鲜”特色产品提升发展水平。2017年，茶叶、水果、蔬菜、薯业、畜禽五大特色产业全产业链产值397.41亿元，比上年增长10.0%；“八大珍鲜”特色产品产值32.74亿元，比上年增长15%。

【农业面源污染防治】 全市推广测土配方施肥21.77万公顷次，示范片面积5046.67公顷，技术应用覆盖率90%以上。全市采集土样1028个，发放施肥建议卡43.94万张，宣传培训5651人次。秸秆还田18.73万公顷，种植紫云英绿肥面积1.27万公顷。在武平、长汀、上杭等绿色防控技术示范区，设立28个示范点，示范面积17.81万公顷；推广专业化统防统治面积10.17万公顷，全市农药使用量比上年下降6%。

【生猪养殖业污染治理】 全市关闭拆除猪场10916户，削减生猪128.2万头；完成生猪养殖场标准化改造2658户。全市保留的3691户生猪养殖场全面完成改造升级。做好病死猪无害化处理，下达病死畜禽无害化处理设备补贴资金91.67万元，全市有病死猪集中无害化处理厂22个，无害化处理病死猪101.02万头，病死猪乱丢滥弃现象基本绝迹。

【标准化基地建设】 下发《2017年推进农业标准化生产实施方案》，全市完成种植业标准基地建设85个(果树26个、茶叶26个、蔬菜32个)，完成率100%；食用菌标准基地建设7个，完成率100%；畜牧业标准化场建设427个，完成率100%。创建绿色食品原料基地0.77万公顷，其中漳平茶叶绿色食品原料基地2800公顷，连城甘薯绿色食品基地4866.67公顷。漳平台品樱花茶园有序推进全国首批绿色食品第一、第二、第三产业融合发展示范园创建工作。

【农产品质量安全监管】 推进农产品质量安全示范县建设,上杭获批国家级农产品质量安全县示范创建试点单位,上杭、新罗、永定、漳平、连城、武平成功创建省级农产品质量安全县。提升可追溯信息平台和农资监管平台建设,全市有349家企业列入可追溯体系建设平台,比上年增长183家;803企业家列入农资监管平台,比上年增加183家;其中农药188家、兽药505家、肥料110家。加强农产品生产主体备案,全市有1554家生产主体进行备案,按生产主体性质分类,家庭农场504家、合作社416家、企业634家;按生产主体生产类型分类,种植类924家、养殖类557家、综合类73家。强化农产品监测,配合省农业厅、海洋与渔业厅开展监督抽查样品478个,合格率100%;市级完成定量检测508份,总体合格率98.2%。快速农残检测样品1107个,合格率98.5%;水产品样品种467个,合格率100%。

【三品一标认证】 新获"三品一标"认证115个,是2011年以来认证数最多的一年。至年底,全市"三品一标"有效用标农产品314个,其中无公害农产品256个,绿色食品30个,有机食品16个,地理保护标志产品12个,地理保护标志登记数位居全省前列。"上杭槐猪"新获"全省区域公共品牌"称号,"儒溪槐猪"新获"福建名牌产品"称号。

【智慧农业】 农业物联网试点逐年增加,全市完成建设12个农业物联网试点,总投资373.91万元;建设省级农业智慧园项目1个,投资203万元。农产品电子商务加快发展,举办电子商务培训39期,培训3707人次。开展农业电商平台与当地企业对接活动25次。全市182家农业经营主体开展电子商务,其中龙头企业64家、示范企业55家、示范家庭农场63家,从事农产品电子商务8602人,农产品上线品种200多种,农产品电子商务交易额20.2亿元,增长32.1%。信息进村入户稳步推进,12316信息服务落实坐席专家118个,接受咨询4949人次。长汀县和永定区被列为省级农村信息进村入户示范县,建立村级站266个,开展便民服务6.9万人次,便民服务金额1420万元,电子商务成交额2212万元。

【三产融合】 农产品加工业发展提速。全市规模以上农产品加工企业327家,比上年增长33家,全年实现农产品加工产值393.40亿元,比上年增长18.5%。亿元以上企业129家,比上年增加21家,其中5亿元—10亿元企业10家,实现产值73.68亿元,比上年增长17.9%;3亿元—5亿元企业9家,实现产值33.15亿元,比上年增长18.4%;1亿元—3亿元企业110家,实现产值185.16亿元,比上年增长19.6%。以田园山水游、农事体验游等为特点农旅结合加快发展。全市休闲农业经营主体804个,其中农家乐500个、休闲观光农园(庄)304个;从业人数16837人,带动农户数29926户。全年接待游客809.86万人次,营业收入8.18亿元,利润总额4.13亿元,从业人员劳动报酬人均25925元。新增省级休闲农业示范点3个,最美休闲乡村2个。

【农业项目建设】 农业领域会战项目。全市50个农林水利领域项目完成投资67.8亿元、同比下降15.3%,占年度计划144.4%;实现开工建设11个,占年度计划110%;建成或部分投产项目24个,占年度计划218.2%。

"一区两园"建设项目。全市实施"一区两园"项目80个(省下达任务46个),在建4个,建成76个,完成投资15.75亿元,完成年度计划投资10.25亿元的153.70%。其中国家级现代农业示范区实施项目11个(在建1个,建成10个),完成投资4.67亿元,完成计划投资2.0亿元的233.46%;福建农民创业园及示范基地实施57个项目全部建成,完成投资8.78亿元,完成计划投资6.4亿元的137.17%;国家级台湾农民创业园实施项目5个,完成投资1.723亿元,完成计划投资1.3亿元的132.57%。

设施农业项目。加快建设设施大棚,省级下达补贴资金2500万元,建设设施大棚项目39个,建成大棚面积196.6公顷。设施渔业项目建设稳步推进,下拨补助资金550万元,新建设渔业项目11个,新增设施渔业面积3万平方米。

【基层农技推广体系建设】 在全省率先完成乡(镇)农技推广体系建设项目竣工验收,项目总投资3467.3万元(中央资金2583万元,地方配套资金884.3万元),占项目投资计划的111.86%。完成新建乡(镇)基层农技推广服务站房50个,建筑面积16357.2平方米;改扩建业务用房71个,建筑面积18592.66平方米;123个乡(镇)农技站完成配备推广服务仪器设备5912台(套)。

【龙台农业合作交流】 新批台资农业企业8家,实际利用台资1293.16万美元,全市有台资农业企业62家,其中漳平33家(台创园30家)、新罗5家、长汀5家、永定5家、上杭10家、武平3家、连城1家。加强闽台农业合作项目扶持,漳平台创园10家台资农业企业获农业部海峡两岸合作项目贴息资金131.93万元。加强龙台农业交流,组织6对闽台特色乡(镇)参与第九届海峡论坛·两岸特色乡(镇)交流对接,组织参加第八届海峡两岸机博会、2017年台湾国际农业周展会、海峡两岸休闲农业发展论坛等活动;台湾南投县百香果生产合作社理事会与龙岩市百香果产业考察团开展互访交流。发挥"台湾高校学生农业教学实践基地(漳平)"平台作用,加强两岸青年大学生的交流和互动。

【农业综合执法】 全年培训执法人员277人次、农资经营人员441人次；印发宣传资料8.59万份；出动执法人员12156人次，检查农作物种子、农药、肥料、兽药745个次农资市场，检查农资经营企业4878个次，检查标签2135个，标签不规范68个，农资产品质量执法抽检276个样品，19个样品不合格；受理农民农资问题投诉23起，查出农资案件73件，立案查出51件，结案42件，案件公开45件，移交公安部门1件，协助警方捣毁7个兽药制假窝点，查获假冒伪劣违法农资3010公斤，货值7.67万元；受理农资调解25件，组织现场调查63场次，成功调解24件，为群众争取协议补偿款19.09万元，挽回经济损失12.34万元。

【农业安全生产】 落实安全生产“党政同责、一岗双责”规定，重点开展渔业、饲料、沼气等行业安全监管。全市开展渔业安全各项执法检查216人次，出动执法人员659人次，登临检查渔船233艘，发现涉渔违法行为82起，查处案件16起，没收电鱼机71台，拆除违法网具300张，罚款13500元。首次将肥料纳入农资监管平台管理，全市有758家农药、兽药、肥料经营企业纳入农资监管平台，其中农药198家、兽药（含渔药）504家、新增肥料56家。开展饲料行业检查26次，检查企业140家，沼气安全检查生产检查6次，检查沼气点65个。全年没有发生农业安全生产重大事故。

（杨建新　撰稿）

种植业

【主要农产品面积与产量】 全市农作物播种面积20.68万公顷，比上年下降0.6%。其中粮食播种面积12.93万公顷，比上年下降1.91%；亩产422.38公斤，比上年增加6.25公斤；总产81.93万吨，比上年下降0.44%。蔬菜种植面积5.20万公顷，比上年增长1.36%；产量133.63万吨，比上年增长1.74%。茶叶种植面积1.25万公顷，比上年增长1.71%；产量2.1万吨，比上年增长5.06%。水果种植面积2.85万公顷，比上年增长7.39%，产量33.93万吨，比上年增长21.33%。烟叶产量2.99万吨，比上年增长1.19%。食用菌产量4.39万吨，比上年增长6.3%。

【落实惠农扶粮政策】 2017年耕地地力保护每亩补贴标准60.53元，全市发放补贴1.51亿元。持续推进水稻种植保险，每亩收取保费12元，最高理赔金每亩400元；水稻制种每亩收取保费84元，最高理赔保金每亩1200元。全年全市水稻种植与制种保险共收取保费2787.73万元，投保面积14.84万公顷，支出理赔金1051.38万元。

【水稻绿色高产高效创建项目】 武平、上杭、长汀三县继续实施农业部水稻绿色高产高效整建制创建项目，项目创建区建立103个水稻绿色高产示范区，示范总面积8466.67公顷，全面推广“一增二改三推”技术。水稻品种重点推广T78优2155、全优2689、全优1093、中浙优8号、两优616、福两优366、宜优673等高产优质品种，栽培技术重点推广早播早插、适时收获、测土配方施肥、病虫综合防治等增产技术，绿色生产重点示范安装太阳能灭虫灯、诱捕器，安放黄色粘虫板，利用生物农药（苦参碱等）防治病虫害及田园清洁（农药、化肥、种苗等包装物垃圾回收）等内容。武平、上杭两县继续实施全程社会化服务试点县项目，重点建设工厂化育供秧服务中心10个，建设水稻烘干储藏中心8个、新增660吨机械烘干能力，设立6800公顷全程社会化服务示范片，全面开展水稻机械播种、工厂化育秧、机械插秧、病虫害统防统治、机械收割运输、机械烘干仓储等生产环节的社会化服务，项目区平均每亩节本增收527.4元。

【福建省粮食产能区增产模式攻关与推广项目】 全市除新罗区外，其余6个县（市、区）均继续实施福建省粮食产能区增产模式攻关与推广项目，省下达资金2236万元。新建成工厂化机插育秧示范点19个，建立“五新”集成技术示范片321片面积2.32万公顷，建立优质稻示范基地388片面积1.58万公顷。工厂化机插育秧示范点实现播种、育秧全程机械化，培育一批种粮大户，示范推广塑盘暗化育秧技术；“五新”示范片全面推广统一品种、统一育秧、统一技术、统一施肥、统一病虫防治、耕种收综合机械化等措施，实现良种覆盖、主推技术、测土配方施肥、病虫害综合防治“四个100%”，平均亩产489.5公斤，比同等田块亩增35.7公斤，增加总产量12418.9吨，增加总产值3595.2万元；优质稻示范片平均亩产量比上年提高13公斤，亩产值比上年增加47.7元，总产值增加1132.46万元。2014年以来，全市粮食产能区增产模式攻关与推广项目累计建成工厂化机插育秧示范点75个，设立“五新”集成技术示范片822片、面积7.352万公顷。

【粮食生产“五新”技术推广】 推广超级稻3.29万公顷，优质稻12.49万公顷，再生稻1200公顷，抛秧5.036万公顷，旱育秧1.35万公顷，机插秧2.23万公顷，集中育秧5680公顷，免耕栽培0.93万公顷，根外施肥12.65万公顷，测土配方施肥12.46万公顷，脱毒马铃薯2300公顷，脱毒甘薯2880公顷，甘薯标准化栽培7973.33公顷，特种玉米913.33公顷，病虫草鼠综合防治9.35万公顷。

【植保统防统治服务】 全市有植保统防统治专业化服务组织45个，专业服务人员1048人。2017年以前购置植保器械42988台套，其中背负式机动、喷杆喷雾机39946台套,担架式、推车式、车载式液泵喷枪喷雾机2983台套,植保无人飞机47台套，自走式喷杆喷雾机8台套,悬挂式、牵引式喷杆喷雾机,大型风送式弥雾机4台套;2017年购置植保器械2100台套，其中背负式机动、喷杆喷雾机1892台套,担架式、推车式、车载式液泵喷枪喷雾机187台套,植保无人飞机5台套,自走式喷杆喷雾机12台套，悬挂式、牵引式喷杆喷雾机，大型风送式弥雾机4台套。各类作物统防统治示范总面积2.55万公顷，其中水稻8580公顷，蔬菜2900公顷，茶叶5060公顷，果树2813.33公顷，其他作物（如烟草、槟榔芋等）6133.33公顷，统防统治辐射推广面10.17万公顷。

【蔬菜产业】 突出抓好蔬菜标准化生产基地和产业园建设。确定龙岩市新罗区绿鲜山蔬菜种植农场等32家蔬菜标准化生产基地,实施上杭县湖城蔬菜现代产业园、长汀县南山蔬果现代产业园等两个省级“3211”千亿现代蔬菜产业园项目;推进武平、永定、漳平等重点县(市)建立武平盘菜、永定“六月红”芋、早熟苦瓜等优势特色蔬菜示范片,带动周边区域发展。

【水果产业】 全市新植果树2542.67公顷,其中连片百亩以上的45个,面积600.87公顷。主栽品种为百香果、特早熟蜜柑、脐橙、杭晚蜜柚、红美人杂交柑、金柑、芙蓉李、双华李、台湾甜桃、蜜雪梨、葡萄、罗汉果、杨梅等。针对近几年百香果产业发展加快的态势,突出做好技术服务工作,重点示范推广百香果根域限制栽培、整形修剪、病毒病防治、大棚设施栽培、越冬防冻、水肥一体化栽培等技术。11月7日,邀请福建省百香果产业体系首席专家、福建省农业厅施清推广研究员,福建省百香果产业体系岗位专家、福建农林大学教授吴少华举办全市百香果栽培技术培训班,受训人员180多人，对全市种植百香果50亩以上的大户进行系统培训。组织开展科技下乡活动,深入田间山头举办科技讲座、开展技术培训、咨询和现场指导工作。

【茶产业】 全市新植茶园面积150.47公顷,其中连片百亩以上的5个,面积45.8公顷。主栽品种为水仙、梅占、乌牛早、龙井43号、“漳平水仙茶”“武平绿茶”入选福建省10个区域公用品牌。

【食用菌产业】 全市食用菌生产规模23500万袋,床栽100万平方米,鲜菇总产16万吨,比上年增加3.5%,实现产值12.8亿元,比上年增长3.2%。新创建省级食用菌标准化示范基地1个,累计7个。食用菌工厂化企业或专业合作社12家,其中远山惠民生物有限公司、上杭县润农农业发展有限公司、武平县将军食用菌专业合作社、武平县英源食用菌有限公司、武平县永荣食用菌有限公司等5家企业均从事真姬菇(也叫海鲜菇、白玉菇)工厂化生产,日生产规模均为6000—10000袋,年产值都在2000万元以上,总产值突破1亿元。新引进开发黑皮鸡枞新品种,基本实现工厂化生产,全市日产鲜菇规模约1吨,日产值约4万元。

【中药材产业】 全市中药材新植面积约443.67公顷，其中连片100亩以上的14个，面积208.33公顷。全市中药材总面积4866.67公顷，年产值3.5亿元。新植品种以黄花远志、铁皮石斛、药用木瓜、灵芝、七叶一枝花、金线莲、三叶青等品种为主,以林下种植为主。

【农业赛事活动】 5月29日，由漳平市、武平县组织近400个茶样参加“夏商茶世界”杯首届两岸春茶茶王擂台赛,漳平水仙茶(饼)获得茶王1个、金奖2个、银奖2个、优质奖12个,漳平水仙红茶优质奖3个,武平绿茶金奖2个、银奖3个、优质奖3个。6月16日,漳平、武平选送茶样近60个参加第四届海峡(漳州)茶会,武平绿茶获绿茶类茶王1个、金奖2个,优质奖1个;台式乌龙茶获台式乌龙茶类金奖2个、优质奖3个。6月,江山镇举办龙岩斜背茶第二届茶王赛,征集茶样41个,评出一等奖一名、二等奖两名、三等奖三名,分别命名为金顶、华顶、岩顶。8月,漳平市举办2017年漳平水仙茶春季茶王赛(传统类),收到茶样115个,评选出一等奖、二等奖、三等奖各1名,优质奖10名。10月21日,武平县举办首届百香果果王大赛暨采摘体验活动,征集果样68个,其中紫色果47个、黄金果21个,分别评出果王1个、金奖2个、银奖3个、提名奖4个。11月6日,新罗区举办百香果鉴评会,征集果样39个,其中紫色果29个、黄金果10个,评出一等奖1个、二等奖2个、三等奖3个。11月16—18日，参加第十一届海峡两岸茶业博览会,设展位8个,组织漳平、武平、新罗、永定等县(市、区)的8家企业参展，具有龙岩市特色的漳平水仙、武平绿茶、龙岩斜背茶、保健茶等受到与会者的青睐。12月10—12日,协助龙岩市电视台举办“漳平水仙茶秋季茶王赛”,收到茶样264个,评出茶王、金奖各1个,银奖2个,铜奖3个,优质奖30个。

（杨建新　撰稿）

林　业

【概况】 2017年，龙岩市有林业用地面积157.73万公顷，占土地面积的82.7%，其中有林地面积149.33万公顷。森林覆盖率78.9%,长期居福建省第一位、全国前列；活立木蓄积量1.2亿立方米,居全省第三位。有生态公益林47.47万公顷,占林地面积的30.1%;商品林110.2万公顷,占林地面积的

69.9%。天然林 105.47 万公顷；人工林 52.27 万公顷。竹林面积 20.73 万公顷。油茶林面积 3.47 万公顷。全市实现林业产业总产值 351.6 亿元，增长 9.5%。有梅花山、武平梁野山、长汀汀江源 3 个国家级自然保护区（全省 14 个）；龙岩、上杭、永定王寿山、漳平天台 4 个国家级森林公园(全省 29 个)，长汀汀江、漳平南洋、武平中山河 3 个国家湿地公园建设试点(全省 7 个)；华南虎繁育及野化训练基地 1 个。有武平、连城 2 个国家林下经济示范县；国家林业重点龙头企业 3 家，林业上市公司 3 家，中国驰名商标 4 件。有漳平五一国有林场、上杭白砂国有林场 2 个国家重点林木良种基地和漳平五一国有林场国家级马尾松种质资源保护库，马尾松良种繁育研究水平处于全国领先水平。龙岩市获得“全国森林旅游示范市”和“全国林业信息化示范市”两张国家级品牌。

【深化林权制度改革】 市委、市政府出台《关于进一步深化集体林权制度改革推进绿色产业发展的意见》，确立以建设林业产权、融资、产业、技术、政策等绿色产业“五大支撑体系”作为林改深水期的攻坚方向。市林业局联合多部门出台《关于加快推进龙岩银行业支持林业改革发展的指导意见》《关于全面推广“普惠金融·惠林卡”业务的通知》《关于深化集体林权制度改革全面推进森林综合保险工作的通知》等 3 份配套改革文件，助推集体林权制度向纵深领域改革。创新林业金融服务。全市各地均成立林业金融服务中心或林业收储中心，县乡林业服务中心 44 家、专业化服务组织 125 家；在全国率先推出并在全市全面推广林权直接抵押贷款“惠林卡”，市财政对推广期(三年)内的“惠林卡”贷款给予 1%贴息补助，全市发放“惠林卡”615 张，授信金额 4487 万元，用信金额 1668.2 万元。进一步提高森林综合保险覆盖面。与市财政局、人保财险龙岩分公司联合推进森林综合保险工作，将天然商品林纳入统保，保费由天然林停伐管护补助资金支付；对农户零星分散的商品林，由村委会组织参保，保费由县级森林植被恢复费预算补助。全年全市森林参保面积 146.13 万公顷，比上年增长 68.6%，获得森林保险理赔 4786 万元。建立绿色产业发展投融资平台。整合市属林业、农业、水土保持等国有资源，成立集农林产业基础设施建设、森林资源培育、林产品加工贸易、绿色金融、森林旅游、休闲康养等功能为一体的龙岩绿色产业发展有限公司。

武平县万安镇干部深入全国林改策源地万安镇捷文村，把党的十九大报告中与林农有关的好政策告诉林农

7 月 26—27 日，全国深化集体林权制度改革现场经验交流会在武平县召开。武平县被国家林业局列为“集体林业综合改革试验示范区”，武平林改机制创新获 2017 年度福建省效能办组织的全省机制创新成果评审第二名。

【造林工作】 全市完成植树造林 1.28 万公顷，占任务的 155.8%，完成 2017 年电力走廊生物防火林带建设 355.07 公顷，占任务的 105%。连城县被评为“福建省森林县城”，实现省级森林城市创建全覆盖。完成龙岩中心城市环城森林景观三年(2016—2018 年)行动计划 183.07 公顷，完成县城一重山森林生态景观提升 214.33 公顷，占任务的 100.5%，完成乡村生态景观林建设 144.53 公顷、建设乡村森林公园 17 个。

【森林资源保护】 市政府出台《“十三五”期间保护和发展森林资源目标责任制的通知》，建立市对县保护和发展森林资源目标责任制，明确提出“十三五”期间的主要目标，全面落实保护和发展森林资源行政首长责任制。完成市对县 2016 年度保护和发展森林资源目标责任制检查考核，各地考核均为优秀。

森林资源保护。全市列入保护的生态林、天然林面积 97.67 万公顷，占全市有林地面积 65.5%。建立健全生态林、天然林保护补偿机制、管护机制、责任落实机制。全市累计建立生态公益林“占一补一”储备库 1733.34 公顷。

森林防火。在全国率先应用多普勒雷达山火监测系统。全年发生森林火灾 6 起，比上年下降 53.8%，受害面积 43.63 公顷；查处违章用火 2237 起，罚款 26.9 万元，实施林区治安拘留 40 人次，责任追究 9 人。

林业有害生物防控。全年发生林业有害生物面积 2.27 万公顷，比上年下降 25.9%；防治林业有害生物面积 2.25 万公顷，防治率 99%；林业有害生物监测面积 157.13 万公顷，覆盖率 99.4%。

打击违法破坏森林资源行为。全面推进依法治林，持续开展打击毁林种果、非法占用林地等整治行动，专项开展打击破坏森林和野生动植物资源违法犯罪“2017 利剑行动”。全年森林三类案件共立案 1644 起、破案 1514 起，其中刑事案件立案 289 起、破案 164 起，治安案件立案 99 起、破案 98 起，行政案件立案 1256 起、破案 1252 起。打击处理违法犯罪人员 1890 人次，行政罚款 788.9 万元，挽回直接经济损失 822.2 万元。

【林业产业发展】 全市实现林业产业总产值 351.6 亿元，比上年增长 9.5%。全市林下经济经营面积 62.31 万公顷，实现产值 169.4 亿元，比上年增长 17.2%。林下经济合作组织 700 个，惠及林农 15.7 万户。全市花卉苗木种植面积 1.43 万公顷，实现产值 60.1 亿元，分别比上年增长 6.4%和 8.3%，举办第五届中国(冠豸山)兰花大会。全市森林旅游接待游客 847.7 万人次，比上年增长 35.8%；实现直接收入 7.8 亿元，比上年增长 10.2%；实现社会总产值 33.9 亿元，比上年增长 35.8%。举办龙岩市首届森林休闲旅游文化节，开展首届“十佳森林人家”评选活动。梁野山国家级自然保护区、永定仙岽森林公园获第三届“中国森林氧吧”称号。全市实现林业工业产值 198.8 亿元，比上年增长 10.8%，保持稳定增长的运行态势。全市生产商品材 46.3 万立方米，比上年下降 33.2%；竹材产量 1.35 亿根，比上年增长 12.5%；人造板材产量 145.9 万立方米，比上年增长 13.1%。扶持“两头在外”木材加工企业发展，重点推进漳平木竹加工产业园区建设。

【林业改革】 深化天然商品林保护体制改革。在全省率先出台《龙岩市天然商品林保护体制改革实施方案》，建立天然商品林保护补偿机制、管护机制、责任落实机制，全市 50.2 万公顷天然商品林纳入天然林保护工程范围，完成天然商品林地面积核实、行政责任书签订、补助协议签订等工作，林木所有者补助资金发放 90%。

国有林场改革进入实质推进阶段。5 月，市人大常委会开展国有林场改革专题调研，具体指导推进改革工作。市委、市政府下发省属市管国有林场改革实施方案。至年底，明确省属市管国有林场功能定位和公益属性，核定林场机构规格、事业编制和领导职数事项等，上杭白砂、永定仙岽国有林场机构升格为正科级；各县(市、区)均出台县属国有林场改革实施方案。

开展重点生态区位商品林赎买试点工作。全市累计完成赎买、租赁等面积 2173.34 公顷，占任务的 120.8%，其中新罗区完成赎买 200 公顷、租赁 473.33 公顷；武平县完成赎买 366.67 公顷、租赁 1133.33 公顷。

【林业服务】 服务项目落地工作。列入龙岩市 2017 年项目落地攻坚战役的 9 个林业项目，完成投资 8.7 亿元，占计划的 110.4%。全市审核同意征占用林地永久用地项目 255 个、面积 693.4 公顷，临时项目 38 个、面积 130.1 公顷。对全市 2017 年度 300 个市级以上重点项目的用林需求情况进行全面调查了解，重点开展东联络线、万安溪引水工程、厦蓉高速扩容林地变更、紫金矿业彩坑尾矿库等项目用林报批的指导、协调、服务工作。

推进“放管服”工作。市本级取消行政处罚 14 项、行政确认 1 项、行政监督检查 1 项、其他行政权力 4 项，梳理公布减权放权监管责任清单 2 项，取消收取证明材料事项 4 项，梳理“一趟不用跑”11 项，确保减权放权工作落到实处。推进“双随机一公开”监管工作，实现市场执法事项和其他执法事项全覆盖，确实加强事中事后监管。

提升涉林纠纷及信访调处能力。加大涉林信访和林权矛盾纠纷的排查调处工作。全市调结山林权属纠纷 16 起、集体林地承包经营纠纷 105 起。全市涉林信访总量和群体性信访案件分别下降 10.2%、33.3%，有效化解信访积案，全年未出现重大越级上访事件。

(叶炜泉　撰稿)

畜牧业

【畜禽产品产量】 至年末，全市生猪存栏 262.48 万头，比上年下降 0.03%，出栏 450.23 万头，比上年下降 9.81%；能繁母猪存栏量 26.66 万头，比上年下降 4.62%，肥猪调出量 265.60 万头，比上年下降 1.7%；家禽存栏 2817.68 万羽，比上年增长 31.62%，出栏 15598.95 万羽，比上年增长 18.77%；兔存栏 161.75 万只，比上年增长 7.7%，出栏 328.76 万只，比上年增长 4.25%；牛存栏 6.74 万头，比上年增长 23.44%，出栏 3.35 万头，比上年增长 12.04%；羊存栏 11.36 万头，比上年增长 10.51%，出栏 13.1 万头，比上年增长 18.77%。实现肉类产量 60.44 万吨，比上年增长 2.66%；禽蛋产量 4.09 万吨，比上年增长 26.36%。

【地方品种保护与开发】 至年底，龙岩市列入省级以上遗传资源保护名录畜禽品种有 8 个，6 个品种建立保种场，2 个保种点正在扩建和完善。列入“八大鲜”的畜禽地方特色品种槐猪、河田鸡、连城白鸭、通贤乌兔、龙岩蜂蜜稳步发展。槐猪存栏 1 万头，出栏 1.5 万头；河田鸡存笼 255 万羽，出笼 610 万羽；通贤乌兔存栏 78 万只，出栏 145 万只；连城白鸭存笼 120 万羽，出笼 288 万羽，蜜蜂 7.3 万箱，产量 1107.6 吨。

【畜禽粪污资源化利用】 制定出台《龙岩市加快推进畜禽养殖废弃物资源化

利用实施方案》,要求各县(市、区)结合当地实际制定配套方案,确保措施落到实处。年初,省下达龙岩市畜禽养殖废弃物处理及资源化工程包任务600个养殖场,计划投资3.25亿元,完成720个,完成任务的120%;完成投资额4.29亿元,投资完成率132%。

【引导生猪养殖户转产转业】 在做好关闭拆除猪场工作的同时,加大疏导工作力度,做好退养业主的转产、转岗服务。制定下发《龙岩市人民政府办公室关于印发生猪养殖退养户转产转岗政策指导性意见的通知》文件,通过出台7个方面政策,围绕闽西“八大干八大珍八大鲜”等特色品种发展种养业和林下产业以及农产品加工产业,加大养殖户转产转业培训扶持力度,积极为养殖场(户)转型创造条件。对转移从事种植业的,按其从事的产品类型,加强专业技术服务,对达到职业农民培育标准的,优先列为培育对象;对符合示范家庭农场标准或农业示范企业标准的,优先给予评选认定;对转移从事二、三产业的,劳动部门优先安排其进行相关培训,提高他们的择业、创业能力,确保这些人转得出、稳得住、能致富。全年全市帮助569户养殖户成功转产转业。

【重大动物疫病防控】 落实动物疫病防控经费493万元,在春秋季集中免疫时组织194支防疫专业队1839名村级动物防疫员进行拉网式防疫,全年全市免疫家禽禽流感5865万羽,免疫牲畜口蹄疫539.13万头,免疫小反刍兽疫7.32万头,重大动物疫病应免免疫密度100%。

【生猪屠宰监管“扫雷行动”】 印发实施方案,会同食品药品监管、卫生、环保、公安、建设规划、城市执法等相关部门开展“扫雷行动”,严厉打击私屠滥宰、防止宰杀病死猪及对牲畜注入其他物质等行为,防止重大肉品安全事故发生。全年全市累计组织开展“扫雷行动”执法检查1244次,出动执法人员6556人次,捣毁私宰窝点20个;查处屠宰环节违法案件6件,其中新罗3件,连城2件,上杭1件。

【畜牧业保险】 全市收取养殖险保费4180.92万元,提供风险保障8.17亿元,其中承保能繁母猪7.21万头,承保育肥猪148.16万头,承保蛋鸡肉鸡等27万只,承保生猪价格指数9.17万头,共支付赔款3623.79万元。

（杨建新　撰稿）

水产业

【渔业养殖面积与产量】 全市渔业可养面积15488公顷,比上年下降16公顷,下降0.1%。已养面积14747公顷,水面利用率95.21%,比上年增长51公顷（其中池塘3593公顷,比上年增长23公顷;水库11154公顷,比上年增长28公顷)。水产品产量5.33万吨,比上年增长6.57%。有鳗鱼、棘胸蛙、鲟鱼特种养殖场100多家,其中鳗鱼养殖场29家,养殖面积59.33公顷,鳗鱼产量2500吨。

【渔业项目建设】 组织申报2017年度渔业项目,召开2017年度福建省设施渔业项目专家评审会。经专家评审、公示,确定新罗区何家坡库区移民农民合作社等11个项目单位实施渔业结构调整项目,下拨补助资金550万元(其中,标准化水产养殖池塘项目1个,新建标准化养殖池塘1.67公顷,补助资金6万元;普通工厂化项目7个,新建标准化养殖水体27680多平方米,补助资金349万元;封闭式循环水工厂化项目1个,新建标准化养殖水体2286平方米,补助资金135万元;休闲渔业项目2个,补助资金60万元)。

【启动“连城扁圆吻鲴资源调查与种质检测研究”项目】 利用连城县吉明鱼苗养殖场现有软硬件条件,对连城扁圆吻鲴的种质特征展开调查和研究。完成水库、河流、池塘中扁圆吻鲴各50尾鱼的生物学测定工作。布置收集不同来源的扁圆吻鲴样品,将收集到溪河和水库中的样品暂养于连城县吉明鱼苗养殖有限公司的池塘中,以备送往水科院珠江所(广州)进行水产种质检验。

【增殖放流】 全市全年开展12次增殖放流活动,投放鲢(鳙)鱼、鲤鱼、草鱼、鲫鱼、棘胸蛙、甲鱼、倒刺鲃、毛蟹等各类苗种合计236.03万尾,苗种采购资金87.52万元。除长汀县外,市本级及其他6个县（市、区）均完成年度增殖放流任务,完成比例占年度总任务的89%。

【病害防控应急体系建设】 严把病害测报质量关,优化构建病害防控应急体系,启用《全国水产养殖动植物病情测报系统》,全市设42个监测点,9个监测品种,监测点面积131.18公顷。完成7期病害测报任务,编发7期彩印版《龙岩市水产病害监测与预报》。借助“福建省水产技术信息服务手机短信平台”发送预警预报5条短信,累计1万余条次。

【重点水环境监测】 继续在万安、白沙和棉花滩水库开展环境监测工作,设置17个监测站点,每月10日各开展1次监测工作,其中,4月和9月分别开展1次趋势性监测工作,并参与承担趋势性指标的实验室检测任务。全年完成11次重点养殖水域渔业水环境监测与预警和2次趋势性监测工作,刊发3期彩印版《龙岩市重点渔业水域水环境质量状况通报》。以公文形式下发预警预报文件2次,借助“福建省水产技术信息服务手机短信平台”发送15条预警预报短信,累计3万余条次。为有效应对水质异常情况，新罗区开展应急监测15次，发送预警预报短信2300余条，下发预警预报文件3次，累计出动应急监测人员120人次，累计投入应急监测经费近1万元。

【水产品无公害产地认定与产品认证】 2017年，有5家水产养殖企业获得无公害农产品产地认定，5个产品获得无公害农产品认证。至年底，全市累计创建水产无公害产地27家（有效期内14家），认证无公害产品15个。创建“农业部水产健康养殖示范场”单位18家。

【休闲渔业】 全市休闲渔业经营主体57家，从业人数507人，接待人数76.89万人次，休闲渔业产值5198.5万元。

（杨建新　撰稿）

水　利

【概况】 2017年，全市水利完成投资38.5亿元(其中重大水利项目24.96亿元，面上水利项目13.54亿元)，占年度任务37.88亿元的101.6%。根据市政府水利项目调度会议要求，提出不断完善“谋划一批、储备一批、开工一批、续建一批、完工一批”的五个一批的要求，不断完善项目推进机制。全市谋划项目135个，总投资77.12亿元；储备项目44个，总投资48.5亿元；开工15个，完成投资2.1亿元；续建项目45个，完成投资9.4亿元；完工项目89个，已完工53个，完成投资9.69亿元。

【重大水利项目】 79个重大水利项目迅速推进，新开工22个、建成或部分建成11个，重大水利项目完成投资25.18亿元。长汀县荣丰水库大坝封顶、新罗区坪坑水库主体工程开工、连城县福地水库完成前期并开工建设、万安溪引水工程批复可研、漳平市综合治水试验县全面开工。

有序推进重大水利项目前期。龙岩市万安溪引水工程可研报告被批复；富溪一级水库通过省水利厅审查并初步通过太湖局核准；连城县福地水库开工建设；连城县永丰水库和武平县百把寨水库通过省水利厅初审；长汀县庵杰水库建设方案基本确定；漳平市城区湖库水系连通及生态补水开工建设；连城县城区防洪排涝(高水高排)项目可研报告通过审查。

【民生水利项目】 17类面上水利民生项目完成投资13.18亿元。治理水土流失面积3.2万公顷；农村饮水安全工程惠及人口3.5万人；对建档立卡贫困人口实行燃料补贴，实现水土流失治理与脱贫攻坚战役有机结合。

【综合治水试验】 漳平市竞争立项首批全省综合治水试验县，成功对接建设项目9个，项目总投资5.36亿元，城区水系连通工程高水高排项目及生态补水项目理念提升，采取PPP方式承建，有效拓宽水利投资渠道。

【水利融资】 争取中央预算内资金1.769亿元、中央财政资金4.474亿元、省级资金1.7亿元，烟草资金估计2亿元，市本级资金0.4亿元，合计10.343亿元。省水投集团与武平县、漳平市签订框架合作协议，连城县福地水库成为全省水库类首个开工项目。

【水生态文明建设】 重点提升汀江、九龙江、闽江流域水质优良比例，强化最严格水资源管理。建立汀江——韩江跨省流域生态保护补偿机制，开展长汀县全国生态文明示范工程试点，全面启动河道岸线及河岸生态保护蓝线划定工作，开展汀江、九龙江、闽江河段规划编制。做好“三条红线”考核，水资源消耗总量和强度双控行动和第三次全国水资源调查评价，全市“十二五”期间实行最严格水资源管理考核结果为优秀，受到省政府办公厅的表彰。全面加强水行政执法监管力度。建立水资源承载能力监测预警机制，加强河湖跨界断面、主要交汇处、重点水域和水功能区水量水质水环境监测，全面完成所有县域水资源承载能力评价工作，全市用水总量控制、纳污能力控制、用水效率控制“三条红线”达到预期目标，并通过国家抽查考核。全年全市增加监测点数9个，年度达标率88.2%。

【河长制工作】 全面推行河长制工作。建立市、县、乡、村四级河长体系，市级由市委书记担任第一总河长，市长担任总河长，市政府3位副市长分别担任闽江流域(龙岩段)、汀江(含梅江、赣江)流域、九龙江流域（龙岩段）河长；县(市、区)、乡(镇)、村均设立相应河长。全市设立各级河长2554名，其中，各级总河长281名，各级分级河长或河段长398名，村级河长1875名。通过定期召开联席会议，加大资金投入，建立信息平台，健全各项工作制度，强化工作考核问责，确保全市河长制工作有序开展。全力推进河道综合整治。全市在编制一河一档一策基础上，做好督查检查工作，全面推进垃圾、污水等整治工作，完成129.76公里，完成率106.6%；完成16个乡(镇)污水处理设施建设；完成永定、漳平、连城污泥处置工程；提前一年完成中心城区11条黑臭水体的整治任务。不断加强河道整治与保洁工作。市、县共开展联合执法98次，清理违章建筑10处，弃土弃渣14处，清理洗砂制砂9处。养殖业及农业面源污染得到根本性治理，全市关闭拆除禁养区猪场7143户，完成率100%。努力提升水环境质量。加强对“十小”企业的监管，大力开展综合整治，着力强化小流域整治，严控水电站生态下泄流量，全面完成中央环保督察提出的22座水电站下泄流量监控数据缺失和传输不稳定问题整改，全市水环境质量明显改善。加强河道专管员队伍建设。通过出台制度明确河道专管员职责，规范人员选聘、经费投入及考核奖惩等有关工作，按保护管理全域化的要求配齐配足河道专管员，配置河道专管员1649人、覆盖1875个村(居)所有河流，实现全覆盖。完善工作机制。实行“双河长制”，推进河长工作党政同责，并建立工作清单和问题销号制度，制定奖励政策鼓励群众参与治水活动，在全省率先建立“河道警长制”，专门配置市、县公安局和乡(镇、街道)派出所三级“河道警长”，实现“河道警长”与“河长”全配套。打造小流域治理样板。将龙岩中心城区的小溪河作为小流域治理样板，形成“以市河长办总牵头，县(市、区)、乡(镇)、村各级河长和市、县(市、区)、乡(镇)各有关部门齐抓共管”的可复制、可推广的重点流域治理模式。

【防汛减灾工作】 2017年，全市暴雨、强对流天气频发，在强降雨和“泰利”“天鸽”“海棠”等台风影响期间，在深化“预警到乡、预案到村、责任到人”的做法基础上，提出领导干部靠前指挥、精准预报会商、强化预警指挥、突出重点防范、提前转移避险、强化宣传培训、抢险部队提前预置、效能督查联动等8项工作机制。新建成统一平台龙岩市防汛(水利)大联勤系统，实现系统在计算机、手机同步对雨情、水情、风情等所有监控预警等6项功能，有效提升基层防汛应急反应能力。在全省率先出台《关于在我市行政村设立防汛信息员的实施意见(试行)》和《关于规范与加强我市防汛预警铜锣锣长设立和管理的实施意见（试行)》等基层防汛规范性文件，上杭县率先出台防汛物资补助办法，对全县乡(镇)购买防汛设施设备按照50%的标准进行资金补助，有效解决乡(镇)防汛物资，特别是大宗物资购买难的问题。全年全市在防汛减灾工作中未出现人员伤亡。

【水土流失综合治理】 水土流失综合治理继续被列为生态环保攻坚战役重要工程和省、市为民办实事项目之一，全市完成水土流失治理3.2万公顷，占全年任务2.67万公顷的120%，完成投资4.49亿元，占计划总投资4.13亿元的109%。长汀县南方水土流失治理被列为全国推广典型案例。国务院副总理汪洋在1月6日《福建信息》(第八期)“打造长汀经验升级版建设生态文明先行示范区”上作出新的批示，要求进一步总结提炼可复制、可推广的长汀生态建设经验，推动全国生态建设工作迈上新台阶。长汀水土流失治理在《将改革进行到底》专题片中长达3分钟镜头，中央环保督察组认为创造了“长汀经验”。4月28日，长汀县水土保持事业局获得“全国五一劳动奖状”表彰，是福建省3个获奖单位之一。长汀县南方水土流失治理被国家发改委认定为全国生态保护与建设示范区典型案例并在全国推广。创建全国水土保持生态文明综合治理工程全省第一。继长汀之后，3月13日，上杭县被水利部正式命名为国家水土保持生态文明综合治理工程；10月27日，永定区创建国家水土保持生态文明综合治理工程通过省水利厅初评。不断深化水土流失治理机制改革。针对先前燃料补贴对象不够精准、地方配套资金难以筹措等问题，3月1日，市政府率先在全省出台《关于进一步完善水土流失区建档立卡贫困对象燃料补贴政策的通知》，从2016—2020年，市财政每年对全市水土流失率15%以上(长连武扶贫开发实验区和少数民族乡镇放宽至水土流失率10%以上)的17个乡(镇)建档立卡贫困对象实行燃料补贴，每个贫困人口每年补贴200元，市、县各补50%，实现水土流失治理与脱贫攻坚战役有机统一。

（市水利局　撰稿）

库区移民开发

【水库移民后期扶持(扶助)项目】 全市有32座大中型水库、449座小型水库，涉及7个县（市、区)116个乡(镇)460个村，移民人口126697人。水库移民后期扶持(扶助)项目226个、投资9618.4万元。在武平和长汀县持续开展移民创业贴息贷款试点，贴息62万元。在武平县实施光伏发电项目，投入306万元资金。

【库区移民脱贫攻坚】 采取按全省统一补助标准进行项目扶持的普惠政策和贷款贴息、技能培训、就学补助等特惠政策相结合的方式，实施库区移民精准脱贫。落实101.7万元资金帮助1000名大中型水库贫困移民，其中989人如期实现脱贫。

上杭紫金矿山污水处理设施

【库区移民乡村环境综合整治】 参见“新农村建设”篇“库区移民乡村环境综合整治”条目。

【库区移民安置】 指导、协调、服务拟建(在建)水利水电工程建设移民安置工作。签订长汀县荣丰水库移民搬迁安置协议103户433人，完成101户移民房屋主体工程建设，搬迁安置95户移民。完成连城福地水库128户478人移民安置规划编制、淹没实物调查、安置点选址、补偿标准确定及移民安置规划审查审批相关工作。在武平县开展大中型水库移民避险解困搬迁安置试点工作，159户570人年底前完成搬迁入住。

【库区移民矛盾纠纷调处】 深化平安库区建设。全年市本级移民到信2件，到访3批次3人，排查化解移民矛盾纠纷9件。全市库区总体安定稳定。

【库区移民就业培训】 全年投入206.95万元为879名移民提供大货车驾驶、小车驾驶、家政、电子商务等职业技能培训，不断提高移民群众职业技能。

（曾月鸿　撰稿）

农业机械

【概况】 全市水稻机耕作业面积13.90万公顷，比上年增加0.53%；机收作业面积7.07万公顷，比上年增加36.41%；机插作业面积2.995万公顷，比上年增加13.78%。全市水稻耕种收综合机械化水平60.68%，比上年提高6.79个百分点。

【农机购置补贴】 全年使用农机购置补贴资金1353.9万元，补贴机具6653台(套)，受益农户5133户。

【农机专业合作社】 全市正式注册的农机专业合作社116家，比上年增加23家，增长24.73%。2016—2017年，全市创建国家级农机合作社示范社1家，省级农机合作社示范社13家。全市有8个农机专业合作社承担省级水稻生产全程机械化示范基地项目建设任务，项目补助资金320万元。

【农机化技术培训】 全年培训各类农机人员2624人。其中，新型职业农民培训752人（水稻生产全程机械化培训609人、收割机驾驶员143人)，拖拉机驾驶员培训93人，农机操作手培训1211人。

【农机安全监理】 以每月5日集中检查日、半年工作检查、定时不定时地开展农机安全生产大排查大整治与大检查，全市派出检查组180个，检查人员690人次，检查单位和场所251场次，排查农机安全生产隐患24处。农机部门参与联合执法行动68次，参加检查人员451人次，其中，查处无牌拖拉机15台，逾期未检拖拉机39台，非法改拼装拖拉机13台，无证驾驶18起，违法载人6起。

（杨建新　撰稿）

10 新农村建设

编辑：饶晓艳

美丽乡村建设

【概况】 2017年，全市列入省级“千村整治、百村示范”项目实施122个村(其中示范村15个)，计划投资32亿元，完成投资40亿元，完成年度计划125%。围绕“五清楚”(扫清楚、分清楚、摆清楚、拆清楚、粉清楚)和“六个化”(卫生洁化、道路硬化、河道净化、路灯亮化、建筑美化、房前屋后绿化)，年度新增垃圾转运处理能力167.1吨/天，新建改造三格化粪池29083户，新增绿化面积34432平方米，拆除临时搭盖建筑面积85548平方米，整治裸房848栋。

【农村危房改造】 全市“十三五”期间计划完成农村危房改造20994户。2017年，省下达龙岩市开工农村危房项目6188户，年度竣工2445户工作任务，至12月底，全面开工建设，年度竣工4770户，年度竣工率195.4%，完成投资15472.3万元，以修缮加固为主，完成省下达危房改造任务。上杭县危房改造力度大，在上级每户补助0.92万元的基础上，县财配套每户补助2万元，并与推广农村示范房建设结合起来。

【乡(镇)污水垃圾处理设施建设】 2017年，全市计划投资52266万元，开展59个乡(镇)污水处理设施建设。至12月底，累计完成投资69400万元，占计划投资132.78%，竣工项目29个，在建项目25个，处于前期阶段5个(连城县5个)。省级下达建成16个乡(镇)污水处理设施建设任务，全部竣工。计划投资5055万元，完成40个乡(镇)垃圾中转站建设，至12月底，累计完成投资5228万元，占投资计划的103.42%，其中，新罗区、上杭县、武平县、长汀县、连城县均完成投资任务，漳平市完成96.47%、永定区完成97.5%；全市乡(镇)垃圾中转站项目完工38个，在建2个，分别为永定区岐岭乡和漳平市永福镇。

【传统村落保护】 新罗区竹贯村和永定区初溪村列入2017年省级重点扶持历史文化名镇名村提升项目，计划投资1900万元，完成21个项目，完成投资2105万元，占计划投资110.8%；投入800万元维修78处古民居古建筑；指导全市传统村落保护开发工作。加强历史建筑普查、定线落图与挂牌建档工作。委托厦门理工学院进行全市历史建筑普查，7290栋历史建筑和152个风貌区列入普查。各县(市、区)历史建筑经镇(街道)初审，县(市、区)住建局、文广新局等部门审查后报县(市、区)政府同意，公布历史建筑351处；继续推进历史建筑定线落图工作。永定区高陂镇西陂村列入2017年国家300万元项目补助；8个传统村落拟列入2018年国家项目补助；永定区陈东乡岩太村、上杭县中都镇兴坊村、长汀县南山镇中复村列入2018年省级重点扶持历史文化名镇名村提升项目，每个村补助500万元。40个村列入第二批省级传统村落名单；组织45个村庄申报第五批中国传统村落工作。

【特色小镇培育建设】 加快特色小镇申报培育工作。永定区湖坑镇被列入第二批国家级特色小镇，长汀县河田鸡小镇和武平县岩前新显小镇被列入省级第二批特色小镇，市级新增8个特色小镇创建名单，累计有国家级、省级、市级特色小镇11个。给予市级小镇每个镇500万—1500万元的以奖代补资金，并提供技术和业务支持；红色小镇古田镇、花香小镇永福镇和草药小镇培田村完成创建规划评审工作。至12月底，古田镇完成投资6.17亿元，完成计划投资4.2亿元的146.9%，草药小镇培田村完成投资5.47亿元，完成计划投资4.8亿元的112.1%；漳平市永福镇完成投资8.65亿元，完成计划投资7.05亿元的122%。市级组织实施8个特色小镇建设工程包有序推进，计划完成投资6.13亿，至12月底，完成投资额9.7亿，完成158.24%。各县(市、区)积极培育策划不同类型特色小镇，如高陂专用车小镇、朋口兰花小镇、南洋水仙小镇、下洋客家美食小镇、培斜电商小镇、江山文旅小镇、培丰福能绿色小镇等。

【村镇住宅小区建设】 因地制宜，结合农村实际，建设产业带动型、新村建设型、旧村整治型、传统村落型、历史文化保护型、生态宜居型、乡村旅游型等形式多样、风格不同的住宅小区，增强村镇承载力和竞争力。连城县文亨镇福地住宅小区、漳平市南洋镇红林住宅小区、吾祠乡吾祠村后隔洋住宅小区被列入第十九批省级村镇住宅小区建设试点；新罗区雁石镇益坑村和适中镇蓝田村被列入第十一批省级村镇住宅优秀小区建设试点；雁石镇益坑村有3户建房户被列入首批村镇住宅示范房名单。累计有60个小区被列为省级村镇建设试点，其中14个小区被列为省级村镇住宅优秀小区，涌现出如洋畲、培斜、黄地、培田、益坑等美丽乡村建设典型。

(市住建局　供稿)

村镇规划建设

【特色小镇和美丽乡村规划】 2017年，龙岩市城乡规划局完成《古田特色小镇三年行动计划》《长汀新桥镇和河田镇新型城镇化重点镇近期建设规划》等评审稿；召开上杭县庐丰、官庄畲族乡规划方案，上杭县南阳镇核心区控规及道路工程、景观风貌、公共服务、污水工程等4个专项规划评审工作；开展《武平环梁野山城乡一体化总体规划》及环梁野山“五村一体”村庄规划方案比选，积极推进武平县县域乡村规划试点工作以及武平武东镇张畲村、五坊村等4个乡村规划试点编制工作，完成永定区下洋镇觉川村、大溪乡莒溪村、湖山乡桂坪村、岐岭乡龙湖村等4个美丽乡村行动规划的规划篇章部分。

【历史建筑公布与保护】 有序推进历史建筑保护工作，全市7个县(市、区)完成公布第一批历史建筑395处。

农村保障

【提高农村低保标准】 从1月起，龙岩市各县(市、区)农村低保标准由现行的与国定扶贫标准接轨(家庭年人均收入3210元)提高到省定扶贫标准以上，其中，新罗区提高到家庭年人均收入4800元(每人每月400元)，人均月补助水平相应提高到不低于240元；永定、上杭、武平、长汀、连城、漳平等6县(市、区)提高到家庭年人均收入3960元(每人每月330元)，人均月补助水平相应提高到不低于220元。农村低保所需资金除省级财政补助外，新罗区按市区财政体制分担，其他县(市、区)由当地政府解决。

【实行城乡居民医保“六统一”】 出台《城乡居民基本医疗保障制度市级统筹实施办法》，明确在城镇职工医保、城镇居民医保及新农合医保“三保合一”的基础上，实现城乡居民医保覆盖范围、筹资政策、保障待遇、医保目录、定点管理和基金管理“六统一”。

从7月1日起，龙岩市将原新农合与城镇居民医保信息系统、医疗救助信息系统整合改造，建立统一的医疗保障信息服务平台，城乡居民医保基金实行市级统筹和财政专户管理；城乡居民大病保险与城乡居民医保同步实行市级统筹，报销比例不低于50%，每人每年最高支付限额20万元。扩大参保范围，规范缴费标准，统一医疗待遇，参保居民普通门诊统筹，封顶线由200元调高至300元；提高门诊特殊病种支付待遇，严重精神障碍患者在全市精神专科医院就诊和结核病患者在县级定点医院就诊均不设起付线，高血压、糖尿病特殊门诊报销封顶线从1000元分别提高至1300元、1500元；住院报销实行差别支付，各级中医专科医院报销比例增加5个百分点。

【“三农”综合保险】 “三农”综合保险不断完善，增加到17个险种，涵盖农民生产生活各个方面。市、县两级财政对参保农户实行补贴，农业产业险补助30%，其他险种补助20%。2017年全市农村实现保费收入4287万元，支付赔款2737万元，全市平均承保率76%。

村庄整治

【农村家园清洁行动】 在新一轮农村家园清洁三年行动中，市财政2017年安排专项经费2300万元。建立“村收集、镇转运、县处理”的工作目标和年度目标。年度计划完成380个行政村的常态化机制建设工作，至12月底，全面完成任务。同时，加强宣传，进一步提高农村保洁村民缴费比例，建立村庄环境卫生常态化机制。

【库区移民乡村环境综合整治】 深化移民乡村环境综合整治行动，加快建设宜居宜业的美丽移民乡村。全年投资3273.88万元，推进、巩固、提升大中型水库移民村环境综合整治。

(市住建局　供稿)

农村改革

【农业供给侧结构性改革】 突出供给侧“调结构、提品质、降成本、补短板、促融合、可持续”六项重点任务，着力优化农业资源要素配置，转变农业发展方式，调整产业结构。巩固提升粮食产能。全年粮食播种面积12.93万公顷，总产

81.93 万吨。做强优势特色种植产业，推进畜牧、蔬菜、水果、茶业、薯业等重点产业和闽西“八大干”“八大珍”“八大鲜”发展。主要种植业农产品均保持稳中有增，全市蔬菜产量 133.63 万吨，比增 1.74%；茶叶 2.1 万吨，比增 5.06%；水果 33.93 万吨，比增 21.33%；食用菌 4.39 万吨，比增 6.3%；全市“八大珍鲜”产值 32.74 亿元，比增 15%；加强“三品一标”认证，新获无公害认证农产品 115 个，绿色食品 30 个，地理保护标志 12 个，全市有效用标认证农产品累计 314 个，位居全省第二。减量提质发展牧渔业。全年生猪出栏 450.23 万头，出栏量比减 9.81%。家禽出笼 15598.95 万羽，比增 18.77%；肉兔出栏 328.76 万只，比增 4.25%。水产品产量 5.33 万吨，比增 6.57%。促进农业一、二、三产融合发展。以田园山水游、农事体验游等为特点农旅结合加快发展，全市休闲农业经营主体 804 个（农家乐 500 个、休闲观光农园（庄）304 个），从业人数 16837 人，带动农户数 29926 户，接待游客 810 万人次，营业收入 8.18 亿元。

【启动农村集体资产产权制度改革试点】 12 月，全市启动农村集体资产产权制度改革试点，新罗区、永定区、漳平市列入国家级试点，武平县列入省级试点，长汀县、上杭县、连城县各选择 2 个不同类型的乡镇列入市级试点。

【农村土地承包经营权确权登记颁证工作】 全市完成权属调查的村 1834 个，占总数的 100%；完成审核公示的村 1831 个，占总数的 99.8%；完成合同签订的村 1824 个，占总数的 99.5%。

【新型农业经营主体建设】 市财政安排 1000 万元扶持农业产业化信息化发展，全市新认定市级农业产业化龙头企业 19 家（其中示范企业 13 家），全市现有国家级龙头企业 2 家、省级龙头企业 46 家、市级龙头企业 145 家；新增市级家庭农场示范场 40 家；新增市级农民专业合作社示范社 56 家。加快新型职业农民培育，培训从事农业生产的劳动力 2912 名，颁证认定新型职业农民 1735 人，引导扶持 110 名大中专生回乡从事农业创业。

【推进适度规模经营】 进一步完善农村土地流转服务平台，促进土地流转。至年底，全市耕地流转面积 5.76 万公顷，流转比例 46.6%，连片流转耕地在 10 亩以上 3.48 万公顷，占耕地流转总面积的 60.5%，农村土地流转比率继续居全省前列。

【林业改革】 参见“农业经济”篇“林业改革”条目。

【林权制度改革】 参见“农业经济”篇“林权制度改革”条目。

（杨建新　叶炜泉　撰稿）

农村人力资源开发

【新型职业农民培训】 制定下发《2017 龙岩市新型职业农民培育工作实施方案》，灵活运用“学校授课+基地实习”“田间培训+生产指导”等形式，增强培训针对性和实用性。全年完成培训 2912 人（其中完成生产经营型培训 2163 人，完成专业技能型培训 749 人），占省下达任务的 102.2%；颁证认定 1735 人，占任务数的 165.2%。选送 315 名新型职业农民免费参加大专学历教育，选派 92 人参加“现代青年农场主”培训。

【新型职业农民政策扶持】 全年引导扶持 110 名大中专生投资 4914 万元回乡从事农业创业，扶持 212 户农业“五新”示范户“传帮带”2145 人，培育 20 名大中专生农业创业典型与农业五新示范典型。7 个县（市、区）组建农业规模经营担保基金 5200 万元，为颁证认定的新型职业农民提供担保贷款 476 笔 2969.71 万元，开展贷款贴息 452 人 538.19 万元。同时，农业部门与农业银行合作，为 2016 年以来颁证认定的新型职业农民提供低利息、免抵押、无担保的“金穗快农贷”，授信 500 余人 5000 余万元。

（杨建新　撰稿）

11

工业经济

编辑　上官克盈

综　　述

【概况】 2017年以来，面对复杂严峻的经济形势，全市工业系统围绕推进供给侧结构性改革，深入实施“产业兴市”发展战略，打好项目落地攻坚战役，着力稳增长、调结构、促转型。全市实现全部工业增加值901亿元，比增7.6%，对全市GDP增长的贡献率为38.6%。

工业生产。全市实现规模以上工业增加值632.5亿元，比增8.1%，比上年提升0.7个百分点，高于全省平均0.1个百分点，居全省第5位。各县(市、区)规模以上工业增加值增速依次为：上杭县9.6%，连城县9.5%，漳平市9.3%，武平县、长汀县8.9%，新罗区7.3%，永定区7.1%，龙岩经开区2.4%。

工业用电。全市工业用电量80亿千瓦时，比增6.7%，比上年提升8.8个百分点。公路货运量、铁路货运量分别比上年提升4.8、6.8个百分点。工价指数连续15个月处于上升趋势，全市PPI累计上涨5.9%。

转型升级。企业增长面扩大。全市1234家规模以上工业企业中，产值实现正增长的有984家，实现产值2235.7亿元，比增27.1%，企业增长面79.7%，比上年提高5.5个百分点。其中，两位数增长的企业有765家，实现产值1693.6亿元，比增37.2%，企业数占比62.0%；个位数增长的企业有219家，实现产值542.1亿元，比增3.4%，企业数占比17.7%。主导产业较快增长。2017年，机械制造、有色金属2个工业主导产业实现产值935.5亿元，比增24.0%，比全市产值增速快6.2个百分点。新动能加速成长。2017年，光电新材料、医药2个新兴产业实现产值133.5亿元，比增23.2%，比全市产值增速快5.4个百分点；高技术产业实现增加值27.6亿元，比增27.7%，比全市增加值增速快19.6个百分点。

企业效益。全市规模以上工业企业实现主营收入2344.5亿元，比增19.4%；实现利润总额122.2亿元、税金总额159.3亿元，分别比增80.7%和7.6%；企业亏损面为4.8%，比降2.3个百分点，亏损额为8.5亿元(亏损额主要集中在汽车制造业3.26亿元、电力/热力生产和供应业2.62亿元)，比降68.2%；经济效益综合指数377.8%，比上年上升63.7个百分点，比全省高66.1个百分点，连续7个月居全省首位。

【帮扶企业】 出台“工业15条”“推动工业加快发展21条”“促进军民融合8条”等系列政策，实施九大重点工业产业发展行动计划、工业增产增效奖励、正向激励等措施。通过广播电台、报纸刊物等多渠道、多形式拓宽政策宣传面，确保企业知晓、用好各项惠企政策。各地相继出台配套政策，打好政策“组合拳”。“一企一策”深入推进，2017年，市政府与6家工业企业签订“一企一策”备忘录。实施“成长型中小微工业企业培育计划”，丰晟科技、冠睿电子等165家成长型企业实现产值179.7亿元、增长53.8%。加强政银企担合作，举办产融合作对接会，22家工业企业新增贷款签约额达27.4亿元，兑现率85%以上。完善政策性融资担保和应急还贷资金体系建设，全年为中小微企业提供90.7亿元贷款担保，225家企业共获应急还贷资金扶持34.8亿元。开展应急产业产销对接“手拉手”活动，现场签订23个合作协议、合同金额67亿元。推荐79家企业百余种产品列入第二批省工业产品推荐目录。工业企业产品产销率98.8%，比增1个百分点。龙岩市中小企业服务中心被评为“国家中小企业公共服务示范平台”，全年举办企业管理提升培训27场，约2500人参加培训。

【工业项目建设】 全年完成工业投资1134.6亿元，比增17.1%，居全省第三位；技改投资704.8亿元，比增11.7%，居全省第四位。建立领导挂钩重点产业项目和“一月一协调、一季一督查”推进机制。222个工业科技领域项目完成投资623亿元，实现开工建设项目88个，建成或部分投产项目110个。其中，30个“重中之重”产业项目完成投资112.7亿元，实现投产或部分投产项目9个。紫金铜业物料回收、金龙稀土高性能永磁元器件、太阳电缆海洋电缆系列产品、龙工“四轮一带”等项目投产，龙马环卫扩建、侨龙智能液压系统及应急排水装备等项目有序推进。103个市重点技改项目完成投资174.5亿元，其中开工项目51个，投产项目47个。天守超纤、威而特机械等9家企业获得省技改基金支持。全市新签约民企招商项目175个，总投资507亿元，超额完成年度任务。其中，工业招商引资项目150个，占86.1%；投资超10亿元的工业项目22个，总投资362.6亿元。上杭紫金铜业铜冶炼挖潜增效、永定鑫竹海竹缠绕复合管等5个项目于全省民营企业项目对接会上完成签约。

【融合发展】 军民融合持续深化。成功创建国家级军民融合产业示范基地。与海军装备部建立常态工作机制。成功举办“8.23中国电科走进闽西携手军民融合发展项目对接活动”。全年累计与部队、军工企业签订合作项目62个，总投资129.3亿元；续建、新开工项目30个，完成年度投资36.5亿元；民品参军销售额突破17.6亿元。制造业与互联网融合加快推进。7家企业通过国家两化融合管理体系贯标认证，96个项目列入省级两化融合重点投资项目库，8家企业列入市级两化融合示范企业。紫金铜业、世能科泰被认定为省级智能制造试点示范企业，紫金铜业智能工厂项目获评省智能制造样板工厂。龙净环保“EPM型电风拦截除尘除雾一体化装置”被认定为国内首台（套）技术装备，亿钻机械“YZ360水平定向钻机”被认定为省内首台（套）技术装备。生产性服务业加快发展。出台“服务型制造三年行动计划”“现代物流业三年行动计划”等政策措施，引导企业实施主辅分离，推广龙马环卫“制造+服务”发展模式。新培育1家国家级（龙马环卫）、4家省级服务型制造示范企业。龙岩公路港物流园等5个现代物流项目列入省级生产性服务业重点项目。龙岩陆地港被列为省级示范物流园区。创新体系建设不断加强。引导企业建立完善研发机构，增强新产品研发能力，提高产品市场竞争力。龙净环保获批工信部制造业单项冠军，新增省级单项冠军企业3家、冠军产品2个。新认定省级企业技术中心4家、市级企业技术中心6家。开展工业企业质量标杆和品牌培育示范工作，紫金矿业获得省级质量标杆；连城健尔聪、漳平国联认定为省品牌培育试点企业。正大、晋龙通过食品工业诚信管理体系建设。万腾车桥、天泉药业、龙合智能等16家企业认定为省级“专精特新”中小企业。“6·18”实现技术成果对接项目32个。

【供给侧改革】 积极化解落后过剩产能。全面摸底排查，完成20处煤矿关闭验收，化解过剩产能136万吨。关停91家石材加工企业。淘汰9家石灰窑企业。取缔非法机砖生产企业31家，停电停产淘汰类机砖企业37家。持续推进降本减负。落实各项税收优惠政策，执行电力直接交易、铁合金弃水期电价政策，扎实推进清理规范涉企保证金、涉企经营服务性收费等工作，全市降低企业成本减轻企业负担约22亿元。大力推动绿色发展。全市淘汰建成区10蒸吨及以下燃煤锅炉127台。实施节能与循环经济重点工程项目18个，年可节约标煤约1万吨。龙雁经济开发区、蛟洋工业园区获批省循环经济示范园区。华润水泥等15家企业入选省循环经济示范试点企业。紫金铜业获工信部绿色工厂称号。瓮福紫金成功申报国家绿色制造系统集成项目。开展22家重点用能企业节能监察工作。配合完成11家企业清洁生产验收、27家企业清洁生产审核评估。认真落实安全发展。全年排查治理各类行业问题隐患137处。民爆物品企业安全生产标准化建设扎实推进，所有企业均实现达标优秀级。海峡科化“SGR-FL型乳化炸药生产系统”通过工信部科技成果鉴定。

重点产业

机械产业

【概况】 2017年，全市机械装备工业实现平稳健康发展，新能源汽车、专用汽车、装载机等主要机械产品产销量再创新高，行业经济效益增速明显，龙工机械、龙马环卫等骨干龙头企业发展势头强劲。2017年全市拥有规模以上机械装备制造企业176家（快报数，其中产值超5亿元企业8家），占全市14.3%，实现产值335.2亿元，比增9.8%，占全市工业产值13.7%；实现营业收入318.8亿元，占全市工业营业收入比重13.6%；利润总额19.27亿元，占全市工业利润比重15.8%；税金总额7.5亿元，占全市工业税金比重4.7%；比重逐年稳步提升，机械装备制造业正成为全市工业经济加快转型升级、实现跨越发展的重要抓手。

【特色集群】 汽车方面。全市拥有整车企业1家、公告内专用车生产企业10家（本年度新增1家），配件企业100多家，是全省三大汽车产业基地之一。产品包括多用途乘用车、客车、专用车和载货汽车产品，以及发动机、变速箱、车桥、轴承、皮带轮等200多种零部件产品。全年全市累计生产各类汽车20555辆，比增25.9%，实现产值90.5亿元，比增14%。环保机械方面。全市现有环保装备制造及配套企业50多家。已基本形成了以龙净环保、龙马环卫为龙头的大气污染治理环保装备和环卫装备制造产业雏形，在除尘、干法脱硫等方面的生产技术居国内领先地位，成功地开发出一系列具有国际水平的拳头产品，产品销量连续多年名列全国同行业第一，远销全球40余个国家。全年全市环保装备产业实现产值约120亿元。工程机械方面。全市拥有工程机械整机及关键配套企业30余家，全年全市工程机械产业实现产值约80亿元。产品涵盖挖掘机、装载机、叉车、矿山机械、农用机械等整机，以及车桥、变速箱、轮胎、液压油缸、齿轮泵阀、精密铸锻件等零部件，是全国重要的工程机械生产基地之一，龙工装载机产销量稳居同行业首位，是国内唯一一家装载机销量超过万台的企业，2017年龙工抢抓工程机械行业回暖的发展机遇，早谋划、早布局、抢占市场先机，各业务板块均得到大幅提升。

【新能源汽车推广应用】 2017年，全市推广各类新能源汽车共1069辆，为2016年推广数量的10.9倍。其中，纯电动封闭式物流专用车887辆（新龙马867辆、蓝速牌20辆）、纯电动城市公交车104辆（金旅100辆、新龙马4辆）；新能源轿车70辆；纯电动环卫车1辆（龙马环卫）；其他新能源小型客车7辆。

【第八届海峡两岸机械博览会】 2017年11月8—10日，由中国机械工业联合会主办，龙岩市人民政府承办的第八届海峡两岸机械产业博览会暨第十届中国龙岩投资项目洽谈会在龙岩开幕。当天上午，60个项目举行集中签约仪式，总投资243亿元。此次博览会以“两岸机械合作，促进发展共赢”为主题，展览展示面积2.4万平方米，现场设“产业发展”“工程和环卫机械”“军民融合和应急装备”“专用车”“智能制造”“配件”“台湾机械”“综合”八大展区，吸引来自海峡两岸的300余家机械及产业相关企业参展。

【智能制造模式】 紫金铜业有限公司、福建省世能科泰节能设备有限公司被认定为2017年度福建省智能制造试点示范企业；福建紫金铜业有限公司智能工厂项目被省经信委认定为2017年度智能制造样板工厂（车间）示范项目。

【品牌建设及研发能力建设】 2017年，全市机械产业新增国家服务型制造示范企业1家（龙马环卫）、省级服务型制造示范企业3家新增省级重点实验室2家、省级企业技术中心2家。龙净环保被国家工信部评为制造业单项冠军企业。全市机械装备制造业拥有中国驰名商标1个，福建省著名商标38个、福建省名牌产品22个，高新技术企业38家。大流量排水抢险车、垂直供排水抢险车等7个产品填补了国内外市场空白，总体技术指标及性能达到国际领先水平，下水道疏通清洗车、抢险救援照明车、清洗扫路车、盘式转向驱动桥等38个产品技术达到国际领先或国内先进水平。全市机械装备制造业拥有国家地方联合研究中心（实验室）1家、省级重点实验室3家、省级以上工程研究中心（实验室）3家、国家级企业技术中心3家、省级企业技术中心13家、市级企业技术中心64家。

有色金属

【概况】 2017年，全市有色金属产业完成产值603.4亿元，比增 33.6%。其中金铜产业完成产值523.3亿元，比增30.5%；稀土产业完成产值80.1亿元，比增66.4%。全市规模以上有色金属企业29家，产值亿元以上企业18家，年产值超过100亿元企业2家，50亿元—100亿元企业1家，10亿元—100亿元企业4家，5亿元—10亿元企业2家。

【主要产品产量】 黄金98.6吨，同比增长28.4%；白银314吨，同比增长11.8%；电解铜31.9万吨，同比减少3.3%；稀土氧化物2649.1吨，比增30.0%；稀土金属2417.1吨，比增112.7%。

【龙头企业拉动增长】 得益于新投产项目的支撑及有色金属产品价格的上涨，2017年以来有色金属发展迅猛，紫金铜业有限公司、紫金矿业集团黄金冶炼有限公司、福建紫金铜业有限公司、

上杭太阳铜业船用电缆及数据缆生产项目

福建上杭太阳铜业有限公司、长汀金龙稀土等龙头企业产值增长率均20%以上，拉动作用明显。

【项目建设进展】 新签约项目9个。年产22万吨低氧铜杆生产项目、年冶炼11万吨废杂铜项目、高性能铜合金与节能技术改造项目、年产800万平方米装饰石膏板项目(二期)、磁钢机加工生产线项目、介电陶瓷钛酸钡粉体项目、热转印稀土新材料生产项目、钐钴永磁材料项目、闪烁及激光晶体军民融合生产线项目；开工项目2个。22万吨低氧铜杆生产项目、高性能铜合金与节能技术改造项目、磁钢机加工生产线项目、智能环保清污设备生产项目、介电陶瓷钛酸钡粉体项目、石油催化裂化催化剂项目、热转印稀土新材料生产项目；竣工项目4个。太阳电缆海洋电缆系列产品生产项目、高性能钕铁硼稀土永磁元器件项目、磁钢机加工生产线项目、智能环保清污设备生产项目

【军民融合】 军品研发项目2个。太阳电缆与海装试监局、海工大合作研发消磁电缆，国威电子与兵器工业国营282厂研发承重电缆连接组件；技术合作项目5个。紫金贵金属与中船重工712所电子银浆研发生产，志成电子与中航615所耐高温特种电线电缆技术合作，富鑫达与南京洛普高性能稳相电缆技术合作，思康化学与天津力神全氟己酮灭火剂技术合作，北京雷生强式科技与中国电科11所闪烁及激光晶体技术合作；产销配套项目2个。太阳铜业与中船重工物贸广州公司无氧铜杆产销合作，国威电子与中电科23所在航空线束、光电组件、高端导电线材等方面开展生产外包合作。

烟草产业

【概况】 龙岩烟草产业实现产值134.7亿元，增长1%。烟草产业龙头企业龙岩烟草工业公司生产卷烟88.31万箱，同比增长0.1%。

【技改项目】 一区生产线技术改造项目。福建中烟工业有限责任公司受国家烟草专卖局计划司委托（国烟计函〔2017〕46号），在一区生产线技术改造项目完成各单项验收及财务竣工决算基础之上，于2017年4月7日组织专家10人组成验收委员会，并在龙烟组织召开龙岩烟草工业有限责任公司一区生产线技术改造项目整体竣工验收会议。会议一致同意该项目通过整体竣工验收，并按规定转入固定资产。

【红坊片烟醇化库建设项目】 红坊片烟醇化库建设项目1月20日项目得到批复，各项工作全面铺开。根据龙岩市委、市政府对此项目的指示精神，结合龙烟公司对此项目的确切需求，龙烟公司各部门群策群力，12月中旬完成项目施工前的各项工作，12月20日举行开工仪式。

【品牌推陈出新】 2017年，龙烟公司新培育古田(光芒)、土楼(1575)两个牌号，全年生产古田(光芒)1163.4箱，生产土楼(1575)10765.6箱。停产两个牌号，“七匹狼(通仙境)”“七匹狼(小通仙)”。

能源精化产业

【概况】 2017年，全市能源精化产业实现产值378.2亿元，比增12.7%。其中，能源产业规模以上企业103家；实现产值176.7亿元，比增7.2%；上缴税收9.96亿元，下降8.7%。化工产业规模以上企业130家，实现产值201.5亿元，比增19.1%，上缴税收3.4亿元，比增超过30%。

【电力生产】 截至2017年12月，全市电力装机容量321.7万千瓦，其中，水电站1100座，装机容量178.6万千瓦；火电厂16座，火电装机133.5万千瓦；光伏装机容量6.8万千瓦；风电装机容量1.6万千瓦；其他能源电厂1.2万千瓦。

【电力供应】 2017年，全市全社会用电量累计121.1亿千瓦时，同比增长6.4%，增速同上年同期回升4.6个百分点。其中，一、二、三产业和居民用电量分别为1.3、81.8、12.7和25.3亿千瓦时，分别同比增长18.1%、6.2%、9.9%和4.8%，一、二、三产用电增速同比回升6.7、8.2、1.7个百分点，居民用电增速同比下降6.9个百分点。

加强电力设施保护，完善电力应急预案，全年电力供应平稳有序，不拉闸、不限电。

【电网建设】 2017年，完成电网建设投资12.6亿元，投产110千伏及以上线路117.2公里、变电容量36.2万千伏安，新开工220千伏新罗星邦输变电等42项工程，建成投运220千伏新罗曹溪变电站1号主变增容等35项工程；彻底解决110千伏物流园变电站、新桥变电站等超长工期问题。国网龙岩供电公司圆满完成西藏朗县电网建设帮扶工作。

全市供电网络形成以500千伏卓然变电站为核心，以市区220千伏环网为中心的“一个核心、区内多环”网架结构；龙岩电网通过6回220千伏线路与漳州220千伏电网联系，2回220千伏线路与三明220千伏电网联系。

【新能源建设】 全市能源产业坚持清洁、低碳的发展方向，新能源和可再生能源发展迅速。2017年，户用和工业园区等屋顶太阳能光伏分布式发电，和农光互补光伏系统发展迅速。截至2017年12月31日，光伏装机容量6.8万千瓦。华润(永定)湖坑风电场工程通过首批风电机组并网验收，该项目建设总装机容量4.8万千瓦。华电（漳平）能

源有限公司积极开展热电联产改造，项目完成各项审批手续，厂内机组改造基本完成。

【煤矿安全监管】 制定下发《龙岩市2017年煤矿安全工作要点》《2017年煤矿安全监管工作计划》，及时将全年煤矿安全生产责任目标分解落实到各产煤县(市、区)煤炭管理部门及市管煤矿，并列为各单位年终目标考核指标。形成“横向到边、纵向到底、责任明确”的安全生产管理网络。严格开展煤矿企业复工复产验收工作。2017年，全市煤矿因台风及强降雨停产19家，撤离井下工作人员656人。制定《龙岩市煤矿风险隐患大排查大整治行动方案》，开展五个阶段的大排查大整治活动，排查巡查1070多矿次，发现隐患4190多条，责令3家煤矿停产整改。全市成立9个“体检”组，完成全市87家煤矿和5家煤矿上一级公司的安全“体检”工作，排查出隐患1344条，其中重大隐患4条；挂牌督办3家，责令停产整改1家，立案查处1家，行政处罚2万元。6月，北京煤监局的安全“体检”异地执法检查组检查龙岩市8家煤矿，4家煤矿违法违规行为被立案查处，共处罚金33.6万元。市煤矿矿山救护队狠抓队伍建设，坚持每季度的高温浓烟演练和模拟灾区侦察训练，2017年参加5起事故救援，均完成救援任务。

【化解煤炭过剩产能】 福建省下达龙岩市2017年煤炭去产能指导目标为关闭煤矿18家，化解过剩产能124万吨/年，其中地方煤矿16家，省能源集团煤矿2家。在此基础上，龙岩市又增补2家，合计关闭煤矿20家，化解过剩产能136万吨/年。经省、市、县三级验收通过，并在省政府网站公告。

【煤矿安全质量标准化】 积极动员和鼓励煤企参评。2017年，全市矿井67处，参评矿井42家，占矿井总数的62.6%。其中申报三级32家，二级10家，二级矿井占参评矿井的23.8%。其余25处煤矿因证照到期或建设矿井暂未列入参评。积极推进试点工作。进一步提高标准化水平，开展标准化建设试点工作，确定龙岩市北山煤矿、新罗区东水坑煤矿2家为二级安全生产标准化试点企业。强化新标准宣贯工作。组织各产煤县(市、区)煤管部门及全市辖区内所有煤矿企业负责安全生产标准化建设的有关工程技术人员，参加新标准的宣贯学习。听取有关专家煤矿推行新标准的经验做法，提高煤管部门和煤矿企业从业人员对新标准的认识和重视程度。市县两级煤管部门在日常监管中也不断向煤矿业主及从业人员进行宣贯，为持续推进标准化建设工作打下基础。

【化工园区】 全市基本形成龙雁工业集中区、上杭蛟洋工业区、漳平华寮化工集中区、连城朋口工业集中区等四个主要化工企业集中区。龙雁落户龙化化工、日平工贸、精博化工等企业，形成以氯碱工业、白炭黑、工业气体等为中心的精细化工产业链。上杭蛟洋以瓮福紫金为龙头，主打磷酸及其盐类系列产品磷化工，围绕循环利用和“吃干榨尽”发展思路，配套龙氟化工、瓮福蓝天、德尔科技、思康化学等氟化工企业及纸面石膏板建材企业。漳平华寮初步形成以氟盐加工项目为龙头的产业链，园区内主要产业包括：氟化工、明胶、树脂。连城朋口初步形成以福建百花化学股份有限公司和龙岩连润新能源科技有限公司为代表的化工产业。

纺织产业

【概况】 2017年，全市纺织产业规模以上工业总产值实现114亿元，比增1.8%，占全市规模以上工业总产值的4.7%。规模以上企业109家，利润总额63574万元，税金总额27770万元，主要产品产量：纱22万吨，服装5808万件。其中，长汀纺织产业规模工业产值86.4亿元，漳平市规纺织产业模工业产值44.3亿元。

【重点项目】 长汀县开工一批项目，2017年开工7个，计划总投资20.48亿元。荣耀5万纱锭涤棉色纺竹节纱二期项目、华平纺织服装实业有限公司灾后重建5万纱锭生态纺织品高端用纱项目、天守文兴经编加弹技改项目、南祥针织技改项目、金怡丰二期项目、联辉新上210台喷水织机织布项目、经纬纺织3号厂房5万纱锭建设项目、新纺纺织电脑横机生产线技改项目；建成一批项目，分别为南祥针织技改、天守文兴经编加弹技改项目、联辉新上210台喷水织机织布项目、长汀经纬织造2号厂房5万纱锭建设项目。经纬亿来2号产房5万纱锭已建成投产，南祥针织技改、天守文兴经编加弹技改项目、新纺纺织电脑横机针织生产线项目部分投产。漳平市重点推进天守超纤纺织生产项目，天守超纤二期2条超纤革、5条无纺布生产线正在抓紧建设，厂房已建好，设备正在安装调试；三达无纺布生产项目，新建一条化纤生产线，无纺布生产线仍在扩建；协龙纺织扩增经编机、横机，正在规划色纱项目，现厂房已建好；武平县重点推进福建创隆纺织有限公司实施低扭矩混纺纱技术改造项目，新增投资5亿元。

【品牌质量】 喜鹊、佳丽斯获得工信部“重点跟踪培育的中国服装家纺自主品牌”、“福建名牌产品”。行业地位进一步提高，喜鹊公司成为“中国家纺行业团体标准技术委员会委员单位”“全国家纺标准化技术委员会毛巾分技术委员会委员单位”，是“中国大百科全书”新增家纺词条的编撰单位。技术创新水平位列全国同行业前茅，2017年科研成果获得1项发明专利、4项实用新型专利，1项毛巾产品设计获“张謇杯”中国国际家纺产品设计大奖赛优秀奖，1 项科研成果成功应用于部队毛巾生产中，取得了良好的天然抗菌防霉效果，公司获“省科技型企业”称号。品牌产品质量不断提升，2017 年获“中国家纺行业实施卓越绩效模式管理示范单位”、获“福建省消费者满意产品”“省质量诚信示范企业”称号。

【军民融合】 2017 年喜鹊纺织的喜鹊系列纺织品被中国航空工业集团天虹商场公司采购，累计销售收入 1556 万元。

建材产业

【概况】 2017 年，龙岩市水泥行业表现同全国一致呈现良好态势，尤其是 11 月之后，市场价格行情涨势明显。2017 年一季度全市水泥均价 275 元/吨左右，之后市场平稳下降，7 月降至 230 元/吨左右，从 9 月市场开始涨价，到 12 月水泥均价已增至 360 元/吨。2017 年建材行业实现工业总产值 249.2 亿元，比增 19.5%。全市有水泥企业 19 家，其中新型干法水泥企业 12 家，水泥粉磨站 7 家，共 20 条水泥熟料生产线。2017 年水泥产量 3772 万吨，比增 1.1%，实现产值 214.2 亿元。

【主要经济指标】 2017 年，非金属采选业主营业务收入 30.3 亿元，增长 17.4%，利润 2.56 亿元，比降 14.6%，利税 3.1 亿元，增长 22.5%；非金属矿物制品主营业务收入 214.2 亿元，增长 24.2%，利润 12.6 亿元，增长 605.9%，利税 6.2 亿元，增长 38.9%。

【重点项目】 福建龙麟环境工程有限公司 4500t/d 水泥熟料及协同垃圾处置项目，2017 年 10 月竣工投产。洪山石材循环产业园建设正式实施，园区已完成征地 20 公顷，完成栏渣坝施工图和换填方案设计，完成土方量 130 万立方米，部分厂房已建成，2017 年完成投资约 5 亿元左右。

【全面实施水泥企业错峰生产】 第一阶段从 2016 年 11 月至 2017 年 3 月，每条水泥熟料生产线停产 40 天；第二阶段从 2017 年 6 月 12 日至 2017 年 7 月 11 日，每条水泥熟料生产线停产 10 天。2017 年增产的水泥企业有 3 家，分别为漳平红狮、龙麟集团、国产实业。红狮、龙麟增产是由于 2017 年新增了一条生产线，国产实业增产是由于 2016 年设备损坏达半年之久。

【水泥企业降成本显成效】 全面落实扶持水泥产业稳增长五条措施，各有关县（市、区）政府实行收费清单制度，大幅降低对企收费，有效地促进了水泥产业的稳增长。同时，开展电力直接交易降低成本。2017 年大用户实行电力直接交易政策，全市水泥熟料生产企业全部参与直接交易，每千瓦时用电可降低电费 0.035 元，使每吨水泥可降低用电成本 2 元。

【永定石材行业全面整顿】 按照石材行业整治工作要求，对分散 2017 年，石材企业进行入园规范管理。将永定石材循环产业园作为市重中之重项目加快跟踪推进。

【淘汰落后机砖、石灰窑、石材加工产能】 2017 年计划关停 91 家石材加工企业；淘汰 9 家石灰窑企业和 5 家机砖企业。到 2017 年底前已全面完成年度淘汰任务。为全面推动环保督查反馈落实进展，加大淘汰落后机砖产能力度，通过全面摸底排查、市县联动，取缔非法机砖生产企业 31 家，停电停产淘汰类机砖企业 37 家。通过淘汰落后机砖产能，促使传统机砖生产企业向新型墙体材料生产企业转型升级。

光电新材料产业

【概况】 2017 年，光电产业规模以上企业 36 家，企业主要分布在连城、武平、龙岩高新区等地，主要产品有智能终端产品、液晶电视、电容触摸屏、人造蓝宝石、液晶显示模组、蓝宝石图形化衬底、LED 灯等；新材料产业规模以上企业 19 家，企业主要分布在长汀、新罗、连城、武平等地，主要产品有稀土新材料、硬质合金材料、保温材料、镁合金材料等，稀土新材料产业在新材料产业中起主导作用，产值占整个新材料产业

龙岩经开区（高新区）德煜照明 LED 发光器件生产车间

的80%左右。2017年全市规模以上光电新材料产业产值首次突破百亿元,比上年增长25.6%。

【专业园区】 海峡(连城)光电产业园总规划面积300公顷,通过几年发展已初具规模,拥有规模以上光电企业9家。主要产品有智能手机、智能电视,手机显示模组、电容触摸屏、人造蓝宝石材料,LED显示屏组等。武平新型显示和智能终端产业园区总规划面积400公顷,由新型显示园和智能终端园两大产业专区组成。新型显示产业园区已入驻新型显示产业及关联企业18家,其中规模以上企业15家。智能终端产业园区已完成210.87公顷地形图测绘。福建(龙岩)稀土工业园区位于长汀县策武镇,总规划面积12.82平方公里,建设面积7.98平方公里,是省级工业园区、省新型工业化产业示范基地。已签约项目17个,其中信越科技钕铁硼薄片、磁粉项目,金龙稀土特种金属及合金项目、钕铁硼表面处理项目,诚质磁钢钕铁硼机加工项目、龙杰特电机智能环保清污设备生产项目、劳勃特LED光学器件及智能视频分析监控系统项目、安麦信永磁材料机加工项目等8个项目已建成。

【公共服务平台】 福建正德新型显示技术检测研究院成立以后,完成专利申请167项,软件著作权6项,其中发明专利14项(在审和公示期),获授权72项专利权证,116项(含授权专利)获受理通过。共完成对新型显示上、下游企业项目和检测任务296项,有力地推动了新型显示产业园的迅猛发展,加快产业园的招商引资工作,直接或间接引进新型显示上、下游企业5家,充分发挥研究院的平台作用。海峡(连城)光电产业技术研究院是集研发创新、技术服务、检测检验、科普教育于一体的光电产业综合服务平台。成功申请9项实用新型专利,发表9篇科技论文。研究院于2017年1月通过CMA资质认定,同年8月通过省级质检中心(福建省电光源产品质量检验中心)验收。筹建龙岩市材料测试公共服务平台,实现资源共享,并为海峡(连城)光电产业园区及周边的相关企业提供检测服务。

稀土产业

【概况】 2017年,全市稀土产业完成产值80.1亿元,比增66.5%。规模以上稀土企业4家,全市分离稀土氧化物2649吨,生产稀土金属2417吨。

【项目建设】 签约项目5个,分别为磁钢机加工生产线项目、介电陶瓷钛酸钡粉体项目、热转印稀土新材料生产项目、钐钴永磁材料项目、闪烁及激光晶体军民融合生产线项目;开工项目5个,磁钢机加工生产线项目、智能环保清污设备生产项目、介电陶瓷钛酸钡粉体项目、石油催化裂化催化剂项目、热转印稀土新材料生产项目;投产项目3个,分别为高性能钕铁硼稀土永磁元器件项目、磁钢机加工生产线项目、智能环保清污设备生产项目

【取得稀土采矿权】 2017年8月,福建省稀有稀土集团取得长汀中坊稀土采矿证,该证是国土部颁发的第一本以稀土资源接续移证扩证的形式办理的采矿证,是2010年以后国土部颁发的第二本稀土采矿证。

【央企、军民融合项目】 2017年2月石油催化裂化催化剂项目获得中石油总部批复,9月正式开工建设,该项目是龙岩市稀土产业第一个央企项目;2017年11月,军民融合项目北京雷生强式科技有限责任公司闪烁及激光晶体生产线项目签订正式投资合同,该项目是龙岩市稀土产业第一个军民融合生产项目。

重点企业

龙岩烟草工业有限责任公司

【概况】 截至2017年底,拥有总资产114亿元,其中,固定资产18亿元、流动资产96亿元,资产负债率36.78%。公司占地面积35.48万平方米。

【生产销售】 2017年,公司生产卷烟440.5亿支(88.1万箱)(不含出口),同比持平,其中,生产一类烟78.97亿支(15.79万箱)、二类烟121.27亿支(24.25万箱)、三类烟123.05亿支(24.61万箱)、四类烟76.21亿支(15.24万箱)、五类烟41.01亿支(8.20万箱)。全年销售卷烟453.67亿支(90.73万箱),同比增长1.52%;实现卷烟销售收入131.84亿元,同比增2.83%;实现税利103.38亿元,同比增长0.14%,其中利润5.77亿元,同比下降23.43%。

【生产管理】 实现订单驱动的自动排产,订单响应周期平均为32天,实现≤36天预期目标。优化生产排班,卷包车间于2月27日起试行“四班三运转”模式。完善设备管理,卷包设备综合效率74.81%,同比提升0.53个百分点。推进油改气项目,设备改造项目。实施一区成品件烟分拣输送和滤棒发射接收系统、二区卷包气垫式排包机、烟丝箱清扫装置系统、滤棒库输送和短支烟等设备的改造。优化制丝、卷包批次质量管控平台,质量指数QI为93.95分,同比提升1.48分。建立原料仓储三级质量管控体系。开展卷烟生产过程智能化控制技术研究与应用项目,开展生产作业移动应用系统项目。

【精益管理】 完善精益2.0管理平台。升级现有情报知识管理系统,全年创意提报人数483人,创意参与率29.20%;

提报创意1848条，提报创意成果1084个；知识共享1776篇。改进创新项目管理机制，全年结转项目36项，新增项目23项，申报评奖创新成果15项。改进对标管理，15项工厂对标指标同比提升10项，指标提升率66.67%，13项指标优于行业平均水平，占比92.86%。全年实现降本增效金额2059万元。全年公开招标项目占比为57.45%，公开招标金额占比为98.1%。开展精益安全管理，公司连续29年实现"8个0、1个控制、1个达标、1个100%"的安全生产目标。推进搬运装卸、保洁和生产辅助业务外包，红狼公司劳务派遣员工占比从81.42%降低至61.24%。

【人力资源】 调整中层干部，提拔30人，轮岗32人，转任非领导职务4人。开展中层干部个人有关事项报告填报工作。构建员工职业发展通道，建立中层后备干部选拔、培养、管理体系。开展员工教育培训69项，注重技能人才培养，2人被评选为省公司第一批"精工带头人"，4人被评选为省公司第一批"精工能手"。成立第一批龙岩市技能大师创新工作室。组织106人参加特有工种职业技能鉴定、33人参加通用工种培训鉴定；选送2名电气维修工参加福建省电工职业技能竞赛(省级一类赛)，获得职工组第二名和第三名；1名获得冀闽鲁豫桂烟机设备操作职业技能竞赛包装GDX2机型第2名。注重企业文化建设，全年发布微信专题报道167个，微视频103个，出版发行《龙烟人》20期，在行业内外媒体刊登各类信息248篇。

【技术改造】 4月，一区生产线技术改造项目通过整体竣工验收。12月，红坊片烟醇化库建设项目开工。

（廖美莲　撰稿）

紫金矿业

【概况】 2017年，紫金矿业实现归属母公司净利润35.08亿元，同比增长90.66%，盈利水平回归到2008年A股上市后"黄金五年"的历史高位区间；生产经营净现金流97.64亿元，连续多年保持强劲；市值、资产总额、营业收入均逼近千亿元大关，各项财务指标持续保持增长态势；每股盈利0.16元，同比增长77.78%。

2017年在沪港两地股市表现强劲，A股股票价格从2016年末的3.34元/股上涨37%至4.59元/股，H股股票价格从2.50港元/股上涨18%至2.95港元/股，总市值增长44%。

2017年净现金流97.64亿元，市值、资产总额、营业收入则均逼近千亿元大关，分别为935亿元、893亿元和945亿元，持续保持增长态势。

【矿产业务】 2017年，紫金矿业生产矿产金37.5吨，同比下降11.9%；矿产铜20.8万吨，同比增长34.22%；矿产锌27万吨，同比增长7.99%。公司除黄金产量继续领跑国内上市黄金企业外，矿产铜、矿产锌产量也快速增长，成为国内最重要的矿产铜和矿产锌生产企业之一。

2017年，海外项目矿产金占集团总量超过50%；矿产铜占集团总量14%；矿产锌占集团总量超过三分之一；海外项目资源储量分别约为黄金688吨、铜2039.87万吨、铅锌94.27万吨，分别占公司总量的52%、65%、10%。

刚果(金)科卢韦齐铜矿投料试车。卡莫阿-卡库拉铜矿地勘增储再次获得重大突破，铜资源量增加到4,25万吨，平均品位2.56%，为世界上最大的高品位、未开发铜矿之一，项目一期工程启动建设。与卡莫阿项目同期收购的巴布亚新几内亚波格拉金矿跻身集团第一产金大户，2017年产金7.8吨。

【刚果(金)(卡莫阿-卡库拉)铜矿项目进入全球第四大铜矿之列】 刚果(金)(卡莫阿-卡库拉)铜矿项目资源量再一次刷新纪录，铜资源量整体从收购时的2400万吨，增加到4249万吨，平均品位2.56%，增长近一倍，该项目由是进入全球第四大铜矿之列，并且是世界上最大的高品位、未开发铜矿。

【紫金矿业获评"中国有色金属工业绿色发展领军企业"】 12月14-15日，首届中国有色金属工业年度经济论坛在北京召开，紫金矿业凭借在绿色发展领域的出色实践，获评"中国有色金属工业绿色发展领军企业"。

评委会高度赞扬紫金矿业绿色发展成效，认为：有大作为就有大担当，紫金矿业作为中国控制金属矿产资源最多的企业之一，坚持"生命第一，环保优先"、"要金山银山，更要绿水青山"的理念，将安全环保视作企业生存和发展的生命线，把"绝不以牺牲环境为代价谋求发展、绝不以牺牲人的生命为代价谋求发展"作为矿业企业最基本社会责任，努力实现"建一个企业，造一片绿洲"的目标。

论坛由中国有色金属工业协会支持，《中国有色金属》杂志社主办，集团公司安全环保总监刘荣春参加了开幕式及颁奖典礼。全国有色金属行业生产、贸易、地勘、设计施工等企业，金融、保险、证券期货等机构及中央电视台、人民网、中央人民广播电视台等媒体400余人参加论坛及颁奖典礼。

（紫金矿业　供稿）

福建龙净环保股份有限公司

【概况】 2017年，公司经历内外部环境的深刻变化。在外部环境上，电力行业出现停建、缓建潮，传统市场萎缩，钢材等主要原材料价格上涨，成本抬升，用户资金紧缺，回款困难；在内部环境上，公司完成大股东变更，经营战略进行重大调整,公司站在历史发展的新起点。全年实现营业收入 81.13 亿元,比 2016 年的 80.24 亿元增长 1.11%。

【协同治理与节能产业群】 中标大唐雷州、内蒙古中等一批新建项目和平海、温州等一批改造项目,烟气环保岛再获贞丰 4 台 35 万机组环保岛。海外市场成绩突出,中标台湾地区主要 LGGH 工程和湿电项目。技术创新获得多个重要奖项,其中湿式电除尘获福建省科技进步一等奖,低低温高效燃煤烟气处理系统获得 2017 年度国家环境保护科学技术二等奖,EPM 型电风拦截除尘除雾装置获国内首台套重大技术装备认定。新业务重点开展工业废水和 VOCs 治理技术研发。设计工作发挥技术支撑作用,生产、工程执行、质量管控、调试服务克服大量改造工程工期紧、任务重、人力、土建和安装施工资源紧缺等困难,全年生产 182 台套、工程 210 台套项目高效安全执行,一大批大型工程成功投运。与武汉脱硫形成有机协同,成功进入电解铝等非电领域,武汉脱硫团队面貌发生根本转变。天津龙净和江苏龙净稳步前行,持续展开低成本制造升级和质量管控,充分发挥生产保障和加工成本中心的作用,并连续实现盈利。

【干法脱硫】 沿着"干式超净+"全产业链展开,项目从燃煤发电行业延伸到供热锅炉、氧化铝碳素焙烧、煅烧、催化裂化、钢铁烧结、球团、焦化、竖炉等非电领域。国际市场取得越南焦炉干法脱硫项目合同及特种袋笼的海外订单。技术设计持续提高工艺源头设计质量,重心前移,加强改造项目的外部接口踏勘工作,有力地支持了市场议标和改造工程的实施。技术研发在高活性石灰制备工艺线和非电领域脱硫协同脱硝技术上取得重要突破,垃圾焚烧发电烟气干式超净工艺研发升级加快。全年近 70 台套干法工程顺利执行,攻坚完成兖矿、中石油独山子等一批急难险重项目。高精设备车间加大工艺的改进升级,袋笼厂人均产量大幅提升。包钢等运维合同顺利实施。干法团队进一步优化整个人才团队架构,人才储备雄厚,保证了优质运行及长远布局。

【电袋工作】 中标了长滩、朱家坪等 660 兆瓦机组以及白音华等 6 个 300 兆瓦机组项目;超净电袋挺进一带一路市场,中标了出口约旦项目;积极拓展以电袋为中心的尘硫一体化和烟气环保岛项目,打入石化行业,突破锌冶炼、硅冶炼行业;管带市场积极宣传炉前岛和散料输送环保岛并取得突破。以土耳其为国际市场突破口正在积极展开。加强项目执行、重要节点把控和回款管理,有效控制和防范项目风险。不断优化设计,提高产品竞争力和盈利能力。耦合增强电袋复合除尘技术列入国家重点计划项目子课题,多功能烟气治理中试装置列入福建省大气专项。工程管理及服务实施精细化管理,规范到位,服务团队与工程重组为一体,为客户提供优质服务。

【上海脱硫】 在巩固传统脱硫脱硝业务的基础上,积极拓展有色金属行业烟气治理市场并取得突破,着手开展土壤和地下水修复等新业务。龙净科杰全面完成盐城催化剂项目二期建设;在喷涂、印刷、化工等行业的 VOCs 治理业务上取得突破。

【西矿环保】 巩固水泥除尘及钢铁转炉干法除尘的市场地位,保持较高中标率;钢铁烧结烟气脱硫除尘、中小锅炉项目取得新进展;成功突破水泥窑尾脱硫、垃圾焚烧发电尾气治理项目;市场培植形成 SK505 及 HLG 转炉干法等核心技术。

【电控】 加强技术引导,除尘改造项目以高频电源和脉冲电源为组合利器。新技术开发在臭氧发生器、窄脉冲高压电源、大中型 PLC 自定义通信协议等均取得实质性突破,脉冲电源、智能变频电源等现有产品进一步完善。项目设计为市场拓展和工程执行提供了支撑,工程管理有序展开。电控厂组织安全生产,开展清洁生产审核、危废品管理的相关工作,完成开关设备 3C 取证工作,脉冲电源产量同比增长 22.6%。

【武汉除尘】 武汉除尘有效地巩固了传统市场优势,大力拓展中小锅炉烟气治理岛项目,成功签订了莱州鲁通纸业等一批项目。项目设计围绕市场、服务工程进行创新,并夯实基础提升标准。自营项目严格管理,施工稳步推进。开展完成智能制造设备改造升级,生产组织克服了任务量骤降的不利局面影响,通过精心组织,有效整合,很好地实现了弹性生产,全年完成产量 3.8 万吨。

【冶金】 合资成立龙净科瑞公司,为尘硝一体化技术大规模应用打下了坚实基础。市场方面,抓住冶金钢铁行业环保治理的机遇,签订了工作成立以来承接的最大台面的宝钢和沙钢两个 600 平方米烧结机头电除尘项目,实现冶金超净市场、玻璃和生物质行业的业绩突破。货款回笼、技术设计及研发、工程执行、质量与安全管理等工作均有较好表现。

【工业炉窑、机械公司和安装】 做好项目的前期市场及技术推介工作,提高中标率,沿着烟气治理延伸方向拓展新业务,积极拓展回转窑危废尾气综合治理及 VOCs 市场。自主设计水平得到提升,提高了市场投标竞争力,并保障了改造工程进度需要;工程执行有力、到位,成本管控良好。龙岩机械公司保质、保量、按时完成公司各工作下达的生产任务,全年产量 4.5 万吨;全力推进美标工艺评定和焊工资质取证工作;完成了喷漆装置环保验收,通过国家安全生产巡查,板类件生产线完成制造升级。

安装公司做好环保工程专业承包及机电安装等资质的日常管理，运行管理平稳正常。

【宿迁龙净】 宿迁龙净完成产量3.4万吨。认真维护客户关系，提升中标率，设计工作满足市场和改造项目要求，申报成功了江苏省重大科技成果转化项目，完成18个项目工程施工及出口印尼加工任务。

【物料输送】 参与建设“澳大利亚卧龙岗大学国际颗粒输送研究院”，为工程和技术人员提供了高水平的进修平台，与澳大利亚公司交流软性输送带合作，组织与海内外专家的交流。工程项目设计、生产和施工有序展开，通过安全生产月、质量月活动提升质量与安全管理水平。着重进行团队建设，开展各项专业技术培训，内部活力得到提升。

（龙净环保　供稿）

福建龙马环卫装备股份有限公司

【概况】 2017年，公司固定资产增加29958.97万元，同比增长172.66%，在建工程减少9279.53万元，同比下降95.40%，主要系环卫专用车辆和环卫装备扩建项目、研发中心项目由在建工程转为固定资产，增加环卫服务研究及培训基地项目写字楼、环卫服务项目运营的环卫装备所致。

【核心竞争力增强】 龙马环卫作为中国主要的环卫装备、环卫服务供应商，多年来坚持专业化经营战略，专注于环卫清洁及垃圾收转装备领域的探索与创新，基于对行业的深刻理解、丰富的生产经验和持续的技术创新，形成了众多突出的核心竞争优势，研发出一批性能优越、质量可靠的产品，拥有行业领先的技术水平，建立了辐射全国的市场网络，2015年公司上市后，市场竞争力得到进一步提升，已具备较高的行业地位。公司立足于环卫产业，进一步丰富业务类型，延伸产业链条，实现环卫装备和环卫服务两大业务板块之间的资源共享、相互促进、协同发展和较好的持续成长能力。

【市场地位与品牌】 公司十分重视品牌建设，经过持续不懈的精心培育，以及在产品质量及性能、技术水平、客户服务等方面的综合优势，在行业内获得了较高的品牌知名度和美誉度，并树立了值得信赖的企业形象。“福龙马”商标被认定为中国驰名商标、福建省著名商标，“福龙马”牌产品被认定为福建省名牌产品，“福龙马”品牌已成为公司进一步巩固行业地位并扩大市场份额的重要优势之一。根据汽车技术研究中心发布的报告，2011–2017年公司在中高端环卫清洁及垃圾收转装备领域的产量连续7年均名列前三位，且每年市场占有率均有所上升，市场竞争地位较高。

【研发及新产品】 公司在环卫装备行业深耕细作，在环卫清洁及垃圾收转装备的研发和技术创新方面取得了显著成效，拥有雄厚的技术与研发实力，处于行业领先地位。公司所处行业系技术密集型行业，产品涉及的跨度范围广、学科交叉多、综合性强，通过长期的投入和反复的实践，已经具备较强的持续创新能力，可以较好地把握行业技术发展趋势并引领行业技术潮流。公司还建立了一套较为系统、全面、有效的持续性创新机制：由技术中心负责前沿技术研究、新产品开发和技术创新工作；将“求新求变、永续经营”的创新精神融入日常工作中，营造了勇于创新、尊重创新、激励创新的文化氛围。截至2017年12月31日，公司共有189项已授权专利，其中发明19项、实用新型166项、外观4项，拥有丰硕的自主知识产权成果。公司推陈出新先进的环卫装备产品，在专用性能、质量可靠性、环境保护能力、使用领域广泛性等方面有明显优势，建立较为完整的产品体系，涉及环卫清洁装备、垃圾收转装备、新能源及清洁能源环卫装备三大类共31个系列产品，能较好地满足不同客户群体的个性化需求和产品组合需求。2017年公司完成45项科研项目，获得42个新产品，135个产品优化改进。同时还推出国内首台油电动力解耦单发动机洗扫车和单发高压清洗车，产品在上海成功举办首场单发系列产品推荐会，相对于传统城市保洁车主副发动机双动力输出系统，单发产品取消副发动机，有效降低整车能源消耗及排放污染，并且通过油电动力解耦系统，实现底盘行走与上装作业两套动力系统的完全解耦，与传统双动力相比节油可达20%以上、排放减少50%以上、维护保养费用节约40%以上。

【营销工作】 公司建立了辐射面广、运行高效、持续扩张的营销网络，每年培育较多的新增客户，多年来积累了广泛而牢固的客户关系，产品销至全国各地以及部分东南亚和中东国家。随着环卫服务市场化进程不断推进，公司逐步建立起市场化运营企业大客户营销体系，在产品供应、商务政策、售后服务等方面提供优质整体解决方案。公司已在全国各大中城市共设80个办事处，配备200多名有经验丰富的营销人员，建立了覆盖面广、管理科学、运行高效的销售渠道体系。公司具备完善的售后服务体系，环卫清洁及垃圾收转装备对设备运行完好率和维修及时性要求高，售后服务品质是客户重点关注因素之一。公司已在全国范围内建立65个售后服务站和配件供应库，设有超过190多名常驻服务人员和机动服务人员，并配备68辆专门的售后服务专车。依托辐射全国的服务网点，公司售后服务人员能够快速响应客户的维修需求，在承诺时间内到达现场，短时间内排除故障，并为客户提供“终身免人工维修费”的贴心服务。

（龙马环卫　供稿）

国网龙岩供电公司

【概况】 国网龙岩供电公司是国网福建省电力有限公司直属的国有大Ⅱ型企业，下辖7个县公司，共有员工4925人（包括县公司）。供电营业总面积1.9万平方公里，供电用户达129万户。2017年完成售电量105.4亿千瓦时；完成电网建设投资12.56亿元，投产110千伏及以上线路117.2公里、变电容量36.15万千伏安。公司先后荣获全国五一劳动奖状、全国模范职工之家、第二届“全国敬老文明号”、全国企业文化建设先进单位、全国民主管理先进单位、全国五四红旗团委，连续三届获评全国文明单位，连续九年获全国“安康杯”竞赛优胜单位并被授予“示范单位”称号。公司企业负责人业绩考核在全省排名逐年实现新突破，从2014年第6名上升至2015年第4名、2016年第4名、2017年第2名。

截至2017年底，龙岩电网现有35千伏及以上变电站169座，其中500千伏变电站1座，220千伏变电站14座，110千伏变电站62座，35千伏变电站92座，35千伏及以上变电总容量932万千伏安、输电线路6222公里。全市发电总装机容量311万千瓦，其中：水电装机容量174.1万千瓦，占比56.18%；火电装机容量134.65万千瓦，占比43.29%；新能源发电容量2.25万千瓦，占比0.53%。龙岩电网通过两回500千伏线路（卓三Ⅰ路、伍卓Ⅰ路）分别与三明、漳州电网联络，实现500千伏单环网供电。全市各县均至少有1座220千伏变电站，并全部实现环网或双回路供电，每个乡镇工业集中区均有1座110千伏及以上变电站，龙岩电网形成了以500千伏卓然变电站为中心，220千伏网络环绕市中心城区辐射东部（漳平）、环绕西北部（长汀、上杭、连城）和西南部（武平、上杭、永定）的“一个中心三个环网”电网格局。

【全社会用电】 2017年，全社会累计用电121.11亿千瓦时，居全省第七位，同比增长6.36%，增幅低于全省0.96个百分点，增长率居全省第八位。第一、二、三产业、城乡居民生活用电量用电量同比分别增长18.14%、6.16%、9.86%、4.79%。长汀县、连城县、武平县、上杭县、新罗区、漳平市全社会用电量同比分别增长17.65%、10.59%、7.14%、7.07%、6.34%、2.01%，永定区全社会用电量同比下降0.93%。

【工业用电】 2017年，全市工业用电79.99亿千瓦时，居全省第七位，同比增长6.74%，增幅高于全省0.15个百分点，增长率居全省第七位。其中轻工业累计用电10.99亿千瓦时，同比增长11.06%，重工业累计用电69.01亿千瓦时，同比增长6.08%。累计工业用电增长的有长汀县26.74%、连城县12.19%、武平县8.4%、新罗区7.28%、上杭县6.86%、漳平市2.44%，永定区工业用电同比下降3.5%。

【保障经济社会发展】 全力服务打好“三大战役”活动，开展项目建设“大干100天”百日攻坚会战，完成电网投资13.68亿元，新增35千伏及以上线路长度208.8公里，变电容量40.6万千伏安。快速恢复冰冻灾害天气等自然灾害受损电网设施，圆满完成党的十九大、全国两会、金砖国家领导人厦门会晤等重大活动保电任务。多措并举服务新能源发展，实现新能源并网发电容量8.18万千瓦，全年因电网调度原因引起的弃水损失电量为零。大力推进清洁替代和电能替代，实现替代电量9.9亿千瓦时。积极支持发展绿色交通，实现高速公路、AAAAA旅游景区充电站全覆盖，居民小区配套建设204台充电桩，满足市民低碳出行电动汽车充电需求。调整用电项目出资界面，主动对接政府，走访发改、重点办等部门，落实60个“重中之重”项目的用电需求，对于省级及以上各类园区新增客户和10千伏电动汽车充电桩、电能替代项目，由公司投资建设供配电设施至客户红线。10千伏及以下电网对客户受电工程接入直接开放、就近接入，对于电网接入受限项目，实行先接入、后改造；提高低压接入容量标准，城区低压接入标准由原先50千伏安提高到100千伏安。

【电网建设】 开展电网发展诊断分析，完成5年配电网滚动规划修编，首创配网项目建议书评分标准。促成市政府出台加快政府性投资项目涉电工程改造建设实施意见，将电网建设项目全部纳入市重点项目管理。开展项目建设“大干100天”百日攻坚会战，提前完成农村电网改造任务，获得国网公司新一轮农网改造升级“两年攻坚战”工作先进集体。新开工220千伏新罗星邦输变电等42项工程，建成投运220千伏新罗曹溪变1号主变增容等35项工程；彻底解决110千伏物流园变、新桥变等超长工期问题。完成西藏朗县电网建设帮扶工作。220千伏和春变等16项工程获评省公司优质工程，漳平班组式业主项目部获评国网班组式示范业主项目称号；1项科技项目获国网经研体系科学技术进步三等奖。建设电力生物防火林带353.33公顷，推动“线树”矛盾的解决。推行无人机人工协同智能巡检作业，累计完成9031基杆塔、281千米线路巡视；加强变电站巡检机器人应用，率先完成10个站点的智能机器人接入专网工作；启动变电运维APP试点应用工作，顺利完成220千伏旧县变等4座变电站辅助综合监控系统改造。开展频繁停电攻坚战，全市配电线路故障率下降52%。强化DMS二遥故障研判、无功优化研判功能运用，高、低压故障抢修平均时长同比减少86分钟、56分钟。推进变电站全遥控及二次远控改造，全年完成全遥控上线变电站 13 座，实现二次设备远控上线变电站 23 座。“互联网+配网工程安全质量的远程稽核系统”入选国网公司配改典型经验。

【满足人民用电需求】 加快推进“互联网+营销服务”应用，开拓创新电子渠道服务，实现 40 万客户通过电 e 宝、掌上电力、微信、支付宝等方式交费，行政村缴费点“村村设点”。全面开展业扩报装提质提速活动，全省首创“无否决权”服务机制，推行“内转外不转”“一证受理”，建立“手续最简、流程最优、协同运作、一口对外”的业扩报装协同服务机制，办电业务平均接电时间压缩至全省正向第二。全面推行客户经理制，从被动坐商服务向主动上门服务转变，为每个客户配备专属客户经理，居民客户由片区（台区）经理负责并全过程跟踪服务，企业客户由大客户经理负责并全过程跟踪服务，提供“一对一”定制化、个性化、精准化服务。推行 VIP 客户服务机制，面向园区、产业基地、大型公共建筑等高端客户以及政府部门，通过专家团队上门诊断，依托“用能管家”平台，为企业节能降耗提供数据支撑，为政府能效管理提供决策服务。积极推进大客户直购电，全面落实电价优惠政策，助力企业减少电费支出 1.02 亿元。改变电力抢修思维，尽量采取“先复电后抢修”的模式，全市抢修平均复电时长同比减少 38.1 分钟。

【助力脱贫攻坚、乡村振兴和区域协调发展】 坚持以人民为中心的发展理念，提前 3 个月打赢新一轮农网改造升级“两年攻坚战”，显著改善农村生产生活条件，惠及农村居民 8.4 万户。落实习近平总书记治边兴边战略，选派 3 名优秀干部支援西藏朗县电网建设，圆满完成朗县新一轮农网改造升级任务。扎实推进精准扶贫，探索出长期稳定受益、可复制推广的电力扶贫模式，大力开展光伏定点扶贫，对建档立卡贫困户免收居民用电新装、换表工料费 91.71 万元，为全市五保、低保户补贴电费 243 万元，公司 66 户挂钩贫困户实现 100%脱贫；全面实施“让电传递爱”电力公益行动，鼓励员工和爱心人士累计捐赠爱心电费 11.8 万元，帮助困难家庭用上电、用好电。

（国网龙岩供电公司　供稿）

福建煤电股份有限公司

【概况】 2017 年，面对产量急剧下降、人员分流安置困难等诸多问题，煤电公司公司按照集团公司“聚、精、会、神”的总要求，以落实“十副处方，三十味良药”“十个小目标”为主线，以“三保一促”（保安全、保稳定、保指标、促转型）为重点，内挖潜力，外拓市场，攻坚克难，各项指标超额完成，矿区保持安定稳定，是近年来最难、效果最好的一年。全年生产原煤 83.11 万吨，完成年度预算 73 万吨的 113.85%；销售煤炭 105.73 万吨，完成年度预算 85 万吨的 124.39%。

【关闭退出】 提早制定完善的回收方案和关闭措施，实现安全有效回收。苏二矿 6 月底封闭峒口，坑柄矿 8 月底封闭峒口，顺利通过省市区现场验收，注销了采矿许可证。同时想尽办法找出口、找出路。采取“内退养人、代缴养人、取现走人、撤编减人、调剂用人、联姻嫁人、机器代人”等分流安置措施，人员分流平稳有序。

【增收节支】 优化布局调整，减少 9 个采掘面，收作 3 个生产采区。制定采掘作业考核管理办法，开展采掘作业规程编制竞赛。加强开拓和主巷掘进，优化生产布置，三对生产矿井采掘接替总体平稳。1–11 月，同比下降 11.1%。同时，深入开展“三降低三提高”“稳产增量，降本增效”“对标管理，提质增效”“金牌矿长”“矿井涨仓率”“五项重点工作”等主题劳动竞赛，矿井生产成本同比降低 19.30 元/吨，直属单位可控费用控制在考核指标内，十个小目标全面完成。

【市场运作】 抓好年度销售合同的签订，舞活销售龙头，甄选优质客户，淘汰客户 21.6%。掌握市场变动趋势，先后上调煤价 10 次，平均不含税售价同比有所提高。同时，实施制度+科技，交流销售岗位人员，完善销售计量和监管系统，进一步规范销售秩序。抓好井下煤层配采和煤炭筛选，提高配煤精准度。

【质量达标】 明确安全责任，编制各岗位安全责任清单 627 条。强化隐患排查整改闭环管理，落实盯守制度。强化安全履职考核和责任倒查，按月兑现安全结构工资。强化安全教育培训，公司救护队取得省第二届煤矿救援技术竞赛团体总分第二名。完善了铜锣坪矿和龙潭矿的通风系统，完善了翠屏山矿 305 采区±0 排水系统，完成龙潭矿、铜锣坪矿的主要通风机更换，完成 9 条通风上山（逃生通道）施工。同时，推进采面正规开采，建设 5 个单体液压支护支柱采面、15 个木支护正规面。新建 1 个机械化采煤面，实现省内机械化采煤零的突破。抓好“三位一体”安全生产标准化整治，新建 6 条标准化示范线路。同时，环保工作在迎接国家级、省市级环保督查中取得较好成效。

（福建煤电股份有限公司　供稿）

福建棉花滩水电开发有限公司

【夯实管理基础】 2017 年，公司以“安全生产标准化管理提升年”为主线，认真组织开展春秋季安全大检查、反违章作业、安全性评价等各类安全检查、隐患排查，大力推进脚手架（高处作业）安全整治、重点关键岗位“安全双述”工作等五项安全专项治理工作。全面落实安全生产主体责任和“一岗双责”。安全责任、管理、投入、培训和应急救援做到“五到位”。

【强化设备管控】 认真落实年度检修、技改、定检、预试计划,组织完成6项重大技改,攻坚棉花滩3号机组快闸和直流系统改造等检修技改任务,辅以精密点检等有效措施,保障设备健康稳定运行。棉花滩大坝通过二次定检专家组评定为“正常坝”(A级)。公司保持了投产发电以后检修技改工作全优。

【管理“瘦身健体”】 “安全台账”和“创星项目负责制”合二为一,避免冗余,实现安全例行工作常态化、标准化开展。“外包工程‘3+3’管控”“安全例行工作精益化”“作业现场全过程管控”三项精益成果强化了大修现场等重点领域和外包工程、劳务派遣人员等方面的安全薄弱环节管理,确保安全可控在控。

【重大保电】 开展“全覆盖交叉互查式”检查整改,从讲政治高度确保厦门金砖会晤、中共十九大安全保电、保水、反恐维稳,各部门严防严控,棉花滩和白沙运维部联系地方公安反恐部门开展了高水准的反恐应急仿真演练。

【精益体系成型】 公司统筹推进安全、运行和检修三大精益课题,打造以标准化为基石、以“七化”管理为核心的精益管理体系,做出良好的表率作用。累计13.5万字的试点成果编制,为水电行业的精益管理工作提供很好的参考借鉴。在参与集团公司水电精益管理书籍的编制中,公司参编人员表现突出,精益成果全部入选,获得高度认可。

【精益管理成效】 棉花滩电厂2号机改造处理效果良好,漏水量从0.841立方米/秒减小为0.298立方米/秒,彻底解决蠕动现象;白沙电厂1号机导叶端面密封优化改造,导叶漏水量由0.65立方米/秒(设计值:0.21立方米/秒)降至0.19立方米/秒,减少漏水量1007万立方米/年,提高经济效益约50万元/年;南盘石电厂2号机水导轴承改造,水导轴瓦温度从高报警临界状态的60℃左右,下降至52℃左右,比改造前明显下降8℃。

【精益文化】 1月12日,公司发布第二批精益成果,提高技术监督报表有效完成率、缩短机组由检修转热备用操作时间等14个课题全方位展示公司各部门的风采。精益管理有力促进公司各方面的规范化、标准化管理,提升企业核心竞争力,见贤思齐、比争赶超的氛围浓烈,棉花滩特色的精益文化日趋成熟。

【节水增发】 2017年,公司各水库降雨同比大幅减少,生产部门通力合作,开展3次暖云催化人工增雨作业。6月,洪水精益调度棉花滩水库增发电量4691万千瓦时,棉花滩电厂机组空转时间从平均每台机每天30分钟缩至7分钟,棉花滩、白沙水库在来水比设计多年平均减少17%、4.8%的情况下,年发电量比设计多年平均值增加5.2%、3.36%。截至年底,棉花滩水库水位按集团公司要求回蓄到160.5米。

【增收节支】 开展电量、电价、三项费用、五项经费等关键要素的对标管理,增收节支。继续加大与各贷款行沟通协调力度,提前还贷3.5亿元(含明年到期的1亿元),节约贷款利息802.45万元,资产负债率大幅下降,为后续发展腾出了宽广的空间。

【规范管理】 召开股东会暨六届二次董事会、监事会,根据相关文件精神,修改公司章程,将党的建设纳入章程内容,审议通过了公司部分高级管理人员任免等事项,确保经营管理重大事项依法、依规、依程序决策。

【人力资源管理】 中层干部实施“退”管理,修订《中层干部管理办法》,对干部选拔的流程、约束、后备的条件等进行规范,修改的最核心部分就是增加了干部的退出机制。干部队伍抓好“备”管理,制定公司厂处级、副厂处级、科级3个级别后备干部的个性化培养档案,择优推荐及制定80后优秀干部的培训计划。岗位调整持续推进“竞”管理,通过党群部副主任、4个维护专工、财务资产部会计、兼职电力交易员等岗位公开竞聘,让优秀人才“冒”出来。技术、技能通道深度“拓”管理,抓住福建公司推行职位序列改革的机会,争取到5个高层职位的名额,向生产和一线倾斜,拓宽生产人员岗位上升通道。推进全员培训,培养员工岗位成才。持续优化“区域集控、运维合一”大集控运行模式,建标准、创示范、树标杆。在福建公司水电运行技术比武中,公司选手包揽前四名。

【科技管理】 机组轴线测量及摆渡分析调整的科技项目有望实现专利突破,国家专利局已受理实用型专利申报,具有软件著作权,进入了最后的测试和验收阶段。检修仿真科技项目获得广泛认可,获集团公司科技进步二等奖,还获得中国电力技术市场协会二等奖和中国电力设备协会三等奖。新的科技项目持续接力,棉花滩电厂抽油雾系统改造、物资管理系统和图档管理系统等3个科技项目已向集团公司申报。安全管控平台和运行仿真的科技项目正在紧锣密鼓地研发过程中。棉花滩电厂条码扫描与SAP系统集成科技项目已向福建公司完成申请。QC活动紧扣安全生产,解决了生产过程中存在的众多疑难问题。棉花滩电厂运维部机械班QC成果获得2017年全省优秀QC小组奖。成功承办福建公司办公室主任座谈会和集团公司组织的科技项目培训班,有力提升了企业声誉。

【综合清洁能源项目】 认真跟踪福建省抽水蓄能电站规划修编的情况，主动向各方汇报，积极争取漳平抽蓄项目以优先靠前的排名上报。科研攻关棉花滩库面光伏的水位落差及精准抛锚等技术难题，形成相关技术报告向集团公司申报科研项目。积极寻找并勘测龙岩第二医院、宁德工业园区、永定光电产业园、永定洪山工业园区的屋面光伏资源。继续做好龙岩核电、龙岩燃气和廖天山抽水蓄能等项目的占点卡位工作，及时推进风电项目的踩点和勘测工作。

【拓展市场营销】 积极争取永定洪山工业园区增量配电业务，为电量营销工作的突破打下基础。获取2017年龙岩地区参加电力交易的企业名单，签订战略合作框架协议15家、意向电量21.5亿千瓦时。公司与福建闽投电力有限责任公司签订《战略合作框架协议》。

（福建棉花滩水电开发有限公司　供稿）

福建新龙马汽车股份有限公司

【概况】 2017年，公司下线成车8226台、实销10054台、终端实销5539台。自2014年1月公司首款产品上市以后，累计下线成车36437台、累计实销35667台、终端实销29551台。公司销售网络遍及全国28个省级行政区、98个地级市，累计开业76家一级经销商（实际有效37家）、74家二级经销商、18家海外经销商，全年实现营业收入6.39亿元，利润总额-3.31亿元。

在安全管理方面，公司坚持“安全第一、预防为主、综合治理”的方针和“以人为本”的原则，紧紧围绕环境安全生产及员工职业卫生健康目标开展工作，总体上实现福汽集团下达的“零事故”目标，环境安全绩效持续良好，有效保证公司的正常生产经营秩序。

【销售工作】 国内销售方面。由于国内微车市场不断下滑、竞争日趋激烈以及重组情况发生变化，重组后渐趋稳定的经销商网络重新处于动荡态势，为稳定经销商网络、提振合作伙伴信心，公司积极采取多项措施，包括：合理规划授权区域，逐步完成有形市场网络建设并形成区域优势，对经销商各网点每月有形市场建设情况进行管理及提升；调整返利政策，简化运营管理考核，突出月度营销重心；对部分信誉良好、经营压力较大的经销商，适时推出铺车政策，缓解其经营压力。

新能源汽车销售方面。由于EV整车公告获取时间较晚、电池供应商电池供应不足、已投放市场的电动车出现的大面积后桥故障等因素，对EV车销量目标达成产生了较为严重的影响。2017年公司实现销售纯电动车5716辆，较2014-2016年累计销量增长61%。为拓宽EV销售渠道，力争EV车销售目标达成，公司通过运营商拜访、参加物流行业洽谈等方式实现销售渠道的快速扩张，全国EV销售渠道扩展到22家。在EV销售团队部分一线销售人员陆续流失的情况下，快速调整成立新团队，同时根据市场状况设立福建省业务处、深圳业务处、河南业务处，通过3个业务团队的信息互通、协助，新的营销团队在政策解读、EV销售技巧、商务洽谈上得到了快速成长，为EV车销售打下了良好基础。

外销方面。通过渠道协同、参加国内外展会与产品推介会等方式，积极拓展海外市场。2017年公司实现出口1634辆，较上年同期上涨114%。并利用协同资源在马达加斯加、菲律宾、多米尼加等国开发了经销商，为未来拓展销量打下良好基础。此外，公司还进一步推进援外目录工作，适时跟进援外司、中国机电进出口商会等部门援外工作进展。

【新车型开发及导入】 S1C项目方面。截至2017年5月，导入瑞典萨博纯电动车型的S1C项目已完成预研、造型设计、展车制作及A面数据制作发布，受重组进度影响，S1C项目于下半年暂停。根据各方达成的共识，自《股权转让协议补充协议》生效日起，《新龙马S1C-EV车型项目预研合同书》及《福建新龙马汽车股份有限公司关于“S1C-EV”等许可车型的技术许可协议》同时终止。

启腾系列产品改款升级方面。通过走访不同省份的经销商经销商，调查了解M70-CV、EX80-CV及V60-CV在市场上竞争力的状况，以及配置的合理性确认。通过与市场竞争车型的性价比充分比较后，并综合各家经销商的意见后，相关部门提出了M70-CV、EX80-CV及V60-CV三款车型的车型体系及配置调整方案，并顺利完成此三款车型体系配置调整、试装及量产工作。

【售后服务】 2017年，开发28家服务站（新能源服务站15家），累计特约服务站118家，实现经销商/服务商销售区域全覆盖。在提升服务站服务水平上，加强关键岗位培训，对关键岗位进行认证；对新加盟服务网点，除厂内关键岗位培训外，为服务站提供前3个月的辅导期，辅导期内区域服务经理进行现场辅导作业，很好提升了服务站服务能力；同时，为提升服务站服务质量，实施服务站星级评定与服务站销售返利和索赔工时单价挂钩，激励服务站自觉提升服务水平。此外，公司售服严格执行年度商务政策，在保护客户的合法利益的基础上，严格审核经销商提交的索赔单据，2017年1—11月，共计审核通过经销商索赔单据11720份，金额332.2万元。

【降本增效】 采购降本。实现M70—EV三电加权降本21000元/辆（降幅25%），M70—CV降本286元/辆，EX80

降本 402 元/辆，V60 降本 930 元/辆。自助系统开发。全年合计依各部需求完成自主开发系统 23 项，覆盖业务主体含人力资源管理、供货订单管理、后勤管理、安全管理、生产管理、预算管理等各个方面，规范各业务的流程体系，并有效提高相关业务单位的作业效率。组织及职能调整。考虑公司业务开展需要，为利于不同品牌车型设计开发工作同步推展，加强重要车型开发项目的进度管理和资源整合，将原来的技术开发部拆分为技术一部和技术二部，分别负责启腾品牌和 S1 车型品牌。结合销售部和市场服务及海外销售部阶段工作开展情况，为优化组织分工，将市场服务及海外销售部市场组市场推广相关职能调整至销售部 CV 业务组，并将销售部销售管理组市场分析相关职能调整至 EV 业务组。人力配置优化。为优化人力配置，2017 年结合公司实际对行政助理岗位及发动机人力进行调整。经对各部门行政助理岗位进行工作盘点，为提高现有人员的利用效率，取消各部门行政助理岗位编制 11 人，并将现有助理 8 人异动至其适任岗位；针对发动机项目部自制发动机停产情况，除保留发动机项目设备、工器具管理等事项人员外，其余人员异动至整车厂。

【资金运作】 在公司重组情况发生重大变化、此前系列资金安排计划无法落实的严峻情况下，为确保公司正常资金需要、维持生产经营正常运行、按时归还银行贷款等资金需求，公司不断加强同金融机构联系，积极的介绍重组利好和重组进度，2017 年获批授信额度 8.8 亿元，可提用授信额度 6.3 亿元，已提用 0.5 亿元（金润保理），尚有近 20 余亿的意向贷款在对接中。但由于贷款的担保手续未能落实，导致已批的授信额度无法提用。2017 年主要通过股东借款维持公司的生产经营，2017 年新增股东借款 6.07 亿元，展期 2.3 亿元，股东借款总额 8.37 亿元（其中，福汽 3.82 亿元、工发 4.55 亿元）。并通过合理安排资金收支，优先支付银行贷款还本付息、员工薪酬，前期对有法律风险的供应商先行支付部分货款，后期以恢复生产为重点支付相应供应商货款。此外，全年收集 37 项国家、省、市、区各级、各部门出具的各项资金申报政策，组织提交4 项资金申报材料，跟进落实原有的优惠政策，获得两项补助资金 1542.3 万元。

【公司重组】 自 2017 年 1 月 25 日取得中外合资营业执照以后，新龙马公司重组工作在各方关心支持下总体有序推进。但受新股东资金实力、国家发改委对重组项目审批存疑等因素影响，重组工作自下半年起开始发生重大变化。7 月 16 日，省政府召开专题会议研究新龙马重组事宜，副省长周联清就新龙马保生产、保团队及下一阶段发展方向作出指示。10 月 13 日，四方股东商定：国能、国研按已缴交的股权转让款折算成持新龙马 19.5%股权，其他 45.5%股权返还原股东。福汽集团、龙马工业在一年内以原价（即 1.6041 亿元）回购国能国研股份。根据电话会议共识，各方已签订《股权转让补充协议》，并已按照相关法规政策规定报省国资，后续将报商务、工商等部门审批并办理有关手续。在二次重组过渡期间，新龙马公司积极配合各方股东开展新的战略合作伙伴导入工作，并全力确保企业生产经营及员工队伍的稳定。

（福建新龙马汽车股份有限公司　供稿）

福建正大食品有限公司

【概况】 福建正大食品有限公司是集饲料生产、种鸡繁殖、肉鸡饲养、肉鸡屠宰加工为一体，以“打造中国南方最大的生态肉类食品加工基地”为发展战略目标的农业产业化国家重点龙头企业。公司产品涵盖冷冻鸡肉、冰鲜鸡肉、洋快餐、腌渍调理品等 130 多个系列，获得 ISO9001（质量）、ISO14001（环境）、ISO22000（食品安全）三个管理体系认证证书。几年来，公司坚持走“养加销一条龙，贸工农一体化”的发展之路，采取“公司+基地+协会+农户”的“订单农业”经营模式，使企业规模不断扩大。企业经济效益不断提高，对农民的辐射带动能力不断增强，为地方经济的发展做出了较大贡献，也为闽西山区、老区农业产业化发展模式探索了一条有效的可持续发展之路。

2017 年末，公司总资产 8.38 亿元，年产 18 万吨饲料，年出栏肉鸡 4200 万羽，加工鸡肉 8.5 万吨，实现产值 17.2 亿元，销售收入 13.46 亿元。

【业务发展】 公司 2004 年被国家农业部等八部委联合认定为龙岩市唯一一家农业产业化国家重点龙头企业。由此，公司进入了快速发展阶段，在企业生产规模、产业链的延伸、技术创新能力建设、品牌建设、带动农户增收以及经济效益等各个方面取得长足进步。

2012 年投产的“年屠宰 3600 万羽白羽肉鸡生产线”项目，使屠宰加工能力从 2008 年 6 万羽/日扩大到 12 万羽/日，年屠宰从 1800 万羽扩大到 3600 万羽。经过技术改造升级，2017 年，屠宰量 4000 多万羽，肉鸡养殖规模从 2008 年出栏 1652 余万羽扩大到 2017 年的 4200 多万羽。

【产业化经营】 公司在发展农业产业化经营中，分别采取“公司+基地+协会+农户”和“公司+基地+农户”的经营模式发展肉鸡，以互惠互利的原则，通过规范化经营和契约式的产前、产中、产后系列全程服务，与广大农户结成紧密型的产业关系，带动农民增收，按照“统一供苗、统一供料、统一供药、统一技术、统一收购加工销售”的五统一要求，积极发展农民走养殖业脱贫致富之路。倡议在肉鸡养殖农户中成立“龙岩市肉鸡产业协会”,并建立风险保障机制(设立风险保障基金),免费提供技术服务,饲料、药品赊销给农户(产品回收时再结算扣除)。2017年，带动农户4725户，带动肉鸡养殖户利润增收5200多万元。带动农户养殖肉鸡3569万羽。公司采取的产业化主要经营模式有：

【实行保护价收购】 公司与农户签订毛鸡回收合同、制定成品毛鸡保护价收购、无偿提供技术服务、饲料、药品赊销给农户等一系列措施,让农民吃上“定心丸”。按农户的饲养收益平均每羽肉鸡利润4元左右测算，实行保护价收购，毛鸡收购保护价实行高进高出的“双高制”,即双方在合同中约定“鸡苗、饲料的价格高于市场价,收购成品毛鸡的价格也高于市场价”，价格半年内不受市场变化影响。不管市场如何变幻，农户毛鸡全部按合同价格回收,并制定统一供应鸡苗、饲料、药品器械、技术服务和毛鸡回收的“五统一”保障措施,农户只需做好肉鸡养殖生产,即可获得稳定收益。如果农户防疫措施严格、管理到位,不但成活率高,料肉比也会低,利润就高。2016年通过正大集团的雄厚实力,养殖技术的创新,使得养殖成本下降，在保证养殖农户养好鸡的前提下,获得更大的经济效益。

【提供技术服务】 成立肉鸡饲养技术服务部，招聘一批具有大专以上学历、又有丰富实践经验的畜牧兽医专业人才,对养殖户进行包括场址选择、建鸡舍、设备安装、养殖、防疫等技术培训；并深入养殖户(场)提供技术服务。技术服务人员分片到区,责任到人,只要农户需要,无论白天黑夜,随叫随到,无偿提供养殖全过程技术服务,解决养殖户缺乏技术的难题。

【成立肉鸡协会】 做好农户养殖技术培训、疫病防治、信息沟通,研究解决产业化发展中出现的新问题,确保肉鸡产业有序运行,公司倡议并支持成立“龙岩市肉鸡产业协会”，发展会员300多个,带动农户3600多户,协会会员遍及龙岩市新罗区、上杭县、永定县、漳平市等县(市、区)。协会的成立,为农户与公司之间、农户与农户之间架起了沟通协调的桥梁,进一步促进了龙岩市白羽肉鸡产业的迅速稳步发展。

【建立“风险保障基金”】 倡导和推动在广大养殖农户中建立风险保障机制，设立龙岩市肉鸡产业协会风险保障基金,并制定一系列配套的管理办法。基金由农户会员按进鸡苗数0.06元/羽标准缴纳,公司按0.1元/羽标准给予配套扶持。当会员在肉鸡饲养过程中发生重大疫情或遇到其他各项原因,出现较大亏损时,风险基金按一定的比例额度给予资金补偿支持。为鼓励农户养好鸡，还规定以年度为单位,未发生疫情和亏损的,基金每年按其上交的风险基金的30%给予奖励。

(福建正大食品有限公司　供稿)

福建省长汀金龙稀土有限公司

【概况】 福建长汀金龙稀土有限公司是福建省稀土产业的龙头企业,是全国六大稀土集团之一的厦门钨业股份有限公司的全资子公司。已建成5000吨稀土分离、2000吨稀土金属、2000吨高纯稀土氧化物、1300吨三基色荧光粉、3000吨钕铁硼磁性材料、2500吨钕铁硼表面处理生产线。其中,稀土分离线实现全自动一次性分离15个元素,分离工艺国内领先;生产的荧光粉、磁性材料达到国际先进水平。

【生产销售】 2017年，福建省长汀金龙稀土有限公司生产稀土氧化物2649.05吨，比2016年增加312.89吨，销售2875.61吨，比2016年增加1066.16吨；生产稀土金属2417.07吨，比2016年增加1280.83吨，销售2045.05吨,比2016年增加1234.66吨；生产荧光粉615.01吨，比2016年减少79.61吨,销售692.3吨,比2016年增加21.87吨；生产磁性材料2466.76吨,比2016年增加925.88吨，销售2230.29吨,比2016年增加599.99吨。

【项目工作】 6000吨稀土特种金属及特种合金项目,完成一期建设,设备产能2000吨;钕铁硼元器件配套2500吨表面处理项目，完成900吨镍铜线、新电泳线安装调试、旧电泳线、磷化线的搬迁及配套烘箱搬迁；年产1500吨烧结钕铁硼扩产项目,完成磁石设备产能扩1000吨,完成风电产品线、汽车产品线和异形产品线搬迁及组建;MLCC介电陶瓷钛酸钡粉体研发及产业化项目，完成300T固相法生产线建设，并成立新公司。

(金龙稀土有限公司　供稿)

12

重点产业园区

编辑　上官克盈

龙岩经济技术开发区（龙岩高新区）

【概况】 2017年，龙岩经开区（高新区）按照“产城融合、二三并举，创新创业、招商引智，体制优化、精简高效”的发展定位，着力转方式调结构、优产业促转型、抓项目扶企业，顺利完成体制机制重新调整的移交划转工作，全区经济社会保持平稳发展态势。成功创建国家军民融合特色产业示范基地、省级绿色开发区。新增欣隆环保、易动力、强龙金属三家企业在“新三板”挂牌上市。8月，龙岩市委、市政府研究决定，调整龙岩经开区(高新区)“两调整、一下放”相关职能和事项，不再管辖6镇，明确东肖、红坊、高陂3个开发片区，共计25.4平方公里，重新聚焦经济发展主责主业。体制调整后，全区红线范围内，全年实现规模以上工业总产值241.93亿元、比增5.8%，财政总收入完成9.98亿元、比增19.7%(财政收入基数含原六乡(镇)及商务、金融中心，下同)，其中地方财政收入5.70亿元、比增20.3%；规模以上工业增加值48.38亿元、比增2.4%。500万元及以上固定资产投资60.8亿元、比增28.2%，其中，工业固定资产投资31.6亿元、比增33.2%；房地产开发完成投资7.3亿元、比增52.6%。实现限上商品销售额100.96亿元、比增50.3%。社会消费品零售总额3.15亿元、比增16.5%。

【项目落地】 深入实行“项目挂钩制、一线工作法”，全面完成市下达“五个一批”、七大领域会战任务，成效位居全市前列。10个省市重点项目完成投资33.27亿元，完成年度目标130.7%，4个“重中之重”项目完成投资19.8亿元，完成年度目标127.7%，全年实现33个项目集中开竣工，其中，龙工“四轮一带”、丰晟科技锂电池、中国农产品物流交易城、环海环保专用汽车一期、粮食直属储备库、欣隆环保技改等项目实现投产，龙马环卫装备扩建项目、龙工年产3000台挖掘机项目已建成试生产，省建工集团建筑工业化生产基地正加快厂房建设。

【脱贫攻坚】 全面完成干部挂钩录入工作，挂钩1139户贫困户。深入开展脱贫攻坚“回头看”工作，删除不符合识别条件贫困户102户328人、落实造福搬迁205户640人、动工193户606人、发放小额信贷71户372.5万元，发放易地扶贫搬迁专项（贴息）贷款396.4万元。完成“雨露计划”培训任务，培训706人次，完成比例155.2%。全面落实产业扶贫措施，通过落实种、养、加、商等完成扶贫项目730户2453人。推动平安产险公司定向帮扶培丰镇洪源村，发起党员精准扶贫项目，采取基地+贫困户的模式，捐助当地“米蕉种植基地”基础设施搭建，打造总面积23.33公顷的米蕉示范基地，帮助当地320户1100人增加收入。8月底顺利完成扶贫工作移交划转工作。

【生态环保】 投入整治资金1.19亿元，关闭拆除生猪养殖场面积92.94万平方米，清栏减栏生猪16.25万头。全面推进河长制工作，聘请河道专管员75人、保洁员375人，投入520万余元开展清淤河道20余次；全区各镇断面监测水质从劣Ⅴ类水质提升到Ⅲ类水质，部分指标数值上优于Ⅱ类。完成黄标车淘汰444辆，123家违规企业整改工作，拆除土法石灰窑16家、淘汰机砖厂16家，辖区内空气质量达标天数比例100%。完成水土流失治理面积1200公顷，新增矿山恢复治理面积8.8公顷、植树造林500公顷。全部办结并整改完成中央督察组转办的9件信访件。

【产业发展】 “333”产业发展提速，专用车、智能机械、环境科技产业实现总产值183.59亿元、增长7.8%(全区20个大类行业中，有15个行业总产值实现正增长），其中以龙工机械为龙头的智能机械产业完成产值41.37亿元、比增34.4%，以龙马环卫为龙头的专用车产业持续保持15%的高增速。78家规模工业企业中产值超亿元有37家，占全区规模以上工业企业的47.4%，累计实现产值224.26亿元，比增17.1%。出台中小微工业企业扶持政策，在融资租赁、用工用地、技改升级上给予重点跟踪扶持，16家中小微企业全年完成产值28.01亿元、比增64.5%。新增规模以上工业企业4家、新上规模营利性服务业企业5家，易动力、龙合智能通过福建省“专精特新”中小企业认定。完成签约4个建设项目、4个技术合作协议、3个新开工项目、2个新竣工项目、10个采购合同（协议）、1个产业共建项目，均超序时完成市下达任务。4家企业进入军队物资供应商库（龙基机械、龙马环卫、畅丰专汽、欧麦香食品），全年实现民品参军销售1.1亿元。

【招商引资】 充分利用“6·18”海交会、“9·18”投洽会、“11·8”机博会、军民融合中电科专场对接会等平台深入对接，签约项目77个，其中10亿元以上项目2个，5亿元—10亿元项目3个，位居全市第二名。兴万祥汽车零部件、环海环保专用车二期正进行环评、三通一平等前期工作，引进西藏圣德医药投资新建麻醉及精神药品生产线，利用原明龙制药厂房过渡生产，已初步完成项目扩建选址工作。

【创新驱动】 全年新增4家高新技术企业、4家省科技小巨人领军企业，科创园、龙腾汽车研究院新增孵化企业11家，在孵企业66家，发明专利授权33件、比增37.5%。组织14家企业参加第五届省创新创业大赛暨第四届龙岩创新创业大赛，龙合智能等7家公司顺利进入第五届省创新创业大赛复赛。龙马环卫入选首批服务型制造示范企业、龙净环保荣获全国“制造业单项冠军示范企业”。

【要素服务】 出台工业稳增长、产业龙头培育、小微企业减负等惠企政策，全年提供7758万元贷款担保、为5家企业提供融资授信4180万元、为3家企业提供过桥资金1350万元，帮助企业申报各类补助金2300余万元。清理闲置土地20宗109.89公顷，出让工业用地31.11公顷、商住用地5.37公顷，完成房屋征收190户6.07万平方米、土地征收31.28公顷。扎实开展“两违”专项整治行动，拆除违建面积57.8万平方米，“两违”分类处置率99.3%，腾出可利用土地50万平方米，土地利用率98.6%。

【基础设施】 红田路二期完成2500米的雨污水管网及路基建设；2017年9月，北环路二期A标段工程通过竣工验收，高新区624县道污水管网实现通水，全长1025米；平在4号路延伸段完成雨污水管道铺设300米；高陂平在2号路、4号路及1号路箱涵工程完成约620米的管道及路面施工；龙马环卫装备改沟工程完成清表400米，83米河堤砌筑；完成开发区实验学校设计方案并提交市规委会审核，完成康泉自来水厂及管网工程的项目立项、可研、土地平整等前期工作。

【城乡治理】 持续推进新型城镇化和美丽乡村建设，新型城镇化完成投资5.16亿元，完成计划的113%；美丽乡村策划项目78个，完成投资3.93亿元，占任务的116%。深入实施创建全国文明城市工作，发放创城宣传材料近3万份、制作创城路灯宣传广告600多幅。投入近200万元开展园区道路绿化提升改造，组织创城专项整治44次，劝导整治占道经营、占道堆放等781次，清理无主垃圾35车。

【社会保障】 实施“党员创业帮扶”等创业培训工程，完善覆盖不同群体的创业培训体系。推进企业职工技能提升培训，举办招聘月活动，加大引进人才力度。进一步完善低保申请、入户调查、民主评议、审核审批程序。形成以城乡低保为基础、其他社会救助和社会帮扶为补充的社会救助方式，实现城乡社会救助一体化、组织网络化、管理社会化，最大限度保障城乡困难群众基本生活。完善五保供养配套政策，建立五保供养标准自然增长机制。提高农村幸福院的管理和服务水平。资助农村五保户、农村低保户和重点优抚对象参加新型农村合作医疗和城市低保对象参加医疗保险，实现参合率和参保率100%。

【教育卫生】 强化教育教学教研活动开展，举办首届中学开放周、幼儿园开放日等8场教学考研活动。积极消除D级危房，虎岗中学2号楼已按规定采取封闭施工设计。化解中小学债务4000多万元，加大薄弱学校食堂、宿舍的建设改善力度，消除了“大通铺”现象。投入资金754.8万元，配备“班班通”设备395套，投入381.3万元，采购1226台电脑，实现学校宽带网络实现全覆盖。采用“送出去、请进来”的方式，选送1名教师到英国培训，230名学科教师参加省、市组织的各科教学观摩和业务培训，1600名教师参加全省中小学教师信息技术应用能力提升工程培训。悬挂计生工作横幅标语、书写固定标语95幅，设立LED电子屏幕滚动宣传，开展春节等节假日和农村墟天“摆台设点”宣传。在坎市镇文馆村创办“医养结合模式”养老院。加强规范化预防接种门诊的建设和运行管理，为适龄儿童提供免费的国家免疫规划疫苗接种服务，扩大免疫规划疫苗接种率均在95%以上。

【文化旅游】 发挥张胜友故居“北山书屋”的文化效应，创树文化工作品牌。全面推进社区文化中心、村级文化活动室和农家书屋建设。推进虎岗阳光舞狮队、培丰十番音乐、高陂舞大龙、红坊广场舞、东肖文化庙会等特色文化活动。组织开展“社区杯”篮球赛、“庆五一·迎五四”文艺晚会等系列群众文化活动。深入挖掘开发东肖红色旧址群和高新区汽车工业旅游项目，规划建设虎岗红色文化旅游基地等一批旅游项目。推广高陂迎春牛、坎市打新婚、北山关帝节、培丰全福兴龙狮表演等民俗活动产品。加强对1处国保、4处省保、20处县保和199处文物点文物的抢救、发掘和保护维修工作。完成西陂天后宫及24处相关革命旧址修缮立项报告的编制申报工作，完成全区革命旧址的确认及命名工作。58个革命旧址都已列入龙岩市革命文物保护经费需求规划。

（开发区　供稿）

厦门龙岩山海协作经济区

【创新机制】 充分发挥好两市互补优势，积极探索“政府引导、市场运作、产业协作、管理合作”的区域协同发展新模式，实现双方共赢。进一步推动决策和议事机制完善，形成按照分层面解决问题的机制体制。7月11日，两市山海协作工作联席会议在龙岩召开，明确优先开发建设雁石片区，结合雁石省级小城市示范镇建设，推进产城融合，以点带面、滚动开发，并对合作区的机制体制、项目引进、配套短板等重大问题提出解决方向和要求，两市正在积极推动落实。两市互动交流密切，日常沟通协调机制进一步完善，与同安区委、区政府签订合作框架协议，与厦门理工学院、华侨大学等院校建立政校合作渠道。

【规划先行】 坚持“五位一体”、产城融合生态文明示范区定位，进一步高标准、高起点完善各类规划编制。完成白沙—苏坂产业园总体规划的修改调整，已获得龙岩市政府审定批复，获得2017年度福建省优秀城市规划设计奖三等奖。制作合作区8个规划组团的宣传资料，主动邀请厦门市规划院专家开展专题讲座，组织领导干部学习宣传总体规划。推进雁石产业园和白沙—苏坂产业园的规划环评编制，已组织两市环保专家对环评初步成果进行评审。

【推进项目落地攻坚】 建立健全每周报送进度、半个月召开协调会的项目推进制度，紧盯两市产业协作，用好“6·18”海交会、“9·8”投洽会、“11·8”机博会等招商引资平台，全力推进项目落地建设，确保“五个一批”工作任务完成。全年完成智能雷达主动防撞安全系统、大口径管状超高功率石墨电极、高性能VDR电阻陶瓷基纳米复合材料、锗—硅复合基IC芯片、厦龙食品工业园等5个谋划项目，总投资44.34亿元；完成厦门联亿升公司的劳保用品、厦门饶天投资公司的生物农业产业化基地、厦门银鹭集团的现代农业、北京朗净时代科技公司的环保设备、阳光电源公司的园区光伏发电、厦门保视丽无尘科技公司洁净布、厦门铁山工贸公司大型数控车床铣床、厦门康莱特切削工具公司金属切削工具五金制品和绿届众创空间等9个签约项目，总投资12.1亿元；多方筹措资金，总投资2300万元的合作区职工文体中心项目于12月29日开工建设。

【脱贫攻坚】 按照精准扶贫的工作要求，合作区挂钩帮扶干部主动对接，积极作为，17户贫困户2016年已实现脱贫12户。全年发放帮扶资金2.8万元，节日慰问金（及物品）约1.3万元，帮助争取社会帮扶资金0.6万元，帮助办理新增扶贫小额贷款3笔共13万元，解决贫困户面临的具体问题10件。针对尚未脱贫的5户贫困户的家庭实际，挂钩帮扶干部群策群力，多措并举，已在2017年底全部实现脱贫。

【生态环保】 积极践行“绿水青山就是金山银山”的发展理念，将绿色发展理念贯穿于项目招引全过程，杜绝污染项目落地，要求企业达标排放。引导当地政府与群众因地制宜，着力发展现代农业、乡村旅游、健康养老等绿色产业。配合开展九龙江流域污水、垃圾处理设施建设运营管理情况的检查，推动开展合作区内农村环境综合整治，大力推动合作区范围内禁养区的生猪退养工作，仅雁石产业园启动区周边就关闭拆除33家猪场、约1.9万平方米，切实保护好九龙江流域水质。

【市场化运作】 完善财政制度。推动两市建立预算分析制度和税收返还机制，进一步规范财政资金申请拨付流程。全年完成合作区税收入库518.7万元，向省财政厅协调申请返还合作区税收省级分成资金约145万元，向上级财政部门争取项目资金35万元。推动金库设立。主动对接省人行，积极筹备合作区金库的设立，涉及金库设立的财政体制、国地税机构设置等问题已解决。创新投融资机制。进一步推动厦龙公司提升改造，使之能够承担开发、建设、招商、运营等任务职责；优化雁石片区130.53公顷项目及白沙—苏坂启动组团项目的测算和投资方案。积极对接社会资本，与天胜基金、中交建四局、江苏铁军、中新房集团、复兴集团、中交建集团、首创证券等洽谈合作开发合作区；与两市商业银行、政策性银行及各地的基金公司等对接，共同探讨融资开发方案的可行性。

【土地管理】 将200公顷新增城乡建设用地指标布置到近期开发建设范围内，新增城乡建设用地250公顷，其中雁石产业园101公顷、白沙苏坂产业园149公顷。加强与国家土地储备整理中心、省、市国土资源管理部门对接，推进合作区土地收储中心申请进入国土部收储名录工作。

【平台建设】 雁石片区启动区(41.53公顷)“三通一平”基本完成，市政基础设施累计完成投资约1亿元，满足项目落地要求；启动区一期6.4万平方米通用厂房及配套综合楼已通过整体综合验收并投入使用，基源医疗检测公司、欣博电子公司正式入驻通用厂房。进一步推动合作区周边最迫切、最重要的配套项目尽快启动建设，加快推进雁石水厂、星邦220千伏变电站等项目建设以及供水管网、通信网络建设，园区投资环境进一步改善。

(福建厦门龙岩山海协作经济区 供稿)

漳平(永福)台湾农民创业园

【概况】 2017年，是台湾农民到漳平永福创业20周年。在农业部委托复旦大学对29个国家级台创园综合绩效考评中，漳平台创园位居第一名。永福用好“国家级台创园”这张牌，申报创建成为福建省级田园综合体试点和省级特色乡镇，先后投入15亿元完善园区路、水、电等基础设施建设。园区被授予全国首个“台湾青年产业融合创业示范基地”、福建省首个“台湾高校学生农业教学实践基地”、福建省级台湾青年就业创业基地。2017年“永福高山茶”入选第九届金砖五国(厦门)峰会用茶、入选“砥砺奋进的五年”国家大型成就展。台品樱花茶园被评为全国首批“全国绿色食品一二三产业融合发展示范园”创建单位、入选福建省首批优秀创意旅游产品，鸿鼎现代观光体验式茶厂、岳山嘉茗观光工厂列入省级现代观光工厂。园区被誉为“中国最美樱花胜地”，受到中央电视台、人民日报社、新华社等各大媒体的报道。全年接待游客128万人次，旅游收入1.6亿元。花卉新品“三胞胎”(永福紫绡、永福彩霞、朝阳金钻)获得国家林业局专家组命名。

【台湾青年创业】 2017年，组织中国台湾青年参加各级各类组织的“企业高级经营管理人才培训”“农产品电子商务研习班”“闽台休闲农业暨全省休闲农业管理人员培训班”“闽台智慧农业合作交流培训班”等学习培训，鼓励支持台湾青年筹办成立“台二代”茶叶销售协会。启动两岸青年智慧创业园(台湾青年创业中心)项目建设，为台湾青年创业就业提供集中办公场所，已完成选址、规划设计、公共资源交易平台招标采购；打造台品茶业有限公司、鸿鼎农场开发有限公司2家“两岸交流示范基地”，岳山茶业有限公司1家“两岸青年创业示范营”，来福茶业有限公司1家“两岸青年创业示范场”。成立园区台湾青年创业服务中心，举办“海峡两岸青年联谊交友会”、台湾青年制茶技艺交流、生态休闲农业考察对接等活动，推荐台湾青年在台商联谊会、闽台缘高山茶合作社换届中担任要职，丰富农闲文化生活，增强创业发展信心，扎根园区创业发展。组织园区台湾青年参与首届海峡两岸青年微电影大赛，选送作品获两金一银。截至年底入驻台湾青年60多名，其中台湾青年创办企业10家，负责台企管理或担任高管职务的台湾青年10多名。

【服务台商】 2015—2017年，服务园区24家台商台企从各金融机构通过茶树林权抵押贷款1.07亿元，申报发放贷款贴息资金392.34万元。邀请建行、中行及江海证券公司等各类金融机构对接企业贷款等事宜，为鸿鼎茶厂争取政策资金返还370万元。开设首家“印象永福”高山茶官方旗舰店。推动与未来生活网、长春市花卉协会君子兰专业委员会、厦门市龙岩商会等建立战略合作关系。组织台农参加海峡论坛·两岸茶产业对接交流会、中国国际农产品交易会、首届大陆台资企业产品展销会(南京)、海峡两岸茶叶博览会等各类展会活动。举办永福高山茶寻茶之旅等活动，扩大“永福高山茶”的市场认可度、接受度、知名度和影响力，促进“永福高山茶”产业发展。

【两岸交流】 2017年，组织开展中国台湾青年园区参访行、台湾邻里园区体验行、台湾高校师生园区校外教学实践、妈祖文化旅游节等活动，邀请中国海峡两岸农业协会、南投县鹿谷乡农会、台湾中华生机农业文化经贸交流协会、南投县竹山镇中国国民党竹山青年工作委员会等台湾社团30余批次、各界人士3600多人次，其中，对接邀请14批次200多名台湾基层民众到园区参访考察、体验交流。全年促成3个闽台特色乡(镇)生态农业对接项目签约；新增入驻台企7家，其中台湾青年企业5家，注册资本983万元。

福建龙州工业园区

【概况】 2017年，园区入驻企业353家，其中投产295家，规模以上企业214家。2017年，园区实现规模工业产值330亿元，比增17.4%；实现工业增加值79.9亿元，固定资产投资110.9亿元，实现税收5.1亿元，总体经济运行情况平稳较快增长，继全市首个产值突破100、200亿元的省级工业园区后，成为全市首个产值突破300亿元的省级工业园区。

【企业品牌】 园区以转型升级为目标，全力推动企业打造技术创新平台，鼓励企业加快品牌提升建设，取得了明显成效。园区拥有1家上市公司、3家新三板挂牌公司、5家上市公司子公司、5个博士后科研工作站、25家国家级高新技术企业、5家省知识产权试点企业、14家市知识产权试点企业、7个省级以上企业技术中心、29个市级企业技术中心、1个中国名牌产品、2个中国驰名商标、13个省名牌产品、30个省著名商标。其中2017年，新增3家高新技术企业，1家省级企业技术中心。

【区位优势】 园区规划总面积12.1平方公里，由核心区、高新区、东宝工业集中区、龙池工业集中区、龙丰新型建材产业园、龙泰新材料产业园等"一园多区"格局组成。园区作为新罗区产业发展的重要载体，地处龙岩中心城市北冀，核心区毗邻闽西交易城，离中心市区5公里，城市主干道龙腾北路、北三环横穿园区，与莆永高速公路入口(北接龙岩高速北出口，西接龙门龙岩高速西出口)相临，离龙岩火车站、海西龙门物流园也在5公里以内，在海西整体战略格局中的区位和综合交通优势更加突出。

【主导产业】 机械产业作为园区主导产业，已将核心区初步发展成为工程机械、运输机械、环保设备及硬质合金组成的机械制造产业特色园区，其中，工程机械产业，形成以龙工集团为龙头，聚集山力液压、海博机械等相关企业为主的工程机械产业集群；运输机械产业，形成以海德馨、侨龙为龙头，聚集威而特汽车动力部件、阿赛特汽车零部件等相关企业为主的运输机械产业集群；环保设备产业，形成以龙净环保为龙头，聚集卫东环保、龙湖环保等相关企业为主的环保机械产业集群。

【产业布局】 园区围绕龙岩市产业发展布局，在重点发展机械产业的基础上，着力培育新兴战略性产业发展。以海德馨移动应急电源车、侨龙应急排水车等各类专用车制造为主，重点培育发展应急产业。园区以成功创建国家级应急产业示范基地为契机，在核心区规划667公顷左右用地用于建设应急产业园，同时作为龙岩市重点发展产业，园区参与制定《福建省龙岩市国家应急产业示范基地发展规划(2018–2022年)》《新罗区加快发展应急产业实施意见》和新罗区"应急产业发展十条措施"等政策措施，将打造集研发、设计、生产、营销、技术服务、检验检测等功能为一体的产业集群。全力优化硬质合金产业布局。硬质合金产业是新罗区重点培育产业，园区以硬质合金产业园为核心，依托原有产业基础和龙岩市有色金属的丰富资源，通过扶持现有潜力企业上规模，培育新引进的企业发展壮大，同时加深全产业链对接，配套建设研发、检测、设计等创新服务平台，力争逐步建设成我省规模最大、产业聚集度最高的硬质合金产品制造基地和研发中心。结合新罗区农业特色产品，培育发展农副产品深加工产业。龙岩市拥有众多特色农副产品，园区按照新罗区加快农副产品深加工产业发展的工作要求，在龙池工业集中区规划200公顷用地用于该产业发展。同时考虑农副产品加工产业的特性，先期投入建设一批标准厂房满足企业生产需求，逐步提升产业发展规模，加强种植方式、生产工艺等方面创新，不断提升产品核心竞争力。

国内应急排水龙头企业——福建侨龙专用车有限公司着力自主创新，推进转型升级。图为工人们正在"龙吸水"智能液压应急供排水抢险救援车的安装调试作业

【项目建设】 园区以实施项目落地攻坚战役为抓手，按照完工投产一批、主体完成一批、加快实施一批、前期推进一批的要求，大力推进项目建设，扩大有效投资。2017年，园区在建项目68个，项目总投资超300亿元，2017年完成投资69.4亿元，其中，龙泰新能源材料生产项目、侨龙智能液压制造项目、亿钻非开挖水平定向钻机等重点项目基本建成或投产，项目的投资效率不断提升，园区也将进一步提升服务水平，加快推动项目建成投产。

【生态环保】 园区成立生态环保攻坚战役领导小组，组织相关人员系统学习生态环保工作相关文件，制定园区《2017年度生态环保攻坚战役工作方案》以加强工作落实。2017年，园区按环保部门要求，对全园区企业进行环保督查，2家企业完成整改，对13家企业进行处罚，组织97家企业进行环保验收，同时加强对污水管网巡查。

【扶贫攻坚】 园区按照上级工作要求，安排结对帮扶，传达学习贯彻中央和省、市、区关于开展精准扶贫工作的重要文件精神，让每一位挂钩干部把政策吃准、吃透、吃深，推动挂钩帮扶工作深入开展。2017 年，共向 15 户贫困户发放家庭增收项目扶持资金 3 万元，春节慰问金 7500 元；发放食用油和大米等中秋慰问物品 1600 多元；协助办理小额贴息贷款 1 户，易地搬迁 3 户，同时，已帮助帮扶对象全部脱贫。

【盘活土地】 为有效解决目前土地资源日趋紧张，供需矛盾突出的情况，园区根据市、区盘活低效工业用地的要求，组织精干力量开展低效工业用地盘活工作。2017 年，园区累计已收回 13 个项目低效工业用地、厂房，共计 48.69 公顷，建筑面积 65596.41 平方米，拟安排 10 个项目入驻已收回地块，有效满足了项目入驻需求。

【基建投入】 以服务项目建设和企业发展为要求，园区加大基础设施投入，优化园区投资经商环境。2017 年，园区实施龙达(一期)标准厂房、创业园 C 幢大楼盘活、应急装备产业园道路、园区职工文体中心、龙州公园绿地等多个基础设施建设工作。其中龙达(一期)标准厂房是园区重点建设基础工程，占地面积 4 公顷，建筑面积约 2.5 万平方米，建设 4 幢钢构厂房。

（新罗区方志委　供稿）

福建龙雁经济开发区

【概况】 2018 年龙雁经济开发区经济总体运行平稳，完成工业总产值 81.9 亿元，比增 14.8%；完成税收 1.55 亿元，比增 2.3%；完成固定资产投资 32.6 亿元，比增 3.5%；用电量 4.2 亿千瓦时，比降 2.3%。

【内联外引】 围绕龙雁经济开发区发展机械加工、机械化工、新型建材和新能源产业的特点，以延伸园区循环经济产业链为目标，进一步强化产业链招商，以招引符合龙雁经济开发区产业布局和发展方向的龙头企业为重点，不断壮大支柱产业、提升传统产业、培育新兴产业。当年在谈项目有辉丰工贸有限公司、龙岩市亿丰粉碎机械有限公司等 4 个项目；完成谋划两个项目：Sic 涂层石墨基座生产项目、饲用生物酶制剂原料生产项目；积极完成第十五届“6·18”海交会项目对接任务，引导企业对接项目成果 3 项，征集技术需求项目 2 项。

【项目落地攻坚战役】 危固废综合利用与处置中心项目 12.18 公顷用地报批材料已获省国土厅批复，待完成土方平整和做好地价评估后可招拍挂；施工用水、用电已接至项目红线内，项目连接道路已完成设计方案，准备开展工程招投标；项目土方平整及基础设施建设工程由项目业主委托区国资公司建设，已通过招标确定施工单位，土方平整完成工程总量的 70%以上。金鑫钨业钨制品深加工项目用地已完成收储，正在做地价评估，准备招拍挂；项目于 6 月底举行开工仪式后，完成项目红线图更改及总平图设计工作，土方平整已完成，转入一期主体厂房及办公用房建设。龙化年产 5200 吨氯化橡胶项目一期已完成主体厂房建设和设备安装调试，正在进行试生产。

【闲置用地清理】 2017 年，龙雁经济开发区进一步加大对园区的批而未供土地、闲置土地、闲置厂房及拍卖(变卖)厂房的清理力度，做到底子清、情况明。通过各种方式收回闲置用地 4 块共计 21.13 公顷(其中谈判收储泰龙氯化橡胶项目 11.13 公顷、参与司法拍卖收回龙飞门业项目 4 公顷、引导项目高位嫁接乾通电气项目 3 公顷、收回批而未供土地喜鹊毛巾项目用地 3 公顷)，协议收储龙齿机械项目 4.33 公顷、恒发电厂老厂区 28.8 公顷，参与大乘二期 2 公顷法院拍卖。

【完善园区基础设施】 2017 年，龙雁经济开发区主要围绕入园项目的水、电、路等配套工程开展基础设施建设，投入资金 1023 万元，进一步改善园区投资环境。完成龙雁工业区盐库三面填土工程，投资 280 万元；完成喜鹊毛巾项目外围排水工程箱涵及雁安东路排洪排污沟渠的部分工程建设，投资 278 万元；完成危固废项目进场施工的前期水电准备，投资 100 万元；完成辉龙门口污水管网改造工程，投入资金 65 万元；对雁北路道路排水重新进行改造设计，并启动改造工程，解决了雁北路雨污分流不彻底、排水不畅等问题，工程总投资 300 万元。

（福建龙雁经济开发区）

永定工业园区

【概况】 永定工业园区前身是位于永定高陂镇的永定莲花工业园。2006 年 8 月，经省政府批准设立为省级工业园区，核准建设面积 0.8 平方公里。2009 年 6 月，市委、市政府决定在高陂、坎市一带创办龙岩经济开发区高新园区，永定工业园原址纳入高新园区规划。为促进永定城区工业发展，2009 年 10 月，永定县委、县政府开始筹建南部工业园区。2014 年 9 月 12 日，省政府下发《关于同意福建永定工业园区扩区的批复》，同意永定工业园区向南部扩区。原永定工业园企业并入高新园区管理。南部园区位于永定城区西南 3 公里处，东至旧城中心区、南至梅坎铁路及 S606 省道、西至仙师兰岗一带、北至 357 国道永杭线，涉及凤城、城郊、金砂、西溪、仙师等 5 个乡镇（即南部园区）。2016 年 2 月，永定工业园区管委会迁至南部园区。2017 年 2 月 27 日，经区委机构编制委员会同意成立工业园区企业服务中心，中心属区财政核拨股级事业单位，负责做好项目落地后服务、入园企业档案管理以及招商引资等相关统计工作。永定工业园区南迁后，沿城区西北环路两侧拓展，总体规划用地面积13.68平方公里，分两期实施，其中一期规划6.32平方公里、二期规划7.36平方公里。一期规划区分A、B、C等3个组团。园区属低矮丘陵地貌，利用耕地少，主要由平山造地形成，是城区西拓及“三区两园”(古蛟新区、永丰新区、龙雁新区和龙岩市漳平台湾农民创业园、龙岩稀土工业园)管理体制调整后永定工业再造的主要承载平台。

园区规划定位以高科技型、环保型、劳动密集型及轻工业为主，规划建设光电信息、新材料、农产品加工、旅游商贸、机械制造等5个专业园区，并配套仓储物流产业重点规划光电信息产业园，着重发展新型光电信息、科技研发等高新技术产业，逐步将工业园区打造成为最具经济活力、市场竞争力、高端前沿的科技产业基地。其中，光电信息产业园项目总投资4.9亿元，规划用地10.15公顷，规划建设16.58万平方米，包括建设14万平方米的标准工业厂房、研发中心和2.72万平方米的企业职工服务中心。项目分两期进行，其中第一期建设16幢厂房（7.22万平方米)、4幢商住办公楼(2.72万平方米)。至2017年年底，16栋标准厂房全部投入使用。

至2017年年底，入驻园区项目34个，实现投产企业15家，签约项目9个、落地6个，完成固定资产投资70213万元，园区有工人836人，实现工业总产值2.9亿元。

【基础设施】 2017年，推进“腾笼换鸟”盘活土地的政策措施，清理盘活胜达家私、金丰东山电子厂等2个企业的闲置用地35.33公顷，并向上报批土地8公顷，平整土地20公顷，至此，园区有可供工业用地200余公顷。根据园区规划布局，通过实施园区路网、管网、公共服务设施改造提升等工程，为园区产业项目提供承载的基础和支撑条件，不断优化园区发展环境。路网建设方面，完成园区主干道西环路两边边沟及人行道建设，完善入园区十字路口的红绿灯和红绿灯处到光电产业园主干道减速带等交通设施。管网建设方面，疏通西环路沿线排水、排污管道，推进礼田片区城市建设板块排水、排污系统市政管网规划设计，解决C组团与该板块入驻项目的排水、排污问题；继续完善园区B组团(含支路)至区污水处理厂之间的管道建设。配套设施方面，租赁鑫华通科技园有限公司2幢楼作为员工宿舍，解决300余个员工的住宿；原胜达家私的3幢楼改建为职工宿舍楼，可供600余个员工居住；基本完成光电信息产业园A区商住楼主体工程和附属设施建设；光电信息产业园内的绿化美化进一步提升，园区配套服务功能不断完善，企业生产、员工生活问题得到较好解决。

【入园项目】 2017年，永定工业园区依托光电信息产业园，发展新一代信息技术、光纤光缆、智能终端、电子信息、电子设计等光电信息产业。至年底，签约入园企业34家。按产业属性分，光电信息企业15家，食品加工企业5家，其他制造企业12家，电子商务企业1家，物流企业1家。金叶纸品技改搬迁、永锋电子、全凯智能科技、祥亿电子、卓普电子、展兴电子、科普特电子、宝通智能机电、无机功能纳米、弘科户外登山用品、富鑫达电子、大郎厨具、信源通电子、百世云仓和飞拓箱包等15个项目建成投产，推进联益电力、礼旗谷酒、天美仕户外旅游用品、竹缠绕复合压力管生产、燕窝加工.酵素生产、华协(香港)电子城和工业园区基础设施以及光电信息产业园配套设施等项目建设。

【生态环保建设】 2017年，按照园区水土保持方案，采取“边开发、边防范、边治理”的办法，对园区水土流失进行治理。对已开发的平台地块，采取永久性防治措施，砌挡土墙等措施进行防护，并逐步实施边坡植树、种草等恢复植被的措施。对正在开发建设的平台地块，采取临时性防治措施，在土方施工现场开挖临时排水沟、沉沙池和沙袋围堰等，对已平整好的平台地块及时压

永定工业园区依托光电信息产业园，发展新一代信息技术。图为光电信息生产车间

实，把因土方施工造成的水土流失减少到最低限度。督促入园企业加快建设进度，尽可能地缩短建设工期，并做好绿化达标，以减少土地裸露时间，减少工业园区的水土流失。坚持绿色集约发展，严格资源节约和环境准入门槛，科学制定工业园区土地利用率、建筑容积率、节能减排降碳等约束性指标要求，建立健全相应的评价考核机制，创建生态绿色工业园区。

【优化服务】 坚持“把客商当亲人看、把安商当事业干”理念，不断创新工作思路，提升服务水平。加强同区供电公司的沟通协调，推进园区用电设施的改造与升级，在光电信息产业园内新增用电装机容量5000千伏安，确保园区企业用电使用正常有序。强化用工保障。与龙岩技师学院建立校政企合作机制，在永定工业园区挂牌设立“龙岩技师学院教学实践基地”和“龙岩技师学院学生实习（见习）基地”，缓解企业用工压力。同时，宣传区政府出台的工业园区招工用工的一系列优惠政策，使各项优惠政策人人皆知，增强园区用工吸引力，保障入园企业的用工。完善融资服务。通过完善融资平台，主动与中国建设银行等金融部门沟通衔接，争取金融部门支持。与中国建设银行达成融资意向，实现融资3亿元。开展区域评估。按照市政府的统一部署，启动工业园区投资项目区域评估工作，确定新材料产业园作为试点评估区域，就开展区域评估事宜征求环保、水利、国土、交通、文物和地震等部门的意见，解决投资项目评估手续多、时间长等问题，进一步提高行政审批效率，减轻企业负担、节约社会资源，加快推进项目落地攻坚战。

【加强管理】 坚守安全红线，推进企业安全生产标准化建设和网格化管理模式，落实8家企业进行安全生产标准化建设，有2家企业开展安全标准化建设；严格落实安全生产“三同时”制度，建立健全各项规章制度，加强动态监管，不定期开展安全生产专项整治行动，全年开展安全生产检查5批次，发出整改通知书6份，排查隐患8条，整改到位6条，企业安全生产意识逐渐提高，管理不断规范。严控环保准入。落实生态文明建设要求，推进污水管网建设，全部实行雨污分流、生污与工污分管入厂处理，严格执行园区企业环境影响评价和“三同时”制度，进一步加大环保监察力度，企业污染问题得到治理。聘请苏交科集团（南京城市规划设计研究有限公司）完成对工业园区规划进行提升，工业园区发展定位、规划范围、区位及规模、产业布局、路电网规划等进一步明晰，空间布局按“一区三园”（永定工业园区和光电信息产业园、下洋金丰东山工业园、湖雷农副产品加工园）布置。全面实施绿化、亮化、净化、美化提升工程，新栽种行道树1200多棵，新增公共绿化面积2000平方米；在园区内主干支道新架设路灯60余盏；落实专人维护管理绿化、卫生，严格落实“一扫常保”制度，彻底清理卫生死角，园区环境卫生明显好转；完成C组团6万平方米边坡绿化工程及西环路两侧的绿色景观带的建设；对西环路边坡及周边相邻地块、支路边坡实施喷播草籽（面积约200亩）及种植爬山虎、炮仗花，园区对外形象明显提升。

（张伟　撰稿）

上杭工业园区

【概况】 2017年，上杭工业园区（以下简称园区）有落户企业79家，实现工业总产值236亿元；完成固定资产投资19亿元（其中园区基础设施建设投资1.5亿元）。在建项目有科技创业园建设项目、锐美家装饰年产1000万平方米高档次高压三聚氰胺塑料贴面板项目、太阳铜业年产22万吨连铸生产项目。全年新增规模企业1家。

继续提升园区发展软环境，园区创业创新服务能力，设立创业创新平台。整合园区内现有资源，创建科技创业园（金铜产业孵化器），至年底，入驻上杭汉晶新材料科技有限公司、福建省金谷生物科技有限公司、福建闽稀科技有限公司、龙岩索利普智能科技有限公司和金山锂科（上杭）研究院有限公司等5家企业。

【征地拆迁安置和土地报批】 2017年，拆除房屋15户，共拨付房屋征收资金121.4万元；完成交地10公顷，完成坟墓迁移51座；完成“工业新城黄竹片区江南公园建设工程”等3个土地报批项目共计4.79公顷。

【安全和环保】 2017年，定期深入企业和工地开展安全生产隐患排查及环保生产检查，并做好检查记录和督促企业做好隐患整改相关工作。定期召开安全、环保工作会议，传达学习各级环保、安全生产工作会议精神并对园区安全环保工作进行安排部署，确保园区安全、环保形势稳定向好。在“安全生产月”活动期间，组织企业开展以“全面落实企业安全生产主体责任”为主题的“趣味运动会”。及时处理中央环保督察组交办的信访举报件，及时督促企业针对信访问题进行落实、整改、反馈。全年园区没有发生安全、环保生产事故。

2017 年上杭工业园区新落户项目情况

表 7 单位：万元

项目名称	投资业主	项目总投资	开工建设时间
电缆新材料生产项目	福建上杭太阳电缆有限公司	22000	2017 年 1 月
福建上杭 K 金首饰自动化生产基地项目	福建紫金萃福珠宝发展有限公司	42000	2017 年 4 月
连铸连铸铜杆生产项目	福建上杭太阳铜业有限公司	50000	2017 年 6 月
锂离子电池用高档电解铜箔生产扩建项目	福建清景铜箔有限公司	86600	2017 年 12 月
综合物流园项目	福建紫金顺安物流有限公司	13638	2017 年 12 月

蛟洋工业园区

【设立蛟洋工业区管委会】 2017 年 1 月，根据中共龙岩市委编委《关于同意设立上杭县蛟洋工业区管理委员会的批复》和中共上杭县委编委《关于设立上杭县蛟洋工业区管理委员会的通知》精神，设立蛟洋工业区管委会，为上杭县人民政府行政派出机构，正科级。

【概况】 2017 年，完成园区发展备用地场地平整工作，年度投资 1500 万元；完成园区相关企业用地的排水、挡墙、边坡治理及绿化工作，年度投资 1000 万元。公共环境应急池项目总投资 6000 万元，至年底，完成下道湖片区应急池建设，管道完成 80%，年度完成投资 3500 万元。21 号循环路项目完成可研报告编制，制定项目建设方案，明确建设任务、时间节点。鉴于该项目投资额大(2.3 亿元)，征地数量多且途中要建设 2 座大桥(2 座大桥需分别上跨蛟城高速和赣龙铁路隧道)，1 座中桥，建设任务艰巨，项目计划于 2020 年 12 月底竣工投入使用。配合蛟洋镇政府推进下道湖整村 109 户 428 人的搬迁工作。截至 2017 年底，完成下道湖整村搬迁协议的签订，共签订征地协议 109 户。向园区企业出租保障房 267 套，为企业员工提供生活保障；创办蛟龙创业园，延伸配套产业，孵化出益民家政服务、幼儿托管中心，带动就业，为园区企业职工和当地群众提供优质便捷的配套服务；成立上杭实验小学坪埔分校，为园区企业和周边居民提供优质教育资源；筹建园区卫生医疗救助站，为园区企业提供必要的医疗卫生服务保障。

2017 年，新签约尾渣资源利用年产 1 万吨功能纳米硅等复合新材料、年产 5 万吨硅酸钠和 5000 吨氟化钠项目、瓮福紫金 PPA 扩能项目、稀贵金属综合回收项目、紫金铜业有限公司铜冶炼资源综合利用及无害化处置工程等 5 个项目。新开工项目 5 个：紫金贵金属金盐项目、瓮福紫金 PPA 扩能项目、多级粉煤灰项目、龙德六氟磷酸锂项目、御研农业年产 10 万吨纳米生物肥和 2 万吨农用微生物制剂等 5 个项目。新竣工思康有机氟/硅新型合成材料产业化项目、铭麟工贸过硫酸盐项目、紫金贵金属金盐等 3 个项目。

蛟洋工业区紫金铜业外景

2017 年，蛟洋工业园区实现工业总产值 263 亿元(其中规模以上工业企业实现产值 262 亿元)，实现税收 3.7 亿元；完成固定资产投资 15 亿元。

2017 年 12 月，蛟洋循环经济园区通过省级循环经济示范园区验收，成为全省 14 个循环经济示范园区之一。为循环经济园区的发展精准定位。

2017 年，完成上杭天然气(坪埔)储配站项目用地、林地审批工作。完成铭麟工贸、辉园砂业、瓮铜建材、龙杭管业、御研农业、昆润天然气、志裕铜业等 7 家企业共计 9.5 公顷的土地挂牌出让工作。及时解决征迁过程中出现的农地、林地纠纷，至年底，共完成坟墓迁移约 20 座。

2017 年，园区继续落实“党政同责、一岗双责、失职追责”工作体系，突出重大危险源监管，强化安全隐患排查、整改，加强应急救援综合演练，深入开展安全生产大检查、大排查大整治和专项整治工作，全年排查出安全隐患145条，整改145条，整改率100%。健全环保会商制度，建立“一企一档”，配合开展专项执法检查工作，促进企业废水、废气达标排放和废渣有效处置。扎实推进公共环境应急池、市级应急物资储备中心、紫金铜冶炼资源综合利用及无害化处置工程等环保项目建设。

【项目建设】 2017年，落地12个项目，9个工业科技项目开工8个（上杭蛟洋工业园区基础设施建设工程、思康、金盐、上杭蛟洋铜产业循环经济园项目、年产20万吨高效生物饲料自动化控制技改项目、多级粉煤灰项目、年产50万平方米透水砖及110万平方米新型墙体材料建设项目、御研农业年产10万吨纳米生物肥和2万吨农用微生物制剂项目），未开工项目为紫金金银深加工项目；1个能源领域项目开工（上杭县昆润管道天然气建设项目）；2个城建环保项目开工1个（上杭（蛟洋）金铜产业园区公共环境应急池工程）。其中，思康化学有机氟/硅新型合成材料项目、铭麟工贸过硫酸盐生产项目竣工。

（上杭县方志委　供稿）

武平工业园区

【概况】 2017年，武平工业园区入园企业75家（外资企业4家），规模以上企业38家（亿元以上企业12家、5亿元以上企业3家），员工3200人。全年实现工业总产值58.82亿元、增长13.98%，规模工业总产值57.02亿元、增长12.90%，固定资产投资22.20亿元、增长17.58%，税收5260.8万元、增长23.52%，用电量3777.2万千瓦时、下降4.92%。其中，不锈钢产业项目21个，产值31.35亿元、增长9.55%。

【项目落地】 新签约项目4个（龙兴宠物家具、绿色环保型装饰材料、福思科技、顺鑫机动车检测）、新开工项目6个（全美精工、龙兴宠物家具、岳凯科技、绿色环保型装饰材料、福思科技、省级科技孵化器）、新投产项目5个（全美精工、龙兴宠物家具、宇田汽配、钢泓不锈钢橱柜、福思科技）。

【企业培育】 培育世能科泰、岳凯科技、全美精工、嘉喜等4家规模以上工业企业，钢泓不锈钢、吉美汽工、众森不锈钢、龙兴木业等4家企业被列入省重点上市后备企业；钢泓科技成功创建全县首个省级企业技术中心，新增奥华、新洲林化、宇田汽配、龙兴木业等4家全国高新技术企业；新洲林化、臻富果汁等2家企业被评为县纳税十佳企业，众森不锈钢、钢泓科技、福隆电子、新洲林化、臻富果汁等5家企业被评为县制造业十强企业。喜浪米业“喜浪”大米、钢泓科技“万景泓”不锈钢橱柜、吉美汽车消声器、练家香公司“练家香”系列产品列入市工业产品推荐使用目录。

【基础设施】 全年投入约1.5亿元完善不锈钢产业园基础设施。实施环城南路、新景路、新霞路等道路约6.5公里，形成“三横三纵”路网格局，环城南路全线通车，园区企业上高速时间缩减一半以上；完成场地平整53.33公顷，实施不锈钢产业园区基础设施项目二期、三期、四期绿化工程，完成新洲路、南环路、新景路、新霞路等沿线道路、边坡美化、绿化、亮化；占地面积4.45公顷的科技孵化器项目9月份开工建设，规划建设创业楼、宿舍楼、实训基地、孵化厂房和公共配套工程。

【园区服务】 严格按照“六个一”项目工作机制要求，成立专门服务小组，协调解决“重中之重”金鲨、嘉汇项目推进难题；抓好生产要素保障，协调解决新洲林化、龙兴木业向上申请创新资金和知识产权专利质押贷款贴息，钢泓科技与中国科学院泉州装备制造研究所战略合作等问题；引进上杭新世纪幼儿园在园区建设吉美音乐幼儿园，解决职工幼儿托管难题，协调解决企业高管、优秀人才子女入学和职工申请廉租住房等。

【安全生产】 全年组织安全员集中培训2次，200多人参加县安监部门和行业主管部门组织的技能培训，企业员工法制观念和安全防范意识不断提升。

（武平县方志委　供稿）

晋江（长汀）工业园区

【概况】 2017年，晋江（长汀）工业园区管委会围绕打造“龙岩市加工贸易梯度转移重点承接地核心区”“省级农副产品加工示范园区建设”目标，大力推进“三大攻坚战”“两个专项行动”及“百日会战”，全面开展“进企业、送服务、解难题、促增长”活动，持续推进山海协作共建园区健康、快速发展。全年实现产值10.5亿元，其中规模以上产值80326.7万元，比增37.4%；完成投资9.935亿元，比增11%；实现税收总额4020.75万元，比增3%。完成农转土地报批1.8公顷，土地征用2.43公顷、林地征用11.6公顷、征迁房屋8户、迁移坟墓16座。正在报批林地7.5公顷，土地2.53公顷，其中耕地5.73公顷。

【园区企业落户开工】 落户并开工的企业：总投资0.9亿元的福建省远山启煌农业有限公司槟榔芋制品加工及农产品集散中心、农产品冷链物流项目，总投资2亿元的长汀绿宝再生资源有限公司PET瓶片、造粒项目，总投资1.15亿元的福建文铭实业股份有限公司物流仓储（水泥分包）中心建设项目，总投资3亿元的南京华红农业发展有限公司油茶种植加工一体化建设项目。

【基础设施建设】 全年完成基础设施建设项目投资3.51亿元，完成计划的101.7%。完成园区北一路一期、晋江大道一期建设，东园路一期、警务站、消防站、企业服务中心及配套设施建设、路网绿化、篮球场、污水管网建设全面竣工。山海协作晋江市援建项目进展顺利，晋江（长汀）工业园区企业服务中心、消防站、警务站、朱溪小学改扩建、河田二中运动场项目竣工投入使用，附属设施开工建设，医养中心综合服务大楼建设有序推进。

【重点企业建设】 福建经纬集团亿来实业有限公司纺织生产项目分四期进行，分四期进行（完成两期项目建设），其中，一期一号厂房及两栋宿舍楼、职工食堂已投入使用，一号厂房5万纱锭于上年投入生产，2016年实现产值超亿元；二期二号厂房5万纱锭设备安装调试已完成，2017年6月投入生产，10月底达产，11月举行竣工投产仪式。2017年吸纳200多人就业。三期三、四号厂房开工建设，完成地下基础，正在地面厂房设计。福建省金怡丰二期建设项目，5月10日开工建设，一、二、三号厂房完成建设，1号厂房设备部分到位并进行安装。

（长汀方志委　供稿）

福建（龙岩）稀土工业园区

【概况】 2017年，稀土工业局（园区管委会）围绕打造“全国稀土产业基地”目标，加快推进园区开发建设，求真务实、开拓进取，全力打好项目落地攻坚战，积极推动产业集聚发展。全年稀土产业实现产值80.2亿元，比增66.5%。

【项目建设和招商引资】 扎实打好项目落地攻坚战，持续推进“五个一批”项目。签约一批5个合同项目：龙岩市安麦信磁钢有限公司磁钢机加工生产线项目；福建省长汀金龙稀土有限公司介电陶瓷钛酸钡粉体项目；福建鸣友新材料科技有限公司热转印稀土新材料生产项目；厦门欧斯拓科技有限公司钐钴永磁材料项目；北京雷生强式科技有限责任公司的闪烁及激光晶体军民融合生产线项目。开工一批5个项目：龙岩市安麦信磁钢有限公司的磁钢机加工生产线项目；福建龙杰特电机有限责任公司智能环保清污设备生产项目；福建贝思科电子材料股份有限公司介电陶瓷钛酸钡粉体项目；中石油长汀催化裂化催化剂项目；福建鸣友新材料科技有限公司热转印稀土新材料生产项目。建成一批4个项目：福建省长汀金龙稀土有限公司高性能钕铁硼稀土永磁元器件项目；龙岩市安麦信磁钢有限公司的磁钢机加工生产线项目；福建龙杰特电机有限责任公司智能环保清污设备生产项目；福建省长汀金龙稀土有限公司年产3000吨稀土永磁材料二期生产线项目。谋划4个项目上报发改局。增资一批1个项目：福建省长汀金龙稀土有限公司年产3000吨稀土永磁材料二期生产线项目。

【科技创新】 稀土元素两化融合项目（稀土数字化矿山及稀土冶炼分离智能工厂）顺利完成。在原有自动化基础上，通过引进先进数字化仪器设备和智能化控制设备及软件，建设稀土数字化矿山及稀土冶炼分离智能工厂。极大促进生产效率的提高，生产成本的降低，产品质量的提高，环保工作的优化。

【签订“一企一策”备忘录】 8月11日，龙岩市政府、长汀县政府与公司签订“一企一策”备忘录。备忘录提出，市政府、县政府各指定1名领导挂钩公司；市经信委帮助协调、指导公司开展电力直接交易；市、县军民融合办支持公司开拓军工市场；为公司中高层管理、核心骨干技术人才的子女就学提供长汀城区优质义务教育资源，公司高管可凭龙岩市第一医院保健门诊卡就医。

（长汀方志委　供稿）

龙岩高新区长汀产业园区

【概况】 2017年，福建龙岩高新区长汀产业园区管委会严格落实项目目标管理责任制和县级领导干部联系重点项目制度，强化领导干部联系项目、牵头部门实施项目的责任机制，健全完善重大项目储备库管理机制、协调联动推进机制、激励考评通报机制，增加项目带动实效，增强跨越发展后劲，全面完成年度各项目标任务。园区工业企业实现产值202.36亿元，增加31.46亿元，比增18.4%；规模以上工业企业实现产值191.32亿元，增加31.12亿元，比增19.4%；规模以下工业企业实现产值11.05亿元，增加3452万元，比增3.2%。其中，纺织产业实现产值90.28亿元，比增0.8%；机械电子产业实现产值14.98亿元，比增-7.6%；稀土深加工产业实现产值76.09亿元，比增64.9%；农副产品加工产业实现产值18.5亿元，比增10.7%；其他行业产业实现产值2.52亿元，比增6.7%。园区规模以上工业企业产值占全县规模以上工业企业产值的93.2%，拉动全县规模以上工业经济增长18.2%，贡献率达90%。完成新签订项目3个，新开工项目3个，增资项目3个，建成投产项目2个，谋划项目2个。完成工业固投11.8亿元，占全年任务的102%。截至12月底，园区共有规模以上工业企业115家，亿元企业32家。有中国名牌产品5个，中国驰名商标6件，省名牌产品15个，省著名商标10件，市知名商标22件，省级高新技术企业5家，省新产品1个，市级企业技术中心11个。全年受到市级以上表彰的企业4家，共取得7个荣誉称号。

【公共服务平台建设】 围绕园区内主导产业和龙头企业，开展与企业生产经营管理和销售相关的研发测试、设备共用、检验检测、投资融资等支撑服务。园区全面规划，健全产业配套服务体系，发展测试、设备共用、检验检测等服务业，促进生产性产业链及产业集群发展，减少园区内企业生产成本，增强企业竞争力，让龙头企业做大做强；提高产业关联度，进一步完善产业链，形成集群效应；有效发挥集聚、辐射和带动功能；构筑并形成产业链的整体竞争力。通过园区公共服务平台建设，可以有效地完善园区产业服务体系，延伸产业链条，促进产业集聚。

【重大项目】 深入实施项目带动，加快形成竣工投产一批、开工建设一批、前期突破一批的重大项目滚动建设、投资增长强劲的态势，力争投资增速超过全市平均水平，针织业投资占固定投资比重超60%。突出抓大项目，以项目壮大经济总量、提升产业层次、增强发展后劲。盼盼食品饮料生产项目建成投产手撕面包、吐司面包、欧卡蛋糕、涂层蛋糕生产线，新建厂房、仓库、综合楼完成外墙装修，开始进行总评与内部装修工程；饮料生产线项目完成平面规划、勘探设计等前期工作。长汀天乐卫生用品纸尿裤生产项目完成投资1.3亿元，新建厂房5000平方米，3条生产线均已投产。联辉新上210台喷水织机项目完成图审，签订投资合同，确定施工队伍，进行设备选型。华平5万纱锭灾后重建项目投入资金9000万元，购进并条机8台、梳棉机4套、细沙机90台，完成安装调试。9月底，谊美吉斯项目建成投产。

【生态工业示范园区创建】 坚持生态规划先行，严格项目准入和强化过程治理，推进园区经济与生态保护和谐共进。坚持“围墙内由企业建设、围墙外由政府建设”的原则，引入专业机构管理建成区公共园林绿化，建立日常管护机制，做到一月一检查、一年一考核，对养护的承包人实行优势劣汰。实施清洁燃料工程替代“煤改气”工程，鼓励企业淘汰燃煤锅炉、窑炉，持续推进天然气接管工作，实行“煤改气”清洁能源替代工程。全年淘汰燃煤锅炉16台，申请法院查封3台，完成燃煤锅炉淘汰任务。强化工业废水达标排放，对新入驻企业进行环保“三同时”。重点加强工业园区水污染防控，确保工业污水达标排放。加强危险废物规范化管理，督促企业按国家标准和要求集中堆放和规范处理固废物。淘汰辖区内黄标车，全年淘汰3辆，完成任务的100%。园区绿化覆盖率达35%以上，基本形成节约能源和保护生态环境的产业结构、增长方式、消费模式，循环经济形成较大规模，可再生能源比重显著提升，主要污染物排放实行达标排放，生态环境质量明显改善，争创国家级生态工业示范园区。

（丘辉　撰稿）

福建连城工业园区

【概况】 2017年，福建连城工业园区（一园两区）实现产值107.57亿元，同比增长28.83%；税收5936.88万元，同比增长43.31%；固投60.09亿元，同比增长63.08%。

食品加工园区4–3号道路工程竣工通车；4号路桥梁工程建成通车；4–4号道路工程开工建设；林坊溪排洪沟改造工程完成立项、图纸设计和预算审核；食品加工园区集中供热项目投产并向企业供气；食品加工园区污水处理厂完成土地出让工作及施工图设计，项目已开工建设；海峡光电产业园达米拉及允升复合钢管项目土方平整工程完成；光电产业园二期3号厂区规划建设完成标准厂房方案评审工作，进入施工图纸设计。

完成国际物流园32公顷土地征地，31幢房屋的拆迁，坟墓、杆线全部迁移，进行场地土方平整，工程主体工程开工建设。启动连城工业园区第三期建设工作，对三期规划进行调整完善并初步与福清市对接建设福清产业园，完成路网可研、修规设计等编制及评审工作。完善园区生活设施和公共交通设施，开通园区公交线路，海峡光电产业园生活区投入使用，加强物业管理，园区其他生活设施不断完善中。

【重点项目】 9月底，福建允升复合管业科技有限公司年产10万吨复合不锈钢管生产项目全面开工建设。

福建冠睿电子科技有限公司手机、平板电脑等电子终端产品及相关元器件项目，产品销售主要与中国移动、联通、电信等运营商合作生产定制机和出口东南亚及非洲等地，主要生产自主品牌的安全政务手机“以晴x5”以及华冠智联等高端机。项目分两期建设，共10条生产线。8月29日，中国首款全国产化安全手机“Sunelan以晴X5s”手机在北京人民大会堂正式发布，有8条生产线投入生产，实现投产当年列入规模企业，月产能20万台，2017年实现产值10亿元，税收600万元。

连城县中触电子有限公司，项目一期3条生产线正常生产，技改项目10.1寸—85寸电容触摸屏生产项目开始批量生产。二期计划总投资3500万元建设年产10万片全贴合触摸屏模组生产项目。公司启动上市计划，正进行股改和资产重组。与兴业证券签订合作协议，12月底完成股改，并计划投资1.7亿元建设盖板、贴合一体机生产线。

福建赛特新材股份有限公司，一期生产正常，二期有干法芯材生产线3条（新装的第3条试产）、15台真空封装单体机；赛特冷链建成发泡流水线1条，包装箱组装生产线1条，开始量产；投资1000万购置浇注机、层压机、裁切机及开槽机等生产设备。玻璃纤维上游生产项目按计划逐步投入试产。

连城县大力推动光电新材料产业快速发展，图为冠睿电子员工加紧生产智能手机

福建达米拉数码科技有限公司，项目一期（租用厂房）6条生产线生产正常。二期（自建厂房）完成地勘和场地平整工作，7月开工建设，围墙修筑完成，9月主体工程开工，完成工程50%。

福建爱的电器有限公司，项目一期技改完成，12月底完成福安厂搬迁工，5条电机生产线已实现投产。二期项目用地实现初步选址。

【招商引资】 新入园项目13个：年产10万吨复合不锈钢管生产项目，LED及灯饰项目，新型纳米环保材料研发基地与生产线项目，手机方案解决项目，手机检测项目，年产1000吨单晶硅棒、1000吨多晶硅锭及5000万片显示屏镀膜溅射靶材用硅片生产线项目，钨钢棒生产项目，新能源电子元器件生产项目，新能源锂电池生产项目，中国·连城国际物流商贸城，塑料轻工制品生产线项目，建筑构件项目，手机3C配件项目。

新开工企业10家：允升复合管业科技有限公司9月27日开工建设；达米拉二期二层浇筑混凝土，力传生物开工建设，中慧捷成第一期已投入生产，泰尔光伏完成设备安装并投入生产，中视电子开始装修厂房，亿方通科技开始装修厂房，中塑科技第一期完成设备安装进行试产，金利泰食品完成污水处理并投入试生产，紫老虎食品投入试生产。

重点技改项目7个：连城县中触电子有限公司10.1寸—85寸电容触摸屏生产项目，第一期完成并投入量产；达米拉数码科技新型显示器智能化生产项目，二期厂房、研发中心动工建设；福建赛特新材股份有限公司年产660万平方米真空绝热板扩建项目等技改项目开工建设；晶诚光电总投资2000万元新上1条高精密切割生产线完成并投入生产；爱的电器气一气技改已完成，福安厂搬迁工作启动；康莱宝二期厂房开工建设；汇东光电二期进行设备调试，11月投入生产。

在谈项目10个：总投资10亿元的锂电池膜产业化项目，总投资5亿元的真空玻璃项目，背光模组项目，总投资1.5亿元的手机、触摸屏面板贴合生产线项目，总投资5000万元智能水表项目，总投资1.2亿元的印刷及包装项目，总投资5000万元的光电五金配件项目，总投资1.2亿元的触控一体机项目，总投资7000万元的显示屏玻璃盖板项目，总投资2亿元的高档石英板生产线项目。

【管理与服务】 成立重点项目帮扶工作小组，重点项目如复合钢管项目设立服务秘书，及时了解项目进展情况，帮助项目办理前期手续等服务工作。按政策及时帮助汇东、冠睿、万乘、中塑等企业兑现厂房租金和装修各类补助2484万元。帮助企业招工宣传，及时了解企业招工情况，及时发布企业招工信息至相关平台、电视台，与县人社局、各乡镇密切配合，帮助企业招工700多人，与县职业中学开展定向培训招工合作，与龙岩技师学院开展合作，并与以晴集团一同从贵州、云南引进200多名工人。

坚持“安全第一，预防为主”的方针，以落实安全生产责任制、建立健全工作机制为入手，以宣传、排查、监管为重点，积极各项工作，做到安全生产工作警钟长鸣、常抓不懈，防患于未然，未发生因工重伤、死亡、重大火灾及生产事故。

出台鼓励和扶持商贸企业及其他营利性服务业办法。在连城县减轻企业负担宣传周期间，园区管委会自11月15日起组织开展减轻企业负担宣传活动，整理收集各项惠企政策，通过园区网站、微信公众号、宣传栏专刊等平台进行宣传，最大限度发挥政策效应。

（连城方志委　供稿）

漳平工业园区（台商投资区）

【概况】 2017年，漳平工业园区规模以上工业企业83家，企业用工人数7115人，完成产值119.81亿元，同比增长21.1%。企业入库税收合计1.83亿元，同比增长102.25%。园区企业用电总量15352.01万千瓦时，同比增长11.3%，占全市用电量18.3%。

【基础设施】 2017年，制定出台《关于入驻漳平工业园区工贸新区标准化厂

漳平工业园区把木竹产业作为推进园区发展的重要平台。图为木材生产车间

房的若干意见(试行)》,明确入驻标准及相关优惠政策。全年投入3722.51万元基础设施建设,完成21.33公顷的土石方平整,登榜工贸新区南片提升改造工程,金水南路、登兴路、登安路3条道路预算财审，和安小区支39路设计工作、金水村便道工程竣工验收。

【重点产业】 轻纺。2017年,重点培育天守、协龙、三达等龙头企业,推进天守二期、协龙色纱项目竣工投产,培育上下游企业和关联配套企业,延伸产业链条,优化产业结构。

新型材料。重点推进瑞森新材料项目、中宏科技新材料项目、国强新型材料二期的竣工投产，推动新型建筑材料、高分子新材料、木材改性材料等产业发展,加快形成产业集聚。

木竹。把木竹产业园建设作为推进园区发展的重要平台,重点推进木村四期、福疆木结构项目等项目。加快建设中国？漳平户外休闲木竹制品孵化园,木竹产业孵化园标准化厂房建设正式开工建设。督促瑞祥林业产业运营公司加大招商力度,形成产业规模效应。

机械铸造产业。重点推进正盛三期项目、瑞祥智能机械制造项目建设,提升市产业链配套水平。

【科技创新】 2017年，实施高新技术企业成长助推计划,木村、正盛、瑞森、天守、三达、溢泰、国强、汇创公司、德诺林业、九鼎氟化工、金德橡胶被列入国家高新技术企业。漳平木村林产有限公司、福建瑞森化工有限公司被列入福建省创新型企业。木村公司被列为国家林业标准化示范企业、国家知识产权优势企业,并被授牌成立福建省户外木材改性企业工程技术研究中心;德诺公司被列为龙岩市农业产业化龙头企业;九鼎公司被列为福建省级科技型企业。漳平工业园区获福建省知识产权局批准,设立“省知识产权服务工作站”。截至2017年底,有专利898件(发明33件、实用新型581件,外观设计284件)。

【管理与服务】 2017年，园区贯彻落实《漳平市引进高层次人才暂行办法》,对引进的高层次创业创新人才,采取资金补助(奖励)、提供办公场所、协调解决引进人才家属就业与子女就学、给予住房补助、鼓励参加继续教育,并在职称评聘、人事代理、户口等方面给予享受优惠政策。落实2016年度大专中学历人才就业补贴政策申报工作，有36人申请补贴12.48万元。与漳平职专开展系列校企活动，名企业家讲坛等活动，配合人社局做好招工任务考核工作,缓解企业用工压力。吸纳贫困人口到园区企业务工，截至2017年底,有41名贫困户到园区企业务工。完成2017年度园区企业员工子女就学申报工作,幼儿园53人,小学67人,初中46人。组织开展园区企业参加安全环保业务培训及工作推进会，消防演练、优惠政策宣传培训等,全年完成5次材料反馈，协调处理中央信访件3份,推进工贸新区污水处理站的建设。举办2017年政银企担座谈会暨金融产品对接会，加强政银企担间的信息沟通,加大对企业的信贷支持力度。

(陈龙林　陈波秀　供稿)

13 城乡建设与环保

编辑　游友荣

规划与管理

【概况】 2017年，龙岩市城乡规划局坚持规划战略引领，创新规划理念，完美规划体系，强化规划控制引导作用，优质服务龙岩市实施“三大战略”和打好“三大战役”等中心工作，城乡规划工作取得新成效。全年共办理建设项目选址意见书88件（总用地535公顷），建设用地规划许可证93件（总用地611公顷），建设工程规划许可证116件（总建筑面积338公顷），建设工程竣工规划条件核实意见书91件（总建筑面积548公顷），临时建设批复40件，全年共完成23个出让地项目控规，总出让用地面积58.1143公顷。

【城市总体规划编制】 2017年，启动《龙岩市城市总体规划(2011–2030)》用地局部调整论证以及《龙岩市城市总体规划(2011–2030)》实施评估工作，深入分析研究龙岩市城市区域竞争与发展定位、产业转型与发展出路、土地资源极限和约束、生态人文环境保护压力、城市综合交通支撑，以及城市人口及生活质量提升等方面的挑战。2017年5月22日，新一轮城市总体规划编制工作获省政府同意，编制单位中规院完成前期资料收集相关工作，为全面开展新一轮总体规划编制奠定坚实基础。

【控制性详细规划编制】 全年完成《福能培丰绿色小镇(核心区)控规》《龙岩中心城区江山组团(东片区调整)控制性详细规划》《龙岩市龙泰新能源产业园控制性详细规划》《龙岩紫金山体育公园控制性详细规划（调整)》《卓鹰卓龙公司出让地地块控制性详细规划(调整)》《龙岩市主城区溪流(用地)控制性详细规划》《龙雁新城核心区控制性详细规划》等7个控规编制；完成东肖1号、东肖2号、东肖6号、龙岩阳光小区、排头片区Ⅰ地块、双龙路南侧、东山片区B4地块、龙岩市曹溪商住小区地块、东园住宅小区A、B出让地块、曹溪浮坑住宅1号出让地块、北大附属学校元培小区地块、华莲北苑小区地块、东山小区地块、陈陂片区1号出让地块、华莲北苑小区(房地产项目转型)等15个地块控制性详细规划。

【专项规划编制】 全年完成7个专项规划编制工作。分别为《龙岩市给水工程专项规划(2016–2030)》《龙岩市中心城区环境卫生专项规划（2015–2030)》《龙岩中心城区地下空间利用专项规划》《龙岩市中心城区电动汽车充电基础设施专项规划(2016–2020)》《龙岩中心城区海绵城市专项规划》《龙岩中心城区主城区消防专项规划（2016–2030)》《厦门–龙岩山海协作经济区白沙–苏坂产业园总体规划（2014–2030年)》。

【中心城区“多规合一”编制】 11月27日，龙岩市城乡规划局委托福建省城乡规划设计研究院和龙岩市城乡规划设计院共同编制《龙岩市中心城区“多规合一”规划》获福建省“多规合一”工作联席会议办公室组织的技术审查会通过，并按照审查会修改意见修改完善。龙岩市“多规合一”工作划分为核心区、城区、规划区三个层次，提出不同深度与类型的“多规合一”内容和控制指导方案。核心区——龙岩主城区：健全“多规合一”工作机制，将“多规合一”的协调成果纳入业务信息管理系统。城区——永定城区、永丰新城、龙雁新城和古蛟新城：为约束后续的城乡各类建设活动提供依据。规划区——龙岩市新罗区、永定区“一市两区”全域及古蛟新城：规划面积约566968公顷。统筹全域的生产、生活、生态空间。

【城市“双修”研究】 5月，龙岩市城乡规划局借鉴三亚市以及其他城市经验，根据龙岩市实际情况，以“再上新台阶、建设新龙岩”为目标，有针对性地进行龙岩城市双修研究。8月，初步成果提交课题指导副市长黄庆辉审定，12月，完成研究成果，并在中共龙岩市委政策研究室、龙岩市人民政府政策研究室主办的《龙岩发展研究》第69期上进行发表。

【城市交通研究】 2017年，龙岩城乡规划深入研究城市交通发展问题，积极谋划对外重大交通基础设施规划研究，配合交通部门完成新机场选址方案和现场踏勘研究以及新机场区域交通枢纽规划研究；提出龙岩铁路枢纽总图规划意见以及将龙岩西站及配套附属设施纳入龙川经梅州至龙岩铁路项目一并设计实施意见；牵头开展龙岩市域轨道交通线网规划编研。常态化开展疏导市区交通拥堵研究工作，持续配合做好“畅通工程实施方案”各项规划工作，编制完成龙岩市中心城区畅通工程建设(学校家长接送区）改造优化、龙岩市“退墙扩路”专项行动，组织开展中心城区支路网贯通行动研究，完善城区支路20条，增加道路长度9.58千米，有效提升建成区特别是老城区的道路密度，疏通道路微循环系统；完成罗桥、天宇、小溪等拥堵路口交通改善初步方案，“三桥一路”、中心城区8个主要交叉口拓宽改造方案等交通改善项目规划研究。

【县域规划编制指导】 2017年，龙岩城乡规划局精心指导龙岩县域城镇规划编制，组织召开长汀县总规、武平县总规纲要、上杭县景观风貌规划技术评审，上杭、长汀总体规划修编成果已通过评审并按法定程序报批；编制完成连城县、永定区、漳平市等县(市、区)“十三五”电动汽车充电基础设施规划。

【历史文化名城保护】 2017年9月28日，由龙岩市城乡规划局委托龙岩市城乡规划设计院编制《龙岩市中心城区主城区紫线专项规划修编》获龙岩市规委会通过。本次列入规划文物173处，其中1处全国重点文保单位，7处省级文保单位，20处市、县级文保单位，145处未定级的不可移动文物。规划范围与《龙岩市城市总体规划（2011-2030年)》确定的主城区建设用地范围一致，即北至江山和北翼组团，南至红坊和东肖，西至龙门，东至铁山和曹溪，规划建设用地面积为8250公顷。规划实行长效保护：即规划管理按照一步规划、永续管理原则，实行长期规划控制。同时有序推进历史建筑保护工作，全市7个县(市、区)已完成公布第一批历史建筑395处，积极营造全社会重视历史建筑保护利用工作的良好氛围。

【龙岩中心城区近期建设规划（2016-2020)】 龙岩中心城区近期建设规划，规划期限:与《龙岩市国民经济和社会发展第十三个五年规划》保持一致，具体年限为2016-2020年。规划范围:依据《龙岩市城市总体规划(2011—2030)》的中心城区范围界定，龙岩中心城区的建设用地边界东至苏坂、南至坎市、西至蛟洋、北至白沙。包括主城区、高坎新城、龙雁新城、古蛟新城。其中，主城区范围包括东城街道、西城街道、南城街道、中城街道、北城街道、曹溪街道、和西陂街道、东肖街道、龙门街道和铁山街道十个街道，红坊镇和江山镇两个乡镇。高坎新城规划范围包括高陂、坎市、培丰三个乡镇。龙雁新城规划范围包括雁石镇、苏坂镇区和白沙镇。古蛟新城范围包括古田和蛟洋两个乡镇。人口规模:2020年，龙岩中心城区的人口规模控制在90万人以内。其中，主城区城市人口规模控制在65万人以内，高坎新城城市人口规模控制在12万人以内，龙雁新城城市人口规模控制在6.5万人以内，古蛟新城城市人口规模控制在6.5万人以内。用地规模:2020年，龙岩中心城区建设用地规模控制在9970公顷，其中人均建设用地指标111平方米/人。其中，主城区建设用地规模控制在7105公顷以内，高坎新城建设用地规模控制在1260公顷以内，龙雁新城建设用地规模控制在780公顷以内，古蛟新城建设用地规模控制在780公顷以内。空间结构:龙岩中心城市规划形成“一主、三新”的城市空间结构，城市发展增强中心城市主导功能，拓展外围三大新城。“一主”指依托现状城市建成区在龙岩盆地和江山盆地内拓展、提升形成龙岩主城区，包括核心、北翼、东肖、铁山、城北、龙门、红坊和江山八个组团;“三新”指沿厦蓉高速和莆永高速交通发展轴，依托三大省级综合改革建设试点镇，分别在主城区西南部、东北部和西北部建设三大新城：即高坎新城、龙雁新城和古蛟新城。

【龙岩洞文化公园概念规划】 2017年11月8日，龙岩中心城市规划委员会2017年度第六次全体成员会议通过《龙岩洞公园概念规划》，公园定位以龙岩洞历史文化和龙岩洞遗址保护为核心，承载历史文化、自然生态、教育展示、休闲娱乐等功能为一体的专类公园。总体布局划分为龙岩洞遗址保护区、文化展示区、休闲游览区、生态体验区和文化创意产业区五个功能区。规划范围:西至南环中路，南至规划道路，东靠人面山主峰，北贴东宝山，规划用地面积125.62公顷。规划以“龙骧四海、洞系一脉”为核心，从“宗”“林”“学”“佛”四海进行空间划分，营造以龙为脉，腾跃四海之态。深入挖掘龙岩历史脉络、龙岩洞遗址保护、本土龙文化、佛教文化等内容，重点围绕龙岩洞本体及源起进行建设内容策划，展示龙岩悠久的历史文化，打造独具特色的城市名片。规划结构分一脉、四海:一脉源起于龙岩洞，以彩叶树林带及林中溪流打造壮美的大地景观为载体，融入追本溯源、寻根及本土龙文化，向南北方向打造一条“龙形”历史文化之脉。四海，宗海以龙岩洞与源起为重心，包含龙岩起源、龙岩洞文化遗产保护、本土龙文化展示等内容；林海依托人面山广袤的林地，通过生态保育规划，构建生态林地，提供市民健身游憩、亲近自然的场所；学海据龙岩五大名家(王源、石应岳、蔡梦说等)曾在此读过书，是人才辈出的福地，建议于公园内预留学海空间，作为远期发展的建设用地，可建设书院等文化教育设施，展示龙岩名人群像，进一步提升文化内容，将名人历史痕迹融入其中；佛海包括龙泉寺等宗教设施，提供市民观景朝圣、祈福求愿的场所。

【龙岩中心城区及永定城区公共交通近期建设规划(2017—2020)】 龙岩中心城区及永定城区公共交通近期建设规划，规划范围为：龙岩中心城区及永定中心城区。其中龙岩中心城区以《龙岩市城市总体规划(2011—2030年)》确定的龙岩中心城区的范围，主要包括主城区、龙雁新城、高坎新城及古蛟新城。永定中心城区以《永定县城市总体规划(2011—2030)》确定的中心城区(县城区)的范围，主要包括老城综合服务中心，书院-古镇新区、南部工业区组团、城市旅游服务组团等四大组团构成。规划年限(主要考虑近期公交需要解决的问题而制定)：2017—2020年。此次规划基于逐步减少线路重复系数，降低线路非直线系数，同时又提高公交线网覆盖及居民出行的方便快捷性的考虑，对现有公交路线进行调整；为满足主城区南北向，东西向及老城区的快速连接，新增几条快速线、常规线及城郊线(主要为连接高坎新城的城郊线，龙雁新城及古蛟新城主要通过农村客运及动车衔接)，以方便居民换乘，提高公交盲区的线网覆盖等。依据该规划方案，至2020年，共规划公交枢纽9个，其中一级枢纽4个，二级枢纽5个；公交首末站22个，其中主城区18个，永定城区首末站4个；公交停保场(高级保养)7个，保养能力450标台，低保均分布在规划的一级枢纽站；结合枢纽的功能，在集约用地的规划理念指导下，共规划调度中心13个。其中，火车北站公交枢纽站设为规划范围公交总调度中心，在其余一级二级枢纽站设立相应的调度分中心(服务半径不大于8千米，每处用地面积0.05公顷)。

【龙岩中心城区主城区公共自行车站点规划(2017—2030)】 龙岩中心城区主城区公共自行车站点规划，规划范围：龙岩市中心城区主城区范围(东至翠屏山，南至东肖、红坊，西至龙门，北至江山，与《龙岩市城市总体规划(2011-2030)》界定的主城区范围相同)。城市建设用地面积8250公顷，规划人口75万人。规划目标：以“总量控制、分类设置、间距控制、平衡规模、灵活调整”为布局思路，合理布局公共自行车站点，构建“可用、好用、实用”的龙岩特色公共自行车系统，建设适宜慢行的生活品质之城。规划布局：规划布设公共自行车站点共780个，其中公建点306个，游憩点66个，校园点25个，居住点383个。规划调度中心3处，分别设置于主城区北部、中部、南部，结合现有存量资源，每处调度中心约1000平方米。结合城市中部的调度中心设置停保基地，规划停保基地约2000平方米。

【龙岩市成品油分销体系“十三五”发展规划(2016-2020)】 龙岩市成品油分销体系“十三五”发展规划，规划范围:龙岩市市域范围内市、区、县、乡镇所属区域及国道、省道、县、乡公路及其他道路。规划期限:2016—2020年。规划布局：按照加油站规划设计规范要求，结合现状加油站建设实际，本着“基本保留、适当新建”的原则来确定加油站位置、数量和规模。在“十三五”期间，规划控制平均单站销油量1956吨/年，规划至2020年，全市加油站总量控制在542座，其中现状保留加油站378座，“十二五”规划已确认加油站32座，按照全市计划新增加油站数量不超过当地辖区内按间距设置标准测算的数量，计划新增加油站132座，其中：城区新增加油站20座、国道沿线新增加油站6座、省道沿线新增加油站17座、县乡道新增加油站74座、农村集镇新增加油站14座，高速公路连接线1座；配送企业总量控制的规划目标为26家，“十三五”期间不再新设零售配送企业。

【项目规划审批改革】 龙岩城乡规划局为简化办事流程，制定出台规划行政审批和服务事项清单和规划局权责清单，专题实施深化行政审批标准化改革方案以及全面提升行政服务效能不断增强群众获得感工作方案，行政许可、公共服务60%以上事项压缩整合为“受理、审查、决定”和“受理、决定”2—3个环节，进一步简化划拨用地出具规划条件的要求以及工业项目审批材料，共简化各类事项申报材料12份，建筑设计方案技术审查实行一次性对接制，申请建设项目选址意见书延期等8项规划审批事项实行“最多跑一趟”机制、12个事项实行“一趟不用跑”机制，大幅提升办事效率。主动服务重点项目审批，完成了龙津湖、高速东环路、滨河绿道、龙岩大道、天马路等22个重点项目的征迁面积测量、产权认定工作，开辟规划审批绿色通道，推动南龙铁路、厦龙高速龙岩东联络线、火车站综合枢纽、一中分校、工人文化宫、龙津湖公园、万安溪引水工程、城市道路畅通工程、棚户区改造等一批重点项目加快建设，及时规划了一批临时农贸市场、临时夜市、临时公共停车场等疏导点，有力促进全国文明城市成功创建。

【规范规划行政执法】 龙岩城乡规划局会同相关部门制定出台新罗区个人危旧住宅改建管理办理(试行)、龙岩中心城区标准化菜市场规范，牵头组织修订《龙岩市实施〈福建省城市规划管理技术规定〉细则》，并于2017年8月2日经市政府发布实施；起草《龙岩市城乡规划督察工作实施办法（暂行）》《龙岩市建设工程项目竣工规划条件核实管理规定》《龙岩市规划条件变更规定》《国有建设用地使用权出让地块变更规划条件实施办法》《地块控规编制与管理办法》以及《古田核心区规划管理规定》等规范性文件，完善规划执法法律依据。持续开展城乡规划稽查执法工作，2017年，开展长汀、连城、武平、上杭、漳平、永定等县（市、区）城乡规划稽查双随机抽检工作。截至2017年12月底，累计下达行政处罚决定书16份，处罚面积近1公顷，处罚金额61.6万元，并将行政处罚情况在社会信用平台和市规划局官网进行“双公示”。

【龙岩市城乡规划设计院与上海建筑设计研究院有限公司签订战略合作协议】 10月25日，上海建筑设计研究院有限公司与龙岩市城乡规划设计院在市城乡规划局签订战略合作协议。本次战略合作，以“优势互补、平等互利、合作发展”为原则，充分发挥各自在城市规划、城市设计与建筑设计的资源优势，在市场、技术、资质和人员等方面紧密合作。龙岩市城乡规划设计院将借助上海建筑设计研究院有限公司在城市设计、BIM绿色低碳中心、海绵城市和大数据课题中心等方面的技术优势，通过项目合作、职工挂职交流等方式，迅速提升技术水平，加大人才储备。

【特色小镇和美丽乡村规划】 2017年，龙岩城乡规划局完成《古田特色小镇三年行动计划》《长汀新桥镇和河田镇新型城镇化重点镇近期建设规划》等评审稿；召开上杭县庐丰、官庄畲族乡规划方案，上杭县南阳镇核心区控规及道路工程、景观风貌、公共服务、污水工程等四个专项规划评审工作；开展《武平环梁野山城乡一体化总体规划》及环梁野山“五村一体”村庄规划方案比选，积极推进武平县县域乡村规划试点工作以及武平武东镇张畲村、五坊村等4个乡村规划试点编制工作，完成永定区下洋镇觉川村、大溪乡莒溪村、湖山乡桂坪村、岐岭乡龙湖村等四个美丽乡村行动规划的规划篇章部分。

（陈水华　撰稿）

城市建设

【概况】 2017年，龙岩市住房和城乡建设系统按照市委、市政府“再上新台阶、建设新龙岩”的部署，坚持稳中求进工作总基调，紧紧围绕项目落地攻坚战役和城乡民生基础设施补短板工作，着力实施道路畅通、园林绿化提升等“六大工程”，着力提升城市管理水平，着力保持房地产业平稳健康发展，着力推进建筑产业转型升级，较好的完成各项工作任务。2017年底，龙岩市住建局被人社部、住建部评为全国住房城乡建设系统先进集体，被市委、市政府记集体三等功。全市住建领域共完成固定资产投资443亿元，占全市固投总量17.5%，建筑业、房地产两大产业实现税收38.22亿元，占全市地方财政收入的27.5%。

城市建成区新增绿地面积134公顷，绿地面积2292公顷，绿地率39.5%；新增绿化覆盖面积266公顷，绿化覆盖面积2541公顷，绿化覆盖率43.8%；新增公园绿地面积23公顷，公园绿地面积458公顷，人均公园绿地面积12.06平方米。城市污水处理率91.87%，城市生活垃圾无害化处理率99.75%。

【宜居环境建设】 深入推进宜居环境建设，2017年省宜居办对龙岩市下达投资任务222亿元，全市宜居环境实施项目841个。全市宜居环境建设完成投资257.82亿元，完成省下达年度目标的116.14%。

【中心城市路网建设】 中心城市出台《关于加快中心城市重点城建项目建设的实施意见》及相关配套文件，建立重中之重项目领导挂钩机制和一线考核干部、正向激励、逆向惩戒、容错纠错机制，对重点项目业主、施工、监理单位实行绩效考核。全年完成投资132亿元，完成年度计划的106.87%；三桥一路、罗龙西路提升改造、东山湿地公园、西安金融小区B地块等32个项目实现新开工；邮政、海关交通节点改造提升、东肖南路、北三环、卧龙小区一期等25个项目实现竣工（或通车）；龙岩大桥、罗龙路等一批重点项目按节点顺利推进。新建4兴绿景等人行天桥。至2017年底，中心城区城市道路达411.48公里，比上年增加19.56公里，建成区面积扩展到58.02平方公里，比上年扩大2.2平方公里。全市新增城镇公共停车泊位6500个，建成并投入使用缆线管廊2千米，在建地下管廊约5.9千米。

【北三环项目竣工】 北三环项目位于龙岩北部新城，是龙州工业园与城北组团的联系提供一条便捷通道，项目起于龙腾北路，终于解放北路，道路全长1526米，采用沥青砼路面，包含隧道工程和道路工程，道路设计时速50千米/小时，隧道30千米/小时，总投资2.72亿元。2016年1月开工建设，2017年12月竣工。该项目隧道贯穿龙腾北路和解放北路，北城区域上北高速可从北三环隧道直接通行(节约里程约2公里)，同时大幅降低工业路交通压力。

【南环西路与西安路交叉口提升改造工程(海关交通节点)竣工】 起于华莲桥东侧，终于福建龙洲运输股份有限公司，全长630米，净宽2×8.25米，其中暗埋段长度为240米，敞开段(U形槽)长330米，立项批复总投资估算1.7亿元。项目于2016年8月开工，2017年5月竣工。该改造工程的竣工改善了城区交通“微循环”组织，缓解高峰期的堵点，方便市民出行。

【南环西路与溪南南路交岔口提升改造工程（邮政交通节点）竣工】 起于莲庄北路顺康汽车检测中心处，终于瑞德酒店门口，采取“主线下穿、左转高架”方案，设下穿通道下穿南环西路与南环中路交岔口，全长700米，净宽2×8.5米，其中暗埋段长度为120米，敞开段（U型槽）长350米；南环路往溪南南路方向设左转匝道高架，桥长246米，两侧引道挡墙全长170米，立项批复总投资估算1.4亿元。项目于2016年7月开工，2017年5月竣工。该改造工程的竣工改善城区交通“微循环”组织，缓解高峰期的堵点，方便市民出行。

【龙腾南路二期竣工】 龙腾南路二期（福三线—后田村）道路工程位于新罗区东肖镇，连接厦蓉高速扩容东肖互通出口，该道路工程全长2900米，道路宽度50米，双向六车道加设辅道，采用高等级沥青砼路面，在K1+756.3及K2+792.4处分别设置一座小桥，桥长13.08米，宽50米，项目总投资约7亿元，2017年12月竣工。该项目的打通，进一步缓解了市区的交通压力，进一步促进了东肖生态新城的建设和推进。

【东山湿地公园一期A、B地块景观工程竣工】 东山湿地公园一期A、B地块景观工程位于小溪河东岸、东环路西侧，莲南路与金鸡路之间，属于东山湿地公园的一期示范段，南北全长约1.2公里，总投资约2700万元，建设面积约60000平方米。铺设红色沥青自行车道、小青砖园路、二级钢筋混凝土仿木纹园路。此外还配置管理用房（两座）、公厕（一座）、廊亭（一组）及庭院灯、监控设备、坐凳等配套附属设施。项目于2017年9月底完工，并对外开放。东山湿地公园是城市绿地系统以及主城区湿地专项规划中的重要节点，公园的建成将极大地缓解东山区域绿地短缺现状，有效地修复城市生态系统，净化水质，调节东山区域环境气候，美化周边环境，带动东山人居板块发展。

【中心城市管理】 城市环境卫生保洁。2017年，中心城市道路的清扫保洁面积达到355万平方米，主次干道机械化清扫率达95%；新建并投入使用登高东路垃圾转运站及公厕、横山路公厕、中山公园公厕、南公园公厕和龙潭垃圾转运站；完成石桥头垃圾转运站、培丰垃圾转运站、古田垃圾转运站、双洋路垃圾转运站和莲东D地块垃圾转运站等5座垃圾转运站压缩设备的提升改造；在主次干道、各公交站点安装、更换果皮箱1278套、内筒1899个。筹建龙岩市大件垃圾破拆处理厂项目，完成厂房基础、道路硬化、钢结构搭设等工作。城市生活垃圾无害化处理率99.75%。

市政设施维护和管理。加强市政设施巡查维护，确保路平、灯明、水畅。完成中心城区50条主、次干道拉网式排查维修，累计完成约500个点对点的整改提升，全年维修道路7.17万平方米、人行道3.64万平方米，完成二道栏维保改造5000米。检查更换井盖865套、路灯7000盏。定期巡查、及时清理隧道雨水沟、桥梁泄水孔、下水道等部位淤泥，清淤泥6535立方米，完成易涝点东宫下村涝区雨水管道改造工程整治。全年未发生重大积涝灾害。

园林绿化管理。园林绿化水平持续提升，完成解放北路延伸段生态廊道（西侧）绿化城市片林建设；完成东山湿地公园一期AB地块建设；完成五山公园（西锦山、莲花山、登高山、仙宫山、蜈蚣山）改造项目中的西锦山、莲花山和登高山提升改造；完成龙岩大道南段一期（双龙路–兴业路）、东肖南路二期等共7条主次干道绿化建设项目。截止到2017年底，建成区绿地面积2292公顷，比上年增加134公顷，绿地率达39.5%，同比增长0.96%；绿化覆盖面积2541公顷，比上年增加266公顷，绿化覆盖率43.8%，同比增长3.17%；公园绿地面积458公顷，比上年增加23公顷，人均公园绿地面积达12.06平方米/人。

燃气安全生产管理。开展打击非法运营液化气联合大行动，排查整治安全隐患397项，检查中心城区燃气企业及抽查各县（市、区）燃气企业76家次，供应站68家次，下发整改通知书83份，完成9家不符合规定的瓶装液化气三级供应站地址搬迁工作。

城市供水和污水处理。中心城区供水基本平稳，供水6698万吨，水质综合合格率99.94%，完成一户一表改造2454户。加快污水处理设施建设，污水处理率91.87%，继续保持全省前列。提前一年完成黑臭水体整治任务。

【村镇建设】 出台《关于进一步推进特色小镇建设工作的通知》等一系列文件，进一步明确工作重点和职责。2017年，特色小镇和美丽乡村建设完成投资40亿，完成年度计划的100%，武平县特色小镇建设项目抓得实抓得细，成效显著；新罗区美丽乡村统一规划、分步实施，比较有特色。将乡镇污水垃圾设施建设任务纳入市对县党政环保目标责任状内容，加大投入和督导力度。污水处理设施项目新竣工29个，在建25个，前期5个；乡镇垃圾转运站新完工38个，在建2个；上杭、长汀、新罗提前完成乡镇污水垃圾处理设施建设。57692户村庄三格化全面竣工；农村危房改造开工6188户，开工率100%，竣工4770户，年度竣工率195.4%；村庄垃圾常态化治理380个项目全部完成，环保督查问题整改取得阶段性成效，村镇环境面貌进一步改善。

【深化放管服】 出台住建系统权责清单，规范权力运行。60个大项行政审批及公共服务事项全部进入窗口及网上办理。全年办理各类审批建设事项

45529 件，办件提前办结率 100%，基本满意率 99.5%。“一趟不用跑”32 项，“最多跑一趟”60 项，占总审批服务事项 93%，占总办件数 96%。市住建局局审批科窗口荣获“全国青年文明号”称号。

建筑业

【概况】 2017 年，全市资质内企业累计完成建筑业总产值 908 亿元，增长 23.6%，增速全省排名第二，完成建筑业增加值 224 亿元，比增 11.7%。其中一级总承包企业和专业承包企业完成产值 563 亿元，占全市总产值 62%。

【建筑业企业】 出台《关于扶持我市建筑施工企业发展壮大的若干意见》，从资质升级、招投标等方面鼓励企业做大做强。企业实力明显增强，新增一级总承包企业 7 家；积极推进工程总承包试点，落实工程总承包试点项目 4 个。持续推进绿色建筑发展，完成公共建筑节能改造 11.8 万平方米，2017 年新通过绿色建筑项目 134 个，总建筑面积约 388 万平方米。

【建筑市场监管】 全面开展严厉打击建筑施工违法发包、转包、挂靠、违法分包等违法行为工作，强化事中事后监管，2017 年，组织开展抽查全市在建项目 42 个，下发建筑市场整改通知书 6 份，行政处罚案件 7 起，罚款 51.2 万元。全面推行劳务实名制管理，指导企业健全建筑企业信用综合评价体系，完善防止农民工工资拖欠长效机制，实施《龙岩市建设工程责任主体不良记录“黑名单”管理办法》，巩固工程领域保证金清理规范工作成果。维护农民工合法权益，协调处理拖欠农民工工资投诉件 21 件，涉及项目工程款及农民工工资 1588 万元。

【建筑材料运输及建筑废土处置】 组织开展渣土运输联合执法，对中心城区建筑工程文明标准化施工共开展专项巡查整治 33 次，发出责令改正通知单 70 份，并全部得到整改落实。

【工程质量安全】 落实安全生产“一岗双责”，推进建筑施工标准化建设，强化建筑施工安全监管和市政公用设施运行安全管理，全面开展安全生产大排查大整治、“打非治违”及重要时段应急性安全保障工作。先后部署开展 5 轮次拉网式全覆盖安全生产大检查，组织检查组 205 个，派出检查人员 963 人次，检查在建项目 205 个，排查发现安全隐患 1146 条，均已整改完毕。全年住建领域未发生安全生产事故。

房地产业

【概况】 2017 年，全市完成房地产开发投资 185.05 亿元，比增 2.7%；其中中心城市完成 134.86 亿元，比增 3.2%。全市销售商品房 315.22 万平方米，比增 13.7%，中心城市销售商品房 190.9 万平方米，比增 19%。

【房地产市场监管】 坚决贯彻落实中央、省委省政府关于稳控房地产市场的决策部署，坚持“房子是用来住的、不是用来炒的”定位，通过实行新建商品住房预售价格指导，实行新批准预售楼盘开盘驻点制度，加强预售许可管控、强化预售资金监管、严格执行商品住房销售明码标价、禁止捂盘惜售等方式规范房地产市场秩序，联合物价、工商部门开展房地产市场专项检查工作，严厉打击违法违规销售和中介行为，强化市场监管。加快培育发展住房租赁市场，与建行龙岩分行签订住房租赁工作战略合作协议，通过搭建住房租赁平台，为租赁市场发展各主体给予意向性授信支持，为住房租赁市场发展提供金融服务。提升物业管理水平，开展市级物业管理示范项目考评，新增 5 个市级物业管理示范项目。

【住房保障建设】 2017 年，开工棚改安置房 4080 套，开工率为 100%，其中货币安置 2765 套，货币化率为 67.77%；基本建成 12530 套，完成率为 358%；完成投资 53.68 亿元，投资完成率为 194.86%。

配租配售。进一步满足市民基本住房需求。截至 2017 年 12 月底累计配租配售 40137 套，累计配租配售率达 93%。实行动态管理，全年共有 104 户退出经济适用房保障，共有 22 户退出公租房保障。

（黄财全　撰稿）

公积金管理

【住房公积金缴存与提取】 缴存额增长趋稳，住房公积金覆盖面不断扩大。全年实缴单位 5257 家，实缴职工 20.13 万人，比上年净增 0.44 万人。全年缴存住房公积金 28.2 亿元，同比增长 9.51%。住房公积金缴存总额 206.51 亿元，扣除提取后的缴存余额 76.18 亿元。提取额显著增加，支持职工住房消费力度加强。全年提取 22.58 亿元，同比增长 16.81%；提取占当年缴存额的比率 80.07%，比上年增加 5.01 个百分点。截至 2017 年底，提取总额 130.33 亿元，同比增长 20.95%。2017 年提取的金额中，住房消费提取占 79.07%（购买、建造、大修、翻建自住住房占 36.74，偿还购房贷款本息占 40.05%，租赁住房占 2.12%，其他占 0.16%）；非住房消费提取占 20.93%（离休和退休提取占 12.09%，完全丧失劳动能力并与单位终止劳动关系提取占 5.35%，户口迁出龙岩市或出境定居占 0.94%，其他占 2.55%）。

【住房公积金贷款】 贷款额有所下降，支持刚需购房力度加大。全年发放个人住房贷款5673笔19.64亿元，同比分别下降33.54%、39.64%。回收个人住房贷款13.67亿元。截至2017年底，全市累计发放个人住房贷款10.41万笔170.04亿元，贷款余额91.89亿元，同比分别增长5.76%、13.06%、6.96%。个人住房贷款余额占缴存余额的120.62%，比上年减少1.15个百分点。

公积金贷款低息优势明显。全年支持职工购建房59.34万平方米，年末个人住房贷款市场占有率22.17%，公积金以远低于商业银行的规模实现巨大的保障作用。通过申请住房公积金个人住房贷款，可节约职工购房利息支出40062万元。

公积金主要用于支持中小户型、中低收入、首次贷款家庭买房。职工贷款笔数中，90(含)平方米以下占32.4%，90-144(含)平方米占58.59%，144平方米以上占9.01%。新房占68.89%(其中购买保障性住房占5.11%)，购买存量商品住房占31.31%。贷款职工中，首次申请贷款占85.88%，二次及以上申请贷款占14.12%；中低收入群体占99.53%，高收入群体占0.47%。

个人贷款逾期率。逾期个人住房贷款320.68万元，个人住房贷款逾期率0.35‰，住房公积金风险控制处于安全的运行状态。

【融资】 为缓解住房公积金流动性紧张压力，龙岩市积极创新融资方式，通过向商业银行申请授信贷款、开展公积金个人贷款资产证券化等方式，尽可能让公积金惠及到每一位贷款人。2017年融资8.9亿元，归还7.06亿元；融资总额共计26.85亿元，融资余额18.99亿元。

【增值收益】 全年实现住房增值收益1.29亿元，同比增长6.16%。增值收益率1.76%，比上年减少0.03个百分点。增值收益分配。2017年，提取贷款风险准备金6389.21万元，提取管理费用1023.87万元，提取城市廉租房(公共租赁住房)建设补充资金5491.12万元。2017年，上交财政管理费用1023.87万元。上缴财政的城市廉租房(公共租赁住房)建设补充资金4027.56万元。2017年末，贷款风险准备金余额37732.79万元。累计提取城市廉租房(公共租赁住房)建设补充资金47271.93万元，有力支持龙岩市廉租住房建设。

【缴存基数和比例】 龙岩市除中央驻岩单位外的其他单位及其职工月2017年度缴存基数上限不超过市统计局公布的2016年龙岩市在岗职工平均工资的3倍14832元；中央驻岩单位及其职工月缴存基数上限不超过2016年龙岩市在岗职工平均工资的5倍24720元。月缴存基数下限原则上不得低于龙岩市人社部门公布的最低工资标准，市本级、新罗区最低月缴存工资基数1500元；漳平市、永定区、上杭县最低月缴存工资基数1380元；武平县、长汀县、连城县最低月缴存工资基数1280元。缴存比例为单位和职工各5%-12%。

【政策调整】 在住房公积金流动性状况紧张的情况下，根据省住建厅等三部门《关于支持做好住房公积金流动性风险防范工作的函》要求，结合实际情况，龙岩市先后两次调整住房公积金使用政策，进一步引导居民合理住房消费需求。自2017年4月1日起：龙岩中心城市住房公积金贷款最高额度由55万元下调至45万元；永定区维持最高额度45万元；漳平、上杭、连城、长汀、武平最高额度由45万元下调至35万元。调整首付比例；停办三次及三套以上贷款；暂停商转公业务；停办异地贷款；贷款取消担保人；明确规定年还款额最高不得超过借款人家庭年收入的60%；省外购房提取增加户口或工作证明；调整提取公积金还款方式。自2017年9月1日起，龙岩市住房公积金使用政策再次作出调整：在龙岩中心城区和永定区购房的，单职工最高贷款额度由45万元调整为35万元，双职工最高贷款额度45万元保持不变；长汀、上杭、连城、武平、漳平购房的，单职工最高贷款额度由35万元下调为25万元，双职工最高贷款额度保持35万元不变。调整借款申请人缴存公积金期限及购房提取的相关规定；暂停办理一次"手工逐年提取按月冲还贷"业务；停办两次(含)以上公积金贷款职工的再次购建房提取和偿还商业住房贷款提取申请。

【互联网+公积金】 积极探索"互联网+公积金"服务模式，不断提升住房公积金服务质量，实现了"最多跑一趟"目标，让群众在深化改革中有更多获得感。丰富服务渠道，打造"多元化"服务平台。开通涵盖门户网站、12329热线、12329短信、微信公众号、e龙岩客户端、网上业务大厅等服务渠道，形成类型多样、互为补充的一体化服务体系。民众通过登录龙岩公积金官网、下载福建公积金APP、注册e龙岩、关注"龙岩公积金"微信公众号等方式，可更快更便捷地查询住房公积金最新政策法规和工作动态，查询归集、提取、贷款等业务。拓展"网上办事大厅"建设。将30项审批事项全部进驻e龙岩网上办事大厅，100%实现"最多跑一趟"，其中"一趟不用跑"网上办结事项16项，网上预受理、窗口办结事项14项。申请人可以登录龙岩市公共服务网、e龙岩手机APP自助办理公积金，实现住房公积金业务从线上查询到办理的飞跃式突破。简化服务流程，打造"高效率"服务环境。纯公积金贷款的年还贷提取、个人公积金账户转移，提供身份证即可；取消支取和贷款业务的单位盖章和填单环节；下放贷款审批权限至分管副主任，启用贷款审批专用章；将贷款审批时限压缩至7个工作日，支取缴存业务均实现即时办结。打造“银政联合”政务服务。中心集合各公积金承办银行共同进驻市行政服务中心，实现公积金咨询、查询、收件、受理、审批、资金划转的“一站式”办理。建立部门数据交换平台。实现与市不动产登记中心、人行等部门的数据联网共享，公积金业务审批由“人工对纸质材料审核”向“系统自动联网查验”转变，最大限度简化职工办理业务申请材料。开通异地转移接续，方便异地转移。2017年7日，正式接入全国住房公积金异地转移接续平台，通过采取“转入地受理、转入地审核”的运行模式，办事效率得到大幅提升，在全国范围内实现“账随人走，钱随账走”。

（市住房公积金管理中心　供稿）

环境保护

环境质量

【空气质量】 2017年，全市空气质量以优良为主，总体空气质量优于上年同期；中心城市空气质量优良天数比例达99.2%，在全省9个设区城市中并列第一，空气质量综合指数排名全省第二，全市6个县级城市环境空气质量良好。

【水环境质量】 2017年，龙岩市境内3条主要河流总体水质保持良好，与上年同期相比，水质有所下降；全市3个主要湖泊水库水质有所好转，Ⅰ—Ⅲ类水质比例为100%，较上年提高11.1个百分点。全市辖区内16个城市集中式饮用水水源地水质均达到或优于Ⅲ类标准，水质达标率为100%；6个县级城市的10个集中式生活饮用水源地水质达标率均为100%；龙岩城市内河Ⅰ—Ⅲ类水质比例为75%，与上年同期相比上升25个百分点。小溪河水质从长期的劣Ⅴ类提升至Ⅲ类水，其中登高桥、见龙桥断面部分时段自20世纪90年代以来首次达到Ⅱ类水质。

【声环境质量】 2017年，龙岩市城市区域环境噪声质量总体水平与上年同期相比持平，全市7个城市（含龙岩中心城市）区域环境噪声平均等效A声级在51.1分贝至62.1分贝。龙岩市中心城市区域环境噪声平均等效声级为55.3分贝，符合龙岩中心城市区域噪声环境质量达到二类功能区的要求，属“一般”水平。漳平、长汀、永定、连城、武平5个县（市、区）城市区域环境噪声质量等级为“二级”，评价结果为“较好”。上杭县城市区域环境噪声质量等级为“四级”，评价结果为“较差”。

环境治理

【全面落实生态环保目标任务】 市委、市政府从2016年开始，连续两年把生态环保与项目落地、扶贫作为全市重中之重的中心工作，全力打好“三大战役”。进一步强化生态环保攻坚战役落实，将党政领导生态环境保护目标责任书目标任务分解为四大提升工程、六大工作重点、277个项目进行攻坚，实行“挂图作战”，坚持“一月一通报”“半年一督查”。四大提升工程和六大工作重点取得显著成效，277个攻坚项目完成年度计划投资的105.6%。省对龙岩市生态环保目标责任书考评为良好，市环保局在生态环保攻坚战役中表现突出，被市委、市政府授予“三大战役”集体三等功。

【环保督察和问题整改】 抽调精干成立市环保督察办公室，专职负责环保督察相关工作。抓早、抓实、抓细中央环保督察前的突出问题自查整改工作，得到中央督察组充分肯定，反馈问题中涉及龙岩市的仅3项个性问题。常态长效抓好中央和省级环保督察组反馈问题整改，督促责任单位举一反三、全面梳理、力行力改，取得明显成效。省要求龙岩市报送的中央环境保护督察组反馈问题共15个，已完成整改5个，达到序时进度10个；省级环保督察组反馈问题共6大项50小项，已完成整改34小项，基本完成15小项，正在整改1小项，得到省政府主要领导于伟国、分管领导张志南的批示肯定。

【水污染防治】 逐步完善汀江流域生态补偿机制。2016年3月，汀江-韩江流域上下游横向生态补偿机制被列为全国第二批试点，粤闽两省签订补偿《协议》以来，龙岩市高度重视，市委、市政府成立汀江流域水环境保护和生态补偿机制建设工作领导小组，由市委书记任第一组长，市长任组长，先后编制下发流域综合整治五年总体规划、2016和2017年总体实施方案、2017年实施方案，出台项目、资金管理（暂行）办法，2016、2017年共投入资金30.5亿元实施重点整治项目82个。经过两年来的整治，汀江干流、武平梅江水质得到明显改善，出境断面水质达到考核要求。汀江干流9个国省控断面达标率100%，其中广东大埔清溪、梅江武平段象洞溪（羊角电站）、梅江武平段中山河（园丰电站）三个出省断面水质均稳定在Ⅲ类以内。龙岩市委托中国环境规划院正在开展汀江-韩江流域上下游横向生态补偿绩效评估（合同金额约200万元），已完成绩效评估报告初稿，计划2018年4月底前完成绩效评估报告。

加强小流域整治。26条重点小流域中19条完成消灭劣5类水质目标，占比73%，其中达到Ⅰ—Ⅲ类水质的15条，占比57.7%。82个小流域省定监测点位中有66个水质达Ⅰ—Ⅲ类，占比80.5%，与2016年普查水质提高33个百分点。

加大流域重金属污染治理。通过一系列整治，新罗区小溪河流域和漳平大深溪流域从4月以来铁、锰测值均符合或基本符合相应标准。

继续实行重点乡镇单列管理。按照市委、市政府出台《龙岩市各县（市、区）及重点乡镇水质考核管理办法（试行）》，对全市41个重点乡镇53个交接断面水质监控点实行单列管理，每两月监测、考核、通报1次，对水质考核连续两次不达标的重点乡镇进行集体约谈，对年度水质不达标、主要污染物指标同比恶化的3个重点乡镇（新罗区苏坂镇、铁山镇和武平县岩前镇），对其党委、政府主要领导进行问责，即由所在县（市、区）党委、政府对其效能告诫。

【大气污染防治】 强化大气重污染行业深度治理。福建华电漳平火电公司超低排放改造项目已投入运行，福建华电（漳平）火电集中供热项目即将完工。全市共关停城区燃煤小锅炉61台。

推进机动车尾气污染防治。全年淘汰黄标车4809辆，提前超额完成省、市年度任务。

全力推进中心城区臭氧污染防治，在全省率先开展臭氧成因分析及防治对策研究，并根据研究成果制定龙岩市臭氧污染防治工作方案。

深化中心城区大气污染防治。制定系列文件，联合有关职能部门，加大道路扬尘、施工扬尘、餐饮油烟、焚烧垃圾等污染问题的查处力度，并开展5次应急行动。

【土壤污染防治】 编制土壤污染治理与修复方案与规划。制定出台市级和县级土壤污染防治工作方案，完成市级土壤污染治理与修复规划。开展土壤污染治理与修复工程。有序推进连城县庙前历史遗留工矿重金属和漳平市大深矿区土壤污染治理与修复试点项目，开展土壤污染状况详查工作，全面完成全市2010个点位核查及新罗区、长汀县采样工作。强化危废综合处置和危废工程包建设。列入省、市工程包的6个项目完成投资1.56亿元，完成年度计划的112%。

环境管理

【生态环保体制改革】 推进环保管理体制改革。按照"省督政、市督企"和"县级不设立环保局，全部上收市环保局，人、财、物由市环保局统一管理"的总体精神，出台系列文件推进环保管理体制改革。推进环境污染责任保险制度。制定《龙岩市环境污染责任保险工作实施方案》，在全省率先出台财政补贴政策，多举措推动企业积极投保，全市35家企业办理污染责任保险，缴纳保费200万，保障金额1.03亿元。有序开放环境服务市场。在全省创新出台市级环境监测服务第三方机构备案和监管办法，业主可在已备案的全省范围内的22家监测机构中自由选择，平均节约监测排队等待时间2个月以上。推进生态环境损害赔偿试点。指导长汀县制定出台长汀县生态环境损害赔偿试点工作方案。不断完善环境监管网格化建设。龙岩市已建立独立的环境监管网格化信息平台，开通2700名网格员账号，并完善网格运行管理和工作考核制度。

【环保执法监管】 开展环境执法大练兵和"清水蓝天"、生猪养殖业污染整治、集中式饮用水源地等专项执法检查，全年出动执法人员1.8万人次，受理环境投诉举报2133件，征收排污费4928万元，立案处罚并下达行政处罚决定书563件，罚款金额1740余万元。

【环保审批服务】 认真落实行政审批制度改革和简政放权、放管结合、优化服务改革，按照"马上就办、真抓实干"要求，大力取消行政审批事项，规范行政审批行为，为群众提供方便、快捷、高效服务。同时配强行政审批科力量，成建制进驻行政服务中心，7个事项全部集中至行政审批科统一办理，所有11大项23小项行政许可与服务事项全部进驻中心，公布"最多跑一趟"事项8项，"一趟不用跑"事项8项，占全部办件事项88.9%。

【环境研判】 坚持月、季、半年、年度召开环境质量会商会议，及时分析研判环境质量状况和变化趋势。同时，时刻紧绷环境安全这根弦，妥善处置环境突发事件，科学、快速、稳妥做好414矿洞出水水质异常、九龙江流域北溪（漳平段）甲藻、黄岗水库藻类等环境应急处置的监测、指导工作，确保厦门会晤期间龙岩市环境质量安全。

【"环境基准与风险评估国家重点实验室闽粤赣研究中心"前期工作】 中国环境科学研究院协同其战略合作单位（福建中科同恒环保规划设计有限公司）在龙岩市建设"研究中心"。该研究中心由重点实验室、院士工作站、环保科技创新企业三部分组成，主要为福建及周边省份的生态环境开展研究，并提供长期的技术支撑。市政府高度重视，副市长黄庆辉亲自部署，市规划局于2月提出该"研究中心"的三个选址意见。中国环境科学研究院吴丰昌院士和福建中科同恒环保规划设计有限公司方宏达博士分别于1月23日、3月15日带队专程到龙岩市对接沟通、现场调研，已确定选址方案报市政府审批。

（俞丽莎　供稿）

14 商贸 物流

编辑 陈 芬

商业贸易

【概况】 2017年，全市全年实际使用外资2.96亿元，增长6.5%；外贸进出口257.3亿元，增长4.9%，其中出口157.7亿元，增长3.3%；进口99.6亿元，增长7.5%。社会消费品零售总额813.19亿元，增长11.5%。批发业销售额1018.27亿元，增长20.7%；零售业销售额815.1亿元，增长13.1%；住宿业营业额10.44亿元，增长23.1%；餐饮业营业额82.78亿元，增长11.5%。电子商务交易额412亿元，增长89%，较好地完成年度目标任务。

【推进"五个一批"项目】 全市"五个一批"新增合同外资项目36个，总投资12.37亿美元，合同外资3.05亿美元。全年全市新签约投资项目247个，总投资790亿元，完成年度目标的123%。其中，投资超亿元项目181个，投资超10亿元项目25个，生产性项目212个，占85.8%。

【招商活动】 积极组织参加"6·18海交会""9·18投洽会"等重大招商活动，认真办好"11·8机博会"活动，同时组织前往日本、韩国、北京、广州、深圳、上海、珠海、香港、澳门等境内外城市开展20余次"点对点"招商活动。积极联络德国林德、英国依诺、南非飞力通、日本三菱电机等知名企业，跟踪对接华信、华为、中兴、比亚迪等大企业投资，成功签约太阳低氧铜杆、亿思达激光显示、海峡德纳汽车精密齿轮生产等投资超10亿元项目25个。

【出口结构调整】 盯紧紫金铜业、龙工、信越（长汀）科技、卓越新能源、漳平木村、金龙稀土、金鑫钨业等重点生产性企业扩大出口，积极培育一批新的本地生产性出口企业，全市生产企业出口79.8亿元，增长65%，占全市出口比重达51%，较上年同期提升19个百分点。

【扶持出口企业】 拨付出口企业奖励、出口信用保险等外贸扶持资金1265万元。为出口企业提供配套融资额6500万元，投放"助保贷"贷款1000万元。加工贸易出口31.7亿元，增长135%，其中紫金铜业出口27.3亿元，占比达86%。

【商贸流通业发展】 牵头推进龙岩城区农贸市场整治，改造提升韭菜园市场、北市场、东肖市场等市场，新建、迁建香山元、龙地新发现青草盂市场、红坊市场等市场，圆满完成创建全国文明城市由市商务局承担农贸市场和商场（超市）的重点任务，被授予"集体三等功"。

加强黄标车、报废汽车回收拆解管理，发放黄标车补贴车辆3159辆，发放补贴2929万元，占应补贴数的100%，回收拆解报废汽车7970辆；下发关于进一步规范和整顿二手车流通市场有关事项的通知，使二手车流通管理抓手更实；对核查合格的33家拍卖企业换发到期的《拍卖经营批准证书》，拍卖年度核查工作顺利结束。

加强市场运行调节、市场秩序建设和安全管理。做好副食品基地工作，实现全市省级城市副食品调控基地无公害农产品产地认证或产品认证率80%以上的目标任务。积极推进中心城区蔬菜基地直销平价店建设，建成正常开业11家。推进商务信用体系建设，健全落实安全生产责任制度，全市商贸行业安全生产形势持续稳定。

【居民和家庭服务业】 完成3家省级示范性家政服务站和7家市级示范性家政服务站的创建工作。联合有关部门举办市美容师职业技能竞赛、家政服务员职业技能竞赛、西式面点师职业技能竞赛，提升相关行业服务水平。组织企业参加"5·18"福州·国际食品展闽货华夏行等系列展销活动，提高龙岩地产品市场占有率。开展旅客入住前台登记实名制宣传推广、行业自律工作，烹饪行业逐步推广4D厨房，推进洗涤洗染、烘焙饮品等行业规范建设。举办“闽莱走出去之龙岩餐饮业融入一带一路发展交流会”，福建星兴餐饮公司在澳大利亚悉尼开设分店，实现本土餐饮业企业“走出去”零的突破。

【商贸服务业领域项目会战】 全市91个商贸服务业领域会战项目完成投资275.36亿元，完成年度计划136.9%；开工建设项目21个，完成年度计划100%；建成投产（或部分建成投产）项目43个，完成年度计划226.3%。

【“重中之重”项目建设】 扎实推进由市商务局牵头的2个“重中之重”产业项目和1个“重中之重”城建项目建设，其中，2个“重中之重”产业项目——龙岩爱琴海城市广场项目全年完成投资3.8亿元、占年度计划85%，中国（龙岩）农产品物流交易城项目累计完成投资9.3亿元，进入扫尾阶段；1个“重中之重”城建项目——农贸市场建设和改造项目完成建设改造。

【商贸物流投资工程包和工业园区工程包建设】 商贸物流投资工程包完成投资13.45亿元，完成年度计划289%，其中：现代物流园区工程包完成投资12.23亿元，完成年度计划326%；特色农产品和旅游商品专卖店工程包完成投资5000万元，完成年度计划100%；商贸流通领域农产品交易市场建设工程包完成投资7164万元，完成年度计划180%。工业园区基础设施建设工程包完成投资25.29亿元，完成年度计划135.21%。

【为民办实事项目】 全市8个城乡集贸市场建设改造为民办实事项目完成投资4586万元，完成年度计划121%。

（市商务局　供稿）

【成品油经营】 2017年，中石化森美龙岩分公司牢牢把握“安全、稳定、有进步、可持续”的发展目标，积极开展机制体制改革，聚焦提质增效、转型升级，保安全、防风险，推改革、增活力，进一步优化结构，积极应对市场竞争，打造中国石化品牌，不断做强做优做大，公司安全、经营及管理等各项工作均取得较好成绩。截至2017年底，中石化在龙岩各分支机构拥有在营加油站125座、在营油库1座、拟建油库1座，共有员工1000余人。全年经营总量40余万吨，同比下降0.18%；全年缴纳各种税费8000余万元，同比增长14.28%。

【加油站品牌建设】 为提高企业品牌形象，进一步提高企业的核心竞争力，公司继续对部分加油站及新收购、租赁加油站进行形象改造，统一中石化品牌标识，开设富有特色的、高品位的便利店，积极完善加油站公共卫生间等配套服务设施，不断扩展服务项目和范围，各县公司（片区）着力打造“样板站”和“精品店”。同时，持续做好加油站“加油八步法”“销售六步操”等标准化服务工作，规范加油、开票等操作流程，进一步提升加油站基层管理者及基层员工服务意识，为客户提供更加优质服务。通过对加油站进行硬、软件两个方面的持续建设，不断增加便利店商品花色品种，满足消费者需求，为消费者提供“一站式”服务，创造“快捷、舒适、便利”的最佳客户体验，客户消费满意度不断提高。

【优质服务】 龙岩分公司始终以客户为中心，持续开展“为民服务创先争优”“青年驿站”“优质服务月”“开展移动发卡进社区、企事业单位”等活动，提升加油站管理服务水平，努力使客户满意、政府满意、社会满意。延长IC卡网点营业时间，利用移动办卡设备，在人流量大的超市、社区等开展加油卡业务，尽量满足客户需求；设立服务小推车，公开便民服务项目；大力宣传“每一滴油都是承诺”活动，向社会宣传中石化品牌责任和服务意识，受到社会及政府的高度认可。2017年4月，莲花加油站被共青团福建省委授予“青年文明号”荣誉称号；2017年5月，长汀片区团支部被共青团龙岩市委授予“龙岩市五四红旗团（总）支部”荣誉称号；2018年1月，罗桥加油站被龙岩市总工会授予“2017年龙岩市工人先锋号”荣誉称号；2017年4月，赖琳兰被共青团福建省委授予2017年度“福建省青年岗位能手”荣誉称号；2017年9月，黄丽梅被中国石油化工集团公司授予“第二届‘最美青工’”荣誉称号。

IC卡网点覆盖面不断拓宽，市区、国省道及部分乡镇站有条件的均有设立发卡充值网点，为客户提供快捷周到的办卡充值服务，客户持卡消费明显增加。加油IC卡具备业务管理功能，协助客户跟踪管理用油情况，更能享受“油中感谢”积分增值服务。中石化森美公司自营的集“充值、商城、道路救援”于一体的“车e族”APP，为车主提供网上充值、手机加油等九大服务功能，是车主汽车生活的掌上“加油管家”，真正为消费者打造“快捷、舒适、便利”的最佳客户体验。在市区、国省道加油站不断新建洗车点，并对加油站原有洗车设备进行升级改造，让客户在加油站加完油后即可享受到洗车服务。同时，还与银行、保险等各行业开展相关合作，使中石化加油站由单一的提供油品销售服务向提供多种服务的综合服务商转型，为龙岩市民提供更加方便、快捷的增值服务。

【安全生产】 始终把企业的安全生产摆在经营管理的首位，通过加强制度建设，强化安全管理，为公司可持续发展提供坚强保障。龙岩分公司全面落实中石化集团公司、销售公司、总部HSE（安全、健康、环境）工作总体部署，坚守“发展决不能以牺牲人的生命为代价”这一条红线。不断强化主体责任，筑牢安全防线，认真贯彻执行中国石油化工集团公司安全生产“十大禁令”和中国石化销售企业“八大纪律”，积极推进HSE管理体系建设，严格落实安全环保责任制，细化安全管理目标，层层签订安全生产责任状。持续加大安全考核力度，积极主动与地方政府密切配合，落实好企业安全主体责任，全面开展“我要安全”“我为安全做诊断”等活动和“平安单位”建设工作，营造浓厚的安全生产氛围。积极开展安全生产月各项活动，2017年8月，分公司被龙岩市安全生产协会授予2017年安全生产月活动“优胜单位”荣誉称号。

【油品数质量管理】 龙岩分公司遵循“源头把关，过程监控，应急到位”的原则，狠抓加油站油品数质量管理工作，做好油品“进、销、存”，严把进出油验收关，加强加油机计量精度的检测，确保数量精确达标，严密监控油罐库存管理。在每月做好加油机自检的同时，接受各级政府技术监督局（计量所）的监督。2017年，在国家和地方技术监督部门开展检查中，油品质量和数量两项指标都100%达标。龙岩分公司始终秉持“质量是企业的生命”的经营宗旨，坚持“质量永远领先一步”的质量方针，实施全员、全方位、全过程的质量管理，确保油品质量安全。

（罗锦权　撰稿）

粮食储备与供应

【概况】 2017年，全市粮食产量1092424吨，省市外购进（调进）粮食1325445吨。国有粮食企业订单收购47770吨。全年粮食消费1779012吨，其中城乡口粮消费679853吨，饲料用量933212吨，工业用粮164396吨，种子用粮1551吨；全年销往（调出）省市外粮食674762吨；全市国有粮食购销企业实现利润174.15万元，连续十五年实现盈利；全年完成市、县（市、区）两级储备粮轮出51760吨，轮入51760吨；全年完成粮食工业（包括饲料）总产值362857万元，利润总额6744万元。

【粮食安全责任制度建设】 2016年始，开始实行粮食安全行政首长责任制考核，市政府主要领导和分管领导高度重视粮食安全行政首长责任制“首考”工作，把落实责任制考核作为重中之重工作来抓。市、县两级紧紧围绕年度考核目标任务，对照评分标准，逐条逐项抓落实，顺利完成年度考核工作。在省对市的考核中，龙岩市定量得分99.05分、定性得分5.55分，合计得分104.6分，排名全省第四，与福州、三明、厦门一道受到省政府通报表扬。同时，龙岩市全面组织开展对各县（市、区）的考核工作，经考评市对县级责任制考核结果总体完成较好，各县（市、区）得分均在95分以上，由高到低排列分别为上杭县、武平县、连城县、永定区、长汀县、漳平市、新罗区。市政府对考核前三名的上杭县、武平县、连城县进行通报表扬。

【粮食安全基层基础建设】 全面完成粮食订单收购任务。2017年，全市完成省市县三级粮食储备订单收购任务47770吨，占计划任务的100%。粮食收购政策得到有效落实。粮库建设取得明显成效。2017年，全面完成65个“危仓老库”改造和市本级以及连城、长汀、永定、新罗5个现代化粮库建设任务，新增标准化仓容20.5万吨，大大提升粮食仓储条件和保障粮食安全水平。粮食产业发展取得新进展。2017年，全市国有粮食企业实现利润174.15万元。指导和支持粮食加工龙头企业龙岩嘉丰米业、喜浪米业和小洋面粉厂完成技改。引导和支持上杭“山田禾”粮食产业基地和武平“双喜稻米”基地做强做大，支持武平喜浪米业开发富硅米、硅大米及米硅素等新产品和新品种，推进粮食供给侧结构性改革和“中国好粮油”行动计划稳步实施。

【粮食安全保障体系建设】 全市建立15万吨的原粮储备规模，建立1000吨应急大米和1000吨应急食用植物油的储备，全市确定15家粮食应急加工企业和19家粮食应急供应粮店。2017年，主要开展以下检测监管工作：抽检大米89批次，合格率100%；抽检小麦粉25批次，合格23批次，合格率92%；抽检食用植物油65批次，合格率100%；抽检原粮212批次，合格率100%。全市设立14个粮食市场价格测报点，实行粮食价格监测周报制度，及时掌握和分析粮食市场动态。深化粮食产销合作，引粮入岩，每年组织国有和私营粮食企业利用“6·18”福建省粮食产销协作洽谈会等平台，签约引进粮食20万吨以上。确保全市一旦出现应急供应状况，整个应急供应保障体系能够快速顺畅有效地启动运转。

【粮库信息化建设】 2017年，总投资约1986.18万元的龙岩市粮食安全公共服务平台暨信息化建设工程基本完工。项目总体框架为：建设一套全市粮食行业互联互通的网络系统、一个粮食信息化应用平台、三个中心、八个智能化粮库，形成结构完整、功能齐全、信息共享、市县联动、覆盖全市较为完善的粮食流通管理信息化体系。该项目的顺利实施，使龙岩市成为全省第一个推进并完成粮库信息化建设的设区市，也是全国粮食系统为数不多整市推进信息化建设的设区市，大大提升全市粮食宏观调控决策水平，为保障全市粮食安全提供有力支撑。

（市粮食局　供稿）

食盐经营

【概况】 2017年，龙岩盐业公司销区全年食盐销售总量19751吨，其中小包装食盐销售9140吨，食品加工用盐销售 7577 吨，饲料用盐 1806 吨，小工业盐销售 927 吨。

【商网建设】 采取有效措施积极应对盐业体制改革，主动适应食盐销售市场化，巩固企业核心竞争力，全面保障食盐供应。继续深化商网建设，进行网格化管理，细化分类管理客户，加强对客户的沟通协调，提升服务质量。理顺销售渠道，加大终端配送力度，逐步形成区域全覆盖、零售商网点全覆盖，确保合格碘盐供应正常。

【市场监管】 因处于盐改过渡期，市场乱象较为严重，全市食盐监管形势严峻，省外盐违法违规经营冲击恶劣。盐政部门全体人员主动作为，迎难而上，加大市场检查和市场规范力度，通过对各县（市、区）的“扫街”检查，全面走访各乡镇网点、批发商、零售商和餐饮店、食品加工用盐企业，有效抓好市场监管，确保市场安全。为进一步扩大食盐市场监管威慑力，盐政人员加大市场巡查频率，对违法违规经营省外盐的的销售点，发现一个，查处一个，共查处案件 301 起，捣毁违法销售窝点 24 个；同时，加大与检察院、公安经侦的沟通联系，提升案件查处成功率，达到工作有的放矢的成效。

【品牌宣传】 积极开展企业品牌，产品品牌和盐改政策的宣传推广。充分利用福建海盐“原生态、纯天然、全人工”的传统独特工艺优势，以市政府组织的“3·15 消费者权益日”、食品安全周活动为平台，向广大市民宣传品牌特点和海盐优势，使福建海盐深入人心。结合闽西广播电视报、龙岩网、东南网等传统媒体和微信公众号等网络新兴媒体开展宣传，印制宣传材料 15 万份，投放公交车身广告，进一步拓展宣传辐射面。

（游青青　撰稿）

物流业

【物流项目建设】 2017 年，5 个物流园区提升工程包项目（龙岩农产品物流交易城项目、新罗区龙腾工贸物流园、汀州电商物流城、龙岩公路港物流园、武平龙洲物流园），全年累计完成投资 7.5 亿元，完成年度目标 5.05 亿元的 148%。完成市委、市政府“三比一看”竞赛活动目标，7 个物流竞赛项目 2017 年全年计划投资 17.7 亿元，实际累计完成投资 21.4 亿元，完成年度计划的 121%，项目建设进度超预期。龙岩陆地港综合物流项目 2017 年 11 月全面建成并投入运营。

【物流品牌建设】 加强对省级示范物流园区的引导培育，11 月龙岩陆地港物流园区被列为 2017 年省级示范物流园区。支持物流企业争创国家 A 级企业，截至 12 月底，全市有国家 A 级物流企业 17 家，其中，AAAA 级 1 家（实现零突破），AAA 级 13 家、AA 级 3 家。“全国先进物流企业”3 家（福建信运冷藏物流有限公司、龙岩市闽盛物流有限公司和龙岩市龙洲物流配送有限公司）。

【政策出台】 2017 年，市政府出台《关于促进工业发展十五条措施的通知》和《龙岩市现代物流业三年行动计划（2017—2019 年）》，重点在现代物流业设施建设、物流公共信息平台建设、制造业与物流业联动发展、大中型物流企业的培育发展方面给以政策支持。全年现代物流方面兑现省市扶持资金 300 万元。

（市经信委　供稿）

供销合作

【概况】 全市供销系统完成销售总额 310 亿元，比增 58.21%，完成计划的 139.24%，其中生活消费品零售额 164 亿元，比增 54.04%，完成计划的 130.54%；农业生产资料销售额 23 亿元，比增 10.16%，完成计划 108.02%；连锁销售额 70 亿元，比增 66.29%，完成计划的 138.58%；农产品市场交易额 33 亿元，比增 51.23%，完成计划的 126.01%；农产品购进额 123 亿元，比增 57.75%，完成计划的 131.46%；再生资源购进额 13 亿元，比增 37.84%，完成计划的 118.88%。全市供销系统实现利润 8746.77 万元，比上年增加 2703.2 万元，增长 44.73%，完成年计划的 128.08%。

【综合改革】 市县两级均已出台关于深化供销社综合改革的《实施意见》及《试点方案》，从制度层面推进全市供销系统综合改革发展。按照全国总社和省社的工作部署，制定出台《龙岩市供销社复制推广全国供销合作社综合改革试点经验工作方案》，确定市县两级供销社复制推广综合改革试点经验的目标任务、措施办法和实施步骤，推动综合改革试点经验尽快在各地复制推广开花结果。按照全国总社《关于确定深化供销合作社综合改革专项试点单位的通知》要求，组织指导长汀县社开展“强化基层社合作经济组织属性”专项试点工作，年内全面完成各乡镇供销社恢复重建和规范提升工作，带动全市系统基层组织建设。如期完成由市供销社承办的市委、市政府两个全面深化改革项目：“探索农村合作金融服务新模式”“完善农村基本经营制度”项目。

【农民合作社及联合社】 2017 年，全市新发展农民专业合作社 289 个，其中供销社系统领办创办农民合作社77个，联合社10个。全市农民专业合作社累计已发展3451个，入社农户15.73万户，带动农户34.45万户。积极引导农民合作社开展跨区域跨行业的联合合作，加强农民合作社的联合与合作，以规模型、效益型、特色型、生态型农业为发展方向，为成员社提供技术培训、资金支持、媒体宣传、农产品开发、销售渠道搭建等多方位服务与支持。如长汀县金太阳农民专业合作社联合社，社员覆盖河田、南山、三洲、策武及晋江工业园区等五个区镇，实现57家合作社跨区域跨行业的大融合，为成员社及广大农户提供系列化综合服务，积极参与精准扶贫，挂钩联系100多户贫困户，定期上门指导生产、保价回收农产品。大力发展培育土地流转和托管合作社，2017年，全市供销系统参办、联办的174个专业合作社参与土地流转，组建土地流转（托管、股份）合作社35个，流转土地面积5273.33公顷，开展土地托管服务面积1899.47公顷，开展统防统治面积2611.8公顷，开展农机作业面积3548.67公顷。引导和促进农民合作社规范发展，建立农民合作社示范社目录，对市县两级农民合作社示范社进行动态监测管理，引导农民合作社规范提升。加大政策和资金扶持力度，重点扶持管理规范、运行高效、成效突出的示范社。2017年全市系统共评选出40家市级示范社，评选奖励农民合作社精准扶贫先进单位19家。大力发展农民合作社服务中心，武平、长汀、连城等县社都在农民合作社聚集的重点乡镇设立农民合作社服务中心，为当地农民合作社及社员提供测土配方、科学施肥、统防统治、代耕代种、收割加工、代理记账、互助合作、代购代销等综合性服务。

【基层组织建设】 全市系统完成基层社提升改造10个，恢复新建7个，新建农村综合服务社81个，完成农村综合服务中心7个。分类推进基层社的改造提升。按照“五个有”建设要求改造提升基层社，逐步提升服务能力。永定高头、上杭茶地已完成基层社组织架构；新罗苏坂、武平中赤、上杭湖洋等正在实施基层社提升工程。积极吸纳社会能人重建基层社。总结推广长汀县社“能人办社”办法，大胆选聘村“两委”主干和社会经济能人担任基层社负责人，推进基层社恢复重建工作。长汀县社共吸纳村“两委” 主干和农民合作社理事长及产业带头人11人到各基层社担任正、副主任，实现基层社全县乡（镇）全覆盖。着力提升基层社的综合服务功能。各县级社按照“一社多能，综合服务”的要求，着力打造新型基层供销社，密切与农民的利益联结，增强综合性服务功能。如长汀濯田、宣城和古城供销社，都兴建了社区综合服务中心，兼具电商服务、日用品销售、农资供应、庄稼医院、综合维修、农产品展销、合作金融等综合性服务功能。积极拓展供销社综合服务领域。统筹整合城乡供销社服务资源，逐步发展城乡经营服务综合体，承接各类为农服务项目。永定供销社作为2017年全省农村社区综合维修体系建设示范县，积极开展农村社区综合维修服务示范县和示范乡（镇）建设，新建县级综合维修服务中心示范点1个，乡（镇）维修服务站示范点1个。

【农村电子商务】 加快推进全市供销系统电子商务发展，形成网上交易、仓储物流、终端配送一体化经营，合力打造线上线下融合发展的电商平台和快递物流服务网络。构建市县乡三级电子商务服务网络，2017年，全市系统新建2家电子商务公司，3家县级电子商务运营服务中心，18个乡镇电子商务服务中心。扎实抓好电商示范县创建活动，积极推进连城、长汀二个县入选总社、省社首批电商示范县，争取中国供销电商公司投入1700多万元项目资金支持电商运营服务中心、电商网点、冷链物流建设。长汀县供销社电子商务发展被正式纳入国家计划，已建立20家乡（镇）电商服务中心，50个村级电商服务站（点）。着力推进线上线下融合发展。市社与省社联合组建的福建供销百农汇农产品直销中心，依托总社供销e家、福建农产品网上超市和“淘宝·特色中国”龙岩馆电商平台，推动线上线下融合发展，合力推进闽西和福建特产走向全国市场。全市供销系统实行线下农产品销售额10.8亿元，实现线上农产品销售额3.5亿元。加强电商专业培训，积极组织市、县社人员参加全国总社和省社举办的各类电商培训班。各县（市、区）社也通过自办或与商务、农业等部门联办各种类型电商业务培训，形成多层次、多方式抓培训的良好氛围。2017年，全市供销系统举办10期培训班，全市供销社企业和农民合作社电商人员590多人次参加培训。积极参与快递物流体系建设，由龙岩市供销社牵头，龙岩市供销农业服务公司承办，联合长汀、武平、新罗等地“三通一达”快递企业，整合县、乡、村三级快递物流网点，成立三地供销通世达物流有限公司，帮助农村农民解决日用品和农产品购销“最后一公里”问题。其他各县供销社正在紧锣密鼓地牵头整合当地快递物流业资源，组建新的快递物流企业，开辟供销社服务农村新领域。

【农村合作金融】 积极创新与金融机构合作机制，打造农村合作金融服务平台，开展农民合作社内部资金互助试点，促进解决新型农业经营主体发展规模经营融资难问题。稳妥推进助农信贷增信服务，全市系统累计组建7家供销农业服务公司，设立7支“供销信贷风险基金”，开展助农贷款风险补偿基金业务。截至2017年底，市县两级农服公司累计完成助农信贷1700笔，金额23251万元，其中2017年新增助农贷款1091笔，金额15244万元。开展农民专业合作社资金互助试点工作，按照“社员制、封闭性原则，在不对外吸储放贷、不支付固定回报”和“有效控制风险、规范管理运作”的总体要求，继续开展农民专业合作社资金互助试点工作，起草制订龙岩市农民合作社资金互助社管理办法。全市系统共培育5家资金互助试点单位(联合社3家、合作社2家)，共为230户成员(其中21户为贫困户）提供591万元的生产性互助资金，并在资金利率上给予优惠。

【“新网工程”建设】 2017年，全市系统建设完成农资配送中心3个、农产品批发市场3个、农村电子商务服务中心5个；建设完成农资连锁经营网点30个、消费品连锁经营网点15个；改造提升农资经营服务网点10个、消费品经营服务网点20个。市供销社引进和服务的中国(龙岩)农产品批发市场已完成20万平方米的市场主体建设。对2017年长汀县400公顷农田土地托管新建项目进行项目前期调研，并指导项目单位做好项目的初步设计，通过省级及总社专家评审并获得批复。指导督促全市系统对2012年以来实施的农业综合开发项目省级验收整改情况进行重新核实，并及时将各县市区社的核实情况上报省社。扎实做好2017年省级、市级新网工程及惠农工程专项资金申报工作，与市财政局共同争取专项补助资金397万元(其中省级277万元、市级120万元）。与市财政局联合制定下发《龙岩市惠农工程专项资金管理暂行办法》和《龙岩市新网工程专项资金管理暂行办法》。组织各县(市、区)供销社对2016年“新网工程”省级财政专项资金补助项目开展自查自检，对获财政补助的项目进行实时跟踪，并实行进度月报制度，促进项目资金的规范使用和管理。

【农资技物服务】 积极采取措施，切实做好农资冬储和农资供应服务工作。实行农资冬储情况旬报制和“四查四保”制度，提前60天完成5.1万吨的化肥冬储任务。切实加强农资经营管理，确保农资质量。2017年，全市各级供销社共组织自查109次，检查门店(库)436个，清理挂靠经营网点5个，规范整改承包经营网点18个，规范整顿加盟经营网点23个，发出整改通知书36份，消除质量问题隐患41处。春耕期间全市系统农资经营企业纷纷开展“维权知识到农户，放心农资进农家”“春耕农资科技下乡”“放心农资下乡进村”等活动和农资科技咨询服务活动。全市供销系统农资经营企业共开展各类宣传活动、送新肥新药活动81次，现场发放宣传资料11.6万份，接受农民朋友咨询4万多人次，发送新肥、新药15000多份，优惠让利供应优质化肥9.2吨。其中上杭县社重新组建全资的供销农资有限公司，进一步完善农资供应配送服务网络，创新农资服务方式，对接“农商一号”农资电商平台，打造线上与线下一体化运营的销售服务体系。进一步推进农资科技服务队伍建设，2017年，改造升级新型庄稼医院11家。

【推进社有企业改革与发展】 组建一批新型社有企业。为发展农村电子商务和农产品营销业务，全市系统新建2家电子商务公司，新成立3家县级电子商务运营服务中心，新建1家农产品营销公司，整合组建3家快递物流公司，并建立现代企业管理制度，规范运营，促进农村电子商务发展和农产品流通。大力发展混合所有制企业。市县两级供销社组建成立9家股份制为农服务企业，逐步形成股权结构多元、股东行为规范、内部约束有效、运行高效灵活的经营机制。切实加强社有企业的经营管理。组建市社直属企业管理办公室，出台一系列经营管理制度，加强对社有企业改革发展的规划指导和运营管理。

(李思庚　黄雪娟　撰稿)

15 对外经贸及对港澳台经贸

编辑　游友荣

利用外资

【外资利用概况】　截至2017年底，全市累计批准外商投资企业共1480家，总投资113.47亿美元，合同外资50.52亿美元，实际到资35.68亿美元。截至年底，全市外商投资企业共307家，其中：按统计部门分：市属15家，新罗57家，永定38家，上杭26家，武平19家，连城19家，长汀59家，漳平61家，龙岩经济技术开发区13家；按投资方式分：独资企业201家，合资企业95家，股份企业11家；按投资来源地分：中国香港146家，中国台湾77家，中国澳门11家，菲律宾、印尼、新加坡、马来西亚、文莱等东南亚国家15家，第三地转投22家(开曼、英属维尔京群岛)，其余36家来自美国、英国、玻利维亚、加拿大等10个国家和地区；按行业分布分：制造业180家，占全市外商投资企业数的58.63%，投资总额426556.91万美元，注册资本248662.47万美元，实收资本188949.91万美元；农、林、牧、渔业50家，占全市外商投资企业数的16.29%，投资总额43780.63万美元，注册资本33845.75万美元，实收资本24000.95万美元；电力、燃气的生产和供应业28家，占全市外商投资企业数的9.12%，投资总额53305.73万美元，注册资本19000.91万美元，实收资本12995.09万美元；批发和零售业18家，占全市外商投资企业数的5.86%，投资总额42475.07万美元，注册资本28211.90万美元，实收资本15182.37万美元；房地产业8家，占全市外商投资企业数的2.61%，投资总额15122.04万美元，注册资本8185.14万美元，实收资本7840.67万美元。以上五大类企业总计284家，占全市外商投资企业数的92.51%。

2017年，全市新批外商投资企业33家，新增总投资12.25亿美元，合同外资3.03亿美元，实际到资29553万美元，同比增长6.5%。上报省厅实际到资32788万美元，同比增长11%，增速居全省第三位，总量居全省山区地市首位。全市新批总投资千万美元以上项目12个，总投资12.1亿美元，合同外资2.8亿美元。其中，总投资亿美元以上项目3家，分别是：永定区的龙岩天地神韵旅游发展有限公司，总投资6.3亿美元，合同外资8434万美元；经开区的福建省华丰龙腾科技有限公司，总投资3.2亿美元，合同外资4213万美元；长汀县的福建泰跃纺织有限公司，总投资1亿美元，合同外资5000万美元。

9月17日，龙岩市政府在厦门召开龙岩市重点产业推进会

2017 年龙岩市各县(市、区)外经外贸情况

表 8

指标	新签外商直接投资(项)	利用外资合同金额 (万美元)	实际利用外资(万美元)	出口总值(万美元)
全　市	33	30317	29553	249556
新　罗	10	4958	5738	88479
永　定	3	8508	5420	18737
漳　平	6	636	3412	35994
长　汀	4	6701	4616	29780
上　杭	3	2620	4099	46674
武　平	4	6365	2673	17788
连　城	3	529	3595	12104

【招商活动】　香港经贸活动。10 月 15–18 日，市政府副市长王建生带领市直有关单位赴香港开展经贸活动。活动期间，代表团拜访山西怡园酒庄庄主陈进强、香港环保控股有限公司行政总裁兼执行董事陈昆，对接推进威士忌酒生产项目。拜访华润集团，与华润集团战略高级副总监余忠良及集团战略管理部、华润水泥、华润医药、华润电力、华润燃气等部门高管对接相关华润板块项目。代表团在港期间广交朋友，接洽一批新项目，积极开展宣传推介，极力扩大朋友圈。

2017 厦门国际投资贸易洽谈会。9 月 17–20 日，龙岩市组成以市委书记林国耀、市委副书记何明华、市委常委王金福任顾问，市委常委、市政府常务副市长王龙任团长，市政府副市长王建生任副团长，市直有关单位为成员的市代表团参加厦洽会。9 月 17 日下午，在厦门成功举办"龙岩市重点产业项目推介会暨项目签约仪式"，来自中国香港、中国台湾、美国、澳大利亚、新西兰、荷兰等国家(地区)300 余名客商参会。厦洽会期间，全市共签约合同项目 45 个，其中外资项目 24 个，总投资 7.41 亿美元，拟利用外资 4.35 亿美元；内资项目 21 个，总投资 126.7 亿元人民币。

第八届机博会暨第十届龙岩投资项目洽谈会。洽谈会期间，全市共签约项目 76 项，总投资 269 亿元，拟利用客方资金 254 亿元，其中合同项目 67 项，总投资 253 亿元，拟利用客方资金 238 亿元；协议项目 9 项，总投资 16 亿元，拟利用客方资金 16 亿元。11 月 8 日上午集中签约 60 个项目，总投资 243 亿元，拟利用客方资金 228 亿元。

对外贸易及对港澳台贸易

【对外贸易】　全市累计进出口 257.3 亿元，比增 4.9%，增幅居全省第八。其中出口 157.7 亿元，比增 3.3%，增幅居全省第七，完成市目标任务的 103%；进口 99.6 亿元，比增 7.5%，增幅居全省第八。连续六年入围全国外贸百强城市。

出口类型。从企业性质看，三资企业出口 275275 万元，占全市出口的 17%；内资企业出口 1301884 万元，占全市出口的 83%。从企业类型看，流通企业出口 783262 万元，比降 25%，占全市出口的 50%；生产企业出口 793897 万元，比增 64%，占全市出口的 50%。从贸易方式看，一般贸易出口 1262905 万元，比降 9%；加工贸易出口 313154 万元，比增 132%；其他贸易出口 1100 万元，比增 940%。从产品结构看，贱金属及其制品出口 393719 万元，比增 64%；矿物材料制品、陶瓷品出口 131908 万元，比降 45%；机电产品出口 239745 万元，比增 3%；纺织原料及其制品出口 148106 万元，比降 14%；以家具、寝具为主的杂项制品出口 195897 万元，比增 16%；鞋伞帽出口 62479 万元，比降 38%；化学工业出口 162273 万元，比增 46%；高新技术产品出口 52206 万元，比降 22%。从出口市场看，对中国香港出口 143481 万元，比增 24%；对韩国出口 41989 万元，比降 59%；对日本出口 71458 万元，比增 27%；对美国出口 147128 万元，比降 25%；对非洲出口 91539 万元，比降 14%；对拉美地区出口 131587 万元，比增 131%；对欧盟出口 183398 万元，比降 10%；对"一带一路"沿线国家出口 516085 万元，比降 16%，其中对东盟出口 328067 万元，比降 11%；对南亚出口 48168 万元，比降 17%；对中亚出口 1148 万元，比降 93%。

重点企业。出口超亿元企业 13 家，合计出口 56.8 亿元，占全市出口总量的 36%。其中，紫金铜业出口 268218 万元，比增 180%；龙工控股出口 67650 万元，比增 63%；卓越新能源出口 46343 万元，比增 286%；漳平木村出口 33080 万元，与上年持平；金鑫钨业出口

20296万元，比增38%；长汀金龙稀土17339万元，比增118%。

【加工贸易及承接地建设】 加工贸易取得飞跃发展，进出口总额85.8亿元，比增140%。其中，进口54.5亿元，比增145%；出口31.3亿元，比增132%，其中紫金铜业有限公司大力开展铜精矿加工贸易业务，实现进出口77.5亿元，比增160%，进口50.7亿元，比增150%；出口26.8亿元，比增180%。

（市商务局 供稿）

经济技术协作

【内联引资】 2017年，全市共签订内联项目144项，项目总投资234.83亿元，合同利用市外资金221.23亿元，实际利用市外资金（含结转）230.63亿元，同比增长8.04%，完成年度预期目标任务100.98%，比序时进度增长0.98个百分点。从投资规模上看，总投资1亿元以上的项目106项，比上年同期减少6项，占总数的47.96%。客方实际到资（含结转）183.5亿元，占总数的79.56%。从产业结构上看，三次产业投资的比例结构为7.43:57.22:35.35。第二产业客方实际到资（含结转）110.05亿元，占总数的57.22%。

【闽粤赣十三市区域合作】 11月23–24日，闽粤赣十三市党政领导第二十一次联席会议在漳州市召开。会议主题为“全面深化改革，促进协同发展”，漳州市副市长陈水树作构建开放型经济新体制试点经验介绍。共同发布《全面深化改革促进闽粤赣十三市协同发展若干意见》，听取并审议通过《闽粤赣十三市区域合作工作报告》和《会议纪要》。根据《全面深化改革促进闽粤赣十三市协同发展若干意见》，十三市将按照“全区域、全方位、整体性、系统性、创新性、实效性”的总要求，在交通体系、产业协作、旅游合作、园区建设、对外开放、创新发展、行政审批、公共服务、环境保护、机制体制等方面大胆探索、推进合作，共同促进优质资源集聚和互联互通互用，力求在重要领域和关键环节改革取得突破性进展，形成一批“可复制、可推广”的经验和模式，走出一条区域协同改革创新驱动发展的新路子。十三市将具体做到加强交通体系闭环对接，推动区域产业协作分工，深化区域旅游融合发展，推进产业园区共建发展新模式，建立区域开放型经济新格局，联合促进区域创新驱动发展，加快区域行政审批改革制度，创新区域公共服务合作对接机制，坚持保障区域可持续发展，建立改革区域工作协调机制。

产业合作。签订闽粤赣十三市区域合作项目67项，项目总投资111.52亿元，合同利用市外资金109.87亿元，实际利用市外资金（含结转）105.72亿元；签订闽西南五市区域合作项目65项，项目总投资110.37亿元，合同利用市外资金108.77亿元，实际利用市外资金（含结转）97.48亿元。

交通基础设施建设。厦蓉高速公路扩建工程、漳武线永定至上杭高速公路进展顺利，漳武高速永定高头至城关段完成初步设计批复。蒲城至武平高速公路龙岩段完成“工可”编制，并上报福建省发改委待审。南三龙铁路计划年底联调联试，2018年建成通车。浦梅铁路建宁至冠豸山段项目，2016年4月开工建设，计划2020年建成通车。福广高铁龙岩至龙川铁路项目、厦渝通道赣龙厦高铁项目前期工作加快推进。

旅游文化交流合作。文化部批准设立国家级客家文化（闽西）生态保护实验区，其保护范围为“古汀州八县”，并由福建省文化厅牵头，会同龙岩、三明两市启动《总体规划》编制工作。龙岩市武平县联合江西、广东省等20个县级文艺院团创立闽粤赣边客家戏剧联盟。通过戏剧展演、培训、交流等形式，共同提高闽粤赣边戏剧团体演艺水平，为组织非物质文化遗产的传承与发展带来新模式。积极参加第十届海峡两岸（厦门）文博会，龙岩市取得历史性突破，报送的作品《葫芦妙想》和《城市标识》，分别荣获文创产品奖铜奖和概念设计奖铜奖。龙岩、漳州两市达成板块开发共识，积极发展全域旅游，围绕厦漳泉旅游目的地建设与漳州共同整合区域旅游资源和要素，推动东山、连城、永定、武平全国全域旅游示范县创建工作。

【厦门龙岩山海协作】 产业协作。与厦门市签订协作项目20项，项目总投资60.92亿元，合同利用厦门资金59.52亿元，实际利用厦门资金（含结转）44.33亿元。

新一轮协作准备工作。龙岩市起草《关于开展新时期厦门龙岩山海协作对口帮扶的备忘录》（征求意见稿），征求厦门市的修改意见，从加快推进交通基础设施项目建设、环保、体育、侨务、教育、特色名优农产品流通、口岸通关、新闻媒体宣传、科技群团交流、民生档案跨馆利用服务、异地补充耕地、对口帮扶、区县结对等方面加强合作，并加强对山海协作的组织领导，最终达到合作共赢。

高层往来。福建省委常委、厦门市委书记裴金佳带队到龙岩市考察，开展党性教育，与龙岩市召开山海协作联席会议，商谈两市合作事宜。强调山海协作是服务国家战略、统筹区域发展、实现互利共赢的重要途径。新形势下开展山海协作，既有更坚实的基础和更有利的条件，也面临更高的要求和更新的任务。要贯彻好习近平总书记关于支持福建加快发展和苏区老区建设的重要指示精神，按照省委省政府的部署，把厦龙山海协作继续向前推进。以两市联席会议为新的起点，全力以赴、积极主动把共建协作区的各项工作做细，把服务保障措施抓实，切实为协作区规划建设营造良好发展环境。希望双方共同努力，抓紧理顺运营机制，以企业为主体，市场化运作，集中力量打造雁石片区产城融合示范区，并在推进协作区建设的基础上，多领域拓宽合作空间，在产业发展、文化、教育、卫生、民生保障、脱贫攻坚、红色文化、旅游等方面开展更多领域的对接合作，通过大手拉小手，带动龙岩经济社会更好更快发展。

厦门市政协主席张健带领党组理论中心组到龙岩市上杭县开展“不忘初心，继续前进”主题教育学习活动，瞻仰了毛主席纪念园雕像、古田会议会址，参观了古田会议纪念馆、才溪乡调查旧址和纪念馆、光荣亭，重温了入党誓词，聆听革命传统教育党课。

厦门市副市长张毅恭带领考察团到龙岩市考察，考察团听取龙马环卫公司负责人关于公司近年来发展情况的相关介绍，观看了环卫装备演示和智慧环卫运营，并参观总装车间。

园区共建协作。厦门龙岩山海协作经济区建设。厦门龙岩山海协作经济区是福建省唯一一个省级山海协作经济区，规划总面积57.5平方公里，充分利用两市政策叠加优势，2017年，新增注册企业7家，注册资金共2.6亿元，已有2家公司入驻通用厂房。

武平高新技术产业园区建设。龙岩市武平县与厦门市思明区共建的武平高新技术产业园区，通过福建省政府审批设立为“省级高新技术园区”，现有入园企业76家、规模工业企业49家、亿元产值企业13家、百万税收企业15家、国家级高新技术企业5家、省级科技型企业7家、市级企业技术中心8个。

晋江(长汀)工业园区建设。龙岩市晋江(长汀)工业园区管委会、服务中心揭牌。在晋江–长汀山海协作对口帮扶座谈会上，晋江市向长汀县捐赠对口帮扶资金2000万元，支持晋江(长汀)产业园区基础设施配套建设和水土流失治理、社会事业及民生保障项目建设。两地9个乡镇签订挂钩帮扶框架合作协议、两地农业局、福建汇新农业开发有限公司签订长汀县优质农产品晋江营销中心协议。园区新落户企业20余家，总投资40.5亿元，完成投资36.8亿元。其中，亿元以上规模企业6家。

(陈育　供稿)

16

旅游业

编辑　饶晓艳

综　　述

【概况】　全年接待游客 3784.14 万人次、旅游总收入 332.76 亿元，分别比上年增长 23.7%、31.3%，接待游客和旅游总收入增速比全省平均数分别高出 2.3 和 2.1 个百分点。红色培训异军突起，古田干部学院正式启用，永定县岐岭乡牛牯扑、长汀县杨成武将军故居、连城松毛岭战役遗址、古田（吴地）红军小镇、新罗江山红色兵工厂等一批红色景区建成开园，成为全市红色旅游新的增长点。全市红色旅游景区接待游客 953.08 万人次，比上年增长 24.1%；带动旅游收入 60.89 亿元，比上年增长 29.85%。全市接待入境游客 16.41 万人次，比上年增长 18.1%，高出全省 4.2 个百分点；旅游外汇收入 1.22 亿美元、比上年增长 29.4%，人均花费 681 美元、比上年增加 60 美元。

全市 AAA 级以上旅行社 38 家（其中出境业务资质社 5 家，赴台资质旅行社 1 家）；星级饭店 32 家（其中五星级 1 家，四星级 17 家，三星级 14 家）。

【旅游景区】　全市有 1 个世界文化遗产地（福建土楼·永定景区），2 个国家 AAAAA 级旅游景区（福建土楼·永定景区、古田景区），10 个国家 AAAA 级旅游景区（连城冠豸山、新罗龙硿洞、长汀红色旧址群、漳平九鹏溪、连城天一温泉旅游区、连城培田古村落景区、梅花山华南虎园生态旅游景区、梁野山景区、才溪乡调查纪念馆、永定天子生态旅游区），14 个国家 AAA 级旅游景区（闽西革命历史博物馆、武平定光佛祖庙、武平文博园景区、永定下洋中川景区、永定金砂红色旧址群景区、新罗东肖红色旧址群、新罗竹贯古村落、上杭李氏大宗祠文化旅游区、长汀汀江源龙门风景区、长汀汀江国家湿地公园、漳平象湖红色旧址群、新罗培斜福海龙乡、连城星光农场、武平刘亚楼将军故居红色旅游区），1 个国家级风景名胜区（冠豸山），1 个国家工业旅游示范点（上杭紫金工业旅游区），1 个国家农业旅游示范点（新罗云顶茶园），3 个国家水利风景区（新罗梅花湖、永定龙湖、漳平九鹏溪景区），1 个国家矿山地质公园（上杭紫金工业园区），1 个国家历史文化名城（长汀）、3 个国家历史文化名乡镇（上杭古田镇、武平中山镇、永定湖坑镇），7 个国家历史文化名村（连城宣和乡培田

世界文化遗产地、国家 AAAAA 级旅游区——福建土楼·永定景区之初溪土楼群

村、三洲乡三洲村、适中镇中心村、庙前镇芷溪村、新罗区万安镇竹贯村、长汀县南山镇中复村、漳平市双洋镇东洋村),4个国家森林公园(龙岩国家森林公园、上杭西普陀国家森林公园、漳平天台山国家森林公园、永定王寿山国家森林公园),2个国家自然保护区(梅花山、梁野山),4个全国特色景观名镇(村)(永定湖坑镇、上杭县古田镇、连城县宣和乡培田村、漳平市赤水镇香寮村),3个全国休闲农业与乡村旅游示范县(漳平市、上杭县、连城县),2个全国休闲农业与乡村旅游示范点(上杭五龙村农家乐、永福高山农业旅游区),10个全国红色旅游景区,13处(39个点)国家重点文物保护单位。福建旅游十大品牌中,龙岩占2个,即“神秘的客家土楼”和“光辉的古田会址”。

【永定县岐岭乡牛牯扑红色旅游景区】

位于福建省永定县岐岭乡西北,毛泽东、朱德、粟裕、张鼎丞、邓子恢、谭震林等老一辈无产阶级革命家曾在这里生活、战斗过,素有“闽西小井冈山”之称,是著名的老革命根据地。景区主要景点“毛主席纪念亭”为土木结构,占地300多平方米,二层抬梁式构架,楼上四面有回廊,正面上书“毛主席纪念亭”字样,纪念亭内陈列有关图片等文物,对游人开放。

【长汀县杨成武将军故居景区】　国家AAA级旅游景区。景区位于开国上将、全国政协原副主席杨成武将军的家乡——长汀县宣成乡下畲村。景区有杨成武将军故居、千年古樟树、休闲农业基地等景观,功能划分为将军故居瞻仰区、景区综合服务区、千年神樟祈福区、客家民宿旅游区、生态蔬果采摘区。杨成武将军故居由风屋下老宅和中华人民共和国成立后新宅、池塘等组成。风屋下老宅为客家传统府第式建筑,占地面积306平方米。

【连城松毛岭战役遗址】　国家AAA级旅游景区、全国红色旅游经典景区、全国党员干部教育基地。位于连城县朋口镇,是中央红军长征前夕东线最后一役——松毛岭战役的遗址,遗址保留全国少有的红军指挥所、战壕、碉堡、军营、医院、伙房等遗址。景区包含郭公寨指挥部遗址、中央苏区松毛岭战役纪念碑、5000平方米的纪念广场和埋葬3000余具遗骸的松毛岭战役红军无名烈士公墓等。

【古田(吴地)红军小镇】　古田(吴地)红军小镇位于梅花山自然保护区内,是一个历史悠久的客家古村落,也是以“弘扬古田初心,牢记时代使命”为主题打造的以“情景教育、体验教学”为特色的教育培训基地。“红军小镇”重在实践体验,内有红军哨所、阅兵广场、铸魂广场、红军食堂、体验式红军民宿、红军训练场、行军拉练山道、红军运动场和真人CS射击场等体验场地。

【新罗江山红色兵工厂旧址】　位于新罗区江山镇山塘村,是一个以中央苏区红军兵工厂旧址为核心的红色旅游景区。山塘兵工厂创建于1927年9月初,是中央苏区第一个红色兵工厂,原为山塘村廖氏宗祠“务本堂”,朱德、郭滴人等革命先辈曾在此处指挥过战斗。兵工厂旧址内还原了当年苏区兵工厂的生产场景,陈列展出中央苏区军民融合发展史、红色兵工厂发展史、“三打”龙岩城等红色历史。

旅游开发

【旅游品牌创建】　长汀县杨成武将军故居获评AAA级景区;天子生态旅游区、汀江国家湿地公园、永福樱花园创建省级生态旅游示范区;上杭古田“星火燎原”红色体验馆、连城培田春耕节、漳平永福台品樱花茶园、永定土楼客家训馆入选全省首批优秀创意旅游产品。永定招宝生态农庄等7家单位被评为福建省三星级乡村旅游经营单位;永定区高头乡被列入省级乡村旅游休闲集镇;新罗区曹溪街道黄洋村等32个村被列入省级乡村旅游特色村;古田镇入选福建省“乡村旅游十佳休闲集镇”,永定区南江村、连城县培田村、漳平市北寮村入选福建省“乡村旅游二十佳特色村”。连城兰花博览园、漳平岳山嘉茗创建福建观光工厂;新罗区桫椤谷森林公园、连城县天一温泉创建省级创客示范基地;漳平九鹏溪入选省级露营公园;新罗区七彩蓝田、连城天一温泉入选省级养生旅游休闲基地。泰源体验中心在福建土楼风情街开业运营。

【旅游项目建设】　永定客家博览园、连城冠豸山创AAAAA级旅游景区项目成功入选2017年全国优选旅游项目。全市争取省级旅游专项资金2215万元。列入2017年全省旅游休闲重大工程的22个项目完成投资9.8亿元,完成投资计划164.7%。永定、武平、连城3个省级全域旅游重大项目与基础设施投资工程包完成投资8.76亿元,完成投资计划210%。市级旅游领域工程包完成投资11.24亿元,完成投资计划205.1%;红色景区保护与开发工程包完成投资10.94亿元,完成投资计划275.5%;33个“三比一看”旅游服务业项目建成投产8个,在全市服务业“三比一看”竞赛中位居全市前列。

【旅游营销】　活动营销。市、县联合到主要客源地、动车沿线、航点城市和上海、广州、深圳等地分别举办各具特色的“清新福建·欢乐龙岩”旅游推介会,既突出龙岩的“圣地红、生态绿、客家彩”旅游品牌,又呈现了各县(市、区)的旅游资源特色。以“聚力合作共赢、助推全域旅游”为主题,举办2017闽粤赣十三市旅游局长联席会。参加“旅博会”和“福建旅游生活展”,借展会平台,发出龙岩声音。持续推进“月月有活动·季季有高潮”，连城元宵民俗、长汀举林闹春田、漳平板凳龙、永定走古事等民俗活动丰富多彩。做热一县一主题，“龙岩旅游文化市集”“览斑斓春色、采丰硕果实、品清新绿韵、享冬日温暖”四季旅游产品丰富多彩，梁野山“元初客家欢”乡村春晚、培田春耕节、富溪河鱼抢抓狂欢节、上杭观音井梅花节、长汀三洲杨梅采摘节、连城塘前荷花节等吸引众多游客。

媒体营销。加强两微一端（微信、微博、客户端）等新媒体宣传，做好龙岩旅游微信、微博、天猫旗舰店的运营，在《闽西日报》《新周刊》《环球客家》、福建省旅游网、东南网龙岩频道等媒体开辟龙岩旅游专栏。继续与中央电视台、海峡卫视和赣州、梅州、龙岩电视台合作拍摄与播放“清新福建·欢乐龙岩”旅游宣传片或专题片。新罗《竹贯元宵灯会》获评2016“网络中国节”网络优秀节日作品；央视七套《乡土》栏目专题报道上杭提线木偶及树叶吹奏两项省级非物质文化遗产项目；央视新闻频道《风清月明》为全球观众呈现永定土楼人家春耕的实时画面。

“旅游+体育”产业营销。举办贾占波、张湘祥等11位体育冠军走进永定土楼，中国羽坛世界冠军“重走红军路”等活动，做大“冠军摇篮”品牌。举办首届世界举重冠军九龙湖（连城）垂钓邀请赛、武平碧水公园荧光夜跑、首届闽粤赣千人跑步比赛、永定土楼马拉松赛等活动，助力“旅游+体育”产业发展。

【旅游精准扶贫】 全市评定旅游扶贫示范户120家、旅游扶贫示范合作社14个。引导旅游企业通过就业安置、项目开发、培训指导等多种方式开展村企对接帮扶。拨付7个省级旅游扶贫重点村每个村20万元，用于编制旅游扶贫规划，扶持基础设施、公共服务设施建设。省旅发委在长汀县召开全省乡村旅游扶贫“春季攻势”行动暨百企百村培训会议，推广龙岩经验。

【旅游公共服务建设】 龙岩旅游集散服务中心全年安全平稳运行，累计发送景区旅游直通车和冠豸山机场快线3232班次、发送旅客1.4万人次，游客交通出行、集散换乘、在线预订更加便利。全市第一批接入旅游目的地O2O平台的14家景区累计售检票258万张，为1.8万游客提供在线订票、6200多游客提供手机订房服务，智慧旅游建设成效初显。争取国家、省级专项资金390万，市财政安排专项资金150万元，通过以奖代补方式新建旅游厕所50座、改建30座。永定土楼、古田会址率先按标准完成2座第三卫生间改建并投入使用。

【优化旅游发展环境】 推进简政放权放管结合优化服务改革，编制权责清单，并承接好省旅发委、市审改办的纵向权责清单。落实安全责任，做实做细假日旅游安全和旅游企业安全标准化期满复评工作，开展全市旅游系统旅游安全大排查大整治和市场秩序大检查，营造良好的旅游安全氛围。实施“雪亮工程”，完成全市10家AAA级以上景区视频监控数据与国家旅游局、省旅发委和市公安局监控平台的互联互通。

开展“不合理低价游”专项整治活动，严打低价产品、严查合同签订、严管购物场所。制定旅游团队日均最低消费参考价及旅游产品诚信指导价，下架一批“不合理低价游”产品，清理、查处和关闭一批违法违规和严重失信发布的旅游网站和广告，查处一批旅行社不与旅游者签订合同或者签订虚假合同的行为。全年受理旅游咨询和投诉35件，为游客挽回经济损失1.35万元，办结案件游客满意率100%。

旅游活动

【传统民俗品牌活动】 通过“文化搭台、旅游唱戏”的形式，探索“旅游+民俗”模式，办好旅游民俗节庆活动。如连城四堡拔龙灯、连城芷溪花灯、长汀举林闹春田、漳平新桥板凳龙、永定抚市走古事、连城姑田游大龙、二月二打造中国壁洲800年的南宋灯笼文化节；武平万安镇“魏侃夫民俗文化旅游节”；上杭“三月三”畲族文化节等，结合民俗活动做热“月月有活动·季季有高潮”品牌。把“元初客家欢”乡村春晚放在梁野山AAAA景区举办，采用具有浓郁客家特色的艺术表现形式，展现客家人自古沿袭下来的生活风尚，演出当天，仅“今日头条”直播视频就吸引海内外一亿多人点击观看。

【“冠军摇篮”品牌活动】 贾占波、张湘祥等11位体育冠军走进永定土楼、连城举办首届世界举重冠军九龙湖（连城）垂钓邀请赛等助力“旅游+体育”产业发展。10月11日，由龙岩市人民政府和中国国际体育旅游有限公司联合举办的“中国羽坛世界冠军‘重走红军路’”活动，走进古田、才溪、长汀等地，瞻仰红色胜迹，力荐龙岩红色旅游。武平碧水公园荧光夜跑、首届闽粤赣千人跑步比赛、永定土楼马拉松赛等活动吸引众多游客前往。

【龙岩第五届旅游美食嘉年华】 11月7—12日，由龙岩文化旅游发展集团有限公司主办的“舌尖上的龙岩·龙岩第五届旅游美食嘉年华”在龙岩国际美食城举办。嘉年华现场设有约100个美食展位，配套十大名菜名小吃展示区、传统工艺展示区、儿童游乐区、千人就餐区、舞台演艺区和旅游商品展销区等展区，吸引全市餐饮行业多家代表性商户参展；荟萃闽西“十大名菜”“十大名小吃”“新罗老字号”及龙岩各县(市、区)特色风味小吃等美食，为广大市民、游客展示文化美食大餐。

【第六届海峡两岸定光佛文化旅游节】

12月2—31日，龙岩市人民政府、台湾中华海峡两岸客家文经交流协会主办“海峡两岸交流基地”授牌仪式暨第六届海峡两岸定光佛文化旅游节。活动分两个阶段组成，第一阶段为12月2—4日，举行开幕式，定光佛祭典朝拜、金身绕境巡安，养生音乐会、参观文化艺览、海峡两岸青年骑游交流和联谊活动等活动。3日，海旅游节开幕式在福建省武平县岩前镇均庆院举行，海峡两岸各界人士2000余人参加。第二阶段为12月2—31日，在武平岩前镇均庆院举行第六届海峡两岸定光佛文化旅游月活动，游客可参加斋饭免费体验、定光佛文化园区暨定光佛文化艺览展厅免费参观、养生打坐免费教授及体验、定光佛祖庙佛事活动、定光佛文化园区免费导游等系列活动。

【2017中国智慧旅游创新发展大会暨第四期培训班】 12月12日，由中国旅游报社、福建省旅游发展委员会、龙岩市人民政府主办的“2017中国智慧旅游创新发展大会暨第四期培训班”在龙岩开班。中国旅游报社社长徐行、福建省旅游发展委员会副主任苏庆赐、福建省龙岩市人民政府副市长王建生出席开班仪式并致辞。全国各地旅游管理部门、旅游景区、智慧旅游企业的相关负责人约300人参会。培训班围绕“智慧旅游让生活更美好”主题，通过主题演讲、专题授课、交流分享、产品和项目展示洽谈、实地学习等形式，为旅游部门和企业搭建一个智慧旅游交流学习的平台。

【2017闽粤赣十三市旅游局长联席会议】 12月12日，以“聚力合作共赢 助推全域旅游”为主题的2017闽粤赣十三市旅游局长联席会议在龙岩市召开，厦门市、漳州市、泉州市、龙岩市、三明市、赣州市、抚州市、鹰潭市、汕头市、梅州市、潮州市、揭阳市、汕尾市等十三市旅游局(旅发委)的领导等40多人参加会议。会议讨论通过《深化闽粤赣十三市旅游协作倡议书》。

(谢耀莹 撰稿)

17 交通运输

编辑：上官克盈

综　述

【交通基础设施】　公路方面。龙岩市公路里程14436公里，比上年增加122公里。公路密度75.38公里/百平方公里。公路等级：高速公路662公里，持平；一级公路40公里，增加24公里；二级公路1555公里，增加68公里；三级公路1290公里，增加4公里；四级公路9020公里，增加53公里；等外公路1869公里，减少27公里。

水路方面。龙岩市水路内河航道10条，588.16公里，七级以下航道376.8公里。

全市乡镇通客车率100%、建制村通车率93.8%、符合安全通行条件的建制村通车率100%，基本实现“县县通高速、乡乡通干线、村村通客车”，公路交通基本实现“1369”目标〔15分钟县城可上高速，30分钟主要乡（镇）、工业集中区上干线公路，60分钟中心城市到达各县市，90分钟通达周边地市〕，全市以“二纵二横二联”高速公路网和“四纵四横三联”国省干线公路网为主骨架、以辐射城乡的农村路网为补充的交通公路网不断织密延伸，初步构建起以公路、铁路为主，以水运和民航为补充的现代化立体交通网络，与全省、珠三角、长三角两大经济区交通主干线全面对接。

【交通基础建设】　2017年，全市完成交通建设投资119.6亿元，占年度计划115.3亿元的103.7%。

高速公路完成44.66亿元，占年度计划42.2亿元的105.8%，其中厦蓉线漳州天宝至龙岩蛟洋扩容工程完成22.1亿元，古武高速公路永定至上杭段完成投资12亿元，龙岩高速东环线完成投资8.05亿元，漳武线永定高头至城区段完成投资2.5亿元。

普通公路完成投资68.7亿元，占年度计划66.83亿元的103.6%，其中国省道建设与改造17.1亿元，国省道路面改造0.8亿元，农村路网工程建设7亿元，危桥改造1.08亿元，社会投资42.72亿元。

站场建设及其他6.27亿元。

公　路

【运力结构】　至2017年底，全市拥有营运货车15902辆、218413吨位，营运客车1036辆、25940座位（不含出租车）；旅游客车204辆，总座位数7883座；公交车辆577辆；出租车676辆；危货运输车627辆。

【运输服务】　全市公路客运班线399条，其中跨省线路35条，跨地（市）线路75条，跨县线路114条，县内线路175条。全市农村客运班线215条，通达乡（镇）124个，通达率100%，通行政村1788个，通达率94%。全市道路客运企业27家，其中100辆以上企业1家，50—99辆企业7家，10—49辆企业19家。道路货运经营企业298家，其中普通货运277家（无车承运人试点企业1家）、危货运输20家。道路运输站、场1家。货运相关服务业户300家。全市拥有客运站98个，其中一级站3个、二级站5个、四级站1个、五级站56个，一、二类港湾站112个。客运站平均日发3954班次，平均日旅客发送量69742人次（其中一级站30995人次，二级站31458人次）。全市机动车维修企业423户，其中一类机动车维修42户，二类机动车维修109户，三类机动车维修272户。

【驾驶培训】　至2017年底，全市拥有机动车驾驶培训机构56家，其中摩托车培训机构6家、汽车培训机构50家（含兼营摩托培训机构8家）。具体分布：新罗区16家、永定区5家、上杭县6家、武平县6家、长汀县7家、连城县6家、漳平市4家。有汽车类教学车辆2476辆，其中大型客车7辆、中型客车

2 辆、半挂车 4 辆、大型货车 27 辆、小型汽车 2434 辆、残疾人专用小型自动挡汽车 2 辆。另有摩托车教学车辆282 辆。现有汽车教练员 4625 名,其中理论教练员 191 名、实操教练员 4434 名。从整体来看,龙岩市的驾培机构布局基本合理,基本可以满足社会各类机动车驾驶培训的需要。1—12 月全市驾培机构共培训大小车学员 56576 人（其中残疾人学员 42 人），培训摩托车学员 13885 人。

【中心城市公共交通】 全市有城市公交企业 7 家、公交线路 41 条、公交车辆 705 辆（其中纯电动车 304 辆，占比 43%）2017 年新开通中心城市公交线路 3 条，中心城市共有公交车 422 辆（含 140 辆纯电动公交车），公交线路 39 条，线路总长度 534 公里，日发公交 4900 余班次，年客运量 7216.5 多万人次。

【道路运输管理】 至 2017 年底，全市县内班线 474 辆、县际班线 252 辆、市际班线 91 辆、省际班线 37 辆。全市 204 辆旅游客车全部实行公车公营,全市出租汽车公车公营全部实行。积极发展农村客运,提高建制村通客车率。农村客运站、候车亭建设任务全面落实。截至 2017 年底完成农村客运站点建设投资 1500 万元，其中新建一类港湾式客运站 11 个，新建乡（镇）综合服务站 1 个，改造提升乡（镇）综合运输服务站 4 个。农村客运网络拓展延伸。至 2017 年底全市开通农村客运班线 215 条，有车辆 627 辆，通达乡（镇）124 个，通达率 100%，通行政村 1677 个，通达率 94%。租赁企业 10 家，租赁车辆 106 辆。

大力发展旅游客运。至 2017 年底,全市拥有 8 家专业旅游客运企业,中高级旅游客运车辆 204 辆，总座位数 7883 座。

全面开展运输企业质量信誉考核。在全市道路客、货运输企业、维修企业及驾培机构进行质量信誉考核工作。评出 AAA 级客运企业 23 家、货运企业 23 家、维修企业 49 家。

【专养公路建养】 2017 年，龙岩市公路局完成公路建养投资 3.9 亿元,推进路面大中修项目，完成 G235、G319、G357、G534、S219、S506 线等 6 条国省干线公路路面改造 46.42 公里；推进 S205 线美丽交通生态公路建设 110 公里,推进精细化、标准化小修养护,国省干线公路路面使用性能指数达 90.7,干线公路优良路率 97%。获得全省公路养护管理综合第三名。

高边坡高路堤专项养护年活动。整治高边坡高路堤隐患路段 653 处,解决高边坡高路堤的排水、安全和病害等问题,完善排水系统网络,实现公路排水顺畅,边坡稳定,运行安全。

公路安全保障。完成公路安全防护工程 60 公里，道路隐患整治 13 处,危桥改造 8 座,隧道整治 4 座,灾防工程 30 公里,标线划设 5.16 万平方米,标志 1024 面，公路安全保障能力进一步提升,安全隐患得到及时消除。着力开展“平安公路”创建和“安全文化走廊”建设,公路行业安全稳定,养护工程合格率 100%。

公路路政管理。编印《路政管理制度汇编》和《路政管理文件汇编》,编制《非公路标志审批年审信息登记表》,规范路政许可和管理行为;深入开展路政“两创”活动,加强路政巡查和业务协作开展路政监督检查 9034 人次,发现、制止违章 3420 起，发放责令整改通知书 85 份,开展联合整治行动 154 次,函告交通综合执法部门 83 起。

公路应急保障。完善突发事件应急预案，加强养护中心和应急基地的管理,加强应急抢险救灾装备配备,完善公路基础设施，推进信息化管理升级，提升应急抢险和服务社会的能力。向社会意向性租赁抢险机械 83 台（套）,加强对防灾、战备器材的检查、维护和保养,保持抢险物资设备完好状态,提高应急抢险快速处理能力。建立常态化应急演练工作机制,开展钢桥架设等应急培训演练 5 场 110 人次。发扬福建交通和闽西公路精神,充分发挥公路交通应急保障作用,高效组织防抗“纳沙”“海棠”等台风灾害,全力做好公路交通抢险保畅工作，及时组织水毁修复工程,消除水毁痕迹,得到社会群众和上级的一致好评。

推进服务提质增效。完成 S309 线武平金桥、S205 线长汀馆前服务区建设,提升了公路服务水平和社会效益。

推进信息化管理升级。完成 11 个视频监控点、2 处可变情报板、1 个自动化观测站等信息化外场建设,购置 1 辆路况采集车。完善公路交通标志、标识,构建覆盖干线交通繁忙路段、重大桥隧构造物和灾害多发路段的监测与信息发布网络,更好地服务公众出行。

全面完成普通公路移交接养任务。完成了辖区内普通公路归类移交接养工作,签订移交接养协议并移交相关资料，基本形成专养公路管养层级清晰、责权匹配、分工明确、运转高效的普通公路管养体系。龙岩市由地方政府移交市公路局管养的路段 21 条 303.02 公里，移交地方政府管养的路段 74 条 594 公里。接养协议签订后，及时组织实地调查,协调推进公路设施、标志标线、路面、安全设施等提升改造,落实新线路班站布点、人员、设备“三到位”,全面实施新线路的正常养护。

【农村公路养护】 根据省交通运输厅 2017 年确定的龙岩市交通部门管养农村公路里程 12052 公里,其中群养国省道及县道 2530 公里、乡道 5967 公里、村道 3555 公里。

建立健全农村公路管养机构。市级管理机构:市交通运输局将县乡公路工作站更名为农村公路养护管理所,人员保留原 5 名事业编制,为差额拨款事业单位；县级管理机构：各县(市、区)设立事业编制农村公路养护机构，人员经费由财政核拨。乡级管理机构：新罗、上杭、武平、长汀、连城五县(区)在乡(镇)政府设事业编制农村公路养护管理站，人员经费由财政核拨；永定、漳平二县(市)乡(镇)公路站为聘用人员，由 1 名乡(镇)负责人分管农村公路养护。村级管理机构：每村配备 1 名农村公路养护协管员，负责农村公路养护管理工作。

探索建立“国家扶持引导、政府主体投资、群众捐资投劳”的养护资金筹集机制。农村公路养护资金除省补助外，市级对小修保养按县道 1750 元/年.公里、乡道 875 元/年·公里、村道 250 元/年·公里标准给予补助。此外，在政府投入的基础上，鼓励乡、村两级以投工投劳、公路沿线受益单位和个人自愿捐资、“一事一议”等方式筹资，弥补养护资金不足问题。2017 年，全市农村公路养护地方配套资金 5293 万元，超过省政府规定的标准，其中市级配套 1438 万元（小修保养 1031 万元、水毁保险补助 407 万元），县级配套 3855 万元。

高速公路

【概况】 2017 年，高速公路在建项目完成投资 44.67 亿元，占年度计划 42.2 亿元的 105.8%。

【厦蓉线漳州天宝至龙岩蛟洋扩容工程】 完成投资 22.1 亿元，占年度计划投资 20 亿元的 110.5%，累计完成投资 72 亿元，占项目总概算 88.57 亿元的 81.3%。

【古武高速公路永定至上杭段】 完成投资 12 亿元，占年度投资计划 12 亿元的 100%，累计完成投资 16.91 亿元，占项目总投资 56.13 亿元的 30.13%。

【龙岩高速公路东环线】 全年完成投资 8.05 亿元，占年度计划投资 8 亿元的 100.1%，累计完成投资 8.05 亿，占项目总概算 63.2 亿元的 12.7%。

【漳武线永定城区至高头段】 全年完成投资 2.5 亿元，占年度计划投资 4.2 亿元的 66.7%，累计完成投资 2.5 亿，占项目总概算 49.9 亿元的 5%。

铁　路

【概况】 2017 年，龙岩市铁路累计完成投资 17.43 亿元，完成年度投资计划 16.5 亿元的 106%。龙岩经梅州至龙川铁路项目前期工作取得重大突破，南三龙铁路、浦梅铁路建宁至冠豸山段加快建设，铁路规划项目成果显著，动车开行明显增多，路地协调能力增强，新成立龙岩铁发集团，进一步理顺政企关系，自身建设不断加强，全面完成年度铁路建设各项目标任务。截至 2017 年底，铁路营运总里程 625 公里(其中快速铁路 171 公里)，占全省铁路通车里程 3300 公里的 19%。

【龙岩经梅州至龙川铁路前期工作】 5 月 4—5 日、11 月 16—18 日，中国铁路总公司分别在上杭古田组织召开项目预可研审查会、可研审查会。会议原则同意推荐经上杭、武平线路走向方案，以及在上杭县城、武平十方设站方案，推荐龙岩至梅州段暂按时速 250 公里、预留进一步提速的条件，这标志着项目前期工作取得了重大突破。

项目东起龙岩市，西经上杭、武平、蕉岭、梅州市至河源市龙川县，按 I 级双线电气化、时速 250 公里及以上标准设计建设，线路全长 275 公里，总投资约 462 亿元，其中龙岩境内新建线路长约 78 公里(利用既有赣瑞龙铁路 28 公里)，投资 139 亿元。

项目已列入国家中长期铁路网规划和“十三五”规划，是长三角经海峡西岸经济区联系珠三角地区重要的辅助通道——杭广快速铁路通道和福州经龙岩至广州快速铁路通道的重要组成部分。该项目建设可与龙厦铁路、南三龙铁路，赣龙铁路扩能、梅州至潮汕等铁路形成区域内的快速铁路网，加快推进龙岩成为海峡西岸经济区重要的铁路交通枢纽城市，在全国铁路网中发挥重要作用。

【南三龙铁路龙岩段工程建设】 加快推进征迁扫尾、特构物补偿等工作，重点协调解决红梅隧道石埠村房屋拆迁、雁石南牵引变电所红线用地交地等重难点问题，全力保障了施工建设。工程建设加快推进，控制性工程南门口隧道全线贯通，站前工程已基本完成，站后工程完成 96%，铺轨工程完成 57%，为 2018 年实现开通目标打下坚实基础。龙岩市沿线北站房、雁石南、漳平西、双洋等 4 个站房工程建设和地方市政配套工程进展顺利，其中龙岩站 2018 年 1 月 19 日晚至 20 日凌晨，“8 个半小时、上千铁路工人”转场大施工，气势恢宏，场面震撼，再次刷新了人们对“中国速度”认知，刷爆海内外新媒体圈，龙岩因此受到全世界瞩目。

【浦梅铁路建宁至冠豸山段工程】 2017 年，全线路基土石方累计完成 492 万立方米，开工累计完成 492 万立方米，占设计数量的 17.6%。特大、大、中桥累计完成 8386.6 成桥米，开工累计完成 8386.6 成桥米，占设计数量的 23%。涵洞设计 14198 横延米，累计完成 5062.7 横延米，开工累计完成 5062.7 横延米，占设计数量的 35.7%。隧道累计完成 11206.1 成洞米，开工累计完成 11231.1 成洞米，占设计数量的 19.4%。

连城段累计完成投资 4.8 亿元，完成年度投资计划 4.7 亿元的 102%；开工累计完成投资 6.83 亿元，完成连城段总投资 24.5 亿元的 27.9%；完成红线内用地征收128.53公顷，占任务数的99.8%；交地124.33公顷，占任务数的96.6%；完成房屋拆迁2.38万平方米，占任务数2.64万平方米的90%。

【铁路规划项目】 10月15日，赣州经龙岩至厦门高铁、长汀至永安铁路、福州至龙岩高铁等项目被列入《福建省中长期铁路网规划》。赣州经龙岩至厦门高铁规划为双线、时速350公里客专，是厦长渝高铁主通道的重要组成部分，项目按龙岩至厦门、赣州至龙岩分段分期实施。9月25日，市铁办委托设计单位开展项目前期规划研究，其中重点做好龙岩至厦门段高铁研究工作；9月29日，市政府牵头组织赣、闽两省沿线6地市铁办，召开项目前期规划研讨会。长汀至永安铁路作为规划的快速铁路，按双线、时速200公里设计建设。福州至龙岩高铁作为规划研究项目，拟按双线、时速350公里设计建设，构建福州至广州联系新通道。

【动车开行增多】 积极争取铁路部门支持，在龙岩市增开列车及停靠车站次数等工作，充分发挥龙岩动车运用所作用。12月底，龙岩站每日办理客车47对(动车41对、普速车6对)，同比增加11对，开行北京、上海、深圳、南京、杭州等大中城市的动车，满足闽西老区人民日益增长的美好生活对铁路的需求。全年完成旅客发送量631万人，同比增长16%。

(卓世纪　撰稿)

【龙岩车务段概况】 铁路车务段位于人民路166号，成立于2007年1月。随着2015年12月26日赣瑞龙线的开通，正线运营里程增加534.156公里(赣龙线为国家Ⅰ级单线线路154.138公里、漳龙线为国家Ⅱ级单线线路137.057公里、龙漳线为国家Ⅰ级双线线路单线93.73公里、赣瑞龙线为国家Ⅰ级双线线路单线145.273公里、龙东支线3.958公里)，主要办理客货运输发出和到达业务，年底图定开行客货列车104对（旅客列车47对、货物列车50.5对、回送空动车组3.5对，动检列车3对)。

下辖29个车站中龙岩、龙岩东、铁山洋3站为二等站；冠豸山、古田会址、上杭3站为三等站；长汀南、南靖、龙山镇、长汀、永定、坎市、雁石、坂尾、红炭山、富岭10站为四等站；金峰山、河田、中复、新泉镇、芒园、小池镇、基太、苏坂、苹林、象牙村、仙师、马坑、草坂13站为五等站。

牢固树立“安全第一”思想，紧紧围绕“强基达标，提质增效”工作主题，持续深化“三点共识”和“三个重中之重”意识，全年消灭了一般D类及以上责任事故，截至12月31日18时，顺利实现运输行车安全2088天。

年内，面对上半年管内大宗货物运输持续下滑局面，通过“抢、夺、稳、争”“总对总”“保大增小”和“一企一策”等方式稳定并拓展市场份额，不断提升服务质量和市场竞争力。在努力完成年度生产经营任务过程中，全段上下合力共为、攻坚克难，全年完成运输收入74269.64万元，同比增收12947.7万元，增幅达21.1%，其中客运收入完成53223.75万元、货运收入完成21045.89万元。另客发完成667.5万人、货发完成247.1万吨、装车完成50166车、卸车完成66801车；非运输收入完成748.95万元。利用闲置资源开发商铺42家，实现收入337万元。开发广告业务16家，实现收入103万元。全年共缴纳税款1059.48万元。

扎实推进民生工程建设，在完成路局计划工程的同时，自筹完成生产生活整改项目41项40.55万元。其中用于生产20项19.6万元，用于生活后勤方面7项2.55万元。为沿线行车客货运等一线岗位更新配置新空调15台6.36万元，维修旧空调25台。解决更新沿线单位生活用洗衣机1台1599元、冰箱3台共8797元；电热水器2台共3840元；液化炉3台共550元；电饭煲2台共600元；落地电风扇8台共1560元，以及各货运站办公家具等等，合计12.65万元。

按照“三不让”要求，累计发放困难补助64人次7.72万元、助学慰问金11人1.88万元、助医慰问金16人2.61万元；发放住院慰问金26人次0.87万元；发放两节慰问金3.54万元，慰问26人次；按照《龙岩车务段救急济难基金管理办法》，开展职工互助互济，年内累计发放救急济难金7.6万元，发放沿线伙食团补贴预算4次，共计35.75万元。根据南昌铁路局要求，段工会通过配送和“送清凉”慰问方式，先后将558件王老吉、2000余斤绿豆、800余斤赤小豆和836包白糖分别送到沿线各站，供当班人员集中使用，努力为职工防暑降温提供应有的保障。

元旦3天、春运20天、“两会”期间19天，清明3天、端午3天、“金砖”峰会期间7天，中秋3天、国庆7天、双休日20天共85天，组织机关综合科室安排30人轮流到龙岩等重点站加岗协助做好乘降组织工作。

年内，该段按照总公司党组和公司党委要求，扎实开展了“两学一做”学习教育主题活动。

2017年龙岩车务段主要指标

表9

项　目	单位	计划	实际	完成
运输收入	万元	—	74269.64	—
客运收入	万元	53300	53223.75	99.9%
货运收入	万元	17700	21045.89	118.9%
发送旅客	万人	660	667.5	101.1%
发送货物	万吨	259	247.1	95.4%
装车数	车	—	50166	—
卸车数	车	—	66801	—
停　时	小时	13.4	13.4	持平
中　时	小时	4.4	5.0	+0.6

（龙岩车务段　供稿）

水　路

【概况】　全市有水路客运企业3家，年旅游客运量50万人次；农村渡口11个，年约渡运15万人次；有登记在册船舶298艘。2017年水路旅客运输完成51.1万人次，周转量557.9万人公里，同比分别增长1.29%和1.28%。农村渡口安全渡运7.3万人次。

【水上交通】　市水运和地方海事机构联合交通行政综合执法支队全年出动安全检查961人次、执法次数258起，出动执法车辆258辆次，检查渡运站点83次、查处安全隐患并落实整改31项。应检船舶检验率100%。全面完成渡口指示牌、渡口警戒水位标尺建设。继续实施渡口渡船乘客意外保险财政投入机制。

【内河航运搜救分中心建设】　2017年，搜救基地、巡航搜救艇、搜救指挥场所以及搜救装备设备的建设资金全部下达，龙岩航运搜救“海巡501”建成下水，完成应急搜救物资储备建设，启动龙湖搜救基地建设。

【海事和气象部门协调联络机制】　下发《龙岩市地方海事局　龙岩市气象局关于建立健全气象联系机制的通知》，构建辖区水域恶劣天气监测预警预控协作。建立海事与水利部门协调联络机制，制定《龙岩市地方海事局龙岩市水利局预警联系机制》，提高汛期水情信息对我市内河交通和人民群众水上活动安全的综合保障能力。

【设立水上交通安全劝导站】　由当地乡镇、所在地村经水上交通安全培训人员为主，县地方海事处以工作指导和定期蹲点办事的方式，开展水上交通安全劝导、纠违、宣传教育工作，在重要节假日期、群众性活动渡运高峰期、学生集中过渡期和极端恶劣天气期时段作为现场值守及水域巡查落脚点。积极开展安全月水上交通安全宣传，联合教育部门开展安全进校园活动。

机　场

【概况】　2017年，连城冠豸山机场累计实现运输起降架次1604架次，与上年同期相比减少0.31%；旅客吞吐量144512人次，首次突破设计吞吐量14万吨的大关（其中进港59942人次，出港84570人次），与上年同期相比增长23.37%；货邮行吞吐量为797.60吨，与上年同期相比增长61.89%(其中货物吞吐量为243.8吨，与上年同期相比增长143.1%)。全年完成深圳—连城—杭州和北京—武汉—连城航线优化改造2条航线提升改造。

【昆明—连城—南京航线开通】　6月5日，冠豸山机场开通“昆明—连城—南京”航线，稳固了东西航线网络布局。

【北京(南苑)—连城—佛山(广州)航线开通】　9月26日，冠豸山机场开通北京(南苑)—连城—佛山(广州)航线，实现北京、广州快速直达，持续固化东西南北的航线网络布局。

（市交通局　供稿）

18

财政 税务

编辑 傅良芹

财 政

【概况】 2017年,龙岩市财政局紧紧围绕市委、市政府中心工作,主动加压、奋力攻坚,坚持以提高经济发展质量和效益为中心,充分发挥财政职能作用,扎实推进供给侧结构性改革,深入实施“三大战略”,全力支持打好“三大战役”,有力推动全市经济社会持续健康发展。2017年,全市财政总收入2742351万元,比2012年增加369128万元,年均增长4.96%。其中,地方一般公共预算收入1387500万元,增长5.6%,比2012年增加372422万元,年均增长6.56%。全市一般公共预算支出首次突破300亿元,完成3008629万元(含上级转移支付),比上年增加265915万元,增长9.7%,比2012年增加1390870万元,年均增长12.96%。

【财政收入提质增效】 组织收入有新举措。主动适应财政收入增速回落的新常态,找准组织收入的切入点。推进涉税信息交换平台建设,加强第三方信息在税收征管上的运用,通过科技管理、堵塞漏洞促增收。强化重点税源企业联系监测,加强财税库协同服务,进一步提升重点企业税收征管信息化管理水平。加强“营改增”政策辅导,及时回应企业呼声,出台扶持建筑施工等企业发展优惠政策。2017年,全市地方税收占比67.1%,较上年提高0.8个百分点。争取政策有新突破。2017年,全市争取上级专款123.97亿元,增加9.6亿元。省下达龙岩市新增债券资金49亿元,增加18.5亿元。争取资金14.21亿元,支持龙岩市美丽乡村、重点流域生态补偿、长(汀)连(城)武(平)扶贫开发试验区建设。8个项目被列入交通部2018—2020年车购税补助资金安排计划,获得补助资金12.93亿元。全省首批入选全国居家和社区养老服务改革试点地区,已到位中央财政补助3380万元。

【培育经济发展新动能】 支持国有企业做强做大。完善市属企业扶持机制,探索财政资金从“补项目”向“补企业”转变,统筹13.21亿元支持城发、水发、土发等市属国有企业集团项目建设,促进企业效益提升。拨付资金14.18亿元,支持交发集团统筹安排债券债务还本付息。支持汇金集团壮大资产总量,主体信用评级由AA级调高至AA+级,成为第一家AA+级市级国有企业。助推财政金融互动融合。创新“直接变间接、分散变集中、资金变基金、无偿变有偿”的理财思路,加快政府引导基金运作,采取设立基金、股权投资、风险补偿等方式,带动社会资本投向新旧动能转换的重点领域和薄弱环节。支持龙岩市9家企业获批福建省企业技术改造投资基金8.66亿元,推动设立并购基金、汇鑫至诚新三板投资基金。支持降低龙岩市龙盛担保公司融资担保费率,为251家企业提供44.18亿元担保资金,有效降低企业融资成本。下达普惠金融发展、PPP前期费用等资金4490万元,助推“大众创业、万众创新”。拨付奖励资金173.83万元,支持汇元公司为63家企业办理14.09亿元的应急转贷业务。累计发放“助保贷”2982万元,有效缓解中小微企业融资难问题。推广PPP模式,推动总投资86.41亿元的8个项目落地。支持加快产业转型升级。加快落实减税降费政策,减少企业行政事业性收费6169万元,统筹资金3.8亿元支持推进“产业兴市、创新驱动”战略。争取中央财政资金17279万元,拨付市级资金933万元,兑现化解煤炭行业过剩产能补助政策。拨付资金9067万元,落实实施工业21条、“一企一策”、军民融合发展等一系列政策措施。安排市级科技资金7865万元,有力推动企业加强研发、降本增效、转型发展。积极争取中央和省商务专项资金9209万元、旅游专项资金2478万元,落实现代服务业发展十五条等政策,助推龙岩市加快建设创新型工贸旅游强市。

【重点项目建设投入】 调整优化投资结构，整合各类财政资金，优先保障省市重点项目、“五个一批”项目建设，支持成功创建全国文明城市。筹措资金15.68亿元，有力地保障厦蓉高速龙岩东联络线、永定至上杭高速公路、靖永高速以及红尖山隧道改造工程等“重中之重”项目建设。拨付15.04亿元支持城乡路网、安全生态水系、特色小镇等工程包项目建设。

【中心城市建设投入】 多渠道筹集资金58.61亿元，加快城市基础设施和综合配套建设，提升中心城市的集聚辐射带动能力，其中安排31.28亿元，重点支持中心城区三桥一路、罗龙西路提升改造、人行天桥等路网建设；安排支出12.3亿元支持中心城区畅通工程；安排1.26亿元，用于园林绿化；筹集1.17亿元，推进公租房配套设施建设和棚户区改造；安排12.6亿元用于旧城改造及其他城市基础设施建设改造等支出。

【生态环保投入】 市级安排3.35亿元支持生态文明试验区建设。安排1.04亿元，推进污水垃圾无害化处理。支持推进河长制，落实村级防汛信息员每月200元津贴、防汛预警铜锣长每年200元津贴、河道专管员每月300元津贴的市级补助政策。拨付4.2亿元改善汀江流域生态环境，安排2653万元开展生猪养殖污染防治，投入2500万元推进农村保洁工作，统筹1425万元用于垃圾收集转运系统建设补助，拨付1030万元实施河流河道治理。

【脱贫攻坚投入】 市级安排1.21亿元财政扶贫资金，支持重点乡镇(村)扶贫开发、精准医疗扶贫、发展壮大村集体经济试点，全力保障脱贫攻坚政策兑现。兑现村级扶贫协理员每月300元市级补助政策。完善水土流失区建档立卡贫困对象燃料补贴政策，对全市符合条件的17个乡(镇)的建档立卡贫困对象每人每年补贴200元，对革命基点村造福工程扶贫搬迁群众的市、县叠加补助标准从1000元/人提高到1500元/人。

【支持教育优先发展】 2017年，全市教育支出60.36亿元，增长9.6%，保障财政教育投入持续稳定增长。支持实施中心城区教育重点项目建设三年行动计划，有力保障龙岩技师学院第二校区、龙岩一中分校、市直机关幼儿园莲东分园等项目资金需求。

【发展现代农业】 推进农业供给侧结构性改革，发展特色优势农业，支持林下经济发展、土地确权等工作。漳平市永福田园综合体项目入选全省第一批田园综合体示范项目，争取省以上扶持资金1亿元。统筹资金1000万元，支持打造闽西“八大干、八大珍、八大鲜”品牌，对新增固定资产投资给予5%补助，有力推动“互联网+”现代农业发展。

【深化卫生体制改革】 实行城乡居民基本医疗保障市级统筹，建立全市统一的城乡居民基本医保、大病保险和城乡医疗救助制度，每人每年补助标准从420元提高到450元。全市拨付精准扶贫医疗叠加保险资金5617万元，减轻建档立卡农村贫困人口医疗费用负担。市级安排1448万元支持公立医院改革，推行药品阳光采购，实行财政全额负担的市属公立医院院长年薪制。

【健全居民保障体系】 统筹拨付2.61亿元支持实施23个为民办实事项目。全市争取上级奖励资金9146万元，实施农业转移人口市民化扶持政策。安排市级补贴650万元，提升“三农综合保险”保障水平。继续落实企业退休人员基本养老金调资政策，月人均增加138.89元。完善社会救助和社会福利体系，农村低保标准逐步提高，困难残疾人生活补贴提高到每人每月70元。

【建立现代财政制度】 财政管理改革。创新实施“月度定期通报、年中清理统筹、年末自动收回”等加快财政支出改革措施，盘活存量资金、地市库款考核等指标连续数月位居全省第一。全年收回存量资金4.5亿元，统筹用于市委、市政府确定的重点支出。在政府门户网站创新集中公开市级专项资金预算、绩效目标、管理办法等目录清单，预决算信息公开工作考评位居全省第一。全省率先试点合并编制2016年度市级政府综合财务报告，首次全覆盖、全方位开展财政资金对账工作。完成公款存储集中整治工作“回头看”暨清理规范预算单位银行账户工作，清理撤并105个预算单位银行账户。预算绩效管理。持续推进预算绩效管理提质扩面，选择部分为民办实事项目、重点城建项目、新增债券资金项目开展重点绩效评价，对市园林管理局等9家单位的11个项目实施重点监控，整体支出绩效目标编制和自评试点扩大到39家单位。开展2015—2017年中央财政扶贫资金、中央专项彩票公益金支持革命老区扶贫开发资金专项检查，发现问题资金1182万元。完成重点绩效评价资金11.01亿元，树立“用钱必问效、低效必问责”的理念，促进财政资金精准滴灌、发挥最大效益。债务风险防控。坚持“不触顶，不踩线”的债务管理要求，建立风险预警处置机制，加强动态监测，提升应急处理能力，切实防范和化解财政金融风险。积极优化政府性债务结构，用好新增政府债券，加快推进存量政府性债务置换，更好发挥债券资金支持经济社会事业发展作用。

（林梦雪　撰稿）

国家税务

【税收收入】 2017年，全市国税系统组织税收收入179.08亿元，同比增收19.25亿元，增长12.04%。总收入中，进入市财盘子税收 165.42 亿元，增收 16.44 亿元，增长 11.04%。坚决贯彻落实税收优惠政策，累计减免税 14.3 亿元，同比增长 19.17%。办理出口退税 4.95 亿元，增长 5.74%。

【纳税服务】 建成福建省一流的“龙岩办税服务中心”。按照国家税务总局 A 类办税服务厅标准，将“一厅联合办税”升级为“一窗综合办税”，打造“一窗一人一机一网双系统一 POS 机”模式，推进“一流硬件、一流软件、一流服务”的现代化办税厅建设，实现纳税人、政府、国税、地税“四方共赢”。组建“税收专家百人服务团”，精准辅导税收政策，解决疑难问题。开展“问需求·春风进万家”大走访，与全市近 7000 户企业建立定点联系制度。举办纳税人学堂 72 期，培训纳税人 7353 户次。深化、拓展税银互动，与多家银行签订税银互动协议，对纳税信用等级为 A、B 级纳税人，可凭借纳税信用向银行提出免担保、免抵押贷款。全年“银税互动”为 75 户纳税人提供 6.62 亿元信用贷款。推进“互联网+税务”，创新开发“税务电子填单”系统，推广电子税务局和自助办税，开通“易办税”手机 APP 代开电子普票，全面推行实名办税，持续推进办税便利化，服务事项“应上尽上、全程在线”。

【税收法治】 新罗区国家税务局、漳平市国家税务局被福建省政府法制办、福建省国家税务局、福建省地方税务局联合命名为 2017—2019 年“福建省税务系统法治基地”。武平县国家税务局、龙岩经济技术开发区国家税务局被龙岩市人民政府法制办、龙岩市国家税务局联合命名为 2017—2019 年“龙岩国税系统法治税务示范基地”。

【税收改革】 全面开展营改增政策大辅导工作，召开座谈会、培训会 74 场，辅导纳税人 5654 人次，帮助纳税人正确理解政策、完善管理、降低税负。落实“放管服”改革。5 月 1 日起下放外贸企业出口退税审批权。累计取消审批项目 15 个、下放 56 个。国务院、国家税务总局明确取消的审批事项全部落实到位。持续提升审批办结速度，比全国服务规范缩短 50%以上。推行出口退税无纸化管理，推行户数和税额占比均超过 95%。深化国地税合作，全面落实《国税、地税合作规范》(3.0 版)。全市国地税共建全职能办税服务厅 2 个，互设窗口、共同进驻政务大厅 6 个。国地税联合办理设立登记 10726 户、变更登记 48735 户、注销登记 7183 户、采集电子财务报表 14569 份，联合举办纳税人学堂 72 次。完成 2.1 万户共管户的定额核定。国税局代地税局征收 5094.2 万元地方税费，地税局代国税局征收 4145.74 万元增值税。

（林邦航　撰稿）

地方税务

【概况】 2017 年，龙岩市完成地区生产总值 2167.49 亿元，同比增长 8.2%。第一产业增加值 227.24 亿元，增长 2.7%；第二产业增加值 1125.18 亿元，增长 6.8%；第三产业增加值 815.07 亿元，增长 11.9%。三大产业结构比率为 10.48%：51.9%：37.6%。规模以上工业增加值 632.52 亿元，增长 8.1%；全社会固定资产投资 2519.13 亿元，增长 15.1%。财政总收入 274.24 亿元，增长 3.1%；地方级财政收入 138.75 亿元，增长 5.6%；地税组织地方级财政收入 51.48 亿元，下降 12.3%，占地方级财政收入的 37.1%。城镇居民人均可支配收入 33022 元，增长 8.6%；农民人均可支配收入 15698 元，增长 8.8%。

【税收收入】 2017 年，全市系统组织各项收入 112.05 亿元，剔除“营改增”因素后的可比口径，同比增收 5.77 亿元，增长 5.4%，其中税收收入 65.26 亿元，同比下降 15.7%，可比口径收入同比增收 2.04 亿元，增长 3.3%。财政总收入 67.67 亿元，同比下降 12.3%，可比口径收入同比增收 1.47 亿元，增长 2.2%，完成市政府下达年度目标任务 69.47 亿元的 97.4%。地方级财政收入 51.48 亿元，同比下降 13.5%，可比口径收入同比增收 2.83 亿元，增长 5.8%，完成市政府下达年度目标任务 53.29 亿元的 96.6%。

【费金收入】 2017 年，全市系统组织社会保险费收入 38.05 亿元，同比增收 3.88 亿元，增长 11.4%，其中基本养老保险费 18.06 亿元，同比增收 2.12 亿元，增长 13.3%，完成年度计划的 106%；医疗保险费 17.29 亿元，同比增收 1.88 亿元，增长 12.2%；失业保险费 7192 万元，同比减收 3277 万元，下降 31.3%；工伤保险费 1.42 亿元，同比增收 1795 万元，增长 14.5%；生育保险费 5641 万元，同比增收 264 万元，增长 4.9%。

【税收法治】 2017 年，全市系统进一步规范税收行政执法，开展税收规范性文件合法性审查自查、政策合规性评估及文件清理。做好行政复议和诉讼应诉工作，以和解方式解决行政复议案件 1 件。推动法治地税建设，继续开展法治税务示范基地创建，建立基地建设评估制度。健全领导干部日常学法机制，扎实推进法律顾问制度。

【税收政策落实】 2017 年，全市系统减免 1160 户小微企业税费 1871.62 万元，减免 6 户盈利高新技术企业的企业所得税 6014.14 万元，备案 19 户企业 2016 年度研发费用加计扣除 1.01 亿元。

【税种管理】 强化财产和行为税管理，协同国税部门实施房地产开发企业税收一体化管理。抓好两个所得税管理，完成企业所得税汇算自行申报企业4874户，补缴企业所得税1.62亿元；受理年所得12万元以上个人所得税自行申报1.24万人，完成申报目标的124.03%。建立股权转让税源控管联动机制，当年入库股权转让个人所得税3082.43万元。

【纳税服务】 与国税部门共建龙岩市办税服务中心，实现“一窗综合办税”，全市系统实现“一窗综合办税”的办税服务厅占比44%。升级各项服务制度，提供预约服务1万余项次、容缺受理涉税业务2.16万项次、免填单服务4.01万户次。建立窗口涉税业务“四级查纠”机制，督查发现问题129件；开展办税场所蹲点调研收集问题建议368条。扩大“银税互动”覆盖面，帮助81户企业获得新增贷款5.49亿元。加强涉税咨询宣传服务，组织开展第26个税收宣传月活动，提升12366纳税咨询服务热线质效，网评满意率98.5%。

【税收征管】 强化税收预测分析，科学、合理地研判当前地税收入形势，寻找税源新增长点。加大欠税清理力度，清理欠税1.56亿元。加强税收风险管理，推送7552户风险任务，组织入库税款及滞纳金3.29亿元。参与“龙岩市涉税信息交换平台”建设及功能整合，通过第三方涉税信息采集组织入库税费1.28亿元。

【征管体制改革】 推进深化国地税征管体制改革和税制改革工作，按月召开会议听取总结和计划汇报，确保工作部署落实到位。落实国地税合作规范，加强“县级国地税合作示范区”建设，以点带面，重点突破，稳步推进合作事项的全面开展。

【大企业税收服务与管理】 注重加强大企业内控机制建设，建立税收风险评估专业团队；扎实排查辖区企业可能存在的税收风险点，帮助有条件的企业设立税收风险审计岗，参与企业重大事项的税收风险评估、审计、税收筹划。

【国际税收管理】 做好“走出去”企业管理与服务，联合国税部门走访调研重点税源及外向度较高的企业19户，提供服务22项。加强非居民税收征管，做好“走出去”企业管理与服务，全年累计入库非居民企业税收2898.09万元。

【税务稽查】 2017年，全市地税稽查立案检查161户，发现有问题148户，组织稽查收入9331.59万元，入库9098.59万元，查补入库率97.4%、稽查入库率97.5%、选案准确率92%、结案率95.03%。立案查处发票违法案件53户，查补收入1772.95万元。

【电子税务】 保障“金税三期工程”系统平稳运行。2017年，向省地税局反馈优化建议42项，解决纳税人网上申报各类问题6544个，处理业务运维2339个。及时处理“金税三期工程”决策分析系统疑点数据。联合国税部门开展数据清理比对，导入国税单管户1.45万户。

【教育培训】 2017年，举办各类培训18期，培训干部971人次。2017年国地税开展干部联合培训560人次。继续与龙岩市总工会联合开展“信息技术岗位”能手竞赛活动，选派能手参加全省系统信息技术岗位标兵竞赛，取得单位平均分排名全省第一、个人成绩排名全省第一、高分总人数排名全省第一的“三个第一”。鼓励干部参加“三师”等各类职称考试，全系统新增税务师5人、注册会计师1、经济师9人。

（王林峰　撰稿）

19 金　融

编辑　游友荣

综　述

【金融运行】 2017年，龙岩市金融部门继续贯彻落实好稳健中性的货币政策，切实为供给侧结构性改革提供更好的金融服务，支持地方经济发展。至12月末，全市金融机构本外币各项存款余额1861亿元，同比增长5.5%；各项贷款余额1665亿元，同比增长14.47%。

各项存款低速增长，增速明显回落。2017年，全市金融机构本外币各项存款新增97.02亿元，同比少增86.24亿元。各项存款增长波动较大，5–12月，全市金融机构存款余额增速分别为12.22%、5.60%、12.66%、5.06%、2.65%、5.73%、5.07%、5.50%。至12月末，全市各项存款增速比上年同期明显回落6.09个百分点，增速在全省9市中排第7位。

各项贷款快速增长，增速明显提升。2017年，全市金融机构本外币各项贷款新增210.48亿元，同比多增133.11亿元；同比增长14.47%，比上年同期提升8.85个百分点，增速在全省9市中排第2位。分机构看，辖内23家(类)金融机构中，20家(类)机构贷款比年初增加，其中16家(类)机构贷款同比多增。分县域看，全市7个县(市、区)贷款均比年初增加，且均比上年同期多增。

贷款投向呈现“四多增”，各类规模企业新增贷款结构更加均衡。从行业分布看，与国家和地方的政策导向契合度较高。1–12月，工业贷款新增5.61亿元，同比多增17.37亿元；基础设施贷款新增58.33亿元，同比多增39.33亿元；个人住房贷款新增77.76亿元，同比多增32.69亿元。同时，房地产业贷款新增18.29亿元，同比多增20.46亿元。从规模看，1–12月，对不同规模企业新增贷款合计85.92亿元，其中大中小微型企业分别新增贷款16.64亿元、18.86亿元、33.83亿元、16.6亿元，各类规模企业新增贷款占全部企业新增贷款的比例由上年同期的–2.7:–87.7:150.3:40.1调整为19.4:21.9:39.4:19.3。

重点领域和薄弱环节的信贷支持力度有效提升。小微企业应收账款融资专项行动取得突破。至12月末，共68家企业在服务平台注册用户，新增用户13户；累计完成平台应收账款融资成交量62.35亿元。积极推进林权抵押贷款，至12月末，全市各类林业贷款余额8.9亿元，累放51.08亿元；竹业小额贷款余额为2.97元，累放15.36亿元，有效解决林农“抵押难、贷款慢”的问题。深入推进农村“两权”抵押贷款试点。“两权”抵押贷款在全省各试点县中率先实现抵押贷款业务金融机构全覆盖，6月末，就实现农地、农房抵押贷款余额“过亿”目标，至12月末，农民住房财产权抵押贷款余额2.19亿元，比年初增加1.53亿元；农村土地承包经营权抵押贷款余额1.84亿元，比年初增加1.62亿元。扎实推进金融精准扶贫。出台《关于推进龙岩市金融精准扶贫打赢脱贫攻坚战实施意见》，建立信贷投入目标考核和挂钩帮扶机制，新罗区已建立20家银行机构帮扶4个贫困乡镇、42个贫困村的信贷扶贫挂钩帮扶机制。建立扶贫小额信贷担保基金，加大扶贫小额信贷投放。全市扶贫小额担保基金规模达8200万元，累计发放扶贫小额贷款29673万元。大力开展金融扶贫示范点创建工作，有效发挥示范带动效应。已创建各类金融扶贫示范点(村)30个，各金融机构支持示范点贷款余额23174.3万元，共扶持带动贫困户1644人。

【外汇管理】 2017年，国家外汇管理局龙岩市中心支局紧密围绕外汇管理中心工作，不断适应新常态，深入推进外汇管理改革工作，促进国际收支平衡，取得明显成效。2017年，出口15.35亿美元，同比上升4.46%，进口14.81亿美元，同比上升0.82%；贸易顺差0.54亿美元，顺差规模同比扩大0.53亿美元。结汇7.35亿美元，同比增长

32.16%，售汇 15.85 亿美元，同比下降 4.45%。

深化外汇管理改革和服务。通过召开市县两级座谈会等措施贯彻落实优化个人外汇信息系统新政。新政实施后，全辖个人购付汇量明显下降，全辖个人购汇 1.2 亿美元，同比下降 49.8%；个人付汇 0.79 亿美元，同比下降 46%。全力服务实体经济。积极向上争取政策，支持紫金矿业顺利获得境外投资资金汇出额度。加强辖内企业本外币全口径境外放款的管理，引导中外资企业借用外币外债。

【金融服务】 国库改革与创新。准确及时办理预算收入的收纳、划分、报解和库款的支拨和退付工作。乡镇国库集中支付改革工作稳妥推进，至 12 月底，龙岩市全辖 132 个乡(镇、街道)财政支出全部纳入集中支付管理。创新储蓄国债下乡方式，指导、推动农村居民购买储蓄国债，至 12 月末，全辖共计销售储蓄国债 1.7 亿元。

支付结算环境。做好 ACS 系统升级换版、综合前置子系统推广工作，保障支付系统和 ACS 安全稳定运行。强化对辖区网点日常核算管理，提升辖区会计核算工作质量，至 12 月末，辖区 ACS 业务处理成功率 99.83%。加大电子商业汇票业务推广力度，对电票率较低的 8 家银行开展约谈。做好联网方式办理现金支取业务及资金归集工作，至 12 月末，新罗区 21 家金融机构成功实现联网方式办理现金支取业务。全力开展防范电信网络诈骗工作，开展“百点千村万户”宣传行动并深入诈骗严重地区开展宣传，开展“漳平市盒子支付电子经营部”和“藏宝网 2U 支付”专项调查和整治活动，推进非银行支付机构风险和无证经营支付业务专项整治清理整顿工作取得明显进展。

征信业务运用。加强与市发改委、数字办等部门的沟通与协作，完善“信用龙岩”平台功能，引导金融机构充分利用平台数据。12 月末，“信用龙岩”数据库已采集 50.91 万条基本信息和 1.7 万条企业信用信息。深入推进农村信用典型创建工作。至 12 月末，全市已为 51.91 万户农户建立信用档案，评定信用农户 34.82 万户、农村青年信用示范户 490 户、信用村 878 个、信用乡(镇) 55 个；辖区金融机构累计对 34.28 万户建档农户发放贷款 204.29 亿元。加强征信业务监管，对 3 家银行机构开展征信管理业务风险评估，对 23 家银行分支机构执行企业和个人征信管理制度情况开展了现场检查，查处 5 家机构，处罚单位和个人 11 万元，进一步规范辖区银行机构征信业务行为。通过“六个一”专题活动，多层次开展诚信文化教育和宣传活动。

普惠金融和消费权益保护。持续两年在全辖开展以便捷普惠、阳光普惠、创新普惠、民生普惠和教育普惠为核心的“五大战役”，扎实开展“普惠金融建设年”活动。印发《普惠金融示范点标准化指引》，打造集宣传、服务、维权“三位一体”的“普惠金融示范点”19 个；创建“3 个 100”普惠金融工程(设立 100 个普惠金融驻村现场服务点、选聘普惠金融信息员 100 名、选聘普惠金融监督员 100 名)，实行“三定”(定时、定人、定点服务)，建立 102 个普惠金融驻村现场服务点。做好消费权益保护工作，建立金融知识宣讲人才库，优选人民银行、金融机构业务骨干 103 人，组建金融知识讲师团。持续在全辖中小学生教育实践基地持续开展“三个一”活动(一场培训、一场演讲、一场征文专项教育活动)。2017 年，累计授课 81 课时，受教育 4.48 万人次，开展征文比赛 9 场，演讲比赛 4 场。2016 年以来，龙岩市中心支行印发各类金融知识宣传手册 5 万份，编制金融知识读本 2 册，印发 1.1 万本，编制印发含人民币知识的学生笔记本 4000 本。

【金融改革】 稳步推进利率市场化改革。建立市县两级金融机构利率定价自律机制，针对地方政府部门资金以单位集体审批或招标的方式来确定存款银行的做法，加强政策引导。至 12 月末，共协调应对 20 宗政府部门存款招标工作，确保存款招投标利率定价符合自律机制的要求。针对辖区部分金融机构变相提高利率开展揽储活动、违反利率定价自律行为公约的不正当竞争行为，及时妥善处置，最大限度维护辖区市场利率定价秩序。扎实推进存款保险工作。成立评级审核工作小组，完成对 14 家法人投保机构风险状况的初始评级。开展存款保险评级回头看和核查工作，建立存款保险定期通报制度。促进跨境人民币业务持续发展。全年，龙岩市跨境人民币实际收付 18.10 亿元，同比下降 87.47%。推动跨境人民币债转股业务取得突破，办理全市首笔境外人民币债转股业务，支持企业加快“走出去”步伐。

【金融稳定】 加强重点领域和行业风险监测。对实体经济经营能力与可持续发展的监测分析，关注企业生产经营压力及资金链断裂风险和辖内去产能等有关政策动向对银行业金融机构稳健性的影响。做实、做深金融稳定定点监测工作，继续按月监测辖区农村合作金融机构、村镇银行、小额贷款公司、财务公司的稳健性运行状况，按季对辖区 11 家证券公司、33 家保险业金融机构开展风险监测，分析潜在的风险点并提出促进其健康发展的建议。探索开展村镇银行稳健性评估工作，对辖内 1 家机构开展流动性压力测试。将银行业金融机构经营风险分析报告及季度风险监测报告质量纳人综合评价内容，做好综合评价和综合执法检查工作。探索扩大评价范围，指导武平支行对其辖内 3 家保险业金融机构进行评估，并通报 2016 年度武平县保险业金融机构综合评价结果。加强评价结果运用，市人民政府将人民银行综合评价结果纳入《龙岩市市级预算单位资金存放管理办法（试行）》和《龙岩市市级预算单位资金存放综合评价指标规则》。加强与政府及银监部门合作，积极参与金融风险防控和企业信贷风险处置工作，配合打击恶意逃废债务失信行为。开展非法集资风险和互联网风险专项整治。

（江瑜玲　供稿）

【服务实体经济】　完善服务实体经济内生机制。制定服务实体经济质效统计监测评价办法，银行业服务质效评价体系初步建立并被运用于龙岩市政府对银行业机构考核工作中。提升基层机构放贷积极性，推动12家机构获得省行下放权限或向县域支行下放审批权限，13家机构修订完善尽职免责制度。全面推进续贷业务，全年累计办理无还本续贷笔数2649笔，续贷金额42.36亿元，续贷笔数占比、续贷金额占比分别比年初提高6.44、6.14个百分点。支持重点项目建设，通过信贷和其他渠道为龙岩市重点项目授信602.77亿元。

支持生态文明试验区建设。率先制定《银行业支持国家生态文明试验区（龙岩片区）建设实施方案（2017-2020）》，并获市政府批转全市实施。积极推进银行业支持林改，在武平、连城试点开办林权抵押贷款村级担保方式，创新推出“普惠金融·惠林卡”，召开龙岩市推进林业金融服务暨推广“惠林卡”业务工作会。至2017年末，“惠林卡”已覆盖龙岩各县（市、区），已发行“惠林卡”615张、授信4487万元、用信1668.22万元。2017年12月，原中国银监会、原国家林业局、原国土资源部联合印发《关于推进林权抵押贷款有关工作的通知》，充分肯定龙岩林业金融服务创新模式。

普惠金融服务。深化小微企业金融服务。从突出信贷增量导向、加强信息平台应用、培育小微金融市场、合力序时推进等方面持续推进小微企业金融服务，小微企业贷款余额同比增长15.92%，增速居全省首位。加大金融扶贫力度。涉农贷款保持较快增速，农村便民服务点、电子机具总量保持增长，创建示范基地（项目）42个，信贷对接企业及农户达1043户、6274.64万元，贫困户贷款户数和金额增速分别达94.08%、75.04%，省级扶贫开发重点县贷款增速高于全省贷款增速2.08个百分点。持续改善农村基础金融服务。建成县域小额便民服务点3247个、比年初增加77个，涉农贷款比年初增长13.27%，“两权”抵押贷款试点取得阶段性成效。

【防控金融风险】　防控信用风险。充分发挥“政司银”协调机制作用，取得完善公款存款招标管理办法等5项重要成果。开展信用风险专项排查，运用EAST实施重大风险企业集群及客户全口径监测，掌握风险动态。加强区域风险化解，向市县两级党政专题汇报争取政策支持。发挥债委会作用，累计帮扶企业28家、缓释风险金额49.15亿元。组建存量银团贷款4户，银团贷款实现零的突破。加强不良贷款处置，累计处置不良贷款27.91亿元。2017年末，全市银行业不良率1.69%，比年初下降0.18个百分点，创21个月新低。

防控操作风险。推动银行业机构认真落实案件防控主体责任，指导多家银行业机构开展案防专项行动，开展对7家农合机构员工异常行为EAST联动抽查，银行业保持“零案件”良好态势。加强从业人员不良信息管理，督导银行业机构完善内控制度建设。

防控社会金融风险。深化警银协作，支持建立首个县域实体化反诈骗中心，积极配合开展打击治理电信网络新型违法犯罪工作，助力新罗区在全国七个重点整治地区中成功“摘帽”，2017年累计止付、冻结账户1007个，涉及金额4863万元。开展校园网贷清理整顿工作，组织深入高校开展防范校园网贷风险专题讲座，配合开展多项涉嫌非法集资风险隐患排查化解工作。此外，加强流动性风险管理。

【行业监管】　严肃查处违规行为。开展“三违反、三套利、四不当”专项整治并取得良好成效，银行业市场“十乱象”得到初步治理。开展4项现场检查，依法严肃查处2家机构违规行为，对1家机构进行追加处罚问责。强化信访矛盾纠纷处置化解，落实机构主体责任，信访复查问题得到有效控制，推动机构先行化解投诉占比83.33%，公众金融知识教育集中累计受众达127万余人次。

监管法治建设。加强法律风险防范，完善查处分离的行政处罚工作机制，规范执法程序、执法行为。加大政务公开力度，推进监管工作阳光化、透明化，加强监管法律工作人员配置和履职能力建设，围绕调查取证、调查报告撰写等开展行政处罚培训4次。

夯实监管基础。弥补监管制度短板，组织修订市场准入、现场检查、非现场监管工作考核办法，增强制度可操作性。强化监管调研工作，推进“互联网+政务服务”工作，设立政务服务窗口，实现行政许可受理审批线上办理，优化行政许可办理服务。加强信息调研，为领导决策和指导工作提供有效帮助。

（龙岩银监分局　供稿）

银　行

龙岩工行

【概况】　截至2017年年末，全行实现拨备前利润4.84亿元，比同期增加0.8亿元；实现净利润2.49亿元，比同期增加0.24亿元；中间业务收入2.32亿元，比同期增加0.14亿元。各项存款（本外币）余额165.66亿元，比年初增加17.44亿元，其中公司存款余额29.66亿元，比年初增加7.99亿元；机构存款余额50.16亿元，比年初增4.99亿元；储蓄存款余额 85.7 亿元，比年初增加 4.44 亿元。各项贷款余额(本外币)220.44 亿元，比年初增加 36.96 亿元，其中公司贷款余额 140.36 亿元，比年初增加 33.67 亿元；个人贷款余额 75.38 亿元，比年初增加 11.08 亿元。各项不良贷款余额 2.79 亿元，比年初下降 1.53 亿元；不良率 1.27%，比年初下降 1.09 个百分点。

【坚守服务实体本源】 “抓大”取得显著成效。项目贷款余额 101.16 亿元，比年初增加 31.63 亿元。重点投放高速公路、铁路、房地产、政府基础设施、采矿业、新能源发电、城市生活垃圾处理和城市供水等八大信贷领域项目，累计投放 46 亿元。“抓小”取得真正突围。建立小微金融服务团队，完善小微企业融资服务调查、审查、审批流程，实现小微企业融资专业化、一条龙、一站式服务。新建立信贷关系小微企业（不含表外、个人经营性贷款)57 户，新增户数全省占比 22.5%、全省第一；余额合计 1.3 亿元，全省占比 24.8%、全省第二。其中，新增线下贷款 20 户、金额 10404 元，全省第二。实现一手房贷款投放 14.82 亿元，同比增加 7.91 亿元，投放额增长 114%；二手房贷款投放 7.53 亿元，同比增加 5.32 亿元，投放额增长 241%。“抓新”取得有效进展。成功投放紫金矿业集团并购贷款并与工总行签署《战略合作协议》暨《债转股合作框架协议》；为当地龙头企业办理流动性债务融资等。

【提升存款同业份额】 储蓄存款持续跟进。年初及早制定旺季营销方案和营销目标并根据实际进行动态调整，以日均储蓄存款增长为核心，以金融资产增长、存款同业占比提升为两翼，吸引流量、扩大增量、巩固存量。公司存款不惟目标。明确日均 1 万元以下、5 万元以及 50 万元以上的客户清单和具体的跟踪维护措施，确保存量优质客户留得住；加强对有贷户年日均存贷比和受托支付管理，累计带来存款资金超 10 亿元；依托法人客户营销系统、大额资金流出监控平台、工商注册信息库、项目信息库、海关数据应用系统等，强化客户数据分析挖掘，实施精准营销。机构存款赶超突破。落实重点客户分层营销维护机制，同时抓好存量客户提升，从存量客户的资金流向入手，加强对存量客户的上、下游客户及关联客户的营销；有效整合优势资源，持续抓好医疗、教育、住建、社保等民生领域以及农、林、水、宗教、行业协会、村财等工行薄弱领域；积极参与公款存储竞争和新机构账户招投标，取得有效突破。

【资产质量管理】 持之以恒落实各项风险防控措施。加强“剪刀差”贷款的风险化解和防止劣变的管理工作；落实“两张表”管理，建立全辖“资产状况家底表”和“不良资产家底表”，认真落实大户风险会诊机制，制定差异化管理措施并跟踪风险化解效果；及时预警潜在风险客户并加大退出力度并持续抓好贷款存量移位工作。多措并举提高清收处置收益。通过加大常规与受托资产的清收处置，累计清收处置不良贷款 41938 万元。一以贯之加强内控合规管理。扎实推进“三违反”“三套利”“四不当”“市场乱象”“十大重点领域和关键环节”“回头看”整改问责等综合整治工作；强化案防工作评价、加强典型案件风险分析、扎实做好案件风险排查、强化案防过程管控、严格案件查处问责；认真开展内控合规“执行强化年”主题活动，持续引导员工强化合规意识。

【优质服务精细化】 以打造客户满意银行为目标，建立完善各项服务制度规范，深入推进服务精细化管理，促进网点服务工作不断改进和全行客户服务品质持续向好。聚焦客户服务效率、服务投诉、服务环境等突出问题，实施网点“亮绿美”工程，优化服务资源配置。强化千佳、星级示范网点建设，共有 1 家中银协千佳网点、2 家中银协四星级网点、2 家总行五星级网点、5 家总行四星级网点，上报创建 2 家四星级网点，其他网点均为三星级。

【推进文化引领】 和谐文化再上新台阶。深入开展员工生日汇、红土地大讲堂、员工趣味运动会、青年员工座谈会、互联网金融产品营销宣传创意大赛、“寻找身边的业务亮点”、砥砺奋进的五年、大行工匠、双先表彰及劳模先进事迹宣讲会；开展主题内容丰富、形式多样的志愿服务活动和行业创优系列活动；加强“职工之家”建设，深入细致地开展困难员工帮扶和慰问活动；围绕各条线重点产品营销，大力开展员工岗位技术练兵、业务竞赛等。全面配合开展文明城市创建活动，与中城虎岭社区开展结对帮扶共建；认真开展迎接第十三届市级文明单位总评工作和第八届全省文明行业的总评迎检工作；积极维护客户权益，网点超时等候客户占比控制在省行规定的 5%以内；网点客户满意度在 99%以上。

（工行龙岩分行　供稿）

龙岩农行

【概况】 2017 年，龙岩分行以“竞争力提升、效率提升、效益提升”为目标，以“服务三农、服务实体经济”为抓手，强化内部管理，加快经营转型，加大服务实体经济，综合绩效考核连续三年排名全省农行前列。至 12 月末，本外币各项存款日均余额 275.57 亿元，比上年增加 32.49 亿元。各项贷款余额 239.08 亿元，比年初增加 31.80 亿元。

【服务地方经济】 2017 年，龙岩分行积极融入地方经济发展大局，紧密围绕市委、市政府实施“三大战略”和打好“三大战役”的全面部署，不断改进金融服务，加大信贷投入，为龙岩市建设机制活、产业优、百姓富、生态美的新龙岩贡献力量。依托金融服务“110”制度，为“项目落地”开展联动服务、保姆式全方位服务，重点支持高速公路、棚户区改造、风电等一批省市级重点项目。积极支持“生态环保”战役，积极配合政府做好土地综合利用，支持水利设施建设和生态旅游资源开发。积极履行社会责任，大力支持民生短板事业，重点支持政府解决教育、卫生与健康、城乡居民基础设施等领域短板问题。积极推进普惠金融业务，出台小微企业专项指导意见，提升服务效率，加强业务创新，加大小微企业扶持力度，实现小微企业“三个不低于”的监管目标。积极发挥金融“国家队”和“主力军”作用，认真贯彻落实省、市政府“五不”政策，严格执行“七不准”和“四公开”相关规定，有效化解信用风险，降低企业融资成本，帮助困难企业度过难关。

【服务“三农”】 支持农业供给侧结构性改革，切实做好服务“三农”和实体经济。围绕制定出台的龙岩烟草、漳平水仙茶等20个《龙岩分行高优农业产业链金融服务方案》，大力支持产业链上农户，产业投向突出。创新推出金穗快农贷（烟草、水仙茶、新型职业农民）产品，利用互联网、大数据技术，通过系统后台审查、审批，以信用方式向符合条件农户发放贷款，不但提高效率，节约成本，还让农户足不出户就享受到信贷服务。在全省金融机构首创“农行+供销社”农户贷款风险补偿合作模式，通过引入风险补偿金，降低贷款利率，有效解决农户融资难、融资贵的问题。加大支农精准施策，以建档立卡贫困户作为重点帮扶对象，开展“信贷扶贫”“智力扶贫”“光伏扶贫”“产业带动扶贫”“一村一金融”等多形式扶贫，全年共支持建档立卡贫困户贷款2309户、余额7842万元，比年初增加1172户、4391万元，全面完成监管部门和上级行下达的信贷扶贫任务。

【服务品牌创建】 全面启动“创服务品牌”工作，以争创“环境美、服务优、效率高、零投诉”“四佳”网点为目标，进一步优化服务流程、规范产品服务、细化服务标准、加强队伍建设，打造明亮整洁、人性化、规范化的网点服务环境，有效缩短客户的等候时间以及业务办理时间，持续提升客户体验感。

【风险管理】 创新风险管理手段，稳步推进信贷“三大中心”建设，强化信贷“三查”，信贷基础管理水平明显提升。围绕“不良资产要控好”，落实“火线图”“一户一策”清收方案，全力开展不良贷款攻坚战活动。全面推广“三线一网格”管理模式，推进员工五级分类台账管理，员工异常行为排查形成常态，成效初显。认真开展案防风险“大排查、大起底”、夯实“双基”、强化案防工作、“三违反”、“三套利”行为专项治理活动，坚决守住风险底线。加强“平安农行”建设，持续抓好“三化三达标”工作，在“龙岩市银行业金融机构第五轮安全评估”中，位居龙岩市33家银行业金融机构首位。

（许声超　撰稿）

龙岩中行

【概况】 2017年，中国银行股份有限公司龙岩分行（以下简称龙岩中行）面对复杂的经济环境和严峻的经营形势，紧紧围绕省行“十二字”主基调，全力推进新“一二三四”工程，在不良资产化解、核心存款攻坚、强化风险控制、加强内部管理等工作方面做了艰苦努力，取得良好成绩。2017年，全行共实现本外币各项存款余额121.62亿元，较上年末增加24.21亿元；本外币各项贷款余额106.31亿元，较上年末增加4.18亿元；不良率1.87%，比年初上升0.22%。

【支持实体经济】 截至2017年末，龙岩中行支持实体经济发展各项业务合计222.49亿元，较年初增加10.44亿元。同时，积极满足重点领域发展的信贷需求，持续加大对政府项目以及高速公路、战略新兴、医疗等领域的贷款投放力度，积极支持地方经济建设。

【风险防控】 认真落实内控案防的各项要求，在全辖组织开展“四不当”专项整治、“三违反” 专项整治、“三套利”专项整治、理财“双录”排查、“市场乱象”治理、“双遏制”整改等系列活动，揭示违法违规行为，排除案件风险隐患。统筹做好案件风险排查、员工异常行为排查、民间借贷专项查处、“双十禁”检查和安全风险隐患排查等，全面推进案件防控综合治理。全面推进内控合规“蓝天工程2017” 行动，增强狠抓合规内控、守住风险底线的责任感和紧迫感，提高内控案防工作的主动性与自觉性。

【金融服务】 2017年，龙岩中行将提升渠道效能作为夯实发展根基的着力点，优化物理渠道布局，推动网点战略转型，创新传统服务模式，提倡培育简单清新企业文化，在提升品牌形象的同时进一步提升金融服务水平。截至2017年末，共18个经营机构上线“智能柜台”，有效提升客户体验。

【扶贫助教】 传承中国银行总行扶贫精神，积极承担社会责任。借助“公益中国”平台，助力脱贫攻坚战。热心教育行业公益，关爱特殊教育学校学生、聋哑学校学生、留守儿童活动等。顺利开展第七届“闽西助教奖教金”颁发活动，助力闽西教育事业发展。截至2017年末，共为闽西教育事业发放助教奖教金94.12万元。

（罗水娇　撰稿）

龙岩建行

【概况】 2017年，中国建设银行股份有限公司龙岩分行(简称建设银行龙岩分行)始终坚持党建引领，深入贯彻落实全省建设银行工作会议精神，以发展为主旋律、以转型为主基调、以创效为核心点，不断厚植“稳”的基础，持续释放“进”的动能，较好地完成全年经营工作任务。至年末，实现税前利润4.45亿元，与上年同期相比增长10.05%，税前利润在当地四行(工行、农行、中行、建行，下同)中占比34.68%，排名第一。实现经济增加值1.66亿元，与上年同期相比增长5.59%。实现中间业务收入2.75亿元，在当地四行中占比30.97%，排名第一。一般性存款日均余额184.08亿元，当年日均新增17.17亿元。各项贷款余额232.43亿元，当年新增49.1亿元，在当地四行中新增占比40.22%，排名第一。资产质量在当地四行中继续保持最优，不良贷款余额2.65亿元，比年初减少1931万元，不良贷款率1.11%，比年初下降0.25个百分点；逾期贷款余额2.93亿元，比年初减少4318万元，逾期贷款率1.23%，比年初下降0.38个百分点。产品营销多点开花，个人金融、网络金融、私人银行、信用卡以及造价咨询等多项业务在全省建行系统排名前三。其中，龙支付和龙支付个人商户计划完成率、个人黄金积存买入额、代销建信子公司高端保险和家族信托新增签约规模计划完成率、金管家覆盖度、手机银行用户净新增、手机银行活跃用户总量计划完成率、善融商务平台订单总数、传统审价收入计划完成率等指标在全省建设银行系统排名第一。

精神文明创建成效显著，所辖第一支行被建设银行总行评为“文明单位”；第一支行营业部、分行营业部营业室分别被中国银行业协会评为2017年“中国银行业文明规范服务四星级营业网点”和“三星级营业网点”；分行营业部、第一支行营业部、连城支行营业部被建设银行总行评为“四星级营业网点”，漳平支行营业部、武平支行营业部、曹溪支行、北城支行被建设银行总行评为“三星级营业网点”。

【服务实体经济】 2017年，建设银行龙岩分行聚焦服务实体经济，围绕服务建设“机制活、产业优、百姓富、生态美”的新龙岩的目标，从服务供给侧结构性改革、服务补齐社会事业短板等方面，找准切入点，不断扩大信贷规模和综合融资范围，充分发挥国有大行的主力军和生力军的作用。根据龙岩市政府办《关于2017年度龙岩市银行业金融机构支持服务地方经济发展考评情况的通报》(龙政办〔2018〕68号)，龙岩市银行业金融机构，建设银行龙岩分行综合考评总得分289.5分，排名第二，全面完成“三个不低于”监管目标。主动对接重点项目。全年向高速公路、铁路授信37亿元，投放贷款16亿元；向龙岩市重点企业授信50亿元，投放贷款23亿元；向民营企业、经济园区授信6亿元。全力扩大融资渠道。以投行、资管、信托、租赁、基金等非信贷综合投融资服务，多渠道引导金融活水注入实体经济，全年累计为龙岩市企业和重点项目提供直接融资29.5亿元。三是加大小微支持力度。根据党中央、国务院要求，大力发展普惠金融业务，创新小微企业和“三农”金融服务。至年末，普惠金融贷款6.45亿元，比年初新增2.35亿元。

【资产质量管控】 2017年，建设银行龙岩分行压实资产质量管控主体责任，全面落实“风险管理职责进党委”和全面风险管理“五个到位”要求。精心组织制定每个季度、每个月控制目标和工作方案，将目标任务分解下达到各支行和信贷经营部门，层层落实责任制。每个月由分行“一把手”主持召开信用风险集中诊断会议，对存量风险贷款和不良贷款进行集中诊断把脉，制定风险化解处置方案。强化激励约束，将风险管理水平纳入KPI考核体系和内控评价，开展“全面风险管理评价”，督促基层机构落实风险管理责任。分行班子成员分头挂钩不良贷款和问题贷款项目，实行表格化管理，盯紧每个项目，“一户一策”，落实时间进度，逐个项目落地见效，将不良贷款清收处置任务落实到人，综合运用上门催收、外包催收、减免息等手段，提高清收效果。至年末，不良贷款处置完成全年计划任务的123%，已核资产现金回收完成全年计划任务的535%，回收额在全省建设银行系统排名第三。

【提升综合服务能力】 2017年，建设银行龙岩分行顺应业务发展转型和满足客户多元化的服务需求，加快推进渠道转型，不断完善服务设施，丰富服务手段，提升综合服务能力。紧跟互联网快速发展的趋势，逐年加大自助设备投入，实施智能化转型，为客户提供功能多元化、操作简便化的智能服务，由过去人工服务为主向人工服务和智能服务并重转型，极大方便了客户。至年末，全辖共有自助银行51个，自助设备289台，频视柜员14台，所有网点全部配备智能填单机和自助发卡机。持续完善网上银行、手机银行、电话银行、短信银行、善融商务等便民服务产品，为客户提供更多的服务渠道选择。通过加大服务产品创新力度、统一服务标识、提供上门服务、联合第三方支付平台等措施，多渠道、多方位加大便民服务力度，大幅度提升服务水平。加快布局银行卡助农取款点和电话银行便民取款点，以多功能、智能化的自助渠道延伸网点服务触角，提升服务功能，弥补在乡镇网点布局上的不足。

【志愿服务活动】 2017年，建设银行龙岩分行广泛开展志愿服务活动，引导全行员工做中华民族传统美德的传承者、社会主义核心价值观的践行者、良好社会风尚的创造者。一是健全完善活动体系。根据《建设银行龙岩分行“学雷锋志愿服务活动”方案》《建设银行龙岩分行学雷锋志愿服务工作制度》，成立学雷锋志愿服务队，注册志愿者160人，重点开展“服务发展”志愿服务活动、“创优美环境”志愿服务活动、“创优良秩序”志愿服务活动、“金融服务”志愿服务活动、“助老、助残、助困”志愿服务活动。二是大力弘扬雷锋精神。统一组织所辖营业机构参加龙岩市委文明委、总工会举办的“弘扬雷锋精神，开展志愿服务一条街活动”，与社区联合开展以“弘扬志愿精神，建设美丽龙岩”为主题的美化环境志愿者服活动，因地制宜开展文明交通疏导活动，组织团员青年开展“送金融知识进社区、进校园、进村镇”、“反洗钱宣传活动”等便民利民服务活动。三是传承助人为乐精神。先后开展“金秋助学”活动和助残、助老献爱心活动以及“12.5”国际志愿者日活动，弘扬和传承助人为乐精神。按照精准扶贫的要求，开展扶贫帮扶活动，全辖机构挂钩帮扶贫困村12个，建档立卡贫困人口965人。

（建行龙岩分行　供稿）

龙岩农发行

【概况】 2017年，中国农业发展银行龙岩分行围绕总行、省分行的工作部署，坚持党建统领，突出规范创新，加快发展步伐，严控信贷风险，完善基础管理，加强队伍建设，各项工作取得明显成效。全年累放各项贷款31.72亿元，年末，各项贷款余额89.44亿元，比年初增加19.51亿元、增幅28%；各项存款余额31亿元，比年初增加1.24亿元、增幅4.18%，存贷款规模均创历史新高；实现账面利润11089.8万元；实现“六无”创建目标。

【金融业务】 加快贷款投放。抓住市委、市政府大力推进“三大战役”的有利契机，加大政策宣传力度，积极与当地政府、财政部门、主管部门和业主的沟通协调，帮助政府和项目业主落实各项行政审批手续，提早落实各项贷前条件。2017年，累计投放中长期贷款29.7亿元。加大营销力度。深化政银合作，分别与市直有关部门、各县市区召开专题项目对接会，与市林业局、永定区、连城县、市绿发公司签订战略合作协议；组建永定、漳平、连城3个无机构县金融服务小组，在无机构县采取与地方政府、大型国有商业银行建立三方战略合作关系以达到强强联合、优势互补、合作共赢，力促无机构县业务发展。通过支持旅游扶贫、落实交通扶贫、扶持美丽乡村、推动市属重点国有企业承接扶贫开发重点县农村公路等措施，在精准扶贫中发挥农业政策性银行的职能作用。全年审批中长期贷款项目13个、金额42.9亿元，取得市属重点国有企业承接扶贫开发重点县农村公路项目的突破。创新融资模式，主动介入政府购买服务项目的整改，积极向地方政府及有关部门宣传信贷政策，帮助地方政府做好PPP和授权自营项目的策划工作。全行全民全力抓存款。坚持一体化营销，拓展多元服务，制定“增存增效”劳动竞赛方案和加强存款组织工作的实施意见，积极参与财政性存款招投标，加大财政性资金引存力度，多渠道推进存款组织工作，重点抓好项目资本金提前到位、督促还贷资金提前到位，积极营销企业注册资本金、企业自有资金和非贷企业存款。年末，各项存款日均余额31.42亿元，比上年增加4.12亿元。

【信贷风险防控】 稳步推进“信贷队伍建设年”活动。建立客户条线晨会、部门周例会学习、部门联合学习机制，组织信贷考试练兵。开展专项督导，及时查摆问题，扩大宣传渠道，创办信贷队伍建设年活动专刊和电子专刊。强化信贷基础管理。召开贷后管理例会，推行“一月一会一主题”；利用贷后检查尽职管理系统上线的契机，完善并细化贷后检查全流程；组建信贷督导组，按季开展巡回检查，及时发现各机构信贷管理薄弱环节。落实信贷全流程标准化管理要求，加强对办贷管贷各环节的监督把关。着力防控风险。严把客户准入关和尽职调查关，加强贷款风险排查和日常监管，抓好重点企业的风险监测和预警，加强与政府性融资担保公司的合作，持续优化贷款结构，完善风险缓释措施，提升风险防控能力，全力抓好不良贷款清收工作，收回不良贷款2420万元，年末不良贷款率0.19%，远远低于当地同业水平。做好案件防控工作。强化案件防控主体责任，健全案防工作机制，集中开展整治银行业市场乱象、“三违反”“三套利”“四不当”四个专项治理工作。开展普法宣传和合规宣传教育、抓好员工行为积分管理、举行案例分析讲座，培育良好的合规文化，引导全行员工诚信守法、依法办事。加强财会管理。按季制定财会基础管理检查辅导方案，定期开展现场督导检查。严格基建管理，坚持规范运行、质量把关。严格遵守中央八项规定和各项财经纪律，合规均衡列支费用。加强财会基础管理，武平支行获省分行财会基础管理“样板行”评定第2名。

（农发行龙岩分行　供稿）

龙岩市农村信用社
农商银行

【概况】 龙岩市农村信用社、农村商业银行围绕省联社提出的“打造‘四好’银行、建设升级版福建农信”战略定力，立足龙岩实际，创新工作思路，防范经营风险，加强沟通协调，破解发展难题，尽职履责为基层行社营造良好宽松的经营环境，实现各项业务持续稳健发展。至12月末，各项存款余额478.9亿元，比年初增加34.5亿元，比年初增长

7.8%，存款市场占有率27.5%，存款总量和市场占有率、存款增量和增量占比均持续8年居全市银行业第一。各项贷款余额279.4亿元，比年初增加26.9亿元，比年初增长10.7%，市场份额占有率17.5%，贷款总量、市场份额持续多年居全市银行业第一。资产总额569.9亿元，比上年增加26.9亿元，各项营业收入36.45亿元，比上年同期增加4.72亿元，同比增长14.27%，缴交各项利税5.05亿元，辖内5家行社被龙岩市委、市政府授予“2017年度服务业十强企业”。全市机构网点数187个，在编在岗人员1651人，大专以上学历共有1549人，占比93.82%，有助师以上职称员工959人，占58.09%。

【坚持支农支小】 树立“小而美、小而优、小而精”的经营思路，坚持“小额、流动、分散”的信贷原则，主打“农户小额信用贷款”品牌，降低贷款门槛，降低户均贷款金额，增大客户贷款面，扎实推进农村信用工程建设。至12月末，各项贷款余额279.4亿元，比年初增加26.9亿元；贷款户数23.95万户，突破20万户大关，户均贷款11.88万元，户均比上年下降1.26万元，贷款覆盖面达30.6%，农e贷授信户数22068户，授信金额100685万元，评定信用户23.86万户，比年初增加1.19万户；创建信用村955个，比年初增加73个占比52.5%；信用乡镇57个，比年初增加9个，占比46.72%，有力支持“三农”和中小微企业的发展。

【实施普惠金融】 大力实施《福建农信推进普惠金融发展行动计划（2017-2020）》，开展“整村推进”行动，加强服务和渠道建设，提高农村金融服务的普惠度和便利度，增强金融服务“支农支小”的针对性和有效性。至12月末，涉农贷款余额227.43亿元，比年初增加23.36亿元，占各项贷款比重为81.39%，高出全市银行业平均水平42个百分点，支农贷款占比明显加大。精准建档客户1875752户，完成任务比例185.53%，位居全省农信系统的首位，建立贫困户信用档案38976户，发放扶贫贷款9865笔、金额3.71亿元，占全市金融机构73.7%，一批贫困户脱贫摘帽。全市布设2405个小额支付便民点，实现行政村全覆盖，布设474台ATM或CRS机具，实现乡镇网点全覆盖，普惠金融和整村推进工作得到有效落实，农村金融服务的主力军地位显现。

【风险管控】 全面梳理辖内不良贷款成因和现状，制定完善的清收处置对策措施，明确具体的实施路径和时间表、任务书。加强与法院的联系，加大对恶意逃废赖债行为的打击力度，加快对拖欠农信社贷款案件的审理和执行，清收处置工作取得最大实效。加强审计队伍建设，加大审计监督力度。强化员工合规意识，规范经营行为，筑牢“监督网”“防火墙”，确保辖内业务稳步、健康发展。至12月末，全年辖内不良贷款余额6.72亿元，不良贷款占比2.4%。

（龙岩市农村信用社　供稿）

兴业银行龙岩分行

【概况】 2017年，兴业银行龙岩分行坚持“稳中求进”工作总基调，围绕“稳发展、控风险、强基础”的主线，深入实施体制机制改革，积极应对市场挑战，持续推进业务转型升级，各项业务保持平衡健康发展，各项工作取得新业绩。至年末，各项存款（银监口径）余额162.14亿元，新增12.06亿元，增长8.04%；各项贷款余额144.14亿元，新增12.97亿元，增长9.88%。实现账面利润1.8亿元，同比增长0.9亿元。不良贷款余额3.62亿元，比年初减少0.18亿元；不良贷款比率2.51%，比年初下降0.38个百分点，实现双降。

【推进业务转型】 围绕“客户—业务—收益”发展理念，以客户延伸为基础，全力发展交易银行等重点领域业务，进一步加快经营转型步伐，取得良好成效。分行通过扩群增质并举，有效夯实客户基础；坚持结算先行，打造坚实负债基础；资产结构持续优化，规模稳中有升；专业产品稳步增强，转型步伐加快。

企金方面。定期收集行业客户信息，组织拓展新客户活动；有条件筛选存量客户交易对手，营销上下游客户，批量带动新开户。企金客户7274户，较年初净增1326户，为新增客户数历年最高值。大力推广交易银行产品使用，落实新客户“三问三推三必访”，企金基础客户1570户，较年初净增147户。

零售方面。通过兴e付等新产品服务于收单市场。建立代理业务发展的长效机制，深化与社保、工商、税务、重点行业协会等部门的合作，“企业金融服务日”活动初见成效。发挥安愉储蓄、礼仪存单等创新储蓄产品优势，分阶段多维度在全行开展业务PK赛，通过树标杆，树典型，营造赶超先进的良好氛围，个人存款规模上新台阶。储蓄存款余额43.64亿元，比年初新增7.55亿元，新增市场占比19.23%；储蓄存款日均41.46亿元，比年初增加6.3亿元。

交易银行业务。分行加快布局互联网金融，全力推动交易银行业务发展。

金融市场业务。紧盯市场变化，积极拓展标准化、合规同业业务。与龙岩农商行签订人民币跨境代理支付结算协议，并注册成为我行机构投资交易平台用户，为四类行中首家；与长汀信用社签署银银平台理财门户合作协议书，为后续三方存管业务产生的中收奠定较好的基础。

投资银行业务。以轻资本占用的标准化债券承销业务为重点，完成承销3笔4.8亿元，位居龙岩当地市场第一。有效突破债券投资业务的瓶颈，落地可续期公司债券投资1亿元。新增投放非标业务15.45亿元，落地全行首单PPP

基金业务纳川股份污水处理项目2.7亿及省企业技术改造基金2.85亿，融资租赁业务6.07亿。荣获总行2017年投资银行业务突出贡献奖。

【资产质量管控】 严格内控合规管理。持续构建“全员合规、全面合规、全过程合规”长效机制，扎实开展各项工作。全方位稳步推进“兴航程”活动，全面完成“五条主线”工作任务，取得“塑文化、立形象、创价值”的活动成果，并受到总行的肯定。以“三三四及市场乱象”专项治理和“地毯式全面大排查”为重点，全覆盖实施风险排查和问题整改，全面开展再监督评价，促进管理部门风险合规履职能力提升。以专项检查和“啄木鸟”行动为主要抓手，创新监测手段，实现员工异常行为准确定位和处置。持续完善内控奖惩机制，内控激励与一票否决并行实施，尽职免责与违规惩处同步推进。内控合规考评连续五年保持类区行第一。强化资产质量管控。创新处置模式，改变以往诉讼清收为主的传统方式，依法合规开展卖断式债权转让及债权减免清收，取得重大突破；开展风险资产处置专项竞赛，有效激励全员清收积极性；按月召开资产质量督导会，强化压力传导，逐户梳理不良及隐患项目，明确重点，强化精细化管理；突出前瞻性管理，扎实做好结构调整工作。全年共清收重组不良贷款5.48亿元，完成总行计划的246%。年末资产质量考评位类区行第一名，风险管理综合评价位类区行第一名，荣获“风险管理优秀分行”称号。

【体制机制改革】 以更加贴近市场、更好服务客户、更加有力推进业务协同发展为目标，稳步推进体制机制改革。4月，根据总行实施新一轮体制机制改革的精神和要求，分行调整内设部门及专门委员会，为适应经营环境变化打造更强有力的中台。分行在年初对异地县域支行实施综合管理基础上，于11月起对同城支行实行综合化经营管理，有力拓宽可持续发展空间。在法律合规部增设检查监督中心，配备专职检查人员，提高检查的针对性和有效性，加大整改、问责的力度，适应“合规致胜”的改革转型要求。

（谢　颖　撰稿）

其他金融机构

【福建海峡银行龙岩分行】 至2017年年末，福建海峡银行龙岩分行资产总计29.67亿元；日均存款20.02亿元；各项贷款余额27.83亿元；全年实现营业收入6727.43万元，拨备前利润3540万元。

业务发展。主动融入当地“365”产业，支持当地主导产业的龙头企业、特色行业，积极推动资产业务，发挥资产带动负债的作用，截止2017年末，对公贷款余额20.02亿，较年初增加3亿元；通过公私联动，梳理存量授信客户，大力营销代发、代收、代扣等业务，提高基础客户群结算类存款；加强与外联单位合作，持续推进与国开行的代理结算合作，进一步推广“银医通”业务；积极参加市、区两级各大机构和事业单位的存款招标工作，拓展低成本负债。

零售业务。截至2017年末，个贷余额7.5亿元；主动优化信贷结构，加大不良转化，以存定贷，个人贷款户数2000户，较年初增加52户；走进社区和商圈，宣传和营销小微企业，截止年末，小微企业贷款余额21.75亿元，占全行各项贷款余额的78.15%，较年初增加5.45亿元，小微企业贷款户数767户；2017年7月底，长汀兆征路社区支行顺利开业。

创新业务。创新开展“银医通”业务，协助龙岩市人民医院加快推进数字化医院建设，优化医务内部管理和流程，提高医院效率和质量，同时为分行争取相关的有效负债存款资源，夯实业务基础，实现银医共赢。

内控合规。梳理规章制度，修订完善分行大额和可疑交易报告操作流程，按季对各机构反洗钱工作开展现场检查，机构覆盖率100%，稳步推进反洗钱工作；规范员工行为，以“员工行为管理规范年”活动开展为契机，强化案防工作力度；根据监管及总行“三违反、三套利、四不当、金融乱象”等检查安排部署，开展全面排查，提高风险管控水平。

（海峡银行龙岩分行　供稿）

【邮储银行龙岩分行】 2017年，邮储银行以建设一流大型零售商业银行为目标，继续坚持稳中求进总基调，锐意进取，加快转型，顺利实现持续健康更好发展。大力支持供给侧结构性改革，坚守零售银行定位，如期落实三农金融事业部组建，服务实体经济、推进民生工程、开展精准扶贫的金融服务能力进一步增强。积极践行新发展理念，紧紧

举办海峡股权交易中心企业投融资路演第一期龙岩专场讲座

围绕服务实体经济、防控金融风险、深化金融改革三项任务，在转变发展方式中提质增效，在经济和金融良性循环中不断进步，各项贷款余额突破70亿元，其中实体贷款新增14.9亿元，增幅27%，不良贷款率0.76%，优于全市同业平均水平。

2017年，该行获得福建金融五一劳动奖状，并在2017年人民银行龙岩市银行业金融机构综合评价中获评A类。该行辖属长汀支行荣获福建省五四红旗团(总)支部、长汀支行营业部荣获龙岩市总工会工人先锋号称号，永定支行获2017—2019年市级“青年文明号”光荣称号，长汀支行谢忠勤获第四届中央金融团工委、全国金融青联“全国金融青年岗位能手”表彰，上杭支行钟健获福建金融五一劳动奖章。

（邮储银行龙岩分行　供稿）

【光大银行龙岩分行】 2017年末，全行各项存款时点余额为18.45亿元(其中对公存款时点为10.05亿元，较年初增加0.24亿元，零售对私存款时点8.40亿元，较年初减少0.20亿元)；各项贷款余额23.04亿元(其中对公贷款余额13.88亿元，比年初增加0.82亿元；个人贷款余额9.16亿元，较年初新增1.12亿元)；不良贷款余额4976万元，不良贷款率2.16%。全年实现收入13907万元，实现账面利润6559万元，拨备后利润1967万元。

12月20日上午，中国光大银行龙岩万达支行正式开业，标志着光大银行进入网点建设新阶段。

重点项目资金投放。中奥房地产、万达酒店经营性物业、交国投定增、龙洲运输、永杭高速、龙工、神华等重点储备项目获批，中奥房地产、万达广场经营性物业、龙洲运输、龙工、神华等项目完成全部或部分投放，投放金额总计8.65亿元。

公积金网贷+信用卡发卡。2017年初，该行成功与龙岩市住房公积金中心实现大数据对接，成为全国首批直连式分行之一，开展线上全流程自助操作的网络信用消费贷及信用卡项目发卡。累计开发合作商户54家，累计发放网款4215.12万元，余额3146.77万元，信用卡项目发卡1198张。

按揭贷款。大力发展一、二手房按揭贷款，批量式导入优质客户，夯实并壮大基础客群。通过建立零售重点项目库，大力发展以融侨、恒大、万达为主的一手楼盘按揭及绿色鑫家园为主的二手房按揭，指定机构专人对接、维护，提高供销率，截至年末，按揭类贷款余额4.8亿元，较年初新增1.74亿元，也以此开展各项交叉营销，如绿色鑫开立二手房交易资金监管账户日均沉淀200余万元、实现代发工资101户月均代发额近17万元。

（光大银行龙岩分行　供稿）

【招商银行龙岩分行】 至2017年年末，分行时点存款余额为16.97亿元，各项贷款余额16.85亿元，各项业务稳健发展。

零售业务。大众有效户、金卡客群增长明显。截至12月末，金卡净增数为上年增量的196%。截至12月末，内置式信用卡部自9月23日展业以来，累计交件10552张(平均106张/天)、核卡5990张(平均60张/天)，同期成立的11家卡部中排名第二。私钻客户经营能力提升，年整体平均收益率14.02%。客户服务水平稳步提高，龙岩分行服务质量综合监测得分排名福州前列。

批发业务。积极参与各项存款招投标活动，陆续中标市区两级行政事业单位核心存款；加强“两战客户”存款营销，新增两战客户日均存款沉淀；主动采取措施，成功保留市多家行政事业单位结算账户。积极营销资产项目，有效调整信贷资产结构。新增三个分行级战略客户集团合计12亿元的授信额度，并新增获批多家总行战略客户子公司授信业务。积极推进重点产品业务落地。成功签约落地龙岩多家大型国有企业集团和上市公司CBS（现金管理平台）项目。成功中标某公立医院0.5亿元融资租赁项目，撮合某县AAAAA景区0.5亿元旅游租赁项目，并努力拓展债券发行、资产托管、同业和票据业务。

（林　琳　供稿）

【民生银行龙岩分行】 2017年，民生银行龙岩分行收入实现正增长，利润主动核销不良。全年分行各项存款余额24.82亿元，在股份制银行中排名第一；各项贷款余额41.1亿元，较年初新增5.95亿元，新增贷款投放金额及贷款余额均在股份制银行排名第一。存贷款规模逆势增长。全年分行存款年日均22.82亿元，贷款余额41.1亿元，存贷规模在同业及系统内保持逆势增长。零售资产业务快速发展，结构持续优化。2017年末，龙岩分行小微贷款及抵押贷款新增额均排名福州分行所有机构中前两名。在零售资产规模快速增长的同时，资产结构也持续优化，客户数持续提高，获客渠道不断拓宽。零售非储金融资产快速提升，客群基础不断夯实。2017年，分行零售非储金融资产日均3.42亿元，非储金融资产余额4.32亿元。业务稳健发展。2017年，分行公司存款年日均17.1亿元，较上年新增1.45亿元，对公贷款29.71亿元，较上年新增3.93亿元。同时，结合龙岩区域经济发展实情，行业发展特点，筛选部分优质中小企业进行业务布局，对客户结构进行优化。不良贷款大幅下降。2017年，分行不良贷款较上年下降5478万元，资产质量有所提升，风险得到有效控制。

（张素梅　供稿）

证　券

【兴业证券龙岩分公司】 2017年，兴业证券龙岩分公司实现交易账户开户数5.3万户，股基交易量813.52亿元。期末资产托管近500亿元,其中本年引入限售股资产23亿元(其中10亿已减持,为龙岩市引入财政收入1.7亿元)。

综合业务。综合业务方面,重点结合经纪业务,推动业务联动,服务互补,积极联系与大力推动总公司与龙岩市政府、上杭县政府分别签订战略合作协议;充分发挥整个集团融资服务、投资管理、证券研究、财富管理和跨境服务等综合优势,为龙岩市和企业提供全方位资本市场服务。资本市场业务方面,加强上市后备企业和重点企业的沟通联系工作,及时了解企业的需求,走访35家中小微企业,举办资本市场培训会3场。机构客户服务方面,对于龙岩市政府平台公司、上市公司的关系维护工作,了解其投融资需求,积极对接上市公司股权质押业务,并协助做好机构户相关三证合一资料更新工作。

客户服务。重视做好客户持续服务工作:做好咨询台的客户接待,包括指导客户办理委托业务、交割单打印、预约开户、解答来访客户问题等业务,在交易时间解决客户反映的问题,并做好投资者教育园地的更新工作;按要求做好各类风险防范短信的发送,全年共发送各类风险提示短信77686条;在客户专项回访方面,严格按照监管要求做各类客户回访4000余户;同时,按照合规要求认真做好前台理财顾问服务电话的合规抽查,全年共抽查录音5036户;配合司法机关合规做好客户账户信息查询工作(全年共接待16次司法查询)。每月向《闽西日报》提供2篇投资者教育相关稿件,全年共计24篇。龙岩分公司还组织各营业部利用周末时间,积极开展投资者教育工作,配合各企业、校园、社区等开展反洗钱、反金融诈骗等宣传活动200余场,提高投资者风险意识,维护社会金融稳定。

合规管理。按照监管要求,每日及时监控各项合规监管任务,按时报送各类监管报表和检查报告。积极组织开展合规与风险管理工作检查,进行员工执业行为日常监督检查,做好新开账户合规抽查工作,为员工提供合规与风险管理相关的业务咨询,按时完成合规管理月报、合规经营情况月报的报送。全年完成各项合规自查工作共19次,按时保质完成合规相关报表和汇报材料的报送工作。同时,组织对分公司下属5家营业部进行2轮合规检查。对下属5家营业部新设合规监察员进行合规管理工作指导,确保能按要求独立完成合规管理各项工作。每周汇总风控工作情况,并按时报送。在反洗钱工作方面,制定反洗钱制度及方案5份,反洗钱培训总结7份,反洗钱会议纪要4份,反洗钱活动上报8份,反洗钱季度报表8份,完成分公司反洗钱季报、年报等报表报告共计14份。可疑交易排查底稿250份。

队伍建设。龙岩分公司有正式员工75人。新聘高级投资顾问1人,新聘核心骨干5人,并招募30人的经纪人队伍。认真组织所有员工完成证券从业人员后续继续教育,本年度6人参加福建省证券期货业协会组织的合规监察员资质测试,并取得合格证书;组织全体员工参加人行组织的反洗钱网络培训并通过测试取得合格证书。

(雷　凌　供稿)

【华福证券龙岩分公司】 龙岩分公司成立于2012年,下辖龙岩、上杭、漳平、长汀、龙腾、直属6家营业部(厅),共有员工90余人。分公司本部下设财富管理部和综合部,营业部内设市场部及运营部。

传统营销部署。分公司每季度下发全体营销人员的新增资产专项营销竞赛方案、融资融券专项营销方案,主要涵盖新增资产、融资融券业务等专项竞赛,同时下达保底季度新增资产以及两融开户数指标,并于每周及时通报拓展业务情况,每季度表彰全员奖励先进。每月分公司月度分析会针对各营业部的各项经营情况数据进行通报,针对经营指标落后的项目进行交流探讨业务的突破方向。

机构经纪业务。鼓励营业部区域外拓展业务,分公司下发机构经纪专项营销方案的通知,设置实施方案、目标任务、多项政策来激励各营业部积极开发PB业务,推动主经纪商业务发展,引进私募投资基金等各类高端客户。

投资经理管理。关于投资经理考核期的督导,财管部每半年定期核查投资经理业绩完成情况,了解投资经理升降级结果,对全司的积分排名情况进行提示。关于投资经理日常工作的监督,分公司为了引导投资经理加强客户服务,特制定投资经理工作量考核的制度,要求从电话回访、户外展业、理财沙龙以及信息传导服务等方面加强工作量,并通过抽查服务记录等形式来督导投资经理细化客户服务工作。关于投资经理营销能力的提升,分公司组织各营业部进行产品演练,并通过现场演练的方式促进投资经理的协调协同能力。

运营保障。财务部主要负责分公司及辖下营业部的会计核算、预算管理、报表编制、数据报送、纳税申报等会计工作。为确保分公司持续规范经营,分公司综合部合规组检视分公司制度体系,及时更新分公司各项规章制度,确保分公司的规章制度符合法律、法规、准则、公司制度和内控的要求;对辖下各营业部的规章制度、重大决策、产品和业务方案、合同事务、拟报送监管部门的所有材料、拟报送总部的重要材料的合法合规性进行审查;督促辖下各营业部至少每月组织一次对本营业部经营管理和执业行为的合规性的检查,分公司合规组每季度对检查结果进行复查,检查范围包括但不限于外部监管、柜台管理、营销管理、客服管理、综合管理、信息技术管理及反洗钱等方面,对于在检查中发现的不合规情况,采取合规问责,对于苗头性、倾向性行为及时作出合规提示。注重员工培训,制定合规培训计划，培训内容包括合规知识培训、反洗钱知识培训、案例分析、合规风控员履职培训、柜台员工培训等，重点学习相关的法律法规制度、各项规章制度和案例分析。每周坚持通过晨会学习《合规读报关注》，或通过日常例会时间的学习，加强员工合规意识。

（何陈燕　供稿）

保　险

人保财险

【概况】 2017年，中国人民财产保险股份有限公司龙岩市分公司紧扣“加快发展、提升效益、合规经营、弘扬文化”主线，勠力同心，主动作为，创新突破，务实进取，公司呈现经营业绩又好又快发展和各项事业全面发展的良好态势。全年实现保费收入100971.24万元，成功跨入10亿元行列，同比增长22.71%，高于全省系统平均水平14.92个百分点，增速全省系统排名第一；市场份额48.59%，全省系统排名第三，同比上升3.69个百分点；实现报表净利润8265.35万元，较上年增加1888.29万元；实现考核口径利润7089.42万元，完成年计划139.01%。分公司荣获中央文明委授予的“全国文明单位”、集团公司2017年助推脱贫攻坚评选团队奋进奖、总公司“2017年度地市级分公司经营业绩50强”、全省系统2017年度市级分公司综合经营管理先进单位一等奖等称号。

【行业引领持续巩固】 充分发挥行业市场主导地位作用，积极主动参与市场竞争，继续引领行业健康有序发展。坚持车险智慧经营，强化市场对标管理，积极推进商车费改，注重拓宽业务渠道，车险全年实现保费53996万元，同比增长2.13%。加快推进商业非车险业务转型升级，坚持传统业务和新兴业务齐抓、项目拉动和分散性业务拓展并举、巩固续保和注重挖潜并重，加强商业非车险队伍建设，持续提升商业非车险发展能力和整体贡献度，商业非车险（不含“三农”综合保险、社保业务）全年实现保费14666万元，同比增长25.38%。

【服务大局】 紧紧围绕政府中心工作，积极为闽西经济社会发展保驾护航。主动响应精准扶贫政策，与市脱贫攻坚战役指挥部办公室签订《保险扶贫合作框架协议》，积极推进全市保险扶贫工作。主动服务“健康中国”战略，积极参与医疗保障体系完善，成功中标龙岩市城乡居民大病保险和意外伤害保险项目，人均提供风险保障30万元/年，服务参保人群近230万人，实现大病保险制度城乡一体化全面贯通和大病保险待遇全覆盖。助力生态环保攻坚战，认真落实《龙岩市环境污染责任保险实施方案（试行）》和环境污染责任保险制度，成功中标全市环境污染责任险，提供风险保障2.34亿。全年全险种累计提供保险保障20729.43亿元，支付赔款4.58亿元，缴纳各种税金5920.81万元。

【民生品牌建设】 深入贯彻落实《龙岩市人民政府办公室关于做好2017年“三农”综合保险工作的通知》精神，创新深化“三农”综合保险民生品牌，服务乡村振兴战略。继续打造星级“三农”综合保险工作站，加强工作站点人员培训，提高专业化、规范化服务水平。持续加大“三农”保险综合宣传力度，使“三农”综合保险更加深入人心，不断提高群众投保积极性。创新推进农业产业险，成功签下百香果种植保险全省第一单，签下蔬菜价格指数保险、设施蛋鸡养殖保险全市第一单，成功开办生猪价格指数保险并在上杭县实现全县全覆盖。全年“三农”保险实现保费4286.88万元，必推险种综合承保率达76.03%，为全市累计提供风险保障856.56亿元。

【优化服务供给】 深入推进以客户为中心转型，持续优化服务供给，服务体系不断升级完善。定期开展服务标准化培训，持续规范操作流程，服务标准化建设考评全省系统排名第二。加强投诉管理，建立投诉责任人考核机制，全年客户投诉件问题解决率98.75%，客户满意度得到持续提升。建立健全医责险项下医疗纠纷处置、调解和理赔快速处理机制，创新推进养殖险微信自主查勘，推进拇指理赔、微信理赔，推动启用并入驻龙岩市中心城区道路交通事故快速处理中心，实现事故现场处理快、交警责任认定快、保险理赔快的“三快特征”，理赔品质持续提升。车险全年结案率96.46%，同比提升0.95%，全省系统排名第一。

【盈利能力增强】 坚持“效益优先”理念，强化依法合规经营，注重提升发展品质。加强财务预算管理和成本管控，提高财务资源使用效能，节约运行成本。加大高风险行业险种业务承保核保管控，严把承保“入口关”，提升险种效益。强化理赔关键环节管控、法律管控，抓好理赔反欺诈，降低理赔成本。认真贯彻落实党中央国务院关于做好金融业风险防范工作的决策部署，切实抓好保监会“1+4”系列重要文件的学习贯彻和执行落实，严守不发生系统性风险底线。推进内部现场审计发现问题整改落实，加强合规巡查和全面风险排查整改，堵塞管理漏洞。持续推进基层内控体系建设，获总公司全国基层内控体系建设优秀地市级分公司荣誉称号。

【企业文化】 坚持“以人文本，和谐奋进”的企业文化理念，着力营造健康向上发展环境。推进“见习经理制”，加强后备干部队伍建设；完善绩效考核激励机制，建立健全更加科学、规范、有效的绩效管理体系；配备职工活动室，成立文体兴趣小组，员工业余生活更加丰富；深入开展形式多样志愿服务，增强员工社会责任感；常态开展道德讲堂、道德经典诵读活动，员工思想道德实现提升，党政工青妇的合力作用发挥明显，群众性精神文明创建取得显著成效。

（兰富元　撰稿）

龙岩国寿

【概况】 2017年，中国人寿保险股份有限公司龙岩分公司（以下简称龙岩分公司）紧紧围绕“重价值、强队伍、优结构、稳增长、防风险”的经营思路，以加强党的建设和加快转型升级为统领，不断提升公司核心竞争力和可持续发展能力，实现新跨越、新局面。2017年，实现股份总保费15.25亿元，比增20.97%，47.68%，较2016年提升6.25个百分点，高出第二位的同业公司32.31个百分点，稳居行业首位。2017年，共处理各种理赔给付案件16314件，给付金额8017.60万元。市公司荣获省公司2017年度“寿代年金互动开拓优胜奖”；市公司客服中心、漳平支公司客服中心分别荣获省公司2017年度“优质服务先进集体”荣誉称号。

【人力资源管理】 建立“工作就是责任，责任保证绩效，绩效体现价值”的核心价值发展观，改变单纯以年度绩效考评为注重季度辅导、半年小结、年度评估相结合的绩效过程评估。用项目运作方式培养中青年干部。2017年7月，举办中青年管理干部培训班，一批年轻干部脱颖而出，5人先后被提聘。依托总公司青年英才计划、总公司一把手基地培养项目，加快中青年干部的培养。

【提升电子化服务水平】 认真按照总公司要求，全面推广“全流程电子化投保”。全流程电子化投保以国寿E店投保流程为基础，实现OCR识别及人脸对比、语音输入、电子签名、短信验证等功能，五分钟内就可以完成投保，告别繁琐，实现全流程无纸、异地投保，极大提升客户方便快捷的投保体验，还可实现保单查询、保单变更等多项贴心服务。对于3000元以下的医疗费用报销型或津贴型赔案，推出“微信理赔”，客户无需提供纸质资料，通过微信渠道上传赔案申请资料影像，即可实现快速理赔，极大地提升服务效率。

【风险防控】 严格依法合规经营，持续防范销售误导、非法集资、反洗钱等重点风险，高度重视声誉风险，切实加强舆情管理。在2017年度人行龙岩市中心支行对龙岩市非法人义务机构反洗钱考评中，该公司名列保险业第一名，且因能够充分履行反洗钱职责，获人行通报表扬。下辖参评的6家县支公司，除长汀支公司在当地保险业排名第二外，其余5家支公司在当地人行反洗钱考评中均列保险业第一名，且4家县支公司因能够充分履行反洗钱职责，获当地人行通报表扬。

（吴秋梅　撰稿）

其他保险公司

【平安人寿龙岩中心支公司】 2017年，平安人寿龙岩中支坚持以个人客户为中心，构建多元化的核心金融产品线及互联网服务线，并通过“任意门”实现公司用户、客户、服务和产品的协同共享。同时，按照既定战略，不断搭建、完善互联网平台，持续提升传统金融渠道和互联网渠道的服务能力，真正实现“平安在你身边”。下辖1家支公司、11家营销服务部，服务网点覆盖全市各个县域。共有职工121人，保险代理人1781人。全年实现规模保费收入42349.42万元，新增寿险新契约保费13510.35万元。

经营亮点。2017年，平安人寿依托互联网前沿技术，通过流程创新与优化、人脸识别、OCR+NLP、医院联网、智能理赔模型等新科技技术，推出极速、极简的尖刀服务——“闪赔”。客户通过平安金管家APP进行在线理赔申请，减免8-10项赔申请纸质资料，30分钟内赔款到账。2017年，闪赔服务结闪赔案件70多万件，其中龙岩机构闪赔结案1366件，让客户享受到极致的“快”和“简单”。

保险扶贫和普惠金融工作。携手幕天公益，开展幕天捐书活动，帮助设立乡村课堂图书角。共收集图书13000余册，由分公司统一配送给全国各地十余所乡村中小学。为儿童特别是农村留守儿童保障推出“1分购”活动。推出学途意外险“1分购”活动，只需1分钱，孩子获得30万上下学期间路上的交通安全保障。此次受益儿童1036位，送去保障31080万元。利用7月8日全国保险宣传日“远离贫困，从一份保障开始”的主题，打造保险主题宣传季，在2017年二季度，开展“以保障的名义，送给最爱的你”主题活动，普及保险知识和理念，提升社会大众保障意识，并赠送专属交通意外保障。4489位百姓获益，送出保障359120万元。同时，推出“赢福联动”政策，让老客户拥有加值保障。回访政策受益客户1908位，节省保费88万。

企业文化。继续全新丰富“专业·价值”内涵，推出“专业创造价值”“专业，让生活更简单”口号，加强各系列文化的一致性。适时推出新司歌。分别开展“专业技能奥运会”和“5+1”工程，提升平安人的专业性；完善企业文化内涵，强化危机意识；不断升级服务举措，提升客户体验NPS值。并且利用报刊、晨会、新媒体等传播渠道，加强专业公司文化传播声量，强化文化理念认知。

（刘秋月　供稿）

【太平洋人寿龙岩中心支公司】 龙岩中心支公司坚持“以客户需求为导向”，通过持续的产品创新和服务创新，满足客户多方面的需求，产品覆盖人寿保险、年金保险、健康保险、意外伤害保险等多个领域。截止2017年12月31日，拥有合同制员工80人，营销业务员1482人。全年实现保费2.82亿元，其中个险渠道实现保费25995.88万；银邮渠道实现保费391.72万；团险渠道实现保费1853.93万；2017年，龙岩中支全年共结案赔付案件750件，赔付总金额1125.45万元。

产品策略。优先发展保障型、长期储蓄型产品，并通过数据分析与客户洞见开发客制化产品；构建具有市场优势的产品体系，推出“人生四季，有保障，真幸福”的产品品牌主张。

客户策略方面，致力于完善客户服务体系，积极探索和实践基于新技术应用的模式创新和流程再造，在行业内打造并推出“神行太保”、太平洋寿险官微、太平洋寿险APP等智能移动保险服务系统，率先实现基于社交化的客户关系管理平台与智能化、标准化移动保险销售平台，率先利用电子签名技术实现“投保全程无纸化”；强化承保合规管理，实施承保、理赔透明化举措，为客户提供主动、亲切、规范的信息服务；围绕寿险公司“智能营运”的整体规划，通过建立保单全自动智能质检系统，依托神行太保、太平洋寿险APP、太平洋寿险微信及官网平台，逐步以长险电子保单在线生成、推送、签收及回访来替代传统纸质保单的制作、物流和送达签收和电话回访，从而实现“承保-出单-签收-回访”契约端全流程数字化交互；“中国太保”官微平台、太平洋寿险APP不断完善功能，在原有官微平台已实现“微回访”“微贷款”“微领取”等功能应用的基础上，再次实现微领取、飞鸽传书（异地投保）、保单交费等新功能，进一步提升客户服务体验，提高优质服务品牌。

（廖碧荣　供稿）

20 信息业

编辑 游友荣

政务信息化

【概况】 2017年,“数字龙岩”建设贯彻落实“数字福建”总体要求和市委市政府建设新龙岩的决策部署,统筹推进“互联网+”行动计划、大数据和云计算等新技术的推广应用,不断创新“互联网+政务服务”模式,互联网与经济社会各领域的融合发展,完善信息惠民体系,数字基础设施更加完善,公共平台集约发展,系统建设深化融合,智慧应用更加丰富,信息化发展红利不断释放惠及广大人民群众。

【数字基础设施】 宽带网络提速。全市实现建制村100%通光纤,100百万次运算/秒以上宽带用户达约42万户;实施窄带物联网工程,开通NB—IOT基站12600多个;全市固定宽带家庭普及率、移动宽带用户普及率均达100%;实施电信普遍服务试点工作,完成原中央苏区县农村超高速无线局域网应用试点项目,完成一期工程487个行政村基础站点建设,开通部分站点进行试运行;全市互联网用户达84.06万户。

数据中心扩容升级。龙岩市统一的数据中心和容灾备份中心已经部署155个标准机柜、物理服务器184台、虚拟服务器241台、存储352T,承载71个应用。

建设政务云平台。积极推进部门业务系统上云,改变信息资源分散建设现象,避免形成新的“信息孤岛”。36个重要应用部署在政务云平台上,包括协同办公系统、不动产登记系统、数字城管系统、政府网站统一技术平台等等。

【大数据】 2017年3月,设立数字福建大数据技术服务中心龙岩分中心,探索建设省、市一体化大数据技术支撑服务体系。按照“省和设区市两级建设部署、分布运行,实现互联互通”的要求,完成市级政务数据汇聚共享基础平台建设,实现与省级政务数据汇聚共享平台之间目录、接口、数据和流程的互通。完成30多个部门政务信息资源目录梳理和登记。

【构建龙岩市网上公共服务平台(e龙岩)】 2018年1月1日正式上线运行。通过统一移动应用入口,提供资讯服务、网上办事、政民互动、资料共享等四大功能服务。资讯服务板块依托龙岩全媒体新闻中心(中央厨房)打造移动资讯传播主渠道,形成“1+N”网络新媒体矩阵,共集成微信公众号88个,头条号26个。网上办事板块除提供网上审批办事服务外,还提供医社保、公积金等生活账单、实时公交、预约挂号等便民服务。政民互动板块推出“随手拍”,整合公众参与社会治理渠道,方便群众随时反映城市管理、环保、河道、林业等与政府管理和公众利益相关问题,办理过程全程公开。资料共享板块建立网上图书馆,已归集龙岩市各类优秀图书资料1100余册;建立网上“名师辅导室”,已入驻名师929个,实现教师在线授课、答疑;建设龙岩图库、龙岩文艺等栏目。注册用户32万人,其中实名认证30万人。

【完善市县乡统一全流程网上办事平台】 开发统一的通用审批系统和电子监察、中介机构管理、业务管理、并联审批、事项管理等子系统,通过与电子证照库、人口库、法人库等数据共享,以及和与支付系统、物流系统的对接,形成全流程网上办事闭环应用。全市(三级)进驻龙岩市网上办事大厅的共有492个单位、22623项行政审批和服务事项,开通全流程网办事项16457项,占72.74%;其中市本级49家单位1447项行政审批和服务事项入驻,开通全流程网办事项1377项,占95.16%。2017年,全市网上申请办件共有13.82万件,占13.13%,其中市本级9.19万件,占66.5%。推行网上办事快递送达服务,全市共有1.1万多本证照、批文等资料顺利通过快递邮寄至办事群众手中，实现“足不出户”即可办成事。

【升级改造政府网站统一技术平台】 通过统一标准体系、统一技术平台、统一数据管理、统一安全防护、统一运维监管等“五统一”，推进全市政府网站整合和集约化建设，实现网站资源优化融合、平台整合安全、数据互认共享、管理统筹规范、服务便捷高效。纳入统一平台建设的网站共76个，其中政府类网站49个。龙岩市人民政府网站在第三方机构评估活动中，获得“中国政务网站领先奖”“政务公开领先奖”。

【优化“12345”便民服务平台】 组建“12345”热线平台运维中心，整合全市专线专号，建设一套知识库管理系统；全年收到留言数量20543条，办结率100%，平均办理时间1.83天。

【应用服务】 全市党政机关协同办公系统。市协同办公系统接入机关事业单位、部分国有企业单位数突破1300家，用户数2.55万人，每月跨部门之间电子公文流转量平达8万件。

“多规合一”基础信息平台。通过建立统一的空间规划管理与业务协同平台，实现规划、国土、环保、林业、水利、交通、发改、住建、铁办等部门横向跨部门信息联动共享；依托业务协同平台，优化审批流程，实现“一张图”规划和“一站式”高效并联审批；利用“多规合一”一张图规划编制与业务协同平台，建立部门联动机制与监管机制，实现精细化、高效率管理。2017年底，平台建设基本完成。

公共信用信息平台（一期）。实现法人信用信息检索、法人信用信息公示、法人信用信息归集输出、法人行业信用评价功能，为构建社会信用体系，提升社会诚信建设水平提供信息化支撑。

电子证照系统。全流程网上办事事项强制要求在线生成电子证照并入库，实现电子证照向龙岩公共网法人网页和个人网页的推送、复用，加快存量证照电子化转换。截至12月31日，市、县（市、区）两级共有424类证照（批文）绑定通用审批系统开通同步在线生成电子证照功能。全市已登记部门236个，证照种类2215类，电子证照批文数据共452.3万本。其中存量转换已签章419.2万本；通过审批系统同步生成电子证照共7.3万本。

政务短信平台。申请专门政务服务短信号，构建政务短信平台，为协同办公、行政审批提供短信服务，累计发送短信通知1246万条。

即时通信系统。在政务信息网上建设即时通信系统，注册用户23494个，建立工作群组163个。

【信息惠民工程】 精准脱贫信息系统。系统建设包括业务管理、数据分析、监督管理、社会扶贫等模块，动态管理全市4万户、11万贫困人口信息。引进大数据分析技术，实现平台与不动产登记、车管、医保、社保等15个行业部门数据对接，帮助筛选贫困户，实现精准识别。建立扶贫专题政策数据库，开发政策智能匹配功能，政策库分成8个大类、31个中类、75个小类，为贫困户提供17638次查询服务。开发扶贫资金查询功能，加强扶贫款使用监督。开通精准扶贫信息网站，实现扶贫信息展示、扶贫动态、资金项目等信息的公开透明，形成跨层级、跨部门共同推进，政府、企业、社会协同共治的扶贫新机制。

智能交通系统。启动智能交通系统建设。通过智通交通管控平台建设，统一交通信号控制系统、视频监控系统技术标准，促进互联互通，实现统一调度。增加部署高清晰度视频监控设备，完善交通流信息采集系统，实时监控重要路口交通流量变化，配合智能交通信号控制平台提高道路疏导能力。目前完成龙腾路、龙岩大道等主要路段平峰期绿波设置，提高了主干道的通行能力。完成公路水路安全畅通与应急处置系统二期建设。完成“龙洲无车承运人”平台试点建设。

远程网络门诊系统。采用“一个中心、三级互联”的模式，在市级建立医疗卫生云平台，结合已有信息系统架构，实现基层看病、上级诊断、平台数据支持三维一体的跨空间立体化就诊。平台建设促进优质医疗资源纵向流动，解决常见病、多发病的门诊诊断、治疗问题，最终实现“小病不出乡、大病不出县”的分级诊疗模式。自2015年11月1日试运行以来，共发生预约诊疗量达到3万人次。

“雪亮工程”。共完成联网11300余路，其中，2017年完成高铁动车沿线共计197路高清视频监控建设，新建人像识别系统前端8路，新增一类公安自建监控1906路，二类监控2313路；

智能环保。全年新增水、气重点监控污染源企业6家、自动监控设备21台（套），9家废水监控企业、10家污水处理厂按要求在总排口加装PH监控设备，12家水泥生产企业20条生产线窑头加装颗粒物监控设备；升级改造龙岩市重点流域断面视频监控系统。建成覆盖全市的环保网格化信息监管平台，构建纵向到底，横向到边，全面覆盖市、县、乡、村四级的网格化环境监管体系。

【信息安全】 构建统一网络安全管控平台，为政府网站、网上审批等重点应用系统提供基础安全防护；建设性能监控平台，保障重点应用系统稳定、高效运行。全力做好全市应急视频会商指挥系统、政务网视频会议系统的管理维护和支撑保障工作。

（林开荣　撰稿）

通信业

龙岩电信

【概况】 2017年，中国电信股份有限公司龙岩分公司全面深化改革，促进市场化转型和差异化运营，加强移动业务和宽带业务发展，强化服务和网络支撑保障，积极创新，助力闽西信息消费转型升级。截至2017年底，全年主营业务收入超6亿元，总用户规模数达145万户。

【光网络建设】 2017年，电信龙岩分公司实施“千兆引领、200M主推、100M普及”工程，建设“全光市”。全年全市共净增FTTH OBD端口近12万个，累计端口到达数72万个，光端口占比接近98%，实现城乡所有用户均实现光纤入户，全市电信宽带用户平均接入速率超过80M，居全省领先。

【打造精品天翼网络】 电信龙岩分公司以建设无线宽带城市为目标，致力于打造天翼精品网络，天翼无线网络覆盖好、上网速度快、绿色健康(低辐射)、通讯保密性强等优势已得到社会各界的接受和认可。在4G网络已覆盖大部分行政村的基础上，完成高校、火车站、大型集会场所4G+网络建设，提供高速上网服务，推进800M LTE全网重耕工程，用半年时间打造一张基于4G的低频高质网络，实现龙岩市区、县城、乡镇、农村地区LTE 800M网络基本连续覆盖，达到优于3G的CDMA网络的基础覆盖网络，具备支撑VoLTE和NB-IoT基础网络能力。

【数字龙岩信息化建设】 2017年，电信龙岩分公司以高速稳定的宽带、4G等基础网络资源及领先的NB-IoT物联网，天翼云等，助力龙岩市政府推进信息化建设；助力龙岩市防汛大联勤系统建设以及公安警务通、中心城市社会治安动态监控升级改造、林区道路视频监控卡口系统等项目，建设打造龙岩平安城市综治管理；助力市教育局网络视频会议系统、经开区教育信息化以及连城教育局监控等项目，建设龙岩智慧教育。

【灾后通信保障】 6月2日，龙岩中南部强降雨，重点影响连城赖源、新罗万安两乡镇，造成万安、竹贯、华坑、同新、高厦、赖源东坑垄、张公垄、河祠等村通信故障，连城漳平方向骨干光缆新罗万安、连城赖源光缆、漳平桂林至大深光缆因洪水受损中断。6月13-17日以及7月26日，受台风“纳沙”“海棠”影响，龙岩大部分地区出现大面积降雨或局大暴雨，永定抚市至坎市、抚市至龙潭、抚市上洋、龙岩龙川至连城小池段、上杭蛟洋至上杭紫金铜矿等多处光缆被洪水冲毁受损。台风期间受光缆、市电影响，共计200处基站站次业务受阻中断。灾害发生后，龙岩分公司应急指挥调度中心履行央企责任，采取市县联动、快速组织光缆线路、设备抢修队伍、安排应急车辆，在最快的时间内恢复通信，为恢复生产生活提供坚实保障。

【联合打造“智慧漳平·中国电信翼支付民生项目”】 3月24日，中国电信漳平分公司与漳平市人民政府联合打造的“智慧漳平·中国电信翼支付民生项目”启动签约仪式在漳平市桂林量贩广场隆重举行。中国电信将利用自身基础网络运营商网络、平台及技术优势，全力参与智慧政务、智慧教育、智慧医疗、智慧工业的建设与运营，全力打造漳平“翼支付”一座城的金融生态圈民生项目，实现漳平城区核心全覆盖、重点集镇全覆盖、农村一村一点，涵盖公交、水、电、气、物业、商超、餐饮等，实现衣、食、住、行立体式线上线下消费支付工具，并具有赚钱（“甜橙金融”储蓄功能)、省钱(线下打折消费功能)及方便(民生消费一号支付功能)。

(林晟 撰稿)

龙岩移动

【概况】 2017年，中国移动通信集团福建有限公司龙岩分公司(简称“龙岩分公司”)大力推进“数字龙岩”建设和“互联网+”行动，保持良好的发展势头。其中客户规模176万户，年运营收入超14亿元，全年为地方纳税超0.7亿元，先后获得“全国‘安康杯’竞赛优胜单位”“龙岩市服务业十强企业”“龙岩市爱心单位”等荣誉，并顺利通过复评继续保留“全国文明单位”称号。

【战略合作打造“新高地”】 政企联动，优势互补。继2010年10月福建移动与龙岩市人民政府签订《关于共同落实和推进海峡西岸经济区建设的战略合作协议》后，双方于2017年8月再次签署战略合作协议，进一步深化合作伙伴关系。未来5年，福建移动将投入优质资源全力支持龙岩在“宽带龙岩”“互联网+政务服务”、智慧环保、智慧教育、信息惠民等领域的信息化建设，提高“智慧城市”建设水平。校企联动，合作共赢。在第十五届6·18中国·海峡项目成果交易会上，福建移动与龙岩学院、广东高新兴科技集团股份有限公司、深圳中兴物联科技有限公司签订四方战略合作协议，标志着物联网联合实验室正式成立，四方将在校企产学研、校园信息化等方面进行深度合作，并就物联网产业应用落地龙岩建立战略合作伙伴关系，为龙岩物联网产业的发展提供整体解决方案。

【提速降费步入“快车道”】 建成全市规模最大的4G精品网络。龙岩分公司采用先进技术完善网络覆盖、提升网络服务，全年新建4G基站2000多个，累计超8600个，实现主城区、县城城关的深度覆盖，数据热点乡镇、行政村和农村区域的全面覆盖；率先推出4G+高清语音和4G+网络加速，手机上网下载速率最高可达330Mbps。加快“全光网”城市建设。推进高速宽带城乡全覆盖，全年新增宽带端口26万个，累计超70万个，人口覆盖率92%，行政村覆盖率88%，宽带网速普及50M，城区达到100M，形成“百兆能力，千兆示范”的宽带接入能力。同时，实施电信普遍服务工程，408个行政村实现光纤接入，建设信息化示范村6个，并通过开通集团专线、视频监控及支农惠农等信息化产品，缩小城乡数字鸿沟。家庭业务品质实现飞跃。宽带品质提升显著，互联网电视品质业界领先，为打造良好的用户体验，从内容丰富度、码流清晰度及操控流畅度方面下功夫，移动互联网电视“魔百和”片源多、更新快、画面清晰的特点深入人心。全面落实“提速降费”要求。取消国内长途费和漫游费，先后推出1元1天1G的“超级流量王”产品、流量“任我用”“任我享”“任我看”产品、流量不限量套餐等，手机上网流量资费累计降幅超70%，宽带资费累计降幅超50%；为中小企业专线带宽（200M以下）免费升级上一档，并大幅下调互联网专线资费水平，降低企业接入成本。

【信息化建设注入“新活力”】 2017年，龙岩市协同办公系统和全流程网上办事统一平台覆盖面持续扩大，高清视频监控共享平台和社会资源接入平台为市公安局“雪亮工程”建设助力加码，“畅通工程”平台为交警提供一站式红绿灯调度服务……环保、教育、养老等领域也注入移动信息化建设“新活力”。智慧环保方面，与市环保局合作搭建“龙岩市汀江-韩江环保网格化监管信息系统”，构建“属地管理、分级负责、全面覆盖、责任到人”的监管体系，打造基于NB-IoT的环境监测应用标杆，提升环保监管信息化、智能化水平，助推龙岩打好生态环保攻坚战。智慧教育方面，创新开发党建“红盒子”，打造全国首创的党建教育新模式，基于移动互联网电视搭建红色教育平台，建立多层面、全方位的多媒体信息库，已在永定区委党校、漳平拱桥镇政府率先应用。为龙岩学院、闽西职业技术学院建设融合认证平台，解决师生上网认证路口多、监管难、计费杂的乱象。智慧养老方面，推动龙岩市“智慧养老”项目，已与新罗区、漳平市、永定区、连城县达成居家养老项目合作，打造多方参与、协同为老的创新型居家养老服务模式。此外，累计进社区服务近40次，赠送老人机共计2400余台。

【善尽责任弘扬“正能量”】 助力“摘牌”。大力支持、认真对接、积极配合相关政府部门开展防范打击通信信息诈骗专项行动，第一时间对涉案电话和电信资料进行查询、调取、封堵，配合公安机关对近400批次8万余个涉嫌诈骗号码进行限服，在“新罗电信网络诈骗犯罪重点地区摘牌行动”中发挥了重要作用。助力创城。通过利用自有场所和资源宣传创城内容、发送创城公益短信、参加创城志愿活动等，积极助力龙岩市创建全国文明城市，1人获评“龙岩市创建全国文明城市工作成绩突出个人”。助力公益。先后组织以“生态文明，美丽龙岩”“迎金砖会晤，志愿者在行动”为主题的系列志愿服务活动，与凤凰社区、北门社区、天马社区结对帮扶共建，开展各类文明劝导、义务劳动、社区服务、关爱老人及留守儿童、义卖支农、无偿献血等活动25场，共计600多人次参加。联合相关政府部门及本地运营商，利用移动集团全国首辆“电磁辐射科普宣传车”，在长汀、永定、新罗开展以“科学认知电磁安全、快乐享受通信生活”为主题的电磁辐射科普宣传活动，提高群众对电磁辐射的科学认识，消除民众对基站辐射的误解与担忧。

（林莫汐　供稿）

龙岩联通

【概况】 2017年，中国联通龙岩市分公司深化实施聚焦战略，紧紧围绕着“抓党建、促发展、控成本、转机制”的总要求，坚持以客户为本，持续推动网络提速降费，全力打造匠心网络，推出创新型产品，着力解决客户痛点难点问题，践行企业社会责任，积极投入新龙岩建设，各项工作不断迈向新台阶。全年完成主营收入2.54亿元，客户规模

福建移动与龙岩市人民政府签署战略合作协议

达 50 万户(移动用户 42 万户,宽带用户 8 万户)。

【全力打造匠心网络】 全年新建 4G 基站 94 个,4G 基站总数达到 1143 个,4G 在市区、县城、校园全覆盖、重要交通干线(高铁)实现 100%连续覆盖,100%乡镇实现点覆盖;3G 进行广覆盖建设,新建基站 183 个, 人口覆盖率达到 99%。2017 年底, 累计基站建设总数 6977 个,网络规模同比上年增加 4%;固网宽带端口中 FTTH 端口渗透率 87.3%。聚焦地区的网络质量和客户感知持续提升,4G 网络的 MR 良好率达到 92.76%,同比提升 1PP。

全年深入开展网优大会战,圆满完成党的十九大、厦门会晤、全国林改会议、武平定光佛旅游节等重大活动网络保障工作。

龙岩联通与中国工商银行龙岩分行签署战略合作协议

【助力数字龙岩建设】 2017 年, 中国联通龙岩市分公司秉承“聚焦、创新、合作”的理念,顺应互联网+发展新趋势,致力于打造匠心网络,不断加强资源创新与合作,聚焦重点行业及业务,助力数字龙岩城市建设。全年共投入 3600 余万元,成功建设武平县“智慧旅游(一期)”、龙岩市畅通办“城区智能交通”维护、新罗区教育局教育城域网及明厨亮灶、漳平市公安局“雪亮工程”一期、一批建筑工地“智慧工地”等智慧类项目及以龙岩市河长制平台和长汀禁毒巡查为代表的网格化项目, 涵盖政法、公安交警、水利、教育等重点行业和客户。

2017 年, 成功完成武平县智慧旅游一期项目的建设,搭建了“一中心、两平台、三系统”智慧旅游服务平台,提高信息技术在旅游业应用的广度和深度,为广大游客提供智慧化的旅游服务,同时也提高旅游公共服务水平和旅游行业管理效能,推动基于新技术的旅游产业创新和基于新媒体的旅游营销创新。

2017 年, 与龙岩市教育局共同举办龙岩市智慧教育论坛。此次论坛以“信息化促进教学变革与创新——走向智慧教育”为主题,旨在通过促进信息技术与教育教学的深度融合,进一步促进教育质量提升、教育管理增效、学习方式变革。

2017 年, 与中国工商银行龙岩分行签署战略合作协议,是跨界潮流下深化合作、共同构建“通信+金融”新生态的一次积极探索。双方在通信、金融、合作开发领域等方面深化合作, 资源互补,提高信息通信应用水平,改善客户服务体验,为龙岩广大市民带来更为便捷的服务新体验,助力龙岩经济社会转型升级以及“互联网+”行动计划落地。

【经营模式转型】 2017 年, 中国联通龙岩市分公司以混合所有制改革试点为契机,加快业务模式创新化改革。联合 bat 等互联网企业创造性并规模化推进以 2I2C、2B2C 为代表的转型产品,采用创新的线上线下一体化营销体系,打破用户进店面对面消费的传统模式,彻底实现通讯产品的电商化,为广大消费者提供足不出户的便捷消费服务,其中以腾讯王卡、滴滴王卡、蚂蚁宝卡、百度圣卡等明星产品更是广受青少年用户的喜爱, 全年累计净增 2I2C 用户 3 万户, 企业互联网营销转型出现成效。积极响应国家提速降费号召,率先在行业内推出“冰激凌”套餐,领跑通信不限流量新时代,优惠利民。

(冯静瑜 撰稿 柯恩烽 审稿)

邮政业

【邮政行业发展概况】 2017 年, 全市共有提供邮政普遍服务的邮政营业场所 141 处,网点法定业务开办率 100%,1783 个行政村实现直接通邮。共有邮筒(箱)831 个,邮政专用标志车辆 162 辆,其中龙岩市邮政分公司 47 辆,机要通信专用投递车 7 辆,中国邮政速递物流股份有限公司龙岩市分公司 108 辆。共有 21 个快递品牌在龙岩设有分支机构或加盟商,其中,独立法人快递企业 41 家,分支机构 428 家,快递网点乡镇覆盖率达 100%, 带动就业 3600 人以上。

2017 年, 全市邮政行业业务总量完成 9.66 亿元,同比增长 30.96%。邮政行业业务收入完成 6.71 亿元,同比增长 17.45%。其中，快递业务量完成 3648.88 万件，同比增长 26.71%；快递业务收入完成 3.63 亿元，同比增长 13.81%。连续四年被市政府评为绩效管理考评“优秀”等次。

【优化行业发展环境】 积极为邮政业发展营造良好环境，市政府工作报告明确提出要大力发展快递服务业等现代物流业。市委、市政府出台《关于加快现代服务业发展的十五条措施》，把“支持快递发展”作为主要措施之一。市政府印发的《龙岩市现代物流业三年行动计划（2017–2019）》，把“加快提升快递物流”作为主要任务之一。武平县政府印发《关于支持现代物流业和快递业加快发展九条措施的通知》，在全省县级人民政府中率先出台贯彻落实“闽七条”精神的文件。

【率先开展委托执法】 推动市政府印发《关于进一步加强县域寄递安全管理工作的通知》，在全省率先开展委托执法工作，实现全覆盖，7 个县（市、区）邮政业安全中心均已成立，共有专（兼）职人员 35 名。举办全市邮政业政策法规培训班，通过以会代训、以查代训等方式，加强对县级邮安中心执法人员的培训，委托执法工作逐步走上正轨。永定区政府下发《关于加强寄递安全管理工作的通知》，率先把寄递业监管的力量向乡镇（街道）延伸；武平县邮政业安全中心 2017 年 12 月获批成立。

【行业融合发展】 加大对快快合作“三集中”的宣传推广力度，“三集中”运营模式已在武平、长汀、永定、连城、漳平等地全面铺开。支持和引导市供销社和快递企业开展“供快合作”，长汀、新罗、武平三地“供快合作”正式启动，规模和集聚效应突显。积极引导供邮、邮快合作，牵头市供销社、市邮政公司召开供邮合作座谈会，引导邮快合作完善末端投递服务模式。

【市场监管】 开展铁腕行动、寄递渠道安全隐患大排查大整治暨四项行动、安全生产大检查等活动，全面整治各类安全生产隐患。2017 年，共开展各类监督检查 1471 人次，下达整改通知 48 份，行政处罚 54 起，罚款 33.8 万元；各县级邮政业安全中心共出动执法检查 1625 人次，下发责令改正通知书 50 份，办理行政处罚案件 39 件，罚款 5.1 万元。此外，还约谈部分品牌，在连城县等违法违规行为多发地召开现场警示会，在行业内通报案件处理情况。

【完成普服重点任务】 完成武平县帽村邮政所、新罗区新地标邮政支局及漳平市东坑口邮政支局等 3 个由邮政局所的迁址备案。2017 年 3 月，全市 1783 个行政村全部实现直接通邮，其中投递到户 209 处，投递到村邮站或其他接收邮件的场所 1574 处，提前完成“十三五”期间建制村直接通邮任务。2017 年 7 月，全面实现县级城市党政机关《人民日报》当日见报。

【完善末端服务体系】 综合利用企业自建、智能快件箱、快递公共服务平台等模式搭建快递“六进”绿色通道，解决快递服务“最后一公里”问题。全市已设智能快件箱 191 处，格口超一万个。快递末端服务企业在中心城区设立公共服务站，形成上门投递、智能箱投递、平台投递等多元末端服务体系。在龙岩学院建成校园快递综合服务站。开展快递乡镇网点资源整合，推动一乡多点向一乡一点转变，推动乡镇快递从以兼营为主向专营为主转变，提升乡镇末端服务水平。

【落实普遍服务新标准】 通过实地查看普服网点、座谈交流与访问用邮群众等方式，及时掌握贯彻落实新“标准”情况和在执行过程中出现的问题。举办邮政普遍服务标准培训班，对网点营业时间、省、市邮件全程时限要求进行解读。开展邮政普遍服务达标情况监督检查专项行动，对邮政企业新普服标准组织宣贯情况、开展达标整治工作情况进行监督检查，督促邮政企业履行邮政普遍服务义务。

【保障寄递渠道安全】 严格执行三项制度，落实安全验视卡与验视签名相结合制度，推广“快递到家”实名收寄系统，规范协议用户备案管理，至 17 年底实名已达 1300 万人，督促企业落实安检机上线、安检员在岗和安检台账记录、安检标识等制度。抓好安全教育培训，落实企业主体责任。推动成立全省首个行业自律委员会，开展企业交叉检查和“比学赶超”活动。在全国两会、厦门会晤、党的十九大、“双 11”快递业务旺季、第八届海峡两岸机械产业博览会等重大活动期间，全行业未发生通过寄递渠道引发的不安全、不稳定事件。

【推动形成“1+6”园区布局】 龙洲快递物流园区全面开工建设，组织业主单位与各快递企业座谈，引导企业入驻快递物流园区。长汀、连城、武平、永定等县级分拨中心基本建成，各县（区）政府已出台优惠政策引导快递企业入驻，全市“1+6”快递园区布局初步成型。

【支持邮政创新发展】 提升邮政服务“三农”能力，全市共建成邮政农村电商县级运营中心 3 个，乡镇级邮乐购旗舰店 50 家，建成邮政农村电商服务网点 2211 个，行政村覆盖率达 100%。武平、长汀邮政分公司分别获得政府专项补助，县域邮政农村电商服务网络进一步完善。

【引导企业绿色发展】 鼓励企业更换支线运输和末端投递运输工具，推广使用电动汽车和电动三轮车，减少排放，全市已有 13 辆新能源汽车用于揽投。推动龙岩韵达自行开发的微信下单系统与福建省邮政业实名收寄系统信息对接，企业电子面单使用率提升至90%。鼓励快递企业对商品包装进行回收再利用，引导消费者循环使用快递封装用品。

（陶诗洋　撰稿）

【市邮政公司经营概况】 2017年，全市邮政累计实现业务收入28977万元，比增8.8%。员工收入稳步增长，总体经济运行平稳。认真执行普遍服务工作标准，规范服务环节，全市141个普服网点及119个投递部均已达到普服标准要求。同时抓好质量管控，通过多方面协调，从7月11日开始，实现《人民日报》在全市县级以上党委、人大、政府、政协机关当日见报要求，得到国家邮政局的充分肯定。

能力提升。调整邮路，增加龙岩到厦门往返四条邮路，开通龙岩到福州的出口邮路，市到各县（市、区）也实现两频次邮路，大大加快邮件传递速度。优化作业组织，全面完成“县域转运、分拣、投递三合一”作业流程优化。加大建设投入，完成网运中心分拣设备改造，投入装卸皮带机、爬坡机等，提高邮件处理速度。新增6辆5吨车，满足区内运能需求。

【《丁酉年》特种邮票首发】 2017年1月5日，《丁酉年》鸡年生肖特种邮票正式发行，龙岩邮政分公司在邮票发行现场提供免费加盖生肖纪念邮戳服务。此次发行的《丁酉年》生肖邮票一套两枚，由我国当代极具影响力的艺术家、北京奥运会吉祥物“福娃”的主要设计者韩美林设计，全套邮票蕴含着“合家欢”主题，将生肖鸡的形态神韵与深厚的家国情怀相融合。邮票第一枚“意气风发”，为一只奋起奔跑的雄鸡形象，象征中国的快速发展，寓意“国”之概念；第二枚“丁酉大吉”，为一只母鸡呵护两只小鸡的温馨画面，象征家庭幸福美满，寓意“家”之概念。

【《儿童游戏(一)》特种邮票首发】 5月31日，中国邮政正式发行《儿童游戏(一)》特种邮票，龙岩邮政在新罗区及连城县2个纪特邮票销售网点同步销售。《儿童游戏(一)》特种邮票一套6枚，图案内容分别为滚铁环、跳山羊、扔沙包、荡秋千、踢毽子、跳房子，一幅幅精彩的游戏画面让大家重拾儿时记忆，追忆金色童真的美好岁月。

【龙岩市邮政分公司与长汀县政府签订农村电商合作协议】 5月23日，长汀县人民政府与龙岩市邮政分公司在县电子商务中心签署共同推进农村电子商务发展战略合作协议。协议明确双方将在农村电子商务服务站体系和物流体系建设方面开展深度合作，共同构建一个集农村网络消费服务、农产品、工业品网络销售服务、农产品信息服务、综合便民服务、农村物流服务于一体的农村电商服务生态系统。

【跨境电商孵化基地揭牌成立】 6月15日上午，龙岩市商务局、龙岩学院与龙岩市邮政分公司跨境电商孵化基地、跨境电商学会实训基地揭牌仪式在市邮政分公司跨境电商创业基地隆重举行，三方秉持资源共享、优势互补的原则，在技术支持、信息服务、人才孵化等方面达成合作意向。

（吴婧雅　撰稿）

电子商务

【概况】 2017年，龙岩市电子商务产业呈现快速增长，共实现电商交易额412亿元，增长89%。其中：网络零售额98.9亿元，比增92%。入驻正统网的电子商务企业数860家。电商从业人数近15万，电商企业或从业人员依托淘宝、天猫、京东、苏宁、微信等第三方平台开设网店近万家，阿里、京东、苏宁、邮政、供销等知名第三方平台加紧在农村布点，截至12月底，阿里村淘站点449个，交易额27978万元。

【电子商务平台】 智游龙岩-智慧旅游一站式服务平台。该公司成立于2016年2月，是龙岩市永定区重点电商企业，入驻福建永定互联网产业孵化园。立足永定区优势产业，以“互联网+旅游产品”“互联网+文化产品”和“互联网+农副产品”的形式，整合区内现有的旅游、文化、餐饮、住宿和农副产品等资源，搭建“线上+线下”“区内+区外”相结合的服务模式，以“互联网+”的形式进一步提升永定区旅游业、农业等的效率和服务水平。公司依托“智游龙岩”平台，以“互联网+文化旅游+购物商城”为业务开展模式，借助“购特色”商城打造龙岩地区“名优特”产品旅游购物商城，开辟龙岩旅游购物新渠道，采取线上与线下导游分销策略，开展龙岩“八珍八鲜”等农特产品市场营销，致力于打造龙岩“互联网+文化旅游+特产导购”跨产业融合发展平台，打造全省乃至全国示范地方性线上旅游购物平台。2016年营业额508.12万元，2017年营业额623.6万元，同比增长22.7%。

中国花都网。漳平市恒鸿发花木有限公司建设的“中国花都网”，已有520多家企业、个体入驻。福建花博汇电子商务有限公司建设的“花博汇”平台，有4865家企业、个人入驻花博汇。漳平本土自创的外卖平台—闪电侠外卖，有326家商家入驻，活跃用户三千多人。其余B2B交易主要依托1688等大型电子商务平台。

建筑帮。建筑帮（龙岩）信息科技有限责任公司，成立于2015年10月19日。“建筑帮”专业从事移动互联项目，通过信息共享，运用移动互联网平台，以家装建材信息服务为基础，打造服务于家装行业的业主、材料商、装修公司共同的信息平台。核心技术及创新点：本地化O2O配套服务、VR看房系统、小区论坛及邻里交互。建筑帮项目已建立200个业主社群、粉丝数超100万、合作商家1000余家。

四季三餐网。四季三餐网是龙岩首家网上农贸市场，2012年9月9日开始招商组建，2014年7月16日开始覆盖新罗区全城配送，在后台管理上现拥有自己独立的物流配送系统，独立商家的销售系统，各大网上银行的快捷支付接口，并在试点中累计大量的商城管理经验和配送服务经验，建立了比较完善的商家入驻销售制度，保证销售产品的新鲜和质量。入驻商家180多家，注册用户超过1.8万户，活跃用户7000多位，2017年销售900万元。

【本地平台和知名平台加快融合】 农村淘宝。到年底，全市农村淘宝449个服务站，实现交易额27978万元。农产品通过村淘服务站实现上行，本地企业也积极入驻农村淘宝，推动企业转型，拓宽销售渠道。同时，村淘服务点的惠民、惠农作用逐渐显现，村淘服务站正在向生态服务、创业孵化、文化公益三位一体的3.0版本迈进。

邮政电商。邮政全市农村电商累计建成邮掌柜加盟商2219户，全市累计建成县级运营中心3个；乡镇邮乐购旗舰店50家；工业品下乡交易额2589万元，创展平台、优惠购、邮乐农品馆可选售产品4222个，产生订单11万单，助力农品返城精准扶贫(闽西“八大珍”、“八大鲜”武平十大农产品，武平东留芙蓉李，上杭九洲蜜雪梨，连城兰花、百香果，漳平宁洋古城莲子)累计产生订单5230单，累计金额366万元。

供销电商：市县供销社均成立供销电商公司或电商服务中心，推广当地农产品，全市共有32个供销电商服务中心，通过市县镇三级实现联动。上杭供销电商成立农村电子服务中心5个，联系该县的农特产品生产加工专业合作社(公司)180家，进驻的主要农特产品300多种，同时引进一批食品安全检测设备，为上杭供销电商农产品提供安全保障。武平供销电商完成淘宝、苏宁易购、京东三个平台特色馆建设及上线运营，县级运营中心暨O2O体验中心建成并投入运营。长汀县供销社与福建农一、福建省汀州凤河田鸡、大美姜山公司于2016年3月正式合作成立福建省供销一家电子商务有限公司，着力打造“网上供销社”，采用“县级工作站+村级供销综合服务站+专业合作社+种养专业户”的组织形式。永定区供销社整合现有系统的电商资源，成立区供销电子商务有限公司，打造集农产品展示中心，电商扶贫培训基地、新型职业农民及专业合作社成员培训中心、农特主题众创空间办公区、仓储物流区为一体的供销电商产业园，打造特色农副产品“五统一”，结合“供销社+永定客家土楼”品牌建设，开展全区农产品品牌整合营销工作。重点打造“永定蜜柚”和“永定百香果”两大特色农产品，已对接“客家土楼”商标和LOGO授权使用。

【电商推动产业融合发展】 农业方面。按照突出优势、适销对路的方向，以县域为单位，针对电商的农业产业供给体系进一步明晰。长汀县以“河田鸡”“小黄姜”为代表的农产品企业走出了一条“重品牌、重发展、坚持生态”的农产品电商发展之路；连城县制定下发《连城县“互联网+现代农业”工作方案》，大力推进连城特色农产品电子商务公共服务平台项目建设，推广连城富硒农产品，全力打造“中国客家硒都”地域品牌。龙岩“八大鲜”“八大珍”“八大干”的农特产业在电商的新模式下，焕发出新的活力。全市农产品的线上销售额约60亿元，线上交易额最大的特产农产品为花生、地瓜干、果蔬干、连城白鸭、菌类5类农产品。龙岩远山电子商务有限公司以农产品桂圆、花生、地瓜干三大系列为主打，线上销售额全年约1.5亿。2017年双11全网网络销售促销活动期间，苏宁易购中华特色馆连城馆销售蒜香花生15738件，荣登苏宁易购特色产品销售榜榜首。2017年3月，永定区引进北京农信互联科技有限公司互联网生猪交易项目，运营中心在永定区内注册龙岩市永信互联网络科技有限公司，通过该项目的实施推动该区生猪交易等触网营销。截至2017年底，平台生猪交易头数13.5万头，交易金额3.8亿元。

6月7日，由省委宣传部、省发改委、省科技厅主办，龙岩市政府承办的“双创在福建”走进龙岩主题活动中龙岩旅游创客工厂的负责人向中央、省、市多家媒体介绍创新设计的旅游产品“红军饭”

工业方面。龙岩佳丽斯家纺、长汀盼盼、漳平木村、漳平国联、连城茗匠、紫金萃福、永定采善堂药业等一批工业企业产品涉足电商平台，成为龙岩电商销售的新兴内容，在工业转型与升级上迈出新的台阶。

旅游方面。充分发挥龙岩的红色、生态优势，形成电商+旅游与文创，龙岩文旅集团旗下品牌“闽西有礼”依托于龙岩重点景区、主要高速服务区和其他部分城市，采用线上线下融合的销售模式，借助微信公众号、APP等移动互联网数据端，建设集体验、购物、餐饮等功能为一体的综合型、现代化管理的特色农产品和旅游产品专卖店，提升龙岩特色农产品和旅游产品的知名度、美誉度和市场占有率。永定区打造“互联网+文化旅游+购物商城”平台项目，拓展旅游产品营销渠道，创建龙岩地方电商品牌“智游龙岩”。平台通过“游龙岩”“品文化”“购特色”三个板块为游客免费提供龙岩吃、住、行、游、娱、购等旅游信息，720°航拍全景、语音导览、手绘地图、推荐导航导览线路、周边景点和服务查询、在线互动等智能服务。

【一县一园区布局科学】 全市园区建设在一县一园区的基础上逐步向电商综合体迈进。龙岩电商产业园共入驻企业58家，全年电商交易额20亿元，其中交易额2000万元以上企业10家，从业人员300人。永定互联网产业孵化园在园企业37家，其中2017年新入驻企业12家。园区企业营业范围涵盖农特电商、文化传媒、拓展培训、服装鞋业、快递物流、艺术设计、母婴用品、种养殖、电商平台、大数据中心、智慧旅游服务等。长汀汀州电商物流城打造全市最大的集冷链储藏、第三方配送、电商运营为一体的大型电商物流基地和农产品交易和物流配送中心。连城莲冠电商物流产业园于2017年11月13日开园，是集电商办公综合楼、电商仓储、快递物流集配中心及生态停车场等配套设施于一体的综合产业园，入驻31家电商企业，待入驻企业28家。引入2家物流企业入驻，本地公共服务平台万花筒公司进行产业配套。

【电商人才引智齐聚】 截止2017年底，全市挂牌的以电商为主的众创空间10家，为电商初创企业聚集孵化提供平台，为本地创业的企业和项目提供孵化的优质服务。充分发挥龙岩电商协会凝才聚智作用，截至2017年底，共吸纳会员企业235家，共举办21场小型茶聊会、5场专题讲座、15场主题沙龙，服务超5000人次。以美团王兴、今日头条张一鸣为代表的闽西籍互联网人士近年来与龙岩市互动丰富，2017年春节，继续举办闽西籍互联网大咖新春座谈会，反响强烈，部分合作项目已经在龙岩落地，与本地企业实现对接。市政府先后与今日头条、美团点评签订战略合作协议。依托闽西职业技术学院、龙岩技师学院、华侨职业中专、龙岩农校、电商协会、龙头电子商务企业、第三方培训机构分层次针对性开展公益性电商人才培训，根据培训规模和效果给予相应补助。电商培训在精准扶贫中发挥显著的作用，全市共培训建档立卡贫困户1700多人次。

【示范创建顺利开展】 2015年，长汀县、武平县列为国家级电子商务进农村综合示范县，连城县、漳平市列为省级农村电子商务示范县，分别得到国家、省级财政2000万元和300万元专项资金扶持。各示范县按照“一中心六体系”(即电子商务服务中心、培训体系、电商物流体系、供应链体系、营销服务体系、服务站体系、统计体系)建设县域农村电商。2017年，武平、长汀2个国家级电子商务进农村综合示范县，连城、漳平2个省级电子商务综合示范县顺利通过国家商务部、财政部组织的第三方评价机构的绩效评价验收并获得追加的资金。在2017年新一轮国家级电子商务示范县创建中，连城县成功入列创建国家第四批电子商务进农村综合示范县。2017年底，全市共有14个行政村获得“省级电子商务示范村”荣誉称号。全市共有7家企业被评为市级电商示范企业。连续三年联合团市委在全市开展“十佳青年电商”活动，在全市树立电商典型，促进行业发展。

【跨境电商取得发展】 龙岩邮政跨境电商依托其快递物流优势，从2014年起组织跨境电商团队，截至2017年，发动高校学生、电商卖家、个人创业者、企业员工等200多人在第三方跨境平台开设活跃网店30多家，经营的类目主要为服装、鞋帽、饰品和家居用品为主。日成交订单数1000多笔，年销售额8000万元左右。传统外贸企业也逐渐搭上跨境电商快车。上杭欧壹国际电子商务有限公司依托传统工艺品在国外的优势地位，通过亚马逊、速卖通等开展跨境电商，年跨境线上销售超2000万元。上杭县政府对欧壹国际电子商务有限公司实行“一事一议”政策，通过补贴办公场所装修费用等方式鼓励其开展海外业务。

【电子商务助力扶贫】 电商扶贫被列入龙岩市产业精准扶贫行动计划，从2016年开始，市县两级从电商专项资金中拨出专款，用于支持建设50个以上电子商务扶贫村级服务站。2017年，认定第一批77个电商扶贫服务站。全市以县域为单元，初步形成“电商平台+本地企业+合作社+贫困户+网店”的电商扶贫生态链。福建省汀州凤河田鸡开发公司采用“公司+基地+农户”的方式与100多户贫困户签订养殖回收合同。由政府出资搭建鸡舍、由河田鸡公司提供平台和技术、保价回收，贫困户按50%进行入股并参与分红，同时鼓励贫困户在养殖技术成熟后自己发展养殖，提高整体脱贫效率。针对残疾人特殊群体，市政府研究部署支持龙岩市首家残疾人创业孵化基地，在场地、场租、电脑设备、人才培训、公交站点、货源组织等方面进行扶持。到年底，该基地实现110多名残疾人创业就业。

【物流体系逐步完善】 截止2017年底，全市共有139个快递公司(含分支机构)，全年业务量累计完成3648.88万件，同比增长26.71%。市供销社牵头组织整合龙岩市快递物流业资源，先后在长汀、武平和龙岩中心城区合作组建供销快递物流有限公司，在全省率先构建“供销合作物流”服务网络，计划三年内建立中心城区小区快递综合服务站150家以上、村级快递服务代理点300个以上，以实现电商仓配业务、省内同城配送、小区(村级)末端网点拓展，成为省内著名快递品牌。

(市商务局电商科 供稿)

无线电管理

【概况】 2017年，全市台站数据库中共约3万个台站，新增台站约9000个左右，同比增长42.8%。共办理行政许可审批事项收文并办结36份，到期换照3590份，核发电台执照12588张。频占费缴费单位64家，完成率100%。

无线电监测方面，开展无线电日常监测和频段占用度测试约53000小时，编制及上报《龙岩市无线电频谱监测统计报告》12份。

【无线电保障】 厦门金砖会晤安全保障方面，会晤期间派出业务骨干赶赴厦门重点区域开展无线电台站清查整治，对责任区域内所有无线电台站、微功率无线电发射设备和无线电干扰设备开展地毯式实地检查和登记，逐一测试和登记每个无线电台站的发射频率，对违规设台现场督促封存电台。同时利用固定无线电监测站和小型监测站，重点对全市范围航空导航、广播电视、铁路、航模、无人机频段开展监测，配合活动重点区域做好“低慢小”目标防控。金砖会晤期间，累计出动22次、66人次，检查单位(个人)211家，发现违规使用无线电台26家，现场纠正违规设台2起，现场封存违规电台105个，发出《责任改正通知书》24份，签订《责任书》29份。实现厦门金砖会晤期间龙岩区域“电波秩序安全有序，电磁环境态势良好”的保障目标。

航空频率安全保障方面，要求龙岩市元翔冠豸山机场使用的航空无线电专用频率无线电台(站)和各县市区广播电视发射塔使用的广播电视专用频率无线电台(站)进行全面自查，共自查各类台站135个。会同龙岩市文广新局、元翔冠豸山机场组成联合检查组，现场抽查5次，出动15人次，检查11家单位。

考试保障方面，完成高职入学、全国研究生、公务员录用、高考等11场重要考试防无线电作弊保障任务。

重要时期无线电安全保障方面，在台风或强降雨来临期间，重点监测230MHz防汛频率使用情况，随时排除可能存在的安全隐患；认真做好全国“两会”，中国共产党第十九次全国代表大会、第八届海峡两岸机械产业博览会等重要会议期间无线电安全保障；保障春运期间、节假日期间铁路、航空等专用频率安全。

【服务经济建设】 充分发挥无线电管理职能，积极参与龙岩市项目攻坚战役。作为龙岩新机场建设选址单成员位，7月，组织该项目隘头、坎市、雁石等预选场址的电磁环境测试比对，形成并上报《龙岩新机场电磁环境选址意见》和《电磁环境测试报告》，为市委、市政府决策提供依据。

与福建福平铁路有限责任公司建立铁路无线电专用频率保护工作长效机制，要求通信运营商做好南三龙铁路沿线清频整治，为铁路的联调联试奠定良好的电磁环境。10月25日，主动对接提议召开南龙铁路(龙岩段)电磁环境保护工作协调会。对拟在龙岩段设置27个GSM-R列车调度及控制通信基站(含直放站)无线电频率安全提出保护方案，为南龙铁路开通营造绿色电磁环境。

【无线电监督检查】 开展监督检查46次、出动115人次，共监督检查67家单位，开展“双随机”检查3家单位，发出《责令改正通知书》28份。

干扰查处方面，受理并查处中国人民解放军某部队通信营部队导航频率受干扰案件。

先后查处移动龙岩分公司上杭北环邮政蜂窝基站受手机信号干扰器干扰案件、移动龙岩分公司红炭山医院蜂窝基站受手机信号干扰器干扰案件和移动龙岩分公司红坊镇基站受手机信号干扰器干扰案件。

【频率台站管理】 放管服工作。“减证便民”专项行动以来，对入驻事项申报材料进行再梳理、再精简，所有事项申报材料只要电子证照库有的营业执照，则不需要申请人提交纸质版，最大限度减少申报材料。先后报送三批清单，“最多跑一趟”事项达100%，“一趟不用跑”转化率100%。

行政审批规范化。进一步梳理行政审批事项一项(含5个子项)及公共服务事项2项，根据进驻事项变化重新对窗口进行授权；进一步精简材料，对申报材料进行再清理，取消“销售无线电发射设备备案”公共服务事项中的“申请文件”；进一步压缩事项办理环节及时限，将“销售无线电发射设备备案”由“承诺件”转为“即办件”，原办理环节“受理-审核-决定-办结”改为“受理-办结”，原办理时限由“3个工作日”转为“0个工作日(当场办结)”。

频谱评估工作。3月15日，召开局务会对开展本市评估工作进行安排部署，讨论研究龙岩市评估工作实施方案，成立由以局长为组长，局分管领导、基础电信运营商及铁塔公司分管副总为副组长的领导小组，将频谱使用评估工作与日常台站监管工作精心整合，加大对广播电视、民航、铁路等重点无线电台站的现场核查力度。从7月份上旬开始，组织技术人员进行频谱评估数据采集工作，通过固定站的监测和移动监测车的监测，累计行程里程1500公里，采集各县(市、区)、龙岩经济技术开发区、厦龙山海协作经济区主要、次要道路移动数据采集工作和固定站数据，全面完成卫星地球站实地核查和辖区主要城市道路频谱数据采集路测任务，汇总收集本地区所有在用基站ID码信息，进行数据比对并形成全市频谱使用评估报告和市、县(区)频谱使用图表。

【监测检测技术支撑】 完成便携及车载两用无线电监测测向系统、无线电安全保障便携式无线电信号侦测仪、漳平站监测接收机3个项目，完善无线电监测技术设施。

4月，参加在江西省赣州市举行的闽粤赣边际三市无线电管理工作协调会，协调将广东梅州、江西赣州应急工作组在厦门金砖会晤期间列入龙岩区域保障力量。会议期间，开展闽粤赣边际三市无线电监测技术演练活动，提升三市无线电管理边际协调水平。

【新《中华人民共和国无线电管理条例》宣传】 将新条例列入全市干部、公职人员学法用法考试内容，宣贯到龙岩市直机关、县(市、区)、乡镇、村主干等各个层面的人员，约18万人接受新条例的学习考试。注重结合业务开展新条例宣传。对118家设台单位开展通过频台费征收面对面宣传，发放宣传材料3300份；结合频谱使用评估工作走访调研市文广新局、市防汛、市公安局、龙岩机场前期办等单位时开展宣传；在重要考试无线电保障期间，通过宣传板、宣传册开展宣传；5月17日，召开市移动、电信、联通、铁塔公司网络部和建设部等相关部门负责人参加的新条例宣贯座谈会，对新条例进行逐条解读；组织人员深入龙岩辖区无线电发射设备销售商店宣传新条例。拓宽渠道，拓展广度开展条例宣贯。结合2月13日世界无线电日和9月无线电管理宣传月期间在局办公大楼和各县(市、区)政府大楼悬挂横幅进行宣传，与龙岩电视台青少部共同举办迎接“世界无线电日”青少年无线电开放日暨新条例宣传活动。与脱贫挂钩相结合开展“送法进山村”宣传，深入偏远地区(高陂镇增坑村)宣传新条例2次；与在职党员进社区、文明单位社区结对共建相结合，开展无线电科普“进社区”宣传3次，在宝泰社区制作无线电科普、法规宣传栏；与创建第五届全国文明城市、创建省级文明城区相结合，开展条例进社区入户宣传。

（罗　翌　供稿）

21 经济管理

编辑 陈 芬

发展与改革

【争取政策资金项目支持】 2017 年，全市可参照执行西部地区政策新增并落实六项，全市可参照执行西部地区政策累计 114 项，已落实的政策累计 109 项；龙岩市列入中欧区域合作案例地区，成为省内唯一被纳入案例地区的城市；长汀河田鸡美食小镇、武平岩前新显小镇 2 个特色小镇入选第二批省级特色小镇创建名单；争取到中央、省预算内资金 11.62 亿元。

【生态文明建设】 出台《龙岩市生态文明建设目标评价考核办法》《龙岩市培育发展环境治理和生态保护市场主体的实施意见》等一系列改革政策，生态文明体制改革工作取得实效，龙岩林改品牌价值得到有效提升、长汀水土流失治理经验得到充分肯定、河长制实施取得初步成效。率先在全省出台《关于全面推进河长制实施方案》，初步建立市县乡村四级河长体系，并在全省创新建立“河道警长制”，河流环保突出问题得到有效整治。

【服务业竞赛活动】 2017 年，在全市开展服务业发展“三比一看”竞赛活动，全年服务业增加值实现 815.1 亿元，比增 11.9%，超年度目标 1.3 个百分点，创 2010 年以来新高，增速位居全省第二位，服务增加值指标绩效综合考评全省第一，对 GDP 的贡献率 52.9%；新增规上服务业企业 127 家，超过年度目标 27 家；100 个重点项目完成年度投资 331.8 亿元，完成年度计划 134.8%，建成 32 个项目，超额完成 15 个；一批项目建成投入使用。

【扩大有效投资】 2017 年，全市完成 500 万元以上固定资产投资 2519.1 亿元，增长 15.1%。其中，第一产业完成投资 186.2 亿元，增长 47.2%；第二产业完成投资 1143.8 亿元，增长 16.9%；第三产业完成投资 1189.1 亿元，增长 9.8%。

【科技成果对接转化】 第十五届“6·18 中国·海峡项目成果交易会” 全市对接合同项目 861 项，总投资 128.6 亿元。重点推介产业技术需求 100 多项，促成意向合作项目和技术需求近 50 项。2017 年，全市先后组织举办专场对接会（论坛）10 场次，对接项目及技术需求超过 70 项，总投资突破 15 亿元。

【资本市场建设】 2017 年，全市有上市企业 12 家（其中 2 家从国外退市），省上市重点后备企业 53 家，港交所在审企业 1 家，新增国内上市备案企业 1 家；新增“新三板”挂牌企业 3 家，累计 11 家；新发行 2 支共 11 亿元公司债券。3 家上市和 3 家“新三板”挂牌企业通过股权融资 66.64 亿元。

【公务用车制度改革】 完成 2 批次拍卖车辆 178 辆（总成交金额 497.5 万元），调剂和调拨 38 辆，报废 112 辆，安置市直机关司勤人员 603 人，发放经济补偿金 1052.52 万元。公务用车平台 7 月 1 日正式运行，首期 60 辆车实现统一调度。完成车辆标识化管理，市直机关全部完成“公务”喷涂 167 辆、“行政执法” 喷涂 112 辆，124 个市直单位完成改挂专用号牌。

（市发改委 供稿）

【重点项目建设与管理】 2017 年，全市 300 个重点项目完成投资 889.3 亿元，占年度计划投资的 126%，同比增加 81.9 亿元，增长 10.1%，占全市固定资产投资比重的 35.3%，其中，188 个省重点项目完成投资 515.3 亿元，占年度计划投资的 124.1%，同比增加 82.5 亿元，增长 19.1%。

新罗金鑫低品位复杂钨矿综合开发利用示范工程、连城达米拉电视机整机和液晶电视生产等 103 个项目，实现开工建设，占计划开工数的 121.2%。新罗龙麟环境纯低温余热发电及循环经济(协同处理垃圾)示范项目、武平光学板材裁切、印刷网版制作生产项目等97个项目实现建成或部分投产，占计划建成数的215.6%。

(市重点办　供稿)

国有资产管理

【国有经济运行】 龙岩市国资委和市属国有企业不断完善国资监管体制,深化国有企业改革,促进国有资产保值增值,为全市经济社会发展做出了积极的贡献。2017年,市属国有企业资产总额突破1000亿元,达1052.22亿元,比增13.41%;所有者权益414.99亿元,比增12.5%;实现营业收入96.68亿元,比增15.73%;实现税利总额16.48亿元,比增27.26%。

【国有企业改革】 强化国企改革制度体系建设。2017年,市国资委先后在企业人事管理、项目投资、资本运作、薪酬分配、业绩考核、经营风险防控、监事会管理、党的建设等方面制定出台21项制度性文件,初步形成全市国企改革设计图和施工图。分类推进国有企业改革。积极推进市属国有企业分类改革,将市属国有企业划分为商业类和公益类两大类,商业类又分为商业一类和商业二类。同时,将经营效益为主的硬指标和承担社会效益为主的软指标相结合,开展分类考核,其中商业一类企业以市场为导向，主要考核经营效益;商业二类企业主要以市委市政府战略任务完成情况为目标,兼顾考核一定的经营效益;公益类企业重点考核产品服务质量、成本控制、营运效率、保障能力,考核引入社会评价。通过界定功能、划分类别,对市属国有企业实行分类推进改革、分类促进发展、分类实施监管、分类定责考核，进一步提高改革的针对性、监管的有效性、考核评价的科学性。有序推进企业整合重组。稳步推进市属国有企业整合、重组,对产业相关、业务相近、资源相同的企业进行再分类、再整合。2017年4月,组建龙岩铁路建设发展集团;按照市委、市政府要求,研究起草《市属国有房地产企业重组整合建议方案(送审稿)》,并上报市政府审定;汇金集团对贸易、商业资产管理、公共交易服务、投资及金融服务业务进行整合;水发集团积极整合集团内部相同业务类型子公司,注销所属龙岩永泉自来水有限公司。持续推进股权多元化改革。龙岩高岭土公司股改上市工作顺利推进,2017年12月，龙岩高岭土股份有限公司正式挂牌成立。积极推进所出资企业间互相投资持股，工发集团、水发集团于2017年12月签订增资入股协议,工发集团持有的市级水电资产股权通过市场化方式注入水发集团。稳步推进混合所有制改革,城发集团、交发集团与省建工集团所属建工环海发展有限责任公司以及福建永强岩土股份有限公司、成森集团等民营企业合资成立福建省建豪建筑科技有限责任公司,合作建设龙岩建筑产业现代化生产基地项目，该项目于2017年9月开工建设;汇金集团、城发集团、工发集团、人才集团、土发集团等市属国有企业共同出资成立龙岩市汇鑫至诚投资合伙企业,并于2017年11月完成首个项目—龙马环卫定增项目投资;市拍卖行有限公司混合所有制改革有序推进;水发集团、人才发展集团和民营企业江苏赛达电子科技有限公司三方共同出资组建龙岩水发赛达科技有限公司,联合共建"智慧水务项目"。积极推动企业"瘦身健体"。深入推进剥离国有企业办社会职能工作,按照中央、省、市的工作部署,牵头起草并以市政府办公室名义印发《龙岩市国有企业职工家属区"三供一业"分离移交工作实施方案》《龙岩市国企职工家属区"三供一业"分离移交供水供电物业设施改造标准及费用指导意见》，分离移交各项工作正在有序推进。

【国资监管】 加强企业财务监管。2017年5月,经市委、市政府同意,制定下发《市管企业总会计师委派试点工作方案》,在水发集团、文旅集团开展总会计师委派试点，在总结试点经验基础上，以市政府办公室名义制定下发《龙岩市国资委所监管企业总会计师管理办法(试行)》，在全省率先推行由国资监管机构委派总会计师制度。落实总会计师参与企业重大经济活动的分析决策、重大财务事项的审核和大额资金支付的联审联签等各项职权,强化企业财务在企业重要经济活动全过程的监督。加强企业负责人履职待遇和业务支出管理,制定出台《市国资委管理企业负责人履职待遇和业务支出管理暂行办法》。强化监事会监督和审计监督。强化监事会工作力量，根据市编委批复文件,2017年5月先行成立3个外派监事会并配备3名正科级外派监事会主席和6名专职监事。在全省率先出台了《龙岩市国资委监事会监督事项清单（试行)》,实行清单式监督检查;组织召开市属国有企业监事会主席联席会议,促进监事会监督科学化、制度化、规范化。加大监事会检查力度。2017年1月,在工发集团等5家市属国有企业召开监事会集中检查结果反馈会;2017年11月,对10家市属国有企业开展监事会年度集中检查。发挥审计监督作用,2017年3月,在工发集团等企业召开审计情况通报会,对审计发现问题实行"一企业一公开",促进问题整改。加大对国有企业领导人履行经济责任情况的审计力度,对6家市属国有企业原法定代表人开展任期经济责任审计。严控企业经营风险。健全完善企业"三重一大"决策制度,制定出台《龙岩市市属国有企业贯彻落实"三重一大"决策制度实施意见》,完善企业执行"三重一大"决策月报告制度,进一步规范企业"三重一大"决策的事项和程序。严令禁止企业开展融资性贸易、虚假贸易、“空转”贸易，2017年5月，组织开展企业大宗贸易风险自查和专项检查工作；2017年9月，再次组织对市属企业开展贸易活动专项清理排查，全面排查企业贸易潜在问题。突出问题导向，2017年3月，集中开展为期半年的企业应收债权清理清收专项行动。强化企业安全生产监管。严格落实安全生产责任制，制定出台《龙岩市国资委所监管企业安全生产目标责任考核暂行办法（修订稿）》《龙岩市国资委2017年度所监管企业安全生产目标责任考核细则》等文件，推进安全生产工作规范化、制度化。深入开展遏制重特大事故构建市属国有企业双重预防机制工作以及安全生产大排查大整治大检查等活动。安全生产形势总体平稳向好。规范企业薪酬分配。将一级企业权属企业负责人薪酬管理和工资水平调剂使用管理事项调整由一级企业进行管理，市国资委统一核定集团本部和权属企业合并的薪酬总额，权属企业的薪酬事项由集团公司进行分配管理，分配下达前向市国资委报备。加强企业工资总额管理，制定下发《关于进一步加强和规范所监管企业薪酬管理的通知》，改进薪酬调控管理办法，落实企业内部分配自主权，鼓励企业结合岗位职责、承担风险和个人贡献等因素，试行企业领导班子成员的薪酬差异化管理，合理拉开收入分配差距。修订出台《龙岩市国资委所监管企业负责人经营业绩考核办法（试行）》，以经营业绩为导向，按照分类考核的原则，完善企业领导人员薪酬奖惩与业绩紧密挂钩的激励约束机制。规范企业项目投资。牵头起草并报市政府制定下发《龙岩市属国有企业投资项目专家评审暂行办法》，研究制定《关于规范市属国有企业投资项目专家评审劳务费执行标准（暂行）的通知》，建立投资项目专家评审机制，提高企业项目投资决策的科学性。完善监督问责机制。强化监督检查发现问题的整改落实，2017年3月，开展企业纪检巡查监事会检查和审计发现问题整改专项督查行动。在全省率先制定出台《龙岩市市属国有企业违规经营投资扣减薪酬实施细则（试行）》，同时，正在研究制定市属国有企业领导人员受党政纪处分和组织处理扣减薪酬暂行规定，切实加大对企业领导人员违规经营投资、违纪行为的问责惩处力度。

【国企主体作用】 强化项目带动，深入贯彻落实市委、市政府关于打好“三大战役”的决策部署，充分发挥市属国有企业投资主体、融资主体、建设主体作用，在项目落地攻坚战役中“打头阵、当前锋、做贡献”，全力推动项目实施。2017年，市属国有企业共实施项目223个，全年累计完成投资124.56亿元；市属国有企业2017年共承担或参与全市“重中之重”项目16个，全年累计完成投资50.34亿元，丰晟科技15亿安时锂离子动力电池、科创园二期、北二环、罗龙路等项目实现竣工，龙德六氟磷酸锂、建豪建筑工业化生产基地、中油（长汀）催化剂、龙津湖片区开发等项目开工建设。强化融资保障。紧紧围绕重点项目融资金，着力为政府性投资项目和重大产业项目建设提供资金保障。2017年，市属国有企业共新增融资142.61亿元。

【国企党建】 强化党建工作责任，深入贯彻落实中共十九大精神和全国、全省、全市国有企业党的建设工作会议精神，年初逐级签订党建工作责任状，开展党建工作述职评议、党建工作考评和党组织书记述职评议活动，压紧压实工作责任。加强督促指导，建立“每月一推进、每季一督查、半年一座谈、年度一考评”党建工作机制，2017年召开12场党建工作推进会，开展党建工作督促检查6次。主动配合市委巡察三组对市国资委党委和工发集团、交发集团、城发集团党委开展巡察，全力以赴抓好巡察整改工作，各项整改任务已整改落实到位。着力增强党建工作活力。按照“因地制宜、分类实施、试点先行、分步推进、以点带面，循序渐进”的思路，根据各企业党组织特点，以“三强三创”活动为抓手，积极创建一批具有代表性、作用发挥明显的“红土先锋党员工作室”，突出抓好汇金集团党委、土发集团党总支、公交公司党支部、水环境公司党支部等4个市级党建综合示范培育点的“红土先锋党员工作室”培育工作。加强企业干部队伍建设。坚持党管干部原则，会同市委组织部出台《龙岩市市管企业领导班子和领导人员综合考核评价暂行办法》，加强市管企业领导班子建设和领导人员管理。会同市人社局出台《关于进一步规范市属国有企业人力资源管理工作的意见》，防止企业选人用人不正之风。

（陈丹　撰稿）

【龙岩城市发展集团有限公司】 2017年，龙岩城市发展集团有限公司（以下简称“城发集团”）坚定不移推进项目建设，谋划转型升级，全力推动集团持续健康发展。截至2017年12月底，集团总资产274.68亿元（其中，经营性资产34.25亿元、非经营性资产240.43亿元），总负债167.61亿元，净资产107.07亿元，资产负债率61.02%（经营性资产负债率489.34%）。全年实现营业收入4.80亿元，完成年度目标8亿元的60%；全年完成房地产售房预收款7.01亿元；实现利润总额6408万元，完成年度目标5000万元的128.16%；实现到位融资58.41亿元，完成年度目标35亿元的166.89%；实现项目投资68.63亿元，完成年度目标63亿元的108.94%。

项目建设。采取正向激励机制，通过项目一线考核，做实项目前期、加快项目征拆、落实项目资金、抢抓项目进度，各项目稳步推进，项目落地攻坚展现新作为。集团全年合计完成项目建设总投资约68.63亿元。市政基础设施项目：2017年，“三桥一路”改造、滨河绿道（东风桥-莲花桥）、青云路、青竹路、火车站站前高架桥、犀牛路二期、天马东路等17个项目实现开工；海关和邮政交通节点、东肖南路二期提升改造、北三环、犀牛路四期、社兴桥及两侧接线工程、恒兴绿景人行天桥等16个项目实现竣工。双永北互通项目通过工程初步验收；龙腾南路二期实现通车；龙岩大桥已完成除主塔外的所有工程，主塔桩基工程完成85%。安置房、保障性住房项目：顺利推进安置房、保障性住房项目建设。新开工小洋祥和家苑等3个项目；竣工卧龙小区一期、铁山佳苑A地块、莲庄小区一期等7个项目；续建卧龙小区二期、莲庄小区二期、龙辉小区，龙盛小区等8个项目。重点代建项目：市委党校迁建项目主体工程于2017年9月份完工交付使用；市工人文化宫项目已完成各项前期手续办理及设计、监理、勘察、主体施工等招标工作；技师学院第二校区项目电气工程实训楼室内外装修工程基本完工，宿舍食堂区主体工程进展顺利，图书馆、教学楼、综合楼等即将开工建设；武警龙岩支队教导队迁建项目基本完成地质勘查及“三通一平”土方平整；龙津湖公园地下停车场项目预计2018年春节前完成全部主体结构施工，公园项目完成东肖溪河道改造土方开挖及护岸重力式混凝土挡墙施工、人工湖土方开挖及公园部分区域地形修整。在加快项目建设进度的同时，集团上下高度重视质量安全管理工作，取得明显成效。金融商务中心A地块荣获2016—2017年度国家优质工程奖；城发福郡B标段荣获2017年度华东片区工程质量监督工作年会示范样板工程荣誉称号；龙岩大桥桩基施工工艺“岩溶区复杂地质条件地基处理成套工艺与方法”被中国民营科技促进会确认为科学技术成果；莲西小区等8个项目标段荣获“建设杯”市优质工程奖；月山小区、铁山保障性住房荣获省“闽江杯”优质工程奖；曹溪美苑等4个项目标段荣获省级安全文明标准化优良项目称号。

地产开发。集团公司充分发挥国企优势，做强做优做大房地产主业，努力打造地产品牌。积极吸取“品牌”地产商经验，打造龙岩中高端社区，重点从产品户型、园林景观、智能化等方面提升城发福郡项目品质。项目一期通过积极营销推广，受到市民追捧，去化面积约10.8万平方米，去化率99%。为实现集团房地产开发主业可持续发展，城发地产公司积极参与土地一级市场竞争，成功竞得东肖2号地块（城发领域项目），实现项目滚动开发。城发福郡项目一期已全面封顶，预计2018年2月可全面进入装修阶段；项目二期正进行基础顶板施工，预计春节前部分楼栋可完成至负一层板。城发东郡项目正进行地下室施工，预计春节前部分楼栋可完成至地上3层，2018年5月份基本具备预售条件。城发领域项目主要进行项目定位、产品策划、方案设计及前期手续办理等工作。

经营拓展。集团公司积极拓展新业态，发展经营性项目，改善经营结构，努力提高生产经营效益。施工企业平稳起步。城发建设公司获批建筑工程施工总承包三级、建筑装修装饰工程专业承包二级、钢结构工程专业承包三级等资质。2017年以来共拓展工程项目24个，工程总造价约5700万元。服务城市拓展业务。城投公司探索解决中心城市内涝问题，积极推广透水砖、透水混凝土等新型建材在市政项目中的应用。借鉴厦门市政管廊公司运营机制，成立管廊管线公司筹建处，推动城市管廊统一建设、统一管理。国城置地公司加快推进中心城市停车场建设。安居公司积极介入幼教板块和充电桩业务。参股汇鑫至诚新三板基金。与汇金集团、工发集团、交发集团等10家市属国有企业共同出资设立汇鑫至诚新三板投资基金，集团公司出资1500万元，占股比14.49%。

创城工作。2017年是创城工作的总评年，按照市委、市政府的部署，集团公司根据测评体系的要求，坚持问题导向，抓重点、攻难点、创亮点，切实提高创城的针对性和实效性。集团及各所属企业，全力以赴投身创城工作，积极配合创城办、街道办等相关部门工作，努力营造创城氛围，通过建立内部联动机制，认真开展自查自纠，对督查发现问题限时整改和反馈。在创城工作中主动担当作为，投入资金约1473万元。多次集中性组织党员进社区，组织集团党员干部、职工轮班坚守北市场、中山路等重要创城路段。集团公司被评为“龙岩市创建全国文明城市成绩突出单位”。

资金要素。全年完成集团融资授信审批29.20亿元，实际融资到位资金58.41亿元，为市政基础设施建设、房地产开发及经营性项目拓展提供强有力的资金保障。一是集团及各所属企业积极拓宽融资渠道，创新融资方式。城投公司市政道路项目建设通过融资租赁方式取得新增融资授信12.5亿元。安居公司安置房、保障房建设通过“棚户区改造”专项贷款新增授信5.4亿元。集团积极参与一级市场融资，取得银行间市场交易商协会注册短期融资券额度6亿元。二是积极比选融资方案，降低融资成本。根据“按需融资、高效使用、方案最优”的基本原则，选择用信金融机构。对已批授信各银行按照贷款支持、期限、利率、银企合作配合度等综合考虑择定用信银行。拟定融资计划，并按实际资金需求发放贷款，降低融资成本。三是发挥集团财务中心资金统筹调度职能。积极统筹集团各所属企业暂时闲置资金，通过集团内部资金拆借方式调度各企业暂时闲置资金，提高集团内部资金使用效率，在保障资金需求的同时，不断增强资金运作水平，降低融资财务成本。

文化引领。企业文化是企业的灵魂，也是企业发展思路的缩影。积极推进以城市建设为重要内容的企业文化建设，归纳提炼“智城之上，惠发于民”

核心价值观，并通过“创先争优”、志愿服务、竞技比赛等形式和载体，逐步形成了具有城发特色的价值理念体系。成功举办“喜庆十九大”合唱比赛及“喜庆十九大”迎新晚会，丰富活跃员工业余文化生活，增进员工沟通交流，增强企业凝集力和战斗力。扎实开展扶贫挂钩帮扶工作，2017年，集团挂钩帮扶干部共入户帮扶152次，集中性开展节前慰问，生产扶持等扶贫工作，43户贫困户如期实现脱贫，集团公司积极参与策划、支持挂钩村光伏发电项目。

安全责任。坚持“安全第一、预防为主、综合治理”方针，牢固树立“以人为本、安全发展”的理念，紧紧围绕企业“党政同责、一岗双责”“五落实五到位”的要求，持续深入开展“企业安全生产标准化”“安全生产大检查”“安全生产月”等活动，在城发福郡项目工地成功举办了“安全生产文明施工标准化”现场观摩会，开展“城发杯镶贴工技能竞赛”，集团公司被省总工会授予“安康杯”竞赛先进单位荣誉称号。全年安全生产形势继续保持良好平稳的态势，圆满完成市国资委年度安全生产目标责任考核各项指标，集团本部、城投公司、城发地产公司被评为市国资委安全生产优秀企业。

（龙岩城市发展集团有限公司　供稿）

【龙岩工贸发展有限公司】 2017年，龙岩工贸发展有限公司(以下简称“工发集团”)在市委、市政府的正确领导下，在市国资委、经信委和监事会的指导下，围绕年度目标任务，各项工作保持稳中求进。2017年实现合并营业收入9.58亿元，同比下降63.15%；利润总额2.23亿元，同比下降3.93%；净利润1.24亿元，同比下降38.82%，归属母公司净利润2.15亿元，同比增长34.74%。集团合并资产总额97.29亿元，同比增长5.55%；净资产38.25亿元，同比增长6.84%；总资产负债率60.68%，同比下降0.47%。

产业项目。2017年实施项目19项，完成投资1.8亿元，其中，新建项目7项，完成投资0.14亿元；续建项目12项，完成投资1.65亿元。项目工作有序推进。高岭土除铁技术水平得到较大提升，2万吨/年高岭土除铁生产线技改项目完成第一阶段的技术改造及生产调试工作，已交付生产。高硅石产品加工项目建设方案已确定并委托第三方编制项目可行性研究报告。中国石油福建长汀催化剂项目于2017年9月21日正式动工。大盂顶矿井下续建找煤工程和续办采矿证工作顺利推进，三水平延深开拓项目完成开拓5320米，完成投资842万元。中晶科技图形化蓝宝石衬底项目生产能力已基本达到一期第一阶段的规划目标。梅花山生态旅游区整体开发实现有效推进，红豆杉园游步道已完成整体工程量的修建，尖峰顶游步道已完成游步道整体工程量、玻璃平台及玻璃栈道的修建，元旦期间实现尖峰顶和红豆杉园栈道试营业。步云索道项目上站房、中站房、下站房已封顶，步云游客服务中心项目基本完成项目A地块的土地征控工作。国福中亚重新确定中低压开关项目作为今后主攻方向。新龙马在国能国研重组失败后，股权归还得到落实，在省国资委的主导下，采取增加注册资金，增加股东应急借款，引入战略合作银行等措施，实现平稳生产。龙德公司年产1200吨六氟磷酸锂项目进展顺利，已完成80%的工程量。福建宸华年产15亿安时锂离子动力电池生产项目实现投产，达到量产水平。资本运作成效初显。龙岩高岭土公司顺利完成股改工作，股份公司正式揭牌成立，迈出走向资本市场的关键一步。将福建(龙岩)稀土工业园区开发建设有限公司21%股权转让给长汀县国投公司，办理股权转让工作；将棉花滩水电站及万安溪电站水电资产股权评估作价入股水投公司，放大国有资本，实现国有资本倍数级增值。国投公司充分利用持有的龙净股权，与平安证券公司合作，实施网下打新业务，实现账面盈利27万余元。华盛公司出资1700万元参股投资龙岩市汇鑫至诚投资合伙企业，占股16.43%。易动力公司顺利实现新三板上市。生产经营取得突破。北山煤矿实现利润总额1704万元，完成预算112.6万元的1513%，同比大幅增长。美食城租赁经营得到改善，2017年收回租金3987万元，当年收租率实现85.23%，比2016年增长48.49%。梅旅公司品牌营销成效凸显，中国虎园荣获市级“十佳森林人家”和省级“四星级森林人家”，实现营收910万元，同比增长75%，2017年度游客数量突破10万人次。海诚公司成功取得古田干部学院物业项目、兴业银行物业项目、挺秀花园物业项目的经营权，获得“福建省物业服务企业信用综合评价AA等级”资质。佰盛房地产开发的挺秀花园1号楼、2号楼住宅全部售罄(除商铺及车库)，共销售商品住宅230套，房地产开发的人才队伍初步形成。智慧海西积极开发精准扶贫系统和“e龙岩”等市级重点信息化项目，实现上线运行，得到市委、市政府的肯定和广大市民的好评。

融资工作。不断开拓新融资业务，全面畅通融资渠道。2017年成功注册中期票据8亿元、超短期融资券15亿元，先后发行超短期融资券、短期融资券、中期票据、公司债等债券5期共16亿元；全年新增融资总额25.79亿元，归还债务25.43亿元，截至2017年末有息负债余额46.52亿元。在2017年发生德晖实业事件的不利情况下集团融资规模保持稳中有升，为公司的生产运营、项目建设提供资金保障。积极挖掘新的融资主体、探索新的融资模式。2017年德晖及国投营业规模急剧下降导致融资能力受限，公司积极与各银行沟通对接，新增以集团本部为融资主体且用途灵活、适用的融资授信，中晶公司取得首单银行贷款，索道公司成功获批项目贷款。全力维护集团公司的外部评级。在德晖实业事件发生后，积极与中诚信评级公司、各金融机构、承销商审计机构以及律师事务所等单位进行沟通，积极维护集团的信用评级，给予资本市场信心，确保工发集团的融资渠道畅通。

经营风险控制。防范贸易风险。国投公司、龙马工业开展的贸易业务风险管控到位，收回贸易款共计约6亿元，全面停止融资性贸易。规范对外投资。出台集团“三重一大”决策制度实施细则及项目投资管理暂行办法等制度，进一步规范对外投资。清理应收债权。开展为期半年的应收债权清理清收专项行动，累计清理清收应收债权154笔，累计收回应收债权8.16亿元，收回比例为40.93%，专项行动取得阶段性成果，减少企业资金占用，降低企业的经营风险和财务风险。依法保全资产。国投公司诉广州虎辉买卖合同纠纷案件已在龙岩中级人民法院立案并采取保全措施。德晖实业公司诉德泓光电公司加工合同纠纷案件、华盛公司诉德泓光电公司借款合同纠纷案件均已在龙岩市中级人民法院申请强制执行。加强监审管理。充分发挥各企业监事会、内审的监督作用，制定《内部审计管理暂行办法》，组织监事会干部培训，努力提升企业监事会干部履职能力，组织内部审计及各种专项检查，全年组织有关人员对4位法定代表人开展了任期经济责任、财务收支审计，对2家留守单位开展了经费收支审计。

安全生产。认真贯彻“安全第一、预防为主、综合治理”的安全生产方针，严格落实“党政同责、一岗双责、齐抓共管、失职追责”的安全生产责任体系和“五落实五到位规定”，完善各项安全管理制度和健全安全管理机制；深入贯彻落实新《中华人民共和国安全生产法》、新修订《福建省安全生产条例》及《关于推进安全生产领域改革发展的实施意见》等相关法律、法规、政策。深入开展“安全生产大排查大整治”“安全生产大检查及自查自改”和“安全生产月”及全国第一个《安全生产法》宣传周活动等，牢固树立安全发展的理念，弘扬生命至上、安全第一的思想。一年来，集团公司深入所属企业开展安全检查25次，集团公司及所属企业共排查隐患366条，完成整改366条，整改率100%，通过狠抓隐患排查、整改，切实落实企业主体责任，促进了公司安全生产形势持续稳定发展，全年实现安全生产无事故，集团公司、佰盛房地产被市国资委评为“安全生产先进单位”。

（龙岩工贸发展集团有限公司　供稿）

【龙岩交通发展集团有限公司】 2017，龙岩交通发展集团有限公司(以下简称“交发集团”)认真贯彻国家、省市国有企业党建工作会议和省市党代会，以及市委“三大战略”精神，深入落实全市经济工作、“三大战役”和促进市属国有企业做强做优做大等工作部署，凝智聚力，抢抓机遇，奋发有为，大力实施项目攻坚，深入推进产业转型升级，持续强化党建引领，以市委巡察为契机，坚定推动全面从严治党向纵深发展，不断增强市场竞争力和可持续发展能力，着力打造“交发”品牌，为龙岩市经济社会发展做贡献。2017年全年，集团累计实现营收13亿元，利润总额1.5亿元，实现国有资产的保值增值，企业呈现平稳较好的发展态势。

项目攻坚。深入贯彻落实市委、市政府项目落地攻坚战役精神，聚焦交通主业，强化担当作为，切实发挥国有企业项目攻坚主战场和主力军作用，服务龙岩市发展大局。2017年，实施项目总计15项，年度计划总投资27.33亿元，截至10月底，年度完成投资21.31亿元，占当年计划投资的77.96%。交通项目中，永杭高速公路PPP项目正全力推进，全年累计完成投资10.2亿元；东环高速项目完成出资人变更登记，并筹措到位资本金5.5亿元；靖永高速项目完成出资人变更登记，筹集并投入市级资本金3500万元；龙岩火车北站公交枢纽项目累计完成投资4694万元；西外环路和高新园区快速通道二期项目已投入使用并完成交工验收；武平文溪公路预计在年底完成全部工程；连城莒朋公路工程累计完成产值6310万元；漳平芦和公路PPP项目累计完成产值7275万元。房建项目中，交发·龙岩风景项目正全力推进销售进度，加快资金回笼，住宅销售率达67%；交发·龙岩印象项目正在加快项目转型工作；莲北商住组团项目已完成前期报批报建手续；武平商贸城二期项目正在加快销售进度，已回笼资金5777万元；代建项目中，龙岩一中食堂、安置房及教师周转房项目主体工程完成八层梁板；莲塘安置小区项目15栋楼已封顶，预计年底前实现全面封顶。为进一步强化对集团项目建设的督促考核力度，切实加快项目建设，提升项目效益，在工程管理制度和领导挂钩联系项目建设机制的基础上，制定出台了《项目攻坚考评办法》，加强对项目的成本、质量、进度和安全的全方位监督和管控。

融资工作。充分发挥集团交通投融资主体作用，主动适应经济发展新常态，积极应对融资环境变化，加强政策研判力度，创新投融资模式，有效拓宽融资渠道，不仅维护融资平台安全运行，推动企业发展，也为龙岩市交通事业提速增效发挥重要作用。全年共取得融资到位资金14.08亿元，上缴国资收益2.25亿元，完成政府性债务还本付息8.9亿元。继续发挥资本市场融资主渠道作用，降低融资成本。全年在货币政策收紧、债券市场行情一路走高的情况下，成功发行超短期融资券1.5亿元，发行利率4.9%，创下龙岩地区2017年度债券发行利率新低。深化银企沟通合作。集团及所属企业存续的综合授信额度154.19亿元（含永杭高速134亿元）。加强沟通协调，积极争取上级资金。取得国资收益返还2.16亿元；取得政府债券资金3.87亿元，其中含东环高速项目建设新增政府债券建设资金

0.5亿元。维护融资平台安全运行。2017年度共筹措支付政府性债务还本付息资金8.9亿元，确保交通政府性债务按时还本付息，维护了龙岩市的政府信誉。同时，加强资金统筹调度和预算管理，细化落实资金拼盘，切实提高资金使用效率，实现资金效用最大化。

产业基础建设。建安地产板块快速壮大。2017年5月，集团所属龙岩交通建设集团成功晋升公路施工总承包一级资质，成为龙岩市唯一一家拥有公路施工总承包一级资质的国有企业。道路运输板块实现新突破。集团作为龙洲股份的国有第一大股东，全力支持推动龙洲股份升级转型，筹集4亿元资金认购龙洲股份并购天津兆华领先的配套融资股份，维护国有第一大股东的地位；10月11日，市政府与龙洲股份签订"一企一策"备忘录，支持龙洲股份加快发展、做大做强，充分发挥龙洲股份在商贸物流产业中的龙头引领作用。商贸物流板块稳健发展。做精、做实、做细商贸物流产业，做大现金流量，为集团发挥投融资主体作用提供有力的支撑和保障。加快农业产业化进程。加快推进生态肉牛产业化项目、闽西红土地水土保持生态园项目和龙岩中心城市农产品物流配送中心项目。其中，小洋农场生态肉牛养殖项目已列入2017年省重点项目，并已申报中央预算内农业投资计划现代畜禽产业园项目。

公交改革。认真贯彻落实市委市政府为民办实事、中心城区畅通工程，以及生态环保和创城攻坚战等工作部署，坚持"百姓优先、民生优先、公交优先、方便生活"的宗旨，充分发挥公共交通对城市发展的辐射带动作用。大力推广绿色公交，改善乘车环境。加快公交场站建设，扩大服务范围。2017年先行启动北翼公交综合场站征地拆迁工作，东山枢纽站、铁山保障性住房枢纽站、永丰枢纽站选址用地工作正在抓紧推进。为方便市民乘车，对中心城区未设置港湾式公交站点的路段进行统一改造，在龙岩大道一期建设10个港湾式公交停靠站。优化线网布局，提升公交覆盖率。2017年以来新增线路3条，开通4条定制公交，延伸优化15条线路，填补了东山版块公交线路的空白。发展科技公交，提升服务水平。结合"互联网+智能交通"项目建设，在推出掌上公交、电子站牌等便民查询系统的基础上，开通了银联闪付、手机支付等乘车刷卡金融支付平台，龙岩公交进入"无现金时代"，真正方便市民群众出行。

产业运行。健全完善内控机制。制定出台《法律顾问管理办法（试行）》《法律纠纷管理办法（试行）》，切实防范经营活动法律风险；出台《商贸业务监督管理办法》《应收账款管理办法》，着力强化贸易管控，规范经营管理；对集团大额资金存储引入竞争机制，进行公开比选，提高资金收益。全力开展应收债权清收工作。成立领导小组、督查组、专项工作组和应急小组，有力有序推进清收工作，截至10月底累计收回应收账款9848万元。同时，在市委、市政府和相关部门的大力支持下，突出抓好龙物公司贸易业务清收工作，采取"刑民交叉"同步推进的办法，尽全力挽回和减少国有资产损失。已对天晖公司施峰采取限制出境，对其福州房产进行诉讼保全，并冻结了天晖公司、郑天从等相关方的多个银行账户；已查封江西蓝海公司名下25部车辆，冻结蓝海公司银行账户资金320万元，其他措施正有序跟进。安全生产平稳有序。按照"党政同责、一岗双责、齐抓共管、失职追责"的工作机制，全面落实安全生产主体责任。2017年，开展安全教育培训和知识讲座5次，开展安全生产应急演练活动3次，集团对各所属企业组织开展安全检查38次，督促整改落实99项，集团安全形势总体平稳。

（龙岩交通发展集团有限公司　供稿）

国土资源管理

【土地资源】　根据土地变更调查结果，2017年末，全市土地总面积1902761.62公顷。其中，耕地166934.01公顷，园地25398.47公顷，林地1521161.56公顷，草地33268.35公顷，城镇村及工矿用地60755.41公顷，交通运输用地23585.51公顷，水域及水利设施用地35973.12公顷，其他土地35685.19公顷。

【不动产登记】　按照"便民、高效"原则，以创建"全国百佳不动产登记便民利民示范窗口"为目标，结合区域不动产登记特点，对不动产登记业务流程进

龙岩市不动产登记实行"一窗办理、集成服务"，办证速度全省首位、全国领先

行认真梳理、多次讨论修改、再造，全年完成首次登记49904件，转移登记29871件，更正登记107件，变更登记2813件，出具不动产登记证明46908份，总计缮证66477本；完成不动产登记资料查询23366件，开具家庭住房套数查询证明12746件，完成个人保密信息查询8235件，不动产产权档案归档44276件。

【武平县农村地籍和房屋调查国家试点工作】 武平县十方、民主、万安3个乡镇农村地籍和房屋调查项目，作为国家房地一体调查三个试点，在时间紧、任务重的情况下，为确保项目进度和质量，市国土资源局多次组织人员到现场进行技术指导、召开专题会议和进度督查，协助解决工作中遇到的问题，试点已通过国家验收。

【提高建设用地报批效率】 成立由市国土局分管领导为组长，建设用地、耕保规划、地籍、审批、计财、土地收储等相关业务科(股)室人员组成的建设用地快速服务小组，实行项目挂钩联系制度，根据项目落位县(市、区)情况，指定专人负责对接联系项目用地报批和供地工作，全力保障全市项目用地需求。对全市300个省、市重点项目、60个重中之重项目建设用地，实行政策、规划、指标、审批、供交地"五保障"和报批、收储、置换、办证、抵押登记"五优先"，着力提高建设用地报批效率。全市上报项目用地191宗，面积1250.8公顷（含2016年已报未批），其中工业用地46宗，面积165.73公顷。全市300个省、市重点项目完成用地报批及已报省国土资源厅待批210个，面积4264.2公顷。全市60个"重中之重"落地项目完成用地报批及已报省国土资源厅待批52个，面积2313.2公顷。受理审查18个批次27个住宅用地，市政府批准15个批次22个住宅用地，面积13.67公顷，安排建房户714户。其中市政府批准建档立卡住宅用地9个，面积2.59公顷，安排建房户189户。全市出让项目用地344宗，面积221.93公顷，出让总价款75.22亿元，其中经营性项目用地42宗，面积94公顷，出让价款74.14亿元；工业项目用地40宗，面积118.24公顷，出让价款1.6亿元。全市住房用地供应89.87公顷，其中中心城市住房用地供应61.8公顷；永定区住房用地供应4公顷，武平县住房用地供应9.67公顷；长汀县住房用地供应2.73公顷；连城县住房用地供应6.13公顷；漳平市住房用地供应5.53公顷；上杭县住房用地计划供应17.6公顷。

【实现耕地管护和占补平衡】 认真落实政府耕地保护目标责任，根据省政府与市长签订的耕地保护目标责任书，层层落实耕地保护责任制，市、县、乡三级完成耕地保护目标责任书签订1856份，实现"上图入库、落实到户"。全市划定永久基本农田保护面积13.33万公顷。在全省率先制定补充耕地三年计划，积极开展水田后备资源调查，启动旱地改水田工程，创新耕地占补平衡措施。省下达市补充耕地任务520公顷，国土资源部门高标准基本农田建设任务2613.33公顷。市国土资源局多措并举，加大土地整理复垦开发项目实施力度，督促各地充分挖掘新增水田的潜力，全市验收补充耕地548.67公顷，国土资源部门验收高标准基本农田建设任务3000公顷。全市连续18年实现耕地占补平衡目标。全市新批复农村土地整治旧村复垦项目11个，预计可新增耕地21.13公顷，已成功交易土地增减挂钩指标61.55公顷，交易金额3.4亿。全市批复农村土地整治旧村复垦项目480个，规模1286.67公顷，预计可新增耕地1233.33公顷。省国土资源厅核定增减挂钩指标737.85公顷，获得增减挂钩指标有偿使用费37.018亿元。全市旧村复垦项目735.53公顷，已完成拆旧复垦719.4公顷。

【地质矿管工作】 全市取消采矿权年检工作，开启矿业权人信息公示模式，采取"双随机一公开"抽查监管，结合生态红线管控要求，扎实开展"三清两退一公开"工作，严格落实矿山生态恢复治理保证金一次性缴交(存)制度，落实好矿山治理任务。全年下达市级以奖促治资金200万元专项治理历史废弃矿山，完成水土流失治理511.07公顷；收缴矿山生态恢复治理保证金290.89万元，对13家欠缴保证金矿山企业通过法律途径追缴。认真落实地质灾害预防与治理。

【制定38项国土资源管理制度】 在国土监察执法方面，全面落实国土资源动态巡查责任制，充分发挥"横到边，纵到底"市县乡村四级巡查网络和移动执法监察系统的作用，利用重要节假日组织全市开展打击非法采矿专项行动和煤矿超层越界开采专项检查，发现问题及时制止和约谈当地政府领导。在管理制度方面，先后制定了党组议事规则、财务内控制度、收储中心安置房建设管理、零星工程和杆线适改工程管理、土地出让议事工作小组议事规则、土地整治项目管理办法、新增耕地后续管护利用等涉及作风建设、财经纪律、业务方面等六个方面38项制度，做到"长效机制"全覆盖，坚持用制度管权管事管人。

【完善市县乡村四级防灾网络】 扎实开展地灾隐患点排查与核实工作，全市列入年度地灾防治方案的地质灾害隐患点有624个，与上年相比，新增217个，核销74个。其中，新罗区47个，永定区57个，上杭县58个，武平县136个，长汀县44个，连城县127个，漳平市155个。按地质灾害类型划分，滑坡512个，崩塌98个，泥石流5个，地面塌陷9个。各个乡(镇)对每个地灾隐患点都编制了《村(居)汛期地质灾害防御群众转移预案》，更新落实"一点两卡"(防灾明白卡、避险明白卡)和"一点一牌”(警示牌)。投入 197 万元补助地灾危险区农户搬迁,投入 503 万元实施武平县平川镇城南崩塌治理工程等 9 个地质灾害危险区治理项目。对农村危旧土坯房和地质灾害户搬迁所需用地实行专项安排、应保尽保,开展 14 个批次 16 个农村村民住宅小区用地审查。

【获国务院通报表扬奖励】 4 月 28 日,国务院办公厅发出通知,对 2016 年落实推进供给侧结构性改革、适度扩大总需求、促进创新驱动发展、保障和改善民生等有关重大政策措施真抓实干、取得明显成效的省(市、县)予以通报表扬,并采取相应措施予以激励支持。其中,在 54 个市(盟)、县(市、区)因土地节约集约利用成效较好、闲置土地较少受到通报表扬的市(盟)、县(市、区)中,龙岩市成为福建省唯一获此殊荣的设区市。本次受到通报表扬的市(盟)、县(市、区)给予新增建设用地计划指标奖励,每个市(盟)奖励用地计划指标 333.33 公顷,每个县(市、区)奖励用地计划指标 66.67 公顷。奖励指标在 2017 年全国土地利用计划中单独列出,纳入计划执行管理。

【申报第十批世界地质公园】 4 月 5—7 日,中国地质科学院党委书记、副院长王小烈率有关专家一行 7 人,来龙岩考察申报第十批世界地质公园工作情况,并就相关技术服务合作事宜进行商讨。考察组一行实地考察龙岩市拟申报世界地质公园所涉及的连城冠豸山、上杭梅花山国家级自然保护区、紫金山国家矿山公园,上杭古田会议旧址及龙岩国家森林公园。专家们认为龙岩市有丰富的地质资源和厚重的文化底蕴,具备申报世界地质公园的基础。一致表示,将为龙岩市申报批世界地质公园提供技术服务支持,帮助龙岩市完成综合考察报告、视频等申报材料的编制。在龙岩设置研究生教学实习基地和院士工作站,协助龙岩市开展世界地质公园的基础设施建设,科普宣传、教育合作。同时协调有关部门重点对龙岩市矿产、地热等资源规划、开发提供教学合作。

【设立不动产登记即办窗口】 市不动产登记中心结合龙岩市行政服务中心整体搬迁到新址办公,专门开设即办窗口,凡涉及权利人名称变更(包括身份信息或企业信息变更),不动产地址变更,经济适用房变更商品房权利性质变更,依申请更正登记,房产证、土地证(不动产权证)遗失补办,两证合一(持房产证、土地证或土地分割凭证)置换不动产权证,不动产分割凭证补发不动产权证,房屋(不动产)抵押权注销登记,预购商品房抵押权预告登记注销,地役权注销登记,预告登记注销,个人不动产登记信息查询证明,个人不动产登记资料电子化查询打印,个人购买一手房/二手房首套、首改房查询证明,土地证、房产证信息不全或原始档案信息与系统信息不一致的补正等 15 项不动产登记相关内容的,在一小时内办结。

【服务窗口系列便民措施】 集不动产交易、税收登记于一体的不动产登记服务窗口,实现交易、税收、登记一次取号排队、一次提交材料、一次进行初审、一次缴纳税费、一次完成受理的“集成服务”模式,实现由“一事多窗办”向“一窗办多事”的转变。在窗口醒目摆放指引三角牌,专门为老、弱、病、残、孕及军人等提供优先服务。开通“外网收件、远程服务”,借力“互联网+不动产登记服务”网上申请实现了外网收件,内网办件的服务模式。开展“预约办证、上门服务”活动,组建零距离服务队,将服务窗口前移,深入社区、企业,宣传登记办证政策,解惑答疑相关问题。为行走不便的病残人员现场办理登记事宜;实行“午间无休息”和“延时”服务,周六正常上班。

（吕洪荣　撰稿）

审　计

【概况】 2017 年,全市审计机关紧紧围绕市委、市政府的决策部署,以全面履行法定职责、完善国家治理为目标,突出保障民生为重点,自觉把审计工作融入龙岩经济发展大局中来筹划和考虑,较好地完成各项审计工作任务,有效地发挥审计监督在维护财政经济秩序、促进廉政建设、保障国民经济健康发展等方面的起到了积极作用。全市共完成审计项目 254 个,审计查出主要问题金额 91.9 亿元,其中应上缴财政 1.63 亿元,应减少财政拨款或补贴 0.27 亿元,应归还原渠道资金 1.68 亿元,应缴纳其他资金 124 万元,应调账处理金额 15.03 亿元。移送司法机关部门处理事项 12 件,移送处理人员 6 人,移送处理金额 292 万元。出具审计报告和专项审计调查报告 346 篇。提出审计建议 679 条,被采纳审计建议 296 条,提交审计专题、综合性报告和审计信息 925 篇,被批示采用 242 篇。

【政策措施贯彻落实跟踪审计】 紧紧围绕市委市政府全面实施“三大战略”,提高政策执行效果,加大对中央、省、市重大政策措施和决策部署落实情况的跟踪审计力度,重点关注供给侧结构性改革、中央赋予福建省龙岩市特殊区域政策叠加效应和生态文明试验区政策效应、精准扶贫长效机制建设、税收优惠等政策措施落实情况。每季度及时提交跟踪审计报告,市政府办按照市长的批示指示要求,分别专门下发关于审计发现问题分解抓落实的通知,督促县(市、区)政府和有关部门单位限期整改落实,确保重大政策措施落地生效;按照中央、省、市关于加强国有企业和国有资本审计监督的要求,组织开展市土地发展集团公司、汇金发展集团公司资产负债损益审计。

【同级预算执行和财政决算审计】 根据上级审计机关的统一部署，按照三级联动方式和大数据比对方法，全面完成2016年度市级预算执行情况及决算草案审计，以及财政资金信息化管理情况、加快产业转型升级资金使用绩效、支持现代农业发展资金使用绩效、财政事权和支出责任划分情况、地方税收征管及税收优惠政策落实情况等政府性债务使用管理情况，促进加强财政资金管理，提高资金使用绩效；全市对141个部门单位预算执行情况实施审计，查出主要问题金额47.75亿元。

【固定资产投资审计】 着力查处招投标、物资采购、投资控制、土地征用、环境保护、工程质量等方面存在的突出问题，全市共完成投资审计项目709个，送审工程造价37.96亿元，核减工程造价3.71亿元。市局开展的中心城区房屋征收资金审计移送3件违纪违法问题案件线索，紫金山体育公园征地拆迁资金审计情况在市政府常务会议进行专题研究，推动政府和相关部门单位规范政府投资管理行为，完善制度、堵塞漏洞，节约投资、防止腐败。同时还开展了援疆项目资金跟踪审计。

【经济责任审计】 紧紧围绕强化权力运行监督约束，加大对各级领导干部履行经济责任情况的审计力度，全面开展被审计单位"1+x"专项督查，促进领导干部守法守纪守规尽责。全市完成经济责任审计项目75个，被审计领导干部94人，查出主要问题金额14.35亿元。同时，加大对乡（镇、街道）党政主要领导干部经济责任审计工作的指导力度，组织召开全市座谈会，认真总结交流乡（镇、街道）党政主要领导干部经济责任审计工作。

【"民生"资金和重点项目审计】 全市精准扶贫专项审计，发现纠正扶贫资金使用、扶贫项目管理、扶贫政策落实等方面存在的82个问题，以精准审计助推精准扶贫，促进扶贫政策措施落到实处；7个县（市、区）医保基金统筹审计和全市分级诊疗制度建设及医联体实施情况审计调查，为市委市政府决策和推动深化医疗制度改革提供服务；全市保障性安居工程跟踪审计，促进建章立制，堵住漏洞，规范管理，推动完善住房保障制度建设；残疾人三轮车整治补助资金使用情况审计，促进中心城区畅通工程顺利实施。厦门金砖会晤资金使用情况专项审计，服务金砖会晤安全维稳；永定区主要领导干部自然资源资产离任审计试点，促进生态文明建设。

【"重点专项"和政府性资金等专项审计（调查）】 统筹协调各方力量，认真完成上级审计机关和当地党委政府交办的其他专项工作任务。认真完成市政府交办的中心城区房屋征收资金、紫金山体育公园征地拆迁资金专项审计等，中心城区房屋征收资金专项审计。扎实做好市委市政府扶贫挂钩、巡察检查、"1+x"专项督查、全面从严治党主体责任检查等专项工作。

【审计管理】 开展全市计算机审计应用水平、应用成果案例、计算机技术方法考评和全市审计执法情况检查、优秀审计项目评选等活动，促进审计业务质量水平不断提升；注重发挥审计工作的建设性作用，为推动经济社会发展和领导决策提供有效服务，市局提交的审计情况报告得到市委市政府领导批示57人次，其中主要领导批示28次，推动市政府和有关部门建立健全规章制度52项；市委办市政府办印发《龙岩市贯彻落实审计全覆盖的实施意见》，在全省率先制定审计全覆盖管理办法；市人大常委会主任会议审议通过《关于建立审计查出问题整改工作监督联动机制的意见》，在全省率先建立审计机关与人大常委会联动监督审计查出问题整改落实情况工作机制；强化审计整改落实，确保作出的审计决定、移送的案件线索、处理事项得到及时落实处理；完善审计结果公告制度，主动接受社会监督，提高审计工作的执行力和公信力；扎实开展"制度执行年"活动，市局修订完善各类管理制度67项，扎紧扎牢制度"笼子"，推进以制度管权管事管人财物。

（市审计局　供稿）

统　计

【调查工作】 深入学习贯彻落实中共十九大精神、中央深改组《关于深化统计管理体制改革提高统计数据真实性的意见》和中央领导关于统计工作重要指示批示精神，严格执行国家统计局、福建调查总队各项统计调查制度，组织实施居民收支、流通与消费价格、工业生产者出厂价格、农产品价格、农产品集贸市场价格、固定资产投资价格、主要畜禽监测、粮食播种面积和产量、农户固定资产投资、小微建筑业投资、规模以下工业、规模以下服务业、限额以下商业、新设小微企业和个体户、采购经理、产业预警、产品市场占有情况、劳动力、农民工监测、农民工市民化、主要农产品中间消耗等21项统计调查工作。统计调查改革工作稳步推进，创新"互联网+调查"智能化调查工程成效凸显，居民收支调查电子记账创新改革取得成功并在全省借鉴推广，流通与消费价格调查电子采集数据全面采用，主要畜禽监测调查"闽农宝"智能化采集数据系统试点得到国家统计局农村司的高度肯定，专业调查数据全面实现电子化采集与传输。服务龙岩经济社会发展工作再上新台阶，脱贫攻坚、纠正不良习气树立清风正气、创建文明城市、整村搬迁等调研工作得到市领导充分肯定。2017年，在福建调查总队年度工作考评中，2个调查专业获优秀、5个获良好等次，长汀、上杭、永定等国家队和武平县城调队、农调队和新罗区农调队等地方队在总队工作考评中再创佳绩。创建2015—2017年度第十三届省级文明单位顺利通过验收，获龙岩市委、市政府绩效管理“集体嘉奖”、平安单位、创建全国文明城市和信息工作先进单位称号。

【基础工作】 以“基础工作创新年”为抓手，围绕调查业务基础、规范工作流程和数据生产痕迹管理等方面持续夯实统计调查业务基础。制定《统计执法工作流程》《居民收支调查工作流程》《居民消费价格调查工作流程》，并上墙公开调查内容及工作流程，主动接受社会各界监督。建立健全居民收支、居民消费价格等调查专业数据管理和评估痕迹台账，实现数据生产过程全记录、数据审核修改可核查、评估结果可追溯。规范培训内容，统一编写、印制《住户记账培训讲义》《“闽农宝”电子数据采集操作指南》等培训教材，为县（市、区）调查业务高效培训提供内容翔实、条理清晰的蓝本；创新业务培训方式，居民收支、粮食面积产量等将业务培训课堂对接调查实地，组织辅调员深入长汀、漳平居民调查户和农产量实测实割现场开展互动式培训交流，提高了数据生产和科学管理能力；各专业运用“请进来，走出去”“一对一”“开小灶”“抽查回访”、重点培训等方式有效开展业务技能培训，全年举办调查业务培训60场、受训1000余人次。从严把控数据质量，通过审核内容的条目拓展、内容延伸、发送预警、下发重点等办法，拓展数据审核功能的延伸，调查数据源头提质增效。

【统计服务】 创新服务方式，推进现代化服务型统计事业上新台阶，“数库+智库”统计服务成效连创佳绩。围绕龙岩“十三五”经济社会发展及市委、市政府中心工作，主动服务地方党委、政府及有关部门科学决策，开展居民服务业、精准扶贫、小微企业等“促发展、惠民生”系列专题调研和政府绩效公众评议、社会公众安全感调查，成效斐然。全年撰写《龙岩调查分析》48篇，《龙岩市实施精准扶贫取得的成效与思考》《龙岩市居民生活服务业发展现状和趋势分析》等8篇被龙岩市领导批示（其中市长批示7篇），《龙岩市承接沿海产业转移思考》等11篇调研被市委办、市府办主办的《龙岩发展研究》《闽西通讯》采用，国家局内网、总队内网各采用5篇，市领导批示件为历史最好成绩；调查信息被市委办、市府办主办的《闽西快讯》《闽西要讯》采用13篇，被省委办、省政府办主办的《福建信息》《重要信息专报》采用4篇。《农村电商发展“龙岩模式”初探》《龙岩市居民生活服务业发展现状和趋势分析》《龙岩市居民收支调查电子记账的实践与思考》3篇调研获福建调查队系统青年干部优秀统计论文二等奖，《龙岩市实施精准扶贫取得的成效与思考》《龙岩市承接沿海产业转移的思考》2篇获福建调查总队优秀调查分析报告三等奖。统计新闻宣传再上新台阶，《凝聚调查前行力量》《达人唐大姐》《调查人的小城印象》等31篇统计文化在《中国信息报》《中国统计》、统计微讯和国家统计局、福建调查总队内网采用。居民收支、CPI、PPI等数据解读被市“两办”、《闽西日报》、中国龙岩网、光明网等新闻媒体采用82篇次。《闽西日报》“依法调查、服务发展”专栏围绕基层基础、调查制度、先进人物、统计服务、统计法治等工作主题，为党政领导、调查对象和社会各界提供内涵丰富、有声有色的统计产品，全年刊登23篇，充分报道龙岩统计调查工作，展示龙岩调查队良好形象。积极发挥统计调查参谋作用，出版《龙岩调查年鉴—2017》《龙岩民生调查与思考2015—2016》，与市统计局共同编印《龙岩统计年鉴》《龙岩统计提要》《龙岩统计月报》《龙岩统计参考》《统计知识应知应会手册》等资料书，为市、县（市、区）党政领导、市直部门科学决策提供参考依据，为社会公众了解经济社会发展提供优质服务。严格落实脱贫攻坚帮扶工作，出财出智出力奋力推进龙岩永定区高陂镇平在村、先富居委会脱贫攻坚挂钩32户贫困居民家庭精准帮扶工作，助推贫困家庭脱贫致富奔小康。

【统计法治】 深入贯彻落实中央深改组《关于深化统计管理体制改革提高统计数据真实性的意见》及中央领导关于统计工作重要指示批示精神，紧紧围绕“全面推进依法统计依法治统，加快建设法治统计”主题，深入实施统计普法教育，夯实法治基础，推进依法治统、从严治统，强化法治监督工作。利用《统计法》颁布纪念日、统计开放日、国家宪法日和法治宣传月等重要时间节点，形式多样创新统计普法，深入开展统计普法“六进”活动，在街心广场、后盂社区、东门社区、脱贫攻坚挂钩村和龙岩学院、闽西职业技术学院等设立统计法治咨询点，采用张贴、悬挂彩虹门、横幅、海报、展板、猜谜等办法，推进新闻媒体宣传报道统计法治。丰富普法宣传材料，全年编发《中华人民共和国统计法》口袋书2500册、《统计知识应知应会手册》350册，发放统计科普、统计法治知识宣传单、统计宣传纪念品等5400份，向市领导、人大代表、政协委员、市直部门处级以上领导、辅调员、调查对象、调查系统干部及社会公众等发送宣传短信9200多条。深入开展统计干部法治教育，通过举办宪法、统计法宣誓和《中华人民共和国统计法实施条例》系列学习讲座，组织学法考试和统计法治知识竞赛，提高依法行政、依法调查工作水平。强化统计调查对象、统计工作人员依法统计意识，举办调查对象、辅调员统计普法讲座75场，受训1372人。制定《统计法宣誓制度》《统计违法举报工作制度（试行）》《防范和惩治统计造假弄虚作假责任制实施办法（试行）》《“以案释法”工作实施方案》，严格落实统计调查行政义务告知、统计报表签领、催报、查询及法律文书登记等制度。坚持依法治统、从严治统，净化统计调查改革发展生态环境。严格执行统计法治"双随机"检查，开展市直统、武平、上杭县调查企业统计执法及业务工作规范化监督检查，严肃查处各种统计违法行为。全年发出统计调查行政义务告知书1209份，检查83个单位，下发责令改正通知书7份，立案查处统计违法行为1起，罚款0.4万元。公开曝光典型统计违法案例1起，震慑各类统计违法行为，达到查处一起教育一片的目的。

（项腾荣　撰稿）

统计监督

【常规统计调查普查】 高质量完成各项常规统计调查工作。组织完成全市国民经济核算、农业、工业、建筑业、房地产业、贸易业、住宿餐饮业、服务业、固定资产投资、能源统计、就业统计等专业的2016年统计年报和2017年统计月报工作；顺利完成2017年人口抽样调查、文化产业调查、高新技术产业调查、妇女儿童发展纲要监测等专项调查。圆满完成第三次全国农业普查调查登记工作。持续加大普查宣传力度，在中心城区街心花园举行农业普查现场登记启动仪式，发放《致调查对象一封信》，实施"送电影下乡及农业普查宣传进乡入村"活动。精心组织普查登记，实施农业普查片区挂钩联系工作制，加强现场登记指导、督查、通报，圆满完成了全市57.69万户的农业经营单位及农户的入户调查；实行严格的数据审核和检查验收制度，加强平台数据审核监测，同步开展数据采集与审核工作，及时抓好核实改错，严格落实普查数据质量抽查验收。

【统计改革】 不断强化联网直报平台数据审核。切实落实"即报即审、即审即验"，加强报表奇异值的在线监测和跟踪审核，实施严格的新增单位名录分级审核责任制，市统计局每季度在新增单位中分专业抽取10%（至少抽1家）进行实地核查。在全市范围内开展农村统计、批发零售贸易业、房地产、建筑业、工业、服务业、劳动工资等专业数据质量检查。新罗区统计局联合发改、三产办建立项目入库、规模以上服务业联合会审制度。基层统计更扎实。上杭县政府出台《关于统计基础工作的意见》，县统计局与农业局、林业局联合下文加强农村统计工作，在全市率先对乡（镇）统计人员定编定岗、建立"四上"企业统计工作考核奖励机制；武平县政府出台《关于加强乡镇统计工作的意见》，成立乡镇统计基础工作质量奖。永定区明文规定乡（镇）统计经费和村级统计员补贴。切实贯彻落实"三体合一"福建统计工作方法，推进与部门沟通联系制度化常态化，加强对统计调查对象的培训和指导。市统计局编印《统计应知应会手册》供市县领导及相关部门参阅，在全市服务业发展大会上开展统计知识培训。长汀县统计局编印《国民经济核算知识手册》供相关部门及重点企业参考。

【法治统计】 深入推进统计法治宣传教育。编印《统计法律法规宣传手册》8000册，组织全市《中华人民共和国统计法实施条例》和《统计违纪违法责任人处分处理建议办法》专题学习。推进统计法进党校常态化，郑庆辉总统计师、郑田基副局长先后两次到市委党校为主体班授课。郑田基副局长做客中国龙岩网，以"全力推进依法统计依法治统，深入学习贯彻《中华人民共和国统计法实施条例》"为题开展在线访谈。在"9·20"中国统计开放日、"12·4"国家宪法日、社科普及宣传周等活动现场组织开展统计法律法规系列宣传；切实规范统计执法行为。举办国家统计执法检查证培训，进一步完善全市统计执法人才库和企业名录库，全面贯彻落实统计执法检查规程、企业统计信用和统计从业人员信用档案管理办法，落实好统计监督检查"双随机"制度，对龙岩市统计行政处罚裁量基准进行调整和修改；加强统计执法检查工作。对长汀县开展统计监督检查，抽取2个乡（镇）政府、35家统计调查单位进行执法检查。组织开展第三次全国农业普查专项统计执法检查，配合上级开展相关专项执法检查。全年对426个单位进行统计执法检查，当年立案17起，结案18起，处罚金额3.5万元。加强统计信用建设。将2016年以来形成的行政处置案件信息归集到国家企业信用信息平台，做好统计违法典型案件曝光。

【统计服务】 服务决策更深化。继续做好经济运行预测预警，每月底前向市委、市政府领导提供预测报告和建议，持续深化重点调研活动。组织市、县调研项目14个，开展《数说十八大以来龙岩发展成就》专题分析，累计撰写统计分析报告107篇，其中13篇获市领导批示，5篇在省、市网站和各类刊物发表，3篇在福建省优秀统计分析报告评选中获奖。扎实做好专项统计服务，继续为"两会"提供统计参阅材料，配合做好省对市、市对县、市直部门绩效考评，认真做好《政府工作报告》等重要文件以及全国文明城市创建、生态文明先行示范区建设的统计资料保障；服务公众更多样。在e龙岩、中国龙岩网和市统计局网站发布《龙岩统计年鉴》，龙岩市统计局、新罗区统计局、漳平市统计局开通微信公众号，及时发布统计数据和解读经济社会发展状况，实现最新统计数据随手查、统计年鉴随身带。继续办好龙岩人民广播电台"统计之窗"专栏，与龙岩人民广播电台、龙岩电视台、闽西日报社合作开展"十八大以来经济社会发展成就"系列专题报道。

（赖烨琳　撰稿）

工商行政管理

【市场准入】 持续深化商事制度改革，实行“十八证合一”、全程电子化登记、简易注销、市场准入负面清单等改革举措。2017年，全市新增内资企业8751户、个体工商户36051户，分别同比增长36%和49.1%；办理企业名称网上核准13553件，企业名称网上核准率95.69%，被省工商局列为优秀档次；发放电子营业执照3453份，占新增企业总数的77%；986户企业通过福建省企业信用信息公示平台发布简易注销公告，实施简易注销461户。

【服务发展】 压缩审批时限，全省率先将所有承诺5个工作日办结审批的事项改为即办件办理，实现所有登记事项2个小时内办结。全面推行一网通办、一站式导办、即时办结、咨询帮办制、咨询三个清、一个窗口办结制、一人办结制、延时服务制、告知承诺制等便民举措，实行“一趟不用跑”事项23项、“最多跑一趟”事项70项，108项工商业务均可在网上办理。稳步推进商标兴市战略，全市新申请商标4954件，有效注册商标2284件，分别同比增长64.2%，22.1%。至2017年底，全市拥有注册商标20215件。国家工商总局已批准市工商局开展商标注册申请业务，在市行政服务中心设立商标受理窗口，方便申请人办理商标业务。帮助84家高知名度商标企业申报商标奖励230.5万元，协调市方志委等部门加快“新罗百香果”地理标志商标注册工作。运用职能助企融资，办理股权出质登记305件，被担保债权数额63.13亿元；办理动产抵押登记137份，为企业融资18.5亿元。与税务部门建立税收源泉控管联动机制，提高部门之间信息共享的时效性，提升龙岩股权转让税收征管水平。

【市场竞争】 完善市场主体信用信息公示平台，积极推进企业年报公示工作，初步形成集信用监管、协同监管、行业监管、社会监督和企业自律为一体的事中事后监管模式。全市各级各部门共向“一张网”归集各类企业信息28.5万条，为许可审批部门开展协同监管提供了数据支撑；规范经营异常名录管理，全市有9933户次企业被列入经营异常名录、29571户次个体工商户被异常标注；扎实推进“双随机”抽查，对1130户企业、1858户个体工商户实施了“双随机”抽查；2016年度的企业、个体工商户、农民专业合作社年报公示率均位居全省前列。服务厦门“金砖会晤”维稳工作，深化“无传销社区(村)”“无传销县(市、区)和“无传销城市”创建工作，长汀县、漳平市顺利通过“省级无传销示范点”考核验收。持续开展“红盾出击”系列执法行动，抓住社会关注的热点、难点问题开展反不正当竞争、合同、农资、网络、广告和无照经营等专项整治，我局加强网络市场监管的经验做法得到省工商局肯定，并以情况通报的形式在全省系统予以刊发推广。全年全市系统共立案查处违法违章案件1092起，罚没1311.55万元，分别同比增长22.7%、47.5%，其中罚没10万元以上案件34起、20万元以上案件14起。

【消费环境】 推动消费维权的社会协同共治，牵头建立由市政府领导市直29个部门联动协作的消费维权联席会议制度，进一步健全了消费维权与执法办案机构的工作联动、诉调衔接、多元化消费争议调解、异地维权协作、社会监督、维权法律救助合作等维权联动协作机制，对分散在政府各职能部门的消费维权职责进行整合，有效形成了政府主导、部门联动、社会共治、经营者响应、消费者满意的消费维权局面。参与社会综治维稳，助力全国文明城市创建，积极营造文明、和谐的消费环境，联合市委宣传部、文明办等部门，在全市范围内开展“守合同重信用”企业风采主题摄影展和电视专题宣传活动，创建国家级诚信示范市场1家、省级市场3家，认定上海红星美凯龙品牌管理有限公司龙岩分公司等5家单位为2017年度“龙岩市放心消费创建示范单位”。全年共受理消费者咨询申诉举报17043件，其中答复消费者咨询12923人次；受理消费者申诉3646件、举报474件，涉及争议金额861.64万元，为消费者挽回经济损失510.02万元。

【龙岩工商大楼揭牌】 2017年12月3日，龙岩工商大楼揭牌，地址位于新罗区金鸡西路2号。副市长谢海波到场祝贺并为新综合服务场所落成揭牌。

（市工商局　撰稿）

价格管理

【居民消费价格】 2017年，龙岩市居民消费价格指数累计同比上涨1%，比全省平均低0.2个百分点。位居全省市区市第五位。服务项目价格指数累计同比上涨2.9%，消费品价格指数累计同比下跌0.2%。八大类商品及服务价格累计同比六升二降，其中居住类、生活用品及服务类、交通和通信类、教育文化和娱乐类、医疗保健类、其他用品和服务类价格分别上涨2.2%、1.2%、1%、2%、5.8%、6.6%；食品烟酒类、衣着类价格分别下跌1.7%、0.2%。

2017年1—12月龙岩市居民消费价格指数运行情况

表10　　单位:%

	1月	2月	3月	4月	5月	6月	7月	8月	9月	10月	11月	12月
同比	100.9	99.2	100.1	100.1	100.2	100.1	100.0	100.0	100.2	100.0	100.0	100.0
环比	102.7	100.2	100.8	100.6	101.4	101.4	101.0	100.9	100.5	100.6	100.7	100.9
累计比	102.7	101.4	101.2	101.1	101.2	101.2	101.2	101.1	101.1	101.0	101.0	101.0

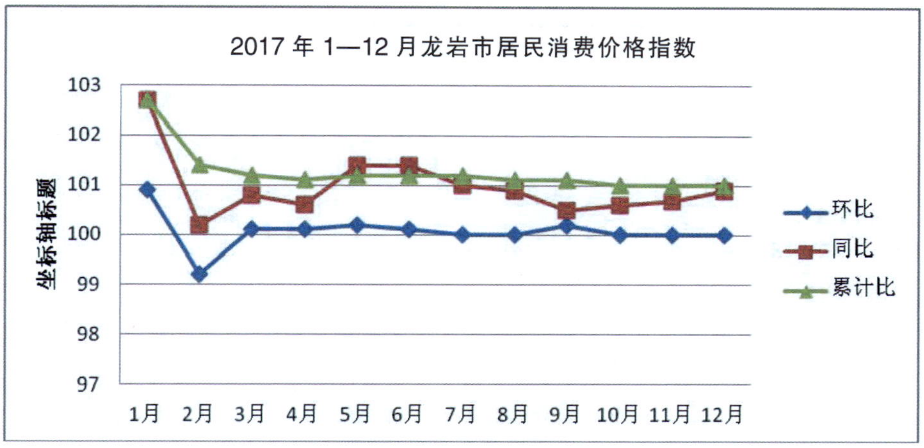

【落实稳价措施】　加强价格监测分析预警。严格执行价格监测报告制度,参与价格信息发布的食品类价格监测点12个(其中农贸市场5个,超市4个,粮油零售点3个),低价药品类价格监测点3个(其中医院1个,药店2个)。全市整合调整5个重要商品监测点。全年采集上报18类480种10万条价格监测数据,编印《龙岩价格监测》12期,为各级领导掌握市场价格动态,制定宏观价格调控政策提供决策依据;发挥调控措施的协同作用。针积极探索建立农产品目标价格保险试点工作,出台开展蔬菜、生猪目标价格保险试点工作意见,上杭县生猪投保9.17万头,保险总金额1.05亿元,试点工作走在全省前列;不断加大"价比三家"影响力度。增加价格比对的品种、范围和发布频率,制定价格信息发布品种目录包括粮、油、肉、禽、蛋、水产品、蔬菜和水果等58种;"每日行情"发布粮油、肉禽蛋、水产品、蔬菜、水果等五大类55种食品价格信息;"每日行情" 采取每日11时前定期发布;"价比三家"采取每周二、五和每月5日、15日、25日11时前定期发布;重要商品和服务价格调价政策信息采取实时发布,合理引导消费预期。

【价格改革】　价格改革持续深化。推进电价改革。推进全市辖区内尚未实行峰谷分时电价的趸售县电网推行峰谷分时电价,协同有关部门推动华润水泥、马坑矿业等28家企业参与供电直接交易,交易电量22.51亿千瓦时,年降企业用电成本9779万元。推进农业水价综合改革。出台龙岩市改革实施方案,牵头建立联席会议制度。连城县率先在北团镇双石陂灌区进行农业水改先行先试,投资408万元完成渠道、渠系、计量设施建设,制定农业用水价格,出台农业水价精准补贴及节水奖励实施细则。推进停车服务收费改革。在全省率先出台机动车停放服务收费管理办法,缩小政府定价范围,推行差别化收费政策。推进天然气价格改革。完成中心城区管道天然气价格调整听证会,拟下调天然气终端销售价格,建立居民阶梯用气价格制度。

【价费监管】　加强民生价格收费监管。根据取消现行省级以下公办幼儿园收费标准高限管理政策,启动市属及新罗区公办幼儿园保育、教育收费标准成本监审,支持公办幼儿园发展。调整龙岩市非农村道路客运票价和新罗区农村道路客运票价支持城市公共交通、农村客运发展。落实减负政策。先后取消、免征、暂停、降低标准收费项目25个,全年累计减轻企业负担约4900万元。落实涉企收费目录清单常态化公示制度,先后8次公布收费政策有变动的收费项目,提升价费政策的透明度和社会知晓度。实施公平竞争审查制度。出台公平竞争审查实施意见,牵头建立龙岩市联席会议制度,各地也相应出台实施意见和联席会议制度。在全市范围内开展清理工作，市本级清理各类法规、规章和规范性文件165份，审查新出台文件32份。永定及时纠正指定公务用车车辆保险的规定，纠正行政垄断行为。

【价格监督检查】 强化房地产市场价格监管。针对全市住房价格上涨过快，采取对房地产开发企业巡查、约谈、新开楼盘开盘全程监督以及商品房销售价格备案制等措施加强监管。上年查处房地产销售价格违法案件3起，合计处罚金额81.2万元，此类价格违法案件查处在全省尚属首例。开展停车场专项整治。为做好龙岩市第五届全国文明城市创建工作，牵头组织开展中心城区停车场专项整治。对辖区内106家停车场建立台账，按照政府定价、市场调节价进行分类管理，取缔4家乱收费停车场，对10家占用人行道停车场进行整改。开展农贸市场明码标价专项整治。为落实创城工作要求，对中心城区的31个农贸市场商品明码标价进行集中整治，发放“商品标价签”5万张、商品标价牌60个，确保农贸市场和周边商铺明码标价率达90%以上。强化价格举报工作。加强日常值班值守，实行24小时值班执勤制度，全市接受各类投诉咨询1279件，其中举报件139件、投诉65件、咨询1075件，已办结1276件，办结率99.77%。组织开展涉企收费、景区门票价格、房地产市场价格、电力等专项检查6项，全市共查处各类价格违法案件52件，实施经济制裁338万元，其中没收违法所得金额174万元，罚款155万元，退还用户9万元。

【成本调查监审】 落实各项成本监审管理办法，全年完成管道燃气供气、自来水工程建设、生猪定点屠宰加工服务等成本监审项目11个，核定总成本8767万元，核减不合理成本费用3575万元，核减比例29%。完成秋花生及蔬菜8个品种常规调查，农户种植意向、农资购买、农户存粮3项专项调查，早稻、晚稻、烤烟、上下半年生猪5项直报调查，烤烟、晚籼稻2项成本预测调查。

【价格认证】 开展涉案、涉税价格认证，完成中心城区存量房交易计税基准价格调整，在全省山区市率先建立价格认定专家库和涉案物品价格数据库。涉案财物价格认定案件273件，认定金额229万元，复核裁定案件5件；办理存量房过户成交8442套，成交金额332189.79万元，地税增收2133.21万元；设立价格争议调处示范工作站7个，成功调解各类价格争议52件。

（市物价局　撰稿）

食品药品监督管理

【“放心市”建设】 按照省委、省政府关于建设食品安全放心省的工作目标，由市食品药品监管局建议并得到市政府同意，提出建设食品药品安全放心市“三年行动”。总目标为：实现龙岩市食品药品安全管理水平全面提升，食品药品质量安全有效保障，人民群众对食品药品安全的满意率达80%以上，全市不发生较大以上的食品药品质量安全事件。2017—2019年分四个阶段完成，按照“自下而上、逐级推进，重点突破、示范带动，打牢基础、整体提升”的工作思路，分阶段、分步骤实施，做到责任清、情况明、数据准、工作实。2017年是建设食品药品安全“放心市”三年行动的第一年，也是关键年。通过制定印发的《龙岩市食品药品监管局建设食品药品安全“放心市”三年行动工作方案》，细化分解“放心市”建设的工作任务，提出12项具体目标18个具体举措，实施“清单式”管理，纳入重点工作定期督查。开展“明厨亮灶”、食品生产经营示范点、小作坊示范点、示范街道、示范乡（镇）、示范村等一系列示范创建工作，促进企业落实主体责任。

【服务发展】 制定下发《充分发挥职能支持促进食品药品产业发展意见》，有“提高审批服务效率、加强行政指导工作、支持医药产业转型升级、推动信用体系建设、营造优质市场环境”5个方面，“深化审批改革、建立挂钩企业制度、强化数据分析运用、支持行业协会建设、加强人才培训、指导研发新药、推动第三方医药物流中心项目建设、完善信用监管机制、落实奖优罚劣措施、在检查检验等事项中实施联合激励”10条措施。主动服务项目落地战役、服务创建全国文明城市等中心工作。2017年，全市受理各类行政许可15353件，其中药品284件、医疗器械540件、食品14529件。

【市场监管】 2017年，通过采取双随机、飞行检查、跟踪检查等方式，对食品药品经营单位严格按照GMP、GAP、GSP、SC管理规范的要求进行监管，累计出动人数19537人次，出动执法车辆7955车次，先后开展两节期间的“迎春”、校园及周边、“年夜饭”“小饭桌”等专项整治行动。共立案404件，其中食品253件、药品87件、医疗器械60件、化妆品4件，罚没款入库679.76万元，完成药品认定15件、89种产品。并与多部门联合印发《龙岩市食品安全执法办案联动工作机制实施方案》，建立食品安全监管执法办案联动机制。

【风险防控】 2017年7月28日，在龙岩体育公园举办福建省环厦门金砖会晤食品药品安全应急演练此次演练采取情景模拟、场景展现的方式实施，以学校食堂食品安全为内容，在厦门金砖会晤举办之前，模拟某学校发生疑似群体性食物中毒事件，市食品药品监管局针对事件发生、发展及处理的全过程所展开的应急处置工作。监督抽检方面，2017年，市本级食用农产品共抽检2025批次，开展普通食品监督抽检528批次，监督抽检药品885批次，化妆品

33 批次，医疗器械 43 批次，均完成相关产品的核查处置工作。开展食品安全快速检测 30637 批次，问题(阳性)样品检出率 0.64%。2017 年 5 月 18—19 日，举办龙岩市首届食品安全快速检测技能比武竞赛活动，比武竞赛活动取得圆满成功。不良反应监测方面，全年上报 ADR 报告 2877 份，上报 MDR 报告 376 份。

【普法宣传】 2017 年，在《闽西日报》、龙岩电视台等媒体开辟专栏全方位宣传食品药品法律法规、监管动态、科普知识等，报道 796 篇。开展食品药品安全知识“四进”活动 15 场次，发放宣传材料 0.85 万份；开展“3·15”“3·31”等现场宣传活动，受理咨询 750 人次，发放材料 3200 份。在市食药监局门户网站发布监管动态、消费警示 422 条，在“食安龙岩”微信公众号发布信息 562 条。

【投诉举报处理】 2017 年，全年接到全市投诉举报及咨询信息 1040 件，其中投诉举报 596 件，回复率 100%，诉转案 43 件，罚没入库 15 万元。开展“你建议我抽检”活动，通过“食安龙岩”微信公众号在线向社会公开征集优先抽检食品品种和检测项目。

(市食品药品监督管理局　撰稿)

质量技术监督管理

【质量强市战略】 持续开展质量工作考核，省政府对市政府质量工作考核连续三个年度为 A 级；牵头开展市政府对县(市、区)政府质量工作考核，新罗区、上杭县获得 A 级发布企业质量信用档案数据 1802 条。组织开展《卓越绩效评价准则》等质量管理培训，以全国质量月为契机，承办“质量提升与品牌带动”论坛，得到社会各界的广泛认可。

【标准化战略】 龙合智能获准成立全国工业车辆标准化属具工作组。牵头制订《“一趟不用跑”“最多跑一趟”政务服务规范》省地方标准；指导企事业单位主导或参与制修订国家标准 5 项、行业标准 6 项、地方标准 3 项；发布企业标准 360 项；发布漳平水仙茶团体标准，实现龙岩市团体标准“零突破”。新获批 12 个国家级、省级农业综合标准化示范区，漳平市行政服务中心获批国家级社会管理和公共服务综合标准化试点项目，新立项省级家政服务标准化试点项目 3 项。

【品牌战略】 组织第三届市政府质量奖评选，紫金铜业有限公司、龙合智能装备制造有限公司、长汀盼盼食品有限公司获第三届龙岩市政府质量奖，全市 15 家企业 19 个产品获“福建省名牌产品”称号，通过品牌标杆企业的示范，促进质量管理水平和产品质量的整体提升。

【产品质量监督】 强化重点产品质量监管，省级监督抽查合格率 98.19%，位居全省第三，较全省平均合格率高出 1.08 个百分点；争取市财政支持，启动市级监督抽检，安排抽查 12 类 234 批次产品，合格率 95.3%，对抽查不合格产品生产企业后处理 100%。开展质量专项整治，组织开展电线电缆产品专项整治行动、危险化学品产品质量大检查，启动电器产品生产质量治理行动，督促整改问题 38 个，全市未发生系统性、区域性、行业性产品质量问题。

【特种设备安全监察】 较好完成市政府下达的特种设备安全责任目标，全力保障中共十九大和厦门会晤期间特种设备安全。出动监察人员 336 人次，检查特种设备生产使用单位 754 家，排查各类安全隐患 890 处，签发监察指令书 290 份，查办特种设备案件 20 起，检验各类特种设备 10.4 万台套，压力管道 139.8 千米。全市特种设备安全持续稳定向好未发生特种设备事故或社会影响较大的特种设备事件。每季度公布电梯定期检验不合格单位名单。率先在全省开展电梯维保质量诚信体系建设的工作经验被《福建日报》等多家主流媒体宣传推广。

【执法打假专项行动】 持续开展“质检利剑”“双打”专项行动，全市检查各类企业 1120 家次，查办案件 69 起，其中大要案 15 起，移送公安机关 1 起，查获涉案物品货值 810.5 万元。开展打击“地条钢”违法行为专项行动，组织排查铸造企业 104 家，查处“地条钢”生产企业 2 家，拆除用于违法生产的中频炉 12 台。“12365”举报投诉中心受理有效咨询 287 件，办结申诉案件 29 起、举报案件 12 起。

【服务“三大战役”】 结合质监职能，制定服务“三大战役”十条措施。深入瓮福紫金、龙鳞水泥签署一企一策服务备忘录，为企业提供针对性服务；市质检所在漳平市南洋镇设立工作站，免费检测漳平水仙茶产品 200 批次；市计量所与 35 家中小企业签订优惠协议，为企业减负 23.4 万元。

【“放管服”改革】 全面梳理权责清单和“一趟不用跑”“最多跑一趟”办事清单，清理中介服务事项 6 项；大力推进“互联网+”行政审批服务，全流程网上办件 3795 件，占总办件数的 98%；生成电子证照 3862 本，占总办件数的 100%加强事中事后监管，开展“双随机一公开”监管工作，检查企业 58 家。积极落实计量强检停征收费政策，免费检定 8.4 万台件，减轻企业负担 520.9 万元。

【检验检测技术】 国家空气污染治理产品质检中心“室内空气净化器检测”实验室建设进展顺利。福建省电光源产品质检中心、福建省有色金属产品质检中心分别通过验收和取得资质认定证书。完成4个科研任务，新获批科研项目2个。加大技改力度，获质检总局能力提升项目2个，省质监局技改项目9个。

【计量基础】 开展全市机动车检验机构专项整治，出动执法人员96人次，对辖区内19家机动车检验机构开展监督检查。新建社会公用计量标准14项，检定、测试、校准各类计量器具11.6万多台件。深入开展计量诚信体系建设，督促114家加油站公开诚信计量承诺。

【认证认可监管】 开展认证专项监督检查，完成年度强制性产品认证获证产品市场抽查任务，开展新版质量管理体系标准宣贯活动，免费培训企业182家。强化检验检测机构资质认定证后监管，检查检验检测机构12家。

（钟麟　撰稿）

安全生产监督管理

【概况】 2017年，全市安全生产监督管理部门严格执行省委、省政府关于安全生产工作的重大决策部署，统筹推进安全生产领域改革发展，全力推进安全生产大排查大整治和大检查，有效防范各类事故发生。2017年，全市发生各类事故93起、死亡52人，同比分别下降11.43%、22.39%，未发生较大及以上事故，各项指标均控制在省政府下达的目标范围内，全市安全生产形势持续稳定好转。2017年度，龙岩市荣获全省安全生产目标责任考核“优秀单位”称号。

【强化组织领导】 2017年，市委、市政府主要领导多次对安全生产工作作出批示，多次召开市委常委会、市政府常务会议、季度防范生产安全事故会议、安全生产专题会议等，学习贯彻习近平总书记关于安全生产工作重要指示批示精神和全国、全省安全生产工作会议精神，研究解决存在的困难和问题，推动各项工作落实。市、县两级党委均确定一名领导联系安全生产工作，各级政府安委会主任均为主要领导担任。市委、市政府主要领导以及各分管副市长都能按照“党政同责、一岗双责”要求，带头检查、调研安全生产工作，2017年6月中下旬，市四套班子领导带队开展安全生产综合督查；建立健全安全生产绩效与履职评定、职务晋升、奖励惩处挂钩制度，并将安全生产履职情况纳入领导干部年度考核内容；市政府效能办和督查室将安全生产工作落实情况纳入跟踪督查内容；各级党校把安全生产内容纳入干部培训课程。

【强化责任落实】 落实“党政同责、一岗双责”。根据人事变动，在市领导分工文件上明确规定各副市长对分管行业领域的安全生产工作负责。制定下发《关于调整市政府安委会成员和安全生产专项整治工作领导小组的通知》，明确各分管副市长、市直各有关单位的安全监管职责。以市委文件印发《龙岩市安全生产巡查办法（试行）》，突出巡查结果运用，对巡查发现的问题视情分别予以通报、约谈、挂牌督办、一票否决、党政纪处分和移送司法机关等处理，并明确对受到一票否决的地区（单位），在一年内取消该地区（单位）评选综合性荣誉称号的资格和单位主要领导、分管领导及相关人员评先评优、职务晋升等资格。12月上旬，市政府安委会对7个县（市、区）政府开展安全生产全覆盖巡查。

强化部门监管责任落实。以市委名义制定下发《龙岩市安全生产工作责任清单》，明确各级党委、政府、政法委、检察院、法院和市直有关部门的安全监管职责，理顺开发区、工业园区、风景区等安全监管工作机制，厘清水上漂流、校园周边托管、无人机等新业态、新领域的安全监管部门和职责，得到省政府安办的充分肯定，并在全省转发推广。各县（市、区）及市直各有关单位均制定出台安全生产责任清单和权力清单。

【目标责任管控】 坚持效果导向，突出个性化考核，将安全生产工作纳入市对县、市直部门绩效考核内容，严格督查考评，加大奖惩力度，对存在突出问题的县（市、区）和部门实行“一票否决”。坚持每月对全市目标管控情况分析通报，并将通报抄送给同级纪检监察、组织、综治、绩效、文明等部门及各县（市、区）党政主要领导。市政府安排320万元用于奖励2016年安全生产先进单位。在全市筛选出22个安全生产问题突出隐患较多的乡镇由市政府进行单列考核。

【安全责任追究】 严格执行预警、约谈、问责等制度，对生产安全事故全部挂牌督办，严肃追究相关人员责任，推动企业变“要我安全”为“我要安全”。2017年，市政府安委会对2个县级政府实施安全预警，市政府安办对6起一般工贸事故进行挂牌督办。市政府道安办对发生一次性死亡2人道路交通事故的连城县、武平县、长汀县政府分管领导和道安办主任进行约谈。受福建煤监局委托，依法对永定区竹子山煤矿“5·20”瓦斯燃烧事故进行调查，对13人实施党政纪处分或追究法律责任，其中5人被移送司法机关处理。市住建局约谈了部分企业法定代表人和相关责任人，并将8名项目负责人列入质量安全“黑名单”。

【风险管控】 制定下发《龙岩市实施遏制重特大事故工作指南构建双重预防机制实施方案》《龙岩市加强重大风险管控遏制重特大生产安全事故整体方案》，并召开专题会议部署推动。认真开展高危行业安全风险排查分析，排查掌握了煤矿可能存在水害威胁25家、人车运输风险12家，非煤矿山采空区53

处（其中采空区总量50万立方米以上企业5家）、尾矿库“头顶库”10家，存在重大危险源的危险化学品企业17家，分别采取有效管控措施。督促企业建立严密的安全制度和措施，落实岗位安全风险辨识和风险管控，试点实施紫金山金铜矿风险分级管控及班组安全标准化管理模式，全员参与标准化建设，根据岗位特点分成蓝、黄、橙、红四个风险等级，并制作“风险告知及应急处置卡”，提高全员安全意识、风险辨识和应急处置能力。积极实施安全科技创新成果应用，大力推进紫金集团和马坑矿业等企业“机械化换人、自动化减人”示范矿山建设，至2017年底，累计投入6905万元。推进危险化学品和化工企业进区入园，16家涉及“两重点一重大”的危险化学品生产、储存企业完成自动化改造，蛟洋工业集中区化工园区完成园区规划。

【依法行政】 规范监管执法行为。制定并严格落实年度安全监管执法计划，建立安全生产“双随机”抽查制度，研发建设“双随机一公开”系统平台，充实完善市、县两级行政执法人员和随机抽查对象名录库，梳理编制了《随机抽查事项清单》，并按年度不低于30%的比例对各县（市、区）安全执法工作进行抽查。组织安监系统干部积极参加《安全生产监管执法手册》使用培训班、安监总局10期视频执法培训、安全监管干部网络学院集中轮训，规范安监干部执法行为，提高执法效能。

深入开展安全生产大排查大整治和大检查。市政府安委会下发大检查实施方案，市安办细化制定各阶段工作方案，组织16个检查组开展4轮次全市性督查督导，组织4个工作组在厦门金砖会晤和中共十九大期间分赴各县（市、区）开展驻守督导。各级各部门成立以主要领导任组长的大检查领导小组，认真落实企业自查、行业检查、政府督查要求，督促企业签订《自查自改承诺书》，督促企业落实“四个100%”。市直各有关部门分行业领域制定检查表，市级对辖区内县级部门实现了全覆盖督查，对本行业领域的生产经营单位对表抽查比率均达10%以上，县级部门对本区域生产经营单位对表检查实现全覆盖。加大执法力度，严格落实“四个一律”“五个一批”等要求，对检查发现的违法违规行为，依法查处打击到位。安全生产大排查大整治、大检查活动开展以来，全市发现隐患17108条、已整治17061条、整治率99.7%；依法严惩违法违规行为127起，取缔关闭违法违规和不符合安全生产条件企业35家，停产整顿34家，联合惩戒失信企业22家，责令限期整改5800家，罚款859.09万元，问责曝光责任不落实、措施不力的单位30家。

开展生产安全事故隐患“清零”行动。市政府安办及时转发《福建省人民政府安委会办公室关于开展生产安全事故隐患“清零”行动的通知》，按照通知要求，督促各有关单位及时制定整改方案及整改责任清单，逐项落实整改责任单位、整改措施、整改时限，确保“清零”到位。2017年，全市共检查企业19023家，发现事故隐患22982项，其中一般隐患22946项，重大隐患36项；已全部完成整改企业数量11660家，隐患完成整改22979项，其中完成一般隐患整改22946项，完成重大隐患整改33项。

【安全生产专项整治】 持续推进煤矿、非煤矿山、道路交通等重点行业安全生产专项整治。煤矿：全力推进煤炭去产能工作，完成2017年20处煤矿关闭退出任务，淘汰落后产能136万吨/年。完成全市所有煤矿的安全“体检”工作，检查煤矿1760矿次，发现隐患6350条，均下达执法文书，责令限期整改，其中挂牌督办3家煤矿，责令停产整改14家煤矿，停止使用设备80处，行政处罚9家煤矿，行政罚款121.2万元。危险化学品：扎实开展危险化学综合整治工作，全面落实散装汽油、氧气、乙炔等危险化学品购买实名制，实名登记销售散装汽油17211人次，危险化学品30044人次。全年共检查401家企业，发现安全隐患1312条，下达整改指令书237份，责令暂时停产停业整顿2家，立案查处7家。醇基燃料整治：全市有9家液体醇基燃料经营企业、246家使用企业（单位）、运输单位4家，2017年检查企业202家次，取缔非法经营企业3家，查扣非法运输醇基液体燃料1车。道路交通：共查处严重交通违法行为363418起，其中酒后驾驶3166起，醉（毒）驾1096起，超员20173起，货车超载1133起，现场超速2275起，涉牌（证）56668起。投入4547.35万元，全面完成全市195处道路安全隐患整治任务。非煤矿山：开展非煤矿山分类分级监管工作，完成103家非煤矿山和尾矿库企业风险等级评定。加大执法力度，全市非煤矿山立案41起，查处34家，责令暂时停产停业整顿4家、挂牌督办4家。积极推进尾矿库治理，全市13座“头顶库”企业全部制定治理方案，市政府安办还对恒鑫矿业公司十八湾尾矿库、宏欣矿业公司大池选矿厂尾矿库进行挂牌督办，并采取召开专题会议、约谈相关企业负责人等措施，引进矿渣综合利用的特种建材企业，积极推进整治。建筑施工：组织检查在建项目364个，发现安全隐患1640条，已全部完成整改；对建筑施工安全生产违法行为立案5起，处罚5起，处罚总额21.58万元。消防安全：检查单位13605家，督促整改隐患12250处，下发临时查封决定书152份，下发行政处罚决定书463份，罚款554万元，责任“三停”108家，拘留9人。粉尘防爆和涉氨制冷：认真开展调查摸底和分类工作，全市工贸企业有粉尘涉爆企业121家、涉氨制冷企业4家。同时，加大监管执法力度，2017年检查企业209家次，发现隐患466条、已整改464条。燃气：检查中心城区燃气领域生产经营单位241家，发现安全隐患585条并逐条逐项进行整改。此外，学校、烟花爆竹、特种设备、油气管道、电力、旅游景区等安全生产重点行业和领域也都结合各自职责开展专项整治，严防事故发生。

【安全生产领域改革创新】 统筹推进安全生产领域改革，认真抓好《中共中央国务院关于推进安全生产领域改革发展的意见》和省委、省政府《关于推进安全生产领域改革发展的实施意见》的贯彻落实，组织起草龙岩市《关于推进安全生产领域改革发展的实施意见》。

探索开展社会购买服务。建立健全安全生产社会化服务体系，将购买安全生产技术服务纳入政府购买内容，并在上杭县、武平县、长汀县、龙岩经开区开展试点工作，聘请第三方安全专业服务机构对辖区内高危企业进行全面排查检查以弥补安全监管专业技术力量不足。

深化安全生产行政审批改革。严格安全准入和安全设施“三同时”审查，深化审批“三集中”改革，全面梳理安全生产前置审批和中介服务事项，依法取消3个审查事项，增列1个审查事项，将18个行政审批事项下放至县（市、区），16个行政审批事项列入“一趟不用跑”，13个行政审批事项列入“最多跑一趟”办事清单。进一步简政放权、放管结合、优化服务，向社会公布行政权力清单、责任清单、行政权力运行及公共服务事项流程图等“三张清单”，让企业和群众办事更方便、更快捷、更有效率。2017年市安监局受理行政许可事项5613件，办结5639件，其中承诺件155件，即办件5484件。

积极创新安全生产监管方式。新罗区建立乡（镇）、部门领导安全生产工作日志制度，要求填写《乡镇、部门领导安全生产记录簿》，内容重点涵盖领导调阅、组织机构、目标责任、会议部署、领导带队、日常检查、宣传教育、应急救援、保障服务、队伍建设等方面，从十六种台账上倒逼推动安全生产责任实实在在落实。永定区在非煤矿山、危险化学品和烟花爆竹领域实行“合约式”监管，与企业签订合约，明确安监部门应为企业提供挂钩联系、规范审批、许可提醒、公开事项、廉洁利民等多项服务，并以此激发企业自觉履行好安全生产主体责任。武平县对道路交通实行网格化管理，确保责任落实到人、到岗，道路交通事故得到有效控制。

【安监队伍建设】 统筹安排人才引进生和从县乡机关调入科级干部到市安监局工作，核定市安监局政府购买聘用人员编制，保障市安委办履行综合监管职能。市、县两级安监局均升格为政府组成部门。在全市134个乡（镇、街道）全部成立安监站、有专兼职安全监管员453人，全市各行政村（居、社区）都配备安全监管协管员。全市14个开发区、工业园区全部设立安全监管机构，并配备工作人员。

【安全生产投入】 市政府设立500万元安全生产专项资金，各县（市、区）政府也按不低于200万元标准设立，专项用于事故预防、应急管理、先进技术推广、隐患治理、宣传教育、监管能力建设等投入。龙岩经开区、武平工业园区、长汀经济开发区被列入2017年中央安全监管监察装备项目建设功能区范畴，共给予补助200万元，加强安监部门监管执法装备建设。上杭县每个村（居）配备1名安全生产协管员和1名兼职交通安全员，每人每月补贴100元。连城县新增县政府安办、安监局职业安全健康监管股和烟花爆竹安全监管人员编制5人，在16个政府工作部门综合股加挂安全生产监管机构。

【安全宣传教育】 通过安全生产微博、微信、手机APP等信息发布平台，在《闽西日报社》、龙岩电视台、龙岩广播电台开办“安全发展在行动”专栏专题等形式，广泛开展“安全生产月”“安全生产七进”“第一个《中华人民共和国安全生产法》宣传周”活动。认真抓好中央《意见》《条例》和省《实施意见》的宣贯，把中央《意见》《条例》和省《实施意见》的宣贯纳入市委中心组学习、党校行政学院培训课程、市安全生产培训考试内容，开展专题宣讲活动32场次。推进安全文化建设，全市有省级安全文化示范企业11家、国家级安全文化示范企业2家。同时，依托龙岩市安全资格考试和龙岩市安全培训网络练习（模拟）平台，加强安全生产培训，全年累计培训3万多人次，增强从业人员安全技能和自救互救能力。新罗区制作25集《龙津书香》学生安全教育系列动画片，重点打造学生安全教育窗口；连城县将安全生产全面融进“中国骑都”品牌打造，通过骑行赛事开展“七进”活动；漳平市以漳平火电为龙头，联合市画家协会不定期举办“以人为本、聚焦安全”摄影展；永定区长期活跃着一支“安全生产夕阳红宣传队”，深入园区、社区、农村宣传安全生产工作。

【应急演练】 及时修订完善龙岩市较大以上生产安全事故灾难应急预案及危险化学品、非煤矿山等行业生产安全事故应急预案，并认真组织各类应急救援演练，2017年，全市举办各类安全生产应急演练128场次，参演单位517家，参与演练人员11.75万人次。全面推广危险化学品生产经营单位“一图一卡一册”全覆盖经验，提升全市所有危险化学品生产经营单位应急救援能力。

（罗前英　撰稿）

口岸管理

【检验检疫】 2017年，龙岩检验检疫局出台《全面深化履职服务“新龙岩”发展16条措施》，支持打好“三大战役”，开展“四下基层”调研，抓实质量提升“一县一工程”，在稳步推进2个国家级示范区创建、打造万亩出口备案基地、多项特色产品实现首次出口、大宗商品出口货值持续增长、原产地证签证大幅增长等方面打造“龙岩亮点”，推动龙岩市实现发展高质量与发展加速度有机统一，推动“质量强市”迈出新步伐。2017年，检验检疫出入境货物7833批，货值33222万美元，同比分别增长6.88%、6.28%，批次增长高出福建检验检疫系统5.57个百分点。其中，检验检疫入境货物127批，货值4273万美元，同比分别增长139.62%、50.71%。检验检疫出境货物7706批，货值28949万美元，同比分别增长5.91%、1.85%。

【全国首个出口国兰质量安全示范区落户连城县】 9月15日，国家质检总局公布连城县出口国兰质量安全示范区为国家级出口食品农产品质量安全示范区，成为龙岩市首个国家级出口食品农产品质量安全区，也是全国首个国家级出口国兰质量安全示范区。

【引导转型升级出口环保机械产品质量安全示范区建成】 2月14日国家质检总局公布第四批“国家级出口工业产品质量安全示范区”名单，龙岩出口环保机械装备质量安全示范区成为全省第四个国家级示范区，全国第一个国家级环保机械示范区，将进一步引导龙岩环保机械产业集群壮大、转型升级、质量提升，巩固和提高国际市场竞争力，助推闽西老区环保机械产业再次腾飞。

【“中国·龙岩2017年质量论坛”活动】 9月21日，由龙岩检验检疫局承办的以“质量创造价值、品牌铸就辉煌”为主题的“中国龙岩2017年质量论坛”在龙岩人民会堂举行。此次论坛是贯彻落实《中共中央国务院关于开展质量提升行动的指导意见》的重要举措，为市、县各级党委、政府和质量管理部门、广大企业搭建一个推动产业供给侧结构性改革，提升质量供给水平和加大品牌建设力度的学习、交流与协作的平台，加快形成“党委领导、政府主导、部门联合、企业主责、社会参与”的质量工作新格局，营造全社会崇尚质量、重视品牌的良好氛围。

【出口食品企业开展“逐一帮扶”行动】 开展“县县有注册，产品全覆盖”行动，帮助企业快速备案。其中，武平1家出口食品备案企业增加品种，漳平、长汀各新增1家出口食品备案企业。开展“全面对标提升，扩大出口增量”行动，不断加强质量供给。指导帮扶长汀盼盼新增糕点类产品出口美国、日本等国家、帮助好日子公司完成输日生姜种植基地备案。帮扶陆产台湾高山茶正式实现自主出口。培育一批“同线同标同质工程”品牌，辖区已上线9家“三同”企业，占辖区出口食品企业47.36%、占HACCP认证企业88.89%，高于福建检验检疫局和全国平均水平。

【与武平县合作共建万亩出口备案基地】 10月17日，与武平县政府签署《“建设万亩备案基地 打造出口食品大县”合作备忘录》，开展合作，实施武平出口食品农产品备案基地“品牌提升工程”，多方面加强协作，实施质量共治，共同推动农业供给侧结构性改革，促进地方经济发展。

【出口食品农产品品牌培育】 帮扶福建漳平木村林产有限公司“美丽家园”出口产品品牌通过福建局出口食品农产品品牌备案评价，充分发挥出境竹木草制品质量安全示范企业质量管理优势，制定“美丽家园”牌木门框产品标准，并进一步完善品牌标准体系，提升产品质量，确保产品质量稳定。2017年，出口额4.6亿元，其中“美丽家园”自主品牌产品出口额7735万元，占总出口量16.7%，同比增长280%。

【通关便利化建设】 完善e-CIQ主干系统运用，全力对接“单一窗口”建设，无纸化报检率超过90%；推进业务资源整合和业务流程优化，检验检疫流程平均时长压缩到0.5小时以内。深化原产地证改革，落实备案检商“两证合一”、签证“零见面”模式，签发各类原产地证书2876份，金额1.91亿美元，同比分别增长16.96%、42.55%，可为企业减免进口国关税6208万元。

【“共和国质检摇篮”“红色质检文化”课题研究】 “共和国质检摇篮”“红色质检文化”课题研究获国家质检总局发展研究中心主任付文飙充分肯定，认为“解决质检发展历史断档问题，打造一个‘福建样本’。”龙岩市委领导肯定“是挖掘闽西红色文化的又一个亮点”。在古田建成“共和国质检摇篮”展馆，与中共党史出版社签订协议，专著即将出版。闽西红色质检影响力进一步扩大，新古田会议以来，来龙岩接受党性锻炼的全国质检系统领导干部持续增长，累计3100人次，2017年900多人次，比增25.3%，成为展示福建质检良好形象和传承红色质检基因的重要窗口。

（市检验检疫局 供稿）

【海关】 2017年，龙岩海关审核进出口报关单2424份（其中进口报关单350份，实际进口报关单234份，形式结转报关单116份；出口报关单2074份：实际出口报关单1969份，形式结转报关单105份），同比增长25.47%；进出口货运量55.85万吨（其中进口货运量52.07万吨，出口货运量3.78万吨），比上年增长31.75%；进出口集装箱数7378个，同比增长4.18%；进出口货值13.23亿美元（其中进口11.13亿美元，出口2.1亿美元），同比增长67.63%；征收税款48051.92万元人民币，同比增长54.91%（其中关税614.65万元人民币，增值税47437.27元人民币）。新增注册企业132家，与上年同比减少31.6%；

加工贸易合同备案74份，与上年同比增长1.4倍，备案金额15.36亿美元，与上年同比增长64.2%；核销手册22本；减免税审批18份，审批货值为289.31万美元，减免关税61.96万元人民币，与上年同比减少91.8%；减免增值税为348.35万元人民币，与上年同比减少90.1%。

【隶属海关功能化改革】 12月，根据《海关总署关于隶属海关功能化建设的批复》及《厦门海关隶属海关功能化建设方案》，龙岩海关作为属地型海关，科室职能进行了调整，下设办公室、稽查科、综合业务科、古田业务科4个科室。稽查科，主要承担稽核查和企业认证职能，作为外勤科室同时承担物流监控（含监管场所管理）及查验职能，进驻陆地港；综合业务科，进驻海关大楼一楼报关厅，设立统一对外业务窗口，实现海关业务"通受通办"，主要承担纸面单证审核、减免税、企业注册登记等职能；古田业务科承担全关区加工贸易业务，进驻古田，重点推进紫金铜业等龙头企业加工贸易发展，并负责蛟洋工业区海关监管场所管理。

【跨境电商监管中心】 9月8日，厦门海关批复同意龙岩中外运物流有限公司在陆地港设立跨境电商监管中心。跨境电商监管中心场所面积11932.26平方米，注册资本1000万元。11月9日，龙岩跨境电商监管中心分拣线系统顺利完成与统一版联调联试，标志着该中心已具备监管作业场所验收条件，下一步龙岩海关将继续推进跨境电商项目落地投产。该中心设立后，将推动龙岩陆地港功能的拓展和完善，发挥龙岩地处闽粤赣交通枢纽的区位优势，促进闽西老区新兴业态发展和产业转型升级。

【企业信用管理】 1月11日，龙岩海关向福建龙净环保股份有限公司颁发海关高级认证企业证书，该公司成为《中华人民共和国海关企业信用管理暂行办法》（署令225号）实施以来龙岩关区首家通过海关重新认证的高级认证企业。依照"诚信守法便利"原则，该企业取得高级认证资质后，可在国内及35个AEO互认国家和地区享受优先办理海关手续、免担保验放、适用较低进出口货物查验率等通关便利措施。

（张羽　撰稿）

22 人事管理

编辑　游友荣

综　述

【人才强市】 2017年，围绕龙岩市产业发展需要，编制实施《龙岩市2017-2018年度紧缺急需人才引进指导目录》；会同组织部门制定龙岩市企业高级经营管理人才、科技创业创新人才、名医名师名校长、技能大师、农村实用人才等8类本地优秀人才政策支持措施，盘活本地人才存量；开展人才项目需求征集活动，多渠道宣传推介，吸引人才到龙岩创业创新。做好人才引进培养。全面开展"121"高端人才引进培养工程，2017年新确认引进福建省高层次人才21名，其中A类人才2名、B类人才15名、C类人才4名，发放一次性安家补助1400万元；新确认市级引进高层次人才4名；新确认工科类青年人才93人，发放企业聘用补助1050万元。稳步实施机关企事业单位"千人计划"，龙岩市选拔引进高校优秀毕业生177名。

（市人社局　供稿）

【高层次人才队伍建设】 始终把加强人才队伍建设作为强市之基，以体制创新、制度创新、政策创新为突破，推动人才项目市场化深度融合，助推"人才强市"战略深入实施。2名本土人才成功入选国家"万人计划"，实现零的突破。截止年底，全市共引进国家"千人计划"人才6人、"万人计划"3人、省"百人计划"21人，省高层次创业创新人才20人、工科类青年人才120人。其中，引进高层次产业人才是前三年总数的2倍，引进工科类青年人才是前三年的3倍，山区市首位。建成16个院士专家工作站、10个博士后科研工作站、29个省级以上工程技术研究中心、22个省级以上企业技术中心，全省唯一的企业国家重点实验室落户龙岩，上杭金铜产业人才聚集地入选省第一批产业人才聚集基地。发挥龙岩人才发展集团"引才、项目、资本运作"优势，将龙岩科技创业园整合并入人才发展集团，打造12.6万平方米的"一站式"服务平台。全面启动人才招商工作，引进新型半导体功率器件、柴油机动车尾气净化催化剂、智慧水务装备等总投资超4亿元的10个高层次人才创业项目落地。实施机关企事业人才引进培养"千人计划"。2017年引进"双一流"优秀毕业生177人，其中硕士、博士占97.8%。大力开展名师名校长"师徒结对"，跟进做好74名优秀老师与23名省名师工作室领衔人及团队成员、78名优秀骨干校长与35名省名校长工作室领衔人及团队成员结成师徒。推动名医"师带徒"，跟进实施22位北京国家级医疗卫生专家与龙岩市62名中青年骨干医生结为师徒，实现医疗人才、技术高位嫁接。

（市委组织部　供稿）

【军转安置】 2017年，完成省下达龙岩市年度46名计划安置(其中：团级9人，营职级以下37人)和12名自主择业军转安置任务；加强自主择业军转干部管理，完成71名自主择业军转干部的基础信息采集录入、人脸识别、指静脉识别等信息录入；发放市属企业军转干部生活困难补贴90余万元、70周岁以上人员生活困难补贴（高龄补贴）15.9万元、医疗补贴17.56万元。

【工资制度】 2017年，牵头开展"1+X"规范公务员津贴补贴和事业单位绩效工资专项督查工作，进一步规范津贴补贴和绩效工资发放；做好2016年公务员工资试调查工作，全市613个机关单位完成公务员薪酬制度调查；开展2016年度全市工资统计工作，全市共完成943个机关单位(含参公)，1.77万名公务员及机关工勤(含参公)，2188个事业单位，5.86万名专业技术人员及事业工勤工资统计工作。做好机关事业单位年度考核晋升工资审批工作，共办理2.37万人次工资审批工作；办理退休工资及退休审批297人，退休证337本。

公务员管理

【公务员考录工作】 2017年，做好福建省2017年度考试录用公务员考录工作，全市共有102家单位提供238个职位，共招考291人，284名考生已办理录用手续，圆满完成全市公务员考录“省市县乡四级联考”的录用工作。完成全市公安系统（含森林公安）面向公安院校公安类专业应届毕业生招录63人工作。

【公务员素质提升】 2017年，举办科级干部任职培训班、公务员初任培训班、人事干部培训班，共445名公务员参加培训；组织开展2017年干部网络培训，全市2.47万名干部参加网络教育学习，1.58万人参加全省应急管理网络培训，1.6万人参加学法考试。

【公务员考核奖惩监督】 完成2016年度97家市直机关单位及参公事业单位年度考核备案工作，2987人参加考核，其中优秀569人，称职（合格）2361人，基本称职（基本合格）1人，不称职（不合格）2人，不定等次49人，不参加考核5人。2017年，审核2014–2016年度连续三年考核优秀记三等功公务员及机关工勤人员共121人。规范表彰奖励，共向省级以上各主管部门推荐表彰先进集体33个，先进工作者124人。办理公务员登记79人，参公登记67人，非领导职务审批74人，承办市管有关领导人员任免162人，办理10位同志调任手续，6位同志调入行政机关交流任职的手续。

专业技术职务管理

【事业单位人事管理】 2017年，办理133家单位的岗位职数变动审批工作。加强对各县（市、区）事业单位招聘方案的审核，指导各县（市、区）完善公开招聘工作方案，共核准全市中小学幼儿园新任教师公开招聘计划807名，核准各县（市、区）医疗卫生事业单位自主招聘专业技术人员249名，核准各县（市、区）其他事业单位公开招聘计划315名。规范开展市直事业单位公开招聘工作，共发布117个岗位、招聘人数150人。完善基层事业单位公开招聘办法，对医疗卫生、高校等事业单位招聘高层次人才、学科带头人、紧缺急需专业人才等，允许采取面试、组织考察、专项公开招聘等方式公开招聘；对长汀、连城、武平等3个省级扶贫开发重点县和“招人难、留人难”的市直事业单位，放宽招聘条件，降低进入门槛。分类指导高校、中职院校、医疗卫生、文化事业等10家市直事业单位自主开展公开招聘工作，发布招聘岗位138个。

【职称制度改革】 2017年，有序开展第四轮岗位聘用工作，根据各事业单位系属的主管部门及行业分类对所有事业单位进行重新编号管理，使龙岩市事业单位岗位管理更加规范化、科学化；推荐省评高级职务370人、中级26人。预审教育、工程、非公、会计等系列参评职称人员的材料。共评审高级职务任职资格450人，中级职务任职资格738人，确定初级职务1006人。指导、监督并协助归口主管部门做好计算机技术与软件专业技术、一级建造师、全国会计专业等考试考务工作。各系列职称考试初级通过2197人，中级通过1738人，高级通过1人，注册类考试通过446人。

人才队伍建设

【服务专家工作】 2017年，共6人被评为国家特贴专家，4人推荐为国家百千万人才、3人入选省“百人计划”人才、13人申报福建省青年拔尖人才。上杭县金铜产业被评为省级人才聚集基地，龙净环保股份有限公司被评为福建省第二批企事业人才高地，永定区农业局、福建连天福生物科技有限公司、龙岩市石燎阁蜂业有限公司被评为省级专家服务基地。实施省“外专百人计划”、高端外国专家团队计划和革命老区、苏区发展引智计划申报工作，3个项目申报革命老区重点引智项目。组织全市10多家企业参加第十五届中国国际人才交流大会。

【专业技术人才队伍建设】 2017年，对有突出贡献的高端专业技术人才，引进的高层次人才，“千人计划”人才给予政策倾斜。全年共有18名有突出贡献的本土高端专业技术人才，91名“千人计划”引进专业技术人才在职称评聘时使用“特设岗位”。对龙岩学院等高校下放职称评聘自主权，龙岩市高校在核定的岗位结构比例内，实行评聘合一、自主聘任。支持和鼓励事业单位专业技术人员创新创业，全市有9名事业单位工作人员离岗自主创业，选派到企业挂职25人，并在3年内保留其人事关系。

【高技能人才培养】 2017年，出台《龙岩市市级技能大师工作室管理办法》，评选龙岩市首批7家“技能大师工作室”。组织开展职业技能竞赛近20项，职业、工种、层次更加丰富，特别是在龙岩技师学院举办全省电工职业技能竞赛活动，综合成绩位居全省前列。2017年开展职业技能鉴定2.6万人，高技能人才培养1555人，超额完成省厅下达任务；2017年龙岩技师学院招生2583人，年招生人数、在校生数、培养层次及规模均为福建省技工院校之首。

（市人社局　供稿）

23 中共龙岩市委

编辑　游友荣

重大决策

【概况】 2017年，龙岩市各级各部门认真贯彻落实习近平新时代中国特色社会主义思想和党的十九大精神，团结带领全市干部群众，坚持稳中求进工作总基调，扎实推进供给侧结构性改革，全面实施创新驱动、产业兴市、人才强市"三大战略"，深入打好项目落地、脱贫攻坚、生态环保"三大战役"，加快补齐民生社会事业短板，经济社会发展和党的建设各项工作取得新成效。全市地区生产总值实现2167.5亿元，增长8.2%；财政总收入增长3.1%，地方一般公共预算收入增长5.6%；固定资产投资增长15.1%；城镇居民人均可支配收入增长8.6%，农民人均可支配收入增长8.8%。

【十九大精神学习贯彻】 把迎接党的十九大胜利召开、学习贯彻党的十九大精神，作为贯穿全年工作的主线。召开市委五届五次全会，下发《关于认真学习宣传贯彻党的十九大精神的通知》，组织开展党的十九大精神进机关、进企业、进校园、进社区、进农村、进军营、进网站，要求全市党员干部群众认认真真、原原本本学习，准确领会把握党的十九大精神的思想精髓、核心要义，让习近平新时代中国特色社会主义思想在闽西落地生根，推动党的十九大精神在闽西形成生动实践。2017年，全市共举办宣讲报告会600多场次、组织宣传文化活动2600余场次。

【培育发展新动能】 实施产业兴市行动计划，出台工业十五条、服务业十五条等扶持政策，加快推进农业供给侧结构性改革，"一企一策" 支持龙净环保、龙工等龙头企业做强做大，全年实现规模以上工业增加值增长8.1%，第三产业增加值增长11.9%，一产增加值增长2.7%，三次产业结构调整为10.5∶51.9∶37.6。实施创新驱动战略，市科技创业园获批国家级科技企业孵化器，武平县获批设立全省县域首个高新区，全市新增省级新型研发机构2家，省级重点实验室2家，高新技术企业累计达105家。实施"人才强市"战略，引进"百人计划"专家21人、省级高层次人才20名、国家"千人计划"人才6名，实现国家"千人计划"引进"零"的突破。全面厘清经开区与永定区、新罗区，古田镇与古田管理中心的关系。建设"e龙岩"网上公共服务平台，审批服务事项全部进驻网上办事大厅，"一趟不用跑""最多跑一趟"事项达83.1%。

【持续打好"三大战役"】 出台项目工作20条，建立完善客商资源库和项目信息库，持续推进军民融合，列入省"五个一批" 项目、300个省市重点项目、30个投资工程包均超额完成年度投资任务，新签约项目257个，总投资665亿元，成功创建国家军民融合特色产业示范基地和国家应急产业示范基地。建立健全贫困户进退管理、精准扶贫信息平台等，连续组织季度"攻势行动"，实行精准扶贫医疗叠加保险"两道补助"，开展竞争性产业扶贫机制试点，全市5.7万人实现脱贫，80个贫困村、7个贫困乡镇如期实现摘帽。实施"清新水域""洁净蓝天""清洁土壤""绿满青山"四大提升工程，在全省率先出台《关于深化生态公益林管理体制改革的意见》，率先启动河长制工作，创新设立"河道警长制"，重点流域Ⅰ—Ⅱ类水质同比提高4.6个百分点，城市空气质量优良天数比例达99.2%，空气质量综合指数排名全省第二。获评全国森林旅游示范市。

【补齐民生社会事业短板】 坚持以人民为中心的发展思想，推进实施229个、总投资915亿元的民生社会事业补短板项目，全面完成25项为民办实事项目。出台加强基础教育工作十条措施，推行“阳光招生”，全市新增中小学及幼儿园学位2.5万个。深化医药卫生体制改革，加大社会资本办医扶持力度，民营医院新增开放床位795张。出台加快养老事业发展的实施意见，成功入选全国居家和社区养老服务改革试点地区，城乡居民养老保险续保率95.49%。实施道路畅通、旧城改造、市政提升等“六大工程”，新建及改造城市道路17.8公里，新增公共停车位3000多个，成功创建第五届全国文明城市。

【社会治理创新】 深入推进“平安县(市、区)”创建活动，平安县乡村三级联创和“3个10%”做法在全国推广。研究出台《龙岩市红色文化遗存保护条例》，在全国率先通过地方立法保护红色文化遗存，获批设立国家级客家文化生态保护试验区。开展“治安要素基础大排查”“打黑恶缉枪爆”“网络空间净化”“反恐防暴”等八大专项行动，长汀县全国涉麻制毒警示通报地区实现降级、连城县全国涉麻制毒重点关注地区实现摘帽、新罗适中全国网络购物电信诈骗重点整治地区实现摘帽。开展拉网式、地毯式矛盾纠纷排查化解，2017年全市人民调解共调处各类矛盾纠纷12566件，化解率98.75%。

【全面从严治党】 扎实推进“两学一做”学习教育常态化制度化，坚定不移贯彻落实中央和省委的重大决策部署。组建全媒体新闻中心，进一步掌握意识形态工作领导权和主动权。推出一线考核、治理“为官不为”、容错纠错、推进事业单位干部交流调任等四项机制，进一步提振干事创业精气神。加大基层党建投入，村级组织运转经费提高至村均10万元以上。组建巡察机构，对136个党组织开展巡察。深化纪律检查体制改革，全面推进市县两级派驻监督全覆盖，监督范围拓展到全市599个党政群机关和企事业单位。保持惩治腐败高压态势，全市纪检监察机关共立案2238件、比升82.8%，查处违反中央八项规定精神问题274起、408人，给予党纪政纪处分2186人，移送司法机关处理86人。

重要会议

【市委五届四次全会】 8月12日上午，中国共产党龙岩市第五届委员会第四次全体会议在龙岩人民会堂召开。市委书记林国耀主持会议并讲话。市委副书记、市长林兴禄作有关文件说明。市委委员、候补委员，市人大常委会、市政府、市政协党员领导，市中级人民法院院长、市人民检察院检察长，在龙岩省人大常委会委员，非中共党员的市级领导，厅级离退休老同志出席会议。会议的主要任务是：全面贯彻党的十八大和十八届三中、四中、五中、六中全会精神，深入学习贯彻习近平总书记系列重要讲话精神和治国理政新理念新思想新战略，贯彻落实省委十届三次全会精神，围绕“再上新台阶、建设新龙岩”的新要求，研究部署加快补齐我市教育、卫生与健康、养老、城乡民生基础设施建设等社会事业短板；审议通过《中共龙岩市委关于加快社会事业发展　补齐民生短板　确保如期全面建成小康社会的决定（草案）》《中国共产党龙岩市第五届委员会第四次全体会议决议（草案）》。

会议指出，党的十八大以来，以习近平同志为核心的党中央始终把人民放在最高位置，高度重视保障和改善民生，为我们补齐民生社会事业短板提供了行动指南和根本遵循。全市各级各部门必须认真学习、深刻领会习近平总书记新理念新思想新战略，认真落实中央关于加快社会事业发展的决策部署和省委《决定》的要求，从讲政治的高度提高认识、提高站位，切实增强补齐民生社会事业短板的紧迫感和责任感。通过补齐民生社会事业短板，进一步解决民生社会事业资源总量不足、分布不均、质量不高、机制不活等问题，推动实现社会转型；进一步丰富有效供给、优质供给，扩投资、促消费，推动实现经济转型；进一步完善城乡民生基础设施，推动实现城乡转型。各级党委和政府必须把加快补齐民生社会事业短板纳入重要议事日程，担当起历史赋予我们这一代在闽西红土地上工作的党员干部的神圣职责，奋力推动补齐民生社会事业短板工作扎扎实实向前推进，使人民群众在共建共享中有更多获得感。

会议提出，全市加快补齐民生社会事业短板的总体要求是：全面贯彻党的十八大以来党中央一系列决策部署，深入学习贯彻习近平总书记系列重要讲话精神和治国理政新理念新思想新战略以及来闽来岩重要讲话精神，增强“四个意识”，以“五位一体”总体布局、“四个全面”战略布局为指引，牢固树立和贯彻落实五大发展理念，坚持以人民为中心的发展思想，围绕“再上新台阶、建设新龙岩”的新要求，紧盯薄弱、对接需求，扩大总量、补齐短板，提升质量、打造品牌，力争更多社会事业领域走在全省前列，让人民群众有更多的获得感，确保如期全面建成小康社会。主要目标是：到2020年，社会事业发展与全市经济发展水平基本相适应，公共服务体系更加完善，供给能力显著增强，“学有所教”“病有所医”“老有所养”和“宜居宜业”等基本公共服务保障能力和水平迈上新台阶，社会事业重点领域主要指标达到或超过全省平均水平。

会议强调，加快社会事业发展补齐民生短板要量力而行、尽力而为，统筹兼顾、重点突破，坚持政府主导、引入市场机制，一步一步把人民群众对美好生活的向往变成现实。要围绕“学有所教”，着力提高教育供给质量。学前教育要公办民办并举，义务教育要均衡优质并重，高中教育要改造提升并行，高等教育、职业教育要转型融合并进。要围绕建设“健康龙岩”,着力增强卫生与健康服务能力。要筑牢网底,扩大医疗服务供给总量;做优塔尖,提升高端医疗服务水平;优化结构,完善医疗卫生供给体系。要围绕“老有所养”,着力构建养老服务体系。居家社区养老要打造新品牌,机构养老服务要创新模式,医养融合发展要探索新路子。要围绕宜居宜业,着力提升城乡民生基础设施功能品位。要深入实施城乡畅通工程,让出行更便捷;加快完善环保、水利设施,让环境更舒适;持续完善城乡公共服务设施,让生活更多彩。

会议要求,各级党组织和广大党员干部要进一步强化大局意识,盯紧目标、主动作为,责任担当要强,项目支撑要实,要素保障要足,干事氛围要浓,确保完成既定目标任务,着力打造社会事业领域的“龙岩品牌”。

会议号召,全市各级党组织和广大党员干部要更加紧密地团结在以习近平同志为核心的党中央周围,振奋精神、真抓实干,全力把补齐社会事业短板工作抓紧抓实抓出成效,奋力谱写全面建成小康社会的龙岩篇章,以优异成绩迎接党的十九大胜利召开!

【市委五届五次全会】 11 月 21 日上午,中共龙岩市委五届五次全会在龙岩人民会堂召开。市委副书记、市长林兴禄代表市委常委会向全会作报告。市委领导何明华、王金福、詹昌建、邓菊芳、魏东、毛高良、王龙,市委委员、候补委员,市人大常委会、市政府、市政协党员领导,市中级人民法院院长、市人民检察院检察长,在龙岩省人大常委会委员,非中共党员的市级领导,厅级离退休老同志出席会议。会议的主要任务是,深入学习贯彻党的十九大精神和省委十届四次全会精神,进一步组织动员全市各级党组织、广大党员和干部群众,高举中国特色社会主义伟大旗帜,坚持以习近平新时代中国特色社会主义思想为指导,不忘初心,牢记使命,决胜全面建成小康社会,加快建设新龙岩,为夺取新时代中国特色社会主义伟大胜利、实现中华民族伟大复兴的中国梦贡献龙岩力量;审议通过《中国共产党龙岩市第五届委员会第五次全体会议决议(草案)》。

会议充分肯定市委五届二次全会以来市委常委会的工作。一致认为,在以习近平同志为核心的党中央坚强领导下,市委常委会认真学习贯彻习近平新时代中国特色社会主义思想,围绕“五位一体”总体布局和“四个全面”战略布局,坚持稳中求进工作总基调,按照市第五次党代会确定的奋斗目标,团结带领全市干部群众,全面实施“三大战略”,深入打好“三大战役”,加快补齐民生社会事业短板,推动经济、政治、文化、社会、生态文明建设和党的建设取得了新成效。

会议指出,党的十九大是在全面建成小康社会决胜阶段、中国特色社会主义进入新时代的关键时期召开的一次十分重要的大会,具有重大里程碑意义。学习宣传贯彻十九大精神,是当前和今后一个时期的首要政治任务。各级党组织和全体党员干部要在前期学习宣传贯彻的基础上,进一步兴起学习宣传贯彻热潮,切实把思想和行动统一到十九大精神上来,把智慧和力量凝聚到实现十九大确定的目标任务上来。

会议强调,学习贯彻十九大精神,要学懂弄通,深刻领会、准确把握十九大精神的思想精髓、核心要义。重点把握新时代、新思想、新征程、新部署、新要求等方面的丰富内涵。要深刻领会把握中国特色社会主义进入新时代的重大政治论断,认识新时代、顺应新时代、引领新时代,努力创造无愧于新时代的新业绩;要深刻领会把握习近平新时代中国特色社会主义思想,坚持不懈用新思想武装头脑、指导实践、推动工作,让习近平新时代中国特色社会主义思想在闽西形成生动实践、谱写美丽篇章;要深刻领会把握分两步走全面建设社会主义现代化国家的新征程,认真实施全市“十三五”规划,扣紧 2018 年、2019 年、2020 年、2021 年 4 个重要时间节点和赶超战略的工作坐标,奋力实现与全国全省同步全面建成小康社会,进而在更高起点上建设机制活、产业优、百姓富、生态美的新龙岩;要深刻领会把握十九大作出的新部署,不断推动新龙岩建设取得更大成效;要深刻领会把握新时代党的建设新要求,全面增强执政本领,推动全面从严治党向纵深发展。

会议强调,学习宣传贯彻十九大精神,要做实做好,在新时代中国特色社会主义征程上奋力建设新龙岩。必须坚持以习近平新时代中国特色社会主义思想为指导,以十九大理论创新成果统领龙岩改革发展稳定各项工作。习近平总书记高度重视、十分关心闽西老区的建设发展,先后 20 次到龙岩考察指导工作,亲自决策并主持古田全军政治工作会议,先后对长汀水土流失治理、福建集体林权制度改革工作作出重要批示,十九大报告特别指出:“召开古田全军政治工作会议,恢复和发扬我党我军光荣传统和作风”,这些都让闽西人民特别亲切,倍受鼓舞、倍感振奋。全市各级党组织和全体党员干部必须以更大的决心、更强烈的责任、更深厚的感情领会把握习近平新时代中国特色社会主义思想,切实将新思想贯穿和体现到龙岩建设发展的全过程、各方面。要坚持产业兴市,以供给侧结构性改革为主线,做优产业体系,做强龙头企业,全力扶持小微企业,推进大众创业、万众创新,大力实施乡村振兴战略,强化改革创新,做实项目支撑,全力推动发展动能转换;要加强民主政治建设,加强党对人大、政协及统战工作的领导,深入推进法治龙岩建设,广泛汇聚建设新龙岩的强大合力;要加快建设文化强市,牢牢掌握意识形态工作领导权,推动闽西文化繁荣兴盛,推进精神文明建设常态长效,不断激发闽西特色文化创新创造活力；要着力改善民生，坚决打赢脱贫攻坚战，加快补短板、强弱项，推进平安龙岩建设，不断提升人民获得感幸福感安全感；要发挥绿色生态优势，提升拓展生态品牌，加快推进绿色发展，注重生态环境保护，加快建设美丽龙岩。

会议强调，中国特色社会主义进入新时代，我们要传承红色基因，按照新时代党的建设总要求，深入推进党的建设新的伟大工程，让党的事业在闽西大地薪火相传、继往开来。要高举旗帜，维护核心，把政治建设摆在首位，坚定维护以习近平同志为核心党中央权威和集中统一领导，坚决维护核心、服从核心、捍卫核心；要以习近平新时代中国特色社会主义思想为指导，不断增强思想建设的基础性作用，以更高的站位加强政治建设和思想建设。要坚持导向，实干实效，全面准确落实好干部标准，以更实的举措建设高素质专业化干部队伍。要重心下移，筑牢基础，以更活的机制打造坚强战斗堡垒。要持之以恒，标本兼治，以更严的标准将作风建设和反腐败斗争引向深入。要雷厉风行，久久为功，以钉钉子精神狠抓工作落实。

会议号召，全市广大党员干部要更加紧密地团结在以习近平同志为核心的党中央周围，坚持以习近平新时代中国特色社会主义思想为指导，锐意进取，苦干实干，为建设机制活、产业优、百姓富、生态美的新龙岩，实现十九大描绘的宏伟蓝图而努力奋斗！

附：重要文件（目录）

1.《中共龙岩市委、龙岩市人民政府关于推进农业供给侧结构性改革加快培育农业农村发展新动能的实施意见》（岩委发〔2017〕1号）

2.《中共龙岩市委、龙岩市人民政府关于深化国有企业改革的实施意见》（岩委发〔2017〕3号）

3.《中共龙岩市委、龙岩市人民政府关于推进教育改革创新发展的意见》（岩委发〔2017〕6号）

4.《中共龙岩市委关于加快社会事业发展补齐民生短板确保如期全面建成小康社会的决定》（岩委发〔2017〕11号）

5.《中共龙岩市委、龙岩市人民政府关于进一步加强城市规划建设管理工作的实施意见》（岩委发〔2017〕13号）

6.《中共龙岩市委、龙岩市人民政府进一步深化集体林权制度改革推进绿色产业发展的意见》（岩委发〔2017〕14号）

7.《中共龙岩市委关于认真学习宣传贯彻党的十九大精神的通知》（岩委发〔2017〕17号）

8.《中共龙岩市委、龙岩市人民政府关于印发〈“健康龙岩2030”行动规划〉的通知》（岩委发〔2017〕18号）

9.《中共龙岩市委印发〈关于建立健全党委系统法律顾问制度的实施意见〉的通知》（岩委发〔2017〕20号）

10.《中共龙岩市委、龙岩市人民政府关于印发〈建立健全文明城市建设常态长效机制的若干意见〉的通知》（岩委发〔2017〕21号）

11.《中共龙岩市委、龙岩市人民政府印发〈龙岩市生态环境保护工作职责规定〉的通知》（岩委发〔2017〕23号）

12.《中共龙岩市委关于印发〈进一步治理“为官不为”提振党员干部干事创业精气神的实施办法〉的通知》（岩委〔2017〕2号）

13.《中共龙岩市委、龙岩市人民政府关于印发〈2017年市委、市政府为民办实事工作项目〉的通知》（岩委〔2017〕9号）

14.《中共龙岩市委、龙岩市人民政府关于印发〈龙岩市全面推进河长制实施方案〉的通知》（岩委〔2017〕19号）

15.《中共龙岩市委印发〈关于进一步推动全面从严治党向农村基层延伸的若干意见〉的通知》（岩委〔2017〕23号）

16.《中共龙岩市委、龙岩市人民政府关于印发〈龙岩市安全生产工作责任清单〉的通知》（岩委〔2017〕45号）

17.《中共龙岩市委、龙岩市人民政府关于调整龙岩经济技术开发区（龙岩高新技术产业园区）管理体制机制的通知》（岩委〔2017〕59号）

18.《中共龙岩市委、龙岩市人民政府关于印发〈龙岩市培育支柱产业龙头企业三年行动计划（2018-2020年）〉的通知》（岩委〔2017〕84号）

19.《中共龙岩市委办公室印发〈关于建立容错纠错机制激励干部敢于担当负责创新的实施办法（试行）〉的通知》（岩委办〔2017〕48号）

20.《中共龙岩市委办公室、龙岩市人民政府办公室关于印发〈龙岩市网上公共服务平台（e龙岩）建设工作方案〉的通知》（岩委办〔2017〕68号）

（市委办　供稿）

“两学一做”学习教育

【概况】 2017年，中央部署推进“两学一做”学习教育常态化制度化，龙岩市立足传承红色基因，把学习习近平新时代中国特色社会主义思想和党的十九大精神作为重要内容，在“学”与“做”上不断深化拓展，推动全市“两学一做”学习教育抓在经常、融入日常，全市6464个党支部全部完成“学习贯彻习近平总书记重要指示精神、深入开展向廖俊波同志学习活动”“践行‘四讲四有’标准、争做‘四个合格’党员”“学习贯彻党的十九大精神、强化‘四个意识’、坚定‘四个自信’”等三个主题学习讨论。

【创新学习形式】 发挥特色资源优势，鼓励基层结合实际探索行之有效的学习方式，努力使广大党员学得进、悟得深。新罗区在全国率先开设网络定期直播党课“章口就来”，由全国优秀共产党员章联生担任主播，运用顺口溜、三句半、民谣方言，把习近平新时代中国特色主义新思想和党的十九大精神“翻译”成通俗易懂的群众语言，深受党员群众欢迎；永定区创办农民党员学校，分批次组织教学，通俗易懂、深入浅出地授课；连城县组建民言宣讲团，深入田间地头开展学习宣讲。

【注重典型引路】 把学习、宣传先进典型，作为“两学一做”常态化制度化的重要抓手，激励党员干部见贤思齐、向上向善。开展“学习廖俊波，争做合格党员”主题实践活动，各基层党组织以召开专题组织生活会、专题学习讨论、撰写心得体会等形式，掀起学习热潮。评选“两学一做”好文章、群众身边好党员、基层一线好支部、党员电教好片子、党建创新好案例、党建之友好典型等“六好”项目42个，选树全国“人民满意派出所”—古田派出所、缉毒英雄涂太阳等一批群众身边先进典型。

【强化工作落实】 以严格落实“三会一课”基本制度为抓手，推动“两学一做”学习教育常态化制度化各项要求落到实处。召开全市推进“三会一课”制度视频推进会，印制全市统一规范的《党组织活动记录簿》，细化工作流程，明确具体要求。制定《“两学一做”学习教育常态化制度化检查主要内容及要求细化表》，细化101项检查内容，组建督导组深入基层，对乡镇（街道）、村（社区）、机关单位、学校、国企、“两新”组织等不同领域党组织推进“两学一做”学习教育常态化制度化情况开展督导，对发现问题进行集中反馈，督促基层限期整改。各地各单位也参照市委做法，普遍开展对下工作督导2次以上，扩大督导的覆盖面，形成一级抓一级，层层抓落实的工作机制。

（市委组织部　供稿）

组织工作

【干部教育培训】 根据市委“力争把古田建设成为全国党员干部教育培训阵地”精神，市委组织部沿着“围绕红古田，唱响主旋律，打造精品牌”的方向，充分发挥组织部门抓总牵头作用和党校（行政学院、社会主义学院）主渠道主阵地的作用，以古田干部学院为平台，从闽西实际出发，深入挖掘古田会议等红色资源优势，把加强理想信念教育作为党员干部教育培训的重要内容，围绕提升领导干部引领科学发展和履职能力，积极完成各项调训任务，切实打造龙岩市干部教育培训品牌。2017年，完成中央、省级厅级和县处级干部调训128人次，开展2017年处级班、中青班、青干班主体班次培训，培训310人次。举办专题培训班4批次轮训155人次，举办学习十八届六中全会专题培训班，培训县处级干部1088人次，举办全市厅级干部和市管干部学习贯彻党的十九大精神专题培训班，培训全市县处级以上干部950人。完成中直机关党校第二轮（2017-2022）合作办学2017年春季互派学员20人次交流学习。

【干部宏观管理】 打好干部管理“组合拳”。开展一线考核，破解“画像不准”难题。制定出台《开展一线考核干部工作的办法（试行）》，深入一线收集“责任清单”、掌握“问题清单”、核实“成绩单”，对全市60个“重中之重”项目及2017年度中心城市重点项目土地房屋征收工作开展3轮跟踪考核，召开项目座谈会、列席项目推进会、实地查看项目480多场次，个别访谈1189人次，考核处级干部132人，形成登记表181份，精准发现一批干部，攻坚提速一批“老大难”项目。注重分类施策，破解“为官不为”难题。制定出台《进一步治理“为官不为”提振党员干部干事创业精气神的实施办法》，甄别“为官不为”的党员干部，视“为官不为”程度采取调离岗位、改任非领导职务、引咎辞职、责令辞职、免职、降职等措施进行处理。全年累计调整不适宜不胜任市管干部5名（市直部门“一把手”3名），科级干部36名（乡镇党政主官7名），形成震慑。坚持容错纠错，破解“好坏不分”难题。制定出台《关于建立容错纠错机制激励干部敢于担当负责创新的实施办法（试行）》，明确界定容错的10种情形和4个先决条件，划清可容的“边线”和坚决不容的“红线”，为敢于担当的干部担当，为敢于负责的干部负责，为敢于创新的干部撑腰。强化正向激励，破解“动力不足”难题。制定出台《关于进一步推进事业单位干部交流调任机关工作的意见》，各县（市、区）从事业干部中调任乡镇领导班子20人、竞争性选拔进入乡镇领导班子65人，打破基层事业干部晋升“天花板”。

【干部监督】 从严干部日常监管。认真抓好个人有关事项报告“两项法规”贯彻落实。落实《关于印发〈领导干部报告个人有关事项规定〉和〈领导干部个人有关事项报告查核结果处理办法〉的通知》精神，从严执行领导干部个人有关事项报告制度，并按照10%的比例随机抽查核实领导干部个人有关事项。2017年共对466名领导干部的个人有关事项进行抽查核实，其中，诫勉处理5人，组织调整1人，移送纪检监察机关处理1人。落细落实提醒、函询和诫勉。制定出台《关于对市管干部进行提醒、函询和诫勉的操作规程（试行）》，对市管干部提醒函询诫勉程序进一步细化，对领导干部苗头性、倾向性问题多咬耳朵、常扯袖子。全市各级领导干部因履行责任、工作作风等方面问题被提醒1450人次，函询231人次，诫勉57人次。开展选人用人专项检查。对7个县（市、区）和60个有用人权的市直单位（部门）党组（党委）进行选人用人情况和

“7+3”专项整治情况进行监督检查，“件件有着落”“条条有整改”，集中力量按时抓好整改。

【基层党建】 以打造“红土先锋”品牌为统揽，在基层党组织开展以“比创新、比典型、比服务、看实效”为主要内容的“三比一看”活动，配套实施“红土先锋”基层党建典型培育行动计划，重点培育73个市级党建综合示范点，创建各类“红土先锋党员工作室”500个（其中，综合型307个、专业型193个）。

以助力“脱贫攻坚”提升农村党建水平。实施基层党建与脱贫攻坚“双推进”。大力实施乡村振兴战略，制定出台《进一步开展基层党建与脱贫攻坚“双推进”工作实施方案》，明确重点任务清单，逐项列出时间节点、责任单位，对标推进工作落实。在全省率先试行“竞争性扶贫”项目，由村党组织牵头、以党员贫困户为试点，在扶贫项目支持中引入竞争上岗机制、在项目实施效果考评中引入优胜劣汰动态管理机制，实现扶贫与扶志相结合。持续选派第五批418名机关党员干部驻村工作，实施精准挂钩帮扶，每个村安排20万元捆绑资金，建立一支“永不走的工作队”。大力实施“党建富民强村”工程。在确定132个贫困村开展扶持村级集体经济发展试点工作的基础上，制定出台《龙岩市发展壮大村级集体经济实施意见》，提出“强化资金扶持、推动产业发展、盘活集体资产、开发集体资源、兴办特色服务、实行挂钩帮扶”等六大类20条刚性措施，并持续探索完善“支部+合作社(协会、基地)+电商+贫困户”“党员信贷担保”等“党建+”办法，全市无集体经济收入村从2016年的30.2%下降至6.3%。完善村级组织运转经费保障。村级组织运转经费提高到村均10万元以上，村主干报酬从1000元/人·月提高到2000元/人·月、实现翻一番，其他村干部按村主干60%的比例提高到1200元/人·月；离任村主干养老补助，从每人每月补助50元，任职时间每增加3年，补助每人每月增加5元，提高到每人每月补助200元，任职时间每增加3年，补助每人每月增加50元，有效提振村干部干事创业精气神。同时，认真抓好2018年村(居)组织换届选举。

以强化治理能力提升城市党建水平。着力“四有三创”夯实城市党建基础。制定出台《关于推进城市社区党建“四有三创”标准化建设的意见》，引导资源下沉，实现“社区有专业队伍、有标准化场所、有固定经费、有服务平台，创服务型社区党组织、创平安和谐社区、创文明幸福社区”。全市财政新增社区经费6650万元，增加社区用房面积1.87万平方米，中心城市所在地新罗区55个社区实现城市党建工作指导小组“全覆盖”。打造在职党员进社区升级版。率先组织在职党员回常住社区报到和服务，首创信息平台、立体网格和线上线下工作法，引导在职党员在龙岩市成功创建第五届“全国文明城市”等工作中发挥先锋模范作用。全市136个社区全部开展在职党员进社区报到为群众服务工作，全市机关、事业单位37870名在职党员全部在社区报到，进社区34.6万人次，解决问题3.2万多个。探索建设“红色业委会”。由小区“兼合式”党组织引导党员积极参选担任小区楼院门栋长、业委会、业主监督委员会主任和委员，领导成立由党组织委员担任主任、党员占绝对多数的“红色业委会”，将城市基层党建的组织力转化为城市治理的合力，建设“红土幸福社区”。

以深化党的领导提升国企党建水平。抓政治领导。牢牢把握党对国有企业领导这一根本不动摇，保证党对国企干部人事工作的领导权和对重要干部的管理权，落实国企党组织领导核心和政治核心“两个核心”的法定地位。抓指标体系。将中组部、国务院国资委党委部署的重点任务细化为66个指标，建立健全统计、分析、通报、销号制度，对标推进国企党建重点工作落地。抓薄弱短板。2017年底，市(县、区)管国企已全面完成党组织建设全覆盖、书记和董事长“一肩挑”、党建工作写入公司章程3项重点任务。另外，97.6%的企业落实党务工作人员和经营管理人员同职级同待遇政策，97.6%的企业建立“双向进入、交叉任职”领导体制，100%的企业建立“三重一大”事项决策制度。

以突出扩面提质提升“两新”党建水平。选优建强企业家、党组织书记、党务工作者等“三支队伍”。发挥“红领联盟”论坛“学经验、强素质、交朋友、促合作”四大基本功能，邀请包括证监会专家在类的专家能手现身说法，推动企业优势互补、合作共赢，推动党建互帮互学、以强带弱，涌现出盖桂林、林志强、刘漱光等一批懂经营擅党建的复合型党建人才。创新党建带工建“353”机制。联合工会部门聚焦“覆盖面提升、战斗力和凝聚力提升、认可度和美誉度提升”3大目标，建立“机构同步设置、数据实时共享、人员交叉任职、经费统筹使用、阵地共建共管”五大平台，实施“覆盖提升、基础保障、堡垒先锋”三大工程，党建工作实现从党员参与到全体职工参与的转变，党建力量实现从各自为政到统筹兼顾的转变。实施“双培双创”竞赛活动。从内部管理、科研创新、产品制造、营销售后等关键环节入手，开展“把优秀职工培养成党员、把党员培养成优秀人才、争创‘两新’党建好支部、争创支持党建好业主”竞赛活动，全年新发展党员340名、比增50.4%，新建党组织122个，“两个覆盖”高于全省平均水平。

【党员管理】 开展“红土先锋党员工作室”创建活动，在农村、社区建立以就业帮扶、政策宣传、矛盾调解、扶贫济困为主的综合型党员工作室；在机关企事业单位、科研院所、“两新”组织建立以争创一流业绩为主的专业型党员工作室，全市创建综合型工作室307个、专业型工作室193个。设立龙岩市市级基层干部、党员关心关爱专项资金，对因工(公)死亡、在职期间突发疾病导致死亡依规未被认定为因工(公)死亡、罹患重大疾病、获得市委、市政府及以上荣誉生活困难、党龄50周年生活困难的基层干部、党员等五类人员进行不同标准的补助。科学安排清理补缴党费使用，重点向基层一线、贫困地区、困难群体倾斜，集中走访慰问困难党员、群众和老党员6625人，开展党员教育培训1598班次，补助1283个缺乏经费党支部用于开展支部主题党日、创先争优等活动。开展党组织和党员电子身份信息采集工作，基本信息入库率100%。做好党内统计工作。

【发展党员】 根据省委组织员办《关于印发2017年全省发展党员指导性计划的通知》，把制定和执行计划作为发展党员工作的基础性环节，在综合分析入党积极分子、发展对象构成情况的基础上，研究制定全市发展党员计划，并下发了《关于印发全市2017年发展党员指导性计划的通知》，采取电话跟踪、实地督办、每季一报等措施，及时掌握发展党员工作进展情况，加强过程管理，确保发展党员工作的有序推进。2017年，龙岩市新发展党员2818名，完成省指导性计划的100.6%，排在全省前列。从落实年初计划看，全市发展社会组织党员、农民工党员、女党员、大专以上学历党员均高于省指导性计划；从改善结构来看，发展产业工人党员389名，同比增长34.6%；发展高知识群体党员88名，同比增长49.2%；发展非公有制经济组织党员274名，同比增长47.3%；发展社会组织党员45名，同比增长12.5%，全市新发展党员队伍结构得到有效改善，整体素质进一步提高。

【组织部门自身建设】 按照“讲政治、重公道、业务精、作风好”的要求，全面从严治部，纵深推进自身建设。打造“质量组工”。年初在全市组织系统开展以“学习廖俊波，争当优秀组工干部，争创模范部门”为主要内容的“一学双争”主题实践活动；年末开展学习贯彻党的十九大精神“周学月讲”活动以及组工干部宣讲党的十九大精神下基层、参加民主生活会(组织生活会)下基层、党建工作调研下基层、项目一线考核下基层、关心关爱基层党员干部下基层等“五下基层”活动，一以贯之激发组工干部干事创业精气神，全面提升组织工作质量。打造“效率组工”。实施组织工作全领域项目化管理，将各项工作纳入“标准轨道”，建立分解立项管理台账，专人督促、专责跟踪、全程倒逼、每月督查，作为年度考核、绩效管理的重要依据，有效提升机关运作效率。打造“数字组工”。基于干部综合运用系统，健全市管干部信息库，开发便携式领导信息查询系统，提升涉干工作信息化水平。同时，整合“闽西党旗红”微信公众号、党员e家、远教平台、信息网宣等资源，打造组织工作“三屏合一”(电脑屏、电视屏、手机屏)全媒体展示平台，及时传递权威信息。

（市委组织部　供稿）

宣传工作

【深入学习宣传贯彻十九大精神】 突出学习宣讲。把十九大精神纳入党委(党组)中心组学习重中之重。市委5次专题学习，召开五届五次全会进行部署；由市四套班子党员领导干部、各部门“一把手”带头，深入基层一线、分管领域，宣讲十九大精神。组织“十九大代表谈十九大”活动，沈腾香代表累计宣讲45场，受众近万人。配合中央宣讲团到古田互动宣讲以及省委宣讲团到龙岩宣讲，组建市委宣讲团，深入基层宣讲，引导干部群众全面准确领会十九大精神。发挥400多支3000多名宣讲骨干的“百姓宣讲团”作用，开展专题宣讲2000多场，受众达18万余人，推动十九大精神深入基层、深入群众。扎实抓好十九大文件及学习辅导读物发行工作，征订近5万册。

深化新闻宣传。完善十九大精神宣传报道实施方案，开设“走进新时代，建设新龙岩”“新时代　新气象　新作为”等专题专栏，及时转载中央和省级主流媒体重要报道，反映全市上下学习贯彻党的十九大精神的新思路、新举措、新成效。利用闽西新闻网等网络阵地，开设“领航新征程”等专题专栏，展示全市上下学习宣传贯彻十九的思路、举措。十九大前后，坚持24小时值班应急，加强网络排查，深入开展网上生态治理，做好“净网”“清网”等专项行动，有效处置不良信息37条。

开展社会宣传。开展“学习贯彻十九大精神·我们走进新时代”等主题教育活动，持续学习弘扬廖俊波、周炳耀以及古田派出所等一批先进事迹，大力开展争创全国文明城市系列活动，为学习宣传贯彻十九大营造良好社会环境。开展“深入生活、扎根人民”主题实践系列活动，组织喜迎十九大“闽西汉剧进校园活动”“群文十大”系列活动，精心组织“欢庆十九大·唱经典红歌”活动。

【把握正确方向导向】 把意识形态工作摆上重要议事日程，市委常委会7次专题研究部署，纳入全面从严治党主体责任落实情况检查内容，在党建目标管理、绩效管理、文明创建等考评中单列意识形态工作考评内容，细化《关于意识形态工作的考核评价办法》等。出台贯彻落实中国共产党党委(党组)理论学习中心组学习规则实施办法，举办18期市委中心组学习，重点开展湘江战役、松毛岭战役遗址现场教学，项南精神研讨等特色教学。开展3次全市理论工作座谈会，组建理论宣讲专家库，推动理论工作科学化、规范化。与新华社福建分社合作，组建“新华社中国经济信息社(龙岩)智库”，建立和充实龙岩社科人才专家库。发挥业余宣讲团队伍作用，以“百姓讲、讲百姓、百姓听”模式，开展40个专题、2600多场次宣讲活动。冯岳荣获中宣部表彰“基层理论宣讲先进个人”称号。

【营造舆论环境】 扎实做好党的十九大宣传报道。把握会前、会中、会后三个时间节点要求，先后在市属媒体重要版面、主要新闻节目中统一开设“砥砺奋进的五年”“喜迎十九大”“十九大时光”“走进新时代，建设新龙岩”“在习近平新时代中国特色社会主义思想指引下——新时代　新气象　新作为”等专题专栏，迅速兴起学习宣传贯彻党的十九大精神热潮。持续做好“三大战役”宣传报道。围绕市委、市政府全力打好“三大战役”的部署要求，精心组织市属媒体持续开设“全力打好‘三大战役’、加快建设新龙岩”等专题专栏，大力宣传全市各地各部门打好“三大战役”的生动场面、经验做法和先进典型。配合做好省委省政府到龙岩检查工作宣传报道。提前制定新闻报道工作方案，按照检查前、中、后的节点要求，精心组织市属媒体及驻岩新闻单位全方位报道龙岩市各地各部门全力推动项目建设、攻坚项目战役的精气神、创新举措和取得成效，有力促进全市项目工作扎实开展。加强重大典型报道策划和组稿。深入做好武平林改经验、古田派出所获全国“人民满意派出所”、缉毒卫士长汀民警涂太阳等重大经验典型、集体典型、人物典型的宣传报道。6月1日，统一组织市属新闻媒体及驻岩新闻单位赴上杭古田派出所，深入挖掘先进事迹，播出系列报道。6月12日，精心组织人民日报社福建分社、厦门大学新闻传播学院赴龙岩市开展为期一周“红色交通线”主题采访活动。配合做好中央环保督察组到龙岩督察宣传报道。按照中央环保督查组进驻前、进驻期间、进驻后三个时间节点要求，在市属媒体的重要版面、主要新闻节目中统一开设“深入实施生态环保攻坚战·全力建设绿水青山新龙岩”“全面打响小溪河污染整治攻坚战”“整改进行时”等专题专栏，并曝光一些老大难问题，反映边查边改、立查立行的雷霆之势。做好创建全国文明城市宣传报道。在市属媒体中推出“践行社会主义核心价值观”“美丽龙岩共建共享”“青亲岩城·文明有你”等专栏专题报道，并按照市创城办的要求不折不扣地落实公益广告版面、时段、频率。同时，闽西日报社开设创城曝光台栏目，对全市争创全国文明城市中的一些薄弱环节开展舆论监督。认真做好突发事件报道。针对厦蓉扩容A7标段一施工桥梁发生倾覆事故、永定发生山体滑坡造成2人死亡、雁石一征拆户点燃汽油造成4人受伤等突发、热点事件，均第一时间组织市属媒体记者深入现场，及时对事件进行全面、客观的报道及权威的解释和引导。做好2018年度重点党报党刊发行工作。及时组织召开全市2018年度重点党报党刊发行工作会议，坚持和推广“集订分送”“代收代订”“私定公助”“财政划拨”“党费征订”等做法，特别是通过提前布置征订工作、舆论监督、与落实意识形态工作责任制挂钩等创新形式，按时全面完成2018年度重点党报党刊发行任务。扎实推进媒体深度融合。加快龙岩全媒体新闻中心建设，认真做好学习考察、开展可行性论证、设计参考建设方案和效果图、项目请示工作、成立建设协调小组、筹备挂牌运行等工作。

【实施红色文化保护、传承和弘扬工程】

做实红色资源保护。出台全国首部由设区市制定的红色文化遗存保护地方性法规《龙岩市红色文化遗存保护条例》（2018年3月1日起实施）。编制并实施《龙岩市革命旧址保护利用规划（2017~2021年）》，投入1237万元保护修缮蛟洋文昌阁等8个革命旧址类国保单位。扎实推动中央苏区红色交通线、红军标语、口述历史、闽西文史资料等保护利用工作。

做深红色宣传教育。加快“一报一刊一网一中心”建设，刊发48期《红色文化周刊》报纸，试刊2期《红色文化》杂志，做大做强“红土地”网站，组建闽西红色文化研究中心。编撰“古田精神”系列丛书，精心筹备红色文化高端论坛，组织开展古田会议精神研讨会。以纪念建军90周年为契机，举办“八一军旗红”纪念建军90周年南昌起义纪实展等专题展览，承办的福建省纪念建军90周年革命文物联展入选全国10个“纪念建军90周年、抗战全面爆发80周年”主题展览，开展纪念闽西南三年游击战争胜利暨新四军成立80周年系列活动。编辑出版《红色少年小说系列》《龙岩市红色文化教育青少年读本》等，“古田会议”编入2017年版义务教育《中国历史》八年级上册教科书。《闽西革命斗争故事连环画汇编》被国家图书馆收藏。以故事形式展示闽西籍开国将军亮点和风采，推出48篇《闽西籍开国将军》系列报道，阅读量达180多万人次。

做精红色文艺创作。《绝命后卫师》荣获第十四届“五个一工程”奖，《闽西：红色记忆》《绝地先锋》央视播出，创作10集红色微视频，策划拍摄电视剧《项南》《红色交通线》、电影《毛泽东在才溪》《阿丕书记还乡》等影视作品，制作10首《闽西经典红歌》专辑，开展“圣地古田”主题歌曲征集活动，歌剧《松毛岭之恋》被列入文化部重点扶持的9部“中国民族歌剧传统发展工程”之一。

做大红色旅游产业。依托市文化旅游发展集团，用好100亿元文化旅游产业发展基金，打造中央苏区红色交通线等红色旅游精品路线，打响“红色+”品牌。

【推进文化改革发展】 文化事业加快发展，国家级客家文化（闽西）生态保护实验区获文化部批准设立，启动编制《客家文化（闽西）生态保护实验区总体规划(2017~2030年)》。中央苏区(闽西)历史博物馆获评福建省第5家、龙岩市第2家国家一级博物馆。文化产业不断壮大,全市规模以上文化企业134家,文化产业产值达138.4亿元,同比增长17.6%;文化产业增加值31.82亿元,同比增长10.4%,占GDP的1.66%。武平客都汇文化创意产业园列为全省13家“文化产业重点园区”之一。开展首届龙岩市十佳文化创意产品评选活动;2件作品分别荣获第四届(2017)福建文创产品奖铜奖和概念设计奖铜奖,龙岩市文改办荣获组织促进奖。开展元旦春节期间群众性文体活动、迎接党的十九大系列文艺演出、“龙岩新八景”评选等活动,配合做好《群英汇》节目录制等活动。市委宣传部被省委宣传部评为第十四届精神文明建设“五个一工程”评选工作“组织奖”;武平“元初客家欢”乡村春晚网络直播点击量达1亿多人次,受到全国乃至全世界关注。

【主动服务发展大局】 组织“迎接党的十九大宣传”及“三大战役”“三大战略”等大型主题宣传,配合做好习近平在福建的探索与实践、厦门金砖会晤等宣传报道,形成喜迎十九大舆论强势。严格执行上级新闻指令400多条。与郑州报业集团合作,推进市属三家主流媒体共建“中央厨房”,正在制定设计方案。推动全市首家县级全媒体新闻中心——武平县全媒体新闻中心挂牌成立。发挥闽西客家祖地优势,策划推出“闽西记忆中的乡愁”系列节目,加大对第九届海峡论坛龙岩子活动海峡百姓论坛等活动宣传,配合开展“重走迁徙路·共话两岸情”2017年闽台客家青少年广播电视夏令营等活动,进一步打响客家品牌。

【网络宣传管理】 健全网络舆情监管机制,制定关于规范重大突发事件信息发布工作实施办法等制度,将网络舆情处置列入市直单位绩效管理工作方案,推动工作规范开展。加强网络舆情收集、分析和研判,重点加强全国“两会”、厦门会晤、党的十九大等舆情监测,编发83期《网络舆情动态》《网络舆情提示函》等。加强经济社会热点难点舆论引导,举办12场新闻发布会,妥善处置“在建厦蓉高速扩容一施工桥梁掉落事故”等突发事件网络舆情。集中开展“净网”“清源”等专项行动,及时有效处置200多条不良信息。

【网络传媒宣传】 以“6·18”“9·8”“11·8”等重要经贸活动为平台,大力对外宣传龙岩市在打好产业兴市战役中取得的新成就、新亮点。其中在“11·8”活动中,邀请近30家中央、省和境外媒体前来采访报道,并充分利用两微一端进行全方位宣传。

加强新媒体建设。在“华人头条”开设“客家祖地　魅力龙岩”专题,通过“互联网+外宣”形式,展现龙岩市作为重点侨乡和客家祖地的人文风貌和经济社会发展的新成就、新机遇。积极推进融媒体建设,成立龙岩全媒体新闻中心,促进新罗区成立全媒体运营中心、武平县成立全媒体新闻中心、长汀县成立广播电视台新媒体部。

加大网上正面宣传。精心组织党的十九大精神网络宣传,闽西新闻网和各县(市、区)新闻网站积极开设“领航新征程”“学习进行时”等专题专栏,及时集纳刊发中央、省主流媒体新闻评论350多篇,积极刊发全市各级各部门学习贯彻落实党的十九党精神情况等系列报道200多篇。积极开展重大活动网络宣传,精心组织策划“2017年全国两会”“中国海峡项目成果交易会”“海峡两岸机械产业博览会”等重大主题活动网上宣传,形成网上主流舆论强势。在省第十次党代会网络评论征文中有5篇文章获奖,分别是《大力发展普惠金融就是支持实体经济》获二等奖、《为实现“新福建”而奋勇拼搏—龙岩网友热议福建省第十次党代会》《廉洁从政满庭香》《呼唤强化对失信主体的惩戒》获三等奖和《共同唱响福建发展的主旋律》获优秀奖。深入开展以红色文化、客家文化、生态文化等为主的特色文化网络宣传。今日头条“龙岩发布”刊发“《闽西籍开国将军》”系列文章53篇,阅读量近177万人次,单篇阅读量最高达116万人次。闽西新闻网开设“海峡客家网”,分“客家资讯”“客家文化”“客家旅游”三大板块,以图文并茂的形式展现闽西客家文化。开设“清新龙岩　养生福地”“聚焦福建·武平林权制度改革”等专栏,对外宣介水土流失治理“长汀经验”和“林改武平经验”。

【大力弘扬核心价值观】 以争创全国文明城市为契机,开展“推行‘八不’行为规范”等活动,举办廖俊波同志先进事迹、古田派出所先进事迹等报告会,推进核心价值观落细落小落实。全市有1人入选第六届全国道德模范,有5人入选“中国好人”、17人入选“福建好人”;圆满承办全国道德模范与身边好人(龙岩)现场交流会活动。全力推进总评年创城工作,制定《龙岩市2017年创建全国文明城市工作责任表》《龙岩市创建全国文明城市工作绩效奖惩暂行办法》,全民动员、全力以赴,成功创建全国文明城市。

【客家文化宣传】 发挥闽西客家祖地、台胞重要祖籍地的独特优势,推进《两岸客家》《客家族谱演义》《美食美客》等广播电视节目入岛宣传;加大对“李氏大宗祠春分祭祖”“第九届海峡论坛·海峡百姓论坛”“第九届海峡论坛·海峡客家(长汀)风情节”“海峡两岸交流基地授牌仪式暨第六届海峡两岸定光佛文化旅游节”等活动的宣传,进一步打响客家文化品牌;向台湾和境外输出《闽西乡讯》《客家纵横》《环球客家》等侨刊乡讯,发挥其在巩固外宣阵地、传递乡情乡音的积极作用。

(市委宣传部　供稿)

统战工作

【学习贯彻落实党的十九大精神】 坚持把加强思想政治引导作为常抓不懈的首要任务，牢牢把握正确政治方向，把迎接党的十九大胜利召开、学习贯彻党的十九大精神，作为贯穿全年工作的主线。继续支持各民主党派、工商联和无党派人士深入开展“不忘合作初心，继续携手前进”、非公有制经济人士理想信念教育实践活动等各类主题教育，引导统一战线成员进一步增强接受中国共产党领导的自觉性和坚定性。特别是坚持把学习宣传贯彻落实党的十九大精神作为当前和今后一个时期的头等政治任务，市委统战部第一时间组织召开统战系统全体干部职工会议，传达学习贯彻党的十九大精神，部务会议成员分别赴基层开展宣讲十九大精神活动，市委常委、统战部部长亲自为闽西籍港澳社团社会事务骨干培训班成员宣讲，并提出殷切希望。充分运用报纸、电视以及同心龙岩网站、微信公众号、今日头条号等媒体，把十九大精神向“十二种”统战对象进行广泛宣传和深度阐释，迅速掀起学习贯彻热潮，营造全市统一战线学习宣传十九大精神的浓厚舆论氛围。通过广泛的学习、宣传、贯彻，进一步凝聚思想共识，引导各民主党派、工商联和无党派人士与中共在思想上同心同德、目标上同心同向、行动上同向同行，深刻把握习近平新时代中国特色社会主义思想，衷心拥护以习近平同志为核心的党中央，增强了政治意识、大局意识、核心意识、看齐意识，坚定道路自信、理论自信、制度自信、文化自信，切实把全市广大统战干部和统一战线成员的思想和认识统一到十九大精神上来，把智慧和力量凝聚到十九大确定的目标任务上来。

【服务“十三五”大局】 着力发挥统一战线智力密集、人才荟萃、联系广泛的优势，持续打造“红土同心”品牌，引导全市统一战线成员在新时代奋力建设新龙岩上贡献智慧和力量。充分发挥智库效应。组织、引导统战系统和各民主党派、工商联以及无党派人士聚焦龙岩市“十三五”规划、“三大战略”“三大战役”等事关全市发展大局和民生的重大问题，积极参政议政、建言献策，形成最大智库效应。2017 年，全市统一战线提交政协提案 228 件，人大建议案 116 件，完成课题调研和理论研究成果 89 篇，各类调研成果、建言献策、工作信息等被中央刊物采用 19 条，省级刊物采用 85 条，获得省、市领导批示 36 件。特别是关于将“中央苏区”及“古田会议”编入中学生历史教材的建议，得到教育部的充分肯定以及省委有关领导重要批示，2017 年新修订的八年级《中国历史》教科书大篇幅增加介绍古田会议的相关内容。全力服务脱贫攻坚。动员、引导全市统一战线广大成员坚持精准扶贫、精准脱贫，积极参与、主动作为。进一步发挥龙岩市光彩事业促进会作用，继续做好脱贫攻坚战役九举措之一“社会捐助到户”牵头工作，深入开展海西春雨、光彩事业、温暖工程、民企帮村等“红土同心”系列活动，整合统一战线各方面的资源力量，为打赢脱贫攻坚战贡献力量，2017 年，全市统一战线共争取各类扶持资金 6893 万元。积极参与创建全国文明城市活动。通过多种形式加大创城工作力度，发挥党员领导干部示范作用，开展“文明劝导”活动，引导发动统一战线成员积极参与创城攻坚，形成人人支持创城、人人参与创城的良好氛围。支持创城办抽调 1 名副调研员参与创城督导工作，多形式、多批次组织机关全体干部职工到社区现场开展文明志愿服务活动，重点巡查辖区乱堆乱放、乱停乱靠、占道为市等情况，督导社区环境卫生状况，全力推动创城工作。11 月，龙岩市成功创建第五届全国文明城市，市委统战部被评为创建全国文明城市工作成绩突出单位。

【民主党派和党外代表人士工作】 严格落实《关于加强政党协商的实施意见》，积极协助市委制定下发《2017 年政党协商计划》，严格执行完善知情明政、考察调研、工作联系、协商反馈等机制，进一步规范开展政党协商。协助市委、市政府先后召开党外人士协商会、座谈会和情况通报会 6 次，其中市委主要领导亲自主持 3 次，就龙岩市政治、经济、社会、人事安排等重大问题，充分听取党外人士意见。如，各民主党派、无党派人士就市委出台《关于加快社会事业发展补齐民生短板确保如期全面建成小康社会的决定》提出一些真知灼见，得到市委主要领导的充分肯定。调整并推动市委常委联系民主党派、工商联，市委、市政府领导与党外代表人士的联系交友，市有关部门与民主党派、工商联对口联系制度，进一步加强党员市领导同民主党派和无党派人士的合作共事，推动落实民主党派“直通车”制度，2017 年，市各民主党派共直接向中共龙岩市委提出意见建议 8 件，进一步发挥参政党的积极作用。协助市各民主党派做好民主党派全省代表的推荐、确定工作，积极配合做好思想政治工作，展示龙岩代表良好的素质和形象。积极创造条件，推荐提任 3 名优秀的党外干部担任市直部门正职，实现政府组成部门党外干部担任正职“零”的突破。与市委组织部、市人大常委会党组、市政协党组加强沟通、密切合作，协助做好省人大、政协换届相关工作，推荐党外代表人士 5 名为省人大代表候选人、14 名为省政协委员候选人。认真做好增补市政协委员的推荐工作，共推荐 6 名党外代表人士为市政协委员候选人。同时，加大党外代表人士的培训力度，依托市社会主义学院举办民主党派骨干成员及无党派代表人士培训班，70 多人参加培训。扎实做好无党派人士确认工作，市本级共发放136本无党派人士证书。

【党外知识分子和新社会阶层人士工作】 认真贯彻落实全国、全省党外知识分子统战工作座谈会和全国、全省新的社会阶层人士统战工作会议精神，深入学习习近平总书记关于知识分子工作的重要思想，遵循“充分尊重、广泛联系、加强团结、热情帮助、积极引导”的方针，加强对党外知识分子的团结引导。组织召开全市党外知识分子统战工作和新的社会阶层人士统战工作会议，制定出台《龙岩市新的社会阶层人士统战工作联席会议制度》，进一步推动党外知识分子和新的社会阶层人士统战工作。组织品牌律师、会计师、税务师进企业开展公益咨询服务活动，成立法律援助站（工作室），并参与市领导信访接访日活动，有效维护社会和谐稳定。持续发挥“龙岩籍互联网新锐高峰论坛”后续效应，鼓励今日头条创始人兼CEO张一鸣、美团网CEO王兴等龙岩籍互联网精英回乡创业、共赢发展，今日头条、美团网与龙岩市签署战略合作协议。在每年举办闽西籍互联网乡贤新春茶话会暨“互联网+”龙岩经济沙龙的基础上，11月，在杭州组织举办龙岩籍江浙沪互联网新锐联谊沙龙，围绕龙岩产业发展，结合外地与家乡的优势，促成多个合作意向，形成开放共享合作的互联网龙岩现象。同时，组织引导互联网新锐先后成立市电子商务协会、农产品电商协会、青年电商协会等，助推龙岩互联网经济发展。

【非公有制经济工作】 贯彻落实《中共中央国务院关于营造企业家健康成长环境弘扬优秀企业家精神更好发挥企业家作用的意见》，着力激发和保护企业家精神，积极推动落实市四套班子领导联系商会、党员市领导联系重点企业家、挂钩30个“重中之重”产业项目和“企业直通车”等制度，积极构建“亲”“清”新型政商关系。组织召开全市民营企业家新春恳谈会，先后在昆明、珠海举办第四次、第五次“全国龙商会长论坛”。认真组织开展“7·8”龙岩企业日系列活动，举办产业发展趋势与投资策略高峰论坛，召开“政企面对面，‘亲’‘清’促健康”座谈会，通过“面对面”“零距离”的交流，了解龙岩市民营企业发展的情况、面临的困难和问题以及对全市经济社会发展的意见和建议，对企业反映的意见建议进行跟踪督办，切实帮助民营企业解决实际问题。协助市委市政府制定出台工业21条、服务业20条、项目20条、“一业一策”“一企一策”扶持政策等一系列政策措施，大力支持实体经济、民营经济发展，进一步促进非公经济健康发展和非公经济人士健康成长。在“两会”期间，协助市委、市政府举行“一企一策”备忘录集中签约仪式暨突出贡献企业、企业家、高层次人才表扬大会，表彰一批突出贡献企业家、突出贡献企业、纳税大户等企业家和企业，召开了百亿企业、十至百亿企业、成长型企业等企业家座谈会，对企业反映的意见建议进行跟踪督办，切实帮助民营企业解决实际问题。2017年“企业日”活动期间，市四套班子主要领导和市委常委亲自带队，分10个小组深入各商（协）会、企业调研，收集梳理企业反映的问题和意见建议23条，现场答复或交办11条，市“两办”重点督办12条，现已全部得到落实解决。省委统战部《统一战线》专门刊发《龙岩市“五心”构建“亲”“清”政商关系》的经验做法。

【民族工作】 认真学习贯彻全省民族工作经验交流会暨全省民宗局长会议精神，深入开展民族团结进步创建活动，认真落实少数民族优惠政策，会同有关部门加强对2个少数民族乡、51个少数民族村的扶持力度，推进实施“民族乡村特色经济发展扶持增收工程”“少数民族文化‘双十一’繁荣发展工程”，认真做好少数民族贫困村、贫困户精准帮扶、精准脱贫工作，加快推进民族乡村经济社会持续发展。市委、市政府高度重视少数民族工作，多次到实地调研指导，3月、6月，市委、市政府主要领导到挂钩联系的上杭县庐丰畲族乡、官庄畲族乡开展调研，并组织召开少数民族乡规划建设专题会议，协调解决两个少数民族乡规划建设及项目策划等具体问题；4月、8月，市委统战部主要领导实地调研少数民族乡项目对接落实情况，加快推进民族乡特色小镇和美丽乡村建设。2017年，争取到中央、省级支持少数民族发展资金461万元，落实市本级民族补助款200万元，用于少数民族乡村基础设施建设。

【宗教工作】 认真贯彻落实全国、全省宗教工作会议精神，严格落实《宗教事务条例》《关于加强和改进新形势下宗教工作的实施意见》等法律法规，积极引导宗教与社会主义社会相适应。利用佛教法眼宗传承地的优势，进一步发挥福建省法眼宗佛教文化交流促进会作用，持续深入开展“创建和谐寺观教堂”“宗教政策法规学习月”等活动，实地调研宗教工作，引导宗教界人士和信教群众爱国爱教，合法开展宗教活动，积极参与脱贫攻坚、生态环保战役，参与禁麻禁毒、创城攻坚，为维护社会安定和谐发挥积极作用。指导市基督教三自爱国委员会、市基督教协会顺利完成换届。结合宗教活动场所安全检查、金砖会晤安保维稳、双随机一公开等工作，指导完成宗教基础信息数据库全国联网及网上赋码工作。创新宗教慈善活动形式，引导全市宗教界捐资捐物142万元。成立了宗教事务服务中心，财政核定4名事业编制，科级领导职数1名，进一步加强宗教工作力量。

【港澳台与海外交流合作】 认真贯彻落实中央、省委统战部2017年统战系统港澳台海外工作会议精神，紧扣争取人心和壮大力量两个关键开展工作。认真贯彻落实“一国两制”方针，注重发挥红色、客家和侨乡优势，深化与港澳台与海外经贸、文化等领域的交流合作。“请进来”加强沟通交流，先后接待澳门特区行政会委员、澳门康泽集团董事长廖泽云一行到龙岩活动，“香港青少年红色之旅福建行”第6次来岩活动，举办2017年闽西籍港澳同乡社团社会事务骨干培训班等，2017年，市、县统战部门共接待各类港澳台海外团体单位和个人，共计93批次3800多人。特别是成功举办第九届海峡论坛·海峡百姓论坛，来自两岸80个姓氏宗亲代表1000多人欢聚一堂，以“两岸同根，闽台一家”为主题，依托中华姓氏文化、客家姓氏文化优势，深入研究两岸姓氏渊源关系，扩大民间交流，促进融合发展，增进台湾同胞对中华民族和“一个中国”的认同，进一步凝聚人心、汇聚力量，得到省委统战部主要领导的充分肯定。“走出去”加强联络联谊，组团赴中国香港、澳门以及美国、加拿大等国家（地区），参加世界客属第29届恳亲大会，香港闽西联会迎国庆贺中秋联欢暨会董大会、澳门闽西同乡总会、澳门闽西商会换届等活动，推动成立澳门闽西青年协会，看望慰问乡亲代表，开展联络联谊和经贸洽谈活动。同时，利用市“两会”召开契机，召开龙岩市经济社会发展情况通报暨招商引资项目推介会，向港澳侨市政协委员通报经济社会发展情况，宣传推介招商引资项目，带动吸引更多的海内外客商来岩投资兴业、实现共赢。推动中国龙工控股有限公司龙工挖掘机“四轮一带”项目及年产3000台挖掘机产能回归项目，投资总额达15亿元。

【自身建设】 深入学习贯彻党的十九大精神，结合“两学一做”学习教育常态化制度化，推动习近平新时代中国特色社会主义思想入心入脑。部主要领导参加专题组织生活会，带头上党课，组织市直统战系统党员干部学习廖俊波、涂太阳先进事迹，到东山县实地学习谷文昌先辈先进精神，扎实做好第十三届省级文明单位迎检工作，认真撰写学习十九大精神心得体会，进一步牢固树立“四个意识”，坚定“四个自信”，自觉在政治立场、政治方向、政治原则、政治道路上同以习近平同志为核心的党中央保持高度一致。严格按照新时代党的建设总要求，发挥驻部纪检组作用，严格执行中央八项规定市委2号文件精神，制定下发《关于2017年度在全体党员干部中纠正不良习气树立清风正气的整治方案》，开展“三种不良行为”和部门行业“潜规则”集中整治，开展向管理服务对象及下属借款问题专项清理工作，签订《个人向管理、服务对象及下属零借款承诺书》，以作风建设永远在路上的坚韧，推动全面从严治党向纵深发展，在全市统战系统形成良好的政治生态，进一步提升创造力、凝聚力、战斗力，打造一支忠诚干净担当的统战系统干部队伍。

（傅凌鹏　供稿）

精神文明建设

【龙岩市获第五届全国文明城市荣誉称号】 2017年，龙岩市精神文明建设工作认真按照中央、省、市的部署，深入学习贯彻习近平总书记系列重要讲话特别是关于精神文明建设的重要论述，以迎接、学习、宣传、贯彻党的十九大精神为主线，以创建全国文明城市为目标，以培育和践行社会主义核心价值观为根本，深化群众性精神文明创建活动，不断提升市民文明素质和城乡文明程度。龙岩市、武平县荣获第五届全国文明城市，上杭县实验小学教师温金娥被评为第六届全国道德模范，并受邀上2018年春晚，上杭县临江镇、永定区湖坑镇南江村、新罗区万安镇竹贯村、上杭县古田镇五龙村、武平县城厢镇园丁村、连城县曲溪乡冯地村、武平县中堡镇远富村7个村镇被评为第五届全国文明村镇，中国人民财产保险公司龙岩分公司、龙岩市国税局、紫金矿业集团股份有限公司（本部）、龙岩市新罗区中城街道北门社区4个单位被评为全国文明单位，龙岩一中被评为全国文明校园，龙岩市精神文明建设工作取得历史性突破，为“再上新台阶·建设新龙岩”提供强大的精神力量和丰润的道德滋养。

【创建第五届全国文明城市】 全城动员、全方发力。市委、市政府高度重视总评年创城工作，3月23日，召开全市创城总评动员大会，市委主要领导要求全市上下坚定“志在必得、创则必胜”的信念，一鼓作气、全力冲刺，坚决打好打赢创城背水之战。市委主要领导多次深入创城一线调研，并主持召开“一月一点评”会，听取阶段性工作情况汇报，对创城薄弱点、未整改项目进行曝光和点评，提出限期整改措施。市创城指挥部及其办公室领导坐镇一线指挥，多次召开农贸市场整治、畅通工程、场馆（基地）建设、宣传工作等专题会、协调会，协调解决有关问题，推动创城工作按时序进度扎实有效开展。全市上下，市、区一体，党政军群齐抓共管、同心协力，掀起创城攻坚大会战的热潮。

精准对标、攻坚克难。市创城指挥部精准对照《全国文明城市测评体系》，认真对照中央文明委2016年度初评结果通报和省委文明办暗访督查情况，制定下发2017年总评年创城工作责任分解表，细化分解至86个市直单位和新罗区、经开区，同时将扣分点、薄弱项目细化分解至相关职能部门，限期攻坚突破，进一步明确新罗区、经开区、市直部门的工作职责和具体要求，明确责任人和完成时限，有效推动工作落实。严格对照总评要求，多次召开培训会、推进会，对网上申报材料、实地考察点、入户问卷调查以及未成年人思想道德建设工作进行专题部署和辅导。坚持对标补差，指导细化任务，狠抓整改落实，形成“人人身上有指标、千斤重担大家挑”的良好局面。

督查整改、奖惩问责。实行市领导挂帅督查机制，城区7个街道分别由1名市领导挂帅1个街道，抽调30多名市直机关干部（其中12名处级干部），组成7个创城督导组分别深入7个街道和龙门、铁山、东肖、经开区等的单位、社区、主次干道、服务窗口、商场、市场、学校、建筑工地等地开展常态化、全方位、全天候督查，及时解决薄弱环节和突出问题，推动创城工作落实到基层、解决在一线。共开展创城督查167次，召开25次督导组工作会、情况通报会，下发限期整改通知书、督办函69份，涉及问题5326项。建立奖惩长效机制，市创城指挥部出台《龙岩市创建全国文明城市工作奖惩办法》，明确奖惩内容、奖励方式、问责和责任追究具体办法，保障创城工作顺利开展。成立由人大代表、政协委员和退伍老兵、社区干部、业主代表组成的街道创城市容市貌公众评议员队伍，发挥人大代表、政协委员示范带动作用，推动市“两办”督查室、效能办全面介入创城工作，对不作为、慢作为、工作成效不明显的单位和个人严肃追究责任，推动创城工作提速增效。市、区、街道、社区四级联动，开展全方位梳理、地毯式清查。对网上申报材料严格审核把关，按要求对规范文件、实景图片、说明报告、统计表格进行全面细致梳理，确保网上申报材料不丢分、得高分。

广泛宣传、营造氛围。持续在市属媒体、新闻网、政府网、文明网开设专题专栏，成立宣传专班，选派专门记者全方位全过程跟踪报道创城工作，反映工作成效，解答群众疑惑，全年刊发新闻、专题1000多条。同时设立曝光台，监督批评创城工作不力和不文明现象。用好新媒体新技术，发挥创城微信工作群的优势，及时跟踪反映工作动态，每天发布文字、图片数百条，推动线上督查通报、线下迅速落实解决，营造全民参与、支持创城的浓厚氛围。加强创城公益广告宣传，持续在新闻媒体、网站、公共交通工具以及户外广告牌、宣传栏、建筑工地围挡、文化墙等刊播创城公益广告。发放创城宣传材料20多万份，引导市民知晓、参与、支持创城。组织开展在职党员进社区宣传创城活动，开展文明单位挂钩社区助推创城工作，形成市、区一体、上下联动的工作格局，营造创城浓厚宣传氛围。

力度不减、常态长效。以成功摘取“第五届全国文明城市”金字招牌为新动力、新起点，认真贯彻落实全国精神文明建设表彰大会精神，顺应人民群众新期待，坚持以人民为中心抓好文明城市创建。市委常委会、市政府常务会多次专题研究文明城市创建常态化工作，11月20日，市委、市政府出台《建立健全文明城市建设常态长效机制的若干意见》，提出工作力度不减，创城机制不变，进一步压实属地责任，补齐民生短板、推动常态管理，强化宣传教育，提升服务质量，展现文明形象。12月21日，市委、市政府召开创城总结表扬暨落实文明城市建设常态长效机制动员大会，通报表扬一批创城工作成绩突出的集体和个人，建立以街道党政领导为“街长”，社区（村）主干为“巷长”的长效管理机制，压实属地管理责任，推动基层文明创建“天天抓、月月评、季季考”，不断开创文明城市创建新征程。

【公益广告宣传】 把“讲文明树新风”、“图说我们的价值观”公益广告纳入创城督查和文明单位总评考核重要内容，督导和推动各级各部门利用媒体媒介广泛制作刊播社会主义核心价值观主题公益广告，实现媒体媒介公益广告宣传全覆盖，在街道社区、公园广场、主次干道、宾馆商场、交通场站、建筑围挡、集镇村庄等公共场所抬眼可见、举足即观、润物无声、寓教于乐。按照省委文明办部署，发动全市新闻媒体、社会媒体、各类网站深入开展“迎金砖会晤、树文明新风”公益广告宣传。全年在中心城区制作公益广告牌300多块（次），在建筑围挡和文化墙制作了50000多平方米，在所有主次干道制作安装近5000根灯杆道旗公益广告，在300多部公交车身、500多部出租车和所有单位、商业街、商户LED显示屏、交通站点以及楼宇电视连续滚动播放公益广告。新闻媒体、网站和通讯部门每天滚动播放公益广告，传播主流价值，营造向上向善的浓厚氛围。

【道德典型推选宣传】 广泛发动、组织开展第六届全国道德模范和第五届福建省道德模范推选活动，通过基层发动、层层推荐、部门审核，共向中央、省文明委选送温金娥等10名候选人选。其中，温金娥入选第六届全国道德模范。与市妇联联合评选20户龙岩市2017年“最美家庭”。与市林业局联合评选30名“龙岩市最美农民工护林员”。常态化开展身边好人选树活动，全年全市共有5名入选“中国好人”、20名入选“福建好人”。大力学习弘扬道德典型，7月28日，龙岩市成功承办由中央文明办主办的“7月中国好人榜入选名单发布仪式暨全国道德模范与身边好人（福建龙岩）现场交流活动”。通过中央媒提五网联盟直播，线上线下互动交流，传承红色基因，弘扬好人精神，激励闽西儿女传承文明，争当英模，争做好人。现场交流活动受到群众的广泛赞誉和中央、省委文明办、市委主要领导的肯定。

【志愿服务活动】 打好志愿服务与创城的“组合拳”。依托“文明交通”“党员进社区”“创城大妈”等志愿服务载体，深入开展“文明创城、志愿同行”“文明交通志愿服务”等活动，全市3万多名志愿者不定期在火车站、汽车站、公园广场、交通路口开展文明宣传、交通劝导等行动。55支“创城大妈”草根志愿服务队，以“蒲公英”式遍布城区，开展创城宣传志愿活动，成为巾帼志愿服务的响亮品牌。学雷锋月期间，组织全市1300多名志愿者上街开展“弘扬雷锋精神·建设生态文明家园”主题一条街志愿服务活动。组织150多名青年志愿者开展“保护环境·绿色出行”主题义务植树活动，为生态环保贡献青春力量，组织100多名环保志愿者、文明旅游志愿者开展捡拾垃圾，美化旅游环境等志愿服务活动。春节期间，组织3000多名志愿者开展“邻里守望·情暖闽西”走访慰问和扶贫帮困主题志愿服务活动，走访1656户困难家庭，发放1155万慰问款物。

【主题创建活动】 广泛开展“我们的节日”主题活动，下发《2017年龙岩市“我们的节日”主题活动方案》，挖掘传统文化内涵，激发市民民族精神，弘扬中华传统文化。举办第三届“我们的节日·端午”龙岩中心城区“文明家庭”包粽子暨诗歌朗诵比赛，“我们的节日·七夕”“金色年华·相爱永远”主题活动，弘扬忠贞爱情与和谐家风。在市文明委成员单位和34个文明行业中，广泛开展“家和万事兴—好家风好家训”巡回宣讲活动，通过讲好百姓故事，弘扬家庭美德、培育文明家风。制定下发《龙岩市关于开展“树文明新风、迎金砖宾客”主题活动方案》，结合创城，深入开展专项整治、志愿服务、文明实践、优质服务等10项“树文明新风·迎金砖宾客”主题活动，大力倡导“八不”行为规范，营造优美环境、优良秩序、优质服务形象，打造文明龙岩软环境。深入开展文明旅游创建活动，强化文明旅游公益广告宣传，随护照发放文明旅游行为指南、宣传材料8000多份，营造文明和谐旅游环境，提升公民文明旅游素质。

【网络文明宣传】 发挥中国文明网联盟龙岩文明网、文明龙岩网和文明办微信、微博等新媒体优势，围绕中央、省委文明办阶段性工作要求和龙岩市文明创建、创城工作重点，常态化开展网络文明宣传，唱响网上主旋律。全年共发布信息4800余篇，制作专题12个，推送微信近800条、微博近600条。其中，被中国文明网采用评论24篇，采用信息近80余篇。通报表扬一批2016年度信息宣传优秀集体和个人，组织文明单位志愿者广泛开展网络文明传播活动，传递文明正能量。

【群众性精神文明五大创建活动】 文明县城创建。把文明县城创建作为打造宜居宜业环境，构建和谐美丽城市的惠民工程。武平县和龙岩市同频互动，全力攻坚全国文明县城创建，同步实现创城一举成功。新罗、永定和漳平三个区（市）以获评省级文明城市为新起点，不断巩固和提升创建成果，扎实抓好总评年复评迎检工作。上杭、长汀、连城三县以争创新一届省级文明县城为抓手，强化部门联动、构建合力机制、推动常态创建，不断增强群众获得感和幸福感，确保顺利通过总评考核验收。

文明村镇总评。以“文明村镇”“美丽乡村”创建为抓手，以环境整治和民风建设为重点，突出移风易俗、乡风文明主题，强化社会主义核心价值观宣传教育，大力宣扬优秀族规家训、乡（村）规民约。结合贯彻落实市委2号文件精神，深入推进移风易俗工作，出台《龙岩市进一步推进移风易俗工作实施办法（试行）》，革除陈规陋习，树立新风正气，营造崇尚文明、勤俭节约的良好社会环境。长汀县三洲镇编印3000多份《三洲镇移风易俗三字经》、2500多本《三洲镇移风易俗漫画宣传册》发送到村民手中，开展“移风易俗，树文明新风”活动的典型经验先后被新华网、中国文明网、《福建日报》、台海网、《闽西日报》等媒体报道。

文明单位（行业）总评。以“服务大发展、建设新龙岩”为主题，推动全市34个行业开展以提升服务环境、服务态度、服务效率为主题的文明创建活动；以13个全国文明单位和5个全国文明单位重点培育对象为示范，推动省、市级文明单位高标准创建，争创一流佳绩，展示文明形象。各级文明单位（行业）充分发挥先锋模范和示范带头作用，在推动创城工作、在“三大战役”活动中，大显身手、展现作为。

文明家庭评选宣传。11月，共推选9个家庭参与首届福建省文明家庭评选。与市妇联联合开展“最美家庭”“五好文明家庭”“星级文明户”等评选创建活动。在市属媒体和龙岩文明网开设专栏，大力宣扬文明家庭典型事迹和客家人崇文重教传统美德，广泛宣传“最美家庭”和好媳妇、好公婆、好妯娌典型，引导党员、干部自觉带头树立良好家风，营造“家和万事兴”的良好氛围。

文明校园创建。抓好首届全国、省、市级文明校园创建总评考评工作，把培育和践行社会主义核心价值观落实到校园日常学习生活中，加强师德师风建设，打造“书香校园”，培育文明花朵。

【未成年人思想道德建设】 开展“评选、学习和争做美德少年”活动。在全市未成年人中广泛开展第四届福建省和第二届龙岩市“美德少年”评选活动。从全市54名候选人中评选出14名市级“美德少年”和12名提名奖，周泓婧、杨芷屹两名学生入选第四届福建省“美德少年”候选人。组织开展学习点赞“美德少年”活动，通过《闽西日报》、龙岩文明网广泛宣传“美德少年”优秀事迹，并制作成“美德少年”宣传展板，在全市校园内进行展示，引导未成年人崇尚美德、践行美德。发动广大未成年人通过网络平台学习“美德少年”事迹，参与网上交流，培养未成年人学用结合、知行合一的良好道德行为习惯。

组织开展各类主题实践活动。清明期间，全市有近10万名师生参与网上向先贤先烈鞠躬献花、签名寄语等祭英烈活动。近13万名干部和师生参加了祭扫烈士墓，瞻仰烈士纪念碑等活动。组织上杭和武平两县录制节目参加全省"童心向党"歌咏活动网络展播。5月31日和6月2日分别在上杭县和武平县，举行龙岩市"童心向党"歌咏活动，教育引导未成年人心向党、感恩党，自觉培育和践行社会主义核心价值观。组织开展2017年全市优秀童谣征集推广传唱活动，在龙岩侨中举行龙岩市"优秀童谣"传唱展演，引导广大未成年人创作、传唱童谣。在全市开展以爱国、孝敬、友善、节俭和诚信为主要内容的中华经典诵读活动，纳入学校课时安排，让学生感其声，领其情。2017年，新申报5所中央承建乡村学校少年宫，全市现已建成126所乡村学校少年宫，其中中央彩票公益金承建的乡村学校少年宫49所，自建的乡村学校少年宫77所，覆盖率100%。

（黄银秋　供稿）

机构编制

【行政审批制度改革】 认真学习贯彻落实党的十九大精神，将"放管服"改革作为推动供给侧结构性改革和全面深化改革重要抓手，持续发力、不断深化、稳步推进，着力推动转职能、激活力、提效能、促发展，各项改革取得新成效。

持续减权放权。及时做好国务院、省政府取消、下放和调整行政审批和服务事项的承接落实，2017年共取消84项，承接下放（委托）事项42项，调整事项301项；进一步理顺市直部门职责关系，调整取消市科技、环保、发改、财政等部门行政权力和公共服务事项4项。积极推动市级权限下放，按照简政放权、能放都放原则，进一步将14项市级行政权力和公共服务事项下放、委托县（市、区）管理，增强基层经济社会发展自主权。

加强清单制度建设。全面完成市直42个部门权力清单和责任清单融合工作，2017年11月底，在市政府网站公布保留权责事项5810项，明确实施主体和责任主体11049个，认定追责情形53649条。进一步调整公布前置审批和中介服务事项清单，再精简市级前置审批20项、调整规范中介服务17项，精简率达10%和8%。对接完成省、市、县三级行政审批和服务事项参考目录，完成市直30个政府部门行政审批和服务事项的"纵向清单"编制，实现市县同类审批和服务事项"同标准受理"和"无差别审批"。

创新和强化事中事后监管。按照"谁审批、谁监管，谁主管、谁监管"原则，对2013年以来市级取消、下放的239项行政审批事项的衔接落实情况，41个市直部门建立减权放权监管责任清单并向社会公布。市直37个行政执法部门编制"两单两库一细则"，按照公布的随机抽查事项清单，通过随机抽取检查对象、随机选派执法人员，有序依规推进"双随机"监管工作，抽查情况和查处结果在部门网站和全省"一张网"及时向社会公布，接受社会监督。在全省率先制定《推行"双随机一公开"监管工作"十有"工作规范》，进一步规范随机抽查行为，确保监管公平公正。

简化优化政务服务。为让企业群众办事"少跑腿""零跑腿"，全面推行推进"最多跑一趟""一趟不用跑"办事清单，累计公布3批次共1374项，全部在市政府门户网站和省网上办事大厅对外公布。每季度公布一次市直部门"放管服"改革具体措施，共公布234项。深化行政审批标准化改革，市政府印发《关于深化行政审批标准化改革的指导意见》，进一步完善政务服务体系，明确34项项目标准、71项操作规范。全市范围内开展"减证便民"专项行动，共清理取消证明115项，保留证明135项，精简率达46%。

【行政体制改革】 稳妥推进纪检监察体制改革。根据《全国人大常委会关于在全国各级推开国家监察体制改革试点工作的决定》和中央、省有关文件精神，结合全国、全省深化国家监察体制改革电视电话会议明确机构编制职数"三不增"要求，市编办第一时间与市纪委对接，并结合职责着手推进市、县两级监察体制改革部署工作，对龙岩市监察委体制改革实施方案提出具体意见建议，同步指导县级监察委改革工作。2017年底顺利完成市监察体制改革。深化纪律检查体制改革，设立市、县巡察领导小组办公室和巡察组，核定相应的编制和领导职数。按照精简统一效能的原则制定全市纪委派驻架构全覆盖方案，对派驻纪检组实行统一领导、统一名称、统一管理，进而实现103家市级党政群机关及部分事业单位实现派驻全覆盖。

稳步实施环保垂管和城市执法等体制改革。根据中央和省、市有关要求，及时开展调研，对相关职责分布、编制和人员配备情况进行摸底汇总，迅速起草具体实施方案、机构编制调整建议方案、市环保局"三定方案"和监测执法机构组建方案，提交市委常委会研究并印发实施，在全省率先完成环保垂管体制改革有关工作。针对城市管理体制机制不顺问题，特别是对中心城区事权划分、管辖范围及协同机制等进行认真研究，制定出台《龙岩市深入推进城市执法体制改革　促进城市管理工作的实施方案》，于2017年8月8日经市委常委会审议通过后正式印发。

持续深化区域管理体制和小城镇机构改革。结合市委、市政府对经开区（高新区）管理体制作出重大调整，起草制定"三定方案"，重新核定事业机构、编制和领导职数，组建经开区（高新区）城市管理行政执法机构，切实理顺经开区（高新区）管理体制机制。进一步完善乡镇政府管理体制和运行机制，强化乡镇政府在公共服务、社会管理、推进基层民主和维护农村稳定等方面功能，更好地发挥小城镇机构改革试点镇在深化乡镇行政体制改革和推进新型城镇化进程中的辐射带动作用。

【事业单位分类改革】 稳步推进事业单位分类改革。深化事业单位改革，压缩事业机构编制“水分”，对一些不适应产业结构调整和经济转型需要、任务严重不足、长期不出成果、社会效益差及基本职能消失的事业单位予以撤销；对于设置过于零散、规模过小、服务对象单一、职能交叉和萎缩的事业单位进行整合；对于确因工作任务增加、需要增设机构的，实行“撤一建一”，能由已有事业单位完成的新增工作，不再新设机构，采取增加职能、加挂牌子或更名的方式解决。全年共完成市粮油储运公司和市农业科技开发总公司2家经营类事业单位改革，对2015年后新设立、职能调整、机构整合的275家事业单位进行分类，核销17名社会团体使用的事业编制。

理顺重点项目和第三产业管理体制。将市发改委重点项目建设管理职能划入市项目开发中心，并将市项目开发中心更名为“市重点项目开发建设管理办公室”(加挂“市项目开发中心”牌子)，相应调整其内设科室，调剂增加4名财拨事业编制，进一步强化龙岩市重点项目前期协调、督查推进、跟踪管理力度。将市、县两级的第三产业发展工作职能由商务局划转至发改委(局)，并将产业规模较大的重点发展县（市、区）的三产办机构规格确定为相当副科级，进一步理顺管理体制，助推第三产业发展。

加大生态环保领域机构编制保障。建立健全河长制组织机构，调整相应河道(务)管理事业机构承担具体工作，共计核定财拨事业编制58名（其中核增25名)，核定政府购买临时聘用人员控制数7名，实现河长制市县乡三级全覆盖。有力保障龙岩市创建国家生态文明试验区体制机制，在省编办的大力支持下，福建汀江源国家级自然保护区管理局机构规格升格为相当副处级，同时，将长汀汀江国家湿地公园和武平中山河国家湿地公园的管理机构升格为相当副科级。

【机构编制资源管理】 控编减编措施有力。严控编制总量。对各部门各单位确有机构编制刚性需求的，主要通过整合资源，总量中统筹调剂解决。如对医保局等新设立机构的编制需求，坚持按照“编随事走、人随编走”的原则，分别从相关部门划转，并根据其职责变化情况，对相应科室进行整合优化等，确保行政编制和各类专项编制不突破中央下达总额、事业编制不突破2012年底总量“两条红线”。同时，根据中央、省编办控编减编专项督查要求，采取有效措施，落实落细，研究部署消化工作。全市结构性超编消化任务全部按时保质保量完成，合计消化超编人员119名。严控实有人员。制定出台《关于加强市直机关事业单位用编管理工作的补充通知》，完善机关事业单位补充工作人员年度计划用编制度。加大年度综合平衡测算，科学合理下达年度用编计划，严格控制财政供养人员总量，确保做到“只减不增”。探索创新市直公立医院编制管理，出台配套性文件，创新核编方式，不再核增各医院编制数，改为按照编制标准核定医院人员控制数，医院新进人员以核定的控制数为限额，并按一定比例收回各医院现有空缺编制，统筹用于保障新建扩建医院正常运转需要；优化岗位设置结构，以人员控制数作为公立医院岗位设置的依据，缓解目前医院岗位职数紧缺问题。严控编外人员。针对各单位聘用编外人员管理较不规范，人员逐年增长财政负担日益加重等问题，探索创新教育医疗领域编制管理，出台了《关于龙岩市直公办中小学幼儿园聘用编外教师管理办法的通知》，对一中、龙高、市直机关幼儿园等学校核定编外聘用人员控制数共43名，既保障了城区教师紧缺问题，又规范编外教师管理。

机构管理严而有序。通过提高门槛，原则上不新增行政事业单位，确因改革或其他工作需要设立的，按照机构“撤一建一”、编制内部调剂、增加职能、加挂牌子等方式解决。全年共收到各部门单位要求新设15家事业机构、新增254名事业编制的要求，其中确因单位工作任务增加以及保障市委市政府中心工作的，才予以适当调剂或增加，所新增编制均从市本级控编减编收回的事业编制中调剂解决。

问题整改求实求效。建立整改台账。认真贯彻落实《中央编办关于加强机构编制问题整改推进审批联动的意见》及省相关文件精神，将日常管理、专项督查和举报受理工作中发现的违反机构编制管理规定的问题，建成问题整改台账，进行分类核实，提出整改方案，逐项跟踪落实。并加大对市直各部门、县(市、区)委编办业务指导，明确责任主体，并开展随机抽查，确保问题整改“件件有着落”“事事有回音”，对敷衍整改、整改不力、拒不整改的行为将按照有关规定予以严肃查处。建立联动机制。完善与组织、财政、人社、巡察、审计等部门的联席会议、资源共享等协作配合机制，建立健全持续开展专项督查工作机制，定期开展机构编制执行情况和控编减编工作专项联合督查活动，及时指出和分析存在问题，增强各部门做好控编减编工作的自觉性，变“要我改”为“我要改”，并坚持“举一反三”，加强督促纠正整改，不断提升机构编制监督成效，确保实现“两个不突破”。

【事业单位登记管理】 规范法人登记。规范日常登记管理，把实把好受理、审核、核准、公告“四道关”。推进登记服务标准化，对无不良信用记录的事业单位，实行“容缺受理”或“容缺办理”；对于符合要求的登记申请全部即时办结，并将办结时限从法定的30个工作日缩短至3个工作日。全年共办理市直事业单位法人登记事项91次，其中设立登记12次，变更登记78次，注销1次。加强监督检查。认真梳理监管事项，建立“一单一库一细则”，2017年下半年随机抽取3名执法人员，以5%的抽查比例，对15家市直事业单位开展“双随机一公开”监管，并将检查结果公示，主动接受社会监督。加大对法定代表人进行征信查询，一经发现问题，立即取消其法定代表人资格。实施异常名录制度，对存在异常情形的2家事业单位发出《列入异常名录告知书》，得到及时整改。抓好赋码换证。在全省率先发文推进党政群机关统一社会信用代码赋码发证，全年共完成赋码发证133家。对市直机关单位以及编办直接管理机构和编制的群团单位已经全部赋码发证，加上特批同意的内设机构、派出机构等，赋码率已超100%。积极推进中文域名注册和网站挂标，全年完成全市34家党政机关、30家事业单位网站确认工作，网站挂标完成率100%；认真做好市直机构中文域名注册工作，完成率达100%。

（王传煌　供稿）

机关党建

【机关思想理论建设】　召开“两学一做”学习教育常态化制度化推进会，组织学习十八届六中全会、省市党代会精神，习近平同志“7.26”重要讲话精神。十九大召开期间，组织收听收看十九大盛况和公报、决议。十九大召开后，多形式、分层次、全覆盖，深入学习宣传贯彻党的十九大精神，开展“专题学习周”，举办报告会和160名党务干部参加十九大精神骨干培训班，1074名科级干部参加十九大精神培训班。开展“不忘初心、牢记使命”为主题的党日、重温入党誓词、“致敬十九大诉说心里话”、承诺践诺和学习廖俊波、涂太阳等活动。制定落实意识形态工作责任制实施方案，加强书香机关建设，充实师资课题库，推荐第五批学习参考书目。抓实党建重点课题调研，6篇调研文章在省直工委评选中分获3个二等奖、3个三等奖

【创先争优活动】　围绕贯彻落实省、市党代会精神，部署开展“建设新龙岩、机关走前头”主题实践活动，开展“建设新龙岩、机关怎么做”大讨论和“助力三大战役当先行、展作为、树品牌”主题实践活动，市行政服务中心的18个窗口被评选“党员先锋岗”，创建“红土先锋党员工作室”综合型示范点13个、专业型示范点19个。开展“六好”评选活动，3个单位机关党建创新品牌分别被省直工委评为一、二、三等奖，培养和宣传一批先进典型。

【基层组织建设】　坚持“书记抓、抓书记”，开展党委(党组)、机关党委、机关支部三级书记抓基层党建工作述职评议和党建绩效考评，对6个单位党委(党组)书记会议述职评议，促进机关党建责任落实。制定党支部七项基本工作法，推进机关党支部标准化建设。督导30个1年以上没换届的基层党组织进行换届选举。转隶新罗区4个党组织和115名党员；排查失联党员127名，取得联系125名，按相关规定停止党籍2名。严格党费收缴，补交党费298.2万元。加大对“三会一课”落实情况督查力度和开展优质党课教案评展，有效促进基层党组织基本功能的恢复和“回归”。据不完全统计，2017年，党员干部上党课1906人次，其中党员领导干部上党课579人次，收到优质党课教案102件，其中有7名厅级领导参评。

【服务型党组织建设】　持续深化开展在职党员进社区为群众服务，并与创全国文明城市相结合，动员在职党员主动开展入户宣传、文明劝导、清洁家园等志愿服务，推动创城工作开展。市直机关、驻岩单位共有130个基层党组织的7454名在职党员进入所在社区报到，共实施进社区服务18156人次，完成创城宣传18500人次，实施共建集体活动共261次。

【党风廉政建设】　按“五抓五看”要求，组织人员深入55个单位开展落实全面从严治党主体责任情况委托检查，提出整改意见200条，制定整改措施260条。推进中央八项规定和市委2号文件精神落实常态化长效化，制定下发《2017年度推进岩委〔2015〕2号文件精神贯彻落实整治方案》，开展市委2号文件宣讲、党章党规网络知识测试、警示教育、“清风荡漾在闽西”书画摄影展等活动，组织集中学习和赴廉政基地接受教育13次。制作《党政干部谈心谈话记录本》健全完善廉政谈心谈话制度。用好监督执纪“四种形态”，全年审理违纪问题26件，运用第一种形态处理30人次、第二种形态处理26人。

【党务干部队伍建设】　提升党务干部能力素质，组织50名党务干部赴延安干部培训学院培训，举办基层支部书记示范培训班，共有1610名基层党组织书记、副书记、委员参加培训。

【机关文化建设】　深入开展“传承红色基因。讲好龙岩故事”演讲比赛、“喜迎十九大，颂歌献给党”歌咏比赛、“砥砺奋进的五年”等主题宣传活动，全面展示十八大以来龙岩各项事业发展的新成就。组织健身大会活动、登山、志愿者服务、庆“五一”、喜迎十九大等专场活动，举办专题讲座。组团参加市第十五届运动会，在行业组42个代表团中总分排名第十，荣获体育道德风尚奖。开展困难党员职工慰问关怀行动，慰问困难党员157人，发放慰问补助金12.96万元。

（张元香　供稿）

老干部工作

【概况】 截至2017年底，龙岩市健在的离休干部627人，年龄最大的103岁，平均年龄89.6岁，其中：老红军2人，抗战时期入伍的离休干部43人，厅级离休干部（含享受）16人。“5·12”退休干部190人，厅级退休干部（含享受）53人。

【文件精神贯彻落实】 龙岩市认真学习宣传贯彻中办发〔2016〕3号、闽委办发〔2017〕6号文件，市、县两级均成立离退休干部党工委，协调市委编办核定各县（市、区）离退休干部党工委专职副书记副科级领导职数各1名，均落实老干部局长兼任同级党委组织部副部长和离退休干部党工委书记，7个县（市、区）离退休干部党工委专职副书记全部配备到位；2017年9月出台《关于进一步加强和改进离退休干部工作的实施办法》（岩委办发〔2017〕34号），明确市委离退休干部工委的工作经费按照市直离退休干部党员每人每年50元的标准列入本级财政预算，市直离退休干部党组织学习活动经费按照支部党员每人每年200元标准列入财政预算，对获得省级示范点的社区由市级财政给予一次性2万元奖励；走访慰问易地安置离休干部由每两年改为每年1次；明确把离退休干部党组织建设列入年度绩效管理工作中党的建设和基层党建工作述职评议考核内容。

【落实离退休干部两项建设】 以成立离退休干部党工委为契机，按照“强基层组织、建工作机制、育先进典型”的模式，有效推进离退休干部党建工作。联合市委组织部下发《关于对离退休干部党组织建设有关问题进行整改的通知》，进一步解决好党员教育管理出现空档、支部换届难等问题；建立市直离退休党支部工作联席会议机制，下发《关于建立离退休干部党支部在职联络员制度的通知》等制度19项，推动离退休党组织工作正常开展。市、县两级以成立“老党员之家”或“老干部党校”的方式，开设“红土桑榆大课堂”，每月10日邀请专家或学者授课，解决好部分党支部活动场所少、活动开展难等问题。

【“红土桑榆”品牌效应】 以开展“畅谈新变化　助力新龙岩　喜迎十九大”正能量活动和抓好“红土桑榆”志愿者、宣讲员、网宣员三支队伍为抓手，在全市离退休干部中开展“五个一”系列活动（上好一堂党课、组织一次外出参观、开好一场座谈会、开展一次建议征求、参加一次征文活动），引导老同志深入开展“畅谈”和“建言”活动，并形成专题报告向市委呈送，受到市领导的肯定。充分发挥闽西红色优势，搭建活动平台，组织“红土桑榆”宣讲团深入学校、机关、农村、企业开展红色宣讲。新罗区通过开展“扬清风·树正气”送党课下基层活动，利用新罗TV陆续播出离退休干部“畅谈十八大、展望十九大”电视系列访谈专题栏目，讲述龙岩苏区干部好作风，反响很好。组织“红土桑榆”志愿者服务队参与关心下一代、扶贫助困、科技下乡、创建全国文明城市等活动，“红土桑榆”正能量品牌凸显新效应。

【服务保障】 连续5年开展“关爱老干部、共筑中国梦”实事好事评选活动，共评选出实事好事39件，营造为老干部办实事做好事解难事浓厚氛围。在市直属相关医疗单位设立老干部保健门诊和开辟绿色通道，共为216名离休干部制作《龙岩市离退休干部医疗保健卡》，市直干休所与市二院、市干休所与市中医院分别结对共建，老干部与医生建立“一对一”的结对服务，切实为老干部的健康护航。市老年大学积极推进老年教育文化资源共建共享，开设社区教学点，打造“没有围墙”的老年大学，市、县老干部活动中心加大资金投入改造，以党建为抓手，成立“老党员之家”，不断发挥功能作用。

（钟俊　供稿）

对台工作

【对台品牌建设】 “海峡客家”两岸交流品牌效应凸显。武平定光佛文化园区成功获批国家级海峡两岸交流基地；上杭客家族谱博物馆获批省级对台交流基地；设立连城海峡两岸棒球产业文化交流基地、新罗台湾抗日义勇队交流基地、漳平台湾农民创业园等3个龙岩市首批对台交流基地。成功举办第九届海峡论坛·海峡客家（长汀）风情节、海峡两岸交流基地授牌仪式暨第六届海峡两岸定光佛文化旅游节、第23届世界客属公祭母亲河大典等大型文化交流活动。龙台媒体合作进一步加强，以客家文化为主题的《两岸客家》《棒球兄弟》《闽西客家记忆》《美食美客》等广播电视节目在岛内播出，以及《闽西乡讯》《环球客家》《客家纵横》等杂志在岛内发行。“大陆阿里山”农业合作品牌效应提升。漳平台湾农民创业园成功获批全省首个“台湾高校学生农业教学实践基地”，入选全省首批“福建省台湾青年就业创业基地”，在2016年度全国台湾农民创业园考评中荣获第一。永福高山茶成功入选厦门金砖会晤选用产品，2017年10月，入选由中宣部、国家发改委等部门联合主办的“砥砺奋进的五年”大型成就展。

【龙台经贸合作】 台商在龙岩投资继续呈现良好势头，全市新批台资企业14家，总投资3234万美元，合同台资2324万美元。成功举办第八届海峡两岸机械产业博览会，吸引426家机械企业参展，签约项目76个，总投资267亿元。在厦门举办龙岩市重点产业项目推介会暨签约仪式，签约台资项目7个，总投资11950万美元，合同台资8025万美元。台湾青年创业就业工作有新成效，出台鼓励和支持台湾青年到龙岩创业就业的实施办法及实施细则，设立台湾青年创业示范基地5个、示范点8个，市财政发放扶持资金280万元。在龙岩创业就业的台湾青年有132名。建立健全台商台胞服务及权益保障工作机制，组织召开2017年度台商中秋恳谈会，设立“龙岩市台胞权益保障法官工作室”，聘请台商法律顾问，积极调处涉台投诉求助，帮助在岩台商台企解决困难和问题19件，切实维护台胞合法权益。

【两岸民间交流】 28个乡镇与台湾乡镇建立常态化交流机制，陈、林、钟、沈等40多个姓氏开展宗祠、庙会等形式的宗亲交流交往。龙台青少年交流交往更加紧密，成功举办2017海峡两岸(龙岩)青年文化创意产品交流展、两岸大学生“中华文化研习营”“重走客家迁徙路”夏令营、海峡两岸青少年棒球邀请赛等青少年交流活动。闽台高校联合培养人才等项目顺利实施，龙台高校合作更趋紧密。2017年全市累计接待台胞近6万人次，同比增长16.8%。

(朱龙飞　撰稿)

党校工作

【培训工作】 党政干部培训。全年共举办各类培训班35期，培训学员3393人次。优化师资队伍，聘请40多名省内外专家、领导担任兼职教师，开设专题讲座60多场。更新培训内容，开设53个新专题，及时安排十九大精神进课堂，组织教师赴企事业单位开展贯彻落实十九大精神和重要会议、重大政策的宣讲活动。服务中心工作，举办“千人计划”人才岗前培训班、市纪委派驻纪检组长和市管国企纪委书记能力研讨班、全市乡镇妇联主席培训班等各类专题培训。创新教学模式，开设访谈教学和党性分析课，运用研讨式、案例式、体验式、情景式、现场教学等多种教学方式，推出《严肃党内政治生活》《应对心理压力　共享心理辅导》《二十年红旗不倒》等多个教改课程。推出特色教材。结合龙岩实际，着手编写《闽西苏区与治国理政》《闽西红色现场教学点讲解词》《闽西红色现场教学点点评词》《闽西党性教育核心课程教案》《闽西革命简史》等特色教材。

企业培训与继续教育。加大企业调研力度，了解企业培训需求，开设基层管理人员提升班、人力资源管理提升班和战略管理等针对性较强的课程。全年共举办企业成长班3期、培训281人。拓展继续教育培训，通过电话营销、短信平台等方式，加强与培训对象联系，争取继续教育市场资源。全年共举办继续教育培训班5期、培训517人。

对外培训。充分发挥闽西特色和古田品牌优势，全年承接各类培训班次282期，培训1.4万人，培训覆盖面辐射到中直机关和26个省(市、区)。重视资源整合，有效整合古田会议会址、才溪乡调查旧址等红色教育资源，融合红色、生态、客家、产业等主题，以古田为轴心，在全市建立主题突出、特色鲜明的现场教学点97个，其中市级教学点26个、核心教学点9个。不断优化打造精品课程，围绕古田会议精神、新古田会议精神、闽西苏区精神、才溪乡调查精神、闽西生态文明建设、客家文化与客家家训以及“不忘初心、牢记使命”和“传承红色基因、担当强军重任”主题教育等，开发近40个新专题；以革命先辈、革命先烈、革命群众后代为主要访谈对象，开发“星火燎原”“红旗不倒”等专题访谈；开展多种形式的现场教学，突出教学的体验性、直观性和实践性。

研究生教育。新招收2017级经济学--中国经济转型与治理专业在职研究生50人；2015级、2016级研究生班面授、考试等管理工作得到进一步规范。在校在职研究生总人数150人。

【科研工作】 制定《科研与决策咨询成果奖励办法》，发挥科研咨政正导向作用，充分调动教研人员开展咨政工作的积极性；制定《关于向校外报送科研成果的审核制度》，规范咨政工作的管理。全年组织申报各级各类课题45项，获得立项19项，相比往年取得重大突破；发表理论文章、调研报告60余篇，其中CN刊号学术期刊30余篇；有多项研究成果获得省、市奖励，其中省级优秀成果奖3项，市优秀调研成果一等奖1项、三等奖3项。12月26日，福建省委党史研究室、龙岩市委在校院举办“学习贯彻党的十九大精神，弘扬古田会议精神”研讨会，深入研究探讨古田会议精神实质、历史贡献和现实意义。围绕市委、市政府工作重点，充分发挥党校咨政研究的优势，在《调查研究与决策咨询》《龙岩发展研究》发表《新型城镇化视野下的闽西传统村落保护和发展》等咨询成果10余篇；参与省社会主义学院咨政文稿征集工作，报送《大众创业与大众就业统筹兼顾的几点建议》《大统战格局下优化非公有制经济营商环境的若干建议》等议题，咨政服务范围扩展到全省。编辑发行《闽西论坛》4期，开辟新专栏，提升文稿质量，向省内外赠阅交流范围约400个单位、部门和个人。

【党建工作】 坚持“党校姓党”根本原则，围绕“抓党建促教学”，不断强化机关党建工作。加强思想建设。抓紧抓实支部“三会一课”、主题党日活动等学习教育；精心组织党内重大专题教育，推进“两学一做”常态化制度化；拓展学习教育的渠道和形式，充分发挥党校优势和教师队伍作用，通过上党课、专题讲座、专题辅导、市民学校、道德讲堂等平台开展政策理论宣讲。先后开展十九大精神、习总书记纠正“四风”重要指示精神、作风建设、贯彻落实中央八项规定精神实务操作辅导等专题讲座，取得良好效果。加强组织建设。完成机关党委换届工作；完善廉政谈话、组织生活会等制度，规范和优化机关党建工作流程；明确每周一为“支部活动日”，通过经常性开展各种主题鲜明、内容丰富的组织生活，增强基层党组织的凝聚力和战斗力。加强作风建设。制定“机关效能建设十项制度”，建立健全职责清晰、运转规范、奖惩分明的机关管理制度；开展纠正不良习气专项整治工作，强化纪律问责。加强党风廉政建设。制定主体责任清单，签订党风廉政建设责任书；加强廉政教育，组织参加市委2号文件精神专题学习和廉政警示教育活动；对新入职人员进行纪律教育谈话；支持和配合纪检组开展落实中央八项规定精神自查自纠工作。

【校园迁建】 至2017年9月底，全面完成市委党校迁建项目A、B区各项建设任务，并于12月26日举行揭牌仪式，正式投入试运行。新校区规划用地面积33.33公顷，总建筑面积约10.7万平方米，各类设施齐全，办学条件得到极大改善。同时，将校园文化建设纳入新校区建设总体规划，先后设计建设校训石、宣传栏、毛主席诗词墙等，并对红色景观提升项目进行规划，成熟一个，建设一个。

【队伍建设】 强化监督管理。制定下发《关于进一步规范教职工考勤制度的通知》，对违反请销假纪律和规章制度的干部进行效能问责，转变机关工作作风。完善考核激励制度。通过绩效考核和先进集体评选，提振干部精气神。优化人员结构。及时补充新生力量，通过各种渠道，吸纳党校需要的各方面人才。配强中层领导岗位。严格遵循干部选拔工作程序和要求，提拔3名教研部副主任、调整任命4名中层正职和1名中层副职。加大对中青年干部和学科骨干人才培养力度。改革完善中级职称评审办法，提高职称评审质量；支持中青年教师参加研究生学历教育、攻读博士学位；加强中青年教师的在岗业务培训和做好传帮带工作；选送年轻干部到市直部门跟班学习；选派干部教师参与驻村任职、蹲点，加强实践锻炼，丰富基层工作经验。加强专兼职师资队伍建设。选聘一批理论功底深厚、实践经验丰富的领导干部、专家教授、乡土人才、历史亲历者后代担任兼职教师，初步建成一支门类齐、结构优、层次高、素质强的专兼职师资队伍。

【后勤服务】 理顺后勤管理机制，制定财务、票据、资产、物业管理、政府采购、零星采购、内部控制等各项规章制度。抓好财务管理工作，严格执行主要领导“一支笔”审批制度，严格财务报批程序；改进规范外培班次收支方式和管理，实施“一班一结”；完成对外培训合作供应商数据库建设。完成开办物资采购工作，根据新校区开办实际需要，按照“依法依规、公开透明、质优价廉”原则，完成搬迁开办各项固定资产的采购工作，涉及11个采购包，2200万元。采购承办人员实行“痕迹化”管理，确保“有据可查、责任到人”。做好食堂管理和保障工作，进一步提高服务水平，配合市食药局、人社局加强食品卫生、安全和用工监督管理。加强与运营团队的对接协调，统筹做好新、旧校区绿化、卫生保洁、安全维护、设施维修等各项后勤管理工作，为学员教职工提供良好的学习、工作和生活环境。

【党校系统建设】 积极参加中央党校、国家行政学院、省校院组织的教学、科研、文体活动；参加省校院2017年学术年会，提交论文5篇；组织申报“福建省党校行政学院系统中国特色社会主义理论体系研究基地2017年课题”14项，获得立项7项；参加2017年省校院系统科研与决策咨询工作协作会议和福建省行政学院系统公共管理学科建设研讨会；组织教师向省社会主义学院提交由省纪委与省社会主义学院联合举办的全省家训家规征文2篇，其中俞如先教授的《客家祖训思想立意初探》文章入选；参加全省社会主义学院科研工作联席会议；组队参加第二届全省党校行政学院系统体育运动会，取得较好成绩；参加全国行政学院系统书画作品展系列活动。

定期召开全市党校系统教学工作会议，总结、交流和部署全市党校系统教学工作；校委班子分别挂钩7个县（市、区）党校，对县级党校干部培训的班次设置、教学内容、师资选配、教学方法、教学组织、教学管理、学风建设等进行指导和检查；加快提升县级校人员综合素质，吸收县级校教研、行政管理人员到校院跟班学习；组织全市校院系统精品课评选，为年轻教师展示教学水平搭建平台；重要专题吸收县级校教师参与集体备课，整体提升全市校院系统的授课质量；组织全市校院系统社科成果评奖，营造科研工作氛围，2017年，县级党校教学科研人员科研成果在数量和质量方面得到明显提升，全年课题申报及立项数倍增，发表在CN刊号学术期刊的文章达到25篇；根据县级各类课题立项计划和立项要求，支持做好教研人员的课题结项服务工作，2017年，帮助县级党校办理结项课题12项。

【对外交流合作】 拍摄宣传片，编印宣传册、宣传折页，积极争取高层次培训班次和高级别大中型会议，扩大院校知名度。在深化与已建立合作机制的国家公务员局、国防大学、国家行政学院、中央直属机关党校、中央团校、国家新闻出版广电总局党校、国家质量监督检验检疫总局干部教育中心、公安大学党校、福建省委党校、福建省行政学院、瑞金干部学院等单位的交流与合作的基础上，与宁夏自治区委党校、中国电子科技大学开展合作办学。全年共接待来自国防大学、江西干部学院、国务院国资委、中国环境科学研究院、省校院来我校交流的各级领导、专家、学者达100余批、1000余人，前来设立培训基地或教学点的部门、单位达108家。

（张炜琎　撰稿）

党史工作

【党史征集研究】　完成《中共龙岩市历史二卷本(1949–1978年)》(修订稿)、出版《长征中的闽西儿女》画册、《闽西中央苏区简明读本》；完成《闽西红色故事》和长征故事的征集及汇编工作；完成《红色馆前，光荣汀东》党史课题研究；完成《闽西苏区双拥工作史料汇编》上下两册编辑、审定工作；完成《中央革命根据地历史资料文库·群团卷》的资料收集、整理；协助龙岩经开区(高新区)完成其境内的中央苏区旧址群的党史资料整理和史实论证工作。启动“古田精神”系列丛书“文献资料丛编”资料的收集整理工作。主持召开《闽西中央苏区文献资料丛编》第一次编纂工作会议；开展“文献资料丛编”目录的收集工作。

【党史宣传教育】　承办纪念建军90周年和闽西南三年游击胜利80周年系列活动，与有关单位联合举办纪念中国人民解放军建军暨南昌起义军入闽90周年学术研讨会和书法展，出版《纪念中国人民解放军建军暨南昌起义军入闽90周年书法作品集》；参与承办纪念闽西南三年游击战争胜利暨新四军成立80周年座谈会；与新罗区委联合主办郭滴人烈士诞辰110周年纪念活动；承办由福建省委党史研究室、中共龙岩市委主办的“学习贯彻党的十九大精神，弘扬古田会议精神”研讨会。与市委宣传部、闽西红色山庄纪念馆联合举办《闽西籍开国元勋展》，共展出71位闽西籍党和国家领导人、开国将军的主要事迹；与龙岩经开区、文旅集团联合在高陂镇太平区举办《闽西中央苏区：红色审判机构起源地》陈列展览；与市档案局联合主办《闽西籍开国将星生平档案图片展》。完成中央苏区第一个兵工厂旧址调研、史实论证及维修和陈列方案审查；完成中国人民解放军闽粤赣边纵队纪念碑碑文审查；参与永定牛牯扑红色资源保护和开发利用规划、永定金砂红色小镇规划建设和武平湘店红色景区规划建设等方案的评审工作；参与《星火燎原——中央苏区时期福建工运史话》的编审工作。开展近10场(次)党史宣传教育“六进”活动，参与“社科普及宣传周”活动，党史宣传教育取得显著成效。

【纪念闽西南三年游击战争胜利暨新四军成立80周年座谈会】　为了缅怀革命先辈的光辉业绩、传承红色基因、弘扬革命传统，9月26日，由中共龙岩市委、龙岩市人民政府主办，中共龙岩市委宣传部、中共龙岩市委党史研究室承办的纪念闽西南三年游击战争胜利暨新四军成立80周年座谈会在闽西宾馆召开。

叶小楠、皮国湧、江旅安、张泰山、邓小燕、方超、方穗明、温建民、谭靖恒等老红军及新四军后代代表，省委党史研究室副主任汪一朝、省新四军研究会常务副会长刘云刚，市领导林国耀、詹昌建、孙秋霞，龙岩市直相关单位、各县(市、区)宣传部长，龙岩市新四军及闽粤赣边老同志联谊会代表谢毕真等80余人参加座谈会。会议由市委常委、秘书长、宣传部部长詹昌建主持。

1934年10月，中央主力红军长征后，留守闽西的红军游击队进行了艰苦卓绝的三年游击战争，创建了闽西南游击区，成为中国共产党领导红军游击队在南方坚持游击战争的主要区域之一。闽西南游击区在战略上配合了主力红军的行动，为新四军的组建和开展华中敌后抗战奠定了胜利发展的基础，在中国革命史上写下了光辉的篇章。毛泽东同志曾赞扬：“你们三年的苦斗有很大的功绩”，“你们坚持了三年游击战争，保留了这么多干部，保留和发展了部队，保留了20万亩土地，保卫了苏区广大群众的利益，这是伟大的胜利”。1937年12月，新四军军部正式成立，坚持闽西南三年游击战争的红军游击队改编为新四军第二支队，成为开赴苏皖抗日前线作战的主力部队。

座谈会上，省委党史研究室副主任汪一朝、省新四军研究会常务副会长刘云刚、原中顾委常委江渭清之子江旅安、全国人大常委会原副委员长张鼎丞之子张泰山、全国侨联原副主席方方之女方穗明先后发言，回顾总结闽西南三年游击战争艰苦卓绝的历程及其独特的历史地位、作用和贡献，深情缅怀老一辈无产阶级革命家的丰功伟绩。

市委书记林国耀在会上讲话。他说，闽西是全国著名的革命老区、原中央苏区核心区域，是中国革命在南方长期坚持的重要战略支点，是新四军的主要发源地。闽西南三年游击战争是我们宝贵的历史遗产和精神财富，革命战争的硝烟虽已远去，但伟大的革命精神光耀千秋。我们要学习、继承和弘扬革命前辈的崇高品质及优良作风，不忘初心、继续前进，以更加昂扬向上、奋发有为的精神状态抓好各项工作，切实把闽西老区苏区建设好、发展好，在实现“两个一百年”奋斗目标和全面建成小康社会的征程中，奋力谱写中华民族伟大复兴中国梦的龙岩篇章，不辜负革命前辈的殷切期望。

【纪念中国人民解放军建军暨南昌起义军入闽90周年学术研讨会座谈会】　9月16日，由中共福建省委党史研究室、福建省中共党史学会主办，中共龙岩市委党史研究室、龙岩学院中央苏区研究院承办的“纪念中国人民解放军建军暨南昌起义军入闽90周年”学术研讨会在龙岩学院召开。中共福建省委党史研究室主任、福建省中共党史人物研究会会长逄立左，市委常委、秘书长、宣传部部长詹昌建，龙岩学院党委副书记、院长凌启淡等出席会议，会议由中共福建省委党史研究室副主任、研究员王盛泽主持。来自北京、福建、江西三省(市)的60余名党史专家学者参加会议。

中共福建省委党史研究室主任逄立左在会上作主旨发言，他指出要用历史的眼光看待南昌起义军入闽这一具有特殊意义的历史事件。南昌起义军入闽，是南昌起义延续其创建人民武装和人民军队这一过程的标志，是延续其开展革命武装斗争这一过程的标志。南昌起义军对人民军队最初的建设实践具有重要意义；南昌起义军入闽极大鼓舞和推动福建人民的革命斗争；南昌起义军转战赣闽粤边境及上井冈山，对探索中国革命道路具有重要意义。学术研讨会的召开对于传承红色基因，推进强军兴军建设，彰显革命老区发展特色，有着特殊而重要的意义。

中共龙岩市委常委、市委秘书长、宣传部长詹昌建在讲话中强调，广大干群要继承和弘扬革命先辈崇高的精神追求和优良的革命传统，牢固树立政治意识、大局意识、核心意识、看齐意识，始终在思想上政治上行动上同以习近平同志为核心的党中央保持高度一致；坚持一切从实际出发，理论联系实际，全力突破重点领域改革，为龙岩的持续健康发展开创新路子、新天地；要继承和弘扬苏区干部好作风，以更加昂扬的斗志、更加务实的作风，扎实工作，迎难而上，确保如期全面建成小康社会；要全面落实拥军优属政策，扎实推进军民融合发展，不断提升双拥共建水平，为推进新形势下国防动员和后备力量建设创造良好条件。

此次研讨活动共征集论文73篇，入选论文42篇。在研讨会上，来自军事科学院、江西科技师范大学等省内外8位专家学者在会上进行交流发言，福建省中共党史学会会长蒋伯英教授作会议小结。研讨会期间，中共龙岩市委党史研究室与龙岩学院中央苏区研究院举行中央苏区理论协同研究中心授牌仪式。会后，与会人员还集体参观学习东肖红色旧址群。

【纪念建军暨南昌起义军入闽90周年书法展】 为纪念中国人民解放军建军暨南昌起义军入闽90周年，由龙岩市委党史研究室、龙岩市文学艺术界联合会主办，龙岩市书画艺术研究会、龙岩市书法家协会、龙岩龙津艺苑承办的《纪念建军暨南昌起义军入闽90周年书法展》于8月1日在龙岩龙津艺苑开展。主办、承办单位的领导及干部职工，社会书法爱好者等50多人出席首展仪式并参观展览。

《纪念建军暨南昌起义军入闽90周年书法展》收集100多幅书法作品，从中精选90幅作品展出。书法家们用手中的笔墨，创作出一幅幅精良的书法作品，抒发了人民军队九十年征途，九十年辉煌的豪迈情怀，弘扬革命精神，凝聚士气正气，讴歌伟大时代。

【“学习贯彻党的十九大精神，弘扬古田会议精神”学术研讨会】 12月26日，由中共福建省委党史研究室、中共龙岩市委主办，中共龙岩市委党史研究室、古田干部学院、龙岩学院中央苏区研究院、闽西红色文化研究中心、古田会议精神研讨会承办的“学习贯彻党的十九大精神，弘扬古田会议精神”研讨会在古田干部学院举行。市委常委、秘书长、宣传部长詹昌建在开幕式上致辞，市委常委、组织部长魏东主持开幕式。中共福建省委党史研究室副主任、研究员王盛泽代表主办方之一作了讲话，中共中央党校教务部主任、教授柳建辉作主旨发言。来自北京、天津、湖北、福建、江西六省(市)的50余名党史专家学者参加会议。

詹昌建在致辞时指出，在古田会议召开88周年、古田全军政治工作会议召开3周年之际，深入研讨古田会议，对于继承和弘扬古田会议精神，为推进马克思主义中国化提供坚实的理论支撑，贯彻党的十九大精神，加强新形势下党和军队建设，具有重要意义。希望专家学者能够继续支持、关心闽西老区各项事业发展和闽西红色文化研究工作，推进红色文化繁荣兴盛。我们将以此次研讨会的举办为契机，大力传承和弘扬古田会议精神，不忘初心，牢记使命，走好新时代的长征路，奋力谱写新时代龙岩发展的新篇章。

王盛泽在讲话中指出，古田会议是中国共产党建党建军史上具有里程碑意义的重要会议。古田会议及其通过的决议，总结了中共建党建军的经验，确立了着重从思想上建党的原则，解决了党在农村环境下小资产阶级占多数的情况下，如何保持无产阶级性质的难题，保持了党的先进性和纯洁性，实现了党对军队的绝对领导，确立了人民军队建设的基本原则，规定了红军的性质、宗旨和任务，政治工作的重要地位，解决了如何把一支以农民为主要成分的军队建设成为共产党领导的新型人民军队的根本问题，铸就了“军魂”。他希望通过专家研讨能进一步挖掘古田会议精神的丰富内涵，为谱写新时代福建发展新篇章贡献一份力量。

研讨会上，国防大学教授、少将蔡仁照，国防大学教授、大校董志铭，省文化厅党组成员、文物局长、研究馆员傅柒生，国务院特殊津贴专家、福建省委党校教授蒋伯英，南开大学教授、博士生导师赵铁锁，厦门大学教授、博士生导师张侃等10多位专家学者分别在会上发言，深入研究古田会议的精神实质、历史贡献和现实意义，探讨党的十九大提出的不忘初心牢记使命的历史传承和时代价值。古田干部学院副院长、市委党校常务副校长曾汉辉作会议总结。

（蓝松英　撰稿）

信访工作

【概况】 2017年，龙岩市信访部门围绕中心，服务大局，以重大活动为重点，以开展“责任落实年”活动为抓手，以开展“信访突出问题大排查、信访积案大化解、越级上访大整治”为主线，围绕“五抓”促“五好”，按照“三到位一处理”要求，坚持运用法治思维和法治方式解决信访突出问题，一手抓信访工作责任落实，一手抓依法严厉打击，及时就地解决一大批信访问题，信访态势持续平稳向好。信访总量同比下降12%，进京非正常上访同比下降91.1%，进京集体访人次同比下降83.3%，到省集体访人次同比下降50%。

【重大活动信访保障】 进一步完善事前预防稳控、事中劝返接回、事后跟踪督办责任制，“一带一路”高峰论坛、厦门会晤、党的十九大期间，全市信访秩序保持良好，进京赴省非正常上访人次在全省排名靠后，得到省联席办、省信访局的充分肯定和表扬。

【信访工作改革创新】 省信访联席办刊发简报，推广龙岩市以法治思维和法治方式治理缠访闹访的工作做法；新罗区推行“1245”工作法（“一图”“两档”“四书”“五单”），依法整治进京非正常上访，进京非正常上访得到有效遏制。漳平市建立信访工作“三级函告”机制（建议函、督办函、司法告知函），逐级压实责任，推进重点涉稳隐患问题、信访积案有效化解。

【信访治理能力提升】 强化领导接访，推动问题就地化解。认真做好领导接访信访事项的筛选、接访、跟踪督办、反馈等工作，协调解决一大批群众反映的合理合法诉求。全年市、县（市、区）领导共接访处理信访事项1273批2980人次，均及时办理答复。强化综合治理，推进积案化解。开展“大排查、大化解、大整治”活动，81件信访积案办结化解率100%、息诉息访率100%；长汀县及105个乡镇、1887个村居（社区）实现“三无”创建目标。强化依法办事，提升服务水平。开展信访基础业务规范化自查活动和专项督查，以程序规范促进实体问题解决。建立信访部门与责任单位实地逐件回访制度，初信初访及时受理率、按期办结率、息诉息访率、群众满意率分别为100%、100%、88.3%、71.4%。强化预警预测，提升应急水平。在党的十九大和厦门会晤期间，妥善处置信访风险隐患问题26件，化解21件；及时向市委市政府呈报信访突出问题5件，对重点领域、重点群体、重点问题及时提出处理建议，信访事项得到妥善处置。强化督导检查，推动责任落实。健全信访工作考核评价体系和责任追究制度，以责任落实推动工作落实；与各县（市、区）签订信访工作责任书，建立督导检查常态化机制，建议查处信访工作失职失责问题4件，问责干部12人。

（谌耿春　供稿）

政策研究

【概况】 2017年，组织上报被省委政研室《调研文稿》《政研专报》《调研内参》等采用调研文稿共14篇（附后），上报数、采用数均居全省设区市首位。其中由市委政研室牵头组织执笔撰写的6篇，这是近五年龙岩市委政研室调研文稿被省采用数最多的一年。特别是政研专报取得历史性突破，《“一带一路”背景下推动我省环保产业“走出去”的对策建议》被省委政研室专报省委常委、副省长的《政研专报》采用，这是该内刊首次发表地市级上报的调研文稿。《龙岩市党员干部驻村任职工作的实践与若干思考》荣获全省党建重点课题调研成果评选“二等奖”。《持续推进林权改革，助推新福建发展》被省委省直机关工委刊物《党的生活》第7期采用。

【重大课题调研】 全年共策划安排58个市级课题，首次采取市领导作为挂钩课题指导，共挂钩重点调研课题18个，并相继发表在《龙岩发展研究》。在市领导的高度重视下，一批重大调研课题进入领导决策视野，其中获市领导批示6篇。《关于全市现代服务业发展情况的调研报告》《加强我市自然保护区建设的建议》及由市委政研室撰写的《“一带一路”背景下推动我省环保产业“走出去”的对策建议》获市委书记林国耀批示；《加快发展健康养老产业，打造国内知名养老养生福地品牌》获市长林兴禄批示，并发表在国家发改委主管的中国战略新兴产业杂志社官方主页上；《弘扬客家家训家风，推进全面从严治党》《加快推进龙岩市服务型制造发展的对策建议》等文章先后获市长林兴禄、秘书长詹昌建批示。

【调研成果转化应用】 市委政研室和市委办综合科组成调研组深入调研龙岩经济技术开发区体制调整、四风问题等专项调研工作。按照调研组的建议方案，市委市政府下发文件重新调整经济开发区体制机制；四风问题《形式主义、官僚主义在我市几种表现》专题调研印发市委常委民主生活会作为整改材料。由市委政研室撰写的《“一带一路”背景下推动我省环保产业“走出去”的对策建议》针对国家发改委将龙岩市纳入中欧区域政策合作案例地区，提出“要做好具体对接工作”等建议得到市委市政府采纳，2017年6月，龙岩市向省发改委呈报做好具体对接工作的呈阅件，并参加在比利时布鲁塞尔召开的中欧区域政策合作高层研讨会，正在做好欧洲签约城市的确定等具体工作的衔接和落实。《持续深化和推进林权改革的实践思考——武平县集体林权制度改革模式研究》所提“深化林业生态体制改革、推进武平国家级湿地公园建设、国家协调金融部门出台支持林业信贷政策”等建议得到有效转化运用。2017年全国的集体林权制度改革现场会在武平召开，武平林改工作经验在会上推广；武平国家级湿地公园项目在该县中山流域周边正式启动实施；林业部会同国开行制定创新金融支持林业发展的具体信贷政策，全省可争取相关资金约600亿元，龙岩约150亿–200亿元。《加快推进龙岩市服务型制造发展的对策建议》提出的“优先推介和使用省内优势产品”的建议得到省政府采纳，龙岩市“龙吸水”防汛抗灾专用应急车辆在全省推介。《加快发展健康养老产业，打造国内知名养老养生福地品牌》所提建议被列入市委五届四次全会内容，其中提出的“规划建设养老产业基地、养老养生示范村”等建议被列入市政府补齐民生事业短板基础设施规划具体内容。

【政研咨询】 《调查研究与决策咨询》是市委政研工作参谋服务的一个特色品牌，该刊物坚持“一月一主题”，专题政策解读，精选调研文稿、广聚各地经验做法，系统归类整理周边政策数据等，全年编辑发行《调查研究与决策咨询》12期，内容涉及全面深化改革、军民融合发展、补齐民生社会事业短板、制造业+服务等主题。《调查研究与决策咨询》受到省委办公厅有关领导好评，并明确要求龙岩市刊物每期多印15本专门呈报省委有关领导参阅。《龙岩发展研究》主要刊发市委市政府的年度重点课题调研文稿，把有质量、能够起到参谋决策服务的调研建议，提供各级各部门领导参阅，全年共刊发42期。

【大调研工作格局构建】 加强上下沟通，服从服务全省调研工作大局，积极配合省委政研室先后完成社区养老、当前经济形势、闽西红色文化、党风廉政建设、特色小镇发展等省级重点课题调研任务。加强部门配合。强化部门责任，加强协调配合，形成调研合力，推进全市重点课题顺利开展，市委政研室与住建局合作开展特色小镇调研，与党史办合作开展政治建设理论在闽西苏区革命建设中的实践研究等。加强科室协调配合。与市委办综合科、改革办、编辑科、信息科等有关科室工作相互配合，统筹集中使用人员力量，共享信息资源。与综合科开展市委全会文稿起草、经开区体制调整、四风问题等课题调研；与改革办联合开展服务型制造、军民融合、脱贫攻坚等多项专题调研；信息科利用政研室撰写的《探索林权改革新路子 打造福建林改经验升级版——福建武平县集体林权制度改革模式研究》编写信息获得省领导批示；协调联络科编辑的军民融合改革成果在省改革信息刊物上发表。

（林传堡 撰稿）

信息工作

【概况】 2017年，信息工作紧紧围绕中央和省委决策部署，紧紧围绕市委、市政府“三大战略”“三大战役”等中心工作，按照市委秘书长詹昌建“四个着力”的批示要求，及时、准确反映经济社会发展中的重要情况，努力做好党委的“千里眼、顺风耳”和“参谋助手”。全年上报省委办信息1520条，其中正刊1162条，增刊、专报件及其他358条。被《八闽快讯》等各类刊型采用263条，其中正刊采用157条，增刊采用17条，专报件采用28条，交流版采用2条；《网络舆情》5条；《福建信息》采用上报中办79条，被中办采用12条，被中央领导批示7条，被省领导批示10条，排名居全省设区市第4位，进入全省先进行列。《闽西快讯》编发正刊87期、增刊77期、专报件61期，《龙岩信息》206期，刊发信息1928多条。获市领导批示43条，其中市委、市政府主要领导批示31条。

【围绕中心信息】 认真总结及时上报“再上新台阶，建设新龙岩”的新思路、新举措、新成效、新变化，积极宣传龙岩、推介龙岩，扩大龙岩的美誉度和知名度。《让红土更红清风更清——龙岩市牢记习近平总书记嘱托传承红色基因推进全面从严治党》《龙岩市传承红色基因推进作风建设“闽西实践”》《闽西苏区有个十九大“百姓宣讲团”》《福建龙岩市积极探索军民融合发展新模式取得积极成效》等被《福建信息》采用并上报中办；《践行新理念建设新龙岩——龙岩市十八大以来经济社会发展成效显著》《厦门龙岩积极探索山海协办协作发展取得初步成效》《龙岩市创新“四维工作法”有效落实综治领导责任制》《龙岩市机关推进“三红三最”工程建设成效显著》等被《八闽快讯》增刊或专报件采用并被省领导批示。

【策划专题信息】 坚持问题导向，精心策划一批有情况、有分析、有预警、有建议的深层次信息，及时发现分析经济社会发展中存在的困难和问题，及时提炼总结具有指导借鉴意义的典型经验，为领导决策提供参考。《关于抓紧抢救“中央苏区红色线”文化遗产的建议》分别被中央和省委、市委领导批示，《关于抢救闽西苏区红色“活化石”红军标语的对策建议》被三位省领导批示；《关于破解因病致贫因病返贫问题的建议》《台湾休闲农业对我市乡村旅游的若干启示》《关于全面二孩政策下加强妇幼健康服务能力建设的建议》《调整优化当前融资方式的思考》等，分别被市委、市政府主要领导批示。

【落实反馈信息】 紧跟进中央和省委、市委重要会议精神和重大决策部署，注重落实反馈，专门研究、专题约稿，刊登专题栏目，推动相关工作落到实处。先后开设“贯彻落实全市进一步推进市委2号文件精神贯彻落实工作电视会议精神”“贯彻落实市委五届四次全会精神”“喜迎党的十九大，喜看闽西新变化”“认真学习贯彻党的十九大精神”等系列专题，让市领导和各县（市、区）、市直各部门及时全面了解掌握重要会议和重大决策部署推进情况。

【谋划对策信息】 跟踪社会关注热点难点，及时反映情况、深入分析问题、提出对策建议，努力出大主意、出好主意。《重霾下的“杂音”应引起警惕》《微信朋友圈等自媒体平台乱象亟待整治》《巴铁闹剧背后防范整治非法集资金融诈骗的思考》等被中央领导批示。

（市委办　供稿）

组织机构　负责人名单

【中共龙岩市委书记、副书记、常委、秘书长、副秘书长】

中共龙岩市委

书　记　林国耀（9月免）
副书记　林兴禄　何明华
常　委　李成荣　王金福
王乃谦（9月免）
詹昌建　邓菊芳（女）
魏　东　毛高良
王　龙
张春秋（12任）
秘书长　詹昌建
副秘书长　赖双奇（2月免）
王德堂
邹方清（2月免）
江勋善　范奎文
苏炎洪（2月任）

【中共龙岩市委所属正处级机构、负责人名单】

市委办公室

主　任　赖双奇（2月免）
苏炎洪（2月任）
副主任　陈俊明　江敬荣
肖宝琴（女）　赖永刚

市委政研室

副主任　高营光（挂职）
江启文（2月任）
邱声农（2月任）

市委组织部

部　长　魏　东
副部长　曾繁光
钟冬桂（10月免）
陶以宁（女，兼）
李小平　陈文清

市委宣传部

部　长　詹昌建
副部长　傅柒生（2月免）
尤建源（9月免）
罗桥德（2月免）
吴福文
苏碧莲（女，5月任）

市委统战部

部　长　邓菊芳（女）
副部长　卢敏云　朱彪仁
曾光书

市委政法委员会

书　记　毛高良
副书记　张斌（兼）　廖继清
易秀荣
郑奕玲（女，2月任）
政治部主任　章江华

市社会管理综合治理委员会办公室

主　任　郑奕玲（女，2月任）

市委台湾工作办公室

主　任　钟群妹（女）
副主任　任志勇（兼）　周任昌
兰增辉
黄和芳（7月免）
李永涛（7月任）

市委机构编制委员会办公室

主　任　张飞开
副主任　詹兴龙　王启宏
李建斌（7月免）
赖胜兴（7月任）

市委市直机关工作委员会

书　记　魏　东
副书记　曾繁光（2月免）
陈才文（2月免）
卢象亨
邹方清（2月任）
纪工委书记　陈才文（2月免）
周兴文（2月任）

市委老干局

局　长　陶以宁（女）
副局长　邓辉明　李志栋
王伟鸿（7月任）

信访局

局　长　李达武(副局长主持，7月免)
副局长　丁荫豪　张友生
吴文祥

市委文明办

主　任　王德堂
副主任　侯小丽（女，7月免）
刘洪华　林树遥

市委党校

校　长　何明华（兼，8月免）
魏　东（兼，8月任）
副校长　曾汉辉　吴寿勤
陈耀华

市委党史研究室

主　任　苏俊才
副主任　吴升辉　高营光

闽西日报社

社长、党委书记　朱廷彬
总编辑　范启麟
副社长　范启麟　石飘芳
副总编辑　江　瑾（11月免）
林　琳　陈燕棠
纪委书记　李吉湖

【各县（市、区）委领导人名单】

中共新罗区委

书　记　刘友洪（1月免）
何明华（兼，1月任）
副书记　陈金龙　郑金国
钟有亮（挂职）
常　委　谢永华　陈庆日
张伟明　王信南
陈清俊　邱笑玲（女）
陈淮杰　林振辉
张　海（挂职，9月任）

中共永定区委

书　记　王金福（兼）

副书记　陈荣水　姜林芬
常　委　曾佑繁　陈文操
章溧斌(5月免)
曹伯田　黄华凤(女)
王小庆　蓝富雁
江峻伟
阙洲荣(7月任)
潘　登(挂职,9月任)

中共上杭县委

书　记　傅藏荣
副书记　王　波　詹崇仁
常　委　黄和芳(7月任)
胡长松　杨　葵
徐　峰
徐浩然(挂职,4月免)
张毓章
蓝　新(6月免)
罗小洪(女)　胡　滨
张北阳

中共武平县委

书　记　陈厦生
副书记　廖卓文　张丽华(女)
常　委　吴宇川　傅衍华
方　刚　董爱群
丘善辉　蔡东阳
钟建生　饶　辉

中共长汀县委

书　记　廖深洪
副书记　马水清
王汝彬(2月免)
李　强(7月任)
常　委　吕金森　江桂生
卓国志　李　强
丁俊峰　郭育坚(女)
刘演昌　吴　蓉(女)
兰思义(7月任)
林宇海(挂职,9月任)
贾坤(挂职,12月任)

中共连城县委

书　记　钟勇强
副书记　吕素梅(女)　邱伟勤
常　委　赖李林　张前茂
郑煌泰　王传龙
邹学伟　陈荣斌
陈清木　吴克辉
周仁金(挂职,9月任)

中共漳平市委

书　记　陈论生
副书记　马　勇　赖进益
常　委　罗　剑(12月免)
陈天彩　陈文东
吴伯理
黄佐清(12月任)
赖胜兴(7月免)
张　锋
李建斌(7月任)
林　艳(女)

（市委组织部　供稿）

24

龙岩市人大常委会

编辑　游友荣

综　述

【概况】 2017年是龙岩市新一届人大常委会履职的开局之年。全年,市人大常委会召开6次常委会会议、11次主任会议,制定并颁布实施地方性法规各1项,作出决议决定4项,组织或配合上级人大对5部法律法规的实施情况进行检查或调研,听取审议"一府两院"专项工作报告23项,开展专题询问和满意度测评各1次,对市政府5项专项工作进行评议,督办代表建议287件,审查规范性文件66件,依法任免政府组成人员37人次、审判人员10人次、任命和批准任命检察人员10人次,接受辞职3人次,许可对1名市人大代表采取强制措施,组织由常委会任命的国家机关工作人员宪法宣誓36人次。

【坚持党的领导】 旗帜鲜明讲政治。常委会始终坚持党的领导,牢固树立"四个意识",坚定"四个自信",严守政治纪律和政治规矩,坚决维护以习近平同志为核心的党中央权威和集中统一领导,始终在思想上政治上行动上同以习近平同志为核心的党中央保持高度一致。自觉在市委领导下依法行使职权,把党的领导贯穿于人大履职的各方面和全过程。充分发挥党组领导作用,认真落实向市委请示报告制度,使人大工作始终围绕中心、服务大局,从制度上法律上保证党委决策部署的贯彻落实;严格落实全面从严治党主体责任,制定党组工作规则、党风廉政建设主体责任清单等工作制度,进一步强化党领导人大工作的政治保证。依法决定重大事项。主动跟进市委重大决策部署,及时作出开展"创城我先行、代表作表率"活动的决定,为成功创建全国文明城市发挥人大作用、贡献代表力量。及时作出批准政府债务限额、调整市级收支预算等多项决议,积极支持政府有效应对经济下行压力,促进经济平稳健康发展。依法做好人事任免工作。坚持党管干部原则和人大依法行使人事任免权的有机统一,严格任免程序,完善拟任职见面发言、颁发任命书、举行宪法宣誓仪式等制度,增强国家机关工作人员宪法意识,彰显宪法尊严和权威。

【立法工作】 常委会积极发挥立法主导作用,按照"急需先立、精准立法、质量至上"的要求,突出本地需求和特色,扎实推进立法工作。率先在全国制定红色文化遗存保护地方性法规,组织制定《龙岩市红色文化遗存保护条例》,经市五届人大常委会第四次会议审议通过,并报省十二届人大常委会第三十二次会议批准,成为全国首部由设区市制定的红色文化遗存保护地方性法规。立法工作机制建设走在全省前列。制定本届五年的立法规划和2017年度立法计划。在全省新获立法权的设区市中率先建立健全地方立法工作相关机制,起草加强和改进地方立法工作的意见报请市委转发实施,保证地方立法工作始终在党委的领导下进行;制定立法评估、论证、协商、专家顾问等9项地方立法工作制度,着力提高立法工作制度化、规范化、科学化水平。组织对《龙岩市历史建筑和传统村落保护条例(草案)》进行通过前评估,作出搁置审议的决定,保障立法效果。设立地方立法"智库",聘请13名立法专家顾问,确定16个地方立法联系点,配足配强立法工作队伍,进一步夯实立法工作基础。规范性文件备案审查进一步加强。制定规范性文件备案审查工作规则,进一步规范备案审查工作制度。加强与制定机关沟通协调,促进市政府和县(市、区)人大常委会提高规范性文件质量,提高备案审查工作实效。

【监督工作】 按照"稳中求进"的总基调,高度关注经济运行,听取审议2017

年上半年国民经济和社会发展计划执行、现代服务业发展、工业项目建设等情况报告，促进政府出台加快现代服务业发展和工业项目建设的政策措施，深化供给侧结构性改革，提高发展质量和效益。开展中心城区地下综合管廊规划建设、行政审批服务效率等专题调研，常委会领导挂钩市“重中之重”项目9个，合力推动“三大战役”深入实施。推进全口径预算管理。深化预决算审查监督，听取审议2016年市级财政决算、市本级预算执行和其他财政收支审计工作、2017年上半年预算执行等报告，批准2016年市级决算、2017年市级地方政府债务限额和举借计划、2017年市级预算调整方案，促进市政府及其职能部门进一步转变预算理念，强化预算管理和监督，防范和化解债务风险，提高财政资金使用绩效。促进民生保障改善。坚持以人民为中心的发展思想，围绕人民群众普遍关切的“医食住行教”依法开展监督。听取审议学前教育工作报告，提出审议意见，得到市委、市政府领导的高度重视，制定落实发展学前教育的具体措施，把审议意见转化为行动计划；针对中心城区百姓反映强烈的“上学难”问题，开展专题调研，提出意见建议，推动教育事业发展。组织代表视察中心城区创城工作，督促相关部门落实责任，助力打好创城攻坚战。高度关注食品安全工作，听取审议市政府专项工作报告，开展专题询问，并与省人大联动开展《中华人民共和国农产品质量安全法》执法检查，推动食品安全法律法规有效实施，确保人民群众“舌尖上的安全”。开展基层医药卫生体制改革工作调研，推进补齐基层短板，完善基层医疗卫生服务体系。开展困难归侨侨眷扶贫救助工作调研，提出意见建议，促进散居困难归侨侨眷生活得到改善。推进生态文明建设。贯彻“绿水青山就是金山银山”的绿色发展理念，助推生态市建设，首次听取审议政府年度环保状况和环境目标完成情况报告，并形成制度性安排，强化对政府落实环保责任的监督；持续监督重点流域水环境保护工作，组织开展环保世纪行宣传采访活动，听取审议意见落实情况报告，进行满意度测评，有力推动重点流域水环境保护；听取审议生态检察工作报告，支持检察机关完善司法职能，创新司法服务；回应群众关切，跟踪监督中心城区黑臭水体整治工作，推动7沟3溪得到有效整治，还市民一条日渐清澈的龙津河。推动农业农村工作。组织代表视察特色小镇和美丽乡村建设，力促实现强村富民。开展防洪“一法一例”执法检查，跟踪监督审议意见落实，推动防洪水利设施有效整治。开展国有林场改革与发展情况调研，提出立足森林资源优势、创新经营管理机制等建议，推进国有林场改革发展。开展健康扶贫专题调研，务实做好挂钩乡镇脱贫工作，促进政府加大工作力度，坚决打赢脱贫攻坚战。维护社会和谐稳定。坚持问题导向，上下联动开展禁毒“一法一例”执法检查，推动落实防控措施，强化依法治理，深入打好禁毒人民战争。开展《中华人民共和国律师法》等法律法规执法调研，推动法治龙岩建设。听取审议市法院执行工作报告，推动打好执行攻坚战。听取审议依法管理宗教事务工作报告，要求加强宗教事务管理，发挥好宗教服务经济社会建设的作用。回应群众反映强烈的“电信诈骗”热点问题，开展防范和打击电信网络新型违法犯罪工作情况调研，督促有关部门加大预防和打击力度，创造安全和谐的网络环境。制定完善信访工作制度，加大信访督办力度，维护社会和谐稳定。全年依法受理人民群众来信来访314件次。创新监督方式方法。对市政府中心城区畅通工程、人民调解、“多证合一”改革、调优林分结构、公共体育设施建设等专项工作进行评议，促进政府及其组成部门强化执政为民理念，落实为民举措，不断满足人民群众对美好生活的期待和要求。听取审议审计查出问题整改落实情况报告，建立审计查出问题整改工作监督联动机制，推动预决算监督由程序性向实质性转变，管好人民的“钱袋子”。完善专题询问方式，直面问题、紧贴民生，并以电视录播方式公开专题询问实况，提升监督的影响力。强化对审议意见办理的跟踪督查，建立落实督查通报制度，提升监督实效。

【代表工作】 创新代表工作机制。制定进一步加强代表工作的意见，通过完善机制、创新方式、保障服务，调动各级人大代表的履职积极性、主动性。建立“三联一述”代表工作制度，组织开展“代表联系月”活动，代表中的市各套班子领导率先垂范、带头联系代表，共有5000多名市县乡三级人大代表参与活动，走访联系各级代表和群众2万多人次，收到建议意见1000余件，取得了良好的社会效果，《人民代表报》以《让代表有位更有为》为题刊发推广活动经验。提升建议办理实效。创新代表建议交办、办理工作，建立重点建议由政府分管领导领办、常委会领导督办、责任委室跟踪落实的办理机制，采取“一案一表”方式，明确办理事项，强化跟踪督办，有效推动小溪河流域治理、扶持贫困乡项目建设、革命基点村债务化解、加强基层医疗机构建设、加强食品药品安全监管等建议的落实。完善代表建议办理“回头看”制度，将办理情况列入绩效考评，公开办理结果，提高建议提出问题的解决率。从代表反馈的意见看，满意或基本满意的占98.12%。强化履职服务监管。加强代表培训，先后组织初任培训、履职培训，做到全员覆盖，有效提升代表的综合素质和依法履职能力。扩大代表对常委会工作的参与，坚持邀请代表列席常委会会议，参加立法、监督、执法检查、视察调研等活动，坚持向代表通报常委会会议情况，重要工作征求代表意见。探索建立政府重大建设项目进展情况向人大代表专题报告制度，组织全国、省、市、区四级人大代表听取市、区政府中心城区城建项目征迁工作报告，拓宽代表知情知政渠道。建设完善代表履职服务平台，建立代表履职档案，实现代表基本信息、履职活动信息电子化管理，代表议案建议网上提交和交办，为代表履职创造良好条件。同时，强化代表履职管理与监督，完善代表退出机制。

【县乡人大“闽西实践”取得新成效】

深入贯彻中央《关于加强县乡人大工作和建设的若干意见》以及省委、市委实施意见精神，切实做好新形势下县乡人大工作。开展专题调研，为推进县乡人大工作与时俱进“问诊把脉”。总结提升、创新发展上杭县才溪镇人大主席团“1479”工作法，为基层人大工作提供“闽西实践”蓝本。选择9个镇作为试点，通过加强上下级人大的联系与协同，务实推进乡镇(街道)人大规范化建设。确定武平县人大作为全市加强县乡人大工作和建设的先行先试示范县，支持其创出经验并向全市推广。《人民代表报》等媒体推出专题报道，介绍推广龙岩市县乡人大工作“闽西实践”的具体做法与成效。

【自身建设】 常委会主动适应新形势新任务的要求，全面加强自身建设，着力提升依法履职能力。加强思想政治建设。始终把政治建设放在首位，深入学习贯彻党的十八大、十九大精神，深刻领会、准确把握十九大的精神实质和丰富内涵，自觉用习近平新时代中国特色社会主义思想武装头脑、指导实践、推动工作。扎实推进“两学一做”学习教育常态化制度化，坚持常委会党组中心组学习制度，组织开展向廖俊波、涂太阳、古田派出所学习等系列活动，进一步坚定理想信念。加强纪律建设。严格落实全面从严治党主体责任，严格执行党章党规党纪，规范党内政治生活。持之以恒抓好作风建设，认真贯彻中央八项规定及其实施细则精神，扎实推进市委2号文件精神落实。积极支持市纪委派驻市人大机关纪检组工作。倡导争当对党忠诚、推动发展、依法履职、为民服务、塑造形象“五个表率”，努力营造风清气正、心齐事成的良好环境。加强制度建设。根据新时代人大工作的新要求，进一步健全完善组织制度和工作制度，全面梳理、修订、汇编原有各项规章制度，促进人大工作制度化、规范化。制定实施常委会党组会议、主任会议议定事项的督查通报制度，推动工作落实。坚持常委会专题讲座制度，加强履职学习培训，夯实履职尽责基础。加强人大宣传和理论研究。创新代表履职宣传，每周常态化开展“代表履职进行时”宣传报道。全年，在市级主流媒体共宣传报道36位基层代表的履职情况，既反映代表履职成效，又促进代表依法履职。创新课题研究调研方式，结合常委会创新实践确定研究课题，总结提升实践成果，理论研究成效明显。加强与上下级人大的联系。主动接受省人大常委会的监督指导，认真做好上下级人大工作联系指导，积极做好全国人大、省人大和外省市人大到岩调研、检查、考察、培训等活动的服务保障工作，展现龙岩人大的良好形象。

重要会议

【市五届人大一次会议】 1月8-11日，龙岩市第五届人民代表大会第一次会议在龙岩召开。大会应到代表347人，实到代表345人。在龙岩的全国、省人大代表，市五届政协全体委员、市人民政府组成人员列席会议。会议听取审议龙岩市人民政府工作报告、市人民代表大会常务委员会工作报告、市中级人民法院和市人民检察院的工作报告；审查和批准龙岩市2016年国民经济和社会发展计划执行情况及2017年国民经济和社会发展计划草案的报告、龙岩市2016年预算执行情况及2017年预算草案的报告；批准龙岩市2017年国民经济和社会发展计划和龙岩市2017年市本级预算。大会选举张天洲为市人大常委会主任，廖德槐、张琼珊、邓振春、冯添桂、阙朝阳、苏立波为市人大常委会副主任；选举林兴禄为市人民政府市长，王龙、郭丽珍、黄庆辉、张斌、王建生、谢海波、张朝阳、孙秋霞、蔡蔚获、李庆刚为市人民政府副市长；选举施平为市中级人民法院院长，罗辉为市人民检察院检察长；选举邱河清为市人大常委会秘书长；选举31位同志为市第五届人民代表大会常务委员会委员。大会表决通过市第五届人民代表大会常务委员会财政经济委员会组成人员名单，主任委员由苏立波兼任；表决通过市第五届人民代表大会法制委员会组成人员名单，主任委员由邓振春兼任。当选人员向宪法进行宣誓。

【常委会会议综述】 2017年，市人大常委会共举行6次常委会会议，即市四届人大常委会第四十一次会议、市五届人大常委会第一次会议至第五次会议。

四届人大常委会第四十一次会议 1月5日在龙岩召开，会期半天。会议听取和审议关于市五届人大一次会议安排意见的报告，关于市五届人大代表资格的审查报告；审议关于市四届人大五次会议以来代表建议、批评和意见办理情况的报告(书面)，市人大常委会工作报告(稿)，市人大财经委工作报告(稿)，市人大法制委工作报告(稿)；审议并表决通过市人大常委会公告(稿)，市五届人大一次会议有关事项和提请大会审议的有关文稿，关于接受郭舒帆辞去市四届人大常委会副主任职务请求的决定及人事任命等事项。

五届人大常委会第一次会议 3月10日在龙岩召开，会期一天。会议听取市人大常委会关于2016年度规范性文件备案审查工作情况的报告；审议并表决通过市第五届人民代表大会常务委员会代表资格审查委员会组成人员名单和新一届市政府组成部门主要负责人。张天洲为新任命人员颁发任命书，并主持新任命人员宪法宣誓仪式。

五届人大常委会第二次会议 5月25日在龙岩召开，会期一天。会议听取和审议市人民政府关于龙岩市现代服务业发展、关于龙岩市依法管理宗教事务、关于2016年度环境质量状况和环境保护目标完成情况的报告，审议并表决通过《龙岩市人大常委会议事规则》《龙岩市人大常委会组成人员守则》《龙岩市人大常委会主任会议议事规则》《龙岩市人大常委会规范性文件备案审查工作规则》、关于许可对龙岩市五届人大代表陈鸿生采取强制措施的决定、关于接受傅柒生辞去龙岩市五届人大常委会委员职务请求的决定及人事任免事项。会上，市人民检察院检察长罗辉向宪法庄严宣誓。

五届人大常委会第三次会议 7月27–28日在龙岩召开，会期一天半。会议听取和审议市人民政府关于龙岩市2017年上半年国民经济和社会发展计划执行情况的报告、关于2016年龙岩市本级决算（草案）和2017年上半年预算执行情况的报告、关于2016年度龙岩市本级预算执行和其他财政收支的审计工作报告、关于龙岩市学前教育工作情况的报告，市中级人民法院关于全市法院执行工作情况的报告，市人大常委会执法检查组关于检查《中华人民共和国禁毒法》《福建省禁毒条例》实施情况的报告、关于检查《中华人民共和国防洪法》《福建省防洪条例》实施情况的报告，市人大常委会视察组关于龙岩中心城区创城工作（市容市貌）代表视察情况的报告；审议市人民政府关于提请审议批准2017年市级地方政府债务限额和举借计划议案、关于提请审议《龙岩市红色文化遗产保护条例（草案）》议案；审议并表决通过关于开展"创城我先行、代表作表率"活动的决定；关于接受林英健辞去福建省第十二届人大代表职务请求的决定，报省人大常委会备案公告；关于接受李庆刚辞去龙岩市人民政府副市长职务请求的决定以及其他人事任免事项；关于批准2016年度市级决算的决议；关于批准2017年市级地方政府债务限额和举借计划的决议等。

五届人大常委会第四次会议 9月25–26日在龙岩召开，会期一天半。会议听取和审议市人民政府关于全市工业项目建设情况的报告，关于全市食品安全工作情况的报告并开展专题询问；听取和审议市人大常委会视察组关于龙岩市特色小镇和美丽乡村建设视察情况的报告、市人大常委会代表资格审查委员会关于个别代表的代表资格终止的报告；审议并表决通过《龙岩市红色文化遗存保护条例》、龙岩市第五届人民代表大会常务委员会公告、关于接受邓伟斌辞去龙岩市五届人大常委会委员职务请求的决定及其他人事任免等事项。

五届人大常委会第五次会议 11月27–28日在龙岩召开，会期一天半。会议学习贯彻党的十九大精神；听取和审议市人民政府关于市五届人大一次会议以来代表建议、批评、意见办理情况的报告，关于2016年度市本级预算执行和其他财政收支审计发现问题整改落实情况的报告，关于重点流域水环境保护审议意见落实情况的报告，并进行满意度测评；听取和审议市人民检察院关于生态检察工作情况的报告；对中心城区畅通工程建设、人民调解、"多证合一"改革、调优林分结构、公共体育设施建设等五个专项工作情况进行评议测评；审议并表决通过关于召开市五届人大二次会议的决定和批准2017年市本级预算调整方案的决议以及有关人事任免事项。

主要工作

【《中华人民共和国律师法》贯彻实施情况调研】 3月中旬，市人大常委会成立以市人大常委会主任张天洲为组长，副主任邓振春为副组长的调研组，对龙岩市贯彻实施《中华人民共和国律师法》情况进行调研。调研组深入武平、上杭和龙岩，实地走访4家律师事务所、上杭县人民调解中心和武平、上杭两个县的法律援助中心；召开7场座谈会，广泛征求意见和建议，形成调研报告。针对《中华人民共和国律师法》的宣传不到位、律师执业保障不强、律师队伍素质参差不齐、律师机构建设、公共法律服务政策有待完善等问题，提出加大宣传，营造氛围，推进法律职业共同体建设；建立机制，突破障碍，持续优化律师执业环境；完善制度，强化监管，从严规范律师执业行为；夯实基础，提升素质，努力抓好律师队伍建设；发挥优势，拓展业务，全力推进法治龙岩建设等建议。

【国有林场改革与发展情况调研】 4月中旬至五月初，市人大常委会组成以主任张天洲为组长，副主任张琼珊、秘书长邱河清为副组长的调研组，开展国有林场改革与发展情况调研。调研组深入国有林场进行实地调研，委托新罗、永定、长汀、武平四县（区）人大常委会同步开展调研，并于5月13–19日，前往省外考察学习。针对改革发展的基础条件薄弱、对改革发展的认识不到位、"双增"（林场林地面积增加、森林蓄积量增加）保障措施不明晰、改革进度不理想等问题，提出深化改革与发展认识，增强改革与发展合力，加快改革进度，创新改革发展机制等建议，为推进国有林场改革与发展提供决策参考。

【依法管理宗教事务情况调研】 4月中旬到5月初，市人大常委会成立以副主任张琼珊为组长的调研组，对全市依法管理宗教事务情况开展调研。调研组分赴新罗、连城、长汀调研，实地走访7个宗教场所、2个民间信仰场所，召开5场市、县(区)座谈会，听取意见和建议，形成调研报告。针对存在的问题，提出增强做好新时期宗教工作的责任感和使命感，健全机制、依法管理、提高行政执法水平，自律协同、固本强基、支持宗教团体加强自身建设，以人为本、注重引导、发挥宗教界和信教群众在促进经济社会发展中的积极作用等建议，推动进一步挖掘宗教中积极、合理、有益社会的因素，更好地发挥宗教服务经济社会建设的独特作用。

【全市现代服务业发展情况调研】 5月，市人大常委会成立以主任张天洲为组长，副主任苏立波为副组长，部分市人大常委会委员、财经委委员、市人大代表组成的调研组，开展全市现代服务业发展情况调研。调研组通过召开座谈会，深入新罗、永定、长汀实地调研，委托其他县(市)人大常委会开展调研提供书面调研材料，并前往漳州学习考察，在充分了解情况、充分剖析原因的基础上，形成调研报告。针对产业结构不优、龙头带动不强、竞争力偏弱、政策体系不够完善、保障水平偏低、专业人才特别是高端人才缺乏等问题，提出完善发展规划、强化政策扶持、发挥比较优势创新体制机制、优化发展环境、扩大对外开放、整合资源聚集发展等建议，并提出尽快出台扶持现代服务业发展的若干条政策措施、加快编制出台中心城市现代服务业集聚区总体规划、开展现代服务业发展竞赛活动、推动健康养老产业加快发展等具体工作建议，积极推进龙岩市现代服务业加快发展。

【《中华人民共和国防洪法》和《福建省防洪条例》执法检查】 5月下旬，市人大常委会成立以常委会主任张天洲为组长、副主任张琼珊和秘书长邱河清为副组长的执法检查组，对《中华人民共和国防洪法》《福建省防洪条例》开展执法检查。检查组深入新罗、武平、永定实地查看大联勤系统、河道清障、防汛物资仓库、水库及防洪工程建设、采砂场整治等12个项目，听取市、县(区)政府及防汛抗旱指挥部成员单位贯彻实施情况汇报，委托其余4县(市)人大常委会自行开展执法检查。针对存在的防洪规划体系不够完善，城市内涝问题比较突出，河道有效防护亟待加强，小流域治理及山塘的安全管理仍需强化等问题，提出统筹协调，抓紧完善防洪规划编制；项目带动，加快防洪排涝设施建设；加强监管，有效防护河道行洪安全；拓展思路，创新防洪设施管理体制；强化保障，提升防洪执法综合效力等意见建议，促进防洪法律法规的有效实施。

【《中华人民共和国禁毒法》和《福建省禁毒条例》执法检查】 6月，市人大常委会成立以主任张天洲任组长，副主任邓振春和秘书长邱河清任副组长的执法检查组，对《中华人民共和国禁毒法》《福建省禁毒条例》开展执法检查。检查组深入经开区和新罗区、漳平市、长汀县，听取市、县政府工作汇报，实地察看市公安局禁毒情报中心、市公安局强制戒毒所、龙岩技师学院、长汀县禁毒宣传教育基地以及河田镇智能管控平台和部分医药企业、物流寄递企业、社区戒毒(康复)管理工作站以及新罗区雁石镇、漳平市拱桥镇、长汀县南山镇开展涉麻涉毒重点整治工作开展情况，召开9场座谈会，广泛征求意见和建议。在充分了解情况的基础上，形成执法检查报告，提出着力提高宣传教育实效、始终保持严打高压态势、推进涉麻制毒重点整治、强化物流寄递业的监管、着力构建社会共治格局、重视研究相应政策措施及相关法律适用问题等建议，要求各级政府及其有关部门要切实增强做好禁毒工作的责任感、紧迫感和使命感，继续深入贯彻实施禁毒“一法一例”，依法履行工作职责，坚定不移打赢禁毒人民战争。

【学前教育工作情况调研】 6月中旬，市人大常委会成立以主任张天洲为组长，副主任阙朝阳为副组长的调研组，实地察看中心城区和连城县的部分公办、民办、小区配套幼儿园，走访有关人员，召开座谈会，听取意见建议。针对公办园少、师资队伍薄弱、示范引领作用发挥不够，民办园水平参差不齐、保教质量较低，小区配套幼儿园政策落实不到位，中心城区供需矛盾突出等问题，提出发挥公办园示范引领作用、着力办好乡镇公办幼儿园、加强教师队伍建设、加快推进项目建设进度、扶持普惠性民办幼儿园、严格规范民办园办学行为、落实新建小区配套幼儿园等建议。要求全市各级政府及相关部门要始终坚持学前教育公益性办学方向，积极应对全面二孩政策落地及城镇化加快推进的新形势、新情况，摸清底子、科学研判、优化布局并抓好规划实施；继续把公办园建设列入为民办实事项目，加大实施公办园建设力度，积极扶持普惠性民办幼儿园发展，扩大供给，推动社会力量办学健康有序发展。

【龙岩中心城区创城工作(市容市貌)情况考察】 6月，市人大常委会成立以主任张天洲为组长，副主任廖德槐、冯添桂、阙朝阳为副组长，秘书长邱河清及部分常委会委员、市人大代表为成员的代表考察组，采取明查暗访、沿街步行、随机抽查的方式，实地察看中心城区各主次干道以及闽西交易城、羊古墩市场、北市场和韭菜园市场的市容市貌情况，并召开座谈会，全面了解龙岩中心城区创城工作基本情况、存在的困难与问题，广泛听取意见、建议，形成了视察情况报告。针对城市功能配套设施不够完善、基础设施建设不足，道路交通秩序、市场环境、街面卫生、户外广告整治难度大等问题，提出进一步提高思想认识，明确工作目标；补齐基础短板，完善城市功能；加大整改力度，改善市容环境；强化日常巡查，提升管理水；营造浓厚氛围，提高市民素养；建立长效机制，巩固创建成效等建议，助力“创城”攻坚战。

【全市法院执行工作情况调研】 7月初，市人大常委会成立由市人大常委会副主任邓振春任组长的调研组，采取市、县联动的方式，对全市法院执行工作情况开展调研。调研组深入新罗、永定，听取法院关于执行工作情况的汇报，实地察看法院执行指挥中心，召开座谈会广泛听取意见建议，形成调研报告。针对存在“案多人少”、执行难、执行联动机制不够健全、联动惩戒平台尚未搭好、执行环境还需不断优化等问题，提出紧盯目标，落实责任，持续攻坚克难不放松；搭好平台，部门联动，加快编织失信惩戒网；创新机制，补齐短板，不断提升执行质效；规范流程，阳光执行，努力增强司法公信力；夯实基础，营造氛围，持续优化执行环境等建议，推动把公正的裁判结果转化为当事人实实在在的权利，让人民群众在每一个司法案件中感受到公平正义。

【全市食品安全工作情况调研】 8月15–18日，市人大常委会成立以主任张天洲为组长，副主任阙朝阳为副组长的调研组，深入新罗、上杭、武平、漳平等县（市、区）开展调研，实地察看部分农产品种植养殖基地、食品生产企业、流通企业、大型商超、农贸市场、餐饮服务单位、餐饮具集中消毒企业、检验检测机构、基层食品监管单位，走访相关人员，召开座谈会，查阅相关资料，全面了解食品安全工作现状。针对食品安全各环节仍然存在隐患、基层监管力量薄弱、行政执法和刑事司法衔接不够顺畅、社会共治机制不够完善等问题，提出补齐基层监管队伍建设、监管技术支撑体系、检验检测体系短板，强化法定职责、重点专项整治力度、严厉打击食品犯罪行为力度，加大信息公开和宣传力度，全面落实食品安全主体责任，拓宽社会舆论监督等建议。要求全市各级政府及相关部门要全面贯彻实施食品安全法，切实完善食品安全监管体制机制，严格依法加大食品安全监管力度，着力构建食品安全社会共治格局，进一步筑牢食品安全的坚固防线，确保广大人民群众“舌尖上的安全”。

【全市食品安全工作情况专题询问】 9月25日，在市五届人大常委会第四次会议上，听取和审议市人民政府副市长王建生所作的关于全市食品安全工作情况的报告，并结合审议该报告开展专题询问。13位常委会组成人员和市人大代表先后就农药兽药、小作坊食品摊贩小餐饮以及食品网络经营、生猪屠宰和肉品流通、餐饮具集中消毒等13个群众关心的热点问题进行询问。到会应询的市、县（区）政府分管领导，市食药监局、农业局、卫计委、公安局等部门负责人一一回答。专题询问结束时，王建生代表市政府作表态发言。市人大常委会主任张天洲作讲话，对进一步做好食品安全工作提出要求。

【全市工业项目建设情况调研】 8月底至9月初，市人大常委会成立以主任张天洲为组长，副主任苏立波、秘书长邱河清为副组长的调研组，专题调研全市全市工业项目建设情况。调研组深入上杭、连城、龙岩经济技术开发区（龙岩高新区）、龙州工业园区，召开7场座谈会，全面了解情况，形成调研报告。针对工业发展后劲不强、竞争能力不强、策划项目契合度不高、融资渠道窄，产业配套不够完善、用地等要素素制约比较突出等困难问题，提出加大政策力度、提升服务水平、强化项目要素保障、狠抓项目生成落地、促进产业转型升级，营造发展良好氛围等建议，努力推动区域经济发展迈上新的层次和水平。

【特色小镇和美丽乡村建设考察】 8月22–24日，市人大常委会成立以主任张天洲为组长，副主任廖德槐、冯添桂为副组长的考察组，开展龙岩市特色小镇和美丽乡村建设考察。考察组深入新罗区赖邦村、培斜村，上杭县苏家坡村、文光村和武平县中山镇、捷文村、云礤村实地察看，并召开座谈会，全面了解龙岩市特色小镇和美丽乡村建设基本情况、存在的困难与问题，广泛听取意见建议，形成视察报告。针对产业支撑能力普遍不足，投融资主体模糊不清、责任不明，投资行为不规范，投资软环境建设滞后等困难问题，提出强化乡村创建主体地位，发挥政府规划主导作用，提升美丽乡村建设品质，推动三次产业融合发展，挖掘美丽乡村文化底蕴等建议。要求市政府及有关部门要牢固树立以人民为中心的发展思想，坚持把改革作为强大动力，探索特色小镇和美丽乡村建设的新机制、新办法，进一步搞好规划设计、创新发展理念、明确发展定位，突出以产业为支撑，坚持可持续发展，努力实现强村富民。

【生态检察工作调研】 7—9月，市人大常委会成立以副主任邓振春为组长的调研组，开展生态检察工作专题调研。调研组听取市检察院和新罗区、长汀县、连城县检察院的工作汇报，实地察看长汀水土保持科教园、生态建设平安服务区，并召开座谈会，听取意见和建议，形成调研报告。针对生态环保意识不够强、“两法”衔接不够顺畅、打击合力不够有力、自身建设不够强等问题，提出进一步推动“两法”无缝衔接，提升生态检察质效，强化检察队伍建设，营造环保司法氛围等建议。要求全市检察机关必须树立和践行绿水青山就是金山银山的理念，按照国家有关法律法规和上级机关的统一部署，进一步创新工作机制，拓展履职空间，有效履行生态环境资源司法保护的政治责任和法律责任，为打好生态环保战役、建设国家生态文明试验区做出更大贡献。

【农产品质量安全情况调研】 7—9月，市人大常委会配合省人大常委会开展《中华人民共和国农产品质量安全法》执法检查，开展农产品质量安全情况的调研。调研组深入永定、漳平听取区、市政府汇报，召开相关部门座谈会，实地察看8个农产品种养生产、加工、营销企业及检测中心，市人大常委会副主任张琼珊还于9月6日实地察看长汀县农资店、家庭农场、专业合作社等，委托5个县（区）人大常委会自行开展调研并报送材料。在此基础上，形成调研报告。针对农产品质量安全法律意识和相关常识普及不够，农产品质量安全体系建设相对薄弱，农产品质量安全监管不够到位，农业规模化标准化生产推广不够等问题，提出强化宣传教育，增强农产品质量安全意识；加强基地建设，夯实农产品质量安全基础；完善监管体系，提高农产品质量监管水平；加强组织领导，构筑农产品质量安全屏障等建议。

【困难归侨侨眷扶贫救助工作情况调研】 9月下旬，市人大常委会副主任张琼珊率领调研组，深入到新罗区东肖镇和永定区下洋镇，以召开座谈会、听取汇报、实地察看和走访慰问部分困难归侨的方式，对散居困难归侨侨眷扶贫救助工作情况开展专题调研，并形成调研报告。针对扶贫救助工作任务依然繁重、扶贫政策条件受限、扶持力度不大、贫困侨眷情况不清等问题，提出了更加重视困难归侨侨眷的扶贫救助工作，加大困难归侨侨眷的扶贫救助工作力度，多方筹措困难归侨侨眷扶贫救助资金，做好困难归侨侨眷补助政策调整后的解释补救工作等建议。

【重点流域水环境保护工作审议意见落实情况调研】 9月，市人大常委会组成调研组，结合饮用水水源地保护立法前期调研和2017年中华环保世纪行（龙岩）宣传采访活动，于9月上中旬对重点流域水环境保护工作审议意见落实情况开展调研。调研组一行历时11天先后前往7个县（市、区）实地察看，并多次与市环保局、水利局、农业局等相关单位召开座谈会，较为全面地了解掌握了相关情况，并形成调研报告。针对水环境整体质量仍不稳定，生猪养殖业污染整治仍有差距，部分治污项目推进仍然缓慢等问题，提出进一步加大宣传力度、加大执法力度、健全治理机制等建议。要求，市政府及其职能部门充分认识流域水环境保护工作的重要性、艰巨性，按照市委五届五次全会提出的“发挥绿色生态优势，加快建设美丽龙岩”的要求，坚持问题导向，明确工作重点，结合打好生态环保战役，进一步健全治理机制，深化重点流域水环境综合治理，确保水环境保护目标如期实现，扎实推进美丽龙岩建设。

【重点流域水环境保护工作审议意见落实情况满意度测评】 11月27日，在市五届人大常委会第五次会议上，副市长黄庆辉作关于市人大常委会对市重点流域水环境保护工作审议意见办理落实情况的报告，市人大常委会采取无记名投票表决的方式，对市政府及有关部门办理落实审议意见情况进行满意度测评，测评结果为满意。会后发出审议意见交由市政府及有关职能部门研究落实，持续推动重点流域水环境综合治理工作。

【饮用水水源地保护立法前期调研】 9月上中旬，市人大常委会组成以副主任冯添桂为组长的饮用水水源地保护立法前期调研组，实地察看全市7个县（市、区）城区11处饮用水水源地和23处镇村取水口（行程3000多公里）。针对中心城区饮用水水源安全存在隐患，部分村落生产生活污水对水源水质构成影响，镇村水源水质监测不够规范等问题，提出加强水源保护区面源污染防控，加快水源地上游居民有序搬迁，完善水源地生态公益林补偿机制，强化监测并做好应急预案等建议，供市政府决策参考。

【基层医药卫生体制改革工作情况调研】 10月，市人大常委会成立调研组，深入新罗、永定和长汀部分卫生院、社区卫生服务中心、村卫生所开展专题调研。调研组深入了解各地基层医改工作情况，听取基层医疗机构的意见建议，形成调研报告。针对部门联动机制不够完善，统筹推进改革的力度不够到位，服务模式、办医理念、就医秩序的调整不够系统，基层医疗卫生机构设施设备配备不足、人才队伍特别是医技人员匮乏等短板问题，提出着力推进基层医改，补齐基层短板，加强队伍建设，完善配套政策等建议。要求市政府及相关部门要认真按照上级部署，扎实推进基层医改，努力补齐基层医疗卫生事业短板，着力加强队伍建设，完善相关配套政策，努力提升群众卫生和健康水平。

【2016年度市本级预算执行和其他财政收支审计发现问题整改落实情况调研】 10月下旬，市人大常委会成立以副主任阙朝阳、苏立波为组长的调研组，对2016年度龙岩市本级预算执行和其他财政收支审计发现问题整改落实情况进行专题调研。针对存在的问题，提出进一步提高思想认识，加强组织领导；进一步强化培训管理，增强业务素质；进一步抓好建章立制，健全内部控制；进一步加强结果运用，完善预算管理；进一步完善促改机制，提高整改实效等建议，供市政府决策参考。

【龙岩中心城区地下综合管廊规划建设情况调研】 11月2日，市人大常委会成立以副主任冯添桂为组长的调研组，会同市住建局、规划局等相关单位负责人开展龙岩中心城区地下综合管廊规划建设情况专题调研。调研组实地察看龙岩大道南段一期、罗龙路地下综合管廊等项目，召开座谈会，了解掌握规划建设情况及相关困难和问题。针对建设基金缺口较大，管理机制存在不足，短期内利用率不高等问题，提出加大建设力度，逐步形成网络；完善体制机制，加强管廊管理；创新投融资机制，确保可持续发展等建议，供市政府决策参考。

组织机构　负责人名单

【市人大常委会主任、副主任、正副秘书长名单】

主　任　张天洲
副主任　廖德槐　张琼珊(女)
　　　　邓振春　冯添桂
　　　　阙朝阳　苏立波
秘书长　邱河清
副秘书长　罗秀文(女)　竭锦洲

【市人大财政经济委员会主要负责人名单】

主任委员　苏立波
副主任委员　陈永河

【市人大法制委员会主要负责人名单】

主任委员　邓振春
副主任委员　罗发信

【市人大常委会各委、室及主要负责人名单】

办公室
主　任　赖抡新
研究室
主　任　邱长青
人事代表联络委
主　任　张兰萍(女)
内务司法委
主　任　陈晓文(女)
财经工委
主　任　陈永河
教科文卫委
主　任　张华玉(女)
农经委
主　任　苏永全
民族宗教与外事侨台委
主　任　刘汉勤
城建环保委
主　任　林祝荣
法工委
主　任　罗发信

【各县(市、区)人大常委会主任、副主任名单】

新罗区
主　任　郭益健
副主任　张学强　黄　丽(女)
　　　　张咏兰(女)　邱健南
永定区
主　任　苏贤添
副主任　赖秀金(女)　熊　明
　　　　吕国文　孔晓荣
上杭县
主　任　梁八生
副主任　张跃龙　李维广
　　　　蔡永华　刘如才
武平县
主　任　王民发
副主任　刘苏平(女)　聂耀洪
　　　　修金华(女)　梁昌和
长汀县
主　任　蔡金旺
副主任　上官兵　杨俊东
　　　　修　华　温梅英(女)
连城县
主　任　江维民
副主任　邱振生　罗建新
　　　　周晓哲　罗积腾
漳平市
主　任　陈金文
副主任　黄建新　陈晓兰(女)
　　　　廖国联　吴美珍(女)

（吴海键　供稿）

25

龙岩市人民政府

编辑　游友荣

施政概要

【打好“三大战役”】 制定实施“三大战役”奖励问责办法、正向激励机制促进有效投资9条措施等，精准发力、重点攻坚，着力突破发展的薄弱环节。

项目攻坚战役。出台加强项目工作20条等措施，实行领导挂钩，推进一线考察干部，持续开展征迁攻坚，“五个一批”项目、重点项目、“重中之重”项目、投资工程包均超额完成年度目标任务，龙工“四轮一带”、中石油催化裂化剂、市委新党校等一批重大项目开工建设或建成使用，杭广高铁双龙段等项目前期取得重大进展。坚持真招商招真商，求实求效办好“11·8”大型招商活动，全年新签约项目257个、总投资665亿元。

脱贫攻坚战役。组织开展脱贫攻坚季度攻势行动，突出抓好健康扶贫、搬迁扶贫、金融扶贫等工作，开展激励性扶贫试点。完善精准扶贫信息平台，建设“惠农资金信息平台”，全面实时反映贫困户基本信息、挂钩帮扶情况、脱贫政策落实、脱贫措施实施等，对脱贫攻坚全过程指导、推动和监管。发挥农业龙头企业带动作用，引导扶持1.6万贫困户发展生产。年度脱贫5.72万人、比年初计划多近1000人，1个贫困县（长汀）如期摘帽，80个贫困村、7个贫困乡镇退出。

生态环保战役。组织实施清新水域、洁净蓝天、清洁土壤、绿满青山四大提升工程，深入推进河长制，突出抓好水流域污染治理。全市重点流域Ⅰ—Ⅱ类水质比例达36.4%，同比提高4.6个百分点，汀江（含梅江）流域优良水比例达100%；小溪河水质从长期的劣Ⅴ类提升至Ⅲ类水标准，登高桥断面部分时段20年来首次达到Ⅱ类水标准。城市空气质量优良天数比例达99.2%，空气质量综合指数排名全省第二。全市完成水土流失治理面积3.2万公顷，占年度任务120%；新增矿山恢复治理面积1470.3亩；淘汰黄标车4809辆。关闭拆除生猪养殖场10.1万户、342万平方米，完成可养区生猪标准化改造2658家。获评全国森林旅游示范市，龙岩地质公园入选世界地质公园推荐名单，长汀县获评首批国家生态文明建设示范县。

2月10日，对2016年度“三大战役”绩效考评成绩突出的单位和个人予以表彰。

【深化供给侧结构性改革】 围绕“三去一降一补”（去产能、去库存、去杠杆、降成本、补短板），提升供给体系质量和效率。关闭煤矿20家，淘汰煤炭产能136万吨；关停91家石材加工企业，淘汰9家石灰窑企业，取缔落后的机砖生产企业68家。全年销售商品房315.2万平方米，增长13.7%，全市商品住房去库存期14个月，处于合理区间。落实好各项税收优惠政策，全年减轻企业负担约22亿元。加强政银企担合作，全年为中小微企业提供90.7亿元贷款担保，共有225家企业获应急还贷资金扶持34.8亿元。有效防范金融风险，全市不良贷款率1.69%，信贷资产质量保持全省前列。加快补齐教育、卫生与健康、养老服务、城乡民生基础设施四大领域短板，策划实施30个投资工程包，全年共完成投资508.7亿元。

【重点领域改革】 全国集体林权制度改革现场会在武平县召开，林改“武平经验”进一步推广。漳平市被确定为全国农村集体产权制度改革试点县。顺应“互联网+”发展趋势，建设“e龙岩”网上公共服务平台，整合资讯信息、网上办事、政民互动、数字图书馆等功能，努力让政务服务像网购一样方便。开展“减证便民”专项行动，审批服务事项全部进驻网上办事大厅，“一趟不用跑”“最多跑一趟”事项达83.1%。龙岩市主导制定的《“一趟不用跑”“最多跑一趟”政务服务规范》，成为全国首个“一趟不用跑”政务服务标准。不动产登记实行“一窗办理、集成服务”，办证速度全省首位、全国领先。国资国企改革有序推进，市属国有企业总资产规模突破1000亿元。制定实施中心城区应急性项目建设管理办法，在“保质量、保进度、保安全、保廉洁”前提下，推进城建项目建设提速增效。改进绩效管理考评，实行单位内部二级绩效考评，提升行政服务质量。

重要会议

【市政府第一次全体会议】 1月11日召开。会议主题是“提升政务服务、强化工作落实”，要求各级政府及政府各部门贯彻落实好市“两会”精神，以“钉钉子”精神狠抓各项工作落实，细化工作措施，确保完成市委确定的各项目标任务。

对党忠诚。要讲政治，牢固树立政治意识、大局意识、核心意识、看齐意识，坚决维护以习近平同志为核心的党中央权威和集中统一领导。认真落实市委确定的实施“三大战略”、打好“三大战役”等决策部署。要守规矩，严格遵守党的政治纪律和政治规矩，真正用手中的权力为人民谋利益。要重学习，持续开展“两学一做”学习教育，进一步健全学习制度，让学习成为一种习惯和自觉。

勤政务实。要坚持求真务实，倡导讲真话，鼓励干实事，坚持高效率运作。要集中精力抓项目，将市委、市政府实施“三大战略”、打好“三大战役”落实到具体项目上；要全力攻坚60个“重中之重”项目（其中30个产业项目、15个基础项目、15个城建项目），确保项目按计划加快推进；要做深做实项目前期工作，积极争取国家和省里更多项目资金扶持。要下力气解决群众关切的出行、就学等痛点、堵点问题，加快推进一批民生领域投资工程包。要提高政务效能，突出抓好重点工作专班机制、效能考评机制、信息化工作机制等制度建设。

廉洁干净。要坚守干净干事底线，严格遵守党纪国法和中央八项规定精神，教育管理好身边工作人员和亲友，坚决反对以权谋私。要落实党风廉洁建设主体责任，主要领导切实履行好“第一责任”，领导成员坚持“一岗双责”，抓好班子、带好队伍。要加强政府监督机制建设，加大政务公开力度，加强重点领域廉洁风险防范。

敢于担当。要分级负责、分工负责，以改革的思维和创新的办法破解发展难题。要按照“一岗双责、党政同责、失职追责”要求，强化责任落实，依法依规抓好安全生产工作。要强化监督、跟踪落实，确保市委、市政府确定的各项工作任务顺利完成。要建立正向激励和逆向惩戒制度，营造干事创业、比学赶超的浓厚氛围。

依法行政。要切实增强法治思维，推动形成办事依法、遇事找法、解决问题用法、化解矛盾靠法的良好环境。要以法治方式推动各项工作，加强行政执法与刑事司法有机衔接。要认真办理人大和政协意见建议，不断提高政府工作水平。

【市政府常务会议】 第四届人民政府第68次常务会议 1月6日林兴禄代市长主持召开，6个议题：审议《省委省政府环保督察反馈问题整改工作方案》（送审稿）；审议《中心城区2017年度大气污染专项整治工作方案》（送审稿）；审议《龙岩市全面推进河长制实施方案》（送审稿）；审议《龙岩市2017年重点项目年度工作目标安排计划》（送审稿）；听取2017年市委、市政府为民办实事建议项目遴选情况的汇报；听取龙岩机场前期工作推进情况汇报。

第五届人民政府第1次常务会 2月16日林兴禄市长主持召开，12个议题：审议《龙岩市人民政府关于促进工业发展的十五条措施》（送审稿）；审议《龙岩中心城区畅通工程实施方案》（送审稿）；听取审计工作汇报；审议《龙岩文化旅游发展集团有限公司关于设立龙岩文化旅游产业发展基金方案》（送审稿）；审议《龙岩市关于全面深化公安改革的实施意见》（送审稿）和《龙岩市全面深化公安改革重点任务分工方案》（送审稿）；审议《关于加快建设创新型工贸旅游强市的实施方案》（送审稿）；审议《龙岩市加快现代服务业集聚区建设实施方案》（送审稿）；研究发展“互联网+流通”工作事宜；审议《龙岩市土壤污染防治行动计划工作方案》（送审稿）；研究恒亿文化艺术中心（房地产转型项目）出让合同变更涉及的土地出让调整方案有关事宜；审议《龙岩市高层次人才基金设立方案》（送审稿）；研究拟新开“昆明—连城—南京”航线事宜。

第五届人民政府第2次常务会 3月20日林兴禄市长主持召开，6个议题：审议《关于建立正向激励机制促进有效投资的九条措施》（送审稿）；传达贯彻《龙岩市实施“三大战役”奖励和问责暂行办法》；审议《2017年投资工程包实施方案》（送审稿）；听取人大代表建议和政协委员提案办理情况汇报；听取市网上审批大厅建设情况汇报；听取市政府与新龙马重组股东就解决重组后新龙马生产经营突出问题会商情况汇报。

第五届人民政府第3次常务会 4月10日林兴禄市长主持召开，10个议题：审议《龙岩市推广长汀基层医改经验深化基层医药卫生体制改革十五条措施》（送审稿）；审议《龙岩市安全生产巡查工作办法（试行）》（送审稿）和《龙岩市安全生产工作责任清单》（送审稿）；研究2016年度市对县（市、区）政府、经开区管委会和市直单列考核单位安全生产目标责任考核结果及奖励建议事宜；审议《龙岩市中心城区户外广告设置管理办法（试行）》（送审稿）和《龙岩市户外广告段位（经营权）公开招租管理办法》（送审稿）；听取禁毒工作汇报；审议《关于加快中心城市重点城建项目建设的实施意见》(送审稿)；审议《龙岩市新罗区全面实行征地片区综合地价及调整青苗和地上附着物补偿标准的实施意见》(送审稿)；研究龙岩中心城市2017年第一批九幅拟公开出让地块有关事宜；审议《龙岩市人民政府工作规则》(送审稿)；审议《龙岩市环境污染责任保险实施方案（试行)》(送审稿)。

第五届人民政府第4次常务会 5月18日林兴禄市长主持召开，10个议题：审议《关于进一步推动工业发展的实施意见》(送审稿)；审议《龙岩市人民政府关于支持福建龙马环卫装备股份有限公司发展壮大“一企一策”备忘录》(送审稿)、《龙岩市人民政府关于支持中国龙工控股有限公司发展壮大“一企一策”备忘录》(送审稿)、《龙岩市人民政府 上杭县人民政府关于支持福建上杭太阳铜业有限公司发展壮大“一企一策”备忘录》(送审稿)；审议《关于促进军民融合产业发展八条措施》(送审稿)；审议《龙岩市2017年“三大战役”绩效管理考评办法》(送审稿)；研究金鸡小区B地块(东侧)公开出让事宜；听取龙岩会展中心项目和过渡展馆建设情况汇报；审议《龙岩市艺术学校迁址方案》(送审稿)；听取消防工作情况汇报；审议《龙岩市市直机关公务车辆保障服务中心组建方案》(送审稿)；审议《关于扶持我市建筑施工企业发展壮大的若干意见》(送审稿)。

第五届人民政府第5次常务会 6月23日林兴禄市长主持召开，16个议题：听取2017年1–5月项目落地攻坚战役进展情况汇报；听取2017年上半年脱贫攻坚战役进展情况汇报；听取2017年上半年生态环保攻坚战役进展情况汇报；听取全市“放管服”改革工作情况汇报；听取全市行政审批服务工作情况汇报，审议《关于进一步提升行政审批服务效率的若干意见》(送审稿)；审议《龙岩中心城市应急性重点城建项目建设管理若干意见（试行)》(送审稿)；审议《关于深入推进城市执法体制改革改进城市管理工作的实施方案》(送审稿)；审议2016年度全市各层面绩效管理考评结果及2017年度全市各层面绩效管理工作方案修订情况；审议《富溪水源地整治工作方案》(送审稿)；审议《龙岩市实施<福建省城市规划管理技术规定>细则（2017年版)》(送审稿)；研究酒店类用地分割销售登记发证管理有关事宜；研究上杭县城总体规划(2015–2030年)有关事宜；听取龙岩市万安溪引水工程拟采用EPC建设模式的汇报；研究龙岩一中分校建设项目投资事宜；研究2017年市本级教育专项经费预算安排事宜；审议《龙岩市红色文化遗产保护条例》(送审稿)。

第五届人民政府第6次常务会 8月2日林兴禄市长主持召开，12个议题：审议《龙岩高岭土有限公司股份制改造方案》(送审稿)；审议《龙岩市人民政府关于支持福建龙净环保股份有限公司发展壮大“一企一策”备忘录》(送审稿)、《龙岩市人民政府 长汀县人民政府关于支持福建省长汀金龙稀土有限公司发展壮大“一企一策”备忘录》(送审稿)和《龙岩市人民政府 新罗区人民政府关于支持福建马坑矿业股份有限公司发展壮大“一企一策”备忘录》(送审稿)；审议《关于促进市属国有企业做强做优做大的若干意见》(送审稿)；审议《龙岩市委管理国有企业负责人基本年薪基数认定暂行办法》(送审稿)；审议《龙岩市食品安全工作责任清单》(送审稿)；审议《关于进一步推动服务业发展的实施意见》(送审稿)；审议《龙岩大道南段二、三期项目实施运作方案》(送审稿)；审议《龙岩市城乡居民基本医疗保险市级统筹实施办法》(送审稿)；审议《关于加强中心城区市场建设管理的实施意见》(送审稿)；审议《龙岩市市级预算单位资金存放管理办法（试行)》(送审稿)；听取原“三区两园”国有资产处置情况汇报；研究龙岩中心城市房地产市场调控问题。

第五届人民政府第7次常务会 8月28日林兴禄市长主持召开，9个议题：审议《龙岩中心城市园林绿化提升工程实施方案》(送审稿)；审议《“健康龙岩2030”行动规划》(送审稿)；审议《龙岩市河长制工作办法(试行)》(送审稿)；审议《龙岩市发动社会力量参与河道巡查奖励实施办法(试行)》(送审稿)和《龙岩市乡镇(街道)河道专管员管理办法(试行)》(送审稿)；研究龙岩中心城市2017年第二批六幅拟公开出让地块有关事宜；研究《奇迈健康小镇项目开发框架协议》；审议《龙岩市人民政府关于加强基础教育工作十条措施的通知》(送审稿)；研究龙岩新会展中心项目建设有关事宜；研究古田山庄8、9号楼改造有关事宜。

第五届人民政府第8次常务会议 10月9日林兴禄市长主持召开，12个议题：听取2017年1–9月项目落地攻坚战役进展情况汇报；听取2017年1–9月脱贫攻坚战役进展情况汇报；研究2017年国家扶贫日龙岩市脱贫攻坚工作成绩突出集体和个人表扬事宜；听取2017年1–9月生态环保攻坚战役进展情况汇报；通报“四大领域”补短板工作落实情况；审议《第八届海峡两岸机械产业博览会暨第十届中国龙岩投资项目洽谈会总体方案》(送审稿)；审议《龙岩市人民政府关于支持福建龙洲运输股份有限公司加快发展“一企一策”备忘录》(送审稿)；审议《龙岩中心城市2018年度土地储备(出让)计划》(送审稿)；审议《龙岩市国有建设用地使用权出让工作意见》(送审稿)；审议《龙岩市推进家庭医生签约服务十条意见》(送审稿)；研究开通“北京(南苑)=连城=佛山”航线事宜；审议《龙岩市万安溪引水工程EPC总承包招标方案》(送审稿)。

第五届人民政府第9次常务会议 11月3日林兴禄市长主持召开，10个议题：审议《龙岩市生态环境保护工作职责规定》(送审稿)；研究龙岩市本级规范性文件清理工作；审议《关于进一步加强项目工作的意见》（送审稿）；审议《龙岩市市本级政府投融资概算管理办法》（送审稿）；研究华莲北苑土地出让调整、龙工家园小区用地属性变更、龙岩烟草工业有限责任公司“三旧”改造、龙岩新会展中心供地有关事宜；审议《关于实施全面两孩政策改革完善计划生育服务管理的实施意见》（送审稿）；审议《龙岩市城乡规划督察工作实施办法（暂行）》（送审稿）；审议《龙岩市贯彻落实审计全覆盖的实施意见》（送审稿）；研究龙岩龙发人力资源服务合伙企业组建事宜；研究2017年市级财政收支预算调整工作。

第五届人民政府第10次常务会议 12月13日林兴禄市长主持召开，16个议题：讨论《政府工作报告》（讨论稿）；研究《关于龙岩市2017年国民经济和社会发展计划执行情况及2018年国民经济和社会发展计划草案的报告》（送审稿）；研究《关于龙岩市2017年预算执行情况和2018年预算草案的报告》（送审稿）和听取2018年市级预算安排建议；审议《龙岩市培育支柱产业龙头企业三年行动计划（2018－2020年）》（送审稿）；研究华龙社区棚户区改造项目房屋征收政策有关事宜；研究紫金山体育公园项目缺口资金有关事宜；审议《龙岩市矿产资源总体规划（2016－2020年）》（送审稿）；研究中心城区及新罗区8个镇土地级别暨基准地价编修有关事宜；研究龙岩烟草工业有限责任公司原生产线辅助配套设施项目“三旧”改造方案和土地出让方案有关事宜；审议《龙岩市环保机构监测监察执法垂直管理制度改革实施方案》（送审稿）、《龙岩市委编办关于环保管理体制改革及机构设置建议方案》（送审稿）和《龙岩市环境保护局主要职责、内设机构和人员编制规定》（送审稿）；审议《关于推进安全生产领域改革发展的实施意见》（送审稿）；听取河长制工作情况汇报；听取2016年度粮食安全行政首长责任制考核工作情况汇报；审议《关于进一步推进农垦改革发展的实施意见》（送审稿）；研究工发集团所属龙马工业签订《新龙马股份转让补充协议》有关事宜；审议《龙岩市市属国有企业违规经营投资扣减薪酬实施细则（试行）》（送审稿）。

第五届人民政府第11次常务会议 12月27日林兴禄市长主持召开，10个议题：审议《政府工作报告》（送审稿）；听取2018年市委、市政府为民办实事建议项目遴选情况汇报；审议《2018年中心城市城建项目建设资金安排计划》（送审稿）；研究2017年中心城区征地拆迁工作成绩突出个人记功事宜；审议《关于加强新时期农村“六大员”队伍建设的指导意见》（送审稿）；审议《龙岩市事业单位公务用车制度改革实施意见》（送审稿）和《龙岩市国有企业公务用车制度改革实施意见》（送审稿）；研究龙岩市冠虹老年颐养院一期用地（已出让未建设土地）国有土地使用权收购有关事宜；审议《关于规范龙岩市公安局和新罗分局警务辅助人员管理工作的实施意见》（送审稿）；研究龙岩市职工生育保险基金运行及政策调整有关事宜；审议《龙岩市体育专项资金管理办法》（送审稿）。

附：重要文件（目录）

1.关于贯彻执行《龙岩市烟花爆竹燃放管理条例》的通知（龙政综〔2017〕1号）

2.关于印发2017年重点项目年度工作目标安排及分级管理意见的通知（龙政综〔2017〕4号）

3. 关于市政府领导成员工作分工的通知（龙政综〔2017〕5号）

4.关于公布2017年特困人员救助供养标准的通知（龙政综〔2017〕10号）

5.关于印发龙岩市2017年初中学业水平考试与高中阶段招生制度改革方案的通知（龙政综〔2017〕12号）

6. 关于印发积极发挥新消费引领作用带动产业结构转型升级三年行动方案（2017—2019年）的通知（龙政综〔2017〕15号）

7. 关于中心城区部分城建设施命名的批复（龙政综〔2017〕23号）

8.关于印发2017年龙岩中心城市公共停车场建设实施意见的通知（龙政综〔2017〕24号）

9.关于印发2017年龙岩市城乡面貌提升改善实施意见的通知（龙政综〔2017〕25号）

10.关于下达“十三五”期间保护和发展森林资源目标责任制的通知（龙政综〔2017〕29号）

11.关于取消、调整市民政局等部门250项市级行政权力和公共服务事项的通知（龙政综〔2017〕30号）

12.关于印发加快建设创新型工贸旅游强市实施方案的通知（龙政综〔2017〕31号）

13.关于促进工业发展十五条措施的通知（龙政综〔2017〕35号）

14.关于进一步完善水土流失区建档立卡贫困对象燃料补贴政策的通知（龙政综〔2017〕36号）

15.关于印发龙岩市房地产业发展三年（2017–2019）行动计划的通知（龙政综〔2017〕38号）

16.关于同意长汀县客家山寨丁屋岭客家山民原始生活保护区停车场建设项目涉及修改古城镇土地利用总体规划的批复（龙政综〔2017〕39号）

17.关于同意将永定区旅游局更名为永定区旅游发展委员会的批复（龙政综〔2017〕42号）

18.关于同意建立龙岩市防治重大疾病工作部门联席会议制度的批复（龙政综〔2017〕43号）

19.关于开展清理楼门标志实施地址二维码管理工作的实施意见（龙政综〔2017〕44号）

20.印发关于加快推进“互联网+政务服务”工作方案的通知（龙政综〔2017〕47号）

21.关于印发龙岩市加快知识产权强市建设实施方案的通知（龙政综〔2017〕52 号）

22.关于印发龙岩市高层次人才发展基金设立方案的通知(龙政综〔2017〕59 号)

23.关于实施支持农业转移人口市民化财政政策的通知(龙政综〔2017〕61 号)

24.关于印发龙岩市新罗区(市本级)2017 年度国有建设用地供应计划的通知(龙政综〔2017〕65 号)

25.关于印发龙岩市防洪防台风应急预案(修订)的通知(龙政综〔2017〕67 号)

26.关于市政府领导成员工作分工调整的通知(龙政综〔2017〕73 号)

27.关于下达“十三五”期间水资源管理“三条红线”各地控制目标的通知(龙政综〔2017〕75 号)

28.关于印发龙岩市新罗区全面实行征地区片综合地价及调整青苗和地上附着物补偿标准实施意见的通知(龙政综〔2017〕77 号)

29.关于取消、调整市民宗局等部门 110 项市级行政权力和公共服务事项的通知(龙政综〔2017〕78 号)

30. 关于取消 13 项中央指定地方实施行政审批事项的通知（龙政综〔2017〕79 号)

31.关于印发龙岩市特色金融三年行动计划(2017–2019 年)的通知(龙政综〔2017〕82 号)

32.关于印发龙岩市户外广告段位(经营权)公开招租管理办法的通知(龙政综〔2017〕84 号)

33.关于印发龙岩市中心城区户外广告设置管理办法(试行)的通知(龙政综〔2017〕85 号)

34.关于印发加强龙岩市中心城区物业管理若干意见的通知（龙政综〔2017〕86 号)

35.关于调整公布市级前置审批事项的通知(龙政综〔2017〕99 号)

36.关于印发《龙岩市人民政府工作规则》的通知(龙政综〔2017〕101 号)

37. 关于下达 2017 年度食品安全工作目标责任的通知（龙政综〔2017〕105 号)

38. 关于印发 2017 年龙岩市推进简政放权放管结合优化服务工作要点的通知(龙政综〔2017〕107 号)

39.关于扶持我市建筑施工企业发展壮大的若干意见（龙政综〔2017〕110 号)

40. 关于 2016 年度龙岩市科学技术奖励和专利奖励的决定（龙政综〔2017〕114 号)

41.关于进一步提高农村居民最低生活保障标准的通知（龙政综〔2017〕116 号)

42.关于提高城市低保标准的通知(龙政综〔2017〕122 号)

43.关于调整龙岩市城市管理相对集中行政处罚权执法依据的通知(龙政综〔2017〕129 号)

44.关于取消、调整市住建局等部门 30 项市级行政权力和公共服务事项的通知(龙政综〔2017〕131 号)

45.关于加快现代服务业发展十五条政策措施的通知（龙政综〔2017〕135 号)

46. 关于做好 2017 年普通高等学校毕业生就业创业工作的通知(龙政综〔2017〕138 号)

47.关于印发龙岩市“十三五”控制温室气体排放工作方案的通知(龙政综〔2017〕140 号)

48.关于下放、委托和调整一批市级行政权力和公共服务事项的通知(龙政综〔2017〕141 号)

49.关于印发《龙岩市实施<福建省城市规划管理技术规定>细则(2017 年版)》的通知(龙政综〔2017〕142 号)

50.关于印发龙岩市食品安全工作责任清单的通知(龙政综〔2017〕144 号)

51. 关于 2017 年调整退休人员基本养老金的通知(龙政综〔2017〕145 号)

52. 关于清理规范 17 项市级行政审批中介服务事项的通知（龙政综〔2017〕146 号)

53.关于进一步推动服务业发展的实施意见(龙政综〔2017〕148 号)

54. 关于厦门–龙岩山海协作经济区白沙–苏坂产业园总体规划（2014–2030 年)的批复(龙政综〔2017〕156 号)

55.关于印发龙岩市城乡居民基本医疗保障市级统筹实施办法的通知(龙政综〔2017〕160 号)

56.关于印发龙岩市九龙江—厦门湾污染物排海总量控制试点工作方案(2017 – 2020) 的通知（龙政综〔2017〕182 号)

57.关于印发龙岩市奖励和保护见义勇为人员办法的通知(龙政综〔2017〕183 号)

58.关于印发龙岩市“十三五”老龄事业发展和养老体系建设规划的通知(龙政综〔2017〕194 号)

59.关于深化行政审批标准化改革的实施意见(龙政综〔2017〕198 号)

60. 关于聘任第二届市政府督学、特约督学的通知(龙政综〔2017〕203 号)

61.关于市政府领导成员工作分工调整的通知(龙政综〔2017〕204 号)

62. 关于表扬 2017 年度龙岩市抗洪救灾及防汛防台应急演练先进集体的通报(龙政综〔2017〕207 号)

63.关于公布市本级规范性文件清理结果的通知(龙政综〔2017〕211 号)

64.关于印发龙岩市市本级政府投融资项目概算管理办法的通知(龙政综〔2017〕213 号)

65.关于进一步加强项目工作的实施意见(龙政综〔2017〕214 号)

66.关于加快七大优势特色农业产业发展的实施意见（龙政综〔2017〕216 号)

67.关于调整划分中心城市规划区内基础设施配套费征收类区的通知(龙

政综〔2017〕228号）

68.关于开展派驻城乡规划督察员工作的通知(龙政综〔2017〕230号)

69.关于做好当前和今后一段时期就业创业工作的实施意见（龙政综〔2017〕243号）

70.关于建立水稻生产功能区的实施意见(龙政综〔2017〕249号)

71.关于颁布执行龙岩市中心城区(第八批)和新罗区8个镇(2017年)土地级别暨基准地价修编成果的通知(龙政综〔2017〕252号)

72.关于市对上杭县教育工作“两项督导”暨创建“教育强县”过程性指导的督导意见(龙政综〔2017〕253号)

73.关于调整“十三五”期间水资源管理“三条红线”各地控制目标的通知(龙政综〔2017〕254号)

74. 关于公布2018年特困人员救助供养标准的通知（龙政综〔2017〕257号）

75.龙岩市人民政府关于印发龙岩市网络预约出租汽车经营服务管理办法的通知(龙政综〔2017〕278号)

（胡晓萍　撰稿）

公共行政服务

【概况】 3月13日，行政服务中心搬迁至金融中心B3幢对外服务，服务大厅面积由0.6万平方米增加到2万平方米。医保、社保、公积金、水、电、气、广电网络等企事业单位新进驻行政服务中心。截至年底，进驻中心部门、单位87个(市直55个、区直32个)，工作人员529名，事项2334个。2017年，龙岩行政服务中心(市本级)办件39.20万件，同比增加19.39万件、增长97.88%，当日办结率91.95%、窗口授权率97.64%、对外承诺提速率72.74%，分别增长2.3%、0.79%、10.53%，分别比省定要求高31.95%、17.64%、32.74%，全程网办率28.09%，满意率99.9%，位居全省前列。被市委、市政府授予“项目落地攻坚战役嘉奖集体”“龙岩市创建第五届全国文明城市工作成绩突出单位”称号。

【互联网+行政审批】 网办平台功能更加完善。完成电子证照库、法人库建设，审批系统与规划、不动产等15个业务系统数据对接，基本实现网上查询、预约、申报、审批、生成电子证照、投诉、评价等功能。除涉密事项和内部管理事项外，市本级49个单位1447个审批服务事项100%进驻网上办事大厅，审批服务事项可网办率达95.16%。网上审批事项更加规范。逐个部门、逐个事项简化材料、压缩环节、规范程序，推动审批事项网上预审、网上审批。梳理公布“最多跑一趟”“一趟不用跑”事项1203项、占比83%。全程网办率位居全省前列。开展“赛工作举措、赛网上办事、赛电子证照生成与应用、赛联动办件”活动，逐月通报竞赛结果。利用微博、微信渠道随机发放手机流量、微信红包等方式吸引群众网上办事，全方位开展网上办事宣传。全年全程网办件9.19万件，同步生成电子证照6.84万本，推动网办逐步成为主渠道。

【项目审批服务】 及时清理取消、调整归并项目审批服务事项，优化分阶段分领域项目并联审批机制，推行三级联合踏勘会审，破解项目审批难题，有效加快项目审批速度。全年累计项目并联审批办件430个、立项项目数252个、跟踪服务项目353次(个)、组织联合踏勘(会审)73次。整合优化项目审批流程。整合项目立项阶段和施工许可阶段办事流程，落实容缺预审、“规划代立项”“工程包代立项”，深度清理、合并审批事项，减少申报材料，简化立项、评估手续，分阶段、分领域细化办理规程，材料批文证照电子化，初步实现“一表登记、一套材料、一窗受理”。协调推动涉及项目审批事项集中到位。除农转用土地报批及个别公共服务企事业单位涉及项目审批事项外，项目审批服务23个单位195个事项相对集中办公，窗口邻近、沟通便捷、协同联办。协调加快建设“多规合一”平台，统筹推进“多评合一”“区域评估”。梳理项目前期预选址流程，配合加快“多规合一”平台与行政审批系统对接。协调市政府办下发了投资项目“多评合一”“区域评估”等文件，推动各县(市、区)加快开展投资项目“多评合一”“区域评估”

【落实精简便民】 动态管理“十类清单”。梳理完成并对外公布可自助办理事项、收费事项、前置审批事项、涉中介服务事项、可委托办理、可多点办理、样表、证明材料等10类清单。融合融通“一窗服务”。投资项目审批、二手房买卖等八大类涉及多个部门的事项实现“一窗服务”，实行一次取号、一窗受理、后台流转、限时办结、统一出件。二手房交易登记实现24小时出证，全省最快、全国领先。减证便民。清理取消115项证明，占比46%，保留135项证明。增加205个即办事项，即办事项占比达40%，即办件占比达87.55%。设立“一小时办结”“一日办结”服务窗口，设立24小时自助服务区，自助设备可提供全天候办理审批事项网上申办和查询、医社保查询、水电费缴交、打印不动产权证明等服务。调整优化对外服务时间。中午全员提前1小时上班，周六上午部分事项对外服务，包括二手房买卖、社保、医保、公积金、公证、结婚登记、出入境、交警、水、电、气、有线电视等便民服务事项。

【12345便民服务】 2017年，办理群众诉求3.6万件，同比增长63.09%，及时查阅率99.13%，及时回复率98.49%，群众满意率99.02%，热点诉求专报得到市委、市政府领导批示，民生热点诉求得到及时办理落实，群众满意率同比上升9%。平台即时处理能力有效增强。

12345热线新增e龙岩随手拍诉求处置等职能，服务平台全年无休，24小时值守，诉求办理网络体系健全完善，前台座席、平台工作人员培训、管理得到加强，平台即时处理能力持续提高。协调联动工作机制建立健全。制订出台便民服务平台联动工作暂行办法，协调督促城管、环保等单位加快组建联动队伍，实行24小时值班备勤。民生热点诉求有效落实。加强诉求数据分析研判，及时专报热点诉求，为市领导决策提供参考，有效推动停车场建设管理、宝泰西街摆摊设点、工业松香脱毛、新陂桥河道整治和永丰鑫城、美伦东锦缘项目物业管理等民生问题的解决。

【队伍建设】 完善激励机制。每月开展“红旗窗口”“服务标兵”评比活动，营造创先争优的工作氛围。2017年，共评选出红旗窗口85个，服务标兵104名。联合有关部门开展共产党员先锋岗评选、“五比”竞赛等活动，授予24个(次)窗口共产党员先锋岗荣誉称号，评选优胜窗口、工人先锋号、五一劳动奖章、金牌工人。开展建党96周年七一活动，表扬一批优秀党员和党务工作者，推荐党员积极参加“六好”评选活动。抓好团队管理。组织对新入驻中心工作人员进行业务、纪律作风、礼仪等内容的培训，增强为民服务、优质服务意识。开展专项重点整治，提振工作人员精气神。全年通报批评51人(次)、约谈12人，推进市委2号文件精神贯彻落实。

(丘玉斌　撰稿)

防灾减灾

【自然灾害救助】 龙岩市本级和7个县(市、区)全面完成自然灾害救助应急预案修订工作。2017年，全市多次出现持续性暴雨天气过程，造成全市7个县(市、区)、114个乡镇受灾。全市受灾人口5.14万人，紧急转移安置9721人，因灾死亡3人；倒损房屋396户、1003间，其中：倒塌181户、469间，严重损坏132户、347间，一般损坏83户、187间；农作物受灾3127公顷，成灾1590公顷，绝收322.6公顷；直接经济损失2.4889亿元。灾害发生后，市民政局认真落实自然灾害救助应急预案，加强组织领导，强化责任意识，进一步完善应急值守、应急响应、协调联动和灾情信息报送等机制，确保各项备灾救灾措施落实到位。及时分配下拨省下达救灾资金1740万元，加强资金管理，做到专款专用。落实救灾预备金制度，市本级2017年安排预备费4900万元(优先用于自然灾害救助)，各县(市、区)安排救灾预备金1200万元(新罗300万元，永定、上杭、武平各200万元，长汀、连城、漳平各100万元)。

防灾减灾救灾能力建设。市救灾物资储备库改扩建工程已完成，连城县救灾储备库已完成主体工程建设，漳平市救灾储备库已于9月份动工建设，已建好一层。完成省下达12个自然灾害避灾点提升建设工作，申报并获批全国综合减灾示范社区5个(新罗区东城街道松涛社区、漳平市桂林街道上江社区、长汀县大同镇祥和社区、上杭县临江镇镇南社区、武平县平川镇河东社区)。加强救灾物资储备和管理，市本级投入87.12万元，采取政府采购方式购置救灾物资，修订出台《龙岩市救灾物资储备中心管理办法》。认真组织开展“5.12防灾减灾日”宣传教育活动，普及防灾减灾知识和技能，培育全民防灾减灾文化，组织开展各类应急演练活动，提高公众参与意识和应急能力。

(游奇汀　撰稿)

【完善市县乡村四级防灾网络】 扎实开展地灾隐患点排查与核实工作，全市列入2017年度地灾防治方案的地质灾害隐患点有624个，与上年相比，新增217个，核销74个。其中，新罗区47个，永定区57个，上杭县58个，武平县136个，长汀县44个，连城县127个，漳平市155个。按地质灾害类型划分：滑坡512个，崩塌98个，泥石流5个，地面塌陷9个。各个乡镇对每个地灾隐患点都编制了《村(居)汛期地质灾害防御群众转移预案》，更新落实“一点两卡”(防灾明白卡、避险明白卡)和“一点一牌”(警示牌)。投入197万元补助地灾危险区农户搬迁，投入503万元实施武平县平川镇城南崩塌治理工程等9个地质灾害危险区治理项目。对农村危旧土坯房和地质灾害户搬迁所需用地实行专项安排、应保尽保，开展14个批次16个农村村民住宅小区用地审查。

(吕洪荣　撰稿)

【防汛应急预案修订】 各级各有关单位组织对本地、本部门防汛应急预案进行修订与完善，增强预案的科学性和实用性。全市共完成1918个村级预案的修订，完成457座水库汛期调度运用计划及防洪应急预案修编及审查、审批工作。市防办召开万安溪流域防洪调度协调会，会同漳州市防汛办召开九龙江北溪跨市流域协调会，各县(市、区)防办也召开境内重点流域的协调会，切实加强重点流域的水库群联合调度工作，减轻流域上下游的防洪压力。

【应急抢险准备】 全市共落实抢险队伍508支12156人，其中，市级武警、消防、森警和特警共20支595人。防汛部门储备抢险冲锋舟87艘、橡皮舟54只、救生衣4639件、救生圈587只和编织袋等一批抢险救援必需物资。民政部门投入100万元购置被子、羽绒服、冲锋衣、应急箱等救灾物资，共储备帐篷2728顶、棉被23642床、折叠床452床、睡袋239个、应急箱5000套等一批救灾物资。住建部门组建14支有社会企业参与的应急抢险队伍，报备有施工机械设备有248台，大型设备164台，各类车辆92辆。市执法局组建100人的应急分队，配有巡查车辆、铁铲、雨衣、救生衣等防汛设备。水利、交通、公路等部门也储备必要的机械设备及操作人员或签订抢险救灾机械设备使用协议。上杭县出台防汛物资补助办法，对全县乡（镇）购买防汛设施设备按照百分之五十的标准进行资金补助，有效解决乡（镇）防汛物资，特别是大宗物资购买难的问题。

【局地干旱防范工作】 8月以来，龙岩市异常高温少雨，部分县（市、区）、乡出现干旱。防汛部门加强旱情监测，持续关注旱情发展态势，及早采取应对措施，共投入1451万元组织6.78万人次做好抗旱工作，共进行抗旱浇灌1.12万亩和临时解决6.1万人饮水困难的问题。进行人工增雨。11月8日起气象部门开展人工增雨作业，11月17–21日在全市开展大范围增雨作业共计21次，发射增雨火箭弹72发，连城、武平、新罗旱情解除，漳平、长汀、永定大部分区域雨量在20–40毫米，旱情得到缓解。同时，各级防指按照"先生活、后生产"的原则，认真做好水库调度工作。

（市政府办　供稿）

【防震减灾】 组织领导。专门召开全市防震减灾工作会议，贯彻落实全省地震系统工作会议精神及市委、市政府的工作部署。制订下发《2017年全市防震减灾工作意见》和《龙岩市地震局2017年工作要点》等文件，指导年度全市防震减灾事业发展。市委、市政府高度重视防震减灾工作，继续将防震减灾工作列入2017年市对县绩效管理考评内容。

项目建设。积极开展"项目建设年活动"。推进市县防震减灾科普场馆、中心城区及周边活断层探测和地震应急避难场所等项目建设，被市委、市政府纳入城乡民生基础设施建设总体规划加以落实。2017年，市抗震救灾指挥部下达30处避难场所建设任务，市县共投入422.2万元建设经费。推进科普场馆建设及各类示范创建。武平、上杭已建成多功能科普场馆。全市已创建10所市级防震减灾科普示范学校，8个国家级地震安全示范社区，6个地震安全示范企业，漳平市、上杭县积极创建市级防震减灾示范城市。

地震监测。科学会商，加强震情跟踪。及时完成半年、年度地震趋势会商和地震前兆异常核实工作。圆满完成了厦门金砖会议和党的十九大会议等震情保障工作。加强管理，推动全市138个地震宏观观测点建设。加强培训。全年举办"三网一员"培训班25期，共培训875人次。

震害防御。抓好第五代区划图宣贯工作，把准国家抗震设防新标准。对接上级行政审批制度改革新要求。落实《地震安全性评价管理办法（暂行）》，建立"多规合一"的重大项目抗震设防审核工作机制。服务重大项目。为龙岩新机场、龙岩经梅州至龙川线铁路、龙岩市城市总体规划（2017–2035年）修编提供地震地质基础资料。认真组织实施农村民居地震安全工程。融入住建等部门开展农村工匠培训；深入全市唯一的类七度设防区漳平市官田乡进行工作指导；完成市政府《关于建立农村民居抗震设防利益导向机制的研究》调研课题，助推乡村两级抗震设防管理。

应急救援。成功举行2017年抗震救灾综合应急演练。5月11日，开展龙岩市有史以来最大规模的抗震救灾综合应急实战演练，中国局和省局的领导专家莅临指导，市政府领导担任总指挥，地震、消防、武警、公安、卫生等部门协同作战，共设六大项目30多个子项目，首次调用直升飞机参加救援，共有15支应急救援队伍5000余人参演。有效检验《龙岩市地震应急预案》的科学性和可操作性，使各级各应急部门进一步熟悉地震应急响应程序，提高协同作战能力。举办地震应急第一响应人培训班。市县共举办17期第一响应人培训班，600人次参训。积极开展地震应急疏散演练。全市机关、学校、企业、社区等单位共举行近千场次的地震应急疏散演练，民众地震安全防范意识得到提升。积极推进地震应急避难场所。按照省政府"防震减灾十三五规划"要求，每个镇（街）在2020年前必须建设1处地震应急避难场所，2017年，完成30个建设任务，全市累计建成50个镇（街）级地震应急避难场所建设。加快地震应急救援队伍建设。全市共组建9支地震专业应急救援队，9支志愿者救援队，以及50多支行业救援队。

科普宣教。多渠道多形式融入各类媒介宣传。在中国龙岩网、龙岩人民广播电台分别举行"居安思危，了解必备的防震减灾知识"、"减轻社区灾害风险，提升基层减灾能力"主题在线访谈；在电视台、闽西新闻网、红土地视频网、闽西日报、今日头条等媒体报道40多条新闻；在"龙岩市民服务"、移动、联通、党群e家亲等微信公众号推送行业信息；在市政府机关楼宇视频播放《地震预警》《守护生命》《撑起一片天》等科普短片；在《科圃》杂志刊登"农居抗震设防指南"等科普知识。开展"不忘历史、牢记使命"系列活动。在全省有监测历史以来最大的内陆地震—1997年5月31日连城赖源5.2级地震20周年之际，在地震旧址召开全市地震系统现场工作会，同步制作电视宣传专题片，警醒行业工作者及市民不忘历史，居安思危。实施"减灾文化+书法"系列活动。联合市文联开展"防震减灾关系你我他"主题书法创作大赛暨优秀作品展活动。创新"一团一队一融合"宣传模式。每个县（市、区）组建一个专业科普宣讲团，一支科普志愿者队伍，与民政、城建、教育、司法、消防、科协、红十字会等部门深度融合，建立合作机制，实现优势互补；上杭试点工作取得明显成效。印制各类宣传品。编印《防震减灾主题书法集》1万册、《龙岩市地震应急救援手册》3万册、《地震预警宣传手册》8万册。

科技创新。继续推进地震预警信息服务系统建设。承担中国地震局科研项目“发展龙岩应急产业集群的调查与思考”的调研及论文撰写工作。投入60万元开展龙岩市地震危险性分析及对策研究，并申报为市科技项目。

对口援建

【对口支援新疆工作】 产业援疆强造血。围绕“产业援疆走在全省前列”目标，充分发挥区位优势、政策优势、产业优势，有效实施“分指牵头、政府主导、部门联动、市场运作、互利共赢”招商引资机制，变“输血”为“造血”，引领“南雁北飞”，积极承接产业转移，实施产业援疆，发展县域经济，促进就业增收。2017年，新疆汉诚服装有限公司、新疆友诚纺织有限公司、新疆天山路通矿业有限公司、新疆卡鑫隆服饰织造有限公司、呼图壁闽疆木业有限公司等一批内地优势产业和企业相继涌入，意向投资达30亿元，2017年，实际到资5亿元，创造就业岗位800个，引导近200名各族群众就地就近就业。秉承“围墙内的事企业自己办、围墙外的事分指帮着办”的服务理念，抓好落地、建设、投产全程服务，千方百计为援疆企业打造良好营商环境，引导新疆华美伟业高新材料有限公司、新疆大绿野科技有限公司等实施技改增资2亿元。

项目援疆惠民生。万里援疆，民生为重。龙岩分指挥部突显民生优先援疆理念，按照80%以上的资金用于民生建设、80%以上的援疆资金安排使用到县及以下的基层的“两个80%”要求，精心谋划、精准发力、精细管理，加强事关民生福祉项目建设。9个工程类项目实现100%按期开(复)工、100%完成年度建设计划目标，完成项目建设投资4046万元，其中投入援疆项目资金1880万元。呼图壁一中、曲子文化传承基地、北环路社区卫生服务中心、兰溪丽社区服务中心、园户村镇三工湖回族风情村等续建项目扎实推进，五工台花儿幼儿园、雀尔沟镇克孜勒塔斯村民文化服务中心、50户特困家庭住房温暖工程建设、70户游牧民定居兴牧工程、城区1:1000数字地形图测绘项目按期完工并交付使用，取得接地气、强基础、暖人心的良好效果。助力精准扶贫，2017年，对口援疆下拨脱贫攻坚资金320万元，实施项目3个；多方筹措社会扶贫资金36.65万元，实施项目4个，帮助建档立卡贫困人口脱贫50人。

智力援疆创特色。注重“组团式”智力援疆品牌特色，发挥龙岩科技创新、人才培养、智力开发优势，按照“援疆一批人才、带出一支队伍”的目标，以满足当地需求为牵引，以服务基层群众为目标，真正形成输血与造血并重、帮带与传承相结合的良性机制，不断提升呼图壁县医疗、教育、科技等软实力。2017年，龙岩援疆人才开展医疗手术600余台、接诊3600人次、专题讲座培训120场次；实施人才“帮带工程”，结对传帮带当地科技教育医疗骨干14人。

交往交流促团结。密切两地党政交流，市领导王龙、蔡蔚茯及新罗区、长汀县、漳平市、武平县党政领导先后率团来呼图壁县考察交流，指导和推进对口援疆工作。推动两地交往，龙岩海交会侨资企业家、亚欧商博会岩籍企业家代表团等先后赴呼图壁县考察交流，开展捐资助学、商务考察等活动，组织开展呼图壁中医代表团赴闽学习交流。加强两地民族交融，援疆干部人才与12户呼图壁县少数民族结对认亲，积极开展民族团结一家亲、“结亲周”等活动，与亲戚同吃同住同劳动同学习，宣讲十九大精神，宣传党的富民惠民政策，帮助解决生产生活中的实际困难，真正做到与当地干部群众交流融洽，与当地百姓交往和睦。

【对口支援西藏工作】 协作交流。市长林兴禄带队前往边坝县，就进一步深化对口帮扶工作、加强交流交往交融提出指导性意见，并明确龙岩市再支持1700万元计划外援建资金用于建设一个扶贫小康示范村、援藏公寓、昌都市妇幼院等项目建设；新增新罗区政府与边坝县政府签订《对口帮扶工作框架协议》，龙岩人民医院与边坝县卫生服务中心签订《龙岩人民医院对口支援西藏边坝县卫生服务中心协议书》，2017年，龙岩市与漳州市计划外援助资金达1805万元。

人才交流锻炼。积极协调技术帮扶、挂职锻炼和跟班学习。全年共组织边坝县9批61人次干部、人才到福建挂职学习，组织福建有关部门8人次到边坝开展技术支援。

实施援藏项目。重点协调推进援藏计划内项目建设，县二甲医院、福建新村等援建重点项目的建设工作，3个重点援藏建设项目如期开工建设；拉孜、拥村2个福建新村项目已经完成主体工程建设，县医院完成底板基础工程建设，计划内援藏项目均按序时进度完成；边坝第二水厂已开工建设，项目预算3800万元(县财政自筹2900万元)，援藏队前期已投入15万元资金用于初设和水质化验前期工程，计划为每个乡镇所在地解决安全饮用水工程，已投入援藏资金62万元在马武乡、马秀乡、热玉乡、拉孜乡实施乡镇所在地人饮工程。

“援藏十项精神文化工程”建设。争取福建省书籍5000册捐赠给边坝县中小学解决青少年思想政治网络教育优化工程；开展标语标识优化工程，累计投入6.5万元在援藏阵地建设宣传标语、县界主干道路口设立醒目的宣传栏。开展爱党爱国教育，全年累计开展9批次110人次赴福建龙岩古田会址等革命教育基地开展爱党爱国教育。

重抓产业发展。积极通过福建“6·18”“9·8”、龙岩“11·8”等各类招商平台和各级商会，加强产业对接，引进10家公司落地注册，计划投资额达10亿元，新注册6家公司，分别是泉州市毅通信息科技股份有限公司注册投资的边坝县“三色湖”食品科技有限公司、边坝县“三色湖”生物科技有限公司、边坝县藏红麦开发有限公司、厦门大博医疗注册投资昌都大博通商医疗投资管理有限公司、昌都市边坝县山江水电开发有限公司、边坝县云山美集科技有限公司、边坝县喔呗生物科技有限公司。同时，充分利用边坝党政团回访福建契机，拜访企业和各地商会，形成良好招商梯次，与漳州市片仔癀药业股份有限公司、厦门都森医疗科技有限公司等8个项目的洽谈工作，招商势头强劲，有力提升边坝发展内生动力。

聚焦脱贫攻坚。援藏队积极响应边坝县委、县政府的号召，全体援藏队员全部挂钩一户以上建档立卡贫困户，通过开展组织捐款捐物、主动送去生活必需品、冬令物资等活动，认真参与结对帮扶脱贫工作。同时，积极争取福建莆田红十字会、厦门云霄商会等资助，共捐助鞋子5000双、衣服150套、书籍5000余册，物资价值110万元，厦门云霄商会捐赠20万元。

（陈育　撰稿）

组织机构　负责人名单

【龙岩市人民政府市长、副市长、秘书长、副秘书长名单】

龙岩市人民政府

市　长　林兴禄

副市长　王　龙　黄庆辉　郭丽珍（女）　孙秋霞（女，挂职，10月免）　蔡蔚荻（挂职）　张　斌　王建生　李庆刚（挂职，6月免）　谢海波　张朝阳

秘书长　李达武（7月任）

副秘书长　张亮春（2月免）　陈明生（2月任）　兰如明　温万章　张龙泉　苏炎洪（2月免）　刘铭文　林庆昌（2月任）

【龙岩市人民政府所属正处级机构负责人名单】

市人民政府办公室

主　任　张亮春（2月免）　陈明生（2月任）

副主任　刘永富（5月任）　黄爱学　林庆昌（2月免）　陈明生（2月免）　苏碧莲（聘任，5月免）　沈庆钟（2月任）　严承龙（2月任）　钟海峰（2月任）

纪检组长　曾庆腾（6月免）　江庆南（6月任）

市发展与改革委员会

主　任　林　旭

副主任　吕廷明　陈健生　张少华　范启有（5月任）

纪检组长　雷国勇

市经济和信息化委员会

主　任　卢奇祥

副主任　林　钦（5月任）　温能全（5月免）　廖伟平　蓝　东　兰　光（科技副主任）　蒋海鸿（5月任）

纪检组长　沈从荣（6月免）　曾庆腾（6月任）

市教育局

局　长　罗初辉

副局长　温寿春　林小洪（女）　邱贞礼　王莉武（女）

纪检组长　叶鸿兴

市科学技术局

局　长　谢强伦（2月免）　阮满昌（2月任）

副局长　修仰旭　郭浠恒　谢军忠

纪检组长　陈杭芹（2月免）

市民族与宗教事务局

局　长　张树淳

副局长　蓝建英（女）　兰尚信

市公安局

局　长　张　斌

副局长　孙崇雄　黄寿林　康小伟　黄德周

纪检组长　苏全藩

政治部主任　林有富

市监察局（2017年12月撤销，职务自然免除）

局　长　沈觉新（7月免）　邓伟斌（7月任）

副局长　修　洪（女，2月免）　卢朝晖　陈龙仁

市民政局

局　长　王汉高（2月免）　张亮春（2月任）

副局长　江茂生（5月任）　林振铭　兰瑞龙　饶祥林

纪检组长　江伟翔（6月免）

市司法局

局　长　余德辉

副局长　罗培辉　郑　林　张炳明

纪检组长　黄金炳（6月免）

政治部主任　张锦伟

市财政局

局　长　郑锦兴

副局长　邱思敏　刘建生（5月免）

纪检组长　王春英（女，6月免）　王秀玲（女，6月任）

总会计师　苏雄丰

市人力资源和社会保障局

局　长　郑立信（2月免）　陈亚人（2月任）

副局长　陈亚人（2月免）　陈　健　卢桢模（7月任）　吴小化

范伯群(7月任)
纪检组长　徐明新(6月免)

市国土资源局
局　长　陈学良
副局长　李新涛　张辉雄
苏文欣　林培新

市环境保护局
局　长　陈达兴
副局长　游建华　王伟林
关　力
纪检组长　李彤辉(6月免)

市住房和城乡建设局
局　长　郑　洪
副局长　钟有亮　罗小波
吴红斌
总工程师　王　健
纪检组长　王焕安

市交通运输局
局　长　俞开建
副局长　林跃进　陈清如
谭学平　李兆松(兼)
总工程师　胡善华(5月免)
纪检组长　范乔棠

市农业局
局　长　廖汉铭
副局长　蔡鼎辉　王培兰
陈　懿　郑小兵
张定照　罗龙群
温文学
曾国强(兼,12月任)
纪检组长　江茂生(5月免)
林瑞碧(6月任)

市林业局
局　长　张田华
副局长　张金良　许志光
刘春贵(12月免)
温文良
纪检组长　温伟华(6月免)

市水利局
局　长　林　旭
副局长　陈天琦　兰杭生
总工程师　杨　闽
纪检组长　阙占光(6月免)

市商务局
局　长　郑志强(10月免)
副局长　黄锦泰　陈长帮
罗培辉(挂职,8月免)
曾昭卫(挂职,8月免)
张继光
纪检组长　王秀玲(女,6月免)

市文化广电新闻出版局
局　长　卢伟耀(2月免)
王汝彬(2月任)
副局长　黄庆添(6月免)
李史明　林学进
陈金照
纪检组长　傅　兰(女,6月免)

市卫生和计划生育委员会
主　任　蓝福元
副主任　易小钧　林国清
谢国忠　张寿应
陈宝洪　林　莹(女)
纪检组长　翁雪花(女,6月免)
徐明新(6月任)

市审计局
局　长　郑贵豪
副局长　钟江泓　黄文安
王思水　陈振书
总审计师　赖日章
纪检组长　傅　闽(6月免)

市外事侨务办公室
主　任　卢　滇(2月免)
罗桥德(2月任)
副主任　饶华昌　张树廷(兼)
胡丰林
纪检组长　吕大平(6月免)

市国有资产监督管理委员会
主　任　阙明龙
副主任　阮满昌(2月免)
章景淇
张翔华(5月任)
纪检组长　杨旭华
政治部主任　陈文龙

市体育局
局　长　黄华祥
副局长　童作祯
施晓阳(5月任)

纪检组长　钟红娟(女,6月免)

市安全生产监督局
局　长　钟永生
副局长　陈水添(8月免)
李建木　赖剑锋
纪检组长　郭德喜(6月免)
总工程师　刘盛勤(5月任)

市统计局
局　长　黄　明(女)
副局长　郑田基
总统计师　郑庆辉
纪检组长　罗权旺(6月免)

市旅游发展委员会
主　任　徐建国
副主任　王永忠　游秋春(女)
陈太坤
纪检组长　许敏强(6月免)

市城乡规划局
局　长　苏汇敏
副局长　温　永　袁伟天
林文勇
总规划师　陈柏辉(6月免)
纪检组长　陈松寿(6月免)

市人民防空办公室
主　任　林联锦
副主任　钟金香(女,5月免)
吴滨德
赖森元(5月任)
纪检组长　邓加添(5月免)

市粮食局(并入市发改委)
局　长　李文硅(5月免)
范启有(5月任)
副局长　范启有(5月免)

市工商行政管理局
局　长　卢春平
副局长　林新鸿(2月免)
吴开红　刘如旺
纪检组长　李玉飞(6月免)
温伟华(6月任)

市质量技术监督局
党组书记　林新鸿(2月任)
局　长　陈日标(2月免)
修　洪(女,2月任)
副局长　王维林　陈建荣

市食品药品监督管理局

局　长　苏湘汉

副局长　黄远大　邱永华

陈慧娟(女)

食品安全总监　熊海清

药品安全总监　谢永军

纪检组长　陈交华(6月免)

龙岩行政服务中心

主　任　钟寿宁

副主任　黄爱勤(女)　刘增升

纪委书记　江庆南(6月免)

市机关事务管理局(并入市政府办)

局　长　黄爱学(兼)

档案局(档案馆)

局　长　黄　玲(女,10月免)

副局长　刘公懿

龙岩经济技术开发区

书　记　李善昌

主　任　陈泽亮

副主任　林　钦(5月免)

刘永富(5月免)

陈家明　章　银

安　超(聘任,8月免)

林从汉　林澄海

纪委书记　包建生

市地方志编纂委员会

主　任　蓝国华

市重点办

主　任　张少华

副主任　钟荣汉

陈学东(5月任)

市铁路建设办公室

主　任　邓　颖

副主任　李祥才　李坤康

市供销合作社

主　任　刘广祥

副主任　姜乃煌

市地震局

局　长　林　勇

副局长　王德福　刘景忠

龙岩学院

书　记　王耀华

副书记、院长　凌启淡

副书记　朱　闽　陈开明

副院长　李源江(2月免)

邹　宇

刘国买(11月免)

杨小燕(女)

陈立红(女,9月任)

邹卫东(9月任)

纪委书记　周春盛

闽西职业技术学院

党委书记　马春延(1月免)

卢伟耀(1月任)

党委副书记、院长

来永宝(7月免)　郑志强(9月任)

副院长　吴新业　刘路永

卢兆梅

纪委书记　李贞鑫

【各县(市、区)人民政府领导人名单】

新罗区人民政府

区　长　陈金龙

副区长　陈淮杰

张　海(挂职,9月任)

童章平　张春艳(女)

林　晖　郑　涛

陈　阵　江小胤

曾咏发(科技)

孙晓峰(挂职,9月任)

永定区人民政府

区　长　陈荣水

副区长　蓝富雁　阙洲荣

潘　登(挂职,9月任)

詹萃芳(女)　陈　昌

卢文阶

马　越(科技,8月免)

张学滨　林寿杨

刘元刚(科技)

上杭县人民政府

县　长　王　波

副县长　胡　滨　林谷丰(挂职)

王尧华

李永涛(7月免)

袁　静(女)　阙生华

卢家荣　徐卫清

朱冠东(科技)

蓝玉华(女,7月任)

王海东(挂职,8月任)

郭谦斌(挂职,12月任)

武平县人民政府

县　长　廖卓文

副县长　蔡东阳

张旭东(5月免)

廖伟平(5月任)

蔡铭泉　许仁贵

钟发贵　王秀金(女)

蔡　鹏

安瑞英(女,科技)

许　凡(挂职,9月任)

刘德龙(挂职,9月任)

长汀县人民政府

县　长　马水清

副县长　李　强(7月免)

兰思义(7月免)

刘演昌(7月任)

林宇海(挂职,9月任)

黄　剑　詹可聪

林楠荣　廖凤英(女)

吴　昊(科技)

刘伯锋(科技,10月免)

陈其民(7月任)

林　有(挂职,9月任)

周冬良(科技,9月任)

连城县人民政府

县　长　吕素梅(女)

副县长　邹学伟

周仁金(挂职,9月任)

罗丽琴(女)　连祥伟

罗晓波　陈俊雄

邱　毅

储著斌(科技,8月免)

郑　翔(科技)

兰虎腾(挂职,9月任)

漳平市人民政府

市　长　马　勇

副市长　张　锋　朱彩泰

王　达(4月免)

陈菲菲(女)

李小飞(5月任)

张如春　陈良斌

张　辉(女)

欧阳钦从(科技)

韩　晋(挂职,9月任)

钟以流(挂职,9月任)

26 政协龙岩市委员会

编辑　游友荣

重要会议

【市政协五届一次会议】 2017年1月7-10日，中国人民政治协商会议第五届龙岩市委员会第一次会议在龙岩人民会堂召开，大会应到委员333人，实到委员326人。受第四届市政协常委会委托，市政协主席温锡浩向大会作四届市政协常委会工作报告，回顾市政协过去五年工作情况，提出五届市政协工作思路与2017年工作建议。副主席赖招源作关于四届市政协提案工作情况的报告，市政协各专门委员会向大会书面报告五年工作情况以及今后五年工作建议。委员们列席市人大五届一次会议，听取市人民政府、市中级人民法院、市人民检察院工作报告和计划、预算报告。11名市政协委员在会上代表市各民主党派、工商联及有关界别发言。会议以无记名投票方式，选举黄福清为政协第五届龙岩市委员会主席，赖招源、李新春、郑玉琳、张子平、姚植华、陈晓东、刘友洪、赖双奇为副主席，赖招源为秘书长(兼)，选举出政协第五届龙岩市委员会常委会委员52名。闭幕会上，审议通过《中国人民政治协商会议第五届龙岩市委员会第一次会议决议》，听取《中国人民政治协商会议第五届龙岩市委员会提案审查委员会关于市政协五届一次会议提案初审情况的报告》(书面)。市政协主席黄福清主持闭幕会，中共龙岩市委书记林国耀在会上讲话。

1月7-10日，龙岩市政协五届一次会议在龙岩人民会堂召开

【市政协常委会会议(综述)】 2017年，五届市政协常委会分别于1月10日、7月14日、9月27日、12月20日召开了第一次、第二次、第三次、第四次常委会会议。

五届市政协常委会第一次会议。会议在五届一次会议期间召开。会议听取各组讨论“两院”工作报告情况汇报；审议通过提案初审情况报告、大会决议(草案)；审议通过五届市政协副秘书长名单、各专门委员会设置的决定、各专门委员会主任、副主任名单。五届市政协主席黄福清就加强新一届政协常委会自身建设作了讲话。

五届市政协常委会第二次会议。会议就“大力推进中心城区畅通工程”开展专题协商。市委副书记、市长林兴禄出席会议并讲话，市政协主席黄福清主持会议。与会市直有关部门、新罗区政府积极回应委员建议，提出推动工作的

7月14日，龙岩市政协五届二次会议召开

思路举措。会议还审议通过有关制度和人事事项。

五届市政协常委会第三次会议。会议就“进一步开发利用好我市红色资源”进行专题协商。市政协主席黄福清主持会议，市委副书记何明华出席会议并讲话。与会同志就进一步开发利用好我市红色资源、做大做强红色品牌建言献策；市委组织部、宣传部等市直有关单位积极回应委员建议，提出推动工作的思路举措。

五届市政协常委会第四次会议。市政协主席黄福清主持会议并讲话。会议传达学习中共十九大精神和省委十届四次全会、市委五届五次全会精神，听取市委讲师团团长冯岳作专题辅导报告，审议通过《政协龙岩市委员会关于学习贯彻中共十九大精神和中共福建省委十届四次全会、中共龙岩市委五届五次全会精神的决议》。会议协商讨论《市政府工作报告》(征求意见稿)；听取市政府关于政府系统办理市政协五届一次会议提案情况的通报，市中级人民法院、市人民检察院2017年工作情况通报；讨论《市政协常委会工作报告》《市政协常委会关于提案工作情况的报告》《市政协各专门委员会2017年工作情况报告》(均为讨论稿)；审议通过关于召开市政协五届二次会议的决定、关于五届市政协常委会第四次会议未尽事宜的决定；协商通过市政协五届二次会议议程(草案)、日程(草案)，执行主席分组名单，秘书长、副秘书长名单，分组安排和各组召集人名单，列席人员范围；协商通过增补五届市政协委员名单、不再担任五届市政协委员名单。

【全省政协港澳台侨和外事工作座谈会】 3月1–2日，全省政协港澳台侨和外事工作座谈会在龙岩市召开，研究部署2017年工作。省政协副主席张燮飞出席会议并讲话。市领导林国耀、林兴禄、黄福清、赖招源、郑玉琳陪同参加有关活动。

【全省政协2017年度社情民意信息培训】 6月8–9日，全省政协2017年度社情民意信息培训班在龙岩市古田举办，全国政协办公厅研究室巡视员谷斌作如何提高信息稿件质量专题讲座，省社科院经济研究所所长伍长南作经济形势专题讲座，省政协办公厅党组成员、省政协研究室主任邹国辉，市政协党组副书记、副主席、秘书长赖招源参加开班仪式。

【龙岩市中心城区征迁工作通报会】 8月1日上午，龙岩市中心城区征迁工作通报会召开，市政协主席黄福清主持会议并讲话，市政府副市长黄庆辉，市政协副主席、秘书长赖招源，市政协副主席张子平出席会议。会上，黄庆辉代表市政府通报2017年上半年中心城市建设及征地拆迁工作情况，新罗区政府通报新罗区征地拆迁工作及社区基础设施提升改造工程包项目进展情况，3位市、区政协委员就做好中心城区征迁、加快城市建设等工作畅所欲言，建言献策。市政协主席黄福清就做好下一步工作发表讲话。

【市政协常委暑期读书班】 8月8–10日，市政协常委暑期读书班在古田党员干部教育基地举办。市政协主席黄福清，副主席、秘书长赖招源，副主席李新春、郑玉琳、张子平、姚植华、陈晓东、赖双奇；市委常委、统战部长邓菊芳等部分在龙岩省政协委员，以及市政协常委、各县(市、区)政协主席等参加读书班活动。期间，市领导林国耀、王龙看望了学员，并与学员座谈，听取学员意见建议。学员们学习习近平总书记在省部级主要领导干部专题研讨班上的重要讲话精神，听取2017年上半年全市经济社会发展情况通报，以及毛泽东《论十大关系》导读、《龙岩红色旅游发展的十个问题》《经济金融形势与供给侧结构性改革》《生态文明背景下的自然保护区建设与管理》等专题讲座。

【市政协提案办理“三结合”座谈会】 7月25日和8月24日，市政协分别在市财政局和市发改委召开提案办理“三结合”协商座谈会，市政协副主席刘友洪出席座谈会并讲话。会议分别听取市财政局和市发改委关于市政协五届一次会议提案办理情况汇报以及2017年以来主要工作情况汇报，与会人员就提案所涉及的相关内容及办理情况进行面对面沟通交流。

【龙岩市实施人才强市战略工作情况通报会】 8月24日下午，龙岩市实施人才强市战略工作情况通报会在龙岩人民会堂召开。市政协主席黄福清主持会议，市委常委、组织部长魏东，市政协副主席赖招源、郑玉琳、姚植华、陈晓东、刘友洪、赖双奇及部分市政协常委、委员出席会议。会议通报龙岩市实施人才强市战略工作情况，部分市政协委员和市直有关单位负责人围绕实施人才强市战略进行主题发言，提出了许多有针对性的意见建议。

【市政府市政协联席会议】 12月21日下午，市长林兴禄带领市政府在家领导，与市政协举行联席会议，通报交流工作，征求对政府工作和即将提交市“两会”审议的《政府工作报告》意见。市政协主席黄福清，副主席、秘书长赖招源，副主席李新春、张子平、姚植华、刘友洪、赖双奇及委室负责人分别参加会议，就加强沟通协作、强化监督支持、共同推进龙岩发展进行深入交流，并从产业发展、项目带动、生态建设、民生事业、城市治理、乡村振兴、依法行政等方面，对政府工作提出具体的意见建议。

考察调研

【全国政协到龙岩调研考察】 2月13—16日，全国政协副主席、台盟中央主席林文漪带领全国政协考察团，到龙岩市考察漳平台湾农民创业园发展情况。福建省委常委、统战部长雷春美，浙江省政协副主席、台盟浙江省委主委张泽熙，福建省政协副主席张燮飞，市领导林国耀、黄福清、邓菊芳、赖招源、郑玉琳等陪同考察。林文漪希望大家紧密团结起来，使两岸同胞在祖国大陆经济社会发展的大背景下，互惠互利，共同完成中华民族伟大复兴的中国梦；希望台商企业加强品牌的创建提升和宣传推广，扩大企业和产品的知名度、影响力。

5月17-18日，全国政协委员、内蒙古自治区政协党组书记、主席任亚平率住内蒙古部分全国政协委员和盟市政协主席考察团，在省政协副主席张燮飞陪同下，就福建省对外开放和绿色发展及创新政协工作情况到龙岩考察交流。市领导林国耀、黄福清、王金福、赖招源陪同有关考察活动。

【省政协到龙岩调研考察】 4月12-14日，省政协副主席、农工党福建省委主委陈绍军率领省直有关部门负责人及有关专家学者到龙岩市开展“加强农业文化遗产保护助推城乡旅游业发展”专题调研，并召开座谈会。陈绍军一行先后前往连城县和漳平市，实地考察和参观培田古民居、中国培田南药草药特色小镇、明清牌匾陈列馆及漳平永福台品樱花茶园、象湖镇奇和洞古人类生产生活遗址和朱德率红军出击闽中纪念馆等，详细了解当地传统农业文化和民风民情，查看农业文化遗产现存情况及保护开发现状。副市长郭丽珍、市政协副主席李新春陪同。

4月28日，省政协副主席薛卫民带领省政协调研组到龙岩，开展《关于我省从五个重点领域推进两岸产业合作的建议》重点提案督办调研。调研组一行深入实地察看了漳平永福台湾农民创业园区的鸿鼎茶厂、台品茶园、西山花卉基地，详细了解闽台合作产业发展的现状及存在的困难和问题，共同探讨加快闽台产业合作发展的建议措施。市政协主席黄福清、副主席张子平陪同调研。

5月8-9日，省政协副主席陈义兴带领部分省政协委员、省直有关单位负责同志到龙岩开展《关于进一步推进福建省军民融合产业发展的建议》重点提案督办调研。调研组一行实地察看长汀金龙稀土有限公司、太阳电缆有限公司、海德馨汽车有限公司，并召开调研座谈会，详细听取龙岩市军民融合产业发展情况介绍，共同探讨加快军民融合产业发展的思路举措。市领导黄福清、谢海波、赖双奇陪同有关调研活动。

5月23-24日，省政协副主席薛卫民率领省委调研检查组一行到龙岩，检查龙岩市贯彻落实省委《关于加强人民政协协商民主建设的实施意见》(以下简称《实施意见》)情况。期间，调研检查组还深入漳平一江两岸建设、榉仔洲公园提升改造项目，木村林产有限公司、紫金山体育公园、福建侨龙专用车有限公司、龙马环卫公司等地实地察看，详

2月13—16日，全国政协副主席林文漪考察漳平台湾农民创业园

细了解漳平市、新罗区贯彻落实《实施意见》情况，听取有关方面意见建议。市领导林国耀、黄福清、邓菊芳、赖招源、李新春、张子平、姚植华、刘友洪、赖双奇分别参加有关调研活动。

12 月 5—6 日，省政协副主席杨根生一行到龙岩调研提案办理协商工作并分别在武平县、连城县政协召开提案工作座谈会。市政协副主席刘友洪陪同调研。

【市政协重点视察调研】 4 月 14 日，由市政协主席黄福清任组长，副主席李新春、刘友洪担任副组长的市政协调研组，启动“大力推进中心城区交通畅通工程”调研。调研组听取市“畅通办”关于中心城区畅通工程进展情况介绍，并实地察看中街小学交通堵点疏导项目、小溪路交叉口改造项目、金鸡路二期 A 段项目。

5 月 16 日，市政协组成由主席黄福清担任团长，副主席李新春、刘友洪担任副团长，24 位市政协委员参加的视察团，就“促进中心城区基础教育与城市发展相适应”进行专题视察。视察动员会上，副市长郭丽珍通报中心城区基础教育工作情况；黄福清作动员讲话，强调要提高认识、加强配合，聚焦难点、建言献策，求真务实、尽职尽责，用好成果、推动转化，确保视察活动有序圆满，为促进中心城区基础教育与城市发展相适应献计出力。动员会后，视察团分成两组深入到莲东中学、莲东小学、凤凰小学、北城中小学等 9 所学校，详细了解学校教育教学情况，以及中心城区教育重点项目建设推进情况，并召开座谈会，就当前基础教育容量适应学位需求增长，教师队伍建设适应教学需要，学校办学经费保障，激发学校办学活力等方面的困难和问题进行探讨，提出许多有针对性的意见建议。

7 月上旬，市政协副主席姚植华带领调研组分别赴上杭、连城、长汀开展“红色资源开发与利用”调研工作。调研组一行先后前往古田动车站、市委党校搬迁项目、松毛岭战地遗址、新泉整训系列文物旧址、长征第一村“中复村”等 29 处红色旧址和在建、待建项目，现场了解红色旧址保护情况和相关项目的选址、建设情况，并召开 3 场座谈会，就红色资源的开发利用展开深入探讨。7 月 26–28 日，调研组先后前往江西瑞金、井冈山等地，考察叶坪革命旧址群、“一苏大”会址、苏区中央局、沙洲坝红井旧址群、井冈山革命烈士陵园、茨坪毛泽东旧居、大井朱毛旧居、小井红军医院等 11 处红色旧址、纪念馆（园），通过实地察看、听取汇报和座谈讨论等方式，深入了解当地用好中央各项支持政策，拓宽融资渠道，高起点规划、高标准建设红色旅游景区的经验做法。

10 月 19 日，市政协召开龙岩中心城区供水安全保障工作政协委员考察动员会，受市长林兴禄委托，副市长张朝阳通报中心城区供水安全保障工作情况，市政协副主席张子平、姚植华参加视察。动员会后，考察团前往黄岗水库、新区水厂、凤凰水厂及中心城区部分建成小区实地调研供水情况。通过视察，深入了解中心城区自来水供需现状和安全保障情况，为建立健全饮用水安全保障机制建言献策，持续推动中心城区供水安全保障工作。

主要工作

【坚持正确政治方向】 充分发挥政协党组领导核心作用，下发《中共龙岩市政协党组关于深入学习贯彻中共十九大精神的意见》，市政协常委会会议审议通过《关于学习贯彻中共十九大精神和中共福建省委十届四次全会、中共龙岩市委五届五次全会精神的决议》，引领政协委员和机关干部、县（市、区）政协深入学习贯彻中共十九大精神，以及省委、市委全会精神，推进“两学一做”学习教育常态化制度化，并通过举办十九大报告专题辅导、委员培训班、常委暑期读书班、法律讲座、道德讲堂等系列活动，进一步树牢“四个意识”，增强“四个自信”，确保人民政协事业沿着正确的政治方向前进。

【突出重点议政建言】 坚持把围绕中心、服务大局、助力发展、改善民生作为履职的出发点和落脚点，紧扣实施“三大战略”和推进“三大战役”，开展进一步开发利用好龙岩市红色资源、大力推进中心城区畅通工程、促进中心城区基础教育与城市发展相适应、中心城区饮用水供水安全保障等 4 个重点调研视察课题，通过组织委员深入现场、倾听民声、汇集民智，提出建议意见 45 条，为市委、市政府决策提供有益参考。

【围绕大局助力发展】 市政协主席会议成员挂钩火车站北站房片区开发建设、长汀盼盼食品饮料、永定珠宝文化产业园、武平合信创展等重点项目和产业，实行一月一协调、一季一调度，确保各重点项目和产业顺利推进。全市各级政协组织、政协委员、政协干部积极投入脱贫攻坚和开展挂钩帮扶，切实为贫困村、贫困户解难题、办实事。市政协与市政府、市委组织部分别召开中心城区征迁工作、人才强市战略实施情况通报会，市政协领导带队赴武汉、成都等地开展人才招聘宣讲，政协干部职工积极参与、助力“全国文明城市”创建等工作，为推进市委市政府决策部署摇旗呐喊、聚智汇力。

【畅通民意献计献策】 向省政协和市委市政府报送社情民意信息 315 件，被省政协采用 26 件，获省、市领导批示 59 件次，报送量、领导批示率和部门采纳率均有明显提升。特别是促成“古田会议”及中央苏区历史等内容选入 2017 年新版义务教育中国历史教科书，这既是龙岩市反映社情民意信息的重大成果，也是闽西红色文化宣传工作的重大突破。

【协商成果提质增效】 配合市委做好省对市、市对县(市、区)贯彻落实中央、省委、市委《关于加强人民政协协商民主建设的实施意见》情况督查,推动各项制度规定落地见效。创新协商形式,把“登高访谈”从“会场”搬到“现场”,由政协委员扩大到各界人士,扩大参与面,提高开放度,增强影响力,这一做法被写入省政协常委会工作报告中。围绕“重中之重”项目建设、文明城市创建、脱贫攻坚、小溪河治理等4个主题,邀请50多名各界人士深入畅谈,在组织2次常委会会议专题协商的基础上,开展12次专委会对口协商和界别协商,形成135条协商建议,发出政协界别“好声音”。完善成果转化机制,健全和落实市委办、市政府办、市政协办“三办”联合督办制度,推动完善机制体制、畅通内外循环等五个方面34条建议的采纳落实。制定《提案办理协商办法》,对不符合要求的提案实行退回修改或不立案,通过“三结合”会议、绩效考核、《提案之窗》追踪等举措,有效推进提案办理协商工作。

【团结共事凝心聚力】 发挥党派团体主力军作用,构建多渠道合作、多形式参政良好格局。各民主党派、工商联提交的21篇大会发言材料,提出的217件提案,报送的285件社情民意信息,都得到充分反映和及时处理。市民盟、民进、致公党分别就解决偏远乡村低龄学童就学难、加快推进山海协作区建设、山水林湖生态保护修复等课题深入调研和建言;市民革、民建、农工党、九三学社围绕打好“三大战役”、供给侧结构性改革、民生社会事业补短板等积极反映社情民意,一些党政重视、百姓关注的问题得到解决;市工商联开展“企业日”活动,梳理出的12个问题呈报市委市政府重点督办,帮扶和推动了企业发展。

组织机构　负责人名单

【龙岩市政协主席、副主席,正副秘书长名单】

主　席　黄福清(2017年1月任)
　　　　温锡浩(四届市政协主席)
副主席　赖招源　李新春
　　　　张琼珊(女)(2017年1月转任市人大常委会副主任)
　　　　张菊兰(女)(2017年10月退休)
　　　　郑玉琳(女)　张子平
　　　　姚植华　陈晓东
　　　　邱玉燕(女)(四届市政协副主席)
　　　　刘友洪　赖双奇
秘书长　赖招源
副秘书长　章溧斌(2017年7月任)
　　　　吴小玲(女)

【龙岩市政协各委室主要负责人名单】

办公室
主任　章溧斌(2017年5月任)
委员工作室
主任　李红莲(女)
提案委员会
主任　罗裕清
经济委员会
主任　邱大武
人口资源环境委员会
主任　章惠阳
教科文卫体委员会
主任　苏增武
社会法制和民族宗教委员会
主任　邱　雨
港澳台侨委员会
主任　傅雪惠(女)
文史和学习委员会
主任　倪广城

【龙岩市各县(市、区)政协主席、副主席名单】

新罗区政协
主　席　张志佳
副主席　刘　春　陈小萍(女)
　　　　林晟红(女)　黄美玲(女)
永定区政协
主　席　廖方顺
副主席　简连章　黄秀文(女)
　　　　阙启旺　翁海东(女)
上杭县政协
主　席　林英峰
　　　　刘清祥(2017年5月退休)
副主席　张富英(女)(2017年1月退休)
　　　　黄晓兰(女)　阙春林
　　　　胡金祥
武平县政协
主　席　王云川
　　　　邓穗明(九届县政协主席、党组成员)
副主席　童跃华　石登峰
　　　　谢素英(女)　吴兆荣
长汀县政协
主　席　蔡金旺
副主席　袁跃华　马　骏(女)
　　　　黄　杭
连城县政协
主　席　赖小香(女)
副主席　吴　蓉(女)
　　　　李水根(2017年8月退休)
　　　　赖海英　傅锡发
漳平市政协
主　席　于新远
副主席　郭志敏　朱华勤
　　　　李月娥(女)　楼向荣
　　　　郭晓玲(女)(2017年3月退休)

27 纪检 监察

编辑 游友荣

重要会议

【市纪委五届二次全会召开】 1月23日上午，龙岩市纪委五届二次全会在龙岩人民会堂召开。会议深入贯彻党的十八届六中全会和十八届中央纪委七次全会、省纪委十届二次全会、市第五次党代会精神，研究部署2017年全市党风廉政建设和反腐败工作。

龙岩市委书记林国耀在会上讲话，市委副书记、市长林兴禄传达十八届中央纪委七次全会、省纪委十届二次全会精神，市委常委、市纪委书记李成荣主持会议并代表市纪委常委会作工作报告。

林国耀在讲话中指出，习近平总书记在十八届中央纪委第七次全会上的重要讲话，站在时代发展和战略全局的高度，充分肯定了全面从严治党取得的显著成效，深刻阐述了党的建设的重大理论和现实问题，明确提出了当前和今后工作的总体要求和主要任务，为做好反腐倡廉工作提供了根本遵循，为巩固全面从严治党成果指明了正确方向，是指导当前和今后一个时期推进全面从严治党向纵深发展的纲领性文献。省委书记尤权在省纪委十届二次全会上的讲话，对深入学习贯彻习近平总书记重要讲话精神提出明确要求。全市上下要切实把思想和行动统一到中央、省委对党风廉政建设和反腐败斗争的部署要求上来，深刻把握全面从严治党的战略定位、形势判断、实践经验和方法路径，以坚毅果敢的行动、永不停歇的韧劲，把全面从严治党进行到底，营造闽西政治生态的绿水青山，为建设创新型工贸旅游强市提供坚强保障。

林国耀指出，党的十八大以来，全市各级党组织深入学习贯彻习近平总书记系列重要讲话和来闽来岩考察重要讲话精神，从闽西红色基因、红色文化中汲取精神营养和智慧源泉，全面从严治党取得可喜成效。全市纪检监察机关和纪检监察干部牢固树立“四个意识”，忠诚履行党章赋予的职责，强化监督执纪问责，各项工作迈出新步伐、取得新成效。但不能有松劲的念头、歇脚的思想，要清醒地看到，全市反腐败斗争形势依然严峻复杂，全面从严治党依然任重道远。要保持战略定力和政治定力，在科学判断龙岩市反腐倡廉工作形势中坚定信心决心，继续在常和长、严和实、深和细上下功夫，坚定不移把党风廉政建设和反腐败斗争引向深入，努力向党和人民交出满意的新答卷。

林国耀强调，要强化责任担当，深入推进党风廉政建设“闽西实践”。党建抓好了就是生产力、抓实了就是凝聚力、抓强了就是战斗力。全市各级党组织要强化抓好的决心、抓实的干劲、抓强的毅力，把党风廉政建设与闽西先进文化、光荣传统、优良作风融合起来，共同呵护闽西苏区光荣的土地、清朗的天空，让红土更红、清风更清。要讲政治、守规矩，坚决维护以习近平同志为核心的党中央权威；要敢担当、抓问责，强化全面从严治党政治责任；要全覆盖、零容忍，巩固反腐败压倒性态势；要强定力、纠“四风”，持之以恒深化作风建设；要抓基层、打基础，推动全面从严治党向基层延伸；要高标准、严要求，建设忠诚干净担当执纪“铁军”。

林国耀强调，要坚持文化育人与制度管人，推动全面从严治党向纵深发展。全面从严治党永远在路上，必须坚持标本兼治，增强文化自信，树立理想信念宗旨高标准；突出依规治党，扎紧管党治党制度铁笼子，推动全面从严治党不断取得新成效。领导干部作为“关键少数”，要坚持以上率下，带头传承红色基因，做良好政治生态的引领者。

李成荣代表市纪委常委会作了题为《推动全面从严治党向纵深发展，为“再上新台阶、建设新龙岩”提供坚强保证》的工作报告。李成荣强调，2017年党风廉政建设和反腐败工作，要全面贯彻党的十八大和十八届三中、四中、五中、六中全会精神，深入贯彻落实习近平总书记系列重要讲话精神，按照中央、中央纪委和省委、省纪委、市委部署，统筹推进“五位一体”总体布局，协调推进“四个全面”战略布局，忠诚履行党章赋予的职责，牢固树立“四个意识”，坚决维护以习近平同志为核心的党中央权威，严肃党内政治生活，加强党内监督，推进标本兼治，强化监督执纪问责，驰而不息纠正“四风”，坚定不移纠正不良习气、树立清风正气，保持惩治腐败高压态势，维护好党内政治生态，推动全面从严治党向纵深发展。打铁还需自身硬，必须扎紧制度笼子，严格执行监督执纪工作规则，加强领导班子和干部队伍建设，用担当诠释忠诚，为“再上新台阶、建设新龙岩”提供坚强保证，以良好精神状态和优异工作成绩迎接党的十九大召开。

全会审议通过了市纪委常委会工作报告，审议通过了市纪委五届二次全会决议。

【市纪检监察机关精准监督助推精准扶贫工作推进会召开】 5月11日，市纪委召开全市纪检监察机关精准监督助推精准扶贫工作推进会。会议深入学习贯彻全省纪检监察机关精准监督助推精准扶贫工作推进会精神，交流全市扶贫领域监督执纪问责工作情况，部署推进全市精准监督助推精准扶贫工作。市委常委、市纪委书记李成荣出席会议并讲话。

李成荣指出，脱贫攻坚工作事关闽西人民福祉，事关全面建成小康社会，在闽西发展大局中具有重要地位。实施精准监督助推扶贫工作是闽西纪检监察干部的政治责任、助推打赢脱贫攻坚战的迫切需要、厚植党的执政基础的必然要求、纵深推进全面从严治党的应有之义。全市纪检监察机关务必准确把握精准监督助推精准扶贫工作的形势，找准工作中的不足与薄弱环节，从讲政治的高度，充分认识精准监督助推精准扶贫工作的重要性，切实增强扶贫领域监督执纪问责工作的思想自觉和政治自觉。

李成荣强调，要紧紧围绕习近平总书记提出的“六个精准”要求，实施精准监督，为脱贫攻坚工作提供纪律保障。目标必须精准，要紧盯主体责任、政策落实、项目资金和脱贫实效，加强监督检查。措施必须精准，要拓宽问题线索来源渠道，聚焦脱贫攻坚重点环节和重点领域，强化监督执纪问责。责任必须精准，要确保工作责任、压力传导和监督合力到位，以时不我待的担当精神、严实深细的工作作风，坚定地为脱贫攻坚战护航。

市脱贫办负责人，各县（市、区）纪委书记和龙岩经开区（高新区）纪工委书记，市直扶贫攻坚任务主要牵头单位的派驻纪检组长，31个市级扶贫开发工作重点乡镇的纪委书记参加会议。

【全市深化落实市委2号文件精神推进移风易俗工作会议召开】 10月25日，全市深化落实市委2号文件精神推进移风易俗工作会议召开。会议传达贯彻全省纪检监察机关推动移风易俗工作座谈会精神，总结交流全市开展移风易俗工作做法，全面部署全市移风易俗工作。市委常委、市纪委书记李成荣出席会议并讲话。

李成荣指出，中央、中央纪委和省委、省纪委高度重视移风易俗工作，习近平总书记多次对移风易俗工作提出重要要求，中央纪委、省纪委也对这项工作作出明确部署。全市各级各部门要深刻认识到推进移风易俗工作是全面从严治党向基层延伸的应有之义，是深化作风建设“闽西实践”的重要举措，是顺应群众期盼、厚植执政基础的民心工程，切实增强推进移风易俗工作的责任感和紧迫感。

李成荣要求，各级各部门要根据省市部署，结合贯彻落实市委2号文件精神，进一步推进移风易俗工作，将作风建设往深里抓、实里做。要立足实际，全面推进。摸清本地不良风气及其具体表现形式，深刻剖析其深层次背景原因，对症下药，分类施策。要制定方案，集中治理。结合本地实际科学谋划、统筹推进，有针对性提出整治方案，推动移风易俗各项任务落实落细。要真抓实干，务求实效。根据制定的整治方案，从点滴做起，从具体事抓起，纠树并举、标本兼治，一项一项查纠，一项一项立规，在深化落实市委2号文件精神中推动移风易俗工作。

李成荣强调，各级各部门要认真履行职责，确保移风易俗各项任务落到实处。要落实责任。各级党委要主抓主管、全面推动，职能部门要协同配合、共管共治，一级抓一级、层层压实责任。要抓住关键。党员干部特别是领导干部这个“关键少数”要旗帜鲜明抵制不良习气和腐朽落后文化的侵蚀，争做移风易俗的引领者、推动者和实践者。要依靠群众。善于宣传和发动群众，激发内生动力，积极参与移风易俗工作，切实让移风易俗、破除陋习深入人心。要严肃问责。对党员、干部参与歪风陋习的行为，发现一起、查处一起、曝光一起；对因不良风气问题造成不良社会影响的，坚决追究责任。

党风廉政建设

【履行全面从严治党主体责任】 市委带头履行主体责任，对推进全面从严治党立场坚定、领导有力，认真落实“五抓五看”要求，定期研究党风廉政建设和反腐败工作，全力支持纪委履职尽责，示范引领各级党组织层层压实责任。市委常委带队开展全面从严治党主体责任落实情况检查，坚持问题导向，盯紧“关键少数”，强化责任追究。通过重点检查、交叉检查、委托检查，首次实现对县（市、区）和市直部门检查全覆盖，共推动整改问题160个，问责追责184人。全面落实党的领导干部在同级党委

（党组）扩大会议上述责述廉并接受评议工作。全市纪检监察机关认真学习贯彻省纪委“五抓五重”要求，开展专题学习研讨，推动监督责任落实。严格执行《中国共产党问责条例》及省委实施办法，全市共对238名党员领导干部实施问责，其中追究主体责任222人、监督责任16人，给予党纪政纪处分88人。

【落实中央八项规定精神】 坚持常和长、严和实、深和细，深化作风建设“闽西实践”。持续开展“1+X”专项督查，紧盯重要时间节点，坚持问题导向，坚决查处顶风违纪行为和“四风”隐形变异问题。全市共查处违反中央八项规定精神问题274起、处理408人，给予党纪政纪处分249人；市、县两级实名通报59批177起典型案例。

【纠正不良习气树立清风正气】 市委召开推进《关于在全市党员干部中纠正不良习气树立清风正气的意见》(简称市委2号文件)精神贯彻落实工作电视会议，以电视直播形式开到县、乡、村，市委主要领导作再动员再部署。市纪委8名班子成员分赴各县(市、区)、市直单位开展市委2号文件精神集中宣讲，包括全市副科以上在内的近万名干部接受教育。各级各部门发扬“钉钉子”精神，锲而不舍推进市委2号文件精神贯彻落实，巩固公款存储整治成果，开展“为官不为”专项治理，推进移风易俗整治，赢得群众称赞。在全市部署开展义务教育“阳光招生”，实行政策、过程、结果公开，从市委常委会做起，各级领导干部公开承诺，不打招呼、不批条子、不干预招生；相关部门严格审核把关，建立请托说情登记制度；各级纪检监察机关强化监督执纪问责，对“阳光招生”工作不落实的24名责任人追责问责，形成有力震慑。全市共查纠不良习气问题1518起、处理1807人，给予党纪政纪处分711人。常态化通报了18期清风正气典型事例和不良习气典型问题，教育引导广大党员干部明是非、分对错、知荣辱、辨美丑，扶正祛邪、明进知止。

【监督执纪】 全面完成市管县管在职干部廉政档案建设并实行动态更新，全面摸清本地区“树木”与“森林”状况。坚持挺纪在前、抓早抓小，全市运用监督执纪“四种形态”处理5298人次，其中第一种形态占58.3%、第二种形态占27.4%、第三种形态占4.9%、第四种形态占9.4%。建立函询了结情况反馈制度，共向61名市管干部发函反馈函询了结情况，反响良好。严明政治纪律和政治规矩，查处违反政治纪律案件29件次，为历年来最高。严把党风廉政意见回复关，查处违反组织纪律问题45件，对10人提出暂缓提任或使用建议。加强反腐倡廉教育，分层级开展领导干部任前廉政知识测试，举办“苏区精神、廉政丰碑”中央苏区廉政建设史主题展，开设“清风龙岩”微信公众号，广泛宣传闽西传统优秀家规家训，开展理想信念、党规党纪教育和道德修养培育取得新成效。

【惩治腐败】 坚持“无腐不可反”“无众不可责”“无往不可咎”，推动反腐败斗争压倒性态势形成并巩固发展。全市纪检监察机关共受理信访举报2838件(次)，其中检举控告类2189件(次)；立案2238件、比升82.8%；其中县处级案件36件、乡科级案件262件，分别比升28.6%、34.4%；结案2230件、比升82.0%，给予党纪政纪处分2186人，移送司法机关处理86人。市纪委坚决查处傅某青、林某标、林某华等处级干部严重违纪涉嫌违法案件，县(市、区)纪委严肃查办包括粮食局、综治办、畜牧水产局主要领导及乡镇党委书记等在内的9名重要岗位“一把手”严重违纪涉嫌违法案件，进一步形成强烈震慑。突出执纪审查的政治性，耐心细致做好审查对象思想政治工作，使审查对象真心忏悔。完善反腐败协调工作机制，建立健全情况通报、案件移送、追逃追赃等机制制度，有效促进纪法衔接，追回1名外逃近12年人员。规范审查点、谈话点建设，严格落实安全防范措施，保障执纪审查文明安全。

【推动全面从严治党向基层延伸】 制定出台《关于进一步推动全面从严治党向农村基层延伸的若干意见》，明确县乡党委、纪委、党的工作部门、相关职能部门和农村党组织的职责，着力打通全面从严治党“最后一公里”。加强基层纪委建设，在全省率先实现乡镇一级纪委建设“三个百分百”，即100%配齐2名以上专职干部、100%接受业务培训、年内100%有自办案件。积极探索村级巡查，采取交叉式、联片式、捆绑式整合力量、稳步推进，至2017年末全市已巡查1686个村（居），占村（居）总数的87.4%，发现问题线索2104条。县乡纪委把查处群众身边的“四风”和腐败问题作为主要工作任务，全市共查处问题577件、处理845人。开展精准监督助推精准扶贫工作，实现对建档立卡贫困户入户访查全覆盖，查处违规违纪问题279起、处理439人。

【巡察工作】 坚决贯彻中央巡视工作方针和巡视工作条例，坚定不移深化政治巡察。积极配合省委巡视组完成对武平、上杭、长汀等3个县的巡视。坚持统筹谋划、突出重点、上下联动，优先安排经济活动多、专项经费多、群众反映多，与群众利益密切相关的单位领域开展巡察，全市完成对181个党组织巡察，发现党的领导弱化、党的建设缺失、全面从严治党不力等“三大问题”1510个，违反“六项纪律”方面问题1168个，移交反映党员干部的问题线索759条。坚持巡察、审查双轮驱动、同向发力，全市纪检监察机关根据巡察移交线索，立案审查196人，给予党纪政纪处分183人，移送司法机关处理27人。针对巡察发现的共性问题，汇总梳理5大类问题向市委专题汇报，向被巡察党组织提出意见建议243条，被巡察党组织建立完善制度586项，较好发挥巡察震慑遏制治本作用。

【队伍建设】　市纪委常委会率先垂范、以身作则，带头推进机关“两学一做”学习教育常态化制度化，深入开展向廖俊波同志学习活动，加强机关党建和精神文明建设。驻市国资委纪检组、永定区纪委、长汀县大同镇纪委等3个单位荣获全省纪检监察系统先进集体称号，7名干部荣获全省纪检监察系统先进工作者称号，10名干部受省纪委嘉奖。制定市纪委委员履行职责暂行规定，为委员规范、有效履职提供制度保障。坚持以竞争择优为常态、以个别选调为特例，选调36名干部到市纪委机关或派驻机构工作，传递选人用人正能量。建成全市纪检监察干部信息管理监督系统，制定个人有关事项报告及查核结果处理意见，在全市纪检监察干部中开展个人事项填报、清退股票专项工作，将在职纪检监察干部配偶、子女经商办企业情况在媒体公开，主动接受社会监督。严格落实纪检监察系统“两个责任”，对执纪违纪行为为“零容忍”，全市共立案审查纪检监察干部7人，给予党纪处分7人，8名不适合从事纪检监察工作人员调离系统。

组织机构　负责人名单

【市纪委、监察局负责人名单】

市纪委

书　记　李成荣

副书记　沈觉新（2017年8月免）

邓伟斌　张金滨

罗　剑（2017年12月任）

常　委　石建新

洪文林　吕　莉（女）

陈　雷

黄佐清（2017年12月免）

秘书长　陈　雷

市监察局

局　长　沈觉新（2017年8月免）

邓伟斌（2017年8月任）

副局长　修　洪（女）（2017年2月免）

卢朝晖（2017年2月任）

陈龙仁（2017年2月任）

【各县（市、区）纪委书记名单】

新罗区纪委

书记　张伟明

永定区纪委

书记　陈文操

上杭县纪委

书记　胡长松

武平县纪委

书记　傅衍华

长汀县纪委

书记　郭育坚

连城县纪委

书记　张前茂

漳平市纪委

书记　罗　剑（2017年12月免）

黄佐清（2017年12月任）

（李冰　杨璇　撰稿）

28

民主党派

编辑 上官克盈

民革龙岩市委

【概况】 民革龙岩市委下设13个支部，1个新罗区工委，截至2017年底，全市有党员233人，其中，研究生学历22人、本科学历151人；高级专业技术职务74人；处级干部8人，科级干部23人；省政协委员1人，市人大代表2人(常委1人)，市政协委员10人(常委3人)。

【组织建设】 通过召开会议，借助新媒体平台及选送骨干党员参加各类学习培训等形式，组织学习中共十八届六中、十九大会议精神，学习习近平总书记系列重要讲话精神，学习中共中央、省委、市委重大会议精神，民革党章党史、《统战工作条例》等，引导广大党员凝聚思想共识，把握正确政治方向，巩固多党合作的政治基础。结合民革中央部署的“坚持和发展中国特色社会主义学习实践活动”实践主题，在全市民革各级组织和广大民革党员中开展主题教育活动。市委会派出代表队参加民革福建省委举办的“不忘初心再前进——民革福建省委喜迎中共十九大、纪念民革成立70周年”知识竞赛，获得季军；组织党员观看《纪念建军暨南昌起义军入闽90周年书法展览》、赴漳州市东山县重温谷文昌为民服务的先进事迹、前往东肖邓子恢故居重温革命历史、走进洋畲村宣传中共十九大精神、前往准星楼领会中国传统文化的魅力，等等。通过开展学习实践活动，不断增强全体党员对中国特色社会主义的道路自信、理论自信、制度自信、文化自信的认识。

市委会换届组成新班子后，不断健全规章制度，进一步落实集体领导和分工负责制，完善领导班子联系基层制度，形成密切联系基层、联系党员的工作作风，明确领导班子成员的职责，建立领导班子内部自我约束和自我监督的机制，领导班子成员的政治把握能力、参政议政能力、组织领导能力和合作共事能力不断提高；支部活动内容丰富、形式多样；积极开展党员培训，与三明、漳州市委会联合举办骨干信息员培训，选送10多名骨干党员参加省民革、市委统战部等举办的各类培训班；努力为优秀党员脱颖而出搭建平台、创造条件，选派党员驻村蹲点，积累基层工作经验；坚持“注重质量、保持特色、优化结构”的方针，发展新党员5人，学历均为本科以上(其中硕士学历1人)，高级专业技术职务1人，平均年龄35岁，党员队伍结构更趋合理。市委会及基层组织感召力、凝聚力和向心力不断增强。

【参政议政】 “两会”提案方面。向市政协提交提案41篇，其中集体提案15篇，委员提案26篇。《进一步加强山塘安全管理工作的建议》作为大会口头发言，并得到时任中共龙岩市委书记林国耀、市长林兴禄批示。《大力发展绿色有机农业 提高我市农产品供给质量》作为大会书面发言材料。市政协表彰四届三次会议以来优秀提案，《闽西古民居古村落亟待保护》《关于加快建设“医养结合型”养老护理机构的建议》《关于高度重视解决贫困山区农村公路管养问题的建议》《重视我市电子商务领域知识产权保护问题》《关于进一步推进我市乡镇污水处理设施建设的建议》等5篇提案被评为优秀提案。

课题调研方面。围绕中共龙岩市委、市政府的中心工作，主动融入大局，深入企业、农村、社区调研，积极建言献策，完成《推进我省基层医养结合发展的建议》《加强农村垃圾填埋场治理的建议》《浅谈龙岩市住宅小区消防安全现状及对策》《以龙岩学院为例龙岩市“政产学研” 的调研报告》《关于虎岗镇等红色革命旧址群修缮保护的调研报告》《试论“台湾农民创业园”推动“海峡两岸共担民族大义”的意义》多篇调研及理论文章。其中《推进我省基层医养结合发展的建议》获民革福建省委2017年度调研论文三等奖，《试论“台湾农民创业园”推动“海峡两岸共担民族大义”的意义》入选2017年度省统战理论研究论文选。

社情民意信息方面。把反映社情民意信息工作作为参政议政、民主监督的重要抓手,全年,提交40多篇社情民意信息,不少社情民意被中共省委办公厅、省政协、民革省委、龙岩市委、市政协等相关单位采用,《中国第一所红军医院--“上杭蛟洋红军医院”亟须保护》被《八闽快讯》(专报件)采用,并获时任中共福建省委书记尤权及中共福建省委宣传部部长高翔批示;《“河长制”应从“短治”变成“长治”》被《八闽快讯》(专报件)、《闽西快讯》(专报件)采用;《将漳平台湾农民创业园打造成为台湾青年来大陆创业就业的国家级平台》被《八闽快讯》(专报件)采用,被《闽西快讯》(专报件)采用,并获中共龙岩市委副书记、市长林兴禄批示;《实施立体绿化减轻“热岛效应”等“城市病”的建议》被省政协《社情民意信息》(专报件)综合采用,被《闽西快讯》(专报件)采用;《龙岩体育产业发展存在的突出问题及对策建议》被《闽西快讯》(专报件)采用,并获时任中共龙岩市委书记林国耀批示;《关于2017年我市中考政治、历史仍实行开卷考试的建议》被市政协《社情民意》采用。

【祖国统一工作】 认真贯彻落实中共中央对台工作方针,牢牢把握两岸关系和平发展这一主题,做好扩大和台湾同胞和海外侨胞的交流和合作,增强两岸同胞之间的了解和沟通。精心服务海峡论坛·两岸乡村农田水利建设交流会。由民革中央、水利部主办的第九届海峡论坛·两岸乡村农田水利建设交流会于6月18—21日在龙岩市召开,民革龙岩市委配合做好前期筹备和现场服务。在中共十九大召开期间,前往漳平台湾农民创业园,及时了解台商对中共十九大的期盼及感想。将祖国统一工作和参政议政工作有机结合。深入漳平台创园,关注台商台企的发展,撰写《试论“台湾农民创业园”推动“海峡两岸共担民族大义”的意义》《关于将漳平台湾农民创业园打造成为台湾青年到大陆就业创业的国家级平台的建议》等调研文章及社情民意信息。

【社会服务】 突出文艺优势,服务文化发展。为纪念香港回归20周年,联合民革青岛市委、香港美术家协会、香港中国画学研究会在香港举办了“瀚墨飘香--庆香港回归20周年书画展”,促进港陆艺术文化交流与融合;举办“不忘初心七十载”——纪念民革成立70周年书画展,以缅怀民革光荣历史,发扬和传承‘爱国、革命、不断进步’的‘中山精神’,同时给龙岩市民送上文化盛宴;在《丹青颂辉煌——喜迎党的十九大书画作品展》《辉煌史诗——中国画名家作品展》等书画作品展中,党员中的书画爱好者积极参展。发挥党员优势,服务海外青年促进交流。为前来龙岩参加“2017年国际大学生知识产权夏令营”活动的外国青年学子热心服务,精心安排书法和戏曲观摩体验活动,促进外国友人对中国传统文化的了解。扶贫帮困,助力脱贫攻坚。积极与龙岩市体育局、新罗区文体广新局等部门对接,为党员驻村蹲点的新罗区龙门镇连坑村争取农村文化、农民体育健身项目等各项资金及体育设施共40多万元,支持驻点村的建设。落实干部挂钩帮扶工作,每季度走访慰问连城县隔川乡井坑村的4户贫困户,给予一定的帮扶发展资金,为贫困户送去关怀和脱贫信心。

(民革龙岩市委　供稿)

民盟龙岩市委

【概况】 2017年,市委会下设15个支部,1各区工委,共发展盟员13人,学历均为本科以上,专业技术职务均为中级以上,其中9人是1980年(含1980年)以后出生。截至2017年底,全市有盟员414人。其中,教育界291人,占70.3%;科技界22人,占5.6%。高级专业技术职务183人,占44.1%;中级专业技术职务185人,占44.7%;女盟员175人,离退休盟员108人。盟员有副厅级领导1名,处级领导11名,科级领导30名;1人当选省政协委员;8人当选龙岩市人大代表,其中1人当选市人大常委;10人担任龙岩市政协委员,其中3人当选市政协常委;23人担任县市区人大代表、政协委员。

【思想建设】 坚持把学习宣传贯彻习近平新时代中国特色社会主义思想及中共十九大精神作为首要政治任务,召开全委(扩大)会,组织市委委员及骨干盟员带头学,并对全市盟员学习贯彻中共十九大精神作出部署,在全市民盟上下掀起学习中共十九大精神的热潮。召开会议及时学习传达全国、省、市“两会”精神,同时注重选送盟员参加各级各类学习培训。全年,先后安排29位盟员参加各级统战部、政协及民盟省委举办的各类学习培训活动。其中,6人参加市政协举办的暑期读书班及社情民意培训,8人参加中共市委统战部举办的民主党派骨干培训,3人参加民盟福建省委举办的省、市骨干培训,6人参加民盟福建省委举办的盟员骨干培训,6人参加民盟福建省委举办的参政议政骨干培训。

【举办“暑期读书班”活动】 8月,民盟市委委员,各部、委、室成员、美术院副院长,各支部委员,市、县级人大代表、政协委员,新盟员约100人参加暑期读书班活动。读书班安排传达学习习近平总书记“7.26”重要讲话精神,“习总书记强国战略举措—丝绸之路经济带”“如何写好提案”及“如何撰写社情民意信息”等专题讲座。

【开展主题教育活动】 8月，组织盟员骨干及新盟员赴上杭古田开展“不忘合作初心，继续携手前进”主题教育活动，重温中国共产党光荣历史，感受民盟与中国共产党风雨同舟、患难与共的优良传统，接受思想启迪和精神洗礼。9月，中共龙岩市委常委、秘书长、宣传部长詹昌建到民盟召开“不忘合作初心，继续携手前进”座谈会，与会民盟市委委员，支部主委及机关干部围绕市委市政府中心工作及中共龙岩市委五届四次全会精神踊跃发言，建言献策，提出关系全市经济、教育、文化等领域意见建议17条。詹昌建秘书长对大家的意见建议给予充分肯定，会后，要求市委办将与会盟员的建议意见汇总整理分送相应部门，要求相关部门给予研究，部分已得到落实。

【宣传报道】 不断丰富完善“龙岩民盟网站”，更新盟务工作报道130多篇，年均访问量1.83万次，不断加强主阵地宣传力度；充分运用“基层动态”、“盟员风采”、“理论探讨”等栏目，重点宣传报道基层组织相关活动、优秀盟员及其先进事迹48多篇次。加大信息对外报送力度，有92篇次信息分别被《政协天地》《福建民盟》《闽西日报》及福建省委统战部、龙岩市委统战部，民盟中央及民盟福建省委网站、刊物和微信公众号采用。同时，运用“民盟龙岩工作微信群”“民盟中央美术院古田分院”及“民盟龙岩参政议政工作群”“支部主委群”等平台，与各个基层支部微信群联合发挥重要的盟务交流作用，及时通报盟务工作，解答盟员疑惑，回应盟员诉求，鼓舞精神，凝聚盟心，增进思想共识。

【专题调研】 紧紧围绕民生、环保、生态及小城镇发展等方面的突出问题，承办民盟福建省委1个课题，6位盟员参加调研，调研报告《关于推进我省山水林湖生态保护修复工作的建议》收入2017年福建统一战线系统建言献策成果汇报会成果汇编；组织盟员参加民盟市委27个课题的调研，《关于繁荣发展中山街、留住龙岩记忆的建议》《关于我市高中特色发展的建议》等大部分的调研报告转化为提案，由盟省委或市委转化为提案提交政协会议，引起有关领导和部门的关注，得到领导批示；组织参加由民盟中央教育委员会和民盟陕西省委员会主办的以“坚持改革创新，加快推进教育现代化”为主题的第五届民盟教育论坛，民盟龙岩市委向大会选送2篇教育论文。其中，《提升教师素质，推进县域中职教育现代化建设》荣获二等奖，并被推荐作为大会交流发言。

【提案建议】 全年提交省政协提案3件，提交市人大议案、政协提案39件，其中，市政协大会发言4件，集体提案13件，个人提案14件，个人议案8件。口头大会发言《关于加强我市中小学教师队伍建设的建议》获得时任中共龙岩市委书记林国耀批示，该提案所提许多建议在2017年8月份市政府出台的《龙岩市人民政府关于加强基础教育工作十条措施的通知》中得到采纳。书面大会发言《关于加快我市现代服务业的建议》获得林兴禄市长批示。

各县(市、区)盟员人大代表、政协委员也积极参加各县(市、区)“两会”，紧紧围绕中共各县(市、区)委、政府中心工作、社会关注的热点难点等问题献智献策，充分展示了民盟委员和代表的形象。新罗区工委提交大会发言6篇、集体提案17件、个人提案11件；人大代表提交议案1件；其中，口头大会发言《推动优质资源共享　加快农村教育振兴》得到中共市委副书记、新罗区委书记何明华、区长陈金龙批示；永定支部提交大会发言3篇、集体提案1件、个人提案6件；人大代表提交议案1件；其中，口头大会发言《深化河长制实现河长治》得到中共龙岩市委常委、区委书记王金福和区长陈荣水的批示。其余县(市)共提交4篇提案，其中《实施“创业引领计划”提升创业成功率，助推长汀县“双驱”驱动发展战略》作为口头大会发言。

【社情民意】 社情民意信息被各级采用共34篇。其中被全国政协、中共中央统战部、民盟中央采用3篇；省政协、省委统战部、民盟省委采用21篇；龙岩市政协、市委办采用13篇。其中，《推进我省山区地市交通物流融合发展的建议》《水产品质量安全监管工作的建议》《强化物业管理工作职责提升规范管理水平》被省政协采用并得到省领导批示，相关问题、建议得到重视和采纳。《党外人士建议进一步加强社区矫正工作打造“平安福建”》被八闽快讯专报件采用。《关于全面二孩政策背景下加强妇幼健康服务能力建设的建议》《关于加快我市红色旅游产业发展的建议》《关于支持社会力量办医的建议》《关于推进我市中心城区家政服务业发展的建议》被《闽西快讯》专报件采用，并得到时任中共龙岩市委书记林国耀书记批示，所提相关问题得到解决。

【党政协商】 通过各种协商会、情况通报会、座谈会、调研成果汇报会、书面协商等渠道，就《龙岩市党代会工作报告》《龙岩市政府工作报告》《关于加快补齐民生社会事业短板确保如期全面建成小康社会的决定》，龙岩市“十三五”规划纲要等重要文件、重大规划及重大建设项目，提出建设性的协商意见和建议，得到中共市委、市政府高度重视和有关部门的采纳落实。8月，中共龙岩市委召开党外人士意见征求座谈会，就中共市委五届四次全会《关于加快补齐民生社会事业短板确保如期全面建成小康社会的决定(征求意见稿)》进行意见征求。张琼珊主委在掌握龙岩市教育实情的基础上，着重从教育软件短板提出3点建议，所提建议得到与会人员的高度认可和赞同，也被市政府采纳，出台了相应措施。

【烛光行动】 开展“送教下乡”活动。充分发挥主界别优势，组织学校骨干盟员教师开展送课下乡、与乡村学校结对子等帮扶活动10多次，扩大盟组织的社会影响力。12月，连亮曦副主委带领龙岩一中语文、数学、英语、物理、化学、生物等学科骨干教师一行，到永定区坎市中学开展“送教下乡”活动，活动以课堂教学为主线，探索优质教育资源共享途径。同时积极为教育支部搭建平台，促成支部间师资队伍互助，助力龙岩市教育改革发展。积极开展“送医下乡”义诊活动。7月，组织龙岩二院盟内外医疗专家，深入新罗区白沙镇开展，为基层群众义诊，得到当地群众的热烈欢迎和好评。

【助推闽西文化繁荣】 开展新春送祝福活动。1月，民盟中央美术院古田分院的书画家们走进上杭古田溪背村开展“新春送福”文化进村活动，盟员书画家们为溪背村的百姓现场绘制大幅国画和书写春联，把最美好的祝愿和祈福送到群众之中，获得老百姓的赞誉。携手厦门民盟美术院，举办“喜迎十九大”书画笔会活动。7月，在中共十九大即将召开之际，加强龙岩与厦门两地市民盟书画家艺术联谊，成功举办“喜迎十九大”书画笔会活动，展现山海协作深情。积极组织参加民盟中央美术院10月在江苏常州举办的“梦想与激情”美术作品展，古田分院认真部署，精心筛选，选送10幅作品参展，其中7幅作品入选参展，充分展现古田分院艺术家的造诣，提升龙岩民盟的影响力。积极为盟员艺术家搭建平台，展现艺术魅力。3月，民盟中央美术院古田分院副院长刘新才个人书画展开展。展出刘新才的50幅山水和花鸟结合作品，吸引众多艺术家、艺术爱好者前来参观。

【宣传闽西红色文化】 积极搭建平台充分发挥盟员智慧，组织编印《闽西革命斗争故事连环画汇编》，分送给相关市领导、市直部门，市、新罗区图书馆、博物馆，各支部学校图书馆及民盟福建省委和兄弟市委会，传承闽西红色资源、红色文化、红色基因。该书用连环画的形式叙述了“夜袭龙岩城”“王涛支队”“抓‘苏维埃’的故事”等闽西革命斗争故事，刻画了陈客嫲、张龙地、陈康容、张锦辉、郭滴海等闽西儿女的英雄形象，表现可歌可泣的革命斗争历史，弘扬闽西儿女在中国共产党领导下不屈不挠、流血牺牲的斗争精神，是读者和广大青少年接受革命传统教育的一本很好的读物。

【基层组织建设】 强化领导联系基层制度。实行民盟龙岩市委领导班子成员联系支部工作制度。民盟市委会领导班子成员深入民盟基层组织和盟员所在单位、盟员企业等，走访调研指导26多次，进一步加强与民盟基层组织及盟员所在单位党政领导的联系，营造基层党盟合作良好氛围。基层组织生活更加正常化、规范化。龙岩学院支部组织盟员前往漳平新桥开展特色小镇调研活动，盟员林清书教授赴三明及上杭开设社会科学专题讲座，龙高支部举行教师节座谈会、组织盟员赴龙湖景区开展旅游产业调研，机关二支部组织盟员到西安社区开展义诊活动、组织盟员到适中镇七彩蓝田开展生态农业休闲观光园项目调研，进校支部组织盟员赴市龙头企业参观学习，永定支部组织盟员学习贯彻中共十九大精神、四中支部组织盟员到岩山镇玉宝村开展特色农业和生态旅游调研等。实小支部顺利换届，基层组织建设进一步得到夯实。龙岩学院支部、机关二支部被民盟福建省委授予纪念民盟组织成立70周年“先进集体”荣誉称号。

（民盟龙岩市委　供稿）

民建龙岩市委

【概况】 2017年，民建龙岩市委有会员173名，其中，大专以上学历会员占96%，企业界会员占88%，设有9个基层组织，分别为新罗区基层委员会、金融支部、法律支部、企业支部、学院支部和市直机关支部、综合一支部、综合二支部、综合三支部。有省政协委员1名、市人大代表4名(其中常委1名)，市政协委员10名(其中常委3名)、县(区)级政协委员6名(其中常委2名)。

【自身建设】 开展学习中共十九大主题活动。以学习十九大精神专题教育为重点，组织会员到古田开展“不忘初心，庆祝十九大”主题现场教学，开展支部学习十九大精神系列活动。开展“社会建设”主题活动。综合一支部组织会员开展闽赣旅游产业调研，学院支部组织会员前往永定区福建金丰酿酒有限公司开展“产学研”建设调研，综合二支部组织会员前往厦门开展闽南文化与客家文化共建发展调研。开展“传统教育”主题活动。举办“不忘初心　继续携手前进”知识竞赛、听取《铸魂胜利路——两次在古田召开的历史性会议》的讲座，学习民建先贤忠贞不渝的爱国情操以及革命先辈追求民族复兴的高尚品格。抓媒体宣传阵地。2017年创办《龙岩民建简报》，与“民建龙岩”微信公众号形成线下线上宣传双阵地。“龙岩民建”微信公众号在全国民建市级组织微信公众号影响力排名达第十七位，会员对民建的归属感不断增强。

【组织建设】 制定《基层组织管理制度》，对基层组织活动、基层组织班子成员分工职责及财务管理制度进行规范；出台《基层组织工作标准化建设评价办法》，使基层组织成为会员之家、参政议政的桥梁、自我教育的学校、团结互助的集体和培养人才的基地。做好会员培养工作。先后选派8名骨干会员参加省、市各层级统战部、社会主义学院及民建组织的学习培训，加强会员信息库管理，便于有针对性地对会员进行培养，建立与会员单位共同培养机制，做好会员双岗建业的推荐使用。支持基层组织建设。指导基层组织做好“一支部一品牌”的工作，建立3个会员之家，支持基层组织开展活动，综合二支部与厦门民建湖里二支部、厦门鹭江楼宇侨联结对共建，企业支部开展重阳节敬老活动，新罗区基层委员会组织会员前往漳州东山学习谷文昌精神，不断提升基层组织凝聚力和向心力。

【参政议政】 2017年参政议政工作在市政协评比中名列前茅。民建市委报送的信息被《八闽快讯》采用1篇、《政协信息》专报件采用4篇、《闽西快讯》专报件采用4篇，6篇社情民意获市委、市政府领导批示。抓参政议政人才队伍建设。充分调动参政议政骨干会员积极性，组建参政议政“尖刀班”，邀请民建福建省委为会员们授课，切实通过骨干带动、全员参与提升参政议政水平。抓参政议政平台建设。挖掘“议政沙龙”智囊潜力，定期邀请政府有关部门负责人、高等院校专家学者和相关行业代表性企业负责人，就龙岩地方经济和社会发展的重点问题开展讨论。议政沙龙活动已举办5期。拓宽参政议政来源渠道。在学校教育、互联网、医药卫生等行业聘请7名专家围绕党委政府中心工作，为民建调研出好题、出思路，使建言献策持之有据、言之有物、有的放矢。

【社会服务】 投身创城工作。民建龙岩市委从创城之初就号召会员从本职工作做起、从身边小事做起，做好城市主人，为创城加油助力。从企业到银行，从执法一线到政府部门，从高校到医院，民建会员在各自的岗位上恪尽职守，通过深入社区百姓家宣传创城和参与志愿保洁、文明劝导等活动，用辛勤的劳动为创城添风采。实施同心公益工程。龙岩民建发挥会员企业优势，通过各种措施帮扶挂钩乡镇长汀濯田，并出资在长汀濯田捐建“思源亭”。会员企业开展“河田鸡养殖”扶贫项目，通过实施“委托贫困户利用竹林代养河田鸡”，让该镇农户年内增收达万元以上，达到脱贫目标并实现可持续发展。为了给孩子们创造一个良好环境，民建会员为漳平市桂林逸夫小学捐助“思源图书室”，龙岩民建沈钊昌慈善教育基金为永定湖雷中学、三堡中学爱心美术室捐赠10万元。民建龙岩市委开展“与爱同行”走进市特殊学校慰问活动，为孩子们送上爱心善款和节日的祝福。实施同心法律服务工程。继续开展法律服务进媒体、进校园、进社区等“三进”活动。法律支部组织会员律师在武平大禾为村民进行法律知识公益讲座。据统计，法律支部近年免费提供法律咨询人数5000人，分发法治宣传材料近25000份。实施同心会员服务工程。积极组织会员参加民建中央举办的“非公有制经济发展论坛”，民建省委举办的2017首届科技金融国际峰会、产业发展论坛等活动，创造条件为企业界会员开阔眼界，发现商机。通过上门走访、组织座谈、机关送政策等方式，帮助会员企业发展。

（民建龙岩市委　供稿）

民进龙岩市委

【概况】 2017年，民进龙岩市委新发展会员1人。截至2017年底，民进龙岩市委有会员82人，会员平均年龄42.8岁，其中男会员46名，女会员36名。民进龙岩市委下设新罗区总支、龙岩学院支部、行政支部等3个支部和2个会员小组，会员分别来自教育界、经济界、法律界、医药卫生界、文化艺术界以及政府机关单位和其他界别，其中教育界占56.1%。有研究生学历10人，本科学历65人，本科以上学历占会员总数的91.46%。有正高级专业技术职务3人，副高级专业技术职务25人，中级专业技术职务23人。处级干部3人，科级干部13人，5人担任龙岩市政协委员，3人担任龙岩市新罗区政协委员，2人担任永定区政协委员，1人担任长汀县政协委员。

【思想建设】 2017年，民进龙岩市委以习近平新时代中国特色社会主义思想为指导，各支部和广大会员深入开展学习习近平总书记系列重要讲话精神，中共十八大、十九大会议精神，以及新一届中共中央领导集体关于治国理政的系列重要论述，进一步树立“四种意识”，坚定“四个自信”，自觉维护以习近平同志为核心的中共中央的权威。

参与民主监督、政治协商、调研等活动。从各支部选派骨干会员参加民进福建省委、龙岩市政协、中共龙岩市委统战部举办的各类学习，通过学习培训，会员整体素质有效提高。邀请龙岩市政协领导、中共龙岩市委统战部领导开展参政议政专题讲座；组织收看中共十九大开幕式，召开专题会议学习中共十九大会议精神。邀请民进省委副主委刘健，民进省委常委徐瑞蓉到龙岩为会员宣讲中共十九大精神，40余名会员参加活动。通过定期组织会员集中学习，不断提高会员的参政议政能力和思想政治素质。

【参政议政】 向龙岩市政协五届一次大会提交22篇提案，其中大会发言《提升乡村旅游品位的建议》得到时任中共龙岩市委书记林国耀批示，大会书面发言《关于技能培训助推精准扶贫的建议》得到中共龙岩市委副书记、市长林兴禄批示。在龙岩市政协五届二次大会上，向龙岩市政协提交30篇提案，向新罗区政协提交8篇提案。

通过民进福建省委、龙岩市政协、中共龙岩市委统战部等单位，向党政机关报送社情民意信息39篇，报送新闻简讯(动态信息)34篇。2篇社情民意信息被民进中央采用,2篇社情民意信息(综合)被中央统战部、省委统战部采用,1篇社情民意被省政协采用,1篇专报件被《闽西快讯》采用,20篇社情民意信息被民进福建省委采用;7篇动态信息被民进中央官网报道,2篇动态信息被闽西快讯报道,9篇动态信息被政协信息报道，9篇动态信息被市委统战部报道，5篇动态信息被《闽西日报》报道。

精心挑选课题，主动开展调研，积极建言献策。领导班子坚持带头开展调研工作,主委张凌率领会员开展“因地制宜促进我省大数据产业均衡发展”等多个课题调研,形成的调研报告获得民进福建省委优秀调研成果二等奖。教育课题组成员还利用休息日深入长汀县、上杭县部分乡村学校及县、区教育部门开展“关于解决偏远乡镇(村级)低龄学童就学难问题”调研,积极为加快补齐教育事业短板建言献策。撰写《关于民主党派基层组织建设难题的思考与建议》《发挥职业教育优势,精准帮扶贫困户脱贫致富》等市委统战部的课题;同时,中标并完成民进福建省委的4个调研课题。

【社会服务】 春节来临之际,联合新罗区总支,组织会内书法家会员,到新罗区北门社区为群众义务写春联。会内的书法家们现场泼墨挥毫,为社区居民写下数百幅寓意吉祥的春联和“福”字,把福气、喜气送给大家,给当地百姓带去龙岩民进的新春祝福和良好祝愿;联合新罗区总支到长汀童坊镇开展慰问孤寡老人活动，为老人们送去食用油、水果等生活用品及慰问金;“六一”国际儿童节，新罗区总支联合龙岩学院支部，到大池中心小学,举行送教下乡暨为捷步小学捐赠图书活动,捐赠课外书300多册,为美丽彩虹再添色彩;行政支部组织医疗专家会员到上杭临城镇开展义诊、扶贫慰问活动,为基层群众送去“健康套餐”。为群众义诊600余人次。8月7日,新罗区总支组织会员到西城连心社区开展创城宣传活动,发放宣传材料4000多份，为龙岩市争创第五届全国文明城市添砖加瓦;做好省立医院副院长、民进福建省委副主委翁国星带领专家组到上杭县古田中心小学进行健康体检和“先天性心脏病”筛查活动的对接工作;积极响应民进中央在全会开展的“书香彩虹——安龙行动”图书捐赠活动,发动会员参与此项活动。技师学院小组积极对接龙岩人才幼儿园的师生,共同开展“献出一份爱心,托起一片希望”捐赠图书活动,践行“服务就在身边,人人可以参与”的微公益理念,支持贫困地区教育事业发展。坚持5年在连城项南纪念馆后山开展植树造林等一系列社会服务活动,把社会服务活动做得更贴近实际,更贴近群众。

(邱艳萍　撰稿)

农工党龙岩市委

【概况】 2017年发展党员17人，其中研究生学历8人,大学本科9人、高级专业技术职务1人,中级专业技术职务10人,平均年龄30岁。截至2017年12月全市有农工党员345人,其中医药卫生界占35.3%、人口资源和生态环境界占6.7%、文教界占28.9%、农业科技界占13.5%。党员结构进一步改善,在新时期新形势下为履行参政党职能提供较好的人才保障。市委会下设新罗区工作委员会,办公室、组织部、宣传部、社会服务部、参政议政委员会,老年工作委员会和16个基层支部组织。党员中担任龙岩市副市长1人,省政协常委1人,市政协副秘书长1人,市政协委员8人,其中市政协常委3人。新罗区人大代表1人,新罗区政协委员10人,其中区政协常委3人。农工党市委主办的《龙岩农工》刊出4期计1200份,分发各基层支部及各有关单位作为学习材料。同时,市委会积极向《福建统一战线》《农工闽讯》《闽西日报》《闽西政协》《统战简讯》等报送大量信息，采用率颇高。

【思想建设】 市委会领导班子成员定期组织专题学习，结合政治和当前形势,多次召开市委全委(扩大)会议,组织党员骨干和全体党员进行学习。传达学习中共十八届历次全会和中共十九大会议精神、深入学习习近平新时代中国特色社会主义思想、农工党十五届历次中央常委会及十六大会议精神、中共福建省委十届历次全会精神。会议认真学习并深刻领会十九大精神实质,深刻把握中国共产党领导的多党合作制度的精髓,进一步贯彻“同心”思想,做到与中国共产党 “在思想上同心同德、在目标上同心同向、在行动上同心同行”。全面落实“照镜子、正衣冠、洗洗澡、治治病”总要求,解决形式主义、官僚主义、享乐主义和奢靡之风这“四风之害”方面存在的问题。认真学习贯彻《党政机关厉行节约反对浪费条例》，加强作风建设,树立参政党的良好形象。

【参政议政】 在市政协第五届一次会议中,市委会提交大会发言5篇,集体提案12篇,个人提案16篇。市委会积极发动党员撰写信息,加强社情民意信息工作，全年选派10多位党员参加农工党省委、市委统战部等部门举办的信息工作宣传培训班。截至2017年底,市委会向农工党省委、市政协、市委统战部等部门报送社情民意信息200多篇。其中被中共中央统战部采用2篇,农工党中央《信息专报》采用1篇,中共福建省委办公厅《八闽快讯》《福建信息》采用2篇,省政协《政协信息专报件》采用18篇,农工党省委《福建农工信息》采用68篇。其中《关于尽快改造中心城区解放北路排洪系统的建议》被市政协专报件采用并获得中共龙岩市委书记林国耀和市长林兴禄的批示，《关于古田景区向龙岩中心城区方向拓展的思考和建议》被《闽西快讯》采用并获得中共龙岩市委书记林国耀和市长林兴禄的批示。

【换届选举】 6月，市委会7名农工党福建省第十二次代表大会代表前往福州参加代表大会，经过选举，龙岩市人民政府副市长郭丽珍当选为农工党福建省委会副主委、农工党龙岩市委会主委、市高速公路管理处主任张旭东当选为农工党福建省委会常委和中国农工民主党第十六次全国代表大会代表，农工党龙岩市委会专职副主委当选为农工党福建省委会委员。

【社会服务】 2017年，市委会发挥党内科技人才的优势，切实抓好科技扶贫工作，积极为新农村建设服务。在往年工作的基础上，结合农业供给侧结构性改革和深入实施化肥农药使用量零增长行动，大力推广化肥减量增效技术，加快绿色防控技术推广应用，让更多的农户获得较好的收益。继续加强对上杭县众发蔬菜专业合作社的科技指导。种植结构及种植时间调整，积极改种蔬菜新品种如秋葵、小南瓜、茄子、番茄等适种蔬菜新品种。开展化肥减量增效技术，加快绿色防控技术推广应用科技培训2次，近300人次；根据季节需要，深入田间地头现场指导10余人次。2017年，合作社建设或集现代农业成果展示、物联网控制平台、蔬菜生产培训、蔬菜农残检测、休闲生态农家乐等为一体的多功能展示厅500平方米。全社种植总产量3800吨，产值2500万元。2017年除定点帮扶上杭县众发蔬菜专业合作社外还定点帮扶上杭县莳望蔬菜专业合作社，根据国家农业供给侧结构性改革和深入实施化肥农药使用量零增长行动，大力推广化肥减量增效技术，由施用化肥改用沤熟的乌兔禽粪肥；根据其气候特点抓住春秋两季，种植嫁接番茄、甜(辣)椒等瓜果品种，由2016年亏损15万元到2017年盈利20万元，通过帮扶该合作社2017年被评为市县科普示范企业。

采取“手把手”、“面对面”科技服务新模式，开展科技下乡活动。在全市10多个乡镇举办蔬菜、甘薯、茶叶、百香果等农业科技培训班8场次，农民1000多人；深入田间现场指导农业龙头企业、合作社、家庭农场等大户30多人次。农科所支部荣获农工党中央2017年度“社会服务工作先进集体”称号。

6月7日，农工党龙岩市委与龙岩市第一医院联合，一行10人前往新罗区铁山镇隔口村，开展2017年（第十届）“中国环境与健康宣传周”活动。医疗专家们在肾内科、呼吸内科、妇产科、骨科、烧伤科等科别，为患者进行细心诊治，并免费为群众测量血压，前往求诊咨询者近60人次。此次活动还发放《预防癌症　健康生活》《儿科健康教育大课堂》等疾病预防健康宣传资料6种计100份。11月13日，农工党龙岩市委会与龙岩市中医院联合，一行7人前往铁山镇开展第二十九届“国际科学与和平周”义诊咨询活动。医疗专家们在内科、针灸科、皮肤科、儿科等科别，为患者进行细心诊治，并免费为群众测量血压，前往求诊咨询者近80人次。此外，还在现场发放《空气质量与健康》宣传小册子、环保宣传品等，广泛宣传空气污染的危害，进一步增强村民的环保意识。

（农工党龙岩市委会　供稿）

致公党龙岩市委

【概况】 2017年，致公党龙岩市委新发展党员10人，平均年龄39岁，均为大学以上文化。截至2017年底，全市党员163人，其中女党员97人，退休党员37人，归侨、侨眷属、港澳台属、留学及访问学者107人，大学以上文化129人，高级专业技术职务57人，中级专业技术职务52人，平均年龄47.9岁。从事基础教育47人，高等教育17人，政府机关24人，新的社会阶层人士13人。下设7个支部，1个工作委员会(新罗区)，以及组织部、参政议政工作部、宣传部、社会服务部、海外联谊与妇女工作部、老年人工作委员会。党员中有市人大常委1人，市政协副主席1人、常委3人、委员5人，新罗区政协常委3人、委员5人，永定区政协副主席1人。

【组织建设】 凝聚思想共识。通过召开主委会、全委扩大会、举办暑期读书班等，组织广大党员深入学习中共十八大、十八届历次全会和中共十九大会议精神，学习习近平总书记系列重要讲话精神，以及新一届中共中央领导集体关于治国理政的一系列重要论述，进一步树立“四种意识”、坚定“四个自信”、夯实多党合作的思想政治共识，自觉维护以习近平同志为核心的中共中央的权威。组织开展各类专题学习会议6场，参与党员230多人次。提高整体素质。围绕提升锻造广大党员的“五种能力”，突出抓好党员的培训工作。全年选送15名党员、机关干部，分别参加致公党中央举办的参政议政培训、省委会举办的公文写作培训、“一周课堂”培训、中青年党员干部培训和中共市委统战部举办的2017年党外知识分子培训，党员整体素质进一步提升。抓好组织发展。按照“保持特色、改善结构、注重质量、适度发展”的要求，突出“侨、海”特色，重点从优秀的侨胞侨眷、归国留学人员中发展党员，积极稳妥做好新党员发展工作。全年发展党员10人，其中中高级专业技术职务6人，硕士1人，访问学者1人，归国留学生1人。提升组织凝聚力。结合深入开展坚持和发展中国特色社会主义学习实践活动，着力丰富基层组织生活，利用传统节日和重大节庆，积极开展“三八”国际妇女节趣味游园、气排球比赛等文体活动，组织党员参加致公中央、省委举办的书画展、演讲比赛等，党员凝聚力、向心力不断提升。8月，先后组织市委委员、机关干部、各工作部(专委会)成员以及部分党员，赴永定下洋开展“爱国华侨史教育暨暑期读书班”活动，参观福建土楼博物馆、胡文虎纪念馆，接受爱国华侨历史、客家祖训与家风建设专题教育；赴重庆开展“不忘合作初心，继续携手前进”专题教育活动，参观红岩革命纪念馆、中国民主党派历史陈列馆，重温致公党党史，接受生动的爱国主义教育。9月，组织机关干部参加省委会举办的“喜迎十九大共筑中国梦”机关气排球比赛，再次获得第一名的优异成绩。12月，组织新罗区工委3个支部，赴漳州谷文昌纪念馆参观学习，接受革命传统教育。同时，鼓励党员积极参与征文比赛，文章“向天再借五百年”荣获省委会“喜迎十九大，不忘初心跟党走”征文活动三等奖。市委会被评为致公党省委开展坚持和发展中国特色社会主义学习实践活动优秀组织奖；新罗区工委被致公党中央评为坚持和发展中国特色社会主义学习实践活动先进集体；党员刘翠琴被评为致公党中央坚持和发展中国特色社会主义学习实践活动先进个人。

【参政议政】 制定《致公党龙岩市委调研提案和社情民意信息考核办法》，激励基层支部、广大党员开展争先创优，参政议政。3月，在新罗区山塘村和村美村挂牌成立“致公党龙岩市委特色小镇议政点”。主委张子平先后组织部分市委委员、骨干党员赴广东、上海、成都等地开展“加快推进山海协作区建设”“对接长三角产业转移”“加快发展观光休闲农业”等重大课题调研；各支部也结合各自优势，相继深入基层开展了“特色农业发展”“乡村文化旅游发展”等多个课题调研。形成的“借鉴广东经验，加快建设厦龙山海协作经济区”等调研报告被省委会、市政协采用，并得到市委、市政府主要领导的批示。积极反映社情民意信息。全年收集报送社情民意信息80多篇，其中“不宜过度渲染海外政商届华人华裔人士的华人属性”被致公党中央评为2016年度参政议政优秀成果；“‘兜底式’扶贫引发的部分贫困户不愿脱贫现象应引起重视”“台湾客家族群政治生态分化现象应引起高度关注”2篇被致公党省委评为2017年度好信息二等奖；“农村村民自建房产权登记问题的三点建议”“加强水产品食品安全保障应注重防治生产流通销售等各环节隐患”等3篇被省政协采用，并得到省领导批示；“关于将新建龙岩火车站北广场命名为‘中央苏区广场’并塑立‘星星之火可以燎原’雕塑的建议”等2篇被市政协社情民意专报采用，并得到中共龙岩市委书记批示；“借‘长三角’地区‘腾笼换鸟’之机抓紧对接其生产性产业”等被闽西快讯采用。聚焦“两会”建诤言献良策。市政协五届一次会议上，市委会提交大会发言3篇(其中，口头发言1篇，书面发言2篇)，团体提案11篇，委员个人提案26篇，提案“多举措化解我市中心城区住宅小区停车困难的建议”被市政协列为四篇重点提案之一。

【海外联谊】 11月，组织党员前往菲律宾参加菲律宾洪门竹林协议总团第九十五连九十六届、大岷北区分团第三十八连三十九届理监事就职典礼，为团结海外乡亲发挥重要的桥梁纽带作用。

【社会服务】 打造致公小学品牌，6月1日，市委会联合潮汕海味有限公司，在东新致公小学开展“致公有爱·情系教育”爱心助学活动，为贫困学生捐赠书包、图书；推进精准扶贫工作部署，挂钩帮扶7个贫困户均实现脱贫目标；致力抗洪救灾，6月30日，携手福建和汇集团，为万安镇遭受洪灾严重的环坑村、同新村捐赠10万元资金及价值10万元物质。

(刘翠琴　撰稿)

九三学社龙岩市委

【概况】 2017年，九三学社龙岩市委下设一、二、三、四支社、新罗区、龙岩学院等6个支社及永定区小组。主任委员温永。全年发展新社员7人，至年底，有社员153人。在所属社员中，高级专业技术职务75人、占49%，中级专业技术职务58人、占37.9%；省人大代表1人；市人大常委1人、市人大代表1人；市政协副主席1人、常委2人、委员9人。

【思想建设】 组织班子成员和社员学习新时期多党合作和统战理论，学习中共十九大精神和习近平新时代中国特色社会主义思想，学习社章社史及社的优良传统，并把其作为各基层组织开展系列学习实践活动的主要内容。3月29日，召开四届二次全委(扩大)会议，学习全国两会精神、社福建省委七届八次会议精神和全市统战部长暨民族宗教局长会议精神。6月21至23日，赴福州参加社福建省第八次代表大会。7月28至30日，召开四届三次全委(扩大)会议暨2017年暑期读书班，学习习近平总书记在省部级主要领导干部专题研讨班开班式上发表的重要讲话精神和社福建省第八次代表大会精神。10月31日，召开四届四次全委(扩大)会议，专题学习中共十九大精神。为继承和弘扬九三学社优良历史传统，不断增强多党合作的共同思想政治基础，社市委在11月底组织骨干社员赴重庆开展“不忘合作初心，继续携手前行”教育活动。

【提案工作】 2017年，在市政协五届一次全会上大会发言3篇，其中，《妥善处置工业园区停产企业的建议》获中共龙岩市委书记和市长批示。提交团体提案7件，《关于建立工业园区项目建设用地退出机制的建议》获市政协2014-2016年度优秀提案。

【调研工作】 2017年，社市委充分发挥社员年轻且大多具有中高级技术职务，在工作单位上又是业务骨干的特点，发动广大社员，结合工作实际，积极参与调研，撰写调研文章，并注重把调研文章转化为市政协提案，以提案形式向有关部门提出意见和建议。全年向社省委提交调研报告3篇。

【信息工作】 全年有25篇社情民意和信息被中央统战部、省政协、省委办公厅及省委统战部采用，2篇获中共灵验市委书记、市长批示。《关于工业园区一般工业投资项目试行取消审批的建议》《基层政府处置“僵尸企业”存在的问题与建议》《建议充分发挥农业科技人员在精准脱贫中作用》《行政审批制度改革的建议》4篇被社中央采用，《处置“僵尸企业”要优先理顺涉税法规不协调问题》《完善纳税人涉税优惠政策着力破解脱贫攻坚的瓶颈问题》《企业反映对外投资合作奖励标准偏低应作适当调整提升》3篇被省政协采用，其中，《企业反映对外投资合作奖励标准偏低应作适当调整提升》还得到省领导批示，《建议将“中央苏区”及“古田会议”编入《中国历史》八年级上册教科书》被省委办公厅采用。《九一南路片区急需布局一所初级中学，建议大同油库搬迁后建设“龙高分校”》被市政协专报件采用，并得中共龙岩到市委书记批示；《关于加强中心城区中小学校周边食品安全监管的建议》被市政协专报件采用并得到市长批示。

【特约监察】 2017年，社市委有7位社员分别担任市、区两级特约“五员”工作。社员认真履行职责，积极参加有关的监察活动，深入基层明查暗访，客观、公正地提出意见和建议，推动有关部门依法行政，促进政府机关作风转变，在反腐倡廉、维护社会稳定等方面发挥积极作用。

【社会服务】 依托社内医疗健康方面的专家优势，深入机关、中小学和街道社区，开设健康与保健相关讲座。3月，协助社省委开展“九三学社中央院士专家科普巡讲·福建革命苏区行”，分别在中共市委中心组、龙岩学院、中共连城县委中心组举办3次科普讲座；4月，社领导到新罗区审计局讲授《妇女保健知识讲座》，为龙岩附小四年级全体学生作《近视眼的产生与预防》健康知识讲座。5月，社市委组织医疗专家和法律咨询专家队伍前往永定区仙师镇开展义诊和法律咨询服务。社市委选定永定区仙师镇大岭村为扶贫挂钩村，并把其作为社市委学习实践基地，全年走访该村3次，免费帮扶该村做美丽乡村规划，积极向有关单位争取5万元防洪堤建设资金。社市委机关干部挂钩武平县大坝乡露冕村3户困难户，坚持每个季度入户走访1次，帮扶困难户完成生产性项目，3户均完成房屋建设，通过扶贫验收。另外，社市委还积极响应社省委号召，向社员募捐善款援助政和，累计捐款10010元。

（张茂华　撰稿）

29 社会团体

编辑 饶晓艳

市总工会

【职工思想政治引领】 开展中共十九大精神“进基层、进园区、进企业、进车间、进班组”宣讲活动12场次。深入开展“中国梦·劳动美”主题教育活动，举办“工人阶级新闻宣传月”，开展“永远听党话、跟党走”职工演讲比赛、“爱国敬业诚信友善”职工微信感言征集、开展劳模事迹、客家工匠宣传等系列活动，大力弘扬劳动精神、劳模精神和工匠精神，营造劳动光荣的社会风尚和精益求精的敬业风气。

【服务发展大局】 开展“中国梦·劳动美”主题活动，抓好重点领域和市级及以上重点工程、重点项目开展“比精神、比氛围、比技能、比创新、比贡献”五比竞赛活动，形成“比、学、赶、超”的浓厚氛围；组织动车组机械维护、建筑镶嵌工、矿山救援等12场市级职工技能大赛，推动职工技能竞赛的蓬勃开展。组织百名劳模走进长汀“五一生态林”义务植树；组织“创城·职工志愿者在行动”主题活动，引导20多万职工助力创建第五届全国文明城市，市总工会被授予创建第五届全国文明城市工作成绩突出单位、3人被评为先进个人。

【职工素质提升工程】 实施万名职工技能培训和千名班组长培训计划，依托12个培训基地开展40多种技能培训和岗前培训，培训职工11000人；举办9期“千名班组长”培训，15个行业148家企业的1148名职工参加培训；实施农民工“求学圆梦”计划，首批组织144名农民工参加为期两年半的学历教育。深化合理化建议、技术攻关、技术革新、发明创造等群众性技术创新活动，助推企业转型升级。2017年，全市征集120项职工自主创新成果，其中对接转化的项目共87项，产生经济效益1.12亿元；推荐6个项目参加“6·18”海峡两岸职工创新成果展；征集703个项目参加省百万职工“五小”创新大赛，其中193个项目获省总工会表彰。

【实施职工温暖工程】 突出精准帮扶“五项服务”，全市精准建立全国总工会、地方工会、基层工会困难职工三级档案1379户，其中全国总工会档案1232户、地方档案147户，实施分类指导、差异帮扶，该管理模式被省总工会权益部在全省推广。“两节”期间，筹集1049万多元送温暖资金，走访慰问3152户困难职工、困难劳模和春节期间坚守岗位的一线职工。组织开展“情满返乡路·温馨在闽西”服务农民工返乡系列服务、“情系环卫·美我家园”关爱环卫工人系列活动。8月，全省“金秋助学·工会伴你成长”启动活动在龙岩市举办，全市各级工会组织共筹集“金秋助学”资金589.55万元，帮助2673名困难职工（农民工）子女就学。举办线上线下户内户外15场就业招聘会，提供就业岗位14916个，达成就业意向6448人。第十期医疗互助活动参加职工24万多人次，10748人次获得补助，发放补助金807.5万元；“大病补助”补助372人次，补助金额678800元。职工医疗互助活动成为职工医疗保障体系的重要补充。着力推进公共场所的“妈妈小屋”建设，为哺乳期女职工群众提供舒适卫生的休息环境，全市建成“妈妈小屋”53家，其中3家省级“我最喜爱的妈妈小屋”，3家省级示范点。

【职工权益维护】 健全完善以职代会为基本形式的企业民主制度建设，深入开展集体协商签订集体合同工作，开展工资集体协商要约行动。共培训职工代表3659人次，下发工资集体协商要约书5108份，覆盖企业138620家，覆盖职工近30万人。龙岩市旅游行业工资集体协商工作经验在全国导游劳动报酬集体协商工作研讨会上作典型交流。全市建立2568个劳动争议调解组织，2140个工会劳动法律监督组织，职工维权“110”联动机制、“一庭一室四制度”和“中彩金”法律援助项目作用得到充分发挥。共接待职工信访1075件，法律援助243件，其中“中彩金”项目援助53件，为农民工挽回损失267万元；欠薪援助63件，为1027名职工追回欠薪1089万元。指导供给侧改革企业依法依规做好企业职工分流安置工作，确保供给侧改革平稳过渡。全面实施《福建省工会劳动法律监督条例》，开展“尊法守法·携手筑梦”服务农民工法治宣讲活动，178家企业获得市级以上和谐劳动关系企业称号。

【工会劳动保护】 组织7220家企业、58720个班组、70多万人次职工参加“安康杯”竞赛活动，开展职业病防治“三查一看”，评选出各级先进集体166家；筹集2000多万元防暑降温资金，慰问企业4300多家次、职工60多万人次。

【基层组织建设】 全面开展“强基层、补短板、增活力”行动，重点抓好25人以上法人单位建会工作，突出推动产业、行业(集团)工会联合会建设，提升镇街(园区)工会规范化建设水平。全市新建工会组织2783家，新发展工会会员39960人，其中农民工37063人；新建产业、行业(集团)工会10家；聘用工会专干147人，强化基层工作力量，全市145家镇街(园区)工会全部实现省级达标，其中3家被省总工会授予示范镇街。普遍开展“争创模范职工之家、争做职工信赖娘家人”活动，全市73%的基层工会参与建家活动，树立56家工会工作典型、3家省级会员评家示范单位，7名工会干部获福建省职工最可信赖娘家人称号，其中1人被评为省十佳。加强网上工会建设，打造集信息发布、政策解读、网上办事为一体的数字化平台，工会会员数据平台有19万多名实名制会员。

【党工共建】 联合市委组织部建立以“明确三大目标、建立五大平台、实施三大工程”为内涵的“353”党建带工建工作机制，下发《关于在全市非公企业和社会组织中建立党建带工建“353”工作机制的实施方案》，积极探索非公企业和社会组织工会发展新模式，推动形成加强基层工会建设的合力。2017年，全市新建“两新”组织(新经济组织和新社会组织)工会2404个，新发展会员41228人；建立14家市级非公有制企业和社会组织党建带工建联系示范点，1家省级党建带工建示范单位。

【市工人文化宫项目建设】 1月6日，市委召开龙岩市工人文化宫项目专题会议，进一步研究确定龙岩市工人文化宫项目设计方案。市委书记林国耀，市政府代市长林兴禄，市委常委、统战部长、总工会主席邓菊芳，市委常委、市政府常务副市长王龙、副市长黄庆辉及市委办、市政府办、市规划局、市总工会、城发集团等部门领导参加会议。8月22日，市政府副市长黄庆辉主持召开会议，专题听取龙岩市工人文化宫项目建设进展情况汇报，并同意将市工人文化宫项目总投资由2.5亿元调整到3亿元。市、县两级工人文化宫列入龙岩市民生社会事业补短板项目加以推进。至年底，市工人文化宫项目建设完成130多项审批程手续。

【纪念省总工会成立85周年座谈会】 8月10日，纪念省总工会成立85周年座谈会在长汀举行，省人大常委会副主任、省总工会主席张广敏出席会议并讲话。座谈会期间，参会人员参观省职工联合会旧址、省苏旧址、上杭才溪乡调查旧址、纪念馆，参加《星火燎原——中央苏区时期福建工运史话》《映像长汀——红色的记忆》发行仪式等活动。

【龙岩市政府与市总工会第十四次联席会议】 12月19日，市政府与市总工会召开第十四次联席会议。市政府林兴禄市长主持会议并讲话。市委常委、统战部长、总工会主席邓菊芳，副市长谢海波，市总工会班子成员出席会议，市直有关部门主要负责人、市总工会各部室负责人列席会议。会议汇报市政府与市总工会第十三次联席会议以来龙岩市工会工作情况，研究评选“龙岩工匠”、关注城区困难职工群体、市工人文化宫项目建设等有关事项。

（江晓　撰稿）

共青团龙岩市委

【发挥引领青年作用】 引导青年坚定拥护核心。以学习宣传贯彻党的十九大精神为主线，广泛开展“不忘初心跟党走　青春建功新龙岩”“向习爷爷说句心里话”等主题活动1000多场次，覆盖青少年近10万人次。通过中心组学习、党课团课、团干培训、宣讲会、组织生活会等方式，组织广大团干部并带动团员青年深入学习《习近平谈治国理政》《习近平的七年知青岁月》《习近平关于青少年和共青团论述摘编》，覆盖团员青年15万人次。联合市广播电台开展“青约名主播　共学十九大”活动，邀请青年和电台主播共同朗读十九大报告，征集音频作品200多份，总阅读量超过130万人次。

引导青年不忘红土初心。将传承红色基因融入“四进四信”“与信仰对话”等活动，联合市委宣传部举行“传承红色基因，讲好中国故事”赠书活动，全市各级团组织开展红色运动会、红歌会、主题团日等活动1000多场次。依托中央团校古田培训基地，承办全国基层团干部学习习近平新时代中国特色社会主义思想和中共十九大精神示范培训班，全国32个省、自治区、直辖市、新疆生产建设兵团和民航系统的100多名团干部到古田接受培训，发挥龙岩市浓厚的革命传统优势，打造团干部教育培训思想高地。

引导青年践行社会主义核心价值观。将纪念中国共产主义青年团建团95周年和动员青少年积极参与争创第五届全国文明城市结合起来，以“青亲岩城·文明有你”为主题，在“五四”大会上通报表扬一批优秀青年志愿者；在《闽西日报》开辟专栏，全年刊发各类青年典型事迹50多篇；先后举办健美操、公益徒步、网络知识竞答、摄影、快闪、手工制品和绘画等多项赛事，近30万人次参加；广泛动员团员青年参与文明城市建设志愿服务，全市注册青年志愿者超3万人，全年累计服务时长约20万小时；团市委被评为创建第五届全国文明城市“成绩突出单位”。

带领青年建功一线。深入开展青年突击队创建工作，组织青年开展“赛技能、比贡献、助攻坚”技能比武活动，广泛开展青年安全生产示范岗创建活动，引导一线青年立足岗位、学技成才，争创一流业绩。深化青年文明号品牌，组织全市258家青年文明号集体、服务“窗口”一线青年开展优质服务示范活动，在发展现代服务业中发挥生力军作用。

【助力乡村振兴战略】 团市委机关干部带头落实市委结对挂钩帮扶贫困户要求，帮助争取各类扶持和信贷资金8.55万元，提前一年实现全部脱贫。开展农村青年致富带头人、创业青年、返乡大学生培训500余人次，组织55名大学生志愿者到乡（镇）从事支教、支农、支医、扶贫、青年工作等志愿服务。实施希望工程为民办实事项目，全年累计筹募善款419.37万元，资助贫困大学生798名，小学、初中生246名，高中生113人继续学业，资助7所农村学校改善办学条件，帮助农村青少年特别是困难青少年成长成才。

【保护母亲河工程】 建设长汀青年生态世纪林等“青春家园示范点”43个，全市挂牌青年林超133.33公顷。开展“青亲岩城·护绿有你”植树活动57场，植树3万余棵。响应“河长制”工作部署，开展“河小禹”专项行动，组织大学生志愿服务队与各县青年生态环保社团结对，定期开展水质监测、河道净化、绿化、美化和主要河段巡查，引导青少年树立生态文明理念，参与生态文明建设。

【服务青年创业创新】 加强青年创业孵化基地和青年众创空间建设，入驻青年创业企业11家，创造就业岗位100余个，年营业额3516.8万元。强化银团合作，全年新增青年创业小额贷款6336.1万元，获益青年868人。先后邀请全国著名“三农”专家温铁军和91手机助手作者、同步网络CEO熊俊到龙岩授课，开展龙岩青年大讲坛、创业沙龙、培训等活动28场，覆盖青年2000多人次。举办第三届龙岩市十佳青年电商评选活动，带动全市广大青年投身电商创业大潮。开展海峡两岸（龙岩）青年文化创意产品比赛，入选作品80余件，促进海峡龙台文创产业携手共进。

【帮扶青少年成长发展】 举办首届“益青春”希望公益项目大赛，资助青年公益项目10个，总金额10万元，受益对象覆盖五类重点青少年、创业青年、中小学生等。服务青年婚恋交友，近千名单身青年参加全市各级团组织开展的“青亲岩城·文明相约”等青年交友联谊活动。开展关爱农村留守儿童暑期支教和周末素质拓展活动，2300多名留守儿童获助。广泛开展“青春同行·助孤”行动，通过发放慰问金、圆梦微心愿等方式，资助事实孤儿132人，团永定区委开展“助孤”入户走访6次，覆盖86个孤儿家庭，资助金额6万余元。

【维护青少年合法权益】 加强重点青少年群体工作，摸排五类重点青少年群体2万多人，承接5项上级团委重点青少年群体社会工作项目，总金额13万元，为200名重点青少年提供专业社工服务。承办全省青少年事务社会工作培训班，加强平安、普法和禁毒青年志愿者队伍建设，深化青少年维权岗创建，开展共青团与人大代表、政协委员“面对面”活动、“关爱明天·普法进校园”法治巡回讲座、“关爱明天 崇德尚法”市属学校法治辩论赛、“学习十九大 普法青春行”手绘比赛、“无毒青春 无悔人生”中职学生禁毒宣传等。

【基层组织建设】 巩固传统领域团建，指导全市134个乡（镇、街道）团组织完成换届，1744个团支部被评定为达标和星级团支部。拓展新兴领域团建，成立驻粤团工委，新建非公有制企业和网络新媒体企业团组织213家。推进“青年之家”建设，全市各级团组织通过自己建、联合建、党群共建共享等方式建设“青年之家”综合服务平台118家。支持基层团组织整合力量做大团组织活动品牌，第一医院团委“从心起航”志愿服务项目荣获2017年度全国青年社会组织“伙伴计划”优秀项目。

【建设网上共青团】 加强新媒体运营，全市团属“两微一网”年度有效阅读量200万人次。加强网络正面宣传，“以青年的名义，为他们点赞！”总阅读量超过5.5万次。制作《古田小红军》微信连载、《我的青春我的团》微视频等网络文化产品。加强红土网宣队伍建设，团市委直接联系、培养骨干网宣员100名，建立市、县、乡三级网络宣传快速动员机制，配合上级团委主动发声52次，响应超6万人次。全市“青年之声”累计回答青年问题13.1万个，线下开展活动86场，落地帮扶青年3000余人次。

【管团治团】 严肃团的组织生活，严格规范“三会两制一课”制度，扎实开展“学习总书记讲话 做合格共青团员”教育实践，覆盖5323个团支部、117747万共青团员，评议不合格团员100余人，经限期整改后评议合格。认真履行“推优入党”政治责任，永定、长汀分别推荐优秀团员作为党的发展对象449人、505人。严抓团干部作风，落实团干部“1+100”常态化联系青年机制，全市320名团干部常态化联系青年25996人。常态化开展团干部培训，举办全市基层团干部培训班和少先队辅导员培训班。

（共青团龙岩市委 供稿）

市妇女联合会

【妇女思想宣传教育】 开展“巾帼心向党·喜迎十九大”主题宣传活动，发动各级妇联干部和妇女群众第一时间收听收看并热议中共十九大召开盛况，第一时间邀请市委讲师团团长冯岳为市妇联机关及3个下属事业单位全体干部职工集中辅导学习党的十九大精神，制定下发《龙岩市妇联关于认真学习宣传贯彻党的十九大精神的通知》，以“巾帼心向党·建功新时代”为主题，组织市十九大女代表、妇联干部（执委）、优秀妇女典型、专家学者、文化宣传等五支宣讲队伍，深入机关、学校、村居、企业开展自上而下“巾帼大宣讲”活动58场次，依托城乡“妇女之家”和“两全”改革后基层新晋妇联执委、巾帼志愿者等，广泛开展“红土巾帼心向党 千村百居唱起来”展演活动765场次，引导妇联干部和妇女群众自觉用习近平新时代中国特色社会主义思想指导实践、推动工作。推进家庭文明建设工程，联合市文明办开展第四轮寻找“最美家庭”活动，举办大型“最美家庭”揭晓仪式暨“最美家庭”巡讲活动，揭晓20户“最美家庭”典型，组织8户“最美家庭”和5位“三八”红旗手进机关进高校宣讲。省“最美家庭”温金娥获评全国第六届“孝老爱亲”道德模范并出席央视2018年春晚。在全市组织开展“名门经典家训及其启示”主题讲座6场次，征集“家书抵万金——现代家书家信”15篇、社会主义核心价值观进家庭优秀案例14个、“让爱留守·关爱农村留守儿童特别行动”创新案例5个，用社会主义核心价值观引导广大妇女和家庭建设好家庭、培育好家风、维护好家教。推动全市兴起“书香飘万家”家庭亲子阅读公益活动热潮。改造提升永定家庭美德馆，争取将长汀严婆田村、武平中山镇纳入省“家风家教示范基地”名单，联合市文明办、教育局在中心城区评选6所“四有三优”示范性社区家长学校，联合市卫计委、宣传部、文明办开展婚育新风进万家活动，联合市纪委、市文明办组织开展为期一年的“传家训、立家规、扬家风”主题活动，引导广大妇女弘扬诗礼传家、精忠报国、夫妻和睦、邻里互助中华民族传统家风和女性“四自”精神，以优良家风涵养浸润清朗社会风气。

5月11日，举办2017年龙岩市“最美家庭”揭晓仪式暨“最美家庭”巡讲活动

【妇女创业创新创优】 推进巾帼创业创新行动，联合人社局等部门举办专场招聘会53场次，促进3662名妇女实现就业。组织对全市市级以上“巾帼文明岗”进行复查考核，新创建3个全国级、8个省级、26个市级“巾帼文明岗”。征集1个项目参加第十五届中国·海峡项目成果交易会；动员11人报名参加第二届中国（福建）女大学生创新创业大赛；新培育全国巾帼脱贫示范基地1个，省“巾帼众创空间示范基地1个，“闽姐姐家政培训示范基地”2个，省“巾帼示范基地”及重点示范基地7个。联合市委组织部开展“千村妇代会争先创优”考评验收工作，评出市级先进村级妇联639个。推进建设生态家园行动，联合市住建局创建省级巾帼美丽家园2个，与市河长制办公室联合开展“巾帼护河 共建生态家园”主题活动，在全市组建267支近万名巾帼护河队伍，开展护河行动396次，形成良好的治河护河氛围。

【维护妇女儿童合法权益】 推进建设法治龙岩巾帼行动，深化“平安家庭”创建工作，“平安家庭”创建三率位居全省前列，漳平市“平安家庭”创建工作在全省交流发言。积极参与社会治安综合治理，在全市乡镇妇联主席培训班上开设反邪教、反家暴法专题讲座，组织“建设法治龙岩巾帼行动”下基层，邀请法官、检察官、心理咨询师、婚姻家庭指导师等专业人员在7县（市、区）举办幸福婚姻大讲堂16场次，每月一次到涉麻制毒重点整治挂钩乡（镇）武平县东留镇开展禁毒督导，每季度一次到平安大镇结对共建镇武平县象洞镇推进平安创建工作，东留镇成功脱帽。顺利完成保障厦门金砖会晤婚姻家庭纠纷风险隐患排查化解工作，共摸排隐患25件，化解销案率100%。密切关注涉及妇女儿童的网络舆情热点，做好日常信访接待工作，在市行政服务中心民政窗口婚姻咨询调解中心建立“红土先锋党员工作室，指定专人坐班值守，每周一安排2名志愿者为危机婚姻家庭调解，全年处理来信来访来电和网上投诉381件次，调处婚姻家庭矛盾纠纷355件，成功调和52件。利用“三八”维权月、学雷锋活动日、6·26国际禁毒日、12·4国家宪法日等特殊节日，组织“七五”普法宣传，全市妇女参与线上线下各种普法宣传活动199场7万多人次，市妇联被市依法治市领导小组表扬为国家宪法日集中宣传活动优秀单位。

【关爱留守流动儿童】 市政府副市长郭丽珍带队就“两纲”实施难点问题“儿童之家”建设情况进行专题调研。上杭县妇联推动儿童之家建设列入县政府2018年为民办实事项目，全县已建成16个“儿童快乐家园”，2018年将投入22万元建设11个社区儿童之家。在永定县实施“互联网+”留守儿童爱心家园项目，受益儿童500人。市妇女儿童活动中心与新罗区新岩社区外来务工子弟学校麒麟小学结对开展“情暖童心·共享同一片蓝天”公益合唱团活动，由中心专业的合唱团老师每周到学校，进行为期1年48课时的音乐培训。

【妇联改革】 全面完成乡(镇、街道)妇联组织区域化建设，134个乡（镇、街道)产生执委2911人，增配专兼职副主席350人。全面完成村居妇代会改建妇联，1922个村居产生执委21275人，增配专兼职副主席2625人，“妇代会主任”从此成为历史概念。完成乡(镇、街道)和村居妇联“两全”改革新晋执委第一轮培训3681人。在广大村居(社区)、机关企事业单位和两新组织中累计建立“妇女之家”2093个。构建起以“一网两微两号一平台”妇联网系列(龙岩市妇女网，由妇联系统8个微信公号组成的“闽西姐姐”微信矩阵和市妇联微博，进驻今日头条号、企鹅号，“一呼百万”互动社交平台)为主抓手、3874个“一呼百万”妇联好姐妹微信群为重要手臂的新的工作网、联系网、服务网，组织1.5万名妇女工作者入驻“妇联通”云办公平台，基本形成“一呼百应”工作格局。

【宋秀岩到龙岩调研督导】 6月19—20日，全国妇联党组书记、副主席、书记处第一书记宋秀岩到龙岩市调研督导妇联改革和基层组织建设工作。省委常委、统战部部长雷春美，市委书记林国耀及相关市领导分别陪同调研。调研组一行深入永定区家庭美德馆、客家家训馆、湖坑镇洪坑村以及上杭县古田镇等地实地参观考察，并与基层党政负责人、妇联干部以及古田红土女警服务队进行亲切交谈。在龙岩期间，调研组一行瞻仰毛泽东纪念园、古田会议会址，参观古田会议纪念馆。

【助力创建第五届全国文明城市】 联合市委文明办举办“创城大妈在行动”主题志愿服务活动阶段总结推进会，建立“创城大妈”志愿服务活动周报和交通志愿服务签到、月通报制度，为“创城大妈”购买女性安康险和定制各类创城宣传品，中心城区55个社区1000多名“创城大妈”每人每天开展创城宣传、交通督导劝导、环境综合整治至少2小时。联合市直机关党工委组织发动千名市直机关企事业单位女干部职工开展“助力创城·巾帼添彩”主题活动，在创城迎检最后阶段，每天组织100名女干部职工在各重点路段参与巡查、文明劝导等。牵头市老干局、市卫生监督所结对挂钩新罗中城兴门社区创城工作。完成全国文明城市测评体系和全国未成人思想道德建设工作测评体系所涉13项指标网上申报和1项指标实地考察迎检任务。

【脱贫攻坚】 推进巾帼脱贫攻坚行动，组织“母亲健康1+1”公益募捐活动，募集善款72万余元，资助“两癌”妇女196名。争取全国妇联“贫困母亲两癌救助”中央专项彩票公益金83万元，救助83名建档立卡或低保“两癌”贫困母

6月19日，全国妇联党组书记、副主席、书记处第一书记宋秀岩（前排左二）与龙岩市永定区湖坑镇洪坑村妇女姐妹交谈

亲。争取李新炎“贫困母亲救助金”提高至20万元，资助贫困母亲157名。联合市慈善总会开展贫困母亲资助活动，资助贫困母亲134人。开展“春蕾圆梦”助学活动，发放助学金47.53万元，受益贫困女大学生和贫困留守儿童337人。争取省妇联专项资金60万元，组织巾帼精准扶贫家政培训6期，培训建档立卡贫困妇女605名。

【妇女儿童活动中心建设】 3月，完成市妇女儿童活动中心二期工程综合竣工验收。7月26日，市妇女儿童活动中心通过审批领取土地证，8月8日，经过行政审批领取不动产权证。12月15日，市妇女儿童活动中心正式与文旅集团旗下汇金文化传媒有限公司签订合作运营协议。12月底前，基本完成“三馆一中心”公共部分多功能厅、物业用房及地下室配套用房、门卫室、一楼大堂、走道及卫生间装修工程。

（陈竹梅　撰稿）

市工商业联合会

【概况】 市工商联（总商会）第五届执委会执委163人，其中主席（会长）1人，副主席（副会长）38人，秘书长1人，常委39人。全市行业商会、异地商会、乡镇（社区）商会共有201个，其中行业商会36个，异地商会94个，全市工商联会员12252个。

【理想信念教育实践活动】 抓好新一届工商联常执委、基层商会会长秘书长的教育培训，加强商会、企业文化建设，培育先进典型，推动“四信”教育常态化。先后选派非公经济人士和工商联机关领导干部参加省、市各类专题学习培训，新罗、上杭、长汀等县区先后在清华大学、浙江大学、厦门大学举办非公经济人士培训班。10月26日，召开市工商联（总商会）主席（会长）扩大会议，学习

2017年3月17日，龙岩市工商联到古田开展“听党话、跟党走”学习教育活动

传达贯彻中共十九大精神和中央、国务院有关文件精神，组织参观古田会址，引导非公经济人士传承“听党的话、跟党走”的红色基因，弘扬企业家精神，发挥企业家作用。加强非公经济领域党建工作，扩大党的组织和党的工作在商会和民企中的覆盖面，指导广东、昆明龙岩商会成立党支部，以党建引领会务。开展以“法律进商会”“法律进企业”“法律进工商联机关”为内容的“三进”活动，引导企业依法经营、依法治企、依法维权。依托协调劳动关系三方会议机制，协同推进构建和谐劳动关系。深入开展“五个一”禁毒宣传教育系列活动，签订《企业家禁毒承诺书》1000多份，发放《禁毒知识手册》等禁毒宣传资料5000余份，选派机关干部驻云南开展禁毒宣传工作。持续打造“红土诚信”工作品牌，6月下旬，以“商会会长谈诚信”为主题，在昆明举办第四次全国龙商会长论坛。漳平市倡议广大非公经济人士与党政机关、企事业单位公职人员交往“八个不”，促进诚信体系建设。开展沟通交流、专题培训、外出考察等活动，引导年轻一代传承老一代企业家的创业精神。4月下旬，选派罗贯虹、温养东、许柏强、李忠勇等青年企业家参加在中国人民大学举办的福建省青年企业家学习培训班。9月，组织开展《我市新生代企业家队伍建设》课题调研，与青年企业家互动交流，推动市县筹备成立青年企业家商会。

【参政议政】 推动政策落细落地。继续举办“民营企业家新春恳谈会”，会上提出的8个方面17条意见建议，均得到有关部门落实反馈，基本得到解决。同时，通过各种形式和渠道积极反映民企诉求、热点难点，以及非公经济代表人士合理化建议，进一步推动解决民营企业遇到的发展困难和问题，不断增强企业政策获得感。开展降低实体经济企业成本、推进交通物流融合发展、龙岩市新生代企业家队伍建设等专题调研，收到并上报省工商联13篇调研文章。利用人大、政协“两会”平台。在市政协五届一次会议上，市政协委员刘文洪代表市工商联作题为《做好企业上市工作的建议》的发言、吴永长代表农业界作题为《加快发展我市健康养老产业的建议》的发言，时任市委书记林国耀、市长林兴禄分别作了批示。抓好信息工作，市工商联社情民意《关于将中央苏区及古田会议编进〈中国历史〉人教版八年级上册的建议》，得到及时采纳，“古田会议”等内容被正式编入历史教科书；

市工商联提出的《紧抓国家修编中小学教材机遇进一步提升福建省红色文化知名度和影响力的建议》在《八闽快》讯专报件第763期刊发，省委常委、宣传部长高翔作了批示。新罗区工商联、上杭县工商联分别以总分第一、第三获省工商联表彰为2017年信息工作先进单位。

【搭建服务平台】 举办“企业日”活动，安排21位市领导，走访调研商协会8个，中小微企业16个，了解企业问题和意见建议23条，现场答复或交办11条，梳理呈报市委办、市政府办重点督办12条，均得到落实反馈。举办“政企面对面‘亲’‘清’促健康”座谈会。市纪委、经信委、住建局等单位和龙马环卫、福建正大食品等企业、商协会负责人，分别围绕构建“亲”“清”政商关系，促进龙岩市经济社会发展作了发言。举办产业发展趋势与投资策略高峰论坛。邀请软银中国执行董事潘政荣和京东金融集团战略总监陈龙强作专题演讲。菠萝帮创始人张德银、厦门广宁环保股份有限公司总经理马龙、龙岩嘉麒生物科技有限公司董事长曹华斌进行项目现场路演。

协同服务创业创新。与有关部门联合举办创新创业大赛、经济形势政策培训等，引导龙岩市非公有制企业深入实施创新驱动战略，推进供给侧结构性改革。创新民间商会办会形式，由龙马环卫、龙麟集团、新鸿基地产、龙岩网等轮值承办工商联(总商会)主席(会长)会议，打造一个融学习教育、参观考察、研讨交流、项目分享、产品对接、专家论坛、建言献策等多功能为一体的大平台。

拓宽民企发展空间，引导民营资本积极参与龙岩市PPP项目建设。连城县工商联配合军民融合办筛选26家军民融合企业，对接项目47个，签约项目21个。全市工商联系统组织商会、企业参加第十五届中国·海峡项目成果交易会(“6·18”)、第二十一届中国国际投资贸易洽谈会(“9·8”)、第八届海峡两岸机械产业博览会暨第十届中国龙岩投资项目洽谈会(“11·8”)等大型经贸活动，促进民企产业项目对接。第八届海峡两岸机械产业博览会暨第十届中国龙岩投资项目洽谈会(“11·8”)期间，广东龙岩商会等异地商会组织40多位会员参会，龙工、龙马环卫等许多创新产品参展。开展非公系列专业技术职务工作，全年全市评审确认非公企业专业技术人员332人，其中高级专业技术职务35人，中级专业技术职务177人，初级专业技术职务120人。

【商会组织建设】 支持并指导筹建长沙龙岩商会、义乌龙岩商会、漳州龙岩商会、杭州龙岩商会。大力发展乡(镇、社区)商会，推进商协会在非公有制经济领域的组织覆盖。武平县创新商会组建模式，17个乡(镇)全部组建商会或分会，覆盖率100%，走在全市前列。至年底，全市各级各类商会组织201个，其中行业商会36个，异地商会94个，乡(镇、社区)商会71个，全市工商联会员12252个。市直属商会20个，其中行业商会8个，在龙岩异地商会12个；异地龙岩商会21个。

深入开展“四好”商会建设活动，加快培育和发展中国特色商会组织。推进商会协会依章程办会，广东龙岩商会、成都龙岩商会、北京龙岩商会等顺利完成换届。厦门龙岩商会、泉州龙岩商会、三明客家商会被当地工商联评为“四好”商会。广东龙岩商会、昆明龙岩商会党支部建设逐步正常化、规范化。

鼓励商会积极参与社会组织评级，提升商会承接服务能力，市水电行业商会、水泥同业商会、房地产协会、女企业家商会、龙岩市惠安泉港台商区商会等分别被评为AAAA、AAAAA级商会。先后在昆明、珠海举办第四次、第五次“全国龙商会长论坛”，进一步完善工作机制，提升活动实效。永定区建立了异地商会联席会会议制度，促进交流合作，搭建招商引资平台。

【光彩事业】 深入开展民企帮村工作，漳平市正盛股份投入100万元开展结对帮扶；连城威廉爱得瓦实施节能照明光彩扶贫项目，为全县6456户贫困户捐赠安装超量子LED球泡灯，每年可节约用电130万度；长汀盼盼，永定三堡酿酒、海峰实业等企业采用“公司+农户”等模式，扶持贫困户发展种植业。继续开展“同心”光彩助学活动，8月29日，举行“红土同心·光彩助学捐助百名贫困大学生”捐赠仪式，27个商会、企业家代表共捐资57.4万元助学金，帮助131名新入学的贫困大学生。龙岩市康豪贸易有限公司董事长章莲丽牵线劲牌公司，在长汀一中设立劲牌“阳光班”，2015—2017年，捐赠200名贫困高中学生每年4000元生活补助。2017年全市33家民营企业帮扶39个贫困村989个贫困人口，其中产业扶贫66.8万元，就业扶贫发放工资141万元，公益捐款捐物141.17万元，技能扶贫1万元。做好机关干部挂钩帮扶上杭珊瑚乡上珊瑚村贫困户工作，努力帮助解决实际困难和问题。10月，市总商会捐资10万元，支持上珊瑚村“五福园”项目建设，帮助解决全村“五保户”住房问题。

(欧梅艳　撰稿)

市科学技术协会

【全面深化改革】 11月，市委深化改革领导小组审议通过《龙岩市科协改革方案》，“方案”明确全市科协改革的指导思想、总体目标和重点任务。建立科协领导挂钩联系基层科协、学会，科协干部直接联系服务科技工作者制度。部署首个“全国科技工作者日”活动，开展走访慰问、系列宣传、义务科普等活动，邀请市委书记林国耀等市、县(市、区)领导集中看望慰问68位优秀科技工作者，各类媒体刊发科技工作者先进事迹宣传报道近百篇，200 多个基层单位参与福建省科技活动周系列活动。

持续推进建家交友工作。推动开发区、园区、乡(镇)等单位建立科协组织。推动人才激励政策落实，推荐紫金铜业衷水平、紫金矿业甘永刚分获福建运盛基金会颁发的第二十四届运盛青年科技奖、福建省科学技术协会和紫金矿业集团股份有限公司联合颁发的第九届紫金科技创新奖。加强“网上科协”建设和信息宣传，全市各级科协组织均入驻“科猫”APP(中国科技工作者之家)，组织近万人关注“科普中国”“福建科普”微信公众号，市、县(市、区)科协、市科技馆、市级学会等积极创设微信公众号、订阅号、微信联络群、QQ 工作群，实现组织上网、工作上网；调整充实市科协网站版面、快速更新网站内容，继续编印 3 期《龙岩科普》，市科协网站开办以来累计访问超 122 万人次，《龙岩科普》改版以来累计印发 13 期近万册；全市科协信息在全省科协信息系统投稿数、采用数位居全省设区市前列。

积极组织开展“创新争先行动”，以紫金铜业、永强岩土、瑞森化工等企业为主开展短板攻坚勇攀高峰活动，以农业科技工作者为主开展走基层送服务活动，以学会为主开展“三比”(比敬业、比创新、比贡献)活动。

【创城工作】 重点抓好必检点市科技馆的创城责任落实，按要求对科技馆一层装修布展，争取中科协、省科协支持中国流动科技馆展品 2 套价值 300 多万元。推动创城共建，支持新罗区科协统筹做好社区青少年科学工作室创建工作，出资 9 万元，支持共建的龙钢社区、东街社区建设青少年科学工作室、绿色网吧；广泛动员全市 50 多家单位、学会和 1000 多名科普志愿者进社区、进农村、进校园开展科普活动。

【引进高端智力】 分别与院士郭柏灵、候保荣、贺克斌及郝吉明对接，建成龙岩学院、福建宏贯路桥防腐科技股份有限公司、福建龙净环保股份有限公司等 3 家省级院士专家工作站，为历年最多。至年底，累计建站 16 家，进站院士 17 人。高度重视已建院士工作站提质增效，促进成果应用，长汀远丰优质稻专业合作社院士工作站种植“福龙两优 863”120 公顷，亩产 500 多公斤；紫金矿业院士工作站参与的中国首个难处理金矿加压预氧化项目实现产业化，新增经济效益近 100 亿元。推动国家级、省级学会服务站建设，永定区新建中国植物营养与肥料学会创新驱动服务站，新罗区新建中国科学院海洋研究所国家海洋腐蚀防护工程研究中心宏贯路桥防腐联合体和福建省农学会创新驱动服务站，分获省科协补助建站经费 10 万元、10 万元、5 万元，实现零的突破。

【“示范区”建设】 推荐上杭县为省科协创新驱动助力工程示范区，获补助经费 30 万元。漳平市科协助推福建瑞森新材料股份有限公司在“新三板”挂牌上市，系漳平首家。武平县科协补助合信创展、力菲克生物技术、坤孚镁合金等高新企业科技创新项目经费 16 万元，推动技术研发。上杭县科协推动紫金铜业院士工作站 200 千吨/年铜冶炼挖潜增效项目加快实施，提升效益。

【项目落地对接】 各级科协组织助力打好项目落地战役。市科协组织举办龙岩机械产业发展院士论坛，邀请中国工程院院士胡正寰、华侨大学校长徐西鹏等一批院士专家为龙岩市机械产业项目技术对接把脉问诊。征集龙岩新耀建材公司免拆现浇墙体模板系统产品、福建好日子食品公司土楼劲庄茶等 5 个项目申请参展第十五届中国·海峡项目成果交易会(“6·18”)，为历年最多。征集福建梁野农牧公司种猪分子育种关键技术、福建正德光电科技公司无源屏激光高清电视等 9 项技术需求，参与“6.18”现场对接。连城县科协成功推动福建仙鹭医药科技股份有限公司“白鸭石斛精滴丸生物医药”、福建新宇钢业股份有限公司二期技改扩建生产项目落地，投资额分别为 3 亿元、5000 万元。

【科技助力扶贫】 “院士专家闽西行”助力扶贫。邀请谢华安、谢联辉、陈宜瑜、罗锡文、桂建芳、黄路生等 6 位院士到龙岩启动中国科学院学部咨询评议项目——“发展高效生态农业，实现中央苏区精准脱贫”，为原中央苏区发展建言献策。技术培训助力扶贫。针对基层贫困人员，市、县(市、区)科协联合举办烤烟种植、杨梅种植、蘑菇栽培、养猪养羊等农村实用技术培训班，落实省科协科技扶贫“万名培训”计划，累计办班 34 期、参训 3100 多人次。直接挂钩助力扶贫。通过“银会合作”，一对一结对帮扶等，对挂钩帮扶贫困村、贫困户进行精准帮扶，全年市、县(市、区)科协落实各类帮扶资金累计 220 多万元，直接支持挂钩贫困村、贫困户生产发展资金、节日慰问金 20 多万元。

【科普阵地建设】 推进市科技馆建设，完成机构设置和人员选调，市政府初步确定项目总投资 8000 万元。完成改造装修布展概念性初步方案设计，投入 108.2 万元采购一批展品和办公设备，一楼完成简易装修并布展开放。上杭县科技馆落实装修布展责任单位，连城县科普馆以中国流动科技馆巡展形式首次开放，武平县科技馆新增 VR 体验中心。争取中国科协“科普大篷车”2 部(价值 56 万元)分拨漳平市、长汀县。推进“科普中国 e 站”建设，全市累计建成站点 84 个，含“示范 e 站”12 个。其中新罗区建成 27 个，永定区建成 15 个，武平县建成 15 个，上杭县建成 7 个，长汀县建成 7 个，连城县建成 8 个，漳平市建成 5 个，超额完成省科协下达任务。

【青少年科普活动】 4月，以“激发创意，赢得未来”为主题，在市科技馆举办首届龙岩市青少年机器人竞赛，全市34支代表队、102名参赛选手及指导老师参加。组队参加第十五届福建省青少年机器人竞赛，获二等奖1个、三等奖8个。参加第三十二届福建省青少年科技创新大赛，市代表队获学生创新项目一等奖2个、少儿科幻画一等奖1个、科技辅导员项目一等奖1个、科技实践活动项目一等奖1个、优秀学生科技创意奖2个、卢嘉锡科学教育基金会专项奖4个，其中9个项目被推荐参加全国大赛。11月，在永定区举办第十届全市青少年科技创新大赛，吸引全市193所中小学、2.6万名学生共825个科技创新、创意作品参加初赛，75个作品参加复赛。与市教育局联合组织开展五项学科竞赛，第三十四届全国中学生物理竞赛福建赛区竞赛全市获一等奖8个，其中龙岩一中学生获6个一等奖，有5名学生获准进入福建省代表队，创下龙岩市学科竞赛历史最好成绩。武平县象洞中心学校老师陈伟光获“全国十佳科技辅导员”称号，连城县姑田下堡小学获“青少年科学调查体验活动优秀示范学校”称号。科技辅导员、青少年科技教育培训得到加强，选送一批骨干教师参加省科技辅导员科技创新与机器人竞赛培训，举办全市青少年科技创新活动培训班8场，约750名基层中小学校科技骨干教师接受培训；举办机器人竞赛培训班2期，组织机器人培训教师现场参观龙岩实验小学及玛酷机器人培训情况，各县（市、区）科协普遍支持一所以上中小学开展机器人培训工作。

首届龙岩市青少年机器人竞赛

第十届龙岩市青少年科技创新大赛

【群众性科普活动】 深入上杭才溪、永定湖雷、新罗东肖、武平湘店、长汀宣城、连城朋口、漳平永福等革命老区、边远地区中小学校开展“科普大篷车老区行”活动。全年市科协科普大篷车进驻中小学17次，参观体验人数超 5万人次。在新罗、永定、连城、长汀等地开展“中国流动科技馆”巡展活动，全年参观体验超30万人次。开展全国科普日、科技活动周等主题科普活动，举办各类科普报告会、科普展览、培训班120多场。各级科协及所属团体累计130多个单位、4000多名科技工作者、科普志愿者参加相关主题科普及科技文化卫生“三下乡”活动，维护城乡科普画廊、宣传栏1000多座，张贴科普挂图4100多幅，发放科普资料10多万册，播放科普电影、电视节目40多场，发送科普短信3万多条，受众人数超过60万人次。市科协荣获中国科协全国科普日优秀组织单位。

【基层科普行动计划】 在市级层面继续实施基层科普行动计划，发挥基层协会、科普基地、科普带头人在促进农村实用技术推广普及和新品种、新技术应用的示范作用，评选表彰市级农村专业技术协会6家、科普示范基地7家、科普示范社区4个、农村科普带头人7人。争取省科协基层科普行动计划奖补资金125万元。

【学会建设】 规范学会组织管理。指导医学会、水土保持学会、农学会等一批学会顺利换届，新成立机器人教育协会，严肃注销化工学会、种子学会、标准化质量管理协会等一批不再开展活动的学会。推动电力企业协会、食用菌协会等行业协会与主管、挂靠单位脱钩。加强学会党建工作，举办全市科协系统学会党建业务培训班，协助中国科协、内蒙古科协在龙岩市举办学会党建工作论坛和培训活动。

【建言献策】 围绕为党和政府科学决策服务职能，面向全市学会和广大科技工作者，组织开展第十五届市科协年会论文和2017年度课题征集活动，征集年会论文366篇、征集年度课题17个，数量均为历年最多。《龙岩市科技成果转移转化现状调研及对策研究》《关于我市新农村规划和民房建设的探讨》《永定区打造产业转型升级新引擎的思考》等一批优秀课题调研报告、优秀论文呈送相关部门决策参考，市老科协《大力发展油茶产业，助推农业供给侧改革》得到时任市委书记林国耀、市长林兴禄、市委副书记何明华等领导的批示。

（市科学技术协会　供稿）

市文学艺术界联合会

【文艺队伍】 龙岩文艺家队伍有总会员数2819人，其中国家级会员142人、省级会员734人；2017年新增国家级会员17人，省级会员16人，市级会员100多人。新增会员中8人同时加入中国摄协，是自市摄协成立以来一次性通过中国摄协审批人数最多的一次；龙岩市女作家首次加入中国作协，分别为林永芳、赖晓平；市电影家协会主席赖东英当选为省电影家协会副主席。市文联主席王永昌当选福建省第十二届政协委员。

【文艺平台】 福建省首个魔术文化基地——长汀县魔术文化基地在长汀店头街揭牌成立；“客家家训馆”完成改造提升工程，于1月6日重新向观众开放；漳平现代民间绘画培训基地、漳平漆画创作培训基地揭牌。

【艺术交流活动】 春节期间，举办中国著名油画家走进闽西写生创作活动，范迪安、徐里等20多名中国画家在漳平、永定开展为期一周的写生采风活动，作品在龙岩美术馆展出，每位画家捐赠一幅作品，由龙岩美术馆永久收藏。6月，举办“胜利之路”第十八届“红土地·蓝海洋”笔会暨纪念建军九十周年采风活动，厦门、赣州、闽西三地作家30多人深入古田、新泉、松毛岭、瑞金等地采风，《厦门文学》于8月推出作品专辑。7月，举办“喜迎党的十九大·重走中央红色交通线”著名作家闽西老区采风活动，邀请中国文艺理论学会副会长、福建省作协副主席孙绍振，作家、文学评论家王光明等40多名作家参加笔会，深入永定、上杭、长汀红色交通线遗址采风，并在《福建文学》推出专刊。主办“何志溪同志从事民间文艺60周年”座谈会，激励全市文艺工作者扎根基层，投入到文化保存和传承中。举办中日书法交流展，展出作品近200幅，其中日本参展作品110多幅，中国台湾地区参展作品20多幅。

【展览赛事】 4月19–26日，“闽鏊烟岚——梁明大泼彩山水画展”在中国美术馆举办，梁明是首位在中国美术馆举办个人画展的龙岩市本土画家。6月，“让小说走进人民”暨第八届“茅台杯”《小说选刊》年度大奖颁奖活动在上杭家源文化中心举行，来自全省各地的作家代表近百人出席颁奖活动。6月，由市文学艺术界联合会、市摄影家协会共同举办龙岩市首届摄影艺术展，近300名作者参赛，180件优秀作品从3000件作品中脱颖而出，38件作品获得记录类、艺术类的金、银、铜奖。市委宣传部、市文联联合举办“闽西十大经典民俗”摄影大赛及展览。

【文艺创作】 推出闽西作家红色少年小说系列，出版第一批“红色少年小说系列”6部。其中，李迎春的《红星别动队》入选福建省“暑假读一本好书”推荐目录，被选为全国图书馆馆藏精品图书。福建省第八届百花文艺奖88个三等奖作品中，龙岩市作家李迎春的小说《大名府》、陈碧珍撰稿的电视片《前世之宝，后世宝之——四堡雕版文化记忆》、秋枫作词的歌曲《老家，不老的乡愁》、刘少雄作词的歌曲《秋思》名列其中。上杭籍作家黄宁的中篇小说《和你的全世界告别》被建省文联和福建省作家协会评为首届福建省中长篇小说双年榜3篇(部)“中篇小说入榜”作品之一。出版“闽西乡村丛书”之四《闽西乡村历史记忆》；编辑出版龙岩市第一部有关古村落保护的理论专著《闽西古村落研究》。何志溪负责编撰的《闽西“非遗”大全》(50万字)，5月由中国国际广播出版社正式出版。“客家家训馆”获2016年度中国旅游总评榜“旅游营销创意奖”。范泰和书法作品入选全国第四届青年书法篆刻作品展，全省仅11位作者入展，并在文化中国“森茂杯”2017全国优秀书法作品展评选活动中获“优秀奖”。在“第十三届福建省戏剧水仙花”比赛中，龙岩市戏剧家协会会员刘航获专业组戏曲表演奖二等奖，涂玉寿获专业组戏曲表演奖三等奖。

（赖清玉　撰稿）

市社会科学界联合会

【红色文化研究】 开展红色文化研究。参加福建省红色文化高端论坛，成立课题组，作题为《传承红色基因唱响红色文化的闽西实践》的调研文章，被收入论坛文集。策划编纂《中央苏区(闽西)红色金融》一书，邀请厦门大学经济学教授、博士生导师唐礼智与社科联联合成立调研组，赴长汀县、上杭县、新罗区、永定区等地调研，邀请当地有相关研究或工作背景的专家、学者、工作者召开4场座谈会，基本形成书籍的大纲。参与组建龙岩市红色文化研究中心。市社科联负责做好红色文化研究中心的前期调研和筹备工作，联合市委党史研究室赴赣州市进行为期2天的专题调研活动，上报红色文化研究中心初步方案。扩大“红土讲坛”影响力，举办16场讲座。

【社科智库】 重点开展委托课题工作，正式立项《培育发展龙岩市有色金属产业研究》《培育发展龙岩市机械制造产业研究》《培育发展龙岩市文化旅游产业研究》《培育发展龙岩市新兴潜力产业研究》《做大做强中心城市，增强龙岩城市综合竞争力研究》等5个市政府委托课题和《武平县产业发展动能转换研究课题》《武平县城市建设研究课题》等2个武平县发改局委托课题。

打造学术平台。《闽西社科》出版6期，刊发100余篇高质量的文章。《客家纵横》杂志做好客家文化的发掘整理和宣传工作，全年发行4期，刊登各类学术论文32篇。

【社科普及宣传周】 11月4日，龙岩市和省里同步启动以“学习宣传贯彻中国十九大精神，加快构建中国特色哲学社会科学”为主题的社科普及宣传周，内容包括“社会科学在你身边”普及咨询、百场社科报告会、社科讲坛讲座以及社科知识有奖竞答、社科进校园等。市级启动仪式在龙岩美食城圆楼广场举行，30多个学会150余人参与，市汉服学会和市旗袍学会各举行30分钟节目演出、钱币学会现场介绍反洗钱相关法律知识和专业知识、金融学会开展个人征信事宜咨询、林业经济协会开展《中华人民共和国野生动物保护法》普及、卫生经济学会开展日常健康卫生常识咨询等等。启动仪式上，表彰了市第二批社会科学普及基地名单、市十佳社科普及名家和十佳社科普及作品等。各

11月4日，2017年龙岩市社会科学普及宣传周主会场启动仪式在市博物馆前举行

县社科普及宣传周活动共推出40多项精品活动，近80家学会300多人参与其中，活动宣传辐射近5000名群众。

【评选龙岩市十佳社科普及名家、十佳社科普及作品】 市社科联与市委宣传部联合开展评选龙岩市十佳社科普及名家、十佳社科普及作品活动，并在社会科学普及宣传周启动仪式上举行公布仪式。来永宝、苏俊才、廖志添、林清书、江宇贤、陈春连、吴美熙、李凤英、赖建、陈天忠为龙岩市十佳社科普及名家；《龙岩史话》《闽西中央苏区图志》《歌唱：生命的律动》《金辉才溪》红色调研视频、《龙岩方言词典》《永定客家土楼文化丛书》《上杭客家传统礼俗》《大美连城诀》《百岁老红军谢毕真》《秋白苍苍》为龙岩市十佳社科普及作品。

【第二批社科普及基地评选活动】 市社科联与市委宣传部联合开展评选龙岩市第二批社会科学普及基地活动，在社会科学普及宣传周启动仪式上举行公布仪式，公布8个市级社科普及基地，分别为闽西红色山庄纪念馆、福建土楼博物馆、上杭县图书馆、中山镇百家姓文化园、新泉整训革命旧址群、福建省长汀县博物馆、红军首次入闽纪念馆、象湖红色革命旧址群教育基地。

【社科学会管理】 新成立市旗袍文化协会，指导市工商等社团依照相关规定和程序进行换届，依法注销农业经济研究会、林业经济研究会、龙岩市区域经济发展研究会等3家研究会，依法脱钩了价格学会等2家学会。

（王晶　撰稿）

市归国华侨联合会

【侨联建设】 制定《政协提案办理工作制度（试行）》，推进政协提案办理工作的制度化、规范化和程序化。参加省级“侨胞之家”评比，全市有6家侨联入选。新成立武平城厢、万安，漳平菁城，连城莒溪，长汀汀州5个乡（镇、街道）侨联，东肖镇溪连村侨联小组升格为村级侨联会。23名侨界代表出席省第十次归侨侨眷代表大会，其中1人当选常务委员、6人当选委员。做好市第六次归侨侨眷代表大会的筹备工作，完成代表、委员候选人、海外顾问、委员的推选工作。

【侨联社团建设】 龙岩2名学者被省侨联“闽侨智库”聘为首批会员；推荐7名代表出席省第七次华侨历史学会会员代表大会，5人当选理事，其中2名分别当选副会长和常务理事。支持市侨商会和市华侨大学校友会开展工作，指导市侨商会召开一届三次会员会议，组

团赴山西、贵州考察；组织召开龙岩市侨联侨史学会二届二次会员会议暨“泰缅侨情”学术讲座；协助《龙岩华侨史》课题组做好资料搜集和调研工作。

【承办“亲情中华”主题活动】 2月，由中国侨联、福建省侨联、龙岩市人民政府主办的“亲情中华”走基层进侨乡，在新罗区和武平县分别举行“亲情中华·欢聚龙岩”和“亲情中华·欢聚武平”两场慰问演出，中国侨联领导、福建省侨联领导，福建省海外杰出人才会长、新加坡三达集团董事长蓝伟光、哥伦比亚福建同乡会会长林向凌等海外嘉宾，归侨侨眷，留学生代表以及2100多名观众观看演出。

【境外联谊】 全市侨联系统接待来自马来西亚、新加坡、英国、美国、澳大利亚、新西兰、巴西、印尼、巴拉圭、奥地利等地的海外乡亲50多批800多人次，包括澳大利亚福建总商会执行会长饶国辉、澳大利亚澳洲龙岩同乡会会长陈琦、美籍华人伍林宪、新西兰闽西同乡会会长李始明、新加坡永定会馆会长曾宪民、马来西亚龙岩会馆联合会荣誉会长林忠强、槟城龙岩会馆会长林南瑞、亚庇龙岩会馆会长苏绍强、霹雳永定同乡会会长罗良斌、马六甲丁氏宗亲会一行、加拿大中国（友好）和平统一促进会会长王典奇等重点团组和人士。省侨联领导赴加拿大访问时，专程走访温哥华的龙岩乡亲，参观龙岩乡亲创办的企业。

【侨力资源涵养】 通过微信、网络、寄发乡讯等方式，与海外社团保持密切联系，了解海外侨团动态。向海外社团发出贺函、唁电25封。全市侨联协助参与6批“海外华裔青少年寻根之旅”夏、冬令营，来自新加坡、马来西亚、北美等260多名境外华裔青少年参加。年初，市侨联推荐部分海外侨胞赴福州参加由中国侨联和福建省政府共同主办的主题为“远方的惦念”2017华侨华人春节联欢晚会节目录制，并参加“聚焦一带一路专题论坛”和公益慈善发展研讨会。新罗区侨联在龙岩学院附属小学挂牌设立“侨力资源涵养基地”，发挥侨界学生家庭对外联络优势，涵养侨力资源。

【侨情宣传】 编印《闽西乡讯》12期，寄送海外32个国家和地区。向上级侨联报送侨情专报7篇，被采用5篇，其中中国侨联1篇，专报件被中央统战部和致公党中央采用。《关于把新罗区华侨历史博物馆升格为龙岩市华侨历史博物馆的建议》，由市政协以社情专报印发。2月，旅美华侨“亲亲我家”创始人蓝珍意外去世后，省侨联领导带着《八闽侨声》记者前往上杭县官庄调研蓝珍情系家乡脱贫的事迹；市侨联组织撰写《旅美侨胞蓝珍的家国情怀》《报国心·爱乡情·扶贫志》等文章，宣传蓝珍爱国奉献精神。胡文虎纪念馆被中国侨联列为第二批“中国华侨国际文化交流基地”。组织专家学者参加在福州举行的“华侨与新四军”研讨会和在漳州举行的“比较视野下的中国侨乡研究”学术研讨会。

【建言献策】 在年初召开的市政协五届一次会议上，7名侨界人士当选市政协侨联界委员，其中海外侨界代表4人。市侨联向大会提交2篇提案，其中《大力营造“婚嫁从简　喜事新办”新观念》，引起有关部门重视；认真办理政协提案《关于实施人才强市战略，加强海外高层次人才引进工作的建议》。调研侨联参与社会管理综合治理工作，撰写《市侨联参与社会管理综合治理的实践与探索》。市侨联领导走访西安建筑工程有限公司等10家侨资企业，了解生产经营存在的困难和问题。11月30日，召集市侨商会30家企业代表围绕“营造龙岩市中小企业良好的发展环境”主题进行座谈，就改善龙岩市中小企业健康发展的良好环境建言献策。

【招商引资】 主动联络市外客商到龙岩进行投资考察。经省侨联牵线，由中国冶金科工集团、北京首创集团、平安信托等数家央企、国企组成的项目考察团一行24人于3月到龙岩考察“九龙江源慢生活圈暨中心城市三年行动计划投资建设项目”，实地考察新罗区苏坂乡高速路口茗联生物企业、白沙捷步片区古建筑，并举行座谈会，促成项目落地；6月14日在福州举办的“创业中华——新侨创新创业对接交流会”上，新罗区政府与中国水利水电第十三工程局有限公司就“九龙江·慢生活圈投资建设与运营”合作项目进行签约。主动联络英国闽东华侨华人文化商贸创新会战略合作伙伴——广西桂川建设集团有限公司项目经理陈宏杉一行3人到龙岩考察龙岩PPP项目、市植物园项目、上杭深陂西湖综合旅游项目、武平中山河湿地公园生态休闲旅游项目。参与接待新西兰龙岩商会在经开区和武平县的考察活动。协助做好由加拿大中国（友好）和平统一促进会会长王典奇带领的加拿大华人企业家一行的生态旅游项目考察活动。协助做好沈钊昌艺术中心揭牌仪式，福建省、河南省侨联领导、市委领导出席仪式，境内外20多名艺术家参加，其中，来自马来西亚、新加坡、澳大利亚、印尼、日本的境外艺术家13名；活动期间还举行“投资龙岩·永定项目推介会”，邀请相关部门作项目推介。

【扶贫助学】 经市侨联牵线搭桥，由福建省侨联、省东南科技产业开发研究院联合组织的“百侨百企科教扶贫助学”分别在龙岩学院附属小学、永定区高头乡高东小学、连城县姑田镇中心小学举行助学捐赠仪式，向249名小学生发放科教文体包，每个文体包内装有文具、图书、运动器材等10余件物品，价值约500元，总价值约12万余元。协助做好沈钊昌慈善教育基金在永定湖雷中学、三堡中学捐赠10万元的发放工作。

（李贵海　撰稿）

市红十字会

【基层组织队伍】 全市有基层红十字会组织430个，红十字救护站19个，博爱卫生院11个；红十字体验式生命教育示范校17所，红十字青少年教育实践基地7个；红十字志愿服务队58支。推进红十字博爱家园创建，通过永兴社区、松涛社区、上杭院田村、龙岩牡丹妇产医院等创建试点，开展红十字基层组织"五个一"规范化、标准化建设。

【应急救援体系】 制定完善各类救援预案，加强应急救援队伍建设，全市成立红十字应急救援队10支，组织业务培训2期，提高救援队伍实战技能。加强备灾救灾物资仓库建设，市红十字会备灾救灾中心大楼于9月正式投入使用。加强备灾救灾物资储备及管理，及时完成财政资金支持的备灾救灾物资采购项目，完善帐篷、发电机、冲锋舟、应急救援包、棉被、毛毯、棉衣、应急家庭箱件等救灾物资储备，积极开展灾害人道救助工作。

【应急救护工作】 加强应急救护培训基地建设，完成中国红十字会总会"十三五"公益金2017年度生命健康安全教育项目暨应急救护培训基地建设项目，开展救护员培训37期1803人、主题宣传活动5场2120人、学校安全教育与体验活动6次13200人、亲子讲座6场3000人、应急演练活动3场4200人、公益讲座4场830人、学校健康安全辅导员培训班1期47人。推进应急救护培训"六进"工作，全市举办学校健康安全辅导员培训班1期、培训师资47人，救护员培训88期、培训救护员4181人，普及培训574场、培训8.5万多人。创新急救普及宣传模式，运用微信、党员远程教育网络等新媒体开展网络培训，推广红十字急救掌上学堂；结合在职党员进社区工作，开展在职党员和社区志愿者急救员培训；以"急救快闪"方式开展"世界急救日"主题宣传活动，促进急救知识与技能普及推广。

8月6日，龙岩市应急救护知识六进活动启动仪式

【人道救助工作】 受理中国红十字基金会"天使阳光基金"和"小天使基金"申请27份。持续开展"红十字博爱送万家"活动，慰问特困家庭150户，发放博爱物资箱150份、棉被233床、食用油108桶，大米108袋。慰问武平"麻风村"人员23人，发放款物价值1万元。推广"1069999359"手机短信捐赠，组织开展母亲健康"1+1"募捐活动、救助贫困多胞胎家庭康乃馨义卖行动等人道救助活动。推进精准扶贫，开展博爱慰问、健康体检、义诊咨询、博爱助学、生计发展等扶贫行动。积极搭建救助平台，落实社会捐助到户，对接厦门旺圣进出口贸易有限公司助学4人共计3万元。

【"三献"宣传工作】 做好无偿献血宣传和造血干细胞捐献宣传动员、采集捐献服务工作。全年募集造血干细胞血样入库472份，再动员27人，高分辨采样

9月22日，生命安全项目水安全亲子讲座

8人，实现2例造血干细胞捐献。开展遗体和器官捐献宣传动员、报名登记、捐献服务等工作，全市报名登记32人，遗体捐献3人，眼角膜捐献2人，器官捐献2例，实现人体器官捐献零的突破。开展人体器官捐献、遗体捐献、眼角膜捐献者困难家庭人道救助工作，《龙岩市博爱永生基金》给予人道救助7人共3万元。推进人体器官和遗体捐献者纪念园建设，市政府、区政府同意将新罗区殡仪馆孔壁葬墙用于建设纪念园。

【生命教育活动】 开展“学校+社区”红十字生命健康安全教育项目，在新罗区、长汀县、武平县各类学校中开展“小手拉大手、安全一起走”主题活动。举办学校健康安全辅导员培训班，培训救护培训师资47名。加强示范校(基地)建设，通过设置急救培训、逃生演练、心理排查、拓展活动、感恩活动、观看生命安全专题片等课程深化红十字体验式生命教育，探索出独具特色的“龙岩模式”。5年来全市累计普及急救知识和红十字知识33万人次，开展应急逃生演练活动700多场。

【志愿服务体系】 完善志愿服务管理机制，持续开展星级志愿者认定表彰工作，评选年度优秀志愿者22人，优秀志愿服务组织10支，并在理事会上进行表彰。加强志愿者培训，举办红十字志愿者应急救护培训班6期、龙岩学院红十字志愿者应急救护知识普及5场。成立志愿者救助专项基金，救助因大病造成生活困难或是在开展志愿服务活动过程中突发意外伤害的志愿者。培育志愿服务品牌项目，加大重点扶持力度，培育出以“关爱残疾人”“关爱留守儿童”“心理健康咨询”“应急救护宣传普及”“生命教育进校园”“旧衣物回收”为主题的六大志愿服务队和志愿服务品牌。全年全市组织志愿服务活动200多场，参与志愿者2000余人次，涉及服务对象3000多人。

【完善宣传传播机制】 结合爱心公益日、世界红十字日、国家防灾减灾日等主题开展形式多样的宣传活动。策划5·8博爱周系列活动，组织开展街心广场大型义诊、义卖、急救演示、三献宣传等活动；开展生命健康普及宣传、红十字精神主题宣传、人道救助便民服务等活动。深化自媒体宣传，完善网站、微信、简报，加大《益起来》栏目宣传推广工作；强化媒体合作，提升宣传质量，联合龙岩人民广播电台开辟公益访谈节目，向市民普及防灾避险及急救技能和新修订的《红十字会法》。全年市级红十字会共在各级电视、报刊、网络媒体刊播新闻信息80余篇(条)。

1月16日，举行西门子为闽西老区医疗事业发展捐赠仪式

【筹资管理工作】 全年接收捐款201179.59元，用于红十字事业发展、助学、助残、救助贫困多胞胎家庭等。接收西门子医学诊断产品(上海)有限公司定向捐赠价值592万元的医疗设备，给市中医院、人民医院以及4所县级医院。成立龙岩市红十字会博爱基金志愿者救助专项基金，通过成功筹网络平台发起为志愿者救助基金众筹活动，筹集善款5983.61元。

（龙岩市红十字会　供稿）

市台湾同胞联谊会

【参政议政】 市台联推荐选派市台联兼职副会长、常务理事台籍同胞李永生，市台联常务理事、台籍同胞许龙当选中共福建省台籍党员代表大会代表，并出席中共福建省台籍党员代表大会；许龙当选为中共全国台籍党员代表大会代表。市台联推荐选派台籍同胞李永生、黄林、许龙、姜继红、余胜鸿、陈晗、林珊珊、李招娣代表龙岩市732名台胞参加福建省台联第八次代表大会，其中，李永生当选为省台联第八届常务理事，黄林当选为省台联第八届理事。推荐选派李永生、黄林参加第十次全国台湾同胞代表会议。

【联谊交流】 邀请台湾桃园市客庄聚落探研学会“福建省客家聚落文化参访团”，就客家文化传承在促进两岸和平发展中的作用等方面与龙岩市客家研究专家进行交流研讨。依托台胞抗日义勇队旧址及丰富的红色资源，承办“2017年福建省中小学生定居台胞抗日义勇队体验营活动。协办以“两岸同根·闽台一家”为主题的第九届海峡论坛·海峡百姓论坛,海峡两岸60多个姓氏的宗亲代表1100多人到龙岩参加论坛。选派3名台胞青年参加2017年海峡西岸台胞青年夏令营";选派3名台胞青年参加"2017海峡西岸台胞青年电子商务培训班"。加强闽渝交流合作,接待重庆市台联"海峡两岸体育交流基地"考察团,考察团参观龙岩市海峡两岸体育交流基地,在市体育局召开海峡两岸体育基地建设经验交流会,双方就体育基地建设及闽渝对台交流合作达成共识。接待黑龙江牡丹江市台联台商企业考察团,考察团到上杭、长汀、连城就产业资源进行实地考察。首次对龙岩市涉台宗亲会调查、摸底,先后对吴姓、何姓、丘姓等涉台宗亲会进行调研座谈,撰写《关于打好客家品牌,加强两岸宗亲深度交流的建议》作为市政协提案。

【服务定居台胞】 做好定居台胞扶贫济困专项资金的摸底及发放工作,市台联全年争取省级财政老龄和困难补助资金54.12万元,惠及102位困难台胞及91位老年台胞。争取0.5万元助学金,受惠学生3人,其中2017年刚考上大学的台籍考生1人,资助3000元,其余台籍考生每人资助1000元。2017年开始,按省财政定居台胞扶贫济困专项资金,龙岩市财政在全省率先进行1:1配套补助。当年市财政拨付配套资金54.12万元。

创业就业政策扶持。根据部分定居台胞反映创业就业应给予一定扶持的要求,市台联界别政协委员与市政协港澳侨台委、市台办等相关部门沟通协调,在8月龙岩市人民政府印发的《龙岩市支持台湾青年创业就业办法实施细则(试行)的通知》中,明确将龙岩市定居台籍青年创业就业纳入扶助范围,享受与台湾青年到龙岩创业就业同等政策扶助。"定居台籍青年"纳入"台湾青年创业就业鼓励支持实施办法"中,在全国范围内属首例。至年底,市台联上报定居台籍青年创办企业(含个体工商户)10家,给相关部门进行审定并进行相应的扶助。

【2017年中小学生定居台胞抗日义勇队体验营活动】 8月16—20日,福建省台联组织全省各地市台籍中小学生一行40人,在龙岩开展2017年中小学生定居台胞抗日义勇队体验营活动。体验营学员在龙岩市东城街道连氏宗祠——连厝(台胞抗日义勇军队部旧址)、闽西革命烈士纪念碑、中央苏区(闽西)历史博物馆、古田会议旧址、才溪乡调查纪念馆、福建省苏维埃政府旧址等地开展学习体验,回忆历史,追思先辈,感受先辈们为了革命事业前赴后继,不怕牺牲、永不言弃的团队精神和革命情怀。

(市台湾同胞联谊会　供稿)

中国国际贸促进会龙岩市支会

【项目推介和对接活动】 3月底,市贸促会在上杭县官庄乡主办龙岩首届"互联网+油茶产业"博览会。博览会邀请厦门贸促会和厦门、龙岩电商企业到上杭官庄乡,与油茶生产企业进行电商平台对接和贸易对接。博览会有参展企业34家,展出油茶系列产品及各种农副产品。部分电商企业与油茶生产企业成功对接,达成合作。5月,邀请西澳大利亚DOWN TO EARTH农业管理机构一行9人到龙岩考察,考察团提出在龙岩陆地港设立以红酒为主打的西澳农产品集散中心的初步合作意向。11月,邀请菲律宾驻厦总领事馆总领事付昕伟、泰国驻厦商务领事馆商务领事维达及其他海外嘉宾共30余人,参加第八届海峡两岸机械产业博览会,扩大龙岩市企业与国际交流、产业合作的空间。

【境外互联沟通工作】 加大与境外驻华机构或商协会组织的互联沟通工作,主要拜访泰国驻厦门总领馆商务处、新加坡驻厦门总领事馆等机构。市贸促会领导陪同市领导赴美国、加拿大开展经贸活动,与中国旅美经贸总商会签订合作协议,加强两会的友好合作。

【开展投资贸易促进活动】 利用共享平台积极开展投资贸易促进活动,通过省贸促会投资促进活动平台和闽西南贸促机构联席会议机制,组织有关会员企业参加第十九届海峡两岸经贸交易会、第一百二十一届广交会、第五届"走进非洲"圆桌会议、"第十六届世界商业领袖圆桌会议"、金砖会晤工商论坛、"福建——海丝国家经贸对接会"等重要投资贸易促进活动6场次,累计参会企业150余家次。

【发布商事信息】 根据龙岩产业特点和行业类型,于年初制订发布2017年度国(境)外重点展会参展计划,并不定期发布各类参展和参加商务考察信息,向企业宣传省市会展扶持政策,指导和组织企业参加国(境)外有关商品展会,推动企业开阔国际视野,引导企业开拓国际市场。全年推动、组织100余家次企业参加各类综合类或专业类展会。

【2017年金砖会晤期间协调服务工作】

落实《龙岩市2017年金砖会晤安保维稳工作方案》,按照《金砖会晤安保维稳风险隐患排查任务分解责任清单》,及时发布涉外经贸预警信息,深入会员企业排查化解矛盾纠纷。按要求向省贸促会推荐中国龙工控股有限公司、福建龙净环保股份有限公司、紫金矿业集团有限公司等3家重点企业作为金砖会晤工商论坛参会企业,3家企业均通过审核取得参会资格。福建龙净环保股份有限公司和紫金矿业集团有限公司董事长在参会期间接受中央电视台的专访。

(中国国际贸促进会
龙岩市支会　供稿)

市关心下一代工作委员会

【概况】 2017年，全市乡(镇、街道)、行政村(社区)、学校关工委组织的覆盖率分别为100%、100%、81%，基本形成“纵向到底，横向到边”的关工委组织网络。全市参加关心下一代工作的“五老”人员总数31725人，比上年增加733人。8月，市关工委被中国关工委、司法部和中央综治办授予“全国青少年普法教育活动先进单位”，市关工委主任黎梓元、常务副主任郭金兰等8人被评为教育活动先进个人、15人被评为优秀辅导员、28位学生被评为优秀学生。龙岩市教育系统关工委和上杭县教育系统关工委被国家教育部关工委授予“第二十届全国青少年‘五好小公民’主题教育读书活动优秀组织奖”。

【宣传贯彻中共十九大精神】 市关工委先后发出《关于举办“畅谈十八大、喜迎十九大”学习培训班的通知》和《关于认真学习宣传贯彻习近平总书记“7·26”重要讲话精神的通知》，要求全市各级关工委组织要联系工作实际，针对广大青少年的特点，大力宣传中共十八届六中全会和中共十九大精神以及习近平总书记系列重要讲话和重要指示精神。市关工委先后举办“畅谈十八大·喜迎十九大”和学习宣传贯彻中共十九大精神培训班。联合团市委等单位举办“喜庆十九大，我当小红军”征文比赛活动。组织撰写学习习近平新时代中国特色社会主义思想的认识体会报告，组织“五老”人员深入机关、学校、社区开展宣讲活动。新罗区关工委开展“畅谈十八大·展望十九大”电视系列访谈活动。龙岩市直机关关工委举行“喜迎十九大·不忘初心跟党走”演讲比赛。上杭、长汀、武平等县(区)通过组织报告团、文艺队深入村(居)、社区、学校、企事业单位宣讲、宣传，把中共十九大精神以及习近平新时代中国特色社会主义思想传播到广大青少年中。

【党史国史教育】 市关工委下发《关于认真学习贯彻党的十八届六中全会精神在青少年中进一步深入开展“两史”“三爱”教育活动的通知》、印发《缅怀先烈遗志传承红色基因深化“两史”“三爱”主题教育暨2017年清明祭扫活动方案》，对全市关工委开展“两史”(党史国史)“三爱”(爱学习、爱劳动、爱祖国)主题教育活动作出部署，提出明确要求。全市各级关工委在开展党史国史教育主题教育活动中，普遍采用阅读、征文、演讲、座谈以及报告会、知识竞赛、文艺表演、微信、网络沟通等形式，把开展党史国史教育与深入贯彻落实党的十八届六中全会以及中共十九大精神、培育和践行社会主义核心价值教育活动融为一体。5月19日，市关工委和共青团龙岩市委在龙岩市松涛小学联合开展“五老牵手红领巾”主题队日活动，教育引导青少年传承闽西乡土文化，不忘初心跟党走。上杭县关工委把党史国史教育与争当“著名苏区好学生”活动、“四个共建”文明学校活动相结合，把培育和践行社会主义核心价值观融入已有的教育品牌中。连城县关工委以纪念“八一”南昌起义90周年、“七七”卢沟桥事变80周年和庆祝香港回归20周年为契机，在全县一些基层学校举办党史国史教育报告月活动。永定区关工委开展革命传统教育、“我心中的榜样”、弘扬客家文化等八项主题活动，使广大青少年在活动中受到教育。市教育系统关工委把党史国史教育与家庭教育、心理健康教育相结合，重视发挥网络教育平台作用，组织“两史”教育展板到市直学校巡展。全市各级关工委开展党史国史教育活动596场次，受教育人数21万多人次。

【法治宣传教育】 市、县(市、区)关工委发挥报告团、关爱工作团的作用，把普法宣传送进校园、送进基地、送进社区。通过发放资料、集中宣讲、分批培训、知识竞赛、案例图片展示等多种途径，让广大青少年学法、知法、提高遵纪守法的自觉性。1月，市关工委和市直政法关工委的老同志深入闽西监狱、龙岩监狱等地开展法制宣传和帮教活动。3月和6月，市和市直政法关工委分别组织26位和31位志愿者在龙岩市区街心广场摆放禁毒、治安、交通、预防诈骗等宣传展板和各类毒品样品及各种宣传画册、宣传资料，向广大市民进行禁毒宣传、预防诈骗教育、道路交通安全教育。全年全市开展普法宣传教育625场次，受教育人数38.7万多人次。推进青少年普法教育先进单位创建活动，继续保持全市在校未成年人零犯罪的好成绩。

网吧监督。市和各县(市、区)关工委均建立“五老”网吧义务监督队伍，全市有网吧监督小组70多个，义务监督员733人。全年全市“五老”网吧监督员配合有关部门检查网吧239户，发现并协助查处黑网吧29户，劝阻未成年人1185人进入网吧。

【“种子工程”升级版活动】 市关工委下发《关于打造“种子工程”升级版服务青年农民“双创”活动的意见》，协调配合农业、科技、共青团、妇联等部门帮助农村青年和大中专毕业生学习和掌握种植、养殖、电子商务等技术技能，实现脱贫致富、就业创业。9月中旬，市关工委联合市海峡两岸茶业交流协会、市老区建设促进会在安溪县举办“种子工程”第四期茶业新型职业农民研修班，7县(市、区)和永福台湾农民创业园茶叶种植面积在50亩以上的茶农80余人参加研修。6月23日，武平县关工委以县委县政府名义召开青年创业与“种子工程”工作推进会，授予22名青年农民创新创业优秀青年称号，并发给每人项目开发(或产业建设)扶助金5000元。上杭县关工委与农业局、商务局等部门联合举办“农村青年致富种子工程”经验交流会和百香果栽培培训班。全年全市各级关工委共举办各种科技培训班457期,培训3.7万多人(次)。

【关爱弱势群体】 全市各级关工委配合民政、教育、卫计委等部门开展助学、助残、助医、助孤、助业等活动。市关工委联合市慈善总会开展扶贫助学,安排金额52万元,资助贫困学生795人。市关工委帮助扶贫挂钩的连城县莒溪镇池家山村的贫困户解决住房困难并为他们的孩子申请助学金。全市全年筹措扶贫助学资金722万元,资助6664名贫困学生。

【“五失”群体帮扶帮教】 各级关工委主动配合当地民政、共青团、妇联等部门,开展“爱心妈妈”“代理家长”“外来务工子女节日慰问”等活动,协助学校、家庭解决留守儿童、“外来务工子女”、失亲青少年亲情缺慰、生活缺助、心理缺疏、学习缺导、安全缺护等问题。市教育系统关工委召开部分中小学(中职学校)心理教师健康教育座谈会,针对“五失”(失学、失业、失亲、失足、失能)重点群体青少年的心理辅导问题进行交流。

【宣传工作】 市关工委发出《关于加强我市关心下一代宣传信息工作的通知》,对加强宣传信息工作提出要求。继续坚持办好内刊《关爱之声》和《工作简报》。全市2017年反映关心下一代工作的文稿在中国关工委主办的《中国火炬》杂志上稿7篇(条),在3种国家级关工网站上稿140篇(条),在《福建省关心下一代工作简报》上稿116篇(条),在《福建省关工委网站》上稿297篇,在《福建老年报关工专刊》上稿15篇(条),在《闽西日报》上稿12篇(条),共上稿587篇(条)。

【创品牌、树典型工作】 市关工委发出《关于加强市和各县(市、区)关工委示范点和培育打造工作品牌、青年创新创业(种子工程)先进典型及各种基地建设工作的通知》和《关于打造和提升工作品牌的意见》,对进一步推进精心打造“三项工作”品牌,全力实施“五大工程”活动作出部署。8月中旬,在武平县召开“创品牌、树典型”工作经验交流会,专题研究进一步深化抓典型、创品牌工作。市关工委专门成立“设、抓、创、建”工作领导小组,确立28个乡(镇、街道)和机关为典型示范单位,建立领导挂钩联系等工作制度。编纂出版“三项工作”系列丛书之三《两岸交流》,为青少年教育活动提供教材。全年全市关工委系统共培育打造各类品牌31个,各种基地45个。

(市关心下一代工作委员会　供稿)

闽西客家联谊会

【客属联谊交流】 1月5—6日,派员出席在深圳龙岗区举办的“客家盛典·首届全球客家团拜暨春节文艺晚会”。10月11日,派员在深圳罗湖区出席(香港)“全球客家·崇正会联合总会四届四次年会”“精神领袖黄石华博士客家情怀论坛”,拜会全球客家·崇正会联合总会代执行长曾观涛、马来西亚丹斯里拿督吴德芳、世界客属总会美东分会会长苏焕光、(台湾)世界客属总会香港分会会长黎国威、河南省客联会会长赖谦进等客家乡贤。10月12–15日,派员赴香港参加“世界客属第二十九届恳亲大会”。10月15—18日,派员赴宁化和长汀参加第二十三届石壁祭祖大典及第二十三次公祭客家母亲河大典。发函祝贺(台湾)世界客属总会香港分会第十二届董理监事就职典礼大会、新加坡第三届世界永定同乡恳亲大会暨新加坡永定会馆99周年会庆等。先后接待回龙岩的旅美乡贤谢少峰,新西兰闽西同乡会创会会长、乡贤卢绍基等。

与到龙岩考察的漳州市客联会同仁进行交流;应邀赴广东河源市客联会联谊交流;拜会河源市政协主席张丽萍、河源市客联会会长刘学良;会见回家乡龙岩的河南省客家联合会副会长、河南省侨联副主席、乡贤沈钊昌。先后发函祝贺福建省客联会召开第五次代表大会、四川客家海外联谊会成立20周年、赣南客家山歌传承发展研究会成立、顺昌县闽北客家联谊会召开第五次会员代表大会、连城县客家研究联谊会召开第五次会员大会。

【龙台交流】 会长林仁芳,市政协副主席、闽西客联会换届筹备小组组长刘友洪等,受邀出席武平“海峡两岸交流基地授牌仪式暨第六届海峡两岸定光佛文化旅游节”等活动,并分别于6月18—21日、12月2—4日,在龙岩、武平等地多次会见(台湾)中华海峡两岸客家文经交流协会原理事长饶颖奇,就深化两岸交流事宜协商座谈。此外,先后会见饶颖奇夫人饶高淑端,中原崇正会理事长、中国国民党客家事务委员会副主任委员谢丰旭,中华海峡两岸客家文经交流协会副理事长邱英政、饶锦奇、罗吉鸿,财团法人海峡两岸民意交流基金会主任李志荣,中华海峡两岸交流协会会长刘宗明等到龙岩的台胞。

【龙港澳联谊】 12月5—8日,会长林仁芳等应邀赴澳门,出席“庆祝澳门特区政府成立十八周年、澳门闽西同乡总会成立十八周年及第七届理监事就职典礼”“澳门闽西商会成立六周年及第三届理监事就职典礼”“澳门闽西青年协会成立大会”等活动。多次与到龙岩的香港中国客家厨师协会会长张建汀等,就在香港配合“第二十九届世客会”举办“中国客家菜饮食学术研讨会暨美味客家名厨18强总决赛”相关事宜座谈,促成龙岩市技师学院组团参赛并获得优异成绩。

【参加第二十九届“世客会”等活动】 10月12—15日，以会长林仁芳为团长、市政协副主席、闽西客联会换届筹备小组组长刘友洪为顾问的闽西客联会代表团，应邀赴香港出席“世界客属第二十九届恳亲大会”，参加大会开幕式、“千帆并举迎世客”多媒体表演、首长会议、客家文化论坛、世界客属青年高峰会等大会安排的全部活动，拜会大会荣誉执行主席余国春、联席主席余鹏春、（台湾）中华海峡两岸客家文经交流协会理事长刘盛良、新西兰闽西同乡会会长李始明等客家社团领袖。在港期间，代表团应邀出席香港闽西联会“庆祝中华人民共和国成立68周年暨中秋联欢会董大会”和“庆祝中华人民共和国成立68周年暨香港永定会馆第十一届理监事就职典礼”，拜会香港闽西联会会长江全孚、香港永定会馆会长苏建丰等客家乡贤。

【引导客家研究】 配合省客联会开展“客家基本知识深入普及年”活动，进一步推动客家研究面向基层、面向群众、面向青少年，办好“客家基本知识宣传栏”。出席省客联会、福建客家研究院举办的《客家通史》编务会议，为该书编纂出版献计献策。引导专业和民间两支客家研究队伍的发展壮大，前往龙岩学院闽台客家研究院调研，就客家文化研究、双方合作等事宜座谈；出席龙岩学院举办的“客家文化生态研讨会”。支持厦门大学国际关系学院客家文化暑期考察队到龙岩开展客家文化调研与学习。11月10日，会长林仁芳任主编的第四届理事会（2012—2017年）理事作品选、三卷本《守望·探索》由中国言实出版社出版，全书150余万字，收录2012—2016年闽西客联会历史的客家学论文、文史作品、文学作品等。12月26—28日，新上任的会长刘友洪率理事前往闽西客家祖地博物馆、长汀、连城等地学习调研客家文化，先后调研长汀县客家博物馆、客家母亲缘广场、汀州客家研究中心，连城博物馆、明清客家牌匾馆等，推动客家研究最新成果“第一时间”进馆进园。

【换届工作】 12月26日，召开闽西客家联谊会第五次会员代表大会。会议审议通过第四届理事会工作报告和《闽西客家联谊会章程》，选举产生第五届理事会，市政协副主席刘友洪当选闽西客联会第五届理事会会长，黄楚光、卢滇、谢小东、陈弦章、钟炳林、许万强、罗树宁等7人当选副会长。会议还通过市台办等21个单位为闽西客联会副会长单位，宣布闽西客联会客家文化研究中心组成人员名单。

（邹文清　撰稿）

市计划生育协会

【组织建设】 全市7个县级计生协会均按“三定”要求配齐县级计生协常务副会长和专职副会长。各县（市、区）全部落实“每个乡镇至少有1名专职计生协干部”要求，乡级在编专（兼）职人员全部到位。从村、组入手开展专项整顿，进一步优化会员结构、强化小组功能、发挥骨干作用。新罗区将城区协会小组长和社区网格管理员合二为一，推行网格管理服务模式；永定区采取公开竞聘方式精简整合优化小组长，提高待遇，明确责任。加强干部培训。编印《计生协会资料选编》下发至各级协会和协会小组。在上杭举办全市县级以上协会干部培训班。做好外出培训选派工作，先后选派5人参加省计生协三级心理咨询师培训，15人到复旦大学参加省协会举办的福建省计生协会系统干部能力提升培训班。各县（市、区）结合实际开展业务培训。

【计生困难家庭帮扶】 幸福工程，确定第三批33个经计生协会帮扶、有一定规模、经济效益较好、带动5户以上计生困难户的“生育关怀示范基地”，评选出脱贫致富、自强自立、勤俭持家、家庭和睦、严格遵守计生政策、起模范带头作用的35位幸福母亲，并为示范基地授牌，给幸福母亲颁发证书。全年投入幸福工程帮扶资金710万元，帮扶321户计生贫困母亲家庭发展生产，至年底，全市幸福工程资金增至1903.07万元，累计投入资金4812.27万元，救助贫困母亲4559人（户），惠及人口1.55万人，受助母亲脱贫率98.3%。计生小额贴息帮扶，年内投入帮扶资金283.58万元，帮扶计生困难家庭1425户。计生家庭意外伤害保险，投入保费443.33万元，为83351户计生家庭投保。安居工程，投入补助资金102万元，帮助17户无房、危房计生困难家庭建新房。编印《情系计生安居　共筑幸福家庭2012—2016》宣传画册，展示5年来安居工程项目推进成果。省计生协在长汀县召开全省“生育关怀—安居工程”项目经验交流现场会。金秋助学，投入23.5万元，资助47名二女户、独女户困难家庭女学生，开展“金秋助学”学生校园随访工作，及时掌握受助生情况。

【关爱流动人口】 加强同卫计部门联动，持续推进计生协组织在流动人口和“两新”组织延伸，完善卫生计生服务网络体系，规范和拓展流动人口服务。联合市卫计委下发《龙岩市流动人口计生协会示范单位评估标准》，确定2017年省、市示范创建点，并对各县（市、区）2016年度流动人口计生协会示范创建点进行考评验收，采取以奖代补的形式对8个验收合格的示范点各补助2万元。全年全市创建省级示范创建点1个、市县级16个。

【儿童早期发展民生服务品牌建设】 5月下旬，在上杭召开“生育关怀—儿童早期发展”项目推进会，省协会相关领导和省儿童早期发展健康专家到会指导。扩大项目试点工作，新建项目试点64个(省级30个、市级27个、县级7个),全市项目试点120个。落实“五抓五有”(五抓:抓协作、抓规范、抓推广、抓安全、抓宣传;五有:村有亲子活动室、父母有育儿书、婴幼儿有益智早教包、家庭有6次免费科学育儿辅导服务、协会有台账),儿童早期发展项目规范有序推进。编印《0-6岁儿童健康管理指导手册》3000册,免费发放示范点的老师和家长。实施2016年度项目试点考核,项目点目标人群组织宣传到位率91%、0-3岁儿童家庭参与活动覆盖面66%、参与家庭满意率90%以上,儿童早期发展试点实现预期目标。协同人社局部门搞好育婴师培训,永定、长汀、漳平举办班8场,512人报名参加育婴师资格考试,398人获得初级证书。

【青春健康教育】 落实《关于开展“生育关怀—青春健康”项目工作的实施意见》,实施青春健康进校园、进社区、进农村三步走,普及青春健康知识,提高青少年性与生殖健康水平。加强青春健康示范基地建设,对青春健康示范点进行考核验收,实行以奖代补。各县(市、区)启动创建中小学生劳动实践基地“青春健康教育馆”,武平县中国计生协会青春健康沟通之道家长培训项目进展顺利。下发《龙岩市青春健康同伴社共建活动方案》,抓好闽西职业技术学院、龙岩学院青春健康同伴社共建项目,推进青春健康进高校。重视师资培训和专家库建设,会同市教育局、卫计委下发《关于推荐龙岩市生育关怀健康服务专家库成员的通知》,聘请91名专家为龙岩市首批生育关怀健康服务专家库成员和计生协会志愿者,为开展生育关怀服务提供专业支持。先后派员参加中国计生协会青春健康项目管理、沟通之道家长培训项目管理师资培训。

【生殖健康和优生优育指导】 开展不孕不育治疗补助,投入6.3万元为21个不孕不育症困难家庭、计生特殊家庭再生育夫妻提供治疗补助。继续实施生殖健康援助行动“蓝氧”项目,2017年,新增新罗区试点,全市“蓝氧”项目点3个。

【权益维护】 群众自治。会同市卫计委下发《关于进一步规范计划生育基层群众自治村规民约和相关章程的通知》,要求全市各村(居)根据新修订的省条例和当地实际,按照“事前参与、事中监督、事后评议”的原则,依法修订村规民约与相关章程。完善“六好”示范村(居)和“五好”协会小组评估细则,突出计生贫困家庭的建档立卡、突出生育关怀服务的精准实施、突出群众自治,强化操作性。上杭县、长汀县创国家级、省级计生基层群众自治县工作稳步推进,全市“六好”示范村居达标率46.81%。

法律援助。抓好各县(市、区)法律援助站和网络建设完善,做好新罗区创建省级法律援助示范点、永定区2018年省级示范点申报以及市级示范点建设等工作。新罗区举办工作推进会和业务培训,建立4个法律援助示范镇(街道)和2个示范村(居),开展法律知识及业务知识巡回讲座,培训人员近2千人,开展宣传服务活动68场。组织全市协会常务专职副会长到三明学习法律援助工作经验,提高各县市区开展法律援助工作水平。全年全市受理维权案件35件,挽回经济损失87万元。

【宣传引导】 利用春节、母亲节、“5.29”会员活动日等节庆日组织活动,宣传计划生育方针政策、法律法规、健康科学知识、家庭致富信息等,全年全市各级协会开展宣传活动931场次,参加人数75426人,发放宣传资料91025份。做好主流媒体上稿工作,全市计生协会在《中国人口报》上稿22篇、《人口之声》16篇、《福建卫生报》25篇、《计生协会小组》49篇、《协会信息》24篇、《幸福工程工作简讯》13篇、省计生协网站36篇、《闽西日报》71篇,《福建卫生报》生育关怀专版两次整版典型报道龙岩市协会工作。各县(市、区)在持续完善人口文化长廊、会员之家的同时,把青春健康俱乐部和青春健康教育馆作为协会宣传倡导的新阵地;新罗区在龙门镇、永兴社区、培斜村打造人口健康教育宣传栈道。持续开展争当“学刊用刊标兵”活动,在全市计生协会系统评选出10位上年度“学刊用刊”标兵。加强通讯员队伍建设,在培训课程中增设健康科普信息的生成与传播、新闻写作和摄影技巧等知识;组织9名通讯员参加全省《计生协会小组》特约记者骨干培训班。创新宣传方式。市协会开通“闽西生育关怀”微信公众号,新罗、上杭等县(市、区)建立会员互动群和项目讨论群。全市关注“八闽生育关怀”微信公众号11083人,全省排名第四,上稿57条;关注“小组学苑”微信公众号4034余人,全省排名第一,上稿89条。组织各县(市、区)选送24幅作品参加省计生协会“喜迎十九大·生育关怀行动”计生书画摄影展活动,14幅作品入选。

(葛建华　撰稿)

龙岩市商会大厦

30 商　会

编辑　上官克盈

北京龙岩商会

【概况】　开展丰富多彩的会务活动，搭建广阔沟通交流平台。商会定期举办或组织参加专题培训讲座或论坛、融资座谈会，每季度举行1次常务理事会，每个月召开商务沙龙活动，举办中秋联谊会、项目推介会、讲座论坛等，形成商会重大事务及时审议、会务活动有序推进、互访沟通交流定期进行的有效机制；商会重视整合商会资源，参与主办在京闽籍商会福建产品推介会和闽籍秘书长交流会，2017年7月初，商会组团前往成都，与成都龙岩商会进行交流，强化商会与各商会之间的协作发展，促进会企之间的资源共享。

【商会内部管理】　商会制定《会费缴纳及管理办法》和《资产和财务管理制度》，规定商会资产的收入与支出限制，建立健全商会财会管理制度；制定《秘书处人员工作分工》，规定秘书处各部门各司其职，奖罚分明，激励工作人员的工作积极性。还制定《商会轮值会长制度》，使当值的轮值会长更多参与商会的具体事务及活动等，让企业家感觉到主人翁的参与感。同时，每月安排轮值法律顾问和投融资顾问，使专业顾问更好地发挥作用，为会员企业发展提供更多专业指导和帮助。通过深化商会一系列管理体制和运作机制，使商会走向了规范化、灵活化发展。

【品牌和特色宣传】　2017年，商会在原有商会杂志、网站、北京闽西乡讯、短信四位一体的宣传平台基础上，全面建立商会微信内部微信群、商会微信公众平台，微信及时更新，实时传递各类信息动态，发布各类会务通知、新闻动态、招商项目信息及会员企业动态等；商会参与主办的《北京闽西乡讯》，一直延续至今，每季度出版1次，开辟专门版面，刊登商会活动动态、新闻快讯及企业家风采等；同时，商会根据需求定期改版商会官方网站，整合商会内部资源，宣传商会特色和品牌形象。通过各种宣传，商会为会员企业做大做强提供了针对性、专业化、有效性的服务。

【举办北京龙岩企业商会第四次会员大会】　2月3日，北京龙岩企业商会第四次会员大会在北京JW万豪酒店顺利圆满举行。龙岩市委副书记、新罗区委书记何明华，龙岩市政协副主席、市工商联主席郑玉琳等领导参加会议。大会选举产生商会第四届理监事会成员，中国国际友好联络会理事、北京福建企业总商会常务副会长、北京太极禅院理事长、太极大业文化投资有限公司董事长、北京华贸素拉潘酒店发展有限公司董事长陈彬当选北京龙岩企业商会第四届会长。

（北京龙岩商会　供稿）

厦门市龙岩商会

【概况】　商会坚持正确的会员发展方向，在“自觉自愿、有所选择”的前提下，始终把乡贤中上规模、有影响、经济实力强的企业发展为会员的主要力量。商会凝聚力、影响力不断增强，每个月都有新会员主动加入，商会队伍不断的壮大，2017年新增会员53名，商会总会员600多名。

按照商会工作计划，先后召开形式多样的秘书处例会8次、新春茶话会1次，成立厦门市龙岩商会医卫健康行业分会（中山医院分部）及拟筹建厦门市龙岩商会建材行业分会。商会深入考察走访企业15家，就如何发展商会经济，实现商会和会员企业又好又快发展等话题进行深入探讨；组织会员回龙岩考察交流3次；商会接待来访人数200余人，组织会员参加各类商务洽谈会、招商会、培训会等40余次；组织会员休闲娱乐活动3次；出席异地龙商活动6次、搭建学习平台，举办会员学习千龙大讲坛6次、组织各类筹备交流会5次；与龙岩政府、兄弟商会相互交流座谈会5次、龙岩各县商会会长联席会3次；帮助会员协调处理生产经营及项目对接30余次等。

【扶贫帮困】 商会坚持“发展企业，回馈社会”的宗旨，组织会员和会员企业为公益事业奉爱心，推进会员企业履行社会责任，促进企业经济效益和社会效益的双丰收。在商会平台上发布公益捐款十余次。“4·8”杏林车祸事件，在厦龙岩各商会倡议下，1000多龙岩籍乡贤关注并参与捐款，捐款金额20多万元。5月24日，商会得知会员亲戚的小孩黄锐确诊为急性·B淋巴细胞白血病，第一时间发出倡议书为其筹款10052元。9月1日，商会得知理事钟玉凤的女儿得双耳重度听力障碍，需尽早做人工耳蜗手术，商会并联合厦门市武平商会共同募捐，钟玉凤共收到厦门市龙岩商会、厦门市武平商会、社会爱心人士捐款近6万元。

11月4日，厦门市龙岩商会、厦门市永定商会携手厦门中山医院基金会联合组织中山医院专家为践行党的十九大精神，更好地为革命老区山区人民的健康服务，精心策划和组织“永定老区慈善行，医疗扶贫献爱心”公益义诊活动。中山医院20位专家和工作人员前往永定区。义诊人数500多人次。

（厦门市龙岩商会　供稿）

福州市龙岩商会

【概况】 2017年，商会坚持依法办会，按章办事，不断健全体制机制和加强自身建设。通过推广常态化的QQ群、微信群、微信公众平台、移动短信平台、商会网站，组织召开各类座谈会、交流会，把商会和会员紧密联系在一起，及时了解会员企业的发展近况、成绩和困难、建议和需求，真正服务好会员，更好地发挥出桥梁纽带的作用。至年底，商会拥有会员企业380多家。

【关爱会员】 加强商会和会员之间的沟通交流，组织部分会员代表，前往副会长邓碧元、理事兰强等企业，关心并道贺企业搬迁之喜；关爱会员家属和祖国的花朵，送去爱心温暖；支持并参加会员黄华昌企业新品开幕式——金蝶K/3 WISE 14.3新品体验会；组织走访和关爱雷喜进、卢闽海、滕子明、李健、谢明华、童华东等会员企业，让会员感受温暖。

【夯实换届基础工作】 2017年，商会秘书处抓紧做好换届筹备工作，与龙岩、福州两地工商联、民政局，商会高级顾问沟通交流商会换届选举相关事宜，召开商会换届筹备工作座谈会，征求意见和建议。同时，与兄弟商会就换届工作相关事宜进行交流和探讨，汲取经验做法。

商会就换届筹备工作相关事宜，秘书处先后走访20几家会员企业，就换届相关事宜进行商讨。同时，商会还召开理事会、会长办公扩大会、常务理事会，表决通过李金禄会长作为商会第二届会长候选人，李日强为理事长候选人，龙岩每个县（区）商会秘书长为龙岩商会副秘书长候选人，确定第二届会费标准，成立筹备组。

【对外联系】 商会继续加强内外的沟通和联系，做好与兄弟商会之间的横向联系，汲取他们好的办会经验。商会派代表参加武平福州商会、福州市宁德商会、福州市连城商会、福州市长汀商会、广东省福建龙岩商会等十几家商会的换届或周年庆典活动。进一步加强兄弟商会之间的沟通交流，促进商会之间的合作共赢，营造商会良好的发展环境。

（福州市龙岩商会　供稿）

龙岩市房地产业协会

【房地产市场运行情况分析】 坚持定期对房地产市场运行前情况进行分析，每月1次简要分析，每季1次详细分析。分析的主要内容包括中央和各级政府对房地产的宏观调控政策的解读；全国各地、特别是福建省兄弟市、县房地产运行动态；全市房地产当季（月）运行情况，包括房地产开发投资情况、市场交易情况、房价变动情况（新建商品房和存量房）、市场各类房源的供应情况、库存情况以及龙岩市国土、规划、住建等部门的供地情况、规划审批、开工审批情况等等。为使相关数据准确无误，分析确切、到位，反复与市住建局网络后台及市统计局核对，并深入企业、市场调研，发现全市、特别是中心城市房地产市场运行中出现的问题，并提出解决问题的意见和建议，及对市场发展趋势进行预测，供领导和各类相关人员参考。年末，龙岩楼市升温，房价上涨过快、涨幅过大，但商业、办公用房、酒店等商业地产滞销，协会及时写出“既要去库存、又要控房价”“双轨并行、分类调控”等研讨交流文章，在《闽西日报》、闽西新闻网站、市工商联网站发表。

【为会员企业排忧解难】 经常深入企业调研，倾听企业呼声，并对了解到的问题进行梳理，对行业共性问题，及时写出呈阅件，送给市政府领导和相关部门，请求给予研究解决；对个别企业反映的问题，会同企业一同到相关部门汇报，让政府机关了解情况，酌情解决。全年向市政府及有关部门反映的主要问题有：由于国家强调金融要更好地服务实体经济，同时为防范化解房地产领域的金融风险，房地产企业贷款相对前几年更不容易。龙岩市公积金由于归集和使用矛盾突出，公积金贷款到位更难，企业资金普遍紧张。房地产开发项目审批流程长，增加房地产开发财务成本。龙岩市现行的房地产开发建设项目的审批，从企业通过“招拍挂”竞得土地开始报建，至取得《施工许可证》约需1年左右时间，房地产开发企业意见较大。商业地产土地增值税预征率不合理。对土地增值税的预征率，现执行的是普通住宅2%、非普通住宅3%，非住宅（商业地产）5%。这一规定，在商业地产畅销是符合市场实际情况的，但2015年后，市场发生很大变化，龙岩房市住宅地产热销，供不应求，而商业地产滞销，库存高企，如果对商业地产再实行高预征率，势必雪上加霜，去化更难。

【举办“营改增”专题培训班】 4月21日，举办1期“营改增”专题培训班，来自全市房地产开发企业负责人、财务总监及财务人员近100人参加培训。培训班详细讲解房地产业“营改增”后新增的政策、法规，同时对这些政策的重点、难点进行讲解。实行“营改增”后企业在具体申报、开具发票等容易出错的地方进行重点讲解，帮助企业财务人员解决实际操作中的问题。提升企业管理人员和财务人员对“营改增”知识的了解水平和实际操纵能力。

【组织会员企业参加培训】 全年举办5次，包括提升班组长业务能力、财务人员会计核算能力、新时代企业管理素养和创新思维专家讲座等等。每次培训都请知名专家进行演讲，帮助企业提升管理水平和各类人员的业务水平。

【开展“红土同心”捐资助学】 组织开发企业与市、区教育部门沟通、协商，积极捐资办学。2014至2016年，会员企业向教育部门捐款5000多万元。积极参与“红土同心，助学捐款”活动，全年认捐9名贫困生。

【龙岩楼市运行特点】 2017年，是龙岩楼市发展较快的1年。全年全市销售商品房306.47万平方米，同比增长8.45%，其中商品住房254.17万平方米（23153套），同比增长8.98%；交易二手商品房175.55万平方米，同比增加21.03%，其中二手住房151.94万平方米（14686套），同比增加28.09%。中心城市销售商品房184.71万平方米，同比增长9.04%，其中商品住房152.15万平方米（14092套），同比增长11.85%；交易二手商品房99.32万平方米，增加42.91%，其中二手住房84.58万平方米（9337套），同比增加43.36%。

纵观全年楼市运行情况，可以发现4个特点：住宅市场“火热”，交易旺盛。每当新盘推出，售楼部就像集市一样，人头攒动，争相抢购，还出现过久违的“日光盘”现象；商业地产（包括商业和办公用房）销售不畅，库存量仍然较大，截至2017年12月末，全市仍库存商业用房面积103.06万平方米，办公用房21.64万平方米（2016年12月末统计时，这两个数据分别是115.62和22.62万平方米），按过去3年月均销售面积计算去化周期，商业用房需72.07个月，办公用房需80.15个月；商品住宅价格涨速过快、涨幅偏大。统计显示，2017年，龙岩中心城市新建商品房均价为9304元/平方米，同比2016年均价7100元/平方米上涨31.04%；二手房市场发展逐渐规范，前景看好。2017年，龙岩市成立房地产中介协会，配合政府主管部门认真贯彻中央和各级政府关于整治、规范房地产中介市场的一系列文件精神，大力开展整治虚假宣传、哄抬房价、恶意规避房屋交易税收等非法行为，同时逐步建立健全二手房交易制度，有力促进了二手房市场平稳健康发展，二手房交易量大幅上升，客户投诉率明显下降。

2017年龙岩楼市“量价齐升”的主要原因有：国家和省市政府出台一系列鼓励刚需和自住型的购房优惠政策，如降低首付比例，降低按揭贷款利率、契税减免等，减轻了这部分购房群体的负担，促进购房消费；一线城市和部分二三线热点城市，房价快速上涨，受“买涨不买落”的传统思维影响，催生了部分消费者提前入市；福州、厦门、泉州等热点城市2017年相继出台限购、限售、等调控政策，挤出部分购房户转向龙岩购房，加大龙岩楼市供应压力；四是部分投机、投资客的炒作行为，加剧了市场的紧张气氛，不少购房户盲目跟风，造成供应紧张，价格上涨。

（龙岩市房地产业协会　供稿）

龙岩经开区林立的楼盘

龙岩市混凝土行业商会

【反映企业诉求】 针对龙岩市中心城区混凝土企业产能过剩的问题，商会深入各企业进行调研，特别是针对个别企业拟申请混凝土生产许可资质的情况，在调研的基础上，撰写“关于严控预拌商品混凝土产能的建议”专报件给市政府、市工商联，并抄送给市长、分管副市长及市直相关职能部门，该专报件通过市工商联转报市政协，并以市政协《社情民意》刊物发表，以引起市领导重视和支持。同时，借助“企业日”活动的机会，商会针对行业企业反映的问题，综合汇总6个主要的问题，通过市委常委、永定区委书记王金福带队到商会调研时进行集中反映，并得到市领导重视。

【帮助解决绿色搅拌站建设问题】 根据省住建厅要建设绿色搅拌站的要求，中心城区混凝土企业积极实施改造建设绿色环保搅拌站，遇到城市执法部门不许可的问题。对此，商会及时撰写专题报告，呈送市住建局反映此事，并与市住建局进行协调，有效解决实际问题。

【举办行业企业驾驶员培训班】 配合创建全国文明城市活动，针对企业部分驾驶员交通安全意识淡薄，自我防御能力差，例如闯红灯，不按标示标线行驶、占道等等各类违反交通法的行为的情况，9月15日，商会汇同新罗区交警大队举办中心城区10家混凝土企业驾驶员培训班，近300名驾驶员参训，邀请交警大队3位警官授课，通过培训，强化驾驶员交通安全知识，增强交通安全及环保意识，提高防御性驾驶技能，得到良好的效果。

（龙岩市混凝土行业商会　供稿）

31 法 治

编辑　傅良芹

政法委及综治

【概况】 2017年，全市政法综治工作以中共十九大和厦门会晤安保维稳为主线，全面落实领导责任，全力化解风险隐患，持续深化平安建设，创新社会治理，推动政法综治工作再创新水平。2017年度，省委、省政府对各设区市和平潭综合实验区党政领导综治(平安建设)考评，龙岩市被评定为优秀等次；全省平安建设"三率"测评中，龙岩市综合得分居全省第一；长汀县、连城县实现涉麻制毒问题的国家级降档、摘帽，新罗区实现电信网络诈骗犯罪重点整治地区的国家级摘帽。市综治办被国家人社部、中央综治办评为"2013–2016年度全国社会治安综合治理先进集体"；市委政法委被省委、省政府评为"厦门会晤筹备与服务保障工作先进集体"，市委政法委机关通过"第十三届省级文明单位"创建验收，市综治办被市委、市政府评为"2017年度市直机关绩效管理成绩突出集体"。

【服务大局】 2017年，全市各级政法机关服务经济社会发展大局，展现新作为。人民法院调处涉西气东输、南三龙铁路、厦蓉高速扩容等重点工程案件25件，保障项目按时落地竣工；审理企业破产重整案件25件，盘活企业资产，压减风险隐患。检察机关密切跟进政府投资项目三年滚动计划，开展工程建设领域职务犯罪专项治理；坚持"两个慎重、五不轻易"妥善办理涉企案件，查办侵占扶贫资金、破坏生态环境资源、制售有毒有害食品与假药劣药等犯罪问题，服务保障发展。公安机关开展经济犯罪专项打击，破案数同比上升5.51%，挽回经济损失近8000万元；做好"昆明泛亚""E租宝""京金联""中福大宗""藏宝网2U支付"等涉众型经济案事件的风险处置工作，有效防范由此引发的经济风险。司法、信访等部门加强涉民生民需、涉农领域社会矛盾的排查调解，收到了以民生和谐、农村和睦促进社会稳定的良好效果。

【安保维稳】 全市防范办做好"法轮功"等邪教防范处置工作，连续18年实现"零进京、零聚集、零插播"目标。全市法院受理案件68734件、办结62838件，结案率91.42%，比升6.29%；打赢"两年基本解决执行难"硬仗，执结案件25197件、涉案标的14.45亿元，分别比升7.19%、61.63%。全市检察院批捕各类刑事犯罪嫌疑人1625人、起诉4188人，有罪判决率99.9%；立案侦查职务犯罪71件91人，涉案金额3968多万元，挽回损失846万元。全市公安机关围绕安保维稳开展七大专项行动，其中2项排名全省第一、3项排名全省第三；全年刑事案件立案数比降22.12%、破案率比升7.82%，其中"八类"案件比降18.14%、侵财案件比降26.16%、诈骗案件比降26.99%。全市司法行政机关全年调解各类矛盾纠纷14072件、调处成功率98.69%，社区服刑、刑满释放人员重新犯罪率均低于省控制指标。全市民政系统做好特殊利益诉求群体疏导化解稳控工作，确保重大活动期间"零聚集"。全市国家安全机关加强涉国家政治安全信息分析研判，及时上报涉稳预警信息，有力服务市委的决策部署。全市信访系统推进责任信访、法治信访和阳光信访，全市进京非访人次下降92.5%，降幅全省第一，省交办10件、市交办71件重点信访积案全部化解。

【平安法治】 推进"平安县(市、区)"创建活动，武平县、上杭县分别被中央、省综治委授予全国、全省平安建设先进县，新罗区、永定区被评为全省平安县(市、区)。继续深化"平安县乡村三级联创"活动，发动群众、依靠群众共建共享，评定2016年度市级"平安乡镇(街道)"50个、"平安村居(社区)"628个，并以市委、市政府名义命名表扬。龙岩市"三个10%"的平安共建共享经验在全国社会治安综合治理先进表彰大会上展播。中心城区开展以社区党建“四有三创”带动物业小区平安示范建设，促进全国文明城市创建工作。推动行业、系统平安创建，广泛开展市级“平安单位”创建活动，建立市直单位挂钩大镇大村平安创建机制，5个二类单位主动结对共建提档为一类单位，通过城乡互动、条块结合、系统带动，不断增强平安建设的整体效能。推进依法治市，实施“七五”普法规划，全面推行“一村一法律顾问”，开展“法律六进”与法治创建活动，涉麻制毒、电信诈骗、涉爆涉矿等重点领域的普法宣传遍布城乡，“12348”法律服务热线和县、乡、村三级法律服务中心（站、室）日趋完善，“法治龙岩”建设稳步推进。

【社会治理体制改革】 全市政法综治系统全面深化社会治理体制改革，完成“323”平安建设机制、公共安全综合监管、食品药品网格化监管、“雪亮工程”建设、寄递物流安全监管、标准地址二维码应用、重点人群服务管理、多元化“大调解”体系等改革任务。推进司法体制改革，以审判为中心的诉讼制度运行顺畅，司法责任制全面落地，执法办案质量与效率显著提高，提升了执法公信力和满意度。加强和创新社会治理，探索建立量身定制、刚性问责、精准亮剑、共享激励“四维工作法”在省委办公厅《八闽快讯》和中央政法委主管的《长安》杂志刊载推广，得到省委领导的批示肯定。市法院的执行联动机制，市检察院的“互联网+检察”工作模式，市公安局的“三红三最”队建工程和“红土义警”、红土“四小员”群防做法，公检法的“生态司法”工作机制，市司法局的“双争双做”活动，市信访局的“三级函告”“一人两档”“联合训诫”机制等创新经验均得到省或国家主管部门肯定。上杭县、漳平市“雪亮工程”建设，武平县“生态司法”护航林权制度改革，永定区客家文化助推平安建设等一批探索创新经验分别得到省综治办肯定并在相关会议交流。

（罗盛全　刘丹　撰稿）

法治政府建设

【依法行政工作】 贯彻落实《法治政府建设实施纲要（2015—2020年）》《关于推行法律顾问制度和公职律师公司律师制度的意见》《国务院办公厅关于进一步做好“放管服”改革涉及的规章、规范性文件清理工作的通知》《国务院办公厅关于印发推行行政执法公示制度全过程记录制度重大执法决定法制审核制度试点工作方案的通知》《国务院办公厅关于加强和改进行政应诉工作的意见》等重要改革举措，全面落实法治政府建设各项工作任务。

制定龙岩市2017年法治政府建设重点工作安排，加强对法治政府建设的统筹规划和整体部署。对依法行政工作实施绩效管理，规范行政执法行为，提高机关行政效能。

推进税务系统依法行政，开展法治税务示范基地创建活动，新罗区国家税务局、漳平市国家税务局和上杭县地方税务局积极创建2017—2019年“福建省税务系统法治基地”，着力培育依法行政先进典型。

【地方政府立法工作】 加强市政府立法工作，引入闽西职业大学技术力量共同参与《龙津河流域管理条例（草案）》《龙岩市红色文化遗产保护条例（草案）》等地方性法规起草工作，配合市人大做好《龙岩市烟花爆竹燃放管理条例（草案）》《龙岩市古民居古村落保护条例（草案）》等地方性法规的制定工作。报请确定长汀县策武镇和汀州镇为省政府在龙岩市设立的立法基层联系点，不断推进科学立法、民主立法，切实提高地方立法质量。

【规范性文件监督管理】 执行规范性文件制定程序，强化合法性审查工作，对市级规范性政策性文件及各县（市、区）报送的规范性文件进行备案审查，注重提高审查质量，确保规范性文件既符合法律和政策规定，又符合龙岩实际。按时向省政府和市人大报备规范性文件，确保不迟报、不漏报。2017年，审查本级规范性政策性文件136件，向省政府和市人大常委会报送规范性文件61件，备案审查各县（市、区）政府及市政府部门报送的规范性文件422件。开展规范性文件清理工作，向社会公布市本级规范性文件清理结果，其中决定废止（或宣布失效）135件、修改42件、保留329件。在“中国龙岩”政府门户网站设置规范性文件网络查询、搜索功能，及时向社会公布规范性文件。

【执行依法决策机制】 执行《福建省人民政府重大行政决策十条规定》，从合理确定行政决策权限范围、完善决策程序、健全内部决策规则入手，严格落实重大行政决策听取意见、专家咨询论证、听证、合法性审查、集体决定、重大行政决策实施情况后评价、决策责任追究等制度。强化政府法律事务工作，做好重点项目合同审查、征地拆迁、重大事项讨论等涉法事务。出具法律审核意见书20篇，审查合同协议23件次，解决领导交办的涉法事项20件。

【规范行政执法行为】 做好相对集中行政处罚权工作，推进综合执法体制改革，做好城市管理体制改革相关工作。同时，加强执法考评管理，通过案卷评查等形式对各县（市、区）政府和市直39个重点执法部门进行监督检查和抽查，促进行政执法行为的规范。严格落实行政执法人员持证上岗和资格管理制度，组织全市林业系统行政执法人员以机考方式参加福建省行政执法资格综合知识考试。强化行政执法信息平台建设，推动建立行政执法公示制度及执法全过程记录制度。

【化解社会矛盾】 依法受理复议案件，2017年，收到行政复议申请87件（含旧存11件），受理行政复议申请51件，不予受理8件、告知13件，作其他处理4件。其中，审结54件（含旧存9件），中止2件（含旧存2件），未审结8件（含旧存件2件）。审结案件中，维持19件（含旧存3件）、驳回申请22件（含旧存4件）、确认违法4件（含旧存1件）、撤销3件（含旧存1件）、终止6件。承办答复省政府行政复议案件并做好协调工作，计14件，办理或督促答复省政府行政复议意见书，计2件。

加强和改进行政应诉工作。2017年，办理以市政府为被告的一审行政诉讼案件74件（含旧存件31件），二审行政诉讼案件51件（含旧存件28件）。一审案件审结62件（含旧存件30件），其中，驳回起诉20件（含旧存件17件），驳回诉讼请求35件（含旧存件8件），撤诉4件（含旧存件1件），撤销2件。二审审结29件（含旧存件9件），其中，驳回上诉、维持原判21件（含旧存件5件），驳回上诉、维持原裁定2件，驳回起诉6件（含旧存件4件），撤回上诉1件（旧存件），中止1件（旧存件）。

【优化法律顾问制度】 优化政府法律顾问队伍结构，推动建立以政府法制机构人员为主体、吸收专家和律师参加的法律顾问队伍，做好市政府法律顾问的聘用、考核工作。协调市政府法律顾问广泛参与重大行政决策、行政复议诉讼、政府合同审核等政府涉法事项。

（邓琳　撰稿）

公　安

【概况】 2017年，全市公安机关深入推进“三红三最”工程建设，开展“七大会战”“红土平安”“红土坚盾”“红土金盾”等系列整治行动，公安工作和队伍建设取得丰硕成果。全市社会大局持续安定稳定，党的十九大和厦门金砖会晤安保圆满完成，全年刑事案件比降22.05%、破案率比升10.02%，“两抢”案件比降53.95%、破案率比升5.56%，连续3年现行命案全破，连续3年全市群众安全感、执法满意率、平安知晓率综合排名位列全省第一，古田派出所被国务院授予“人民满意派出所”，涌现出全国优秀公安局上杭县公安局、因公牺牲禁毒英雄涂太阳等一大批先进典型。市公安局被市委、市政府荣记集体三等功，被评为创建全国文明城市成绩突出单位。市委确定的2个“两学一做”先进典型均出自公安机关。8月30日，国务委员、公安部部长郭声琨亲临古田为全国公安民警革命传统教育培训基地揭牌，听取龙岩市公安局工作汇报，指出：龙岩市和上杭县、武平县、漳平市公安局加强“三红三最”工程建设，传承红色基因、构建红土警务、打造红心警队，努力把龙岩建设成为全国最稳定、群众最满意、警队最清廉的红色圣地之一，取得了良好成效。

【金砖厦门峰会、十九大安保圆满完成】 圆满完成金砖国家领导人厦门峰会及中共十九大安保等重大任务。按照问题归零、隐患穷尽的要求，深入开展打黑恶缉枪爆、治安基础要素大排查大整治、治安问题清查、交通消防安全整治、网络空间净化、重点人员教育稳控、反恐防暴七大专项行动。结合龙岩实际，组织开展“红土平安”“红土坚盾”12次系列打击清查整治行动，保持严打严查严治严管的高压态势，实现重大恶性案事件（事故）“零发生”、重点人员“零失控”、重点物品“零流失”的目标。七大专项行动中2项排名全省第一，3项排名全省第三。安保期间，全市违法犯罪警情数同比下降10.2%；刑事警情数同比下降54.6%。全市12个省际检查站适时启动不同等级查控勤务，决战阶段落实“最高等级、最严措施、最强力量、最优状态、最佳效果”的工作要求和措施，守住了福建西大门、龙岩护城河。开展“我为党旗增光彩·护航厦门金砖会晤”主题实践活动，成立临时党支部、战地党小组，加强党建助力安保工作。评选出15个战时红旗党支部，30名战时先锋党员。强化战时思想政治工作，实行“战时慰问、战时表彰、战时谈心、战时问责、火线考察干部”工作法。战时表彰436人次，31个集体，一线考察646人。

【红土维稳】 社会治安大局持续稳定。全年未发生暴恐案事件、重大政治性案件、重大群体性事件、重大治安灾害事故、恶性刑事案件、重大涉警舆情炒作事件等，守住治安大局和维稳底线。连续保持18年“法轮功”邪教组织、“零插播、零聚集、零上访”；年内，组织6次反恐处突最小作战单元拉动演练；成立110大数据情报指挥中心，整合资源，创新机制，抓实战时“一日一研判、一日一调度、一日一督导、一日一通报”和24小时联动研判工作机制，全力推进“三情对接”，着力构建情报信息工作“一体化”格局。

【红土基础警务建设】 持续推进基层警务机制建设。出台《龙岩市公安局关于进一步优化和规范派出所建设工作的意见》，加强和优化新形势下公安派出所分类运行、警力配置和激励导向，规范公安派出所“要素管控、信息采集、治安防范、案件查办、服务群众、队伍建设”六项主要工作任务。强力推进基层信息化建设。全市一线民警100%配备警务通；完成全市12个省际、市际公安检查站通信系统建设及省际、国、省、县道检查站公安网络、视频专网、高清监控系统、视频指挥系统建设，实现公安检查站公安网全部联通；完成图侦实战应用系统建设，与视频共享平台、情报合成作战平台、车辆卡口、交警图片数据实现无缝对接。深入推进基本能力建设。推进“轮值轮训、战训合一”模式。举办各类培训班38期，培训学员1900余人次。组织开展全市公安机关“砺剑2017”实战训练考核活动，构建具有龙岩公安特色的“大教育、大培训”工作格局。开展与公安大学校局合作项目；选派第二批10名民警到北京市公安局海淀分局交流学习。推进基础业务工作。围绕5大项25类治安要素开展全面排查，确保基础信息数据的鲜活、准确。开展“坚盾”系列专项行动和治安问题清查整治行动，查处各类旅馆业违规案件808起，通过旅馆业抓获逃犯109名，查处违反出租房屋管理规定案件2345起，抓获逃犯216名，流动人口案前登记率为78.21%。制定《龙岩市寄递市场专项清理整顿“铁腕行动”工作方案》，狠抓寄递业“三个100%”和物流企业“2个100%”制度落实。下发《龙岩市人民政府关于开展清理楼门牌实施地址二维码管理工作的实施意见》，推进标准地址二维码管理(一标三实采集)工作，是五个提前完成任务的设区市之一，得到省公安厅贺电表扬。

【红土利剑警务】　强化影响群众安全感犯罪打击。全年全市刑事案件立案数比降22.05%，破案率比升10.02%；18起现行命案全部告破。破获上杭庐丰中坊村“2006.3.7”一案两命积案。落实八类暴力犯罪和“两抢”犯罪必破机制。全年，八类严重暴力犯罪案件发案数比降19.72%，破案率89.14%，比升4.51%；“两抢”案件发案数比降53.95%，破案率85.86%，比升5.86%；侵财类案件发案数比降26.16%，破案率比升6.26%；“两盗”案件发案数比降17.17%，破案率比升6.28%。强化打黑除恶工作。开展“打黑恶·缉枪爆”专项行动，绩效考评排名全省第三，全市九类案件立案数比升21.01%，破案数比升200%，抓获涉案嫌疑人数比升169.43%，打掉团伙数比升412.5%。强化涉麻制毒问题整治。以“4·14”等专项行动为引领，清内剿外相结合，打击涉麻制毒犯罪。8月，在云南昆明设立驻滇联络办，选派7人常驻联络办开展禁毒外协工作。全市破获部级目标案件15起、省级目标案件11起。协助和联合破获案件数比升96.55%，“飓风肃毒”专项行动考评位列全省第二。禁毒工作得到国家禁毒办常务副主任、公安部党委委员、反恐专员刘跃进批示肯定，多次在全国、全省会议上作为典型经验发言。4月25日，全国禁毒重点整治工作推进会在龙岩市长汀县召开，推广了长汀县禁毒工作做法。强化电信网络新型违法犯罪打击治理。坚持严打、严治、严防并举，落实“党政主导、公安主责、部门负责、社会共治”的打击治理机制，用好用活联席会议、综治考评奖惩等措施，完善反诈骗中心，健全警银、警企协作机制，打防成效持续显现。全年全市电信网络新型违法犯罪立案数比降30.52%；涉案金额比降29.32%；破案数比升10.47%，刑拘数比升46.02%。全年，网络购物诈骗案件比降90.49%，打击治理工作取得明显成效，得到公安部副部长李伟批示肯定，并在全国推广。强化经济犯罪打击防范。开展涉众型经济犯罪领域矛盾隐患摸排化解工作。强力推进“春雷”系列、云端2017、“猎狐2017”等专项行动，境外逃犯总缉捕率100%，列全省第一。强化打拐追逃工作。完善“刑专系统”涉拐预警研判机制，创新“互联网+打拐”模式，提升打击解救效能。建立健全公安民政协调对接机制，推动被解救儿童安置工作全面落实。抓获各类逃犯数同比上升4.24%，全省排名前列。

【红土金盾警务】　公安检查站建设更加完善。全年落实5个省际公安检查站常态查控勤务，安排警务实战轮值轮训民警以及市公安局机关民警支援公安检查站点查控勤务，投入参勤警力82862人次，检查过往车辆263023辆次，人员876186人次，核查重点人员20513人，抓获在逃人员83人，吸毒人员479人，毒驾13人，查获毒品1926.02克、危化品740公斤，查扣2辆被盗车等一批违禁品。公共安全风险防控全面加强。坚持和完善多警联巡、武装联勤、区域联防、军警民一体化等多种联勤联防模式，全面加强社会面巡防，提高见警率、管事率。5月31日和9月27日分别在上杭县和长汀县召开全市军警民联勤联防工作座谈会和现场推进会，推进军警民联勤联防工作深入开展。常年坚持街路面武装巡逻和火车站联勤武装巡逻。从12月1日开始，部署全市公安机关“红土金盾”百日大巡防工作。深化“护校安园”活动，派出民警、协勤人员30320人次，治安巡逻力量5231人次维护校园周边治安、交通秩序，设立学校警务室133个，校园周边治安岗亭405个，“护学岗”658个。监所管理实现全年安全无事故，提供各类线索163条，协破刑事案件8起、治安案件4起，协助抓获犯罪嫌疑人8人。交通安全管理明显加强。以创建全国文明城市为契机，严查城区交通乱象，严治交通重点路段。全市组织开展统一行动69次，查处各类交通违法行为838904起。排查道路安全隐患194处，整治率100%，完成历史遗留的“龙残”牌照三轮车清理工作；全市交通事故四项指数分别下降13.28%、10.31%、16.21%、42.21%。消防安全管理持续提升。深入开展“火灾隐患清零”、“护航·清查”等行动。创新研发“龙岩智能微站”管理平台，全市711个微型消防站全部纳入指挥中心调度指挥，强化微型消防站火灾隐患排查、消防宣传、火灾扑救等功能。消防安全隐患整治行动、消防“三个不发生”考评均居全省第一。全市火灾事故总数比降20.87%，直接财产损失数比降2.68%。

【红土民生警务】　持续推出便民利民新举措。推出第三批17项便民利民新举措，出台提升行政审批服务效率16条措施，制定《龙岩市公安局关于全面提升行政服务效能不断增强群众获得感的工作意见》，完成新罗东肖、漳平西园、长汀河田、连城朋口、武平岩前等5个派出所出入境证件延伸受理点建设，采购8台港澳台续签服务“立等可取”自助办证一体机。市局公安公众服务网连续8年保持全市政府网站绩效考核第一。推进“放管服”改革。出台三批“最多跑一趟”事项清单。有“一趟不用跑”1项和“最多跑一趟”59项，清理取消申报材料和证明14种。全市办理行政审批服务事项96.56万件，市公安局当日办结数占总办件数的98%，实现零投诉，群众满意率100%。开展爱民为民活动。推进“千警进千村”活动、“十小警务工程”建设。开展送文化、送法律、送温暖和义务献血等形式多样的学雷锋志愿服务活动，推动志愿服务制度化、常态化；支持红山乡高坑村（挂钩帮扶村）扩容光伏发电30个千瓦项目建设，实现并网发电。建立完善119位民警挂钩帮扶133户贫困户档案，推动脱真贫、真脱贫。加强群防群治组织建设。开展红土义警、红土“四小员”、老年夕阳红巡逻队等群防群治组织建设，经常性开展服务活动。全年红土民意中心征集民意1425条，办结1421条；组建红土义警队伍149支9086人，组织开展各类平安志愿服务活动1273次；组建红土“四小员”队伍329支17514人，开展各类平安创建活动759次。建立“红土公民警校”39所，组建夕阳红巡逻队伍52支。

【红土创新警务】 坚持改革兴警、科技强警，努力建设创新型公安机关。市公安局自主研发的“红土警务抓捕e平台”荣获公安部第七届全国公安基层技术革新项目一等奖。将命案侦破机制导入打击八类暴力犯罪、“两抢”犯罪工作。2月3日至6日开展全市18个参观点实地拉练检查。情报合成作战中心研发部署具备“直通服务、指令核查、情报研判、警情建档、人员管控、合成作战、积分考核”等功能模块的合成化作战平台，于5月初上线运行，下发研判线索情况192条，抓获犯罪嫌疑人47人。反诈骗中心抽调42名办案骨干强化打击工作专班，坚持严打、严整、严防齐头并进，落实打击治理电信网络新型违法犯罪联席会议制度，打防成效持续显现。关停关闭诈骗电话卡、上网卡155530张，阻截、止付电信诈骗资金346笔，止付总金额452.75万元。禁毒情报中心完善禁毒情报信息共享机制，接待协助15省45地市警方56批次来岩办案，抓获涉麻制毒犯罪嫌疑人22名。

【红土法治警务】 执法制度完善。出台办案积分制实施办法，结合执法实践中个案实际情况，编写执法规范汇编。建立公检法三长联席会议，定期召开会议研究解决执法问题；出台《龙岩市公安机关推行派驻法制员工作方案》，健全完善派驻法制员和法制民警管理制度，派驻法制员配备率100%。执法监督加强。市、县两级公安机关均建立健全“一把手”任组长的执法管理委员会，完善委员会议事规则、执法过错追究程序等，切实增强监督合力；在全市范围内全面推行跨部门的涉案财物统一管理机制，7个县公安局均建成“党委政府主导、公检法共用”的涉案财物管理中心。执法能力提升。开展全员执法培训。每月组织开展一期红土法治大讲堂，完善诉讼工作培训机制，完善执法培训和帮扶机制，落实公安民警庭审旁听制度。实行执法单位基层法制员到法制支队跟班学习制度。执法保障落实。在全省成立首个实体化运行的公职律师办公室和法律顾问办公室；全面完成市、县两级公安机关“两统一”工作机制改革，出台“两统一”工作实施细则。

【红土生态警务】 生态警务深入开展。全面贯彻生态立市部署，打好生态环保攻坚战役，完成中央生态环境督查组到龙岩巡查迎检工作。全年全市立环境保护类行政案件131起，比升89%，环境污染类刑事案件10起，比升700%。把长汀县作为全市公安机关构建生态警务的试点县，以河田镇作为构建“红土生态警务”的创建点，开展先行先试，摸索经验做法。首创河道警长制。在全省首创三级“河道警长”制，制定《关于对应河长配套设置“河道警长”的实施方案》，对应全市河长体系，采取“一对一”方式，分别确定市、县公安机关和公安派出所三级“河道警长”，协助河长开展工作，参与本地水资源保护和水环境综合整治。全市确定各级河道警长289个。制定《龙岩市公安局严厉打击涉水违法犯罪工作方案》，参与小溪河流域的水污染专项治理。受理非法采矿刑事案件20起，涉水环境行政案件123起，刑事案件5起。实施红土生态“四项工程”建设。实施绿水青山保护工程，建立由山民、护林员、电力、电信巡查员、登山爱好者、禁毒巡查员等组成的生态巡查队伍，开展生态巡查。3月12日，副市长、公安局长张斌带领市局党委班子成员和局属各单位负责人及民警代表开展“红色传承、生态警营”植树节活动。各县级公安机关均组织民警开展“红土警务生态林”等植树造林活动。实施“绿色餐饮”保卫工程。开展打击食品药品违法犯罪“食安3号”“利剑”等专项行动。全市破获食药品“四黑四害”刑事案件189起。成功破获省督连城林某良等生产、销售有毒有害水产品案件，得到公安部贺电表扬。实施“绿色出行”保障工程。严查尾气排放不合格机动车上路行驶，严格限制“黄标车”转入登记，加大“黄标车”淘汰力度。淘汰黄标车4727辆，完成率103%。组织开展“滴、洒、漏”扬尘污染和机动车尾气污染专项整治。查处“滴撒漏”案件226起、收缴报废汽车10133辆、收缴报废摩托车24928辆。实施“绿色警营”美化工程。结合“暖警工程”建设，开展“生态警营”建设，设立全市首个景区派出所冠豸山景区派出所。

【红心警队建设】 传承红色基因，强化政治建警。通过开展革命传统教育、“红色传承·书香警营”“培育好家风·传承好家训·建设红警队”等系列活动为载体，继承和弘扬古田会议精神，把闽西苏区“听党的话，跟党走”的红色基因融入民警血脉，铸就绝对忠诚警魂；推进“两学一做”学习教育常态化制度化，开展“喜迎十九大·忠诚保平安”“弘扬闽西苏区精神，永远做党和人民的忠诚卫士”等专题活动。探索建立“互联网+思想政治教育”新模式，利用微博、微信、微视频、手机客户端等新媒体，开展网上思想政治工作。每半年召开一次党建、队建、党风廉政建设“三合一”会议。制定《战时思想政治工作规范》《金砖会晤安保战时思想政治工作方案》和《金砖会晤安保心理健康服务工作方案》等系列指导性意见。推进党建，强化机制创新。制定《关于进一步加强政治纪律和政治规矩工作试点方案》，开展“红土先锋”“红土清风”机关党建品牌建设活动，制定加强基层党组织建设七项措施。举办“喜迎十九大忠诚保平安”庆祝中国共产党建党96周年读书朗诵活动，组织开展“党员政治生日七个一”活动和“向基层学习、下基层调研、为基层服务”为主要内容为期一周的领导干部“下所当兵”活动，市公安局党委委员及中层领导干部共48人，分别到39个派出所当普通民警。古田派出所党建铸魂工作室被确定为全市党建工作典型。着力争先创优，强化典型励警。开展“红土地上的红军式警队”爱民模范集体和争当“涂太阳式好民警”优秀人民警察活动等系列评选活动；组织评出第二批8个“红土警务标兵工作室”；绩效考评连续两年居全市第二，市公安局被市委、市政府记集体三等功。在5月19日召开全国公安英雄模范立功集体表彰大会上，龙岩市有2个集体、3名民警受到表彰。打造红土警务标兵工作室。发挥先进典型的示范引领作用，激发基层民警的首创精神，1月19日，新罗分局赵斌西安警务室、永定分局何松法制工作室、上杭县局曾伟芳网安工作室和古田派出所党支部党建铸魂工作室、武平县局王俊警察公共关系工作室和刘其育南门社区警务室、长汀县局修姝芳舒心警务室、漳平市局吕峰信息化工作室等8个工作室(警务室)被命名为市公安局第二批“红土警务标兵工作室”。培树警队精神，强化文化育警。完成市公安局红土书屋建设；编纂《红色公安记忆—闽西中央苏区政治保卫史》《梁野警魂》等书籍；深化“一局一品牌、一所一特色、一警一爱好”警营文化创建活动，开展“传承红色基因，深化文化育警”为主题警营文化活动，开展3期红土大讲堂活动；举办第二届警察文化节、首届红土书香沐警营暨“写春联·送祝福”活动。在市、县两级公安机关建立局领导担任首席新闻发言人制度。探索“新媒体管理中心”运作模式，龙岩公安微信平台上榜福建政法微信影响力排行榜20次。年内，公安新闻宣传保持全省排名前列，刊播红土警务周刊50期，刊编红土警务报19期11.78万份。加强培训教育，强化素质强警。先后组派教官团队深入省际公安检查站送教下乡活动8次。与北京海淀分局、江西赣州、吉安、广东梅州、贵州遵义等开展警务交流协作，选派第二批10名民警到北京市公安局海淀分局开展为期一个月的跟班交流学习。举办闽粤赣龙岩梅州赣州第十一次警务协作会议。注重凝聚警心，强化从严治警。全面落实《推进“暖警”工程建设加强基层基础工作20条措施》。建立民警三个生日“765”工作制度，把“政治上的关心、工作上的关注、生活上的关爱”日常化、制度化。落实心理健康保护10项措施，加大家庭困难和重大疾病民警的关爱帮扶力度。做好离退休老干部工作，举行退休民警颁授纪念章暨与新民警传承交接仪式。制定“闽西红土警察九带头九严守九严禁”规定，持续做好省厅、市局示范点创建；狠抓党风廉政建设主体责任落实，制定“两个责任”实施细则；建成市公安局廉政教育馆；开展“亮明党员身份、强化党员意识、发挥先锋作用”活动和在职党员民警进社区服务“五个先锋”活动。

（谢晨晖　撰稿）

检　察

【概况】 2017年，全市检察机关深入学习贯彻落实党的十八大、十八届历次全会、十九大精神和习近平新时代中国特色社会主义思想，依法打击刑事犯罪，严肃惩防职务犯罪，全面强化诉讼监督，深入推进司法改革，强化过硬队伍建设，各项检察工作取得新进展。

侦查监督　受理提请(报请)审查逮捕各类刑事案件1244件1723人，经审查批准(决定)逮捕1043件1422人，不批准逮捕和决定不予捕犯罪嫌疑人204件295人。

对应当立案而未立案的，监督公安机关立案41件；对不应当立案而立案的，监督公安机关撤案39件。

建议行政执法机关移送涉嫌犯罪案件11件，移送职务犯罪线索2条。

对应当逮捕而未提请逮捕的追加逮捕29人，纠正侦查活动中的违法情形22件次，发出《检察建议书》26件次，有关单位采纳25件次。批准(决定)延长侦查羁押期限案件24件69人。

公诉　受理公安机关移送审查起诉各类刑事案件3289件4307人，经审查，提起公诉2646件3296人，不起诉187人。受理自侦部门移送审查起诉各类刑事案件113件141人，经审查，提起公诉101件128人。

追诉漏犯37人，追诉漏罪56起。提前介入重大案件28件87人，要求公安机关补正或解释瑕疵证据18件，排除非法证据5件。

对认为确有错误的刑事裁判，提出或提请抗诉23件28人，同期法院审结17件，改判11件，发回重审6件，采纳意见率为100%。

两级院检察长办理公诉案件125件。

申请“四类人员”(侦查人员、证人、鉴定人、有专门知识的人)出庭15件。组织开展评庭工作48次，观摩庭19次。检察长列席审委会26件次，审判委员会改变合议庭或法官意见7件。

对作出不起诉、不抗诉处理的案件134件171人开展释法说理工作。

反贪污贿赂　立案查办贪贿案件54件73人，涉案金额3000余万元，20万元以上大案32件，查处处级干部1人，科级干部18人。

查办侵吞、挪用扶贫资金职务犯罪15人，涉案金额180多万元，挽回损失300多万元。

对积案和线索进行清理，清理出线索872条，处理涉案遗留财物434多万元。

追逃到案4人，其中从境外缉捕1人。

反渎职侵权　受理各类渎职侵权犯罪线索26条，开展初查20件，立案侦查渎职犯罪案件19件20人，其中，重特大渎职犯罪案件11件11人，侦查终结并移送审查起诉16件17人。

职务犯罪预防　开展预防调查14件，结合查办案件开展犯罪分析39件，制发检察建议28份，举办警示教育宣传114场次，受理行贿犯罪档案查询7980批次，涉及单位8720家、个人20275人；录入贿赂案件30件30人。

刑事执行检察　立案侦查原龙岩市看守所民警沈某涉嫌帮助犯罪分子逃避处罚、受贿犯罪案件。

开展罪犯入所检察3953人次，出所检察4407人次，安全防范检察85次，生活卫生检查72次。针对看守所存在的安全隐患和违法违规情形发出检察建议15份、纠正违法通知书11份。

开展判处实刑罪犯未执行刑罚专项清理活动，清理纠正24人(收监执行21人、暂予监外执行3人)，建议公安机关上网追逃10人。

对4655名社区矫正对象进行检察，纠正社区矫正脱漏管6人，监督撤销缓刑收监执行4人、暂予监外执行条件消失收监执行6人。

开展财产刑执行专项检察，执行到位金额1500万余元。

受理羁押必要性审查228件，提出释放或变更强制措施建议162件，办案机关采纳151件。

开展强制医疗执行监督26件26人，检察监督解除强制医疗1人。

民事行政检察　办理生效民事判决、裁定、调解书监督案件70件，基层检察院提出再审检察建议4件，市检察院向中级人民法院提出抗诉1件；作出不支持监督申请决定、终结审查决定58件。

审查民事执行案件49件，发出执行监督检察建议28件，法院采纳纠正29件(含往年结转2件)，采纳率100%。

审查民事诉讼违法行为案件138件，针对民事诉讼违法行为发出检察建议117件，法院采纳纠正118件(含往年结转1件)，采纳率100%。

查处民事虚假诉讼案件5件，涉案金额184多万元。移送涉嫌民事虚假诉讼案件刑事犯罪线索10条，公安从中立案侦查15人；办理生效行政判决、裁定、调解书监督案件10件，办理行政非诉执行案件1件，办理督促行政机关履行职责案件35件，其中涉及生态环境资源保护案件15件，涉及国有资产保护案件3件，挽回国家损失23.64万元，涉及林业资源案件15件，恢复被破坏林地85000平方米。

摸排各类行政公益诉讼线索75件，办理行政公益诉讼诉前程序案件55件，提起行政公益诉讼案件12件，法院均已判决胜诉。

控告申诉检察　受理各类信访1248件次，经审查，依法导入法律程序办理的涉法涉诉信访案件222件。初核的举报线索12件。

办理党委、人大、上级检察院交办转办督办案件15件。

充分运用司法救助手段，办结7件国家司法救助案件，对9名刑事被害人家属进行救助，发放救助金161000元。

开展检察长接待日240次，两级检察院领导带案下访51次，接待来访群众400余人次。

生态资源检察　受理提请批准逮捕案件48件61人，审查后批捕45件54人，不捕7人。

受理移送审查起诉案件163件261人，经审查决定起诉143件214人，不起诉14件20人。

向公安机关发出“要求说明不立案理由通知书”7份，监督公安机关主动立案12人；向行政执法机关发出“建议移送涉嫌犯罪案件函”2份，行政执法机关移送后公安机关主动立案12件；追捕5人，追诉8人；发出“检察建议”11份。提出抗诉1件1人。

合同相关部门清理非法征占用林地项目189个，清理木材、野生动物非法交易场所229处，清理非法加工经营场所224处，立案查处林业刑事案件217起。

办理补植复绿案件42件47人，发出生态修复令2份，督促案件当事人缴纳生态恢复补偿金87.8万元。

检察技术　办理法医学类文证审查案件723件，其中技术性证据审查709件，保外就医文证审查14件；对审查中发现的存在瑕疵、错误的110件鉴定书提出监督纠正意见。

对查办职务犯罪案件开展全程同步录音录像580次，总时长1790小时31分。

法律政策研究　撰写理论研究文章300余篇，被各类刊物采用156篇，其中在国家级刊物上发表文章13篇，省级刊物发表文章20篇；在国家级征文比赛获奖3篇，省级征文比赛获奖

15 篇。组织申报高检院检察应用理论研究重点课题 3 项，省院检察理论研究课题 2 项，省法学会研究课题 1 项；完成市级重点课题 3 项。

召开检察委员会 145 次，审议案件 266 件、审议事项 27 项。被最高人民检察院确立为“检察委员会规范化建设示范单位”。

案件管理　受理各类案件 5096 件，结案审核案件 4467 件。两级检察院发出流程预警 855 件次，催办件 763 次，纠正案卡信息填录不规范 618 件次。

全面启动电子卷宗系统，制作电子卷宗 2697 件 6037 卷。

受理接待律师 776 人次，其中安排阅卷 683 人次、申请会见 13 人次，办理其他事项 80 人次。

组织案件评查 29 次，评查案件 774 件。

【服务“三大战役”】 助推项目落地，主动服务发展。严惩破坏社会主义市场经济秩序犯罪，起诉 692 人。营造良好营商环境。其中起诉非法传销、非法吸收公众存款、集资诈骗等涉众型经济犯罪 20 人，依法办理“善心汇”“e 租宝”“贤贤贷”等重大案件，保障政府投资安全，查办工程建设、国资监管等领域职务犯罪 30 人，编印《工程建设廉政风险防控手册》，指导相关部门做好工程建设领域风险防控工作。在永杭高速公路、南三龙铁路等重点建设项目开展专项预防，保障项目廉洁。

助力脱贫攻坚，促进发展共享。开展集中整治和加强预防扶贫领域职务犯罪专项工作，查办贪污挪用、截留私分，优亲厚友、虚报冒领，“雁过拔毛”、强占掠夺扶贫资金等职务犯罪 15 人，涉及扶贫资金 180 余万元，追回赃款 300 余万元，并及时返还给贫困群众。在重大扶贫开发项目中突出精准预防，探索开展责任检察官制度，全市检察机关结合查办案件，选取不同扶贫项目开展专题调查。永定、长汀、连城检察院开展易地扶贫搬迁资金管理环节预防调查，新罗、武平检察院开展造福工程、危房改造补助资金管理预防调查，漳平检察院开展精准扶贫资金使用管理环节预防调查，查办危房改造领域职务犯罪 8 人，永定区郑某应玩忽职守致危房改造资金被冒领案入选全国扶贫领域典型职务犯罪案件。开展扶贫资金使用管理专项预防，督促追回未合理使用扶贫资金 200 余万元，保障扶贫资金安全。

护航生态环保，守护绿水青山。协同森林公安、林业局开展“2017 利剑行动”、龙岩中心城区违法占用林地行为“百日会战”等专项打击行动，批捕破坏生态环境犯罪 54 人，起诉 214 人，维护生态安全。注重生态修复，督促补植复绿 31.73 公顷，探索补植复绿与社区矫正相融合工作机制，开辟绿色公益社区矫正基地，组织参与绿色公益劳动 500 余人次，相关经验被省检察院推广。围绕市政府生态“四大提升工程”，参与新罗区龙津河生猪养殖业污染防治、连城县地瓜干企业生产污水排放、武平县林权改革重点村专项巡回检察等综合治理。持续开展长汀历史文化名城、永定客家土楼、连城培田古民居保护工作，开启文化生态检察保护“龙岩模式”。首创的“三位一体”（专业化法律监督+恢复性司法实践+社会化综合治理）生态检察模式被最高人民检察院在全国推广。

【推进平安建设】 开展涉麻涉毒专项整治工作。批捕 219 人，起诉 463 人，立案侦查长汀禁毒大队教导员收受贿赂执法犯法帮助毒品犯罪分子逃避处罚案；查办合成毒品犯罪工作经验在中法国际研讨会上作专题交流。加强禁毒宣传工作，提升检察机关打击涉麻制毒犯罪的惩防效应，助力长汀、连城全国制麻制毒警示通报地区和重点关注地区分别实现降级、摘帽。

参与治理电信网络新型违法犯罪专项行动。起诉电信网络诈骗及侵害公民个人信息等关联犯罪 353 人，成功办理最高人民检察院、公安部挂牌督办的陈某维等 5 人非法获取公民个人信息犯罪案，公安部挂牌督办的邓某锋、邓某立电信诈骗案，新罗区谢某龙家族涉案金额 8900 余万元特大电信网络团伙犯罪案等一批影响大的案件，助推新罗电信网络诈骗犯罪重点地区实现摘牌。

抓实抓细安保维稳。开展风险隐患摸排，排查安全稳定隐患案（事）件 43 件，逐件落实首办责任制，逐案制定化解措施。严厉打击缠访闹访非正常上访，以涉嫌寻衅滋事罪批捕 3 人，引导群众“信法不信访”。强化重点监管场所和人群的管控，同步监督 4377 名罪犯刑罚执行全过程，发现和纠正监管活动违法情况 12 件，对 23 名严重精神障碍患者开展强制医疗执行监督，对 4655 名社区服刑人员开展监督帮教，纠正脱漏管 5 人，监督撤销缓刑收监执行 4 人，监督暂外条件消失收监执行 6 人，及时消除稳定隐患。

依法化解矛盾纠纷。落实“谁执法谁普法”，刊发法治宣传稿件 668 件次，开展“法律六进”（法律进机关、进乡村、进社区、进学校、进企业、进单位）196 场，运用“客家祖训”庭审教育 706 件。结合办案释法说理 683 件，对 44 件轻微刑事案件、民事申诉案件积极促成当事人和解，既解“法结”又解“心结”。对 5 名生活困难的刑事被害人及其近亲属提供司法救助，发放救助金 11.5 万元，解决法度之外、情理之中的问题。邀请人大代表、政协委员视察旁听公开审查、公开答复、参与信访化解 12 件，探索律师代理申诉制度，有效化解矛盾。

【推进反腐倡廉】 保持力度不减，重拳反腐态势不减弱。立案侦查各类职务犯罪案件 73 件 93 人，比升 4.3%和 9.4%，查办 20 万元以上大案 40 件，占 54.8%，比增 8.1%；查办县处和科级干部 23 人。市检察院立案查办阿古制造餐厅“12·16”爆燃事故背后职务犯罪4人，涉案金额433万元；新罗区检察院立案查办市财政局采购办会计刘某等人涉嫌玩忽职守特大窝串案。连城县检察院立案查办县畜牧兽医水产局原局长官某等人涉嫌贪污、受贿和滥用职权大案；长汀县检察院立案查办县公安局禁毒大队教导员谢某水涉嫌受贿大案。永定区检察院和上杭县检察院分别立案查办负责家电下乡补贴资金审核工作的镇财政所工作人员共5人涉嫌滥用职权、受贿、玩忽职守及诈骗案；漳平市检察院立案查办赤水镇农业服务中心副主任卢某照涉嫌受贿、滥用职权案。织密追逃“天网”，抓获在逃职务犯罪嫌疑人4人，成功从境外抓捕1名潜逃11年的职务犯罪嫌疑人陈某某。

强化源头预防，营造干净干事好氛围。坚持查防结合、源头遏制，结合办案开展预防调查14件、犯罪分析39件，开展警示教育114场次，提供行贿犯罪档案查询7980件次，两级检察院7份预防年度报告、专题报告被党政领导批转落实，医疗卫生领域职务犯罪专项预防被评为全省“十佳预防项目”。开展“预防职务犯罪邮路”活动，预防职务犯罪微电影《方圆之间》再获全国首届平安中国微电影二等奖。

提高政治站位，拥护配合监察体制改革。抓好转隶前工作衔接，配合做好人员转隶、资产设备、办公经费以及执法用车划转工作，开展清理积压线索和久立未结案件工作，处理涉案遗留财物434余万元，力求清积净手不留尾。做好思想工作，召开转隶动员大会，逐个开展谈心谈话，确保思想不乱，全市检察机关转隶检察人员79人。

【维护公平正义】 以侦查监督为抓手，促进检警良性互动。监督侦查机关立案37件，追加逮捕21人，追加起诉31人，监督立案武平杨某涉嫌诈骗案和新罗张某涉嫌诈骗案，被告人分别被判处10年6个月和13年6个月。“百名红通”38号人员黄某因涉嫌行贿被追加起诉。推进“两法衔接”(行政执法与刑事司法衔接，指行政执法机关、公安机关、检察机关在信息共享、案件移送、协调配合、监督制约等方面建立工作制度，保证涉嫌犯罪案件依法进入司法程序)工作，永定、长汀和武平检察院积极争取党委政府支持，将“两法衔接”平台应用情况纳入部门年度考核，全市平台接入各成员单位181家，接入率70%，移送涉嫌犯罪案件14件。7个县(市、区)检察院均已完成派驻公安机关检察室的设立工作，紧贴办案一线，前移监督关口，构建新型检警关系。

以刑事抗诉为龙头，强化刑事审判监督。支持刑事抗诉14件，法院改判或发回重审17件。卢某元无证醉驾致四死五伤案被评为全国、全省检察机关优秀刑事抗诉案例。长汀县经贸局长伊某良涉嫌职务犯罪案，一审、二审法院以涉嫌受贿罪判处有期徒刑九年，经市检察院提请省检察院抗诉，省高级法院追加认定其涉嫌渎职犯罪事实，并对其数罪并罚，该案被评为全省检察机关优秀刑事抗诉案例。

以专项检查为引领，巩固执行监督成果。深入开展集中清理判处实刑罪犯未交付执行刑罚专项活动，已监督交付执行24人。开展财产刑执行专项检察“回头看”活动，清理出2013—2017年6月30日该辖区财产刑罪犯名单12293人，裁判金额35329万余元。经核查，已执行6670人次，执行金额1500万余元。同步监督3467名罪犯减刑、假释、暂予监外执行，纠正呈报不当25人。

以多元监督为导向，推进民事行政检察。办理各类民事行政检察案件347件，提出再审检察建议、抗诉以及执行监督检察建议32件。依法纠正审判违法行为。办理审判人员违法行为监督案件138件，提出诉讼违法检察建议117件，法院均已回复采纳，采纳率100%，抓好执行违法行为监督。新罗区检察院受理执行监督案件24件，经审查发出执行监督检察建议18件，占全市执行监督检察建议总数的64.3%。开展“人民调解协议司法确认裁定案件”专项监督工作，发出检察建议98件，法院回复并采纳92件，采纳率93.9%。开展虚假诉讼专项监督。查处民事虚假诉讼案件5件，涉案金额184万余元，移送公安机关并被立案侦查15人，移送职务犯罪线索并从中立案查办全省首例涉嫌枉法仲裁案。持续开展矿山生态环境恢复保证金和土壤污染防治监管专项监督，督促催缴国有资金1030万余元。

以防冤纠错为底线，加强人权司法保障。坚持疑罪从无，有错必纠，对不应当立案而立案的监督撤案35件，受理审查不服法院生效刑事裁判申诉案件26件。维护诉讼参与人合法权益，对涉嫌犯罪但无社会危险性的决定不批捕14人；对犯罪情节轻微、依法不需要判处刑罚的决定不起诉187人。对不需要继续羁押的139名犯罪嫌疑人建议释放或变更强制措施，减少不必要羁押。

【保障改善民生】 严厉打击并起诉有毒有害食品、假药劣药犯罪43人，维护“舌尖上的安全”。持续开展破坏环境资源和危害食品药品安全犯罪专项立案监督活动，建议行政机关移送案件16件，监督公安机关立案7件。突出监督重点，市检察院指导办理的非法经营疫苗系列挂牌督办案件被评为2017年度福建省检察机关“两个专项立案监督活动优秀挂牌督办案件”。新罗检察院监督立案吴某材非法开采稀土破坏价值5673万余元案，深挖同案犯9人，该案被评为全省检察机关“两个专项立案监督活动优秀案件”。上杭县检察院以销售假药为监督重点，加大线索摸排力度，及时监督移送涉嫌犯罪案件。武平县检察院以生产、销售有毒有害食品、假药劣药犯罪案件为重点，积极参加县市场监督管理局为期二个月的消费维权执法专项行动，重点检测在生产、流通环节的食品、农产品农药残留问题。

连城县检察院监督被公安部列为部督案件的林某良等人涉嫌生产、销售有毒、有害食品罪案，林某良被县法院一审判处有期徒刑5年，并处罚金10万元。永定、连城和漳平检察院分别对非法经营进口冰冻牛肉、鳗鱼养殖违法使用孔雀石绿以及米浆粿添加硼砂等问题开展专项监督，让群众吃得放心。

聚焦特殊群体，传递检察温度。起诉拐卖妇女儿童、侵害残疾人合法权益、拒不支付农民工劳动报酬等犯罪20人，保护弱势群体权益。司法关护未成年人，融入红色文化和祖训家规元素，探索"法训合一"特色工作模式，编印新《弟子规》5000册分发校园受到好评。起诉校园欺凌、侵害农村留守儿童、性侵未成年人等犯罪案件145人，新罗、长汀检察院在全省率先成立派驻公安机关未成年人检察工作室，实现该类案件办理司法衔接一体化。探索青少年司法社工制度，司法社工介入帮扶5人次。新罗检察院未成年人刑事检察科获"全国维护妇女儿童权益先进集体"称号。

推进阳光检务，拉近检民距离。深化检务公开，在网上发布案件程序性信息4450条，重要案件信息41条，公开法律文书2765份；开展"检察开放日"活动10场，邀请人大代表、政协委员和各界人士零距离感受检察工作；部署电子卷宗系统，将纸质案卷材料转换为电子文档，为律师查阅复制提供服务2998件次；深化"互联网+检察"工作模式，通过"两微一端"发布信息1600余条，建成新媒体工作室，"岩检酱"普法"网红"社会效应持续扩大，新媒体工作在全省检察机关新媒体60强评选中再获佳绩。

【推进司法改革】　推进司法责任制改革。做好人员归类定岗到位，全市有员额检察官252人，占40.7%，检察官队伍学历和知识结构进一步优化，本科以上人员占96%，提高3.1个百分点；法律专业人员占94.8%，提高8.4个百分点；77%的员额内检察官配置到业务一线，办案力量得到加强。落实检察官办案责任制，细化检察官权力清单和岗位说明书，推行司法责任制考核，建立办案组33个，独任检察官145人，院领导带头办案478件，在一起故意杀人案庭审中，市级法检"两长"同庭履职并进行庭审直播。市检察院和7个基层院完成内设机构改革，改革后内设机构由平均18个减少至14个。稳步推进省以下检察院人财物统一管理，做好编制、人员及经费上划基数确定等基础性工作。

推进刑事诉讼制度改革。发挥诉前引导和审前过滤作用，自行补充侦查案件32件39人，排除非法证据3件，要求补正或解释瑕疵证据18件，审查法医鉴定540份，倒逼提高侦查取证质量。加强和改进出庭公诉工作，申请"四员"出庭作证8件。探索轻微刑事案件快速办理机制，适用简易程序办理案件1014件，构建"简案快办，繁案精办"工作格局。

推进公益诉讼试点工作。以食品药品安全、生态环境领域为重点，深入排查公益诉讼案件线索，启动诉前程序76件，行政机关已纠正行政违法行为或依法履行职责51件，防止和挽回经济损失5596万多元。新罗区环保局怠于履行职责案入选最高检察院首批"十佳提起公益诉讼试点工作诉前程序典型案例"。提起公益诉讼13件，实现全市提起公益诉讼全覆盖，法院已判决结案12件，全部支持检察机关诉讼请求，维护了国家和公共利益。9月，13名在龙岩的全国、省人大代表专题视察龙岩市检察机关公益诉讼试点工作，并予以充分肯定。

【队伍建设】　狠抓队伍素能建设。坚持政治建检，组织学习习近平新时代中国特色社会主义思想和中共十九大精神，推进"两学一做"学习教育常态化制度化，持续深化"两提升（提升检察工作亲和力、提升检察工作公信力）五过硬"（政治过硬、业务过硬、责任过硬、纪律过硬、作风过硬）建设，充分发挥闽西红色资源优势和客家文化精髓，加强理想信念教育。加强党的建设，推进党支部规范化建设，注重党建理论研究，党建论文在全国检察机关党建理论研讨论文评选中获三等奖。坚持素质强检，新招检察人员29名、聘任制书记员85名，参加上级或自行组织各类培训277人次，广泛开展岗位练兵、业务竞赛，32人入选全国、全省检察人才库。

狠抓纪律作风建设。认真贯彻中央八项规定精神，严格落实市委2号文件，全面实施对"一把手"监督、落实"两个责任（党风廉政建设党组主体责任、纪检监察部门监督责任）、坚守"三条底线"（防止冤假错案底线、防范办案安全事故底线、廉洁自律底线）、推行"四项谈心谈话"（平时谈心、信访提醒谈话、诫勉谈话、任职谈话）等制度，开展提醒谈话110人次，任前廉政谈话114人次，诫勉谈话2人次。部署开展"四个专项清理"回头看，配合省检察院巡视"回头看"、省财政厅"1+X"专项督查以及市委全面从严治党主体责任落实情况检查，持续狠抓落实整改工作。推进系统巡察全覆盖，完成6个基层院巡察工作，及时发现问题，持续推进整改。

狠抓基层基础建设。着力固本强基，组织开展2016年度基层检察院建设情况"回头看"，制定基层检察院建设考评实施细则，强化对基层检察院动态管理。注重科技强检，做好统一业务应用系统全面升级，推进电子检务工程建设和涉密信息系统分级保护建设，在全省检察机关率先实现检察委员会子系统上线运行，检察工作科技含量进一步提升。深化创先争优，全市检察机关42个集体70名干警受省级以上表彰；连城、上杭、武平和新罗检察院荣获全国检察机关"文明接待室"称号；市检察院和漳平检察院分别获全国、全省检察机关检察委员会规范化建设示范单位；新罗、武平和漳平检察院获“全省检察文化建设示范院”；漳平检察院获福建省五一劳动奖状。

自觉接受人大监督、政协民主监督和社会各界监督，确保检察权依法正确行使。认真落实市“两会”精神，对代表、委员提出的意见建议，逐条研究，逐项落实。向市人大常委会专题报告生态资源检察工作，认真落实审议意见。加强与人大代表、政协委员的经常性联系，主动听取意见建议。用心办理代表、委员建议事项，办结代表建议案2件、政协委员提案2件。注重发挥人民监督员、特约检察员、专家咨询委员参与检察工作、监督执法办案等作用，注意听取社会各界意见建议，不断改进工作。

【推进司法责任制改革和监察体制改革】 全市检察机关根据中央、高检院、省检察院和市委关于司法责任制和监察体制改革的精神和工作部署，细化工作方案，稳步有序推进司法改革各项工作，有序推进三类人员（入额检察官、检察辅助人员、司法行政人员）改革。完成212名入额检察官等级确定、晋升、确定检察辅助人员265名、司法行政人员94名。落实三类人员归类定岗，人员分配均控制在规定的比例范围内。推进内设机构改革。坚持扁平化管理与专业化建设相结合，结合本地检察工作实际，提出内设机构优化整合方案，改革后市检察院内设机构数量减少5个，基层院减少3—4个，内设机构设置更加合理，人力资源配置更加高效、集中。配合做好监察体制改革。组织召开拟转隶人员思想动员会，逐个谈心谈话，认真调查摸底，及时掌握队伍思想动态。与纪委就转隶工作进行对接，共同讨论市、县检察机关人员转隶工作的实施方案，明确转隶对象、转隶把关条件、转隶程序及时间安排、相关工作要求等，两级检察院已完成人员转隶工作，转隶人员79人。

【生态检察“龙岩模式”】 市检察院在全省率先成立生态资源检察机构，创建三位一体（专业化法律监督+恢复性司法实践+社会化综合治理）生态检察龙岩模式，将受案范围拓展至所有生态环境领域案件，实现生态环境领域案件统一受理、归口管理、专业办理。确立生态检察“打击、治理、修复”三重保护模式，为生态环境提供立体式司法保护。成立生态检察工作专业化小组和品牌示范点，打造服务水土流失治理“长汀经验”，创立参与矿山恢复治理“紫金典范”。探索永定区院客家土楼世界文化遗产检察保护机制；开展“保护古村落·共建最美乡村”专题保护工作，在连城县培田古民居建立“古村落生态保护联络点”，逐步形成文化生态检察保护“龙岩模式”。

（杨建武　撰稿）

法　院

【概况】 2017年，全市法院受理案件68734件，办结62838件，结案率91.42%，比升6.29个百分点，未结案件5896件，比降45.32%，其中市法院受理案件7352件，办结6803件，结案率92.53%，比升4.58个百分点，未结案件549件，比降56.08%。

【维护公平正义】 2017年，全市法院办结刑事案件3758件4367人，民商事案件28748件、标的额87.49亿元，行政案件2469件，其他案件2666件。

惩治犯罪，保障平安建设。为切实维护社会安定稳定，严厉打击严重刑事犯罪，审结故意杀人、抢劫等危害群众安全感犯罪案件768件1150人，依法促进社会治安持续向好。审结贪污、贿赂、渎职等职务犯罪案件103件125人，其中原处级领导5人。根据龙岩涉麻制毒、电信网络诈骗突出问题，从严从重打击涉麻制毒犯罪案件154件208人，判处五年以上直至死刑70人，占33.65%，助力长汀、连城分别从全国通报警示地区和重点关注地区降级、摘帽；从严从重惩处电信网络诈骗犯罪案件90件171人，对主犯一律判处实刑，助力新罗实现全国重点整治地区摘帽，得到党委、上级法院肯定和社会广泛支持。坚持宽严相济，对失足未成年人进行教育感化，从轻处罚并实行轻罪记录封存；办结减刑、假释案件2489件，促进罪犯改过自新。

定分止争，护航和谐发展。主动适应和服务经济新常态，快速调处涉西气东输、南三龙铁路、厦蓉高速扩容等重点工程案件25件，保障项目按时落地竣工。落实“政银司企”联席会意见，审结借款合同案件7461件，慎重审理企

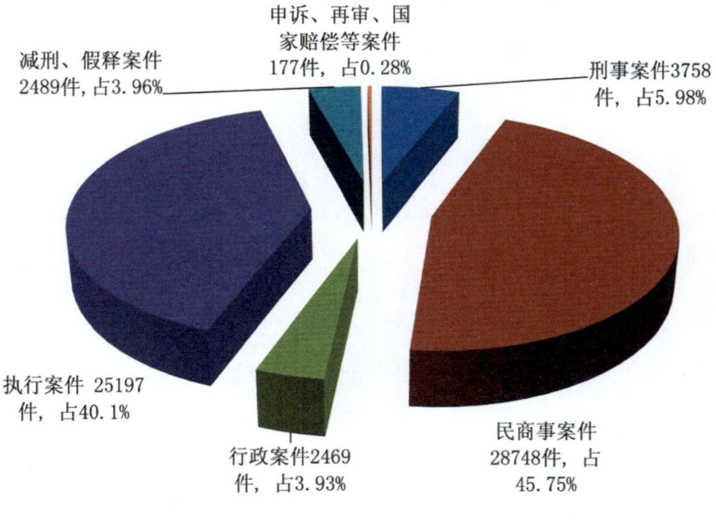

图一　2017年全市法院审结各类案件情况

业破产重整案件25件,盘活企业资产,合力防控金融风险。审结公司诉讼、房地产纠纷等案件782件,著作、商标等知识产权案件104件,支持产业优化升级和创新驱动发展。与台办共建保障台胞权益工作室,审结涉港澳台、涉外案件29件,着力保障开放交流。审结林权、土地承包流转等扶贫领域案件142件,审结住房、医疗、教育、劳动等民生领域案件1935件,审结婚姻家庭、抚养继承等家事案件3124件,以调解、撤诉方式结案的占42.33%,取得法律效果和社会效果的统一。

良性互动,促进依法行政。推进行政争议实质性化解,审结行政诉讼案件641件,其中支持行政决定的占68.8%,审结跨行政区划案件165件,指定基层法院异地审理92件;快速审结申请非诉执行案件1828件,既维护了行政机关权威,也保护了人民群众的合法权益。与公安、住建、人社等部门召开联席会48场次,共商执法问题,有效提升执法效果。通过观摩庭审、讲座交流等方式,协助培训执法人员2500余人次,促进依法行政能力的提升。全市行政机关负责人出庭率63.3%,永定区行政机关做得最好,得到最高法院充分肯定。

守护生态,营造绿水青山。坚决落实"绿水青山就是金山银山"的理念,深化26项联动机制,审结生态环境案件428件助力打赢生态环保战役。注重环境公共利益维护,审结破坏大气、林木环境犯罪案件208件,支持检察机关提起公益诉讼5件。通过司法建议促进矿企缴纳生态恢复保证金,依法保护有序开采。参与重点流域水环境治理,通过依法审理案件,推进对石材、小煤窑、养猪等行业污染专项整治。对破坏生态环境的案件,力求用足恢复性司法措施,适用"补种复绿"判决,恢复造林106.67公顷,修复遭采矿破坏、重金属污染的区域2公顷,使生态司法"龙岩样本"得到提升,市法院生态司法、武平法院服务林改经验在全国、全省法院推广。

【推进"基本解决执行难"】 坚决打赢"两年基本解决执行难"硬仗,受理执行案件29533件,执结25197件,比升7.19%,标的额14.45亿元,比升61.63%。

强化合力增威慑。市委、市政府重视支持法院执行工作,市"两办"出台联动67个单位的《关于加快推进失信被执行人信用监督、警示和惩戒机制建设的实施意见》,明确43项强力措施,构筑"一处失信、处处受限"的信用惩戒格局。联合治理党员、干部、行政机关拒不执行、规避执行等失信行为,执结案件85件。对接综治网格化平台,聘请452名执行联络员协助调查财产、送达文书。新增与证券、财付通、公安交警等6个单位对接查控财产,新增5家银行实现网上扣划,网络查控已覆盖97个单位。3.2万名失信被执行人均纳入"黑名单",限制其乘飞机、坐高铁、购置不动产等高消费;有效限制507家失信被执行企业参与融资信贷、招投标。通过户外显示屏、电视台等各类媒介,曝光失信被执行人1.4万人次,通过举办执行开放日、新闻发布会,共同营造"守信光荣、失信可耻"的社会氛围。

规范执行提效率。出台执行办案流程、终本案件标准等规定,实行执行过程"三公开",邀请申请执行人参加终本、款物分配等合议庭会议,确保当事人充分行使权利。实行执行流程"四限时",防止不作为,平均每个案件执行时间缩短16天。实行执行案件终本"五清楚",切实防止终本成为消极执行的"避风港",实际执行率41.93%,比升6.36个百分点;终本率51.49%,比降7.08个百分点;终本案件规范化经验被省法院推广。全面推行网络司法评估、拍卖,既有效降低执行成本,又实现拍卖公开公平;完善执行案件管理软件系统,实现办案全程网上留痕、自动生成,有效地促进执行办案规范化。实行执行工作院长接访制度,人民群众关注的执行案件成为院长督办的重点,两级院长接访、督办、化解信访案件36件,对落实不力的问责2人,为维护当事人合法权益提供坚强保障。

穷尽措施促履行。继续开展"雷霆"攻坚行动,坚持"网上查控为基础,传统措施作保障",网络查询财产200余万次;冻结、扣划存款1.4亿元,支付宝、微信等网银120万元;查实房产1035处,对不配合的被执行人强制腾房153处;布控车辆1152辆、查扣343辆。全面落实实地调查财产状况、被执行人去向,依法入户搜查12332件次;连城法院试行"执行悬赏保险制度"取得成效。坚决打击抗拒执行行为,拘传、拘留抗拒执行的被执行人458人,罚款40人次120万元;移送追究拒执罪47件58人,已判决16件18人,促使3941人主动履行义务,维护了法律权威。

【回应群众司法需求】 积极回应人民群众对司法新需求,创新完善司法为民工作机制是人民法院的努力方向。

完善便民机制解诉讼难点。依法巩固立案登记制改革成果,努力做到一次性解决群众立案问题,当场立案率98%。2017年,市法院还投入135万元,改建总面积近500平方米的信访接待中心、群众休息大厅,为老百姓提供更优质服务。全面启动"分调裁"机制改革,新罗、上杭法院推行繁简分流、武平法院试行轻刑快审、长汀法院创新格式化判决书,实现"简案快审,繁案精办",一审案件平均审理期限缩短37天。引导非诉讼途径解决纠纷,诉调对接部门或行业16个,交通事故、劳动争议等纠纷诉前调解成为主要选择,新收民事案件比降2.63%。充分发挥人民法庭前沿窗口作用,设立巡回办案点、法官工作室103个,通过上门立案、就地调解、巡回开庭、以案说法等,办结案件8466件,让司法服务更加便民惠民。

拓宽便民渠道让诉讼便捷。打破空间、时间限制,将诉讼实体服务延伸至网络和个人手机终端,提供在线查询、立案、送达、调解、信访等诉讼服务,让

“数据多跑路、群众少跑腿”。连城法院成为省“智慧法院”建设联系点。为推行“阳光司法”，全面升级科技法庭，建成庭审直播、裁判文书、执行信息、审判流程四大网上公开平台，发布司法流程信息15万余条，上网裁判文书40149份，直播庭审1149场次，让群众随时随地了解司法信息。

参与社会治理促依法治市。继续推进涉诉信访法治化，加强源头治理、综合施策，排查化解风险隐患案件77件；与司法局联合建立律师值班制度，化解涉诉信访案件23件；圆满完成“厦门会晤”等敏感期间安保维稳任务。助力社会治理创新，做好监外执行和社区矫正等工作；发送司法建议52条，均促成相关部门规范管理，新罗法院关于规范中心城市征迁工作的建议，得到市政府肯定。加强司法救助，为经济困难当事人缓减免交诉讼费192.32万元，发放司法救助金394.5万元。落实“七五”普法责任，成立媒体工作室，通过网站、微博、微信宣传报道1.2万余篇，拍摄法治微电影3部，举办法院开放日、开展法律“六进”等260场次，市法院连续六年获评全国法院司法宣传先进单位。

【深化司法改革】 全面落实司法责任制。全市法院组建以员额法官为核心的审判团队102个，实现“让审理者裁判、由裁判者负责”的新型审判机制。界定了审判权力和职责清单，实现均由员额法官裁判案件，院、庭领导不能签发自己未参审的案件。分案实行随机为主、指定为辅的机制，法官人均结案181件，比升56.03%。新罗法院法官人均结案327.45件，比升77.26%。落实领导带头办案，全市院、庭领导办案35410件，占总结案数的56.35%，办案数比升38.82%。

突出权力运行监督。树立新的审判理念，强化监督力度，通过二审、再审程序，改判385件，其中，审结检察机关抗诉案件31件，采纳抗诉意见18件；依法宣告无罪的5人，落实以审判为中心的改革方向。为确保司法改革放权不放任，制定《案件督办规定》，将13类重大、敏感案件列入督办范围，实行领导督办有序公开、全程留痕，让督办者有序有责地行使职权，实现边界清楚、各司其职。出台《纪检组长列席审委会》《对违反办案程序问责》等规定，实行长期未结案件由审委会督办、限期结案，形成控审限、堵拖延的监管体系。出台诉讼保全受理、“执转破”衔接、裁判文书评查等文件，有效防止办案慢作为、不作为、乱作为的发生。

推进试点改革工作。市法院、永定法院是全国人民陪审员制度改革试点法院，根据延长试点期限的要求，继续大胆探索将参审范围扩大至对事实有争议的二审案件、执行裁决案件、减刑假释案件。推进“大陪审制”，审理涉及群体利益、公共利益等社会影响较大的案件64件。出台《人民陪审员履职保障规定》，建立事实审分类引导机制，让人民陪审员在事实认定上充分发表意见，变庭审中的“被动陪”为“主动审”，全市法院一审案件陪审率89.07%，为进一步实现司法民主提供有效平台。

落实配套改革措施。改进审委会案件研究范围，明确议决大案要案，让法官办案更独立、有担当。健全专业法官会议制度，为法官办案提供咨询平台。探索内设机构改革，实行大部制，让行政人员成为具体服务工作的能手。漳平法院打破庭室界限，实行员额法官随机承办各类诉讼案件，探索邮政外包送达事务，让法官集中精力办案。推进大数据基础建设，将案件卷宗电子化，电子化率全省第二；实行案件卷宗网上流转，使上诉案件移送时间由平均59.3天缩短到30天。

【队伍建设】 坚持将党建与审判紧密结合，实现“抓党建带队伍促审判树形象”。全市法院2016年绩效考评均为优秀等次，有42个集体109名个人受到省级以上表彰，市法院被市委市政府记集体三等功；长汀法院获评全国优秀法院；永定法院坎市法庭获评全省十佳法庭、记集体一等功；上杭、漳平法院获评全省优秀法院。

提升司法能力，增强履职本领。开展司法能力提升行动，推行青年导师制度，完善挂职交流、干部驻村、新招录干警一线锻炼等机制。坚持一线考核干部，开展岗位练兵活动，定期评查案件、文书、庭审，倒逼提升办案质量。创新教育培训机制，与华侨大学法学院共建，实现法官培训常态化。全市法院有50篇论文在省级以上获奖，其中1篇获全国法院学术研讨会一等奖（最高奖），系龙岩法院历史上第一次；聘用制书记员在全省法院考试中平均成绩名列第一，为司法队伍正规化、专业化、职业化建设奠定坚实的基础。

严肃作风纪律，推进反腐倡廉。坚持打铁必须自身硬，制定《党风廉政建设“两个责任”清单》和《追究办法》，实现抓党风廉政建设人人有责。落实中央八项规定精神和市委2号文件，把纪律和规矩挺在前面，督促干警心存敬畏、行止有度。创新大督察工作机制，加大司法巡查、审务督察、效能检查的力度，注重运用“四种形态”，函询、提醒谈话、诫勉谈话和通报批评245人次，有效地增强督察效果，起到防微杜渐的作用。坚持有案必查、有腐必惩，自查干警违纪违法案件7件7人。

（王江龙　撰稿）

司法行政

【安保维稳】 建立安保维稳“五项清单”，确保事事有清单、件件有落实、追责有依据。两类特殊人群得到有效管控。2017年，全市累计接收社区服刑人员16014人，期满解矫13645人，在册社区服刑人员2369人，当年无重新违法犯罪人员，未发生脱管漏管；全市刑满释放人员 17098 人，已安置 17077 人，重新违法犯罪率控制在 0.18%，低于全省平均水平。矛盾纠纷及时有效化解。开展“防风险保稳定，护航厦门会晤，喜迎党的十九大”人民调解专项活动，推进人民调解“百日攻坚”。全年全市人民调解组织排查调处各类矛盾纠纷 14072 件，调解成功 13888 件，成功率 98.7%。厦门金砖会晤和党的十九大安保维稳行动中，排查调处邻里纠纷 2665 件，婚姻家庭纠纷 1180 件，民间纠纷等引起的轻微伤害案件 590 件，稳控率 100%。

【“双争双做”活动】 通过持续深化人民调解“双争双做”活动，取得显著成效，全市命名市级品牌调解室 26 个，金牌调解员 34 名；各县（市、区）授予县级品牌调解室 43 个，金牌调解员 78 名。全年品牌调解室和金牌调解员调解各类纠纷 1231 件，占全市纠纷案件的 8.7%，品牌效应得到凸显。龙岩市在人民调解中开展“双争双做”的做法和经验，得到上级党政领导的充分肯定。2017 年 8 月 30 日，省委办公厅《八闽快讯》专题刊登介绍龙岩市开展“双争双做”活动的经验。

【队伍建设】 多形式开展干部培训教育，委托中央司法警官学院举办全市司法行政系统政治业务培训班，全市 78 名干部参加为期 5 天的集中学习。开展岗位大练兵活动，举办全市司法行政系统政治业务知识竞赛和公文写作比赛，有力激发全系统比学习、比业务、比技能、比工作成绩的热情。抓典型树形象。2017 年，新罗区西陂司法所所长陈如金被司法部、人社部授予全国司法行政系统先进工作者；陈如金和律师张宝发被推选为省人大代表和政协委员；律师黄家焱荣获全国“最美法律服务人”。

【“一村一法律顾问”实现全覆盖】 通过指派法律服务人员到村（社区）担任法律顾问、选派政法干警到村担任法律顾问或联络员等方式，扩大法律顾问覆盖率。全市 1923 个村（社区）落实了法律顾问，实现全覆盖。村（社区）法律顾问通过每月定时定点到村（社区）提供法律服务或通过电话、微信等方式，及时解答干部群众各类法律问题，为困难群众提供法律援助。发挥专业优势，为村（社区）“两委”决策提供专业的法律意见，参与矛盾纠纷调解，引导农民以合法的方式解决诉求。

【法治宣传新方式】 创新普法形式，打造“传统媒体+新媒体”普法宣传矩阵。创办“龙岩普法”微信公众号，粉丝数达到 7 万多人，被誉为“百姓身边的法律顾问”，被省委政法委授予全省政法系统新媒体优秀账号。恢复《龙岩司法行政》期刊。与龙岩电视台联合创办全省首个地市级电视调解栏目——《调解现场》，通过以案释法，宣传相关法律法规。充分利用传统媒体普法，在龙岩人民广播电台设置《阳光法制》栏目，《闽西日报》《闽西广播电视报　龙岩新周刊》开设《法治宣传》栏目版块，专题宣传法律法规，营造良好法治氛围。

【法律援助】 推进市、县（市、区）“12348”法律服务平台建设，于 2017 年 7 月正式开通运行。2017 年，接听并处理 639 件法律咨询。降低法律援助门槛，按规定将申请人经济困难的标准提高到所在县（市、区）人民政府公布的最低生活保障标准两倍执行，使法律援助覆盖人群从低保人群拓展到低收入群体。建立值班律师制度，聘请社会律师参与法律援助机构日常值班接待。全年全市办理法律援助案件 3352 件，接待咨询 8558 人次，为受援人免去法律服务费 830.3 万元，减免缓交诉讼费 488.27 万元，挽回损失或取得利益 4754.97 万元。

【打造和谐法治省际边界】 创新工作机制，建立闽赣边际“工作联席会议、矛盾纠纷共调、特殊对象共管、法律服务共援、法治环境共建”五项协作机制，打造闽赣和谐法治边际走廊，取得良好的社会效果。省委办《八闽快讯》和省司法厅简报专门介绍了工作经验，省司法厅领导充分肯定龙岩市建立五项协作机制，加强闽赣司法行政协作的创新做法，在 12 月 12 日的省司法厅简报（第八期专报件）《龙岩市打造闽赣平安边际走廊》上作出批示。

（陈晓雅　撰稿）

32 军 事

编辑 傅良芹

人民武装

【思想政治建设】 2017年，龙岩军分区深入学习贯彻习近平新时代中国特色社会主义思想，积极适应改革强军大背景下新的领导指挥体制，组织“维护核心、听从指挥”主题教育和“适应新体制、履行新职能、担当新使命”大讨论，开展纪念建军90周年系列活动。组织全区收听收看十九大盛况，研订学习贯彻意见，组织参观古田会议会址，持续强化不忘初心、继续前进的政治自觉。密切关注敌情社情舆情动向，不断夯实思想政治基础。

调整改革稳步推进。坚决贯彻落实“周密组织、稳扎稳打、有序推进”的指示要求，做好思想摸底、专题教育、账物核查等直前准备。研究军分区“二级四处”设置、职能区分、人员定岗和人武部改革调整，梳理分析新体制运行中的矛盾和问题，按照党委班子、军分区机关、人武部三级三个步骤，逐级改、逐步建，7月，区部两级正式按新体制新编制运行，各项工作衔接有序、稳妥推进、运行规范，干部职工思想合心、工作合力、行动合拍。

动员备战聚焦主业。依据新的职能使命，及时调整战备值班架构、值班力量和信息网络。严密组织国防动员业务学研训考和指挥所演练，机关动员业务、组织指挥和谋略水平稳步提升，年底在省军区国防动员综合业务考核中取得较好成绩。完成专武干部、民兵信息员各类集训1200余人次；组织全市防台抗汛应急救灾拉动演练，应对2号、9号、10号台风灵敏高效。适应军分区转型重塑和职能转变，组织国防动员潜力调查，完成全市6类4万条重点数据采集更新。协调出台龙岩市进藏兵优抚政策，完成2017年征兵任务，实现廉洁征兵零举报。

正风肃纪从严从紧。扎实推进“两学一做”学习教育常态化制度化，制定《加强党委自身建设措施》，领导带头落实双重组织生活、双月党课等制度，公开承诺践诺，人人“说清楚”“交明白账”。发挥财务监督作用，严格内控制度，严把经费预算关审核关，有效促进依法管财、科学理财、节俭用财，行政消耗性开支同比下降50%。常态落实明察暗访，狠抓问题整改和回头看，军分区部队学习新规矩、适应新要求的氛围逐步浓厚。

【军民融合】 发挥桥梁纽带作用，持续推动军地科技协同创新，主动牵头对接军地融合建设双向需求。区部两级领导与地方领导一同前往北京、上海等地对接军民融合项目10余次，取得初步成效。推进军地应急力量融合，组织军警民联勤联防工作观摩会，有力推动全市军警民联防工作创新发展。牵头驻龙岩部队投身“十项工程”建设，持续推开“部村共建”活动，再次实现省级双拥模范城“满堂红”。

【编制体制改革】 7月，根据军队改革进程，龙岩军分区由原来的司令部、政治部、后勤部改为战备建设处、动员处、政治工作处、保障处，下辖7个县（市、区）人民武装部。

【征兵工作】 2017年，军分区围绕“三保一降”目标，以“五率”量化考评为抓手，紧紧围绕兵员质量这个核心，紧盯大学生征集比例，突出依法征兵、廉洁征兵、优抚政策3项制度落实，把牢宣传、体检、政审、定兵4道关口，分征兵准备、体格检查、政治考核、审批定兵、新兵输送5个阶段，精心筹划，严密组织，完成征集任务，超额完成大学生征集任务。

【“金砖”安保任务】 8月下旬至9月初，军分区按照“安全第一、形象第一、完成任务第一”的要求，在永定、武平、长汀等3个入闽口开设军人军车检查站，与地方公安、交警、武警展开联合执勤，按程序处置相关情况，完成“金砖”安保任务。

【全面停止有偿服务工作】 5月，根据上级的统一部署，军分区协调龙岩市委、市政府，牵头组织建立驻龙岩部队全面停止有偿服务工作军地协调领导小组，专门负责驻龙岩部队全面停止有偿服务工作的军地联系和沟通协调，着力解决重点难点问题，确保驻龙岩部队全面停止有偿服务工作圆满完成。

【双拥共建】 2017年，军分区双拥工作以争创全国双拥模范城为载体，深入开展双拥工作。地方政府积极帮助解决部队实际困难，全年市本级投入7000余万元支持部队建设，“八一”、春节期间组织走访慰问驻军。全市对口调动随军家属7人、安置5人，52名军人子女全部入读当地优质学校。全市9名团职转业干部全部平职岗位安排，拿出40余个公务员和参工岗位供37名营以下转业干部选岗。驻龙岩部队积极支持地方经济社会发展，参与驻地植树造林和水土流失治理66.67余公顷，出动官兵和民兵预备役800余人次参与抗洪抢险、森林灭火等急难险重任务。开展扶贫帮困活动，驻龙岩结对帮建23个经济薄弱村，帮扶10个党支部、9所学校、贫困学生126人、贫困户103户，团以上干部结对资助34名贫困学生，落实帮建项目12个、资金105万元。

(赖荣恩　撰稿)

武警支队

【军事训练】 以打赢三场维稳战役为牵引，在练兵备战、打赢制胜上坚持更高标准。着眼为中共十九大胜利召开营造安全稳定环境，坚持战斗力标准，向能打仗、打胜仗聚焦，全力干好维稳这件大事。按照绝对安全要求紧抓中心工作。认真贯彻总部科技强勤现场会和镇江执勤工作座谈会议精神，深入开展“学规范、查隐患、找问题、补漏洞”执勤教育整顿，“双四过”“战备月” 活动，建立“六查”机制，强化勤务跟踪管控，不断正规执勤秩序。树立科技是核心战斗力思想，倡导军地命运共同体理念，用好“三共”平台载体，强力推进“五防一体化”建设和隐患治理，把社会面重点部位监控视频纳入值班室。按照真难严实要求紧抓练兵强能。围绕“八落实”，用好“六种组训模式”，掀起大抓实战化训练热潮。抓住部队普训“大头”，严格落实“中队日训练、周会操，支队月抽考、季普考”要求，每周统筹制定军事训练计划，组织网上会操，每季分两批组织普考，全员纳入、全课目覆盖，解决好粗训漏训等问题。按照随时打仗要求紧抓维稳备战。按照“两个不经、一个保持”战备要求，分类规范机动、救援分队和应急班编携配装。统筹抓好固定勤务、社会面巡逻、防抗台风和漳平水污染治理等任务，较好地发挥“护城河”屏障作用，为金砖会晤安保决战决胜贡献力量。

【正规化建设】 以夯实基础蓄底蕴为目标，在强基固本、提升内涵上坚持更高标准。深入贯彻武警党委1号文件，坚持硬件软件一起抓，突出固根本蓄底气的工作，促进基层全面发展。抓规范促正规。以落实新的正规化管理规定为契机，深化拓展“学大功三连、学成武、学福清”活动，倡导“让标准成为习惯，让习惯符合标准，让结果达到标准”理念，全力提升正规化建设质量。深入学习贯彻《纲要》《三十条》，年初集中一个季度时间开展“学法规、守法规、用法规”活动，系统学习经常性业务法规，把建设标准学到手弄明白。加大机关按纲抓建力度，常态建立蹲点帮建“十个一”制度，确保实实在在效果。研究出台《按纲建队“双争”考评实施细则》，加大平时成绩量化比重，树立“争在平时、考在平时”的导向。坚持把问题整改形成闭合回路突显出来。抓帮建促自转。始终坚持“输血变造血”的理念，研究制定《大队建设措施三十条》，大队干部实行常态化每月循环蹲点，参加支队行政大交班，第一时间传达和落实支队党委的决策指示，前沿指挥所作用发挥明显。利用《纲要》集训、业务培训和以会代训，对基层党支部正副书记、保卫委员、思想工作骨干和心理工作骨干进行培训，增强党支部的“三个能力”。用好“漫灌变滴灌”的精准帮建方法，按照缺什么补什么的原则，规范 “三个半小时”“三互”和三大民主活动、七项组织生活的组织与实施，深入开展 “五个三”活动，引导基层按职级管理，工作按职责落实，真正让官兵唱主角、挑大梁。树立“不花钱办成事，花小钱办大事”理念，官兵动手自建，召开了连城、勤务和六中队精准帮建现场会，打造精品树立抓建样板。抓制度促安全。狠抓安全工作“八个规范”常态落实，树牢“安全是建出来、管出来、训出来”的理念，扎实开展安全工作“五项活动”。突出抓好“三禁”“三控”“三防”等工作，休假人员每天利用微信报告具体位置，每周汇总在外人员情况，强化部队管控，每名干部和家庭共同签订治酒规定承诺书，让禁酒规定家喻户晓、底线守好。与地方交管部门通力协作，每月抄告车辆运行情况，摸底清查个人信用卡使用、赊欠款和外卖、交友、打车等软件情况，把从严治军的要求落到实处。支队“百日安全竞赛”活动推进有力，以“六个一”活动为主要抓手，组织5次全覆盖拉网式安全隐患大排查，排查治理5类65处安全隐患，确保部队安全稳定和高度集中统一。三大队、二中队、七中队、上杭中队和永定中队被总队表彰为“百日安全竞赛优胜单位”。

【后勤保障】 以建设现代后勤为方向，在服务中心、服务基层上坚持更高标准。深入贯彻“后勤变前勤”要求，坚持向中心聚焦、向基层倾斜、向难题开刀，着力增强服务效能，不断提升核心保障能力。建强应急保障力量。抓好“一组五队”应急保障力量建设，建立业务培训、岗位练兵和比武训练为牵引的“三位一体”组训模式。分批组织驾驶员、炊事员、卫生员、农技骨干和“四小工”培训轮训，组织武器装备维修和医疗服务下基层，全要素推进后勤保障能力。严密组织“专业兵比武”，全面掌握专业兵素质，为晋升使用和定岗定位做好准备。积极探索建立军地融合保障协作机制，协调推进卫生保洁、油料供应、生活服务等社会化保障，在融合中扩容了保障效能。加强后勤规范管理。党委管财议财主动科学，争取预算经费，聚焦政治环境、训练场地器材、反恐装备建设，确保经费投向合理。强力推进军粮专项整治和生活费专项清查治理活动。

【综合保障】 落实“五位一体”狠抓车辆管控，特别是利用车辆安全警示教育日，扎实开展以“教育警示、法规学习、技术交流、履职讲评、维护保养和卫生清理”为主要内容的“六个一”活动，树牢安全行车意识。严密组织枪弹清查整治和防暴弹药普查，升级改造支队军械库和勤务中队兵器室，着力提高枪弹管控的安全系数。支队立足闽西山区，因地制宜发展农副业生产，统一规范不同时节种植品种，邀请龙岩市农科所专家进行技术辅导，发挥总队农技骨干酵母作用，利用每月的司务长办公日组织参观、学习和交流，全面提升农副业生产水平。提升服务保障水平。加大建设投入，逐步完善“四项设施”。干部士官公寓楼建设稳步推进，基本装修完毕。古田教导队建设推进有力，已完成“三通一平”。上杭中队新营房已完成配套建设并投入使用，四中队新营房配套建设基本完成，计划2018年上半年投入使用。抓好伙食管理，更新全区部队大米品种，为基层安装净水器和配发烤箱等，让官兵更具获得感、幸福感。开展属地医疗保障活动，把全体官兵纳入新农合医保，推动永定、连城、上杭、武平等4个中队与驻地医院签订警地医疗协作保障协议，为官兵健康添了一道“护身符”。

（苗继芳　撰稿）

人民防空

【宣传教育】 根据市依法治市办要求，做好“护航金砖会晤，普法在行动”主题宣传活动；深入龙岩师范附属小学开展人防宣传教育进学校活动，与市邮政局联合开展中小学生暑期家庭安全作业竞赛活动，组织活动启动仪式；根据相关要求，完成市人防办门户网站改版设计，确定网站栏目规划；参加龙岩广播电台《阳光法制时间》在线访谈；完成户外宣传长廊项目建设，并投入使用，人防宣传展厅按时间节点有序推进。

【工程建设】 加强人防工程质量监督，工程建设质量得到提高。举办全市人防工程质量监督业务培训班，提高人防干部的业务水平；创新监督机制，聘请专家参与质量监督工作；人防工程审批、易地建设费收缴和减免等工作有效开展，截至2017年底，中心城区已超额完成建设规划任务；单建式大中型人防工程实现零的突破。火车站站前广场单建式人防工程全面开工建设；“双随机”工作有序推进。对龙岩市防护设备生产质量和企业从业行为、人防监理企业从业能力开展全面检查。

【组织指挥】 加强指挥所的管理，落实日常通风除湿、巡查，检测制度，完成智能监控系统升级改造政府采购程序，对地下指挥所消防系统按计划进行整改，保证人防指挥所建设管理及信息保障工作正常运转；战备训练工作扎实推进。年初编制下发2017年指挥通信工作要点和年度训练计划，根据工作计划组织开训动员，重点组织开展机关训练、机动指挥所和信息保障训练；战备值班制度落实。制定下发加强战备值班工作等文件通知，在金砖会晤安保维稳期间，加大战备值班工作强度，加强对防空警报系统的管控，值班人员履行职责正常，处理情况正确；做好2017年度中心城区防空警报试鸣暨人口疏散演练工作。9月18日，在新罗区疾控中心防空地下室组织新罗区卫计系统、龙岩八中、西陂街道等单位干部职工和社区群众进行疏散演练；组织人民医院医疗救护专业队、新罗区疾控中心防疫专业队进行医疗救护和防疫消洗作业演练，圆满完成演练任务。

【依法行政】 配合省、市检察院组织开展督促收取防空地下室易地建设费专项监督活动，全面开展易地建设费追缴工作。在前两年执法检查工作的基础上，按分组分工，对检查发现的问题进行再追缴再督促整改。对各类违规免交、减交、缓交防空地下室易地建设费的项目，启动相关执法程序，追缴工作正在展开。

（林伶俐　撰稿）

33

教育　科技

编辑　饶晓艳

教　育

【概况】 2017年，全市有各级各类全日制学校（不含技工学校）1218所，比上年增加28所。在校生51.37万人，比上年增加2.15万人；教职工4.24万人，比上年增加0.22万人。

【学前教育】 全市有幼儿园634所，比上年增加29所；招生63006人，比上年增加7437人；在园幼儿154161人，比上年增加14972人；教职工11323人，比上年增加1383人，其中专任教师7000人，比上年增加731人。继续实施“共推龙岩市原中央苏区县学前教育连片振兴建设工程”项目。新增新罗区西城中心幼儿园、上杭县安澜桥幼儿园、城南幼儿园等3所市级示范性幼儿园。在杭州师范大学教育学院举办“2017年龙岩市幼儿园园长、名师高级研修班”。

【小学教育】 全市有完全小学394所，比上年增加3所；教学点407个，比上年减少2个；招生35624人，比上年增加1650人；在校生192928人，比上年增加6915人；适龄儿童毛入学率100.55%；教职工13726人，比上年增加710人，其中专任教师12733人，比上年增加363人。

【特殊教育】 全市特殊教育学校7所；招生544人（含普通学校随班就读学生），比上年增加113人；在校生3338人(含普通学校随班就读学生)，比上年增加295人；教职工240人，比上年减少3人，其中专任教师208人。依托龙岩市特殊教育学校成立“龙岩市特殊教育资源与指导中心”。北京师范大学5名特殊教育研究专家教授到龙岩开展“学术走基层，共促特教教师专业发展”支教活动。

【普通中学教育】 全市有初中学校126所，比上年增加1所；招生28382人，比上年增加1861人；在校生80561人，比上年增加3023人；专任教师8243人，比上年增加114人。普通高中学校43所；招生14678人，比上年减少1212人；在校生46268人，比上年减少412人；专任教师4325人，比上年减少48人。在武平三中举办以“重内涵·抓教改·促提质”为主题的2017年全市初中校长研训活动。在长汀一中举办以“新高考·新课程·核心素养”主题的龙岩市第十二届“普通高中开放周”活动。

【中等职业教育】 全市有中等职业学校(不含技工学校)12所，比上年减少6所；招生7620人，比上年减少712人；在校生21471人，比上年减少2375人；教职工1444人，比上年减少55人，其中专任教师1239人，比上年减少45人。以闽西职业技术学院为龙头组建龙岩市职业院校联盟，联盟在龙岩华侨职专、上杭职专、永定职专等中职学校开展“三二分段制”联合办学。全市有6所职业院校被列入“福建省示范性现代职业院校建设工程”2017年培育项目院校。上杭职专获评“福建省中等职业教育改革发展示范学校”。龙岩卫校被认定为福建省第一批规范化中等职业学校。闽西职业技术学院汽车检测与维修技术专业、物流管理专业，龙岩市农业学校畜牧兽医专业、现代农艺技术专业，上杭职业中专学校工业分析与检验专业等成为省第三批现代学徒制试点项目。构建闽西职业技术学院环保装备制造、文旅创意设计，龙岩华侨职专智能制造，上杭职专制造类等专业群。龙岩华侨职专的数控技术应用、闽西职业技术学院的建筑室内设计、龙岩农校的畜牧兽医等三个专业，被确定为“2017年福建省职业院校产教融合示范专业点培育项目”。职业院校学生技能大赛上，龙岩市20个项目参加国赛，有19个项目获得三等奖及以上奖项；在省赛中，中职学校选手获得一等奖10个、二等奖25个、三等奖41个。龙岩华侨职业中专从2015年起，连续三年夺得全省职业院校学生技能大赛中职组团体总分第一。

【高等教育】 全日制高等教育学校2所(龙岩学院、闽西职业技术学院),招生4780人,比上年减少211人;在校生17313人,比上年减少731人;教职工1443人,比上年增加333人,其中专任教师955人,比上年增加210人。

（王墉忠 撰稿）

【龙岩学院】 学校总占地面积约76万平方米，校舍建筑总面积约36万平方米，有14个二级学院、2个研究院,39个本科专业。全日制在校生11424人，教职工966人。教学科研仪器设备总值16041.11万元，图书馆馆藏电子图书146.53万册、纸质图书102.39万册、纸质报刊1475种。与龙岩市联合设立奇迈科技创新基金,资金总量近2000万。与企事业单位合作,开展科技成果转让和技术开发、咨询、服务,合同总金额1321.43万元，比上年增长2.74倍。成立龙岩学院干部培训中心,面向全国高校开展红色教育培训班57期，累计培训2133人次。2017年，学校入选福建省示范性应用型本科高校、福建省硕士学位授予培育单位立项建设高校、福建省第一届省级文明校园。

人才培养。专用机械装备学院被评为福建省五所示范性产业学院之一。与龙净环保共建的“机电工程实训基地”入选福建省示范性校企共建职业教育实训基地项目。“大数据安全工程师实训”“信息安全实训实验室”入选教育部2017年第一批产学合作协同育人项目。2项课题获2017年度教育部人文社科研究项目立项;1项课题获福建省本科高校教育教学改革研究重大教改立项;1个案例入选教育部思政课建设案例。与德国施马尔卡登应用技术大学、中国矿业大学签订合作协议,选派交换生27名;与明新科技大学等13所台湾高校合作开展闽台联合培养人才项目。全年学生学科竞赛获奖总数318项,其中,获国际级奖项17项,国家级奖项159项，获奖项目数是2016年的2.7倍。

师资建设。专任教师598人,具有副高以上职称290人(教授65人,2017年新增7名)、具有硕士及以上学位593人（博士100人,2017年新增26名);国家级人才7人,其中享受国务院政府特殊津贴专家5人(2017年新增1人);省、市教学名师33人;新增福建省引进B类高层次人才4名。

科研工作。成立“龙岩学院院士专家工作站”。新增国家基金项目立项8项,省级科研创新平台5项。全年立项科研项目281项,新增61项;科研经费总量2677.63万元，比上年增加95%。新增授权专利43项,其中发明专利17项，比上年增加83%,3项科研成果获龙岩市科学技术奖和专利奖。兽医学、地质工程、应用经济学等3个学科入选省级应用型学科立项建设项目，材料科学与工程入选省级应用型学科培育项目。

（邱华锋 撰稿）

【闽西职业技术学院】 学院占地36.66公顷,建筑面积24.8万平方米,在编教职工533人,其中高级职称(教授、副教授等)170人，中级职称（讲师等)239人,硕士学位教师196人,双师素质教师占92.71%。有省级教学团队3个、省级专业带头人10人，省级教学名师3名、“黄炎培杰出教师奖”教师2名,省“千百万”人才1名。全日制在校生近6336人,有38个高职专业,国家级教改试点专业1个、省级精品专业7个、省级示范专业9个、省创新创业教育改革试点专业2个,省级精品课程14门。校内实训室148个、生产性实训基地12个,校外实训基地259个,其中中央、省级财政支持的实训基地4个。教仪设备总值13000多万元，馆藏纸质文献63万册。国家骨干校建设项目通过教育部、财政部验收,跻身全国200所国家骨干高职院校行列,省级示范性现代职业院校建设项目通过年度评估。全年学院学生在各级专业、行业大赛,技能竞赛中，累计获得国家级奖项8项、省级奖项49项。在2017年福建省职业院校信息化教学大赛中,学院选送5个参赛作品全部获奖。

人才培养。环保装备制造、文旅创意设计等2个专业群被确定为福建省职业院校服务产业特色专业群建设项目;汽车检测与维修技术、物流管理等2个专业确定为省级现代学徒制试点专业;自动化类专业师资培训基地被确定为福建省省级职教师资培养培训基地;电子信息工程技术专业中高职衔接专业指导性人才培养方案开发项目省级立项;文旅创意设计专业群实训基地被确定为省级专业群实训基地;建筑室内设计专业被确定为省级示范专业点。校企共同开发专业核心课程28门,开发创新创业教育专门课程12门，编写并出版教材2门、特色校本教材6门。2个教学成果获省级教学成果一等奖。

社会服务。先后与永定区政府、上杭县政府签订校地战略合作协议,校地双方在科研、技术服务、人才培养等方面进行全方位合作。为福建塔牌水泥有限公司等7家水泥企业完成环境检测工作。承接全国会计初级技术资格考试龙岩考区2270名考生的考试工作。为连城、漳平、上杭、永定、新罗等5个县(市、区)税务人员和在职财务人员举办专项培训,为龙岩市鸿盾保安服务集团有限公司举办员工培训,累计培训人员1500多人次。开展职业技能鉴定、职业资格考证1504人次，完成职业培训215人次等。27个技术(社会)服务中心、7个科研创新平台及9个科研创新团队，持续为企业开展技术咨询、技能培训、技术指导与研发等各项服务共计400余项，进校资金总额达到917.59万元。

职业教育体系化办学。与永定侨荣职专签订联合办学协议，成立永定分校。联合龙岩华侨职专、永定侨荣职专、上杭职专举办艺术设计、建筑室内设计、电气自动化技术、数控技术、电子信息技术等5个专业“三二分段制”人才培养。与上杭职专、长汀职专合作共建市政工程、电子信息技术、旅游管理3个专业。

（杜磊　撰稿）

【福建广播电视大学龙岩分校】 2017年，学校开放教育招生1050名，网络教育招生26人，全市开放教育在校生4862名，分校本部各类在读学生2759人（其中开放教育2368人），网络教育223人，药学、护理学在职教育135人，在职研究生人数33人；有正式编制教师26人（其中高级职称9人，中级职称10人），硕（博）士研究生8人，外聘兼职教师38人，均为中级职称以上的高校专业教师；开设14个专科专业、10个本科专业。

非学历教育，完成首届现代青年农场主培训计238人，完成全市专业技术人员公共课培训计1850人，完成15期异地红色培训500余人。社区教育开设太极拳养生培训班、瑜伽形体健身培训班、高级摄影培训班、少儿舞蹈培训班及书法培训班，1000余人参加培训；完成第三期社区教育工作者培训，78人参加；立项“客家美食系列”“客家文化系列”“中央苏区（闽西）红色文化系列”“毒品预防教育系列”“龙岩特色农业系列”等10个富有当地特色的微课程；开展禁毒教育系列活动、“职工文明道德大家谈”活动、“关爱健康”系列公益讲座等活动。

（福建广播电视大学龙岩分校　供稿）

【龙岩技师学院】 龙岩技师学院有教职工348人，其中高级专业技术职务107人，技师、高级技师84人；在校学生6291人，2017年招收新生2553人，高级工、技师技能提升和大学生技师班829人，共计注册学生3382人。学院设置机械工程、电气工程、交通工程、现代服务等6个专业系，开设模具、数控、汽车、船舶驾驶、飞机维修、工业产品设计（3D打印）、电气自动化、工业机器人、电子商务、家政服务、烹饪等43个专业。

设立“福建省广告人才培养基地”。举办2017年班主任培训班、永定区定向委培班；举办2017年发展中国家菌草产业发展官员中式烹调培训班，来自斐济、朝鲜、斯里兰卡、埃塞俄比亚、利比里亚、南非、纳米比亚、坦桑尼亚、赞比亚等9个国家的菌草产业发展官员33人参加培训。承办2017年福建省电工职业技能竞赛、2018年福建省职业院校技能大赛数控综合应用技术赛项、龙岩机械产业发展院士论坛、2017年龙岩市家政服务员职业技能竞赛等赛事活动。加强交流合作，与连城县政府签署校地战略合作协议、与龙岩荣誉国宴酒楼有限责任公司、福建省龙岩市荣顺国际大酒店有限公司、龙岩中元大酒店有限公司等9家餐饮企业签订校企合作协议，与漳州东刚精密机械有限公司签订合作协议，共同培养高技能人才；与香港（中国）客家厨师协会签订合作框架协议，香港（中国）客家厨师协会会长张建汀到技师学院开展烹调讲座；澳大利亚澳中工商联合会名誉会长、澳大利亚福建总商会常务副会长、澳大利亚CWH国际控股公司副董事长兼亚洲区总裁、澳大利亚南球矿业集团（世界500强企业）董事局主席李舜铭，马来西亚雪兰莪州福建商会理事温柯洋一行到技师学院参观考察，商讨进一步推进学院与澳大利亚、马来西亚职业院校和企业之间交流合作；韩国海娜协会会长李淑容（LEE SUK YONG）、芳香疗法师协会会长李恩姃（LEE EUN JEUNG）等一行9人组成的韩国美容美发行业考察团莅到技师学院参观考察。机械工程系15高机械班学生陈创辉入选国家人力资源和社会保障部2017年度“技能雏鹰”奖。选派师生参加在香港中华厨艺学院举办的“美味客家名厨18强”香港国际交流大赛总决赛暨中国客家菜首届研讨会，教师郭志翀的“山海相望”获“白金奖”，16级烹饪专业学生陈崴的“菊”获“金牌奖”。2017年全国院校职业技能大赛中，电气工程系16高电1班邱跃源、叶耀显获单片机控制装置安装与调试项目两块铜牌，机械工程系16技师班彭铖获计算机辅助设计（工业产品CAD）项目铜牌。

【教育党建】 推进“两学一做”教育活动常态化制度化。龙岩市委教育工委、市委组织部联合下发《关于加强全市中小学校党的建设工作的实施意见》。开展市属中小学领导干部和机关科室干部的选拔任用和交流轮岗工作，交流轮岗6名干部，提任2名科级干部。开展“书香党旗红”品牌创建活动，全市学校共申报党建品牌创新项目58项，立项38项，评选表彰20个市级优秀成果。创建5个市级“红土先锋”党员工作室。龙岩市委教育工委新发展党员611名。开展市属学校党组织书记抓基层党建工作述职评议工作。

【教育督导】 开展市对上杭县教育工作“两项督导”评估、创建“教育强县”过程性指导。开展2017年春、秋季开学工作、“全面改薄”、中小学幼儿园招生、幼儿园规范办园行为等专项督导。督导检查上杭县中小学校教育教学工作，开展市属中小学校素质教育随机督导。全面建立学校视导员制度，全市聘请视导员446人。聘请新一届市政府督学33人、特约督学43人；全市有新一届省政府督学3人、省政府特约督学6人。

【促进基础教育均衡发展】 启动实施龙岩中心城区基础教育“名校带动工程”，组建17个教育组团，带动29所学校。新增省“义务教育管理标准化学校”

60所。4所高中申报省示范性高中建设项目，5所高中参评省级普通高中课改基地校，龙岩九中、长汀龙宇中学通过“三级达标高中”市级评估。

【学校德育工作】 加强高校思想政治和中小学德育工作，培育和践行社会主义核心价值观，加强红色文化教育，统筹开展创建第五届全国文明城市和校园文明创建工作，龙岩市的中小学德育典型经验被《中国德育》（第十三期）专期宣传推广。加强德育骨干队伍建设，评选表扬市属学校优秀班主任100名、首届高校优秀辅导员20名。开展“最美学生”“诚信之星”“美德少年”评选活动，评出福建省“最美学生”5名，龙岩市中小学生“诚信之星”21名、龙岩市“美德少年”10名。龙岩二中（闽西汉剧）、龙岩师范附小（闽西童谣传唱）被教育部认定为第二批全国中小学中华优秀文化艺术传承学校，龙岩师范附小被教育部评为全国第二批“心理健康特色学校”，8所中小学校入选省第二批“心理健康特色学校”，18所学校被评为省第二批“国防教育特色学校”。龙岩市教育局被中央文明委评为“全国未成年人思想道德建设工作先进单位”。

【科教文体活动】 举办全市中职学生运动会篮球比赛、全市中小学生足球联赛、全市中学生篮球比赛、全市中学生排球比赛和全市中学生田径比赛。武平县承办福建省首届中小学生手球锦标赛。142名教师运动员组成龙岩市教育系统代表团参加龙岩市第十五届运动会行业组比赛，获得金牌26.5枚、奖牌54.5枚、团体总分531分，实现金牌数、奖牌数、团体总分居全市行业组第一名，创下市运会行业组历史最好成绩，并获得大赛组委会授予的“优秀组织奖”。举办全市中小学教师啦啦操教练培训。举办首届全市中小学师生文化艺术节系列活动，包括2017年全市中小学生文艺汇演（分小学生专场和中学生专场）、2017年全市中小学生器乐比赛、全市中小幼儿师生美术作品展评等。

【语言文字工作】 举办全市小学生规范汉字听写大赛、全市中小学生规范汉字书写比赛、全市中小学师生经典诵读比赛。创建省、市语言文字工作示范校，对17所学校语言文字工作进行省、市二级示范校评估，并推荐5所学校认定省级语言文字工作示范校。

【教学研究指导】 组建非一级达标高中联盟，组织召开一级达标联盟和非一级达标联盟校长会议、学科中心组会议。开展“一课一名师，一师一优课”活动，197节课获得“省优”，54节课获得“部优”。市级教研机构立项课题29项。6项教学课题获福建省优秀教学成果奖。龙岩市职业技术教育与就业指导中心的《龙岩市中职学校学生多元星级评价体系的探索》被省教育厅评为福建省教学成果特等奖。加强网络教研工作，推进名师“精品课堂”网上共享。开展“同题异构”和“一课三评”活动。组织名优教师开展送教下乡活动

【教师队伍建设】 漳平市林德龙入围全国“教书育人楷模”候选人名单。2名教师（龙岩高级中学邓小红、上杭职专吴永康）获福建省最美教师提名奖。56位教师获“福建省优秀教师”称号，8人获“福建省优秀教育工作者”称号。14名教师获2017年度“实事助学基金杰出教师奖”荣誉称号。60名中小学教师被确定为福建省“十三五”中小学省级学科带头人，51名中小学校长和幼儿园园长被确定为福建省“十三五”中小学名校长后备培养人选。100名被确定委第一批“龙岩市小学中青年学科教学带头人”。31个省名校长工作室与龙岩市72位优秀校长签订师徒结对协议，23个省名师工作室与龙岩市73位优秀教师签订师徒结对协议。引进第一批优秀高校毕业生47名。选派2000多名教师、300多名校长参加国家级、省级各类培训。举办市级培训班16期，组织1500多名教师、校长、园长到外地高校培训。出台《龙岩市乡村校长培训方案（2017—2020年）》《龙岩市乡村教师培训方案（2017—2020年）》。出台《龙岩市直公办中小学、幼儿园聘用编外教师管理办法》。462人获得有关教师职务任职资格（其中高级110人、中学一级187人、小学一级97人、幼儿园一级13人、讲师33人、助理讲师4人、高级讲师18人）。全年认定高中阶段教师资格505人（其中高中432人、中专72人、中专实习指导1人）。选派10名优秀教师赴西藏支教。选派15名教师赴3个省扶贫开发重点县（武平县、连城县、长汀县）支教。选派武平县、连城县、长汀县等3个省扶贫开发重点县的45名校长和骨干教师到泉州和龙岩市属重点学校跟班学习。

【教育为民办实事项目】 继续实施公办幼儿园建设工程。开工建设公办幼儿园12所，建设面积50611平方米，完成年度目标任务。继续实施全面改善薄弱学校办学条件工程。新增课桌椅43157套、图书50.13万册、计算机20858台，购置生活设施10990台件套；新建室外运动场53171平方米，交付校舍22900平方米。完成年度目标任务。启动实施龙岩中心城区小学“课后服务活动”试点，参与小学29所。实施中心城区畅通工程“学校家长接送区”项目建设，完成16所学校“家长接送区”改造工作。龙岩市教育局被龙岩市绩效办评为2017年项目落地攻坚战役绩效工资一等次单位。

【学生资助工作】 全市发放各类助学资金16918.89万元（含生源地信用助学贷款），惠及家庭经济困难学生113532人次。其中，学前教育阶段，资助家庭经济困难幼儿8160人次、发放

政府助学金 1071.22 万元；普通高中阶段，资助家庭经济困难学生 7615 人次、发放国家助学金 844.32 万元，高中免学费惠及 16802 人、补助资金 1976.26 万元；中等职业教育阶段，中职学校国家助学金发放 5207 人次、资助金额 243.7 万元，免学费惠及 53685 人次、补助金额 3443.42 万元；高等教育阶段，国家助学金资助 5889 人次、资助金额 1027.63 万元，国家奖学金资助 40 人次、资助金额 24.8 万元，国家励志奖学金资助 1005 人次、资助金额 403 万元，建档立卡贫困户大学生学费资助 3891 人次、发放金额 485.25 万元，申请生源地助学贷款贫困大学生 10561 人、发放贷款 7365.44 万元；少数民族国家助学金，资助 677 人次、资助金额为 33.85 万元。

发放免费教科书、新华字典 488.2 万册，投入资金 3395.05 万元；发放市属义务教育学校免费作业本 22.46 万册，金额 18.02 万元，受益学生 1.13 万人。推广长汀经验，开展农村义务教育学校课间营养餐项目试点，将课间营养餐项目扩展到全市 38 所农村义务教育学校，惠及学生 5407 名。龙岩市教育局被龙岩市委、市政府评为“脱贫攻坚战役成绩突出挂钩帮扶单位”。

【校园安全管理】 利用龙岩市学校安全教育平台开展预防溺水、消防、交通等安全教育教学及专题教育活动。组织开展第二十二个全国中小学生安全教育日和第十个福建省学校安全教育周、“5·12” 防灾减灾日、安全生产月及 “11·9” 消防安全进校园系列安全教育活动。龙岩市教育局、市禁毒办、食安委办、环保局、人防办等部门联合开展“暑期家庭安全知识竞赛”活动，12 万名中小学生参与。市教育局、公安消防支队联合开展 “消防安全教育暑期专项行动”。在第二届全国“学宪法、讲宪法”活动中，上杭三中学生何婧茹、龙岩学院学生叶佳迎获全省一等奖，并代表福建省参加全国赛，分获初中组二等奖和高校组三等奖。市教育局与市依法治市办、市司法局、团市委联合举办以“关爱明天　崇德尚法”为主题的市属学校学生法治辩论赛。完成“平安校园”等级认定工作，全市应创建学校 706 所，通过评定验收 706 所(其中达 AAA 等级 251 所，AAAA 等级 397 所，AAAAA 等级 58 所)，达标合格率 100%。举办全市教育系统安全稳定形势分析会议暨培训班。开展以“崇尚科学，远离邪教，健康生活”为主题的防范邪教宣传月活动。开展青少年毒品预防教育，全力打造“无毒校园”，广泛开展中小学红土卫士“四小员”队伍建设。举办第二届“龙岩市禁毒宣传月启动仪式”和“珍爱生命、远离毒品”万人签名“携手同心、共创无毒”宣传教育活动。组织开展向禁毒勇士涂太阳学习活动。开展青少年学生毒品预防教育“五个一”活动，召开学习南山中学禁毒教育经验现场推进会。做好全国禁毒知识竞赛的参赛工作。龙岩市教育局被福建省教育厅评为 “2017 年度学校综治安全目标管理优秀单位”。

【教育统一考试】 全市普通高考(含高职单招)报名考生 17621 人(其中高职入学考试 2900 人、普通高考 14721 人)，比上年减少 299 人。全国硕士研究生入学统一考试报名考生 1023 人，比上年增加 359 人。中考报名考生 51206 人，比上年减少 435 人。高中学业基础会考报名考生 65576 人次 (1 月报考 48659 人次、6 月报考 16917 人次)，比上年增加 1619 人次。成人高校招生入学考试报名考生 3077 人，比上年增加 261 人。纳入自考运作范畴的各类考试 13 场，共有 49716 人次报考，比上年增加 10843 人次。高考实现零违纪。龙岩市招生考试办公室被东部战区空军政治工作部评为 2017 年度空军招收飞行学员工作先进单位。

【高考】 2017 年，全市高考考生 14721 人，占全省考生数 7.82%。全市上清华、北大投档线 13 人，比上年增加 5 人。理科全省前 100 名 9 人，理科 600 分以上 109 人，占全省比例 9.91%，比上年增加 3.39 个百分点；文科全省前 50 名 2 人，580 分以上考生 23 人。全市文理本一上线率比上年有所提高，永定区提高 3.76%、武平县提高 3.19%、上杭县提高 2.23%、连城县提高 1.02%、新罗区提高 0.41%。文理科本一上线率，新罗区 36.66%、漳平市 28.62%、永定区 26.51%、连城县 26.42%、武平县 21.54%、长汀县 21.22%、上杭县 21.12%；理科本一上线率，新罗区 42.61%、漳平市 36.11%、永定区 30.75%、连城县 30.46%、长汀县 26.64%、上杭县 25.86%、武平县 25.09%；文科本一上线率新罗区 23.92%、连城县 15.91%、永定区 10.90%、武平县 10.88%、漳平市 8.72%、上杭县 7.56%、长汀县 7.33%。

（王墉忠　撰稿）

科　技

【概况】 全市启动实施市本级科技计划项目 118 个，下达市本级科技项目及奖励补助经费 5500 万元；新启动实施省级以上项目 33 个，争取省级以上科技项目及奖励补助经费 3539 万元。新增省级(企业)工程技术研究中心 4 家、累计 31 家。新增省级重点实验室 2 家，累计 6 家。全市高新技术企业通过认定 50 家，其中新认定 28 家，重新认定 22 家，累计 108 家，增长 20%。年度牵头完成科技成果获省科技奖 7 项。全市专利申请受理 6601 件 (含发明专利申请 671 件)，专利授权 3457 件(含发明专利授权 223 件)，全市拥有有效发明专利 984 件，每万人发明专利拥有量 3.73 件，比上年增长 20.9%。全市评审专利奖 25 项。武平县入选国家知识产权强县工程示范县；武平县高新技术产业园区成功获批为全省县域首个省级高新技术产业园区。上杭县积极争创省知识产权强县工程试点县。全市新入选国家知识产权示范企业1家、国家知识产权优势企业1家，新入选省知识产权优势企业7家，新增市级试点单位26家。

深入实施创新驱动发展战略，明确科技发展总体布局。召开全市科技和知识产权工作会议，在全省率先出台《龙岩市加快知识产权强市建设实施意见》；牵头制定出台《龙岩市加快高水平科技创新平台建设发展九条措施》，制作高企优惠政策宣传动漫，建立高新技术企业重点培育库；编印《龙岩市科技创新服务简明手册》《龙岩市科技创新创业政策汇编》；创建全省县域首个省级高新区——武平县高新技术产业园区，成立福建省应急救援装备产业技术创新战略联盟，举办"双创在福建"走进龙岩主题活动，龙岩市在创建国家知识产权试点城市考核中连续两年被评定为优秀等次，通过考核验收国家知识产权试点城市验收并申报开展国家知识产权示范城市培育工作。9月，省政府公布"2016年度福建省科学技术奖"名单，龙岩市获一等奖1项，二等奖1项，三等奖5项。

2016年度福建省科学技术奖龙岩市获奖情况

表11

序号	奖项	项目名称	完成单位	完成人
1	一等奖	燃煤电厂湿式电除尘系统	福建龙净环保股份有限公司	罗如生、林国鑫、林翔、郑岩峰、杨丁、黄建华、张瑾、戴海金、钟德楠、彭宇泉
2	二等奖	铜电积高效与清洁生产关键技术	紫金矿业集团股份有限公司	衷水平、张兴勋、张鹏、赖桂华、张焕然、申开榜、陈鹏
3	三等奖	钢铁制件表面高性能防腐处理关键技术	福建宏贯路桥防腐科技股份有限公司	罗贯虹、李瑞平、罗长虹、邓正鸿、王强
4		污水循环利用技术的研发与应用项目	福建龙马环卫装备股份有限公司	黄秋芳、陈隆、黄彪、谢永芳、曾祥林
5		载货汽车铸钢桥壳轻量化关键技术	龙岩盛丰机械制造有限公司	张兴禄、卢森加、张红艳、赖振城、卢炳加
6		高纯黄金绿色提取关键技术与装备	紫金矿业集团黄金冶炼有限公司、紫金矿业集团股份有限公司	林泓富、刘亚建、孙根荣、吴卫煌、罗忠岩
7		南方红壤山地水土流失区生态修复技术	长汀县枫林生态农业有限公司	范小明、吴远彬、张梅坤、李建江、郭世俊

【科技项目立项与实施】 全年争取省级以上科技经费3540万元，其中获省级科技计划立项33项、资助经费2392万元，包含重大专项项目2项900万元，引导性项目5项110万元，省创新资金项目6项180万元，创新型企业成果后补助项目2项30万元，省星火计划项目3项75万元，省自然科学基金项目3项27万元，对外合作项目3项240万元，高水平科技研发创新平台补助项目1项50万元，科技创新平台认定资助项目2项300万元，区域发展项目6项480万元。全年安排市级各类科技计划项目106项，各类奖励性支出2900万元。各类科技计划项目包括工业类重大项目(后补助项目)3项，科技创新平台建设项目(后补助项目)1项，技术创新平台项目(后补助项目)8项，农业类重大项目2项共60万元；基础研究与公益类项目2项205万元，社发类项目22项161万元，基础研究与青年人才项目26项128万元，对外合作项目2项60万元，专项经费支出5项260万元，科技扶贫项目4项120万元，科技小巨人企业培育19家470万元。奖励性支出包括新认定高新技术企业、省级企业(工程)技术研究中心、省

级重点实验室奖励支出735万元，企业研发经费分段补助344万元；与龙岩学院合作设立奇迈科技创新基金，支出187万元。实施科技创新工程包，8个项目完成投资额2.12亿元，完成年度任务130%。

【科技支撑产业转型升级】　支持龙岩国家级高新区、厦龙山海协作经济区、龙岩国家级农业园(漳平)、武平省级高新区(全省第一家县域高新区)和连城省级农业园等平台建设，加快推进上杭县工业园创建省级高新区。至年末，高新技术企业净增18家、累计108家，新增省级科技小巨人领军企业22家、累计61家，新增企业工程技术研究中心4家、累计31家，提前超额完成龙岩市"十三五"高新技术企业100家、科技小巨人领军企业50家、企业工程技术研究中心30家的目标任务；福建省应急救援装备产业技术创新战略联盟获省科技厅批复；新增省级新型研发机构2家；新增省级技术转移机构2家；新增省级重点实验室2家，累计6家；新增市级众创空间7家、累计24家，新增省级众创空间2家，累计10家，推荐龙腾新创等5家省级众创空间申报国家级众创空间；新增国家级星创天地1家、总数4家。54家企业入市科技服务业培育库培育，完成2017年全市服务业发展"三比一看"竞赛培育2家的目标任务。兑现龙氟化工等35家国家高新技术企业奖励845万元(市本级385万元)，50家国家高新技术企业享受所得税优惠政策减免额1.26亿元；57家企业享受研发经费加计扣除优惠政策，加计扣除额1.96亿元；15家省级科技小巨人领军企业享受加计扣除政奖励253.5万元；28家企业获得省创新券补助214.9万元；对省级企业重点实验室、企业工程技术研究中心等7家新上省级科技创新平台兑现奖励700万元(市本级350万元)。

【国家知识产权试点城市建设】　2017年，龙岩市申请专利6601件，其中，发明专利671件、实用新型专利5100件、外观设计专利830件。获授权专利3457件，其中，发明专利223件、实用新型专利2490件、外观设计专利744件。全市有有效发明专利984件，每万人口发明专利拥有量3.727件。获省专利奖2项，其中一等奖1项、三等奖1项；评出市专利奖25项，其中一等奖2项、二等奖8项、三等奖15项。龙岩市知识产权局获评为"2016年度国家知识产权试点示范城市工作先进集体"。武平县入选国家知识产权强县工程示范县。新入选国家知识产权示范企业1家、国家知识产权优势企业1家、省知识产权优势企业7家，新增市级试点单位26家，市级以上试点示范企业累计152家。实施专利技术实施与产业化计划项目10项，下发补助资金100万元，促进专利运用及产业化。全市企业获专利权质押贷款授信2.84亿元，累计8.03亿元。实施机械特色产业"1+10"专利导航产业发展创新计划项目。4家企业通过知识产权贯标认证。推动知识产权军民融合双向转移转化，举办军民知识产权融合论坛暨项目对接交流会，市政府与中国和平利用军工技术协会签署战略合作框架协议。"知识产权服务军民融合产业能力建设"软课题研究顺利通过验收。在全省率先举办知识产权专员培训班，培训130余人次；开展知识产权远程教育培训3期，培训3100余人次；全省知识产权局长培训会议在龙岩市举办。

2017年龙岩市获福建省专利奖情况

表12

序号	专利名称(专利号)	专利权人	等次	省奖金	市配套奖金
1	一种复式卧式湿式电除尘器 ZL201310113386.2	福建龙净环保股份有限公司	一等奖	10万元	10万元
2	从废弃氰化尾渣中再提取金银等金属及硫的浮选方法 ZL201110409765.7	紫金矿业集团股份有限公司	三等奖	3万元	2万元

2017年龙岩市获福建省专利奖情况

表13

序号	专利名称(专利号)	专利权人	发明(设计)人	奖金
		一等奖		
1	一种方便实用的均压环 ZL201410593096.7	福建逢兴机电设备有限公司	苏太育、熊美英、吴建兵、邓逢锌、郑锦芳、张锦澎、邓锋钢、谢志明、倪敏敏、王荣杰、魏祥祯、林福、吴淑娟、李晶、赖月华、苏荣、江若凡、陈柏湖、李云禄、詹声骏	10万元
2	一种含铜氧化金矿氨氰选择性提金的方法 ZL201410274430.2	厦门紫金矿冶技术有限公司、紫金矿业集团股份有限公司	黄怀国、陈庆根、林鸿汉、张文波、叶志勇、熊明、李晓伟、许晓阳、孙艳慧、丁文涛	10万元
		二等奖		
1	一种移动阳极电除尘器 ZL201310394697.0	福建龙净环保股份有限公司	林翔、陈艺聪、廖增安、杨文贞、吴桂平	6万元
2	一种风味多样化的低糖香脆甘薯条片的加工方法 ZL201410159179.5	龙岩学院、连城田园食品厂	石小琼、钱震华、钱师杰、文玉龙、杨雅萍	6万元
3	基于PLC控制的托盘自动转换装置 ZL201510480876.5	龙合智能装备制造有限公司	行永祥、杨静、谭鲁民、许志旺、卢衍湘	6万元
4	一种无氨氮参与的磷酸镧铈铽制备方法 ZL201410530074.6	福建省长汀金龙稀土有限公司	付金彪、王金平、李来超	6万元
5	一种垃圾压缩机的推头结构 ZL201410626836.2	福建精艺机械有限公司	吴兆敏、沈绍镇、徐伯群、高世泽、吴成美	6万元
6	物料输送状态检测装置 ZL201310021926.4	龙岩烟草工业有限责任公司	蒋景强、邓宏博、邓春宁、郑佳惠、陈文钦、卢新润、张美玲、程华桂	6万元
7	一种微量元素中草药饲料添加剂 ZL201410387702.X	福建省招宝生态农庄有限公司	蓝招衍、张秀萍、蓝星、兰卓成	6万元
8	防皱抗污超细纤维革及其制造方法 ZL201510581932.4	天守(福建)超纤科技股份有限公司	周文赞、蔡裕泰	6万元

续表 13

序号	专利名称(专利号)	专利权人	发明(设计)人	奖金
	三等奖			
1	一种自装卸垃圾车盖板翻转控制系统 ZL201610075772.0	福建龙马环卫装备股份有限公司	范林生、罗龙明、杨锦华、倪俊俊、雷永承	2 万元
2	一种缩短母猪产程的药物及其制备方法 ZL201310304737.8	福建奥姆龙生物工程有限公司	林振雁	2 万元
3	一种稳定挂钩的卸禽装置 ZL201410819249.5	福建正大食品有限公司	沈奇	2 万元
4	高室温塑性镁合金材料 ZL201210426762.9	福建坤孚股份有限公司	蒋斌、潘复生、李瑞红、杨青山、曾迎	2 万元
5	一种电源车用电缆绞盘 ZL201410248590.X	龙岩市海德馨汽车有限公司	林富华	2 万元
6	智能集成阀块 ZL201510273795.8	福建亿松机械有限公司	严伟青、闵晓华、廖开贵	2 万元
7	一种低温耐磨拖板的制造方法 ZL201510363070.8	龙岩盛丰机械制造有限公司	张宗玉、卢森加、张红艳	2 万元
8	一种保健茶油的制备方法 ZL201510980994.2	福建优创油脂有限公司	华锋	2 万元
9	一种高含量黄芪多糖提取方法 ZL201310595622.9	福建中农牧生物药业有限公司	吴樟强	2 万元
10	乳化炸药药卷质量自动筛选装置 ZL201410449263.0	福建省民爆化工股份有限公司	王庆土、颜建议、朱光杰、王志鹏	2 万元
11	一种具有自动检测机构的拉拉裤生产装置 ZL201610061940.0	福建溢泰科技有限公司	沈正刚、方志刚、洪百能	2 万元
12	AG 防眩光平板显示玻璃制造方法 ZL201610156506.0	福建和达玻璃技术有限公司	张源兴	2 万元
13	一种空气净化除尘装置 ZL201510300858.4	福建欣隆环保股份有限公司	车国容	2 万元
14	一种高强拉邦布及其制备工艺 ZL201610001171.5	福建三达节能新材股份有限公司	曾世超、张华良、彭思德	2 万元
15	包裹白砂糖球粒的薯球的制作工艺 ZL201310326864.8	连城县福农食品有限公司	罗远雪	2 万元

【专利执法和维权服务】 推进专利执法保护，承办“全省知识产权行政管理人员业务培训班”；开展专利执法专项行动10次，检查商品2000多件，核实与查处假冒专利案件136件，受理专利纠纷案件10件。5月25日，市知识产权局组织执法人员与永定区知识产权局对新华都超市、家家冠超市和时珍大药房开展联合专利执法检查，重点检查药品、医疗器械、儿童玩具和日常用品等与百姓生活密切相关的商品，发现7件商品涉嫌假冒专利行为。11月8日至10日，市知识产权局入驻第八届海峡两岸机械产业博览会，查处假冒专利案件58件。

【知识产权宣传活动】 4月25日，市知识产权局参加2017年侵权盗版及非法出版物集中销毁和“绿书签2017”宣传活动，在活动现场设置咨询服务点，向公众发放知识产权宣传册、专利行政执法宣传册、远程教育平台龙岩分站等宣传材料500余份。4月26日，市知识产权局牵头联合新罗区知识产权局、市中级人民法院和市、新罗区工商局共同开展以“创新创造改变生活，知识产权竞争未来”为主题的宣传活动，向公众发放知识产权宣传册、专利行政执法宣传册、法律维权手册、商标法等宣传材料2000余份。与邮政合作，在微信用户朋友圈推广市知识产权局微信公众号，当天向10万微信用户投放微信公众号信息。

【2017年福建省知识产权行政管理人员业务培训班】 10月10日，2017年福建省知识产权行政管理人员业务培训班在龙岩古田举办。省知识产权局局领导、各处室及直属单位负责人，各设区市知识产权局、平潭综合实验区市场监管局负责人、各县（市、区）知识产权局负责人等110多人参训。培训班重点讲授专利运营、高价值专利的评价与培育、基层知识产权宣传培训、电商知识产权管理、知识产权行政执法等内容。

【大型仪器设备共享平台】 开展龙岩市大型科学仪器设备共享调研，推进重大基础设施和大型科研仪器向社会开放服务。至4月，龙岩市作为省大型科学仪器设备共享平台省的二级平台，可提供开放共享的仪器单位11家、仪器设备总台套数143台套，总价值6994万元（其中，省级以上管理的单台套原值30万元以上仪器设备75台套，市级管理的单台套原值10万—30万元仪器设备68台套），仪器设备主要有分析、计量、工艺实验设备、物理性能测试仪器等类别，涵盖化学、材料科学、食品科学、农学、力学、环境科学及资源科学、药学、生物学、色谱光谱等学科领域。

【技术市场交易】 全市登记技术合同31项，合同金额6.36亿元，技术交易额4.22亿元，技术交易额实现翻番。其中，技术开发合同8项、合同金额26533.21万元，技术转让合同19项、合同金额15671.7万元。

【第四届创新创业大赛】 7月，市政府举办“第四届龙岩市科技创新创业大赛”，70家初创型和成长型企业参赛，项目涵盖互联网、移动互联网、新能源、新材料、电子信息等多个领域，产生一等奖2名、二等奖4名、三等奖6名、优胜奖8名。其中，27家企业进入省复赛，获得省二等奖1家、省优胜奖8家，连续三届晋级省赛企业数和获奖综合排名位居全省前列。正德光电进入国家电子信息行业总决赛并获优秀企业称号。

【“双创在福建”走进龙岩主题活动】 6月，省委宣传部、省发改委、省科技厅等联合主办，市人民政府承办“双创在福建”走进龙岩主题活动，主办单位代表，媒体记者，龙岩市直单位、县市区和企业代表、以及创客、创业导师、众创空间运营者等200多人参加活动。龙岩创客们交流分享创新创业的经验和故事，共同探讨创新创业热点问题。新华社、《光明日报》《经济日报》《科技日报》和《福建日报》、省广播影视集团和《海峡都市报》等26家媒体对活动进行深入报道。

4月26日，市知识产权局牵头在街心广场开展“创新创造改变生活，知识产权竞争未来”主题宣传活动

【科技交流与合作】 组织20多家企业参加第十五届中国·海峡项目成果交易会（“6·18”）、2017厦门国际投资贸易洽谈会（“9·8”）电子信息产业对接会及科技外交官专场等对接活动，搜集企业技术需求40多项、调研需求8项。加强与“一带一路”沿线国家科技合作，福建省长汀金龙稀土有限公司与桂林电子科技大学，龙岩市夏龙工程技术研究院与美国华顿大学电子工程系信息处理实验室开展对外合作，共获得105万元补助。与中科院海西研究院泉州装备制造所、福建物质结构研究所、城市环境研究所沟通联系，促使泉州装备制造所与福建钢泓金属科技有限公司、福建坤孚股份有限公司，城市环境研究所与长汀县枫林生态农业有限公司，福建物质结构研究所与福建万乘智慧光电科技有限公司合作，共同申报中科院STS项目，获得省级科技经费180万元补助。全年组织技术经纪人培训21人次，参加技术交流活动3场。

【培育与引进科技创新创业人才（团队）】 实施省“海纳百川”高端人才聚集计划和人才强市战略，引进和培育一批高层次科技创新创业领军人才（团队）。其中，2人入选第三批国家“万人计划”科技创新创业领军人才，1人入选科技部科技创新人才推进计划科技创新创业人才，2人入选福建省“百人计划”创业创新人才；1个团队入选福建省“百人计划”创新创业团队，组织推荐15名第三批福建省科技创新创业领军人才，评选出8名市级科技创新创业人才。

【“2017年国际大学生知识产权夏令营”走进龙岩】 7月10—15日，由厦门大学知识产权研究院举办的“2017年国际大学生知识产权夏令营”走进龙岩。龙岩市知识产权局承办夏令营“理解中国”环节活动，开展龙岩一中科技交流、参观永定土楼、观摩汉剧表演等主题活动，来自南非、印度等国的5名青年学子，分别与龙岩市5名中学生结成对子，融入龙岩家庭，近距离感受中国文化与生活。

【科普事业】 科普阵地建设。市科技馆完成机构设置和人员选调，初定投资8000万元，开放一楼展厅；上杭科技馆落实装修布展责任单位；开放连城科普馆；武平科技馆新增VR体验室。争取中国科协“科普大篷车”2部。全市建成“科普中国e站”84个。持续开展青少年科普活动。举办首届市青少年机器人竞赛和第十届市青少年科技创新大赛，吸引全市近3万名中小学生参与。参加第三十二届省青少年科技创新大赛，获一等奖7个，9个项目被推荐参加全国大赛。全市获第三十四届全国中学生物理竞赛福建赛区竞赛一等奖8个。武平县象洞中心学校陈伟光老师获“全国十佳科技辅导员”称号，连城县姑田下堡小学获“青少年科学调查体验活动优秀示范学校”称号。群众性科普活动全面铺开。深入上杭才溪、永定湖雷等革命老区、边远地区开展“科普大篷车老区行”17次，体验人数5万多人次。轮番在永定、连城、长汀等地组织“中国流动科技馆”巡展，体验人数30多万人次。结合全国科普日、科技活动周、科技文化卫生“三下乡”等，举办各类科普报告、展览、培训班120多场，维护城乡科普画廊、宣传栏1000多座，张贴科普挂图4100多幅，发放科普资料10多万册，播放科普电影、电视节目40多场，发送科普短信3万多条，受众人数超过60万人次。市科协获中国科协全国科普日优秀组织单位称号。继续实施基层科普行动计划，评选表彰市级农村专业技术协会6家、科普示范基地7家、科普示范社区4个、农村科普带头人7人；争取省科协基层科普行动计划奖补资金125万元。

【龙岩市奇迈科技创新基金项目】 11月13日，市科技局会同市财政局、龙岩学院共同制定《龙岩市奇迈科技创新基金管理办法（试行）》和《龙岩市奇迈科技创新基金项目管理实施细则（试行）》，共同设立龙岩市奇迈科技创新基金，基金总量1000万元，由市科技局、龙岩学院、企业按“三三”制出资构成，并成立龙岩市奇迈科技创新基金委员会。2017年，奇迈基金委对“生理讯息技术研发与测试”等6个项目进行立项，立项资金总额234.8万元，其中市科技局出资78.26万元。

【科技扶贫】 开展省级扶贫开发工作重点县人才支持专项行动，选派47名专业技术人员前往长连武3个重点县29个乡（镇）开展科技服务，推动农村科技创新创业和精准扶贫。开展科技帮扶到户，组织农村实用技术培训班18期，培训贫困户1318人，安排专家深入田间地头现场指导120多人次，建立7个县级科技帮扶示范点，编印发放《龙岩市脱贫攻坚战役科技帮扶到户实用技术手册》1万余份，通过科技典型示范带动引导各县（市、区）贫困户掌握种养技术，推动贫困村、贫困户脱贫。制定《龙岩市科技对接帮扶贫困户工作实施方案》，精准帮扶连城县姑田镇中堡村及39户贫困户，支持中堡村集镇农贸市场、光伏发电、生态养牛、绞股蓝种植加工等脱贫项目建设，安排“中堡村清洁能源技术开发与推广”项目20万元，协助完成10户贫困户造福工程易地搬迁、13户贫困户集中安置住房，实现7户稳定脱贫、17户脱贫。推行科技特派员制度，认定175名省级科技特派员、1家法人科技特派员，省厅给予每位省级科技特派员每年补助2万元工作经费，获省级科技特派员后补助项目11项和星创天地建设后补助项目1项合计185万元。

【龙岩市生态环保攻坚战役】 实施国家科技惠民工程，开展水土流失生态修复、大气污染治理设备制造、畜禽养殖业污染治理、工业废水循环利用等科技攻关，建成使用全省首个国家科技惠民项目“九龙江北溪流域农村生活污水处理技术应用示范”，组织实施“含铜酸性污水循环利用与资源化处理关键技术”“燃煤电站用管式湿式电除尘技术”“燃煤烟气高温除尘脱硝超低排放一体化技术与装备研发”等项目研究。

（汤芳萍　撰稿）

农业科技

【概况】 全年组织申报各类项目20项，争取项目11个，争取项目资金360万元，其中，省发改委农业“五新工程”项目100万元。组织实施省级以上涉农科技计划项目13项、市级科技计划项目15项。4个省级项目、12个星火计划项目、56个市级科技计划项目通过验收。

“甘薯新品种龙薯24号的选育”获龙岩市科学技术奖二等奖，“槟榔芋新品种汀芋1号选育”获龙岩市科学技术奖三等奖。“一种橙皮与甘薯复合型软糖的制备方法ZL201410130928.1”获龙岩市专利奖三等奖。“甘薯新品种龙薯24号的选育”“铁皮石斛种质资源创新及优良新品种福斛1号的示范推广”获福建省总工会百万职工“五小”创新大赛二等奖，“紫心甘薯新品种龙紫4号的选育”项目获福建省总工会百万职工“五小”创新大赛三等奖。

【涉农科技项目实施】 组织实施省级以上涉农科技计划项目13项、市级科技计划项目15项。2012年省科技重大专项“麻羽山麻鸭配套系的选育研究及推广”、2014年省科技重大专项“生猪健康养殖与粪污资源化利用关键技术的集成与应用研究”、2014年省创新平台项目“福建省闽西生猪疫病防控技术公共服务平台”、2014年省区域产业项目“无抗发酵饲料的自动化生产及其推广应用”通过验收；“蛹虫草引进筛选与高效栽培关键技术开发与示范应用”等12个星火计划项目通过验收；“金线莲工厂化生产关键技术研究”等56个市级科技计划项目通过验收。

【甘薯育种研究】 开展国家甘薯产业体系龙岩综合试验站服务工作，做好甘薯新品种选育。推荐龙薯34号等5个甘薯新品种参加福建省甘薯新品种联合区试。推进福建省甘薯新品种区试、贮藏性试验研究和福建省薯类重大专项——薯类（甘薯、马铃薯）新品种选育及安全高效栽培技术研究，省星火计划项目“优质高淀粉型甘薯新品种龙薯28号示范推广”，实施龙岩市专利技术实施与产业化计划“红薯营养羹技术实施与产业化”项目。继续做好福建省各业创新与产业化工程项目“薯类作物种质资源征集保存与利用”，田间种植562份资源、温室大棚保存594份甘薯品种资源。做好甘薯新品种展示与示范。甘薯新品种“龙薯31号”“龙薯28号”“龙紫4号”等在全省多个地市展示示范种植；加大新品种的宣传推广，“龙薯9号”“龙薯14号”等7个甘薯品种在新疆吐鲁番市闽新农艺开发有限公司示范种植。做好脱毒快繁技术，获得“龙薯9号”的无菌苗，并优化筛选出适宜“龙薯9号”快繁的培养基。做好深入加工课题研究，实施省科技厅星火项目“富含胡萝卜素薯羹营养优化技术应用与产业化”课题；“红薯营养羹”企业标准于3月获龙岩市卫生和计划生育委员会备案；立项2017年龙岩市科技计划项目“甘薯软糖加工关键技术的创新与系列产品开发”。

【水稻育种研究】 开展南繁育种攻关8个科研课题。选育出“福龙两优387”“福龙两优887”“福龙两优831”等强优势新组合6个；“福龙两优125”“福龙两优1260”等苗头新组合8个。从省内外引进三系不育系10个，“黑糯S206”等两系不育系3个，人工测交配组出新组合2206个。选育出“龙恢5号”“龙恢79”“龙恢60”等3个新恢复系。选育出特种功能稻细粒香稻等新品系3个。开展水稻抗病育种，对32个强优势新组合、68个恢复系高代材料、65个光温敏核不育系、23个特种功能稻材料，实施稻瘟病抗性筛选、鉴定。选育出表现稻瘟病抗性中抗的强优势新组合3个、恢复系高代材料5个、光温敏核不育系5个、特种功能稻材料2个。开展水稻光温敏核不育系高海拔+病区双重加压筛选试验，杂交水稻新组合适应性试验，强优势新组合制种试验。筛选出2018年推荐参加各省和国家试验的新品种，筹备足量参试种子。加强杂交水稻新品种示范推广，开展“高光效杂交水稻新品种示范推广与种子产业化”项目；在福建省示范推广“福龙两优29”“福龙两优1031”“福龙两优6387”等3个高光效杂交水稻新品种8000公顷，建立千亩示范片1个、百亩示范片4个，示范面积96.67公顷，经当地农业部门组织专家组测产，加权平均亩产647.95公斤，“比宜优673亩”增113.65公斤，增幅21.27%。实施福建省科技项目——“稻鱼共生高效种养技术集成研究与示范”项目，在漳平市吾祠乡吾祠村隔后洋片建立稻鱼共生高效种养示范片1个。9月，经省科技厅专家组现场考察确认示范片超额完成项目指标任务。引进新技术中草肥——“健禾宝”，试验示范30多公顷。推进水稻遗传育种研究，出圃2个稳定品系；申报并通过市科技项目“籼粳杂交水稻花药技术的建立与研究”，完成4个籼粳杂交后代的花药培养。选育出杂交水稻新品种1个。市农科所与中国种子集团有限公司、广东省农科院水稻所合作选育的杂交水稻新品种福龙两优1402，经中国种子集团绿色通道全国区域试验，其单产、抗性、品质、养分利用率综合评价居第一，进入国家审定程序。

【果蔬研究】 开展省科技项目“百香果种质资源收集及安全高产高效栽培技术研究”种质资源的收集，从全国各主栽区收集当地种植品种5个，了解百香果种植情况，参加第二届百香果产业推进会暨海峡两岸百香果产业论坛。开展省科技项目“龙岩市地方特色芥菜种质资源收集鉴定保存与利用项目”在龙门基种地建立芥菜种质资源收集鉴定圃0.13公顷，收集客家甜芥菜、龙岩青皮芥菜、连城芥菜等地方特色蔬菜品48个。开展所级课题试验“黄秋葵种质资源引进及新品种选育研究”，筛选出性状优良、果形好、适宜鲜食的优良株系4个。

【高新技术研究】 拓展生物组培脱毒技术。围绕龙岩市特色产业开展技术研究与储备，对百香果开展茎尖组培脱毒技术研究，对漳平君子兰开展组培诱导育苗研究。中药材深入研究。建立野生铁皮石斛种质资源圃100平方米，课题组收集铁皮石斛资源22份，累计37份，建立高产优质栽培试验区1000平方米，开展野生种质资源株系筛选工作。强化马铃薯育种与栽培技术。参加省科技重大专项专题——薯类（甘薯、马铃薯）新品种选育及安全高效栽培技术研究、承担省科技厅农业引导性（重点）项目——闽西山区马铃薯秋作繁种技术和高效安全栽培技术研究、做好农业基础性长期性科技工作——国家作物种质资源数据中心观测监测项目马铃薯子课题前期种质资源的收集工作。

【植保技术研究】 实施市科技项目“七叶一枝花（重楼）规范化栽培技术及开发研究”，12月完成项目的结题验收工作；申报“一种七叶一枝花林下仿野生的生态种植技术”的发明专利。配合所部进行福建省发改委农业“五新工程”项目的申报，7月，获立项支持100万元。围绕细梗香草项目开展工作，根据发展前景进行细梗香草的保种工作，在市农科所大棚内进行繁苗工作。主持开展福建省星火项目“甘薯新品种龙薯24号示范推广”研究。主持开展龙岩市科技项目“花生药害诊治与机理研究”，使用除草剂、杀菌剂和杀虫剂3类药剂进行盆栽和小区试验，药害发生后使用磷酸二氢钾和芸薹素对植株进行纠治。

【花生育种研究】 加强示范推广。继续开展福建省财政厅项目“加工型花生新品种‘龙花243’产业化关键技术示范与推广”；在新罗区、永定区和武平县等花生主产区建立“龙花243”原种、生产用种繁育基地和示范推广片；在花生主产区及重点加工企业进行配套栽培技术和加工工艺的培训，初步实行“育、繁、推”一条龙服务。开展新品种选育。实施福建省科技厅支持地市农科院所建设定向项目“优质加工型咸酥花生品种的种质创新及新品种的选育”，开展引进品种的田间试验及新品种的选育工作。做好区域发展项目。与福建好年景食品有限公司合作开展福建省科技厅区域发展项目“闽西烤花生品种筛选和高优栽培技术的研究及创新加工技术的集成与产业化”。

【示范推广】 全年累计推广甘薯、水稻、花生、蔬菜等新品种、新技术10多万公顷，创造社会经济效益2亿多元。加强推广新品种。继续开展农业“五新”工程建设项目——“高光效杂交稻新品种示范推广与种子产业化”，建立千亩示范片1个、百亩示范片4个。与中国种子集团公司合作开展“种子产业化”项目，4个福龙两优系列新品种制种技术熟化。福龙两优系列以省级总代理的方式推广销售，实现快速渗透福建省各市、县（市、区）乡（镇）、村庄，畅销三明、南平、龙岩等市、县（市、区），累积销量4万公斤，种植面积1800公顷，累积粮食产量2000多万斤。引进新品种。引进国内外番茄、小番茄、辣椒、彩椒、甘蓝、苦瓜、黄瓜、秋葵等新品种36个，经初步筛选的新品种示范推广600多公顷，对近两年筛选出的蔬菜新品种示范推广0.67万公顷以上，结合蔬菜新品种的示范推广，在全市推广瓜果类蔬菜嫁接技术0.33万公顷以上。宣传推广有机养分资源替代部分化肥和以物理诱控、生物防控等为主的绿色植保技术。在新罗区龙门镇和大池镇建立“龙薯14号”丰产样板田块，在长汀县三洲镇曾坊村和龙岩市新罗区江山镇前村各建立百亩龙薯14号示范片，培训种植户198人次，项目期间推广配套高产栽培技术346.67公顷，在省内外推广新品种1.39万公顷，新增社会经济效益4928.05万元。在省内外推广甘薯新品种“龙薯9号”“龙薯14号”等5个品种3.33万公顷以上，新增社会经济效益超5000万元。

【科技为民】 强化技术服务。为龙岩市大棚蔬菜绿色生产布局和技术并进行滴喷灌及水肥一体化施肥设施设备进行推广，做好菜篮子工程的技术服务工作。加大培训力度。结合精准扶贫，全年在市内外各地举行新型职业农民、雨露计划、脱贫攻坚等各项培训，培训人员1500多人次，深入田间现场指导30多次，挂钩龙头企业、合作社、大农户30多户。加强技术指导。深入新罗、武平花生主产镇、村，开展技术咨询、培训和指导；协助武平东峰花生专业合作社申报成为省级示范社，闽丰花生被评为武平县“互联网+”十大最有潜力农产品之一。长期为龙岩市新罗区绿野中草药专业合作社提供技术支撑，多次组织科技人员前往江山镇、赖源乡等地的中药材种植户提供技术咨询与服务。

（刘添峰　撰稿）

34 文化 新闻 出版

编辑　饶晓艳

文　化

【公共文化服务体系建设】　出台《龙岩市推进基层综合文化服务中心建设实施方案》，对全市134个乡(镇)基层综合文化服务中心和1834个村级综合文化室进行全面摸底。在文化部组织开展的第六次全国县级以上公共图书馆评估定级工作中，龙岩图书馆通过国家一级图书馆评估验收，其余6个县(市、区)图书馆通过国家二级图书馆评估验收；完成“e龙岩”数字图书馆建设。龙岩美术馆于1月正式对外开放，市艺术馆新址装修工程基本完成。在中心城区开设11家城市“趣读吧”。印发《龙岩市深化农家书屋延伸服务工作方案》，全市建成8个延伸服务示范点，永定区湖雷镇上南村和漳平市永福镇台湾农民创业园农家书屋获国家新闻广电出版“全国示范农家书屋”称号。创新村村通、村村响工程运维管理，以签订代维协议形式委托福建广电网络集团全权负责日常运维；完成武平、上杭、永定、长汀、漳平“十二五”广播电视高山发射台站和红尖山、西湖山机房基础设施工程建设。

大型歌剧《松毛岭之恋》剧照

【文艺精品】　完成山歌小舞剧《红色小歌仙》、木偶剧《敢问路在何方》、以中央苏区红色交通线为题材的原创大型话剧《信仰》、以中国集体林权制度改革为题材的小品小戏《局长谢鸡》等剧本创作。收集闽西客家山歌200余首，整理编纂150余首。剧作《雕版情缘》获福建省第二十七届戏剧会演剧本征文活动一等奖，并获省地方戏曲专项资金扶持；山歌戏《女人花》获该征文活动三等奖。独角戏《老太今年一枝花》获第二届福建省曲艺“丹桂奖”大赛三等奖。大型歌舞剧《松毛岭之恋》在长汀大剧院首演，并入选第三届中国歌剧节。4月19—26日，中国美术家协会、福建省文联、龙岩市人民政府联合主办“闽壑烟岚——梁明大泼彩山水画展”，在中国美术馆展出龙岩市艺术馆馆长梁明近年来创作的画作60件。

【红色文艺创作】　《绝命后卫师》获第十四届“五个一工程”奖，《闽西：红色记忆》《绝地先锋》在央视播出，创作10集红色微视频，策划拍摄电视剧《项南》《红色交通线》、电影《毛泽东在才溪》《阿丕书记还乡》等影视作品，制作10首《闽西经典红歌》专辑，开展“圣地古田”主题歌曲征集活动，歌剧《松毛岭之恋》被列入文化部重点扶持的“中国民族歌剧传统发展工程”。

【历史文献片《闽西:红色记忆》】 由高翔、李德金总策划,王金福、詹昌建策划,张胜友担纲总撰稿,傅柒生任顾问,央视纪录国际传媒有限公司承制的五集历史文献片《闽西:红色记忆》,于7月1–3日晚在中央电视台记录频道播出。《闽西红色记忆》分为《八闽惊雷》《古田军魂》《苏区模范》《星火燎原》《红旗不倒》5集,每集片长25分钟。该片集中表现闽西苏区为夺取中国革命胜利所付出的巨大牺牲和作出的重要贡献,展示以毛泽东为代表的中国共产党人率领红四军转战闽西,创建革命根据地的斗争,弘扬革命先辈大无畏的革命英雄主义精神。

【文艺活动】 实施“文化龙岩2017群文十大活动”,全年组织文化惠民群文活动72场,举办“龙岩市首届新春文艺晚会”。央视三套《群英汇》以整台节目集中展示富有闽西特色与风土人情的龙岩群众文化,创出该栏目最高收视率。武平“元初客家欢”乡村春晚获2017年度全国10个乡村春晚直播点击率第一。组织参与第十一届“书香龙岩”全民读书月、第三届福建省“书香之家”评选、“世界读书日·海峡读者节”阅读等活动。完成当年度21384场次的农村电影放映任务,永定区电影发行放映公司获中宣部“双服务”评选工作办公室颁发的“第七届全国服务农民、服务基层文化建设先进集体”称号。

【“重走中央红色交通线”著名作家采风活动】 7月26日,“喜迎党的十九大·重走中央红色交通线”著名作家闽西老区采风活动在永定区金砂中央红色交通线纪念馆启动。中国文艺理论学会副会长、福建省作协副主席孙绍振,作家、文学评论家王光明,福建省作家协会和福建省文学院的领导,以及40多名福建师范大学校友、作家代表参加活动。采风活动由龙岩市委宣传部、福建师范大学文学院、福建文学院、福建文学杂志社、龙岩市文联联合主办。7月26日至7月29日,与会人员深入永定金砂、伯公坳、西溪、堂堡、合溪,上杭稔田、太拔、旧县、南阳,长汀的涂坊、宣成、濯田、三洲等红色交通线遗址采风,并举办多场座谈会,深入挖掘“中央红色交通线”故事。

【《松毛岭之恋》在长汀首演】 11月21日,由福建省歌舞剧院和长汀县委、县政府联合出品的以长汀红色文化为题材的民族歌剧《松毛岭之恋》,在长汀汀州客家剧院首演。《松毛岭之恋》入选2017年“中国民族歌剧传承发展工程”重点剧目,展现红军长征前夕的历史和闽西苏区“红旗不倒”的精神,赞颂无数为中国革命做出贡献的长汀老区人民。

1月21日,龙岩市首届新春文艺晚会在龙岩人民会堂举行

【文化产业发展】 结合龙岩市实际起草《龙岩市文化产业发展实施方案》《文化旅游产业发展基金方案》,推动成立龙岩市文化产业促进会、文化产业发展基金。至年底,全市有文化产业法人单位2173家,规模以上法人单位134家;文化产业资产总计179.21亿元,比上年增长2.2%;规模以上主营业务收入138.38亿元,比上年增长17.6%;文化产业增加值为31.82亿元,比上年增长10.4%,占GDP的1.66%。武平客都汇文化创意产业园被省文化改革发展工作领导小组办公室列为全省13家“文化产业重点园区”之一。开展首届龙岩市十佳文化创意产品评选活动;2件作品分别获得第四届(2017)福建文创产品奖铜奖和概念设计奖铜奖。

【文化新闻出版市场管理】 全市有印刷企业103家,出版物发行单位263家,出版图书157种,总印数32.099万册,报纸5种,总印数17.832万份,期刊27种,总印数55.618万册。全市文化市场执法队伍出动执法人员11041人次,检查场所2311家,立案查处44起,办结案件40起,罚没款128650元。持续开展“扫黄打非”五大专项行动,收缴非法出版物5168册,立案查处各类案件14件。推进行政审批服务标准化和网上办事大厅建设,开展两单融合和“双随机”工作,全年取消11项审批事项申报材料31件,窗口办件提前办结率、群众满意度均为100%。

【广播影视】 承办“纪念建军90周年·红星耀古田——全国广播媒体人龙岩大走访”、开展“树文明新风,迎金砖宾客”、开辟《争创全国文明城市》等广播

7 月 26 日，“红星耀古田——全国广播媒体人大走访”在古田举行启动仪式

电视专栏，通过公益广告展播、制播公益微电影，助力龙岩创建全国文明城市。加大对外宣传，龙岩电视台在省台用稿 800 余条、中央台用稿近 100 条，龙岩人民广播电台在省台用稿 712 条、中央台用稿 38 条。“文化龙岩”微信公众号（微官网）、今日头条号自 11 月正式上线以来，每周更新 30 多条，关注人数 2000 多人，头条号单条消息最高点击率突破 10 万次。

【新媒体建设】 在“华人头条”开设“客家祖地 魅力龙岩”专题，通过“互联网+外宣”形式，展现龙岩市作为重点侨乡和客家祖地的人文风貌和经济社会发展的新成就、新机遇。推进融媒体建设，成立龙岩全媒体新闻中心，促进新罗区成立全媒体运营中心、武平县成立全媒体新闻中心、长汀县成立广播电视台新媒体部。

【网络宣传管理】 健全网络舆情监管机制，制定关于规范重大突发事件信息发布工作实施办法等制度，将网络舆情处置列入市直单位绩效管理工作方案，推动工作规范开展。加强网络舆情收集、分析和研判，重点加强全国“两会”、厦门会晤、中共十九大等舆情监测，编发 83 期《网络舆情动态》《网络舆情提示函》等。加强经济社会热点难点舆论引导，举办 12 场新闻发布会，妥善处置“在建厦蓉高速扩容一施工桥梁掉落事故”等突发事件网络舆情。集中开展“净网”“清源”等专项行动，及时有效处置 200 多条不良信息。

【闽西客家文化生态保护区】 1 月，国家级客家文化（闽西）生态保护实验区获国家文化部批准设立，其保护范围为“古汀州八县”，包括龙岩市的长汀县、上杭县、武平县、连城县、永定区和三明市的宁化、清流、明溪 3 县，保护区面积 1.94 万平方公里，人口 292.1 万人。

【对台文化交流】 编辑出版 4 期《环球客家》杂志，聘请 3 名台湾客家文化专家学者为杂志签约作家。与台湾共同举办“重走迁徙路，共话两岸情”青少年广播电视夏令营，制作播出 52 集电台节目《两岸客家》，在岛内 4 家影响力大的电台播出，拍摄纪录片《相约在夏天》、32 集专题片《闽西客家记忆》、26 集互动节目《美食美客》分别在台湾中华卫视以及台北、台中、苗栗、桃园等地电视台播出，联合中央台共同录制广播剧《棒球兄弟》，填补了龙岩市入岛宣传模式中两岸题材广播剧方面的空白。

（廖文钟　撰稿

市委宣传部　供稿）

文博工作

【概况】 全市开设博物展览 167 个，其中，固定展 71 个，临时展览 93 个，引进展览 31 个，走出去展览 4 个。完成全国

12 月 6 日，两岸青春校园广播剧《棒球兄弟》在连城举行开播仪式

第一次文物普查工作，龙岩市文物局获全国“一普”工作先进集体荣誉称号。中央苏区（闽西）历史博物馆升级为第三批国家一级博物馆。

【红色资源保护】 9月26日，《龙岩市红色文化遗存保护条例》由龙岩市第五届人民代表大会常务委员会第四次会议通过；11月24日，经福建省第十二届人民代表大会常务委员会第三十二次会议批准颁布实施。《龙岩市红色文化遗存保护条例》是全国首部由设区市制定的红色文化遗存保护地方性法规，共41条，分6个部分，包括总则、调查认定、保护管理、合理利用、法律责任和附则等主要内容，2018年3月1日起施行。《龙岩市革命旧址保护规划》获国家文物局评审通过。利用国家文物局资金对70余处革命旧址进行修缮维护，完成古田会议旧址群一期维修保护工程。启动《龙岩市中央红色交通线旧址保护利用规划》编制工作。全年争取国家、省级文保资金6124万元，项目资金总额连续7年列全省设区市首位。

【香港青少年到龙岩开展“红色之旅”】 7月29日，“香港青少年红色之旅福建行”活动在中央苏区（闽西）历史博物馆开幕。开幕式后，近400名香港青少年参观了中央苏区（闽西）历史博物馆，向革命烈士纪念碑敬献花圈，并赴上杭古田瞻仰古田会议会址。

【非物质文化遗产传承保护】 组织开展2017年度非物质文化遗产代表性项目专项资金的申报工作，申请215万专项补助经费。编辑出版《闽西非物质文化遗产大全》，全书近600页，约70万字。13个传承人被福建省文化厅评为第四批省级非遗传承人。推进龙岩市非物质文化遗产展示馆（福建非遗馆龙岩分馆）前期筹备工作，并组织项目实施。

第四批省级非物质文化遗产代表性项目代表性传承人（龙岩）

表14

序号	姓名	项目名称	项目类别	保护单位
1	刘润生	唢呐艺术（长汀公嫲吹）	传统音乐	长汀县文化馆
2	张冬梅	福建客家山歌（龙岩永定客家山歌）	传统音乐	福建客家土楼文化传播有限公司
3	李德忠	闽西客家十番音乐	传统音乐	龙岩市艺术馆
4	童小雄	长汀客家九连环	传统舞蹈	长汀县文化馆
5	李明卿	提线木偶戏（连城县）	传统戏剧	连城县文化馆
6	张莲容	闽西汉剧	传统戏剧	龙岩市汉剧传习中心
7	兰德科	武平民俗绝技（上刀山）	传统体育游艺与杂技	武平县文化馆
8	张廷玉	长汀客家刻纸灯龙	传统美术	长汀县文化馆
9	邱少春	树叶吹奏技艺	传统技艺	上杭县文化馆
10	林剑波	汀州客家酿酒技艺	传统技艺	长汀县文化馆
11	余庆阳	余氏骨伤疗法	传统医药	龙岩市中医院
12	卢伍龙	中医养生（永定万应茶）	传统医药	永定采善堂制药有限公司

（廖文钟　撰稿）

古田会议纪念馆

【社会交流】 2017年，古田会议纪念馆分别与公安部、北京大学、中国移动福建公司、中信银行、中国人民武装警察部队指挥学院等5家单位签订教学基地协议，共建“全国公安民警革命传统教育培训基地”“北京大学马克思主义学院教学实践基地”“中国移动福建公司廉政教育基地”“中信银行厦门分行党建及爱国主义教育基地”“中国人民武装警察部队指挥学院古田教学基地”。以铸魂胜利路、寻路——毛泽东等中国共产党人对中国革命道路理论的艰辛探索2个现场点评主题为亮点，进一步扩大现场教学点的影响力。

【宣传展览】 举办《雷锋精神在福建》图片展、《古田会议——党和军队建设史上的里程碑》《开天辟地——中国共产党创建史图片展》《光辉历程——中国共产党发展历程图片展》《没有共产党就没有新中国——红色报纸展》《粟裕大将、肖克上将古田会议代表生平事迹展》《“照金精神”巡展》等展览。对陈列馆第九、十展厅进行内容改版提升，增加古田全军政治工作会议、十九大相关内容。协助《从瑞金到延安》《军歌嘹亮》《从井冈山到闽西》《不忘初心》等影视作品、宣传片拍摄；配合中国音协“金钟之星”艺术团“送欢乐·下基层”演出；参加央视《群英汇》龙岩专场节目录制。全年接待观众394万人，包括巴基斯坦、沙特、印度等10多个国家的外宾；累计提供讲解服务10267场次；完成中共中央政治局委员张春贤、国家发改委副主任胡祖才、水利部副部长陆桂华等多位领导的参观接待任务。

【文物资料收集整理】 完成“5·18”博物馆日捐赠活动，全年接收包括老红军等捐赠藏品资料1350余件。加强文物藏品日常保护工作，提升文物藏品账册管理水平，完成登录入库图书741册，装订期刊报纸1500多份，录入馆藏资料2万余字，收录电子档案资料90GB。

【红色史料研究】 出版古田会议资料研究丛书《古田会议文献资料》《见证古田会议》《古田会议文物图集》，参与完成《福建省博物馆概览》《福建省馆藏红色文物精品集》《全国爱国主义教育示范基地巡礼》系列图书、古田精神系列丛书之《闽西中央苏区文献资料丛编》《“中共在福建”馆藏文物图册》等丛书的部分内容编辑工作。编印出版《古田军号》3期、《古田会议纪念馆通讯》2期。

【旧址保护管理】 策划革命旧址维修与保护三年行动计划。实施革命旧址修缮复原工程，有序推进文昌阁、协成店等9处革命旧址修缮工作。推进革命旧址复原前期工作，完成协成店等革命旧址周边9栋民居复原设计工作。推进革命旧址周边环境提升项目前期工作，完成文昌阁、树槐堂、协成店周边环境整治设计方案编制并上报省文物局。

（丘袁峰　撰稿）

中央苏区（闽西）历史博物馆

【概况】 2017年，中央苏区（闽西）历史博物馆举办“‘八一’军旗红——纪念建军90周年南昌起义纪实展”“心中的太阳永不落——毛泽东像章和红色文献收藏展”“八闽军旗红——福建省纪念建军90周年革命文物联展”“翰墨丹青寄情怀——百名共和国开国将军抗战将士油画肖像暨箴言书法展”“红土骄子　彪炳千秋——纪念十五位闽西籍开国功臣百年联展”等5次临时展。持续开展“留住老红军风采”活动，赴上海、南京、北京、广州等地拜访100多位将军、部级干部及其子女，征集文物资料1000多件（套）；编辑出版《铁血长征——福建儿女长征史迹画集》和4期《红色文化》；完成《馆藏遗珍——中央苏区（闽西）历史博物馆文物精品集》的初稿编撰。1月，中央苏区（闽西）历史博物馆在全国博物馆评估定级中被评为国家一级博物馆。

9月11日，“八闽军旗红——纪念建军90周年全省革命文物联展”开展仪式现场

【八闽军旗红——福建省纪念建军90周年革命文物联展】 9月11日至11月10日，八闽军旗红——福建省纪念建军90周年革命文物联展”在中央苏区(闽西)历史博物馆举办。该展览是国家文物局公布的2017年“纪念建军90周年、抗战全面爆发80周年”10个主题展览推介项目之一，由福建省文物局、省军区政治工作局联合主办，龙岩市文广新局和中央苏区(闽西)历史博物馆承办。展览内容分为“土地革命的枪声”“光辉的古田会议”“风展红旗美如画”“艰苦卓绝游击战”“抗战解放号声隆”“八闽军旗更飞扬”等六大部分18个单元，展出土地革命战争时期以来400多件珍贵文物、上百张珍贵历史图片、各式现代武装模型及新式各兵种服装等。

【红色文化保护传承弘扬工程】 编制完成2017年市重点课题“发挥优势，挖掘潜力，打响龙岩红色文化品牌的对策研究”调研工作方案，制定《闽西苏区时期红军标语的征集和调研方案》，开展红军标语普查征集工作；撰写《当前我国红色军事文化遗产保护和利用方面的突出问题及对策建议(以闽西龙岩为例)》，完成《关于加强闽西工农银行旧址规划保护和管理利用的调研与建议》；初步完成对全市中央苏区红色交通线旧址的调查摸底工作。

（杨春霞 撰稿）

《闽西日报》

【概况】 经营业务。报社实现总收入3891.6万元，比上年增长7.26%，其中，广告经营额1800多万元，广告刊载量有所下降，但上缴额比上年增长26%；新媒体实现收入130万元；电子阅报栏(屏)经营额129万多元。全年报社总支出3671.1万元，比上年增长6.03%；收入结余220.5万元，比上年增长33.0%。

报纸发行创。《闽西日报》月平均发行量67849份，比上年同期月增加2634份，完成全年征订任务的116%。至5月31日，全市2350多万元的全年报款提前回笼，上年同期提前3个月全额回笼。做好2018年度报纸征订工作，至12月31日，2018年度《闽西日报》征订量68700多份，完成全年征订任务的117%。

2017年，闽西日报社被省委宣传部评为2017年福建省“新春走基层”活动先进集体、被市委、市政府评为创建第五届全国文明城市工作成绩突出单位，印务中心被福建省报业协会评为2014—2016年度报纸印刷质量管理先进单位。《闽西日报》印刷质量在全省地市报印刷质量评比中继续保持前三名。

【中共十九大精神报道】 及时刊载新华社、《人民日报》等中央主要新闻媒体迎接中共十九大以及十九大召开的有关报道。第一阶段(会前)，开设喜迎中共十九大《砥砺奋进的五年·再上新台阶 建设新龙岩》专栏，以周均4次以上的频率组织系列报道。前期，栏目主要聚焦基层发展变化，报道中共十八大以来龙岩市实施“三大战略”、打好“三大战役”、建设“三大平台”和再上新台阶、建设新龙岩等，报道广大群众的获得感和幸福感。8月，围绕龙岩市在经济建设、政治建设、文化建设、社会建设、党的建设等方面，以及各县(市、区)取得的发展成就和亮点，策划组织14篇全市性和8篇县(市、区)的综述稿件。策划组织《喜迎十九大》栏目，与《砥砺奋进的五年》栏目交叉进行，每周3次以上频率见报，主要以全市各级各部门推动发展、广大干部群众积极奋进的良好精神风貌和喜人成绩为报道内容。与相关部门联系，组织《“数”看新龙岩，喜迎十九大》栏目，用五年数字反映十八大以来龙岩的巨大变化。第二阶段(会中)，做好新华社、人民日报等中央主要新闻媒体的有关稿件，确保重要稿件及时、准确、全面刊登。及时转载《福建日报》在会议期间刊发的有关龙岩市的报道。十九大至十九届一中全会闭幕期间，《闽西日报》累计组织《十九大特别报道》专版36个，推出《十九大时光》栏目26期次。第三阶段(会后)，策划开设《迅速兴起学习宣传贯彻党的十九大精神热潮》专栏，报道各级各部门和广大干部群众以实际行动学习十九大精神，形成浓厚的学习贯彻十九大精神氛围。在要闻一版开设《学习十九大 龙岩怎么干》《深入学习贯彻十九大精神 走进新时代·建设新龙岩》等专栏，专题报道龙岩深入学习中共十九大精神的新闻评论、消息等。12月初，开设《新时代 新气象 新作为》专栏，重点报道龙岩市在中共十九大精神指引下，努力奋进，建设新龙岩的热潮。开展“党报记者走基层”主题活动，推出《让新时代的思想旗帜在红土地上高扬》特别报道等。

【主题报道】 “三大战役”报道。项目攻坚报道以《全面实施三大战略·深入打好三大战役》为主栏目，推出《六十个项目 六十双推手》《闽西产业发展的“龙”字头军团》等，组织“撸起袖子加油干 项目建设势如虹”大联版，刊发重头稿《龙岩市重中之重产业项目发力奔跑》《风起潮涌逐浪高》等。生态环保报道开设《深入实施生态环保攻坚战·全力建设绿水青山新龙岩》《全面打响小溪河污染整治攻坚战》《整改进行时》栏目，持续报道各地狠抓生态环保整治工作，尤其对小溪河污染整治，做到一事一报，采取“调查+曝光+处罚+整治”形式，与新媒体一起，整体推进报道。脱贫攻坚报道，着重对脱贫攻坚成效、亮点和经验进行挖掘报道，推出《龙岩市创新金融扶贫》《漳平四精准开展公益性岗位就业扶贫》等新闻。

重大典型报道。做好习近平总书记对福建集体林权制度改革作出重要批示，古田派出所获全国“人民满意派出所”，缉毒卫士长汀民警涂太阳等重大经验典型、集体典型、人物典型的新闻组稿编排。刊登《古田派出所提升品牌含金量谱写为民新篇章》等古田派出所系列报道；组织《从首创林改到绿色崛起——探寻武平林改之路》等武平林改系列报道。结合“学习廖俊波　争当合格党员”，组织刊发《一缕芬芳留人间——追记永定区监察干部苏启芬》等基层先进党员事迹的报道等。

传承红色基因讲好闽西故事。策划“走进红色交通线”系列报道，挖掘红色文化和红色遗迹，宣传苏区的发展变化。围绕建军90周年，举办征文活动。围绕“传承红色基因，弘扬苏区干部好作风”主题，办好《走基层·纪实》等专栏。

【热点难点报道】 年初开始，闽西日报社媒体调查组深入小溪河流域上游的马坑、中甲两条支流进行暗访调查，历时2个多月，发现30多个污染源线索，在重要版面推出重大专题报道，并继续跟踪作深入报道。5月，闽西日报社制定《关于龙岩打造养生养老福地品牌宣传报道策划方案》。加大骨干企业和其他热点报道，在头版组织报道龙净环保创新科技保持行业常青树、龙马环卫产业融合发展、龙岩成为南飞过冬好去处，点赞新龙岩人等报道。继续打造提升《登高访谈》栏目品牌，举办《加快推进重中之重项目　不断增强闽西发展后劲》《聚合力精准扶贫　集众智攻坚克难》等4期“登高访谈”。

【创城报道】 开设《践行社会主义核心价值观》《美丽龙岩　共建共享》《德耀中华》《志愿者在身边》《青亲岩城·文明有你》《慈善文苑》《志愿者在身边》《关注诚信建设》等栏目，刊载一系列弘扬核心价值观的好稿件；与市委、市政府中心城区畅通工程相结合，推出《关注中心城区畅通工程·争创全国文明城市》栏目。公益广告版面实现固定化、常态化，确保公益广告每周4个整版以上。《我们的节日》栏目弘扬传统文化。开设“不文明现象曝光台”，曝光不文明行为。创城国检期间，在重要版面开设《创城，让龙岩更美好》《决战决胜，争创第五届全国文明城市》专栏；连续5天推出创城专题版面18个。发挥媒体矩阵作用，通过闽西新闻网、微信及微博、APP和户外电子阅报栏等平台，推出系列H5产品等系列创城宣传产品，广泛深入开展创城宣传；闽西日报社30个中心城区户外电子阅报栏均增加了创城宣传内容；《登高视线》栏目先后关注了龙岩火车站站前广场、龙薰商业城、公共停车场、土方车等题材，持续跟踪整改落实情况。

【专刊和副刊】 专副刊版面策划组织一大批民生热点新闻。民生版除认真做好与市政协联办的《提案之窗》栏目稿件采编外，加强百姓关注的《民生热点》《现场》《寻亲》等栏目稿件的采编工作。“深读版”围绕龙岩市经济社会发展大局，通过记者采访有关部门、有关专家等形式，对国家、省、市有关民生政策进行解读。副刊版重点关注历史遗存、特色文化，围绕古镇、古街、古屋等人文事象，刊登有关闽西风情稿件；突出闽西红色文化的挖掘和宣传，完成调研文章《新时期红色文化传播的机遇挑战、对策和实践》，在第四十五期《龙岩发展研究》全文刊登；策划一系列纪念中国人民解放军建军90周年的征文和采风活动；刊登一大批弘扬闽西红色文化、传承闽西红色基因的优秀文学作品。《生活》专刊版围绕创城、弘扬社会主义核心价值观，刊登一大批反映社会转型时期所倡导的向上向善、刻苦励志的新闻。经济政文版贴近读者需求，围绕百姓消费、农村生活、法治宣传等主题，做好版面的组版策划。

【版面改革】 年初开始，《闽西日报》实行瘦报出版，生活专刊“小版”改“大版”，加强主题性报道的力度，推出更多专题专版。要闻版围绕“新春走基层”，主题多样，年初一“团圆”、初五“坚守”、初六“新风”、初七“期盼”“年味”。3月起，推出《红土》专刊，每月2期，选登红土缅怀、革命故事、红色记忆、老一辈革命家在闽西生活战斗的稿件，及时跟踪红色遗址维修保护进展动态。8月起，《闽西日报》部分版面进行改版：《教育版》缩减校园动态报道，聚焦“教与学”。生活专刊整合原《聚焦版》《社区版》，开设《随手拍》版面，选择刊登读者拍摄的图片。求实版整合《理论与实践版》《观点论点版》，内容主要刊登各级领导干部的文章以及围绕重要节日或活动、市委市政府中心工作策划专题文章。

【新闻矩阵】 进一步提升《闽西日报》微博和微信公众号运营，推动手机客户端和户外电子阅报栏的建设，新增新闻客户端、室内电子阅报栏，初步构成纸质媒体、网站媒体、移动媒体、户外媒体等全方位的现代传播体系。闽西新闻网更加凸显闽西红色元素，不断丰富充实“红色闽西”专题内容。新媒体中心安排专人负责微信内容的编辑，通过线上线下活动推广《闽西日报》微信公众号。完善《闽西日报》“新龙岩”APP的页面和功能，开通《龙岩》《推荐》《红土》等栏目。承办e龙岩、奉法龙岩微信公众号、龙岩普法微信公众号、今日头条·龙岩发布等网络平台的资讯发布工作。10月，《闽西日报》新浪微博代表龙岩市参加全省微博阅读量和转发量的竞速，获得第一名。至年底，《闽西日报》微信公众号有粉丝62145人；《闽西日报》新浪微博粉丝52207人，累计发布微博20591条；《闽西日报》腾讯微博听众83634人，累计发布微博23276条。7月，报社成立电子阅报栏管理中心，至年底，在建成30个室外电子阅报栏的基础上，完成50个室内电子阅报栏（屏）的招标工作和部分室内电子阅报栏（屏）的安装工作。

【媒体融合】　逐步建立全媒体理念，在3月厦蓉扩容A7标段一施工桥梁发生倾覆事故7人受伤，4月永定发生山体滑坡造成2人死亡，5月雁石一征拆户点燃汽油造成4人受伤，“6·2”“6·15”雨灾、中心城区受淹等一系列突发事件报道中，传统媒体与新媒体联动，《闽西日报》突发事件采访组、各新媒体编辑部密切配合，记者第一时间深入现场，报纸版面报道严谨充分，新闻网、微信号及时推送，保证权威主流声音及时传播发布，迅速占领舆论阵地。在推进传统媒体内容建设的同时，协调推进报社报网端深度融合，结合闽西地域特色，推出一系列媒体融合产品。如针对中心城市畅通工程、养生养老、创城、武平林改等，制作的中心城区停车指南》《创城让龙岩变得更美》等H5产品、创城系列公益广告、《央媒集中报道福建，因为龙岩这件事》等武平林改系列、《你想不到，天南地北的人是这么说龙岩的》等龙岩养生养老品牌系列报道。市委宣传部牵头，整合闽西日报社、龙岩人民广播电台、龙岩电视台等力量建设“龙岩全媒体新闻中心”。报社制订媒体融合工作室运行方案，探索新闻生产新机制。“e龙岩”开通后，报社积极做好资讯采集发布工作，组织采编精干力量，以媒体融合工作室的模式，精心策划制作《名字写进十九大报告的龙岩小镇，正“孕育”一场巨变……》《创城不易，守城更难！金字招牌我们共同呵护》《这场大手术，正让龙岩老城区重焕“芳华”》等一批融文、图、视频为一体的新媒体产品在“e龙岩”平台、报社新媒体平台等发布。

【公益宣传】　《闽西日报》推出创城专版和自主设计的创城公益广告，闽西新闻网推出《美丽龙岩　共建共享　争创全国文明城市》专题，报道全市上下争创全国文明城市的行动和精神面貌。报纸腾出黄金版面，每周固定刊发公益广告，全年累计刊登公益广告63个版，19个报眼；闽西新闻网在首页顶部最显眼的固定位置宣传展示“公益广告”专题；在闽西日报腾讯微博、闽西日报新浪微博、闽西新闻网腾讯微博、闽西新闻网新浪微博发布公益广告图，每个月各发布4次；电子阅报栏滚动发布社会主义核心价值观等公益广告。6月26日，由报社新媒体中心、闽西新闻网主办的第五届高招咨询会，邀请复旦大学、浙江大学、上海交通大学等全国各地近百所高校的招生宣传人员，与学生、家长面对面交流，免费为广大考生答疑解惑，提供填报高考志愿指导。闽西新闻网与相关部门、知名商家一起走进社区开展主题宣传。举办3场走进社区“送温暖、送服务、送知识”主题宣传活动

（闽西日报社　供稿）

地方志

【《中国影像志·福建名镇》暨《八闽历史文化名镇名村影像志》开机仪式】　9月22日，由中国地方志指导小组办公室（以下简称“中指办”）、福建省地方志编纂委员会主办的《中国影像志·福建名镇》暨《八闽历史文化名镇名村影像志》开机仪式在龙岩市上杭县古田镇举行。中国社会科学院副院长、中国地方志指导小组（以下简称“中指组”）常务副组长李培林出席并致辞，中指组秘书长，中指办党组书记、主任冀祥德主持开机仪式，福建省地方志编纂委员会主任陈秋平出席并致辞，福建省地方志编纂委员会副主任俞杰、林浩，龙岩市副市长郭丽珍、上杭县委书记傅藏荣、龙岩市方志委主任蓝国华等出席活动。中央电视台科教频道制片人、福建省各设区市及平潭综合实验区方志机构负责人、全省方志系统部分方志工作者和上杭县、古田镇部分干部群众等160余人参加开机仪式。

【方志馆建设】　6月，方志馆建设得到市委主要领导的批示。委党组书记、主任蓝国华带队赴中央苏区（闽西）历史博物馆和龙岩市博物馆，就建馆选址、布展、机构设置、人员招聘管理、经费预算筹措等开展调研咨询。副调研员陈伦华带队赴福州、北京、东营，对福建省方志馆、国家方志馆、国家方志馆黄河分馆进行学习考察，借鉴申报、规划、建设国家方志馆主题分馆的经验和做法。至年底，龙岩市方志馆累计收集中央苏区地方志书（年鉴）371种、7298册，收集革命老区地方志书（年鉴）297种、2085册，收集地方史料、革命文献资料4200多万字。

9月22日，《中国影像志·福建名镇》暨《八闽历史文化名镇名村影像志》开机仪式在古田举行。图为与会嘉宾共同为开机仪式揭幕

【《龙岩年鉴》(2016)出版发行】 5月，《龙岩年鉴》(2016)由厦门大学出版社出版发行。年鉴坚持主题性与部门性的统一，中央苏区建设、生态建设、客家文化、新农村建设、重点产业园区建设、商会等时代性主题鲜明、区域特色突出的新部类日趋成熟；市委、市政府、人大、政协、农业、经济、金融、法制、县(市、区)概况等传统优秀部类成为精品板块。全书设37个类目，195个分目，57个子分目，1660个条目，110万字，随文图片248幅，全面、系统、翔实地记载2015年度龙岩市经济和社会发展情况。

【《武平县年鉴(2016)》出版发行】 1月23日，《武平县年鉴(2016)》由北京线装书局出版发行，标志着武平县年鉴工作实现“一年一鉴，公开出版”目标。《武平县年鉴(2016)》是武平县人民政府主持编纂，《武平县年鉴》总编室承编的一部年度性地情资料工具书，全面、系统、翔实地记载2015年武平县政治、经济、文化和各项社会事业发展的情况。全书20个部类，60万余字。

【《长汀年鉴(2017)》出版发行】 12月，中共长汀县委、长汀县人民政府主办，长汀县方志办主编的《长汀年鉴(2017)》由海峡书局公开出版发行。该年鉴设特载、大事记、概貌等27个类目，133个分目，721个条目，41万字；配发彩图17页、随文图片153幅。全书客观真实地记录2016年度长汀县自然、经济、政治、文化和社会发展的基本情况，展示2016年长汀经济建设和社会发展的重点、亮点、特点。在人物类目中增编涉毒整治勇士涂太阳、长征起点“守魂人”钟宜龙等先进人物，在附录中增添客家文化研究作品选，传承客家文化精神。

【信息化建设】 2017年，“中国龙岩地情网·闽粤赣互动发展区视窗”累计发布文章555篇，图片681张；访问量15907人次。建成并运行“龙岩市数字方志文献管理系统”。发布中央苏区与革命老区地方志书18部、约1600万字。至年底，网站总计发布文章2925篇，总访问量16.1万人次。“龙岩市数字方志文献管理系统”发布志书、年鉴、地情资料共计22册，2072万字。配套建设运行“龙岩地情公众号”，全年发布文章55篇。

【长汀县方志办开展家风家教道德讲堂活动】 9月26日，长汀县方志办联合县编办、党史室、水文局在福建省家风家教示范基地——南山镇严婆田村开展以家风家教为主题的道德讲堂活动，20余人参加活动。主讲人严婆女性文化研究学者林文清以“严婆家教　处世瑰宝”为主题，讲解严婆家风家训的特色、来源、价值指向等，分享对严婆家风家训的思考、理解和感悟，引导大家重视家庭家教家风的传承弘扬。

【长汀县方志办开展进村居文化服务活动】 10月28日，长汀县方志委联合县妇联开展“重阳节送戏下乡越剧专场”文化活动，县方志委主任王英为南山镇严婆村民演绎越剧节目《富贵荣华朗朗红日正气扬》。同时，长汀县方志委开展送志书进村居活动，向严婆村赠送《长汀县志》《长汀年鉴》等志书，把地方志成果送进村居，推动群众读志、用志、传志，了解长汀的历史文化，增进地域情怀和乡土情结。

（市方志委　供稿）

档案工作

【概况】 档案征集工作。市档案局先后征集一批陈丕显等老同志回忆录书籍；完成中国第一位著名交响乐女指挥家——郑小瑛口述档案采访工作；征集上杭老照片400多张；与中央苏区(闽西)历史博物馆联合为长征战士百岁老红军范希贤建立口述档案，征集一批珍贵照片资料。新罗区档案局征集具有区域特色的档案资料20多册(卷)；漳平市档案局结合实际开展特色档案征集工作。

档案接收工作。全年市、县两级国家综合档案馆共接收文书、企业职工退休人事档案、婚姻登记等各类到期档案资料63287卷(册)。

查档公共服务。3月，市档案局印发《龙岩市国家综合档案馆档案跨馆利用服务办法(试行)》和《龙岩市档案馆查档利用跟踪回访制度》，与全市7个县(市、区)档案馆和福州、厦门市档案馆签订跨馆利用服务协议，提升档案共享和查档公共服务水平。全年市、县两级档案部门共接待查档利用9100多人次，提供档案资料17000多卷(册)，接收政府公开信息6510份，及时上架、提供利用。

县级综合档案馆建设。至年底，永定、武平、长汀、漳平、上杭新馆项目建成投入使用，连城新馆项目结束内装。

【服务重点项目】 抓好农村土地承包经营权确权航拍资料规范收集、整理业务指导工作，做好航拍档案的依法接收工作；制定下发《关于做好2017年度重点项目档案工作的通知》，对做好重点项目档案工作提出明确要求。上杭县档案局现场指导重点建设项目档案的归档整理工作。武平县档案局做好梁野大道、闽粤赣边客家文化生态城和九期旧改项目规范建档指导工作。

【服务企、事业单位】 市档案局重点抓好城发、交发、工发、水发、人才、文旅等市属六大国有企业集团及其下属公司档案工作，加强档案业务监督指导；上门对福建煤电、市路桥公司、地产公司等国有企业档案工作进行指导；结合“双随机”抽查工作契机，对市属交建集团、龙地置业、水投发展等企业档案工作开展检查指导；深入市儿童保育院、环卫处、园林局、妇幼保健院、劳动就业中心等市直二级事业单位实地调研档案工作情况。10月，市档案局下发《关于加快国有改制企业档案移交工作的通知》，督促抓好国有改制企业和企业退休人员人事档案工作。

【服务乡镇】 5月，市人大常委会调研组把乡镇档案工作列入档案执法专题调研范围。9月，市政府在《关于市人大常委会对档案执法检查审议意见落实情况整改的报告》中提出要进一步加强县、乡(镇、街道)等档案工作的监督指导，规范整理积存和散落的档案，依法向当地综合档案馆移交，并结合实际，将档案管理工作纳入"市对县、县对乡"绩效考核体系，推动基层单位规范建档水平。市档案局结合"双随机"抽查工作实际，分两个阶段部署开展全市各乡(镇、街道)档案工作执法检查工作。

【服务民生】 要求有关县(市、区)档案局对"乡村记忆档案"示范点项目档案工作加强指导，做好验收迎检工作。至年底，完成全市5个示范点项目验收工作。

【依法治档】 档案行政执法检查工作。抓好"双随机一公开"抽查工作机制的实施，先后印发《关于开展全市乡镇(街道)档案执法检查的通知》《关于开展依法接收和依法移交档案执法检查的通知》，组织2个检查组分赴全市所属7个县(市、区)、市直各机关、企事业单位开展乡(镇、街道)档案执法检查、依法接收和依法移交档案执法检查工作，共检查21个乡(镇、街道)、14个县(市、区)直机关企事业单位、37个市直机关、企事业单位，发出责令整改通知书28份。

【档案普法宣传教育】 市、县两级档案部门积极开展"6·9"国际档案日、"12·4"国家宪法日、档案"六进"等法制宣传教育活动，现场举办"闽西老照片展览"等特色展览，共发放20多种档案普法宣传资料8000多份。开展民法总则、档案法律法规、文明城市创建宣传，组织全市各级档案部门干部职工参加《中国档案报》举办的"宝葫芦"杯档案法律法规知识有奖竞赛。

【行政审批改革】 市档案局全面梳理档案行政审批和服务事项，在精简办事、推进"互联网+政务服务"、优化"双随机一公开"抽查监管工作方式等方面下功夫。至年底，市档案局进驻市行政服务中心综合窗口受理办结59件。

【档案编研开发】 市档案局与有关部门联合举办《闽西籍开国将星生平档案图片展》；编纂出版《长征中的闽西儿女》画册。长汀县档案局编纂《共和国的摇篮——长汀》画册，漳平市档案局与有关部门联合编纂出版《漳平历史大事(1949—2009)》，永定区、长汀县、武平县利用新馆举办红色档案展览。

【档案信息化建设】 市档案局先后制定《龙岩市行政审批电子文件管理暂行办法》《龙岩市行政审批电子文件归档及电子档案管理操作规范(暂行)》。县(市、区)档案部门将数字档案馆(室)纳入大数字化建设项目中。全年市档案局整理导入23个全宗电子目录，完成馆藏企业职工、学籍档案全文扫描近33万页；建立完善馆藏名人档案、涉密档案资料专题数据库。武平县档案局完成馆藏档案全文扫描近29万页。漳平市档案局持续开展数字化扫描工作，扫描婚姻、土地档案8万多页，补录资料、档案文件级目录近2万条。

（林永忠　撰稿）

图书发行

【概况】 龙岩新华发行系统全年销售图书1152.64万册、15373.71万元，册数比上年减少0.68%、码洋比上年增长8.56%；实现利润838.17万元，比上年增长4.67%，人均购书额60余元，其中一般图书人均额10.82元，各项经济指标连年名列山区店前茅。漳平分公司被福建新华发行集团授予2017年度经营管理先进单位、2017年度财务管理先进单位、2017年度一般图书发行先进单位；龙岩、武平分公司被福建新华发行集团授予2017年度教学用书发行先进单位。

2017年全市新华书店经营情况

表15

项　目	龙岩	永定	上杭	漳平	武平	连城	长汀	合计
销售册数(万册)	397.81	102	129.93	144.29	114.16	56.48	207.97	1152.64
销售金额(万元)	5380.76	1810.75	1701.51	1978.55	1570.34	903.63	2028.17	15373.71
利润总额(万元)	196.84	106.91	91.73	112.23	103.83	24.69	201.94	838.17
税收总额(万元)	46.28	14.72	18.35	13.06	15.49	9.46	19.24	136.6
固定资产总额(万元)	1814.52	1455.07	881.84	565.23	703.55	499.32	523.31	6442.84

【教材发行】 全年销售教材教辅871.8万册、10314.47万元，分别比上年增长5.71%、16.62%。

【一般书、音像电子产品发行】 全年一般书销售259.24万册、3739.52万元，分别比上年增长26.71%、26.72%；音像电子产品发行21.6万册、1319.72万元，分别比上年减少41.25%、6.67%。

【重点图书发行】 全年发行《习近平谈治国理政》第二卷6809册、544720元；《全面从严治党面对面(2017理论热点面对面)》10155册、201069元；《决胜全面建成小康社会夺取新时代中国特色社会主义伟大胜利》59772册、358632元；《中国共产党章程》77800册、311200元；《党的十九大报告辅导读本》11549册、381117元；《中国共产党第十九次全国代表大会文件汇编》10766册、129192元；《党的十九大报告学习辅导百问》2667册、74676元；《十九大党章学习手册》2407册、60175元；《十九大党章十讲》(图解版)1382册、49752元；《青山绿水忆英魂》9421册、150736元；《中央党内法规和规范性文件汇编(1949年10月—2016年12月)》上下册（精)328册、97744元；《中国诗词大会》3655册、193715元；《历代家训家书选粹》1976册、55328元；《人民的名义》769册、36066.10元。

【全国青少年爱国主义读书教育活动用书发行】 开展第二十四届全国青少年读书教育活动，组织开展“百年追梦·全面小康”青少年爱国主义读书教育活动用书征订发行工作，全市发行《百年追梦　全面小康》图书130073册、921290元。龙岩、永定、武平分公司被全国青少年爱国主义读书教育活动组委会授予第二十四届全国青少年爱国主义读书教育活动发行先进奖。

【开展“暑假读一本好书”活动】 与教育局联合开展“暑假读一本好书”活动，全市发行“暑假读一本好书”系列书74107册，1416451元。永定、上杭、龙岩分公司被福建新华发行集团、福建少年儿童出版社有限责任公司、福建科学技术出版社有限责任公司、福建鹭江出版社有限责任公司等单位授予优秀进步奖。

【名家公益巡回讲座】 龙岩、永定、上杭、漳平、连城、武平分公司邀请台湾作家、阅读推广人子鱼、作家曾维惠到县(市、区)30多所学校以“爱上阅读、爱上写作”“让阅读成为一种习惯”“阅读改变人生”等为主题的巡回公益讲座和签名售书活动，售书23300余册，37.6万元。

【漳平开展亲子阅读家园活动】 漳平分公司在全省率先开展新华亲子阅读家园活动，向全市幼儿园推广绘本的阅读，引导幼儿多读绘本、读好绘本，培养孩子的阅读兴趣和阅读习惯。拥有会员3615名，全年实现销售50.53万元，利润21.76万元。10月，漳平分公司举办“共赏绘本之美，共赏读书之乐”全市绘本剧大赛。

【“永定土楼读客书屋”开业】 4月27日，位于洪坑土楼景区的“永定土楼读客书屋”开业。“永定土楼读客书屋”占地面积470平方米，按照园形土楼元素建造，集趣味阅读、咖啡茗茶、文创展示于一体，为游客营造充满艺术氛围的阅读空间。6月，“永定土楼读客书屋”被全国新华书店协会评为全国“最美新华书店”。

（吴小南　撰稿）

35 卫生　体育

编辑　饶晓艳

卫　　生

【概况】 2017年，龙岩市有各级各类卫生计生机构(含门诊部、工业及其他部门卫生所、医务室、诊所)600个，其中龙岩市第一医院为三级甲等综合医院，龙岩市第二医院、龙岩人民医院为三级乙等综合医院，龙岩市中医院为三级乙等中医医院，龙岩市第三医院为三级乙等专科医院。全市各类卫生计生机构(包括门诊部、卫生所、医务室、诊所)3028个，其中医院47个，卫生院115个，社区卫生服务中心(站)30个；医疗卫生机构床位数17519张，每千人拥有医疗机构床位6.64张；卫生技术人员18677人，其中执业医师(含助理)6158人、注册护士5995人，每千人均卫生技术人员数7.07人，每千人均医生数2.27人，每千人均注册护士数3.28人(以上数据均按常住人口计算)。全年医疗机构完成门诊1795.58万人次，住院手术10.17万台次，出院病人54.58万人次。

【医药卫生体制改革】 2017年，全市16项医改主要指标中，有4项位居全省前3名，6项指标全省排名第四，获得医改奖励经费全省第二名。

【公立医院综合改革】 院长目标年薪制工作全面铺开，全市二级以上公立医院均实行院长目标年薪制、工资总额核定、考核评价机制。管控医药费增长，药占比、耗材占比、次均费用等主要指标控制在目标范围内，全年全市公立医院药品耗材占比39.2%，次均费用控制在全省中等水平。

【基层医疗卫生体制改革】 制定出台《龙岩市推广长汀基层医改经验深化基层医药卫生体制改革十五条措施》，在全市建立“一归口、三下放、三考核”为主要特征的基层医疗卫生机构运行新机制。全市乡（镇）卫生院实现门诊量、住院量、业务收入均比上年增长10%以上。

【分级诊疗制度建设】 开展分级诊疗试点工作，市、县级医院通过医联体、远程视频门诊等方式把高血压、糖尿病等慢性病二次就诊引入基层医疗机构。发挥“互联网+分级诊疗”信息系统作用，将市、县级优质医疗资源纵向延伸至基层医疗机构。全年视频门诊开展远程门诊15366人次。

【项目建设】 市委、市政府出台《关于加快医疗卫生事业发展的实施意见》。全年实施中央预算内投资项目3个，争取中央补助资金7400万元；实施投资工程包项目10个，完成投资6.53亿元；实施补短板项目8个，完成投资8.63亿元；实施落地攻坚项目10个，完成投资13.71亿元；实施为民办实事项目2个，完成投资460万元。

【妇幼健康服务】 规范全市孕产妇、儿童系统保健管理，完善危重症孕产妇转诊救治网络，加强出生缺陷三级预防。全年孕产妇死亡率6.62/10万，婴儿死亡率3.13‰，其中孕产妇死亡率为全省最低。推进妇幼健康优质服务示范工程建设，长汀县、武平县分别被评为国家级、省级优质服务示范县。

【综合监督】 医疗卫生、公共场所卫生、学校卫生、饮用水卫生等专项监管成效明显，全年办理卫生计生行政处罚案件173件，罚没金额142.39万元。创建市、县、乡、村四位一体的卫生计生综合监督网络新模式，连续两年被省卫生计生委授予“创新奖”。

【医疗机构质量管理】 开展“医院巡查”和“医院评价”活动，进一步落实改善医疗服务行动计划，制定下发《龙岩市改善医疗服务行动提升患者满意度九条措施》，不断优化服务流程，健全预约服务制度，推广优质护理服务，持续加强质控工作，提升患者满意度。在2017年全省200所二级以上医院满意度问卷调查中，龙岩市二级以上医院总体满意度全省地市级综合排名第二。

【社会资本办医】 进一步加大社会资本办医扶持力度，全市民营医院新增开放床位729张，总数2831张，占全市医疗机构床位数的17.44%。

【家庭医生签约服务】 市政府制定出台《龙岩市推进家庭医生签约服务十条意见》，全市组建家庭医生签约服务团队717个，参与签约医生2647人，普通人群签约率38.47%，重点人群签约率63.78%，建档立卡农村贫困人口签约率100%。

【创"双高"工作】 2017年，龙岩市获得4个省级临床重点学科，排名全省第二，龙岩市第一医院、第二医院分别获福建省域医院排名第九位和第十八位，市第一医院获人力资源社会保障部、国家卫生计生委、国家中医药管理局联合颁发的"全国卫生计生系统先进集体"称号，全年全市新增7个市级临床重点专科、7个县级临床重点专科、10个市级临床重点培育专科。

【医疗人才队伍建设】 组织市属公立医院赴国内一流医科大学引进人才活动，签约招聘25名优秀毕业生；柔性引进省级学科带头人、博士和医疗专家21名。引进北京各大医院著名专家22名，以"师带徒"形式培养骨干医生62名。定向县级医院培养本科学历临床医学专业46人，定向乡镇卫生院培养大专学历临床医学专业35人，医学检验专业2人。

【医联体建设和医师多点执业工作】 进一步完善社区卫生服务中心"医联体"管理模式，中心城区有6家社区卫生服务中心与市级医疗机构建立"医联体"合作方式，各县（市、区）级综合医院分别与辖区内1–2个乡（镇）卫生院形成紧密型医疗联合体。全市256名医师实现第二地点执业。其中，市直医疗单位在民营、基层医院实行第二地点执业的医师有8名；市外执业医师将龙岩市作为第二执业地点的医师有117名。

【采供血事业】 全年全市无偿献血量9.8吨，较上年同期增长8.9%，向临床提供合格血液7.3吨，有效保证临床用血安全。

【中医中药管理】 出台《龙岩市基层中医药服务能力提升工程"十三五"行动计划》，市中医院针灸科通过省级中医重点专科验收，长汀、漳平申报全国基层中医药工作先进单位通过省级初评，完成全市二级中医医院评价和第四轮中医"三名"工程建设中期评估，完成15家中医馆和7个省级农村中医特色专科建设。推进中医药继承与创新，列入第六批全国老中医药专家学术经验指导老师2名，继承人4名，基层名老中医药专家传承工作室1个。开展学习宣传贯彻《中华人民共和国中医药法》"十个一"系列活动并在全省推广；开展全市中医药资源调查暨中医健康养生产业发展研究，完成《龙岩市健康养老产业发展研究报告》。

【基层卫生】 全面落实基本公共卫生服务工作，项目补助经费提高到人均50元，率先在全省制定印发《关于完善基本公共卫生服务经费管理的通知》。持续开展基层医疗卫生服务能力提升年活动、"群众满意乡镇卫生院"创建活动，全市有7家卫生院获国家"群众满意乡镇卫生院"称号。

【卫生应急】 举办龙岩市突发急性传染病防控、突发事件紧急医学救援、突发事件中毒处置等3项卫生应急技能竞赛，获得福建省卫生应急知识技能竞赛团体三等奖和个人单项比赛二等奖1个、三等奖3个；全年科学规范处置交通事故、火灾、矿难等各类突发事件15起，完成中央领导到龙岩调研考察、海峡论坛、机博会、市运会等重大活动卫生保障20余次。

【爱国卫生工作】 落实《龙岩市人民政府关于进一步加强新时期爱国卫生工作的实施意见》，组织开展爱国卫生月等城乡环境卫生整洁行动，不断改善城乡人居环境。全市卫生城镇创建和巩固工作不断深入，新罗区岩山镇等8个镇、武平县平川镇七坊村等10个村庄（社区）省级卫生镇（村）创建工作有序推进。

（林东平　撰稿）

【龙岩市第一医院】 全年门诊诊疗180万人次，比上年增长7.29%；住院诊疗6.85万人次，比上年增长6.08%。职工2138人，其中，护理1104人，医师648人（正高67人、副高110人），其他卫技人员199人，其他专业技术人员140人，工勤人员47人。有国家级基地及中心5个，分别为国家卫计委脑卒中筛查与防治基地、中国妇幼保健协会母婴友好医院、中华中医药学会闽粤赣边蛇伤救治基地、中国人民解放军总医院远程医学中心龙岩市第一医院分中心、国家临床医学研究中心协同网络成员单位；省级重点学科建设专科4个，分别为心血管内科、血液内科、神经外科、医学影像科（包括放射科、超声科、核医学科）；市级重点专科16个，市级重点培育学科2个，市级诊疗中心7个，市级研究所3个，市级质控中心10个。

社会服务。全年派出5名医务人员参加援疆、援藏、援夏等医疗援助任务，派出3名医务人员援助塞内加尔医疗服务。完成9起重大抢救事件并妥善处理患者209人次（其中春夏季手足口病疫情169人）。

教学工作。有国家级住院医师规范

化培训基地15个，分别为内科、外科、外科（神经外科方向）、外科（泌尿外科方向）、骨科、妇产科、儿科、耳鼻咽喉科、眼科、神经内科、康复医学科、麻醉科、急诊科、全科医学科、放射科；省级住院医师规范化培训基地12个，分别为内科、外科、妇产科、儿科、神经内科、全科、康复科、麻醉科、耳鼻喉科、眼科、急诊科、影像科，顺利通过福建医科大学附属医院教学基地复评工作及本科教学评估工作。全年接收住院医师规培82人，全科规培生25人，见习、实习生576人，进修生74人，临床本科毕业生245人。

科研工作。全年获各级各类科研立项19项，其中，福建省自然基金11项，获得各类课题经费140.34万元；获龙岩市科技进步奖4项；发表省级以上刊物论文226篇，其中SCI论文17篇，CSCD论文9篇。全年举办学术活动85场次，其中，国家级继续教育项目1项（改善病人就医体验、提升门急诊管理与服务内涵学习班），省级继续教育项目27项。学术交流465人次，其中，国际（含港澳台）4人次（急诊科主任医师刘晓东赴印度参加“第七届国际蛇伤与蛇毒医学大会”、重症医学科主治医师高翔到美国哈佛大学“2017年重症医学研修项目”、超声科医生赖远芳到台湾参加“第十届世界超声医学与生物学联盟暨海峡两岸超声医学论坛”）。

（市第一医院　供稿）

【龙岩市第二医院】 2017年，市第二医院有开放床位1500多张，设有临床和医技科室50个。在职职工1509人，其中专业技术人员1392人，医学博士、硕士研究生76人。龙岩市传染病院、龙岩市肿瘤研究所挂靠该院。有1个院士专家工作站（孙颖浩院士专家工作站），5个市级研究所。依托解放军第二军医大学成立国家消化病临床研究中心龙岩市第二医院协作中心、第二军医大学附属长海医院泌尿外科诊疗中心龙岩分中心、第二军医大学消化内科、呼吸内科研究所龙岩分所。是全省唯一国家卫计委“健康快车”慈善项目定点医院；全省唯一糖尿病视网膜病变筛查糖网中心；全省唯一有糖尿病视网膜病变阅片中心资质及建立网络传输的医院；有全省首家“司迈双极等离子微创手术龙岩培训中心”、全市唯一通过国家认证的“胸痛中心”。

社会服务。全年入院病人数47429人次，比上年增长6.28%；出院病人数47345人次，比上年增长6.25%，门诊、急诊620842人次，比上年增长18.97%。手术13557例，其中三、四级手术7115例。全年派出4名医务人员参加援外、援藏、援疆等医疗援助任务。其中，1名医务人员援助博茨瓦纳，2名医务人员援藏，1名医务人员援疆；派出12名医务人员参加漳平市医院、连城县医院、上杭县医院等对口帮扶任务。全年组织12次重大交通事故和群体性食物中毒抢救事件，妥善处理患者156人次（其中春夏季手足口病患儿收治106人次）。

科研工作。全年获批各级各类科研立项12项，其中，省科技厅自然科学基金项目1项，省卫计委卫生计生青年科研课题3项，市科技项目8项；获得各类科研经费47万元。全年发表省级以上刊物论文174篇，其中SCI论文2篇。神经内科在国内TCD行内首创LP标识法，成为全国行业标准。2014—2017年，福建省科技厅引进重大研发平台“第二军医大学全军消化内科研究所龙岩分所”累计获得980万建设专项补助。

教学工作。有住院医师规范化培训基地7个（内科、外科、妇产科、儿科、麻醉科、放射科、全科医学科），近200位医务人员参与规培、实习、进修等学员培训与带教教学工作；培训住院医师规培学员16人，助理全科规培学员19人，接受福建中医药大学、莆田学院等医学院校实习、见习生170多人，全市县级及以下医疗单位进修人员62人。

继续教育。获批主办国家级继续医学教育项目3项，分别为“2017-03-03-144(国)消化道肿瘤早期内镜诊断与治疗学习班”“2017-03-10-182(国)危重患者内环境管理学习班”“2017-04-05-139（国）泌尿系结石治疗新进展学习班”；省级继续医学教育项目9项。全年组织举办各级各类学术活动49场次；参加学术交流360人次。泌尿外科主任陈国强在“CUA2017全国微创泌尿外科专题会议”上作专题报告，在第一届院士工作站泌尿临床研讨会中面向全国进行手术演示。

（市第二医院　供稿）

疾病预防控制

【概况】 龙岩市疾病预防控制中心设业务质量管理科、检验科、公共卫生科等12个科室；编制115名，正式职工108人（男56人，女52人），其中专业技术人员93人，占职工总数的86.1%。在专业技术人员中，高级专业技术职务27人，中级专业技术职务40人，初级专业技术职务26人。2017年，龙岩市甲乙类传染病发病率控制在较低水平，无发生甲类传染病和乙类传染病暴发流行。“三位一体”的重大疾病防控新机制初步形成。结核病分级诊疗和综合防治服务模式试点工作进展顺利，结核病分级诊疗制度基本建成，结核病防治医疗保障水平进一步提高。完成30家示范性预防接种门诊建设，适龄儿童国家免疫规划疫苗接种率保持在95%以上。抓好慢性病防治和精神卫生工作，建立实施严重精神障碍患者“一历五单”相关管理工作机制，推行“三分”管理机制，完成1378名疑似精神病患者的信息核实比对和诊断评估。

【传染病防治】 传染病发病率保持平稳。全年全市无甲类传染病报告，乙类、丙类传染病报告17773例，总发病率

675.78/10 万，其中乙类传染病 4335 例，发病率 164.83/10 万；丙类传染病 13438 例，发病率 510.95/10 万。法定传染病报告总例数与上年同期比较下降 1.40%，其中乙类发病数比上年同期下降 8.85%。发病前三位的传染病种为手足口病 10636 例、占 59.84%，病毒性肝炎 1489 例、占 8.38%，其他感染性腹泻 2158 例、占 12.44%。

【霍乱鼠疫防控】 作为霍乱省级监测点，市疾控中心认真做好霍乱防制相关物资储备更新，按时开展肠道门诊腹泻病例和外环境水体及相关海(水)产品污染监测，5—10 月监测期间采集 300 人份肠道门诊腹泻病人标本、300 份海(水)产品、180 份水产品养殖水体及中心城区排污河道水样进行霍乱弧菌分离培养，均未检出霍乱弧菌。上杭县被确定为 2017 年省级鼠疫监测点，按时启动鼠疫监测工作。监测结果，家栖鼠平均鼠密度 5.03%，其中黄胸鼠占 33.80%、褐家鼠占 47.89%、小家鼠占 5.16%、臭鼩鼱占 13.15%，褐家鼠为优势种群；野栖鼠平均鼠密度 0.90%，黄毛鼠占 62.5%、针毛鼠占 37.5%，黄毛鼠为优势种群。鼠染蚤率 23.94%，其中黄胸鼠染蚤率 34.72%，褐家鼠 22.55%，小家鼠染蚤率 18.18%，野栖鼠类染蚤率 12.5%；所检集蚤类中印鼠客蚤占 97.9%、缓慢细蚤占 2.02%。检测点共采集鼠体血清 221 份、肝脾 136 份、经实验室进行间接血凝试验，检测结果均为阴性；监测点按省 CDC 要求如期完成鼠疫血清学质控样检测考核工作，按时提交盲样考核检测结果，结果合格。

【控制手足口病疫情】 上半年，龙岩市手足口病疫情防控形势十分严峻，截至 6 月 9 日，全市累计报告 2738 例，重症 58 例，死亡 3 例。日报告病例数最高为 154 例，日报告重症病例数最高为 9 例。截至 6 月 8 日，全市有 23 个班停课，两所幼儿园放假。市疾控中心加强疫情态势监测报告工作。疫报人员每日汇总、审核和分析辖区疫报情况，专业人员开展专题风险评估，主动加强预警预测，及时上报疫情动态。同时做好病原学监测，在实验室确诊病例中以 EV71 为主。加强基层疾控人员培训工作。7 月，举行“龙岩市传染病疫情与突发公共卫生事件监测信息报告质量管理研讨班”，对基层相关业务进行专题培训，提高基层疾控人员防控水平。加强基层督查检查指导工作。全年组织 18 批次的专业人员深入全市医疗机构、学校、托幼机构督导，针对发现问题提出整改意见，并跟踪落实，促进疫情的有效控制。做好暴发疫情调查处置工作。全年全市报告手足口病事件 5 起(新罗适中和上杭蓝溪、太拔各 1 例死亡事件、漳平市北英幼儿园、象湖中心幼儿园聚集性疫情事件)，疫情波及 954 人，发病数 34 例，死亡 3 例。接到疫情报告后及时派员指导现场调查与处置工作。通过采取有效措施，疫情得到有效控制，下半年病例数、重症数均明显下降。

【流感禽流感监测】 完成全年流感样病例监测工作。全年全市报告流感病例 343 例，其中实验室诊断 260 例，无死亡病例，报告发病率 13.04/10 万，报告发病数较上年同期降 17.75%。全年报告流感样病例聚集事件 5 起。采集市第一、二医院流感监测哨点医院及其他综合医院样本 2195 份，经流感病毒核酸检测，检出甲型通用阳性 152 份(包括 H1N1 型 70 份、甲 3 亚型 83 份)，乙型通用阳性 106 份，其中 Yamagata 型 112 份，Victoria 型 3 份。经组织细胞培养法和鸡胚培养法进行流感毒株分离，结果 MDCK 细胞培养检出疑似阳性毒株 92 株，其中 H1N1 型 23 株，季节性 H3 型 29 株，Yamagata 型 31 株，Victoria 型 1 株。鸡胚培养检出 22 株，其中新甲 H1N1 型 17 株，Yamagata 型 4 株，Victoria 型 1 株。开展禽流感外环境病原监测。按禽流感防控强化监测要求，1—4 月，组织人员分别在新罗、永定、长汀农贸市场禽类集散区域采集禽类粪便等各类样本 246 份，检出甲型流感病毒通用引物阳性 144 份、阳性率 58.5%，其中，H5 检出 43 份、阳性率 17.5%，H7 检出 55 例、阳性率 22.4%。H9 检出 82 例，阳性率 33.3%。

【疟疾监测】 继续抓好消除疟疾后的监测工作。全市全年完成疟疾“三热”病人 1888 人份血检工作，超额完成省级下达按人口数万分之五的疟疾监测任务。

【寄生虫病调查】 在连城县开展人体土源性线虫感染省级监测点工作，选择 5 个调查乡(镇)，开展标本采集检测工作。检测粪便样本 1010 人份，检出阳性感染 6 人份，阳性率 0.59%。其中钩虫阳性 4 人份，阳性率 0.40%；蛔虫阳性 2 人，阳性率 0.2%。监测儿童蛲虫 127 人份，未发现阳性病例。

【处置突发公共卫生事件】 全年全市报告各级各类突发公共卫生事件及其相关信息 22 起，其中传染病类 20 起(输入性疫情事件 1 起)、食物中毒类 2 起，无群体性不明原因疾病等其他公共卫生事件报告。根据事件分级标准确定一般级事件 1 起，其余 21 起均属未分级事件。无较大级、重大级及以上事件，无突发中毒、环境因素、群体性不明原因疾病等事件报告。各县(市、区)事件监测报告敏感度 100%，各事件均得到规范有效处置。6 月，举行由市卫计委、市总工会主办，市疾控中心承办，全市突发急性传染病防控应急技能竞赛，提升全市应急处置水平。

【防艾工作】 全年全市各类人群艾滋病筛查 282520 人次，市疾控中心完成 CD4 检测 13 批次 436 人，完成率 92.6%；病毒载量检测 249 人份，完成率

91.9%。全市有艾滋病确证实验室1家，当年参加国家实验室能力验证考核结果为优秀；有初筛实验室33家，经年度质量考评合格率100%。全年完成VCT 5797人份、公安监管场所筛查4904人份。新设长汀汀州医院、上杭县医院、武平县医院、永定区医院4个抗病毒治疗点。

开展防艾系列宣传活动。6月23日，开展2017年“国际禁毒日”进社区宣传活动。7月6日，深入庙前坪头煤矿开展农民工预防艾滋病宣传活动。11月30日，深入雁石镇开展“2017年度农村人群预防艾滋病宣传活动”。12月1日，开展“世界艾滋病日”大型“主题”宣传活动。12月1—6日，深入龙岩学院、闽西职业技术学院、龙岩财校、龙岩农校开展防艾知识讲座。12月2日，举办“2017年龙岩市大中专学生“世界艾滋病日”主题宣传暨登山活动”。12月8日，龙岩电视台录制并播出“记者追踪世界艾滋病日”系列宣传活动。12月9日，联合新罗区疾控中心和龙岩福桐工作组开展“MSM人群干预宣传活动”。

【结核病防治】 全年全市结核病防治门诊可疑肺结核就诊人数5392人，初诊病人就诊率2.1‰。查痰人数5053人（其中查3次痰4953人），查痰率93.7%。登记活动性肺结核病人995例，其中涂阳病人410例（新涂阳病人348例，复治涂阳病人62例。登记涂阴病人551例（其中重症涂阴病人92例），结核性胸膜炎32例。治疗满2个月痰菌转阴率70.4%，新涂阳病人一年转归治愈率76.3%，系统管理率87.8%。市级对各县（市、区）进行结核病控制项目工作督导28个县（次）40个乡镇（次），访视病人51例，参与督导工作人员117人次。各县（市、区）对125个乡（镇）督导791乡镇（次）。

2017年，长汀县全国耐药监测点纳入病例70例，其中初治涂阳60例，复治10例；武平县省级耐药监测点纳入涂阳病例25例，均为初治涂阳患者。

全市开展电视宣传16天次，在报刊发表宣传文章1篇，广播节目播放1次，电视“健康有约”宣传专栏1期。发放宣传资料81260份，出宣传专栏122期，标语67幅，现场宣传36次。

【免疫规划工作】 全市累计为5万余名适龄儿童免费接种免疫规划疫苗，以县、乡（镇）为单位统计，国家免疫规划疫苗各单苗接种率均95%以上；疫苗针对传染病控制在历史最低水平，连续23年未发现脊灰野病毒病例，连续31年未发生白喉病例，连续9年麻疹发病率控制在1/100万以下，5岁以下儿童乙肝表面抗原携带率降至1%以下。

【碘盐监测】 开展一级批发部碘盐监测。每月1次对龙岩盐业公司牛坑仓库开展碘盐监测，每次抽取9份盐样，全年检测108份，批质量合格率100%，碘含量合格率100%，盐碘中位数25.6毫克/千克。7个县（市、区）均开展居民户（学生家中）碘盐监测工作，监测食用盐1459份，其中碘盐1455份，非碘盐4份，碘盐覆盖率99.73%；合格碘盐1426份，碘盐合格率为98.01%，合格碘盐食用率为97.74%，盐碘中位数为23.8毫克/千克。

【碘缺乏病病情监测】 全市抽取35个乡（镇）8—10周岁学生1459名和不同孕期孕妇727名，开展个案调查、尿碘、盐碘含量监测和甲状腺B超检查等，监测学生家中食用盐1459份，其中碘盐1455份，碘盐覆盖率99.73%；合格碘盐（含碘量在18毫克/千克—33毫克/千克）1426份，碘盐合格率98.01%，合格碘盐食用率97.74%，盐碘中位数23.8毫克/千克；检测尿样1459份，尿碘中位数205.7微克/升；测量1459名学生甲状腺容积，甲状腺肿大人数18人，肿大率1.23%。监测孕妇家中食用盐727份，其中碘盐723份，碘盐覆盖率99.45%；合格碘盐（含碘量在18毫克/千克—33毫克/千克）712份，碘盐合格率98.48%，合格碘盐食用率97.94%，盐碘中位数23.8毫克/千克；检测孕妇尿样727份，尿碘中位数143.8微克/升，尿碘水平处于碘缺乏。

【生活饮用水水碘、水氟调查】 全市采集水样2257份，其中水碘浓度≥10微克/升的水样49份，中水碘浓度<10微克/升的2208份；水氟浓度>1.0微克/升2份，其余均在正常范围内（水氟浓度≤1.0微克/升）。

【饮水型地方性氟中毒监测】 组织有氟病区的5个县（市、区）开展监测工作。5个地氟病区县（市、区）无新竣工改水工程，所有病区均完成改水，累计完成改水工程10个，受益人口2.6857万人。全年监测改水工程10个，其中大型工程3个，小型工程7个，水氟含量合格率100%，工程运转全部正常。在11个监测村检查8—12岁儿童805人，检出氟斑牙患者7例，氟斑牙检出率0.87%，氟斑牙指数0.03；其中可疑病例27例，占3.35%，极轻度6例，占0.75%，轻度1例，占0.12%，未发现中、重度病例。

【地方病健康教育项目工作】 永定区、漳平市分别被列为2016年度福建省中央转移支付碘缺乏病和饮水型地氟病健康教育项目县。两区（市）按照项目方案的要求，开展健康教育项目工作，完成包括基线调查、现场宣传干预和效果评估等所有项目工作。

【碘营养监测】 在新罗区西陂街道条围居委会、漳平市双洋镇员当村和城内村开展居民碘营养监测工作，完成各项监测任务。

【慢性病防治】 全人群死因监测。全市报告户籍死亡16749例，报告死亡率

532.14/10万；其中，男性死亡9640例，报告死亡率590.45/10万，女性死亡7109例，报告死亡率469.29/10万，婴儿死亡率2.26‰，诊断不明占总死亡的比例3.37%。前10位死因依次为恶性肿瘤、脑血管病、心脏病、呼吸系统疾病、损伤中毒、消化系统疾病、内分泌营养代谢疾病、神经系统疾病、泌尿生殖系统疾病和传染病，占总死亡数的92.47%。

肿瘤病例报告工作。全市报告肿瘤病例7962例，报告病例数居前三位的分别是龙岩市第二医院、龙岩市第一医院和武平县医院，分别占总数的32.2%、27.4%、7%。

慢性病综合防控示范区建设和开展全面健康生活方式行动。永定、长汀启动全民健康生活方式第二阶段行动，持续推进健康支持性环境建设(新建8家)，开展慢性病防控知识宣传等工作。

【职业病防治】 职业健康检查和职业病诊断。全市完成职业健康检查1462人，其中237人申请职业病诊断(不包括8491国防工程建设支前民兵和退伍军人)，诊断新发尘肺病149例，尘肺病晋级2例，其他职业病7例。通过电话、微信、QQ等形式向各县（市、区）CDC部署和督导职业病防治项目工作，及时完成数据收集汇总报送及评估报告的撰写。

放射卫生防护工作。全年完成3项B类建设项目职业病危害放射防护控制效果评价，完成4台放射诊疗设备的影像质量控制检测、4间放射机房工作场所和环境辐射水平的检测，完成72家放射工作单位296人的外照射个人剂量监测工作。接受5名退伍军人申请，做好伤残等级鉴定，1人被鉴定为七级伤残。协助做好长汀县、武平县、永定区CDC职业健康检查资质复评审工作。做好业务培训工作，先后派出10人次外出参加业务培训，举办期培训班，对全市32名专业人员进行培训。

【食品安全监测】 “餐桌污染”治理。在7个县(市、区)采集食品样品70份，合格66份，合格率94.3%；采集餐具420份，合格377份，合格率89.8%。中心制定年度食品安全风险监测工作方案和具体的采样实施方案，在全市开展食品化学性污染物与食源性致病菌监测、食源性疾病监测。全年采集食品样品591份，微生物指标超标4份，理化指标超标8份，超标率2.03%。全年上报食源性疾病病例2647例，病例完成率135.05%，上报食源性疾病暴发事件11起。开展饮食业、食堂餐(饮)具消毒效果监测工作，监测餐饮单位5家，监测餐具85份，合格85份，合格率100%。

【市政饮用水水质卫生监测】 建立城乡饮用水水质卫生监测网，提高城市饮用水卫生管理水平，及时掌握饮用水卫生状况，对龙岩市城区市政饮用水水质进行卫生监测。对8个自来水厂的出厂水进行4次检测，检测出厂水32份，合格31份，合格率96.88%。4次对8个自来水厂的35个末梢点的末梢水进行检测，抽检140份，合格138份，合格率98.57%。抽检2次二次供水，检测70份，合格47份，合格率67.14%。自建集中式供水抽检4次，共检测12份，合格11份，合格率91.67%。

【一次性卫生用品产品及环境监测】 检测3家一次性卫生用品生产企业，检测抽纸58份，检测合格率100%。对4家生产企业车间环境进行检测，其中车间空气检测20份，工作台表面检测20份，工人手表面检测20人次，检测结果均合格。

【公共场所卫生监测】 全市公共场所卫生监测41家，合格28家，合格率68.29%；监测1767项次，合格1683项次，合格率95.25%。

【公共卫生重点监督检查】 中心会同市监督所于6—7月重点监督抽检人工游泳池水、住宿场所、沐浴场所、美容美发场所、公共场所集中空调通风系统、商场(含超市)、影剧院、体育场馆、候车(机、船)室和饭馆。抽检公共场所34家，合格28家，合格率82.35%。

【科研与培训】 2017年，龙岩市疾控中心有地厅级科研项目7项（12月结题2项)，其中，福建省卫生厅青年科研课题3项，福建省卫计委医药卫生科研人才培养项目1项，福建省卫生计生科研人才培养项目——医学创新课题1项，龙岩市科技局立项科研课题2项。全年专业技术人员在省级以上公开刊物发表论文40篇。中心举办包括“结核病分级诊疗和综合防治服务模式培训班”在内的13个培训班，其中，3个为省级Ⅰ类学分培训班，培训基层专业技术人员745人次，办理继续医学教育Ⅰ类学分382分，Ⅱ类学分1166分；举办包括“医学科研诚信规范及案例分析”在内的22次业务讲座。89位专业技术人员报名参加“好医生网”远程继续医学教育培训；162人次外出参加上级举办的各类培训班；2位专业技术人员到中国疾病预防控制中心性病艾滋病预防控制中心进修学习HIV基因分型技术；4位专业技术人员参加高等院校函授学习。

【健康素养促进行动项目】 加强项目方案的学习，加强日常工作督导，指导基层开展现场调查工作，做好上一年度的健康素养和烟草流行监测区域数据的分析总结工作。制作宣传单、微信、视频、光盘、科普文章、核心信息等多种形式的宣传材料，利用健康教育活动以及宣传栏、宣传单、报纸、电视公益广告、专题节目、网络、杂志等媒介开展日常健康素养知识宣传。全年围绕卫生日开展大众宣传咨询活动11次，发放各类宣传材料49585份；各类媒介宣传32

篇(次)。加强与当地主流媒体合作,努力提高辖区居民健康素养水平。全年与龙岩电视台合作播放公益广告,播出控烟、疾控、饮用水卫生等20类内容700次(每半个月更新1次内容,每天播出2次);完成龙岩电视台《健康有约》栏目2期节目的录制;与市科协主办的《科圃》杂志合作2期,投稿4篇科普文章;与龙岩人民广播电台《非常健康》栏目合作完成5期节目的在线访谈;向《闽西日报》《闽西新闻网》《省疾控中心网站》《福建疾控信息》《龙岩卫生计生信息》《卫计龙岩》公众号等媒体投稿,全年共刊出32篇;与龙岩电视台公共频道《记者追踪》栏目建立合作关系并签约,录制1期题为"宝妈们警惕、手足口病的高峰期来了"的手足口病防治专题节目。

【世界无烟日活动】 5月31日是第30个世界无烟日,通过悬挂主题横幅和拱门,摆放宣传展板,悬挂控烟相关知识竞答题,发放宣传单、免费咨询等方式向公众介绍吸烟和二手烟的危害以及戒烟方法等;组织参加活动人员在主题条幅上签名,许下承诺拒绝烟草危害。活动发放宣传单、小册子8种1000多份,宣传品100份,咨询80人次,设置控烟知识有奖竞答50题和控烟签名100余人。

【健康教育宣传】 强化与大众媒体的合作关系,围绕着辖区居民主要健康问题、卫生工作重点、疾控重点工作、健康素养相关知识等加强对公众的宣传。利用新媒体开展宣传,利用科室开办的"龙岩健康教育"微信公众号(lyjkjy0597),传递疾控工作资讯,普及健康知识,服务公众健康。全年编辑推送40期49条健康资讯,转发次数25894次,浏览阅读128158人次。做好健康教育报表工作,收集7个县(市、区)3类报表数据,用EPIDATA软件录入、汇总、上报。　（陈昕　撰稿）

卫生计生监督

【监督执法】 全市卫计监督机构认真组织开展各项卫生计生监督执法工作,重点开展打击"非"执法检查,开展公共卫生、传染病防治、消毒产品、餐饮具集中消毒服务单位、医疗卫生、计划生育国家监督检,开展医疗机构依法执业、院感管理、医疗废物和餐饮具集中消毒服务单位专项监督检查,加强对职业健康检查机构、放射诊疗机构和学校的卫生监督,完成"双随机"监督检查工作,做好节日和重大活动卫生安全保障和突发公共卫生事件的应急处置工作,确保全市卫生安全。全市卫生计生监督机构全年共查处各类卫生计生违法案件206件,罚没金额138.8万元。

参加2017年度全国卫生计生监督执法微课大赛,全市共获得一等奖1个,二等奖2个,三等奖1个,鼓励奖1个,卓越团队奖1个,获奖总数居全省首位。

【监督改革】 2017年,龙岩市卫计监督改革做法、经验得到国家、省市的肯定,卫生计生综合监督网底建设模式列入龙岩市全面深化改革项目,全市建立由32名市级监督机构工作人员、109名县级监督机构工作人员、563名乡镇监督执法专业队人员、2018名村(居)协管员(信息员)的市、县乡,村"四位一体"卫计综合监督执法网络。国家卫计委《卫生计生工作交流》、省委办《八闽快讯》、市改革办《龙岩改革情况》《闽西日报》头版和国家卫生计生监督中心、省卫计委官网等均进行了刊登报道。"三无村(居)创建活动(无非法行医、无"两非"违法行为、无卫生计生行政案件)获省卫计委创新奖。

（市卫生监督所　供稿）

计划生育

【计划生育服务管理改革】 贯彻落实《龙岩市计划生育技术服务改革实施方案》,将计划生育技术服务纳入基本公共卫生服务项目;推进乡(镇、街道)卫生和计生服务中心与乡(镇、街道)卫生院(社区卫生服务中心)机构、人员和业务整合;全面落实生育登记制度,推进网上登记、一站式服务和承诺制,优化办事流程,简化办理手续,将生育登记服务与孕前优生健康检查、叶酸发放等工作有机结合,提高群众生育登记吸引力。

【计划生育督查考核】 严格落实计划生育目标管理责任制,认真执行《福建省人口和计划生育工作责任考核奖惩办法》,对6个乡(镇)实行单列管理、6个乡(镇)实行黄牌警告、6个乡(镇)实行预警告。全市政策符合率93.77%,出生人口性别比113.03,完成省下达的主要责任指标。

【流动人口服务管理】 推进流动人口婚育证明电子化改革工作及规范流动人口生育服务登记"首问责任制"和"承诺制",开展流动人口卫生计生动态监测调查。推进流动人口基本公共卫生计生服务均等化工作,开展关怀关爱流动人口专项活动,发放慰问物资及慰问金51.23万元。

【计生奖励与扶助】 进一步加大奖励扶助力度,市本级为农村奖扶、城镇奖扶、特别扶助、二女节育扶助等计生对象72527人发放奖励扶助金总额538.13万元,比上年增长8%。落实2345名农村独生子女和二女绝育家庭的女孩享受当年中考加分政策,落实新农合优惠政策,为计生户减免医疗费2520.92万元,对独生子女伤残死亡家庭的夫妻，在发放6000元特别扶助金的基础上，每人每年增发特别救助金5000元。扎实开展婚育新风进万家活动，形成各具特色的“一县一品”宣传工作品牌。

（市卫计委　供稿）

体　育

【概况】 2017年，全市有运动员1643人，专职教练114人；体育场地5336个，其中标准场地3798个，人均拥有体育场地面积1.69平方米；体育经费9080.38万元。龙岩市体育局被国家人力资源和保障部、国家体育总局授予“全国体育系统先进集体”称号。龙岩体育运动学校被国家体育总局授予“2017年全国体育事业突出贡献奖”称号。龙岩体育运动学校和上杭县体校被国家体育总局评为“国家重点高水平体育后备人才基地(2017—2020)”。

龙岩市体育事业基本情况

表16

项　目	单位	2017年	2016年
一、体育系统职工总数	人	280	281
#运动员	人	1643	1704
专职教练	人	114	113
管理人员	人	41	49
科技人员	人	0	0
行政干部	人	64	49
其他人员	人	90	87
二、体育场地数	个	5336	5274
#标准场地		3798	3786
非标准场地		1536	1488
#体育场	个	6	6
体育馆	个	10	10
运动场	个	17	15
足球场	个	7	7
游泳池	个	57	57
旱冰场	个	2	2
有固定看台灯光球场	个	36	36
人均拥有体育场地面积	平方米	1.69	1.69
三、体育经费	万元	9080.38	27644
体育基建支出	万元	5538.98	21464
体育事业费	万元	5159.21	6181

说明：体育经费仅指财政用于体育的经费；全市新建健身路径31条，其中市本级彩票公益金投入124万元建设31条健身路径。

【普及全民健身活动】　全年全市开展体育竞赛和群体活动310余项次，参加人数40余万人次，公共体育场馆及健身设施对外开放，全年锻炼人群150万人次，经常参加体育锻炼人数占总人口的41%。新增三级社会体育指导员700名、二级社会体育指导员317名、一级社会体育指导员42名、国家级社会体育指导员6名，全市各级社会体育指导员8367名。承办福建省“我要上全运”草根羽毛球比赛、CCBM海峡两岸大学生篮球赛龙岩赛区比赛等赛事。承办“全民健身百村行”活动，其中，永定区土楼乡村“体育+”活动被刊登在《中国体育报》和《福建日报》头版头条；国家体育总局授予永定区、上杭县、连城县、武平县文体广新局，龙岩市体育中心青少年俱乐部“全国群众体育先进单位”称号。

【完善全民健身设施】　进一步扩大基层公共体育设施覆盖，完善城市社区15分钟健身圈。在7个县（市、区）新建15个城市社区多功能运动场、6个室内健身房、8个笼式足球场、4个门球场、32条全民健身路径。

2017年海峡两岸大学生篮球赛龙岩赛区

5月13日，龙岩市第十五届运动会开幕式在市体育中心举行

【完成年度竞赛任务】　全年完成新注册运动员323人，确认注册2475人，新增二级运动员67人。派出732名运动员参加田径、游泳、散打、跆拳道、水上等25个项目的省少儿锦标赛，获得团体冠军1个，团体第二名3个，团体第三名3个。承办2017年福建省少儿游泳冠军赛、2017年福建省青少年网球锦标赛及2017年福建省青少年体操锦标赛等赛事。

【体育产业发展】　全年争取各类体育产业资金3836.5万元。省市重点项目年度计划投资2.8847亿元，完成投资3.4306亿元，完成率119%。实施9个投资工程包项目，年度投资目标3.76亿元，完成投资4.6439亿元，完成率123.5%。龙岩青少年水上训练基地项目（一期）投入使用，体操蹦床馆项目完成初验。

【第十五届龙岩市运动会】　4月8日至5月16日，龙岩市政府主办，龙岩市体育局承办以“绿色、和谐、团结、奋进”为主题的第十五届龙岩市运动会，7个县（市、区）和42个行业的代表团近4000人参赛，是近五届市运会参赛人数最多的一届。运动会对竞赛规程进行完善和调整，取消总分和奖牌的排名。县（市、区）组比赛新增1个大项（拳击），累计17个大项，行业组比赛新增2个大项（花式八字跳绳、健身气功），各项赛事从4月8日起陆续在中心城区和各县（市、区）开展，产生550枚金牌，其中，4人打破3项龙岩市纪录，13人打破10项年龄组纪录。5月13日举行的开幕式邀请了11名历届奥运冠军、世界冠军走进市运会，担任开幕式部分代表团旗手。

【龙岩市第四届羽毛球文化节】　12月至次年1月，中共龙岩市委文明办、龙岩市体育局以创建全国文明城市为主题，举办龙岩市第四届“融侨杯”羽毛球文化节，活动按时间顺序分为羽毛球系列赛、社区嘉年华、县市区选拔赛、总决赛4个阶段。通过举办"老区红"羽毛球接力联赛，全省羽毛球草根联赛及羽毛球俱乐部联赛等赛事活动，拉开文化节序幕。在主要社区开展24场次文化节嘉年华活动，在7个县(市、区)各进行1场选拔赛，数万人直接参与。2018年1月12—14日，在体育公园举行总决赛，邀请梅州、赣州等地市羽毛球代表队，省直机关、省羽毛球协会、各地市羽毛球代表队参加。

【国际国内大赛成绩优异】 在第十三届全运会上，龙岩市运动员获得2金2银1铜的优异成绩，戴慧莉获花剑女子团体金牌，吴兆璐获群众比赛羽毛球女子B组单打金牌，杨晓丽获75公斤级女子拳击银牌，张祺、刘泽润获羽毛球男子团体银牌，张靖婧获射击女子25米运动手枪铜牌。

在2017国际射联步手枪世界杯德国站中，张靖婧获女子25米运动手枪金牌，林月美获10米气手枪铜牌；王浩获2017年世界青年举重锦标赛男子56公斤级抓举及总成绩两枚金牌；陈思颖获全国跆拳道锦标赛冠军；梁文希获全国击剑冠军总决赛男子花剑团体冠军；童心获全国武术套路冠军赛及全国武术套路锦标赛共4项冠军；巩鑫杰获全国武术套路冠军赛2项冠军；林志伟获全国帆板冠军赛男子RS:X级障碍赛冠军；杨敏海获全国帆板冠军赛男子RS:X长距离冠军。

【体旅产业深度融合发展】 依托全市各地著名的自然风光、人文景点，举办第二届环永定"环土楼"国际马拉松赛、第二届海峡两岸暨港澳地区汽车场地越野邀请赛、首届海峡两岸"冠豸山杯"青少年棒球邀请赛、环冠豸山国际自行车大赛、武平梁野山全国自行车爬坡赛等大型体育旅游赛事，进一步推动体育旅游产业的深度融合。在2017中国体育文化·体育旅游博览会上，永定区土楼体育旅游精品景区获得"2017中国体育旅游十佳精品景区"称号；武平县环梁野山自行车最美骑游线路项目被授予"2017中国体育旅游精品项目"称号"。

【体育彩票销售】 2017年，全市体彩总销量13.51亿元，超额完成5.18亿元的全年任务，再创历史新高，增长速度和市场份额均位列全省第一。

（张靖隆　撰稿）

10月19日，第二届环永定"环土楼"国际马拉松赛在永定区土楼景区举行

2017年龙岩市运动员参加全国以上比赛成绩汇总表

表17

序号	项目	姓名	比赛名称	比赛小项	名次
1	射击	林月美	世界杯射击总决赛	女子气手枪个人	2
2	射击	林月美	世界杯射击总决赛	女子运动手枪个人	7
3	射击	林月美	全国射击团体、个人锦标赛	女子10米气手枪团体	1
4	射击	林月美	全国射击团体、个人锦标赛	女子25米手枪个人	4
5	射击	林月美	全国射击团体、个人锦标赛	女子10米气手枪个人	5
6	射击	林月美	全国射击团体、个人锦标赛	女子25米手枪团体	1
7	射击	张靖婧	全国射击团体、个人锦标赛	女子25米手枪团体	1
8	射击	张靖婧	世界杯射击总决赛	女子运动手枪个人	2
9	射击	张靖婧	全国射击冠军赛	女子25米手枪	2
10	射击	张靖婧	全国射击团体、个人锦标赛	女子25米手枪个人	2
11	射击	林　峰	全国射击团体、个人锦标赛	男子50米3种姿势	4
12	举重	陈晓婷	全国女子举重锦标赛	女子53公斤级抓举	1
13	举重	陈晓婷	全国女子举重锦标赛	女子53公斤级挺举	1
14	举重	陈晓婷	全国女子举重锦标赛	女子53公斤级总成绩	1
15	举重	王　浩	全国青年男女举重锦标赛	男子56公斤级抓举	1
16	举重	王　浩	全国青年男女举重锦标赛	男子56公斤级挺举	2
17	举重	王　浩	全国青年男女举重锦标赛	男子56公斤级总成绩	1
18	举重	王　浩	全国举重锦标赛暨十三运会预赛	男子56公斤级抓举	4
19	举重	王　浩	全国举重锦标赛暨十三运会预赛	男子56公斤级总成绩	7
20	举重	王　浩	世界青年举重锦标赛	男子56公斤级抓举	1
21	举重	王　浩	世界青年举重锦标赛	男子56公斤级总成绩	1
22	举重	王　浩	世界青年举重锦标赛	男子56公斤级挺举	3
23	举重	廖桂芳	全国青年举重锦标赛	女子63公斤级抓举	2
24	举重	廖桂芳	全国青年举重锦标赛	女子63公斤级挺举	3

续表 17

序号	项目	姓名	比赛名称	比赛小项	名次
25	举重	廖桂芳	全国青年举重锦标赛	女子 63 公斤级总成绩	3
26	举重	廖桂芳	全国举重冠军赛	女子 63 公斤级抓举	2
27	举重	廖桂芳	全国举重冠军赛	女子 63 公斤级总成绩	2
28	举重	廖桂芳	全国举重冠军赛	女子 63 公斤级挺举	4
29	举重	廖桂芳	2017 年全国青少年举重锦标赛	女子 63 公斤级抓举	1
30	举重	廖桂芳	2017 年全国青少年举重锦标赛	女子 63 公斤级挺举	1
31	举重	廖桂芳	2017 年全国青少年举重锦标赛	女子 63 公斤级总成绩	1
32	举重	曾念谦	2017 年全国青少年举重锦标赛	男子 56 公斤级抓举	2
33	举重	曾念谦	2017 年全国青少年举重锦标赛	男子 56 公斤级挺举	2
34	举重	曾念谦	2017 年全国青少年举重锦标赛	男子 56 公斤级总成绩	2
35	举重	曾念谦	全国举重冠军赛	男子 56 公斤级抓举	4
36	举重	曾念谦	全国举重冠军赛	男子 56 公斤级挺举	6
37	举重	曾念谦	全国举重冠军赛	男子 56 公斤级总成绩	6
38	举重	严佳媚	2017 年全国青少年举重锦标赛	女子 48 公斤级抓举	1
39	举重	严佳媚	2017 年全国青少年举重锦标赛	女子 48 公斤级挺举	2
40	举重	严佳媚	2017 年全国青少年举重锦标赛	女子 48 公斤级总成绩	1
41	举重	黄羽杰	2017 年全国青少年举重锦标赛	女子 58 公斤级抓举	1
42	举重	黄羽杰	2017 年全国青少年举重锦标赛	女子 58 公斤级挺举	1
43	举重	黄羽杰	2017 年全国青少年举重锦标赛	女子 58 公斤级总成绩	1
44	举重	黄羽杰	全国举重冠军赛	女子 17 岁以下组 53 公斤级抓举	2
45	举重	黄羽杰	全国举重冠军赛	女子 17 岁以下组 53 公斤级挺举	4
46	举重	黄羽杰	全国举重冠军赛	女子 17 岁以下组 53 公斤级总成绩	3
47	举重	李志辉	2017 年全国青少年举重锦标赛	男子 77 公斤级抓举	7
48	举重	李志辉	2017 年全国青少年举重锦标赛	男子 77 公斤级挺举	4
49	举重	李志辉	2017 年全国青少年举重锦标赛	男子 77 公斤级总成绩	6

续表 17

序号	项目	姓名	比赛名称	比赛小项	名次
50	帆板	杨敏海	全国帆板冠军赛	男子 RS:X 级长距离	1
51	帆板	杨敏海	全国帆板冠军赛	男子 RS:X 级场地赛	8
52	帆板	林志伟	日本亚洲杯帆板赛	男子 RS:X 级	8
53	帆板	林志伟	全国帆板冠军赛	男子 RS:X 级障碍赛	1
54	帆板	林志伟	全国帆板冠军赛	男子 RS:X 级场地赛	2
55	帆板	林志伟	全国帆板冠军赛	男子 RS:X 级长距离	5
56	帆板	林志伟	全国翻波板锦标赛	男子 RS:X 级场地赛	6
57	帆板	林志伟	全国翻波板锦标赛	男子 RS:X 级障碍赛	6
58	帆板	林志伟	全国帆船帆板锦标赛	男子 RS:X 级场地赛	6
59	帆板	林志伟	全国帆船帆板锦标赛	男子障碍赛	8
60	帆板	吴　侠	全国翻波板锦标赛	男子 RS:X 级长距离	2
61	帆板	吴　侠	全国翻波板锦标赛	男子 RS:X 级场地赛	4
62	帆船	王智刚	全国帆船帆板锦标赛	男子 470 级场地赛	8
63	帆船	王智刚	全国帆船冠军赛	男子 470 级长距离	5
64	帆船	邱钰龙	全国帆船冠军赛	男子激光级长距离	5
65	帆船	邱钰龙	全国帆船冠军赛	男子激光级场地赛	5
66	帆船	邱钰龙	全国帆船帆板锦标赛	男子激光级场地赛	5
67	帆船	邱钰龙	全国帆船帆板锦标赛	男子激光级长距离	6
68	帆船	林炜琪	全国青年帆船锦标赛	男子激光级长距离	1
69	帆船	林炜琪	全国青年帆船锦标赛	男子激光级场地赛	2
70	帆船	林炜琪	全国帆船帆板锦标赛	男子激光级长距离	4
71	帆船	林炜琪	全国青年帆船锦标赛	男子激光级长距离	1
72	帆船	林炜琪	全国青年帆船锦标赛	男子激光级场地赛	2
73	帆船	李　洁	全国青年帆船锦标赛	女子 420 级场地赛	3
74	帆船	李　洁	全国青年帆船锦标赛	女子 420 级长距离	3

续表 17

序号	项目	姓名	比赛名称	比赛小项	名次
75	帆船	王俊鸿	全国青年帆船锦标赛	男子 420 级长距离	4
76	帆船	王俊鸿	全国青年帆船锦标赛	男子 420 级场地赛	3
77	帆船	王俊鸿	全国青年帆船锦标赛	男子 420 级场地赛	3
78	帆船	王俊鸿	全国青年帆船锦标赛	男子 420 级长距离	4
79	帆船	曹亮伟	全国 OP 帆船锦标赛	男子组团体	4
80	武术散打	王文忠	全国运动会武术散打锦标赛暨全运会预赛	男子 90 公斤级	1
81	武术散打	林云佳	全国武术散打冠军赛	女子 52 公斤级	3
82	武术套路	童　心	全国武术套路冠军赛(传统项目)	女子孙式太极拳	1
83	武术套路	童　心	全国武术套路冠军赛(传统项目)	混合双人太极拳	1
84	武术套路	童　心	全国武术套路冠军赛(传统项目)	女子 42 式太极剑	3
85	武术套路	童　心	全国武术套路锦标赛(太极拳赛区)	女子 42 式太极剑	1
86	武术套路	童　心	全国武术套路锦标赛(太极拳赛区)	女子双人孙式太极拳	1
87	武术套路	童　心	全国武术套路锦标赛(太极拳赛区)	集体项目	1
88	武术套路	童　心	全国武术套路锦标赛(太极拳赛区)	女子孙式太极拳	2
89	武术套路	童　心	全国武术套路锦标赛(太极拳赛区)	混合双人太极拳	2
90	武术套路	童　心	全国青少年武术套路锦标赛暨第九届亚洲青少年武术锦标赛选拔赛	女子 A 组太极剑	1
91	武术套路	童　心	全国青少年武术套路锦标赛暨第九届亚洲青少年武术锦标赛选拔赛	集体基本功	5
92	武术套路	童　心	全国青少年武术套路锦标赛暨第九届亚洲青少年武术锦标赛选拔赛	女子 A 组太极拳	6
93	武术套路	童　心	全国武术套路冠军赛	混合双人太极拳	3
94	武术套路	唐　萱	全国武术套路锦标赛	女子南拳、南刀、南棍全能	6
95	武术套路	唐　萱	全国武术套路锦标赛	女子南刀	6
96	武术套路	唐　萱	全国武术套路锦标赛	女子南棍	8
97	武术套路	唐　萱	全国武术套路锦标赛暨全运会预赛	南拳、南刀、南棍全能	6
98	武术套路	唐　萱	全国武术套路锦标赛暨全运会预赛	南刀	6
99	武术套路	唐　萱	全国武术套路锦标赛暨全运会预赛	南棍	8

续表 17

序号	项目	姓名	比赛名称	比赛小项	名次
100	武术套路	唐　萱	全国武术套路冠军赛(传统项目)	女子南刀	2
101	武术套路	唐　萱	全国武术套路冠军赛(传统项目)	女子翻子拳	4
102	武术套路	巩鑫杰	全国武术套路冠军赛(传统项目)	男子南棍	5
103	武术套路	巩鑫杰	全国武术套路冠军赛(传统项目)	双人南拳	1
104	武术套路	吴　怡	全国青少年武术套路锦标赛暨第九届亚洲青少年武术锦标赛选拔赛	集体基本功	1
105	武术套路	吴　怡	全国青少年武术套路锦标赛暨第九届亚洲青少年武术锦标赛选拔赛	女子 C 组剑术	2
106	武术套路	吴　怡	全国青少年武术套路锦标赛暨第九届亚洲青少年武术锦标赛选拔赛	女子 C 组长拳	2
107	武术套路	向佳楠	全国青少年武术套路锦标赛暨第九届亚洲青少年武术锦标赛选拔赛	男子 A 组太极剑	5
108	武术套路	向佳楠	全国青少年武术套路锦标赛暨第九届亚洲青少年武术锦标赛选拔赛	男子 A 组长拳	5
109	武术套路	向佳楠	全国武术套路冠军赛(传统项目)	男子杨式太极拳	8
110	蹦床	林隆彪	全国蹦床锦标赛暨全运会预赛	男子团体	7
111	蹦床	徐国恺	全国蹦床锦标赛暨全运会预赛	男子单跳团体	7
112	水球	段瑞霖	全国水球冠军赛暨全运会预赛	女子水球	6
113	水球	陈施琪	全国水球冠军赛暨全运会预赛	女子水球	6
114	水球	江美婷	全国水球冠军赛暨全运会预赛	女子水球	6
115	水球	张婧	全国水球冠军赛暨全运会预赛	女子水球	6
116	马拉松游泳	韩栎都	全国马拉松游泳冠军赛暨全运会预选赛	男子团体	1
117	田径	刘泽炎	全国田径冠军赛暨大奖总决赛	男子 4×100 米接力	2
118	田径	刘泽炎	全国青年(U20)田径锦标赛	男子 200 米	5
119	田径	刘泽炎	全国田径锦标赛	男子 4×100 米接力	7
120	田径	李美珍	全国青年(U20)田径锦标赛	女子 1500 米	1
121	田径	李美珍	全国青年(U20)田径锦标赛	女子 800 米	1
122	田径	李炜明	全国青年(U20)田径锦标赛	男子三级跳远	2
123	田径	王桂萍	全国青年(U20)田径锦标赛	女子 100 米栏	5
124	跆拳道	袁俊超	全国跆拳道锦标赛	男子 54 公斤级	5

续表 17

序号	项目	姓名	比赛名称	比赛小项	名次
125	跆拳道	袁俊超	全国跆拳道冠军赛	男子 54 公斤级	1
126	跆拳道	陈思颖	全国跆拳道锦标赛	女子 46 公斤级	1
127	跆拳道	陈思颖	全国跆拳道冠军赛	女子 46 公斤级	5
128	跆拳道	吴镱超	全国跆拳道锦标赛	男子 58 公斤级	5
129	跆拳道	吴镱超	全国跆拳道冠军赛	男子 58 公斤级	2
130	跆拳道	卢佳琪	全国少年跆拳道锦标赛	女子 40 公斤级	3
131	跆拳道	钱振松	全国青年跆拳道锦标赛	男子 48 公斤级	5
132	跆拳道	项启彰	全国少年跆拳道锦标赛	男子 63 公斤级	5
133	摔跤	钟振瑞	十三运会男子自由式摔跤资格赛暨全国男子自由式摔跤锦标赛	男子 57 公斤级	3
134	射箭	李　政	全国青少年射箭锦标赛	男子团体淘汰赛、决赛	5
135	射箭	林顺民	全国室外射箭锦标赛	男子团体第二 70 米轮赛	7
136	皮划	余雪琴	全国皮划艇(静水)青年 U23、U18 锦标赛	女子 1000 米四人皮艇	2
137	皮划	余雪琴	全国皮划艇(静水)青年 U23、U18 锦标赛	U23 女子 500 米四人皮艇	3
138	皮划	余雪琴	全国皮划艇(静水)青年 U23、U18 锦标赛	U23 女子 200 米双人皮艇	3
139	皮划	余雪琴	全国皮划艇(静水)青年 U23、U18 锦标赛	U23 女子 200 米单人皮艇	8
140	皮划	余雪琴	全国皮划艇(静水)青年 U23、U18 锦标赛	女子 1000 米四人皮艇	2
141	皮划	余雪琴	全国皮划艇(静水)青年 U23、U18 锦标赛	U23 女子 500 米四人皮艇	3
142	皮划	余雪琴	全国皮划艇(静水)青年 U23、U18 锦标赛	U23 女子 200 米双人皮艇	3
143	皮划	余雪琴	全国皮划艇(静水)青年 U23、U18 锦标赛	U23 女子 200 米单人皮艇	8
144	皮划	温桂馨	全国皮划艇(静水)青年锦标赛	女子 1000 米四人皮艇	2
145	皮划	温桂馨	全国皮划艇(静水)青年锦标赛	女子 500 米四人皮艇	3
146	皮划	王晨露	全国皮划艇(静水)青年 U23、U18 锦标赛	U18 女子 200 米单人划艇	3
147	皮划	王晨露	全国皮划艇(静水)青年 U23、U18 锦标赛	U18 女子 500 米单人划艇	4
148	皮划	王晨露	全国皮划艇(静水)青年 U23、U18 锦标赛	U18 女子单人划艇	7
149	皮划	王晨露	全国皮划艇(静水)锦标赛	女子 500 米单人划艇	4

续表 17

序号	项目	姓名	比赛名称	比赛小项	名次
150	皮划	王晨露	全国皮划艇(静水)锦标赛	女子 1000 米单人划艇	6
151	皮划	艾尼尔	全国皮划艇(静水)青年 U23、U18 锦标赛	U23 男 200 米四人皮艇	2
152	皮划	艾尼尔	全国皮划艇(静水)青年 U23、U18 锦标赛	U23 男子 200 米双人皮艇	4
153	皮划	艾尼尔	全国皮划艇(静水)青年 U23、U18 锦标赛	U23 男子 1000 米四人皮艇	5
154	皮划	艾尼尔	全国皮划艇(静水)青年 U23、U18 锦标赛	U23 男 500 米四人皮艇	5
155	皮划	曾雄辉	全国皮划艇(静水)青年 U23、U18 锦标赛	U23 男子 1000 米四人皮艇	5
156	皮划	曾雄辉	全国皮划艇(静水)青年 U23、U18 锦标赛	U23 男 500 米四人皮艇	5
157	皮划	曾雄辉	全国皮划艇(静水)青年 U23、U18 锦标赛	U23 男 200 米四人皮艇	2
158	皮划	曾雄辉	全国皮划艇(静水)青年 U23、U18 锦标赛	U23 男子 200 米双人皮艇	8
159	皮划	邱丽潘	全国皮划艇(静水)青年 U23、U18 锦标赛	U18 女子 1000 米单人皮艇	6
160	皮划	邱丽潘	全国皮划艇(静水)青年 U23、U18 锦标赛	U18 女子 200 米单人皮艇	7
161	赛艇	关　新	全国赛艇冠军赛	男子轻量级 2000 米单人双桨	2
162	赛艇	关　新	全国赛艇冠军赛	男子轻量级 2000 米双人双桨	5
163	赛艇	关　新	全国赛艇冠军赛	男子轻量级 2000 米单人双桨	2
164	赛艇	关　新	全国赛艇冠军赛	男子轻量级 2000 米双人双桨	5
165	赛艇	齐英立	全国赛艇冠军赛	男子 2000 米双人单桨	3
166	赛艇	齐英立	全国赛艇冠军赛	男子 2000 米双人单桨	3
167	赛艇	齐英立	全国赛艇冠军赛	男子 2000 米八人单桨有舵手	5
168	赛艇	齐英立	全国赛艇冠军赛	男子 2000 米八人单桨有舵手	5
169	赛艇	陈鑫	全国赛艇冠军赛	男子成年组轻量级单人双桨	5
170	赛艇	陈鑫	全国赛艇冠军赛	男子 U23 组轻量级人单双桨	2
171	赛艇	武洪如	全国赛艇冠军赛	男子成年组四人双桨	6
172	赛艇	武洪如	全国赛艇冠军赛	男子 U23 组四人双桨	7
173	赛艇	武洪如	全国赛艇冠军赛	男子成年组四人双桨	6
174	赛艇	武洪如	全国赛艇冠军赛	男子 U23 组四人双桨	7

续表 17

序号	项目	姓名	比赛名称	比赛小项	名次
175	赛艇	林亚楠	全国赛艇冠军赛	男子四人单桨无舵手	2
176	赛艇	李雨晗	全国赛艇冠军赛	男子单人双桨	3
177	赛艇	李雨晗	全国赛艇冠军赛	男子双人双桨 U23	2
178	赛艇	李雨晗	全国赛艇冠军赛	男子双人双桨成年组	2
179	赛艇	李雨晗	全国赛艇冠军赛	男子八人单桨有舵手	5
180	赛艇	谢　鹏	全国赛艇冠军赛	男子四人单桨成年组	3
181	赛艇	谢　鹏	全国赛艇冠军赛	男子四人单桨 U23	4
182	赛艇	谢　鹏	全国赛艇冠军赛	男子双人单桨无舵手	5
183	赛艇	谢　鹏	全国赛艇冠军赛	男子八人单桨有舵手	5
184	击剑	项淳武	全国击剑冠军赛总决赛	青年组男子重剑个人	2
185	击剑	项淳武	全国击剑冠军赛总决赛	青年组男子重剑团体	1
186	羽毛球	范梦艳	全国羽毛球冠军赛	混合团体	4
187	羽毛球	范梦艳	全国羽毛球冠军赛	女子单打	3
188	羽毛球	沈雅冰	全国羽毛球冠军赛	混合团体	4
189	羽毛球	沈雅冰	全国羽毛球冠军赛	女子双打	5
190	羽毛球	黄琼慧	全国羽毛球冠军赛	混合团体	4
191	羽毛球	詹丹倪	全国羽毛球冠军赛	混合团体	4
192	羽毛球	刘泽润	全国羽毛球冠军赛	男子团体	4
193	排球	罗　慧	全国女子排球锦标赛		6

36

社会生活

编辑　饶晓艳

人力资源和社会保障

【完善就业政策体系】 落实促进就业目标责任制。城镇登记失业率2.48%，控制在省级下达的4.2%以内。城镇新增就业1.86万人，完成年度目标1.8万人的103.33%。实施更加积极的就业创业政策，进一步调整拓展就业创业政策，较以往涵盖面更广、针对性更强、含金量更高，给用人单位和劳动者带来更多实惠。强化就业创业政策宣传。根据政策调整，重新编印“企业版”“院校版”“大众版”3个版本的《龙岩市就业政策一本通》共计6万份，通过进企业、进校园、进社区、进村入户等形式抓好各版本资料的发放和宣传工作。

【服务企业用工】 开展企业用工需求调查，跟踪、掌握龙岩市企业的用工需求情况，全市八大工业园区进驻企业788家，职工8.84万人，用工形势总体平稳；多渠道发布就业供需信息，发布招聘记录12.35万条、招聘岗位26.31万个次，求职记录14.12万条；全市完成人力资源调查及数据库更新维护72.09万人次，组织用工申报8万人，比上年增加3.32万人，增幅70.97%。全年全市举办招聘会129场，组织3972家次企业参会，提供岗位11.4万个次，累计进场求职人员12.8万人次，4.3万人实现就业。拓宽企业用工渠道，与劳动力资源丰富地区主动对接，缓解龙岩市企业用工压力，累计与21家省外单位建立劳务协作关系，为全市52家企业输入省外劳动力947人。规范城乡职业技能培训，2017年全市组织城乡劳动力就业技能培训3.45万人，其中享受“见证补贴”1.38万人，发放补贴资金747.74万元。

【重点群体就业工作】 招募72名、139名毕业生参加省级、市级“三支一扶”。组织开展高校毕业生就业见习活动，为190名符合条件的就业见习高校毕业生发放见习生活补贴35.07万元。为龙岩技师学院、闽西职业技术学院、龙岩技师学院等203名符合条件的毕业生发放一次性求职创业补贴40.6万元。2017年，龙岩市高校毕业生实现就业1.32万人，就业率95.23%。推进精准就业扶贫工作，至年底，全市有2.13万贫困人员实现就业。全年组织1.32万贫困人员参加技能培训，发放职业技能培训补贴24.53万元，发放职业技能鉴定补贴4.85万元，培训后实现就业0.72万人；开发公益性岗位，优先安置贫困

春风行动招聘会

家庭劳动力，全市公益性岗位吸纳安置建档立卡贫困对象291人，发放岗位补贴179万元；为1.98万名建档立卡贫困人员办理城乡居民保险补贴申请，发放补贴金额107.35万元。开展化解过剩产能企业职工安置工作。全年全市化解煤炭行业过剩产能企业20家，涉及职工4046人，全部分流安置。健全就业援助长效机制，对灵活就业困难人员，按照养老保险和医疗保险实际缴费额的1/2予以社会保险补贴。全年全市受理1.35万人社保补贴申请，发放补贴资金3536.37万元

【扩大社会保险覆盖面】 企业基本养老保险、失业保险、工伤保险参保分别为37万人、39.33万人和46万人，分别完成年度任务的101.23%，101.23%，115%。机关事业单位养老保险参保2231家8.7万人。城乡居民参保缴费132.34万人，参保率99.03%，续保率95.47%。

【提高社会保障待遇水平】 按时完成退休人员待遇调整工作，为全市6.7万名企业退休人员调整养老金，月人均增加140.14元，调整后全市统筹企业退休人员月人均养老金2385.71元。3.77万机关事业单位退休人员，平均月增资193.60元。

【提升社保服务水平】 提高社会化管理服务水平，全市实行退休人员社会化管理服务7.03万人，实现管理全覆盖；推广应用养老金领取“人脸识别认证”，实现认证足不出户，全市6.92万名应认证企业退休人员中，6.49万人完成资格认证，认证率96.4%。推进全面参保登记工作，完成全民参保登记入户调查和登记信息入库工作，全市入户调查79.67万人，登记信息入库346.86万人，入户调查完成率和登记信息入库均100%。金融服务能力稳步提升，城乡居民养老保险金融服务覆盖率100%，参保缴费及待遇领取实现“不出村”。开展城乡居民养老保险经办机构内部控制检查、养老保险重点指标专项核查、社会保险经办风险管理专项行动等专项检查工作。协同地税、财政等部门做好社会保险费稽核、清欠工作。

【构建和谐劳动关系】 出台《关于构建和谐劳动关系实施意见》，在上杭县开展“1118”和谐劳动关系示范工程试点；推进和谐劳动关系创建活动，8家企业被评为省级劳动关系和谐企业，非公有制经济组织构建和谐劳动关系综治考评（平安单位）全省排名并列第一；加强对企业劳动用工的指导，全市劳动用工备案涉及职工6.74万人，完成省人社厅布置任务的262.8%，龙岩市各类用人单位劳动合同签订率97.6%，小微企业劳动合同签订率95%。

【劳动保障执法监察】 制定《关于构建和谐劳动关系的实施意见》《龙岩市治欠保支三年行动计划》，全年全市受理投诉举报案件189件，结案率100%，其中协调处理129件，立案处理60件，案件数比上年下降50.9%，实现连续3年下降；开展劳动保障监察日常巡查工作，巡视检查企业3094户次，涉及劳动者6.17万人次；开展劳动保障诚信评价和书面审查，审查用人单位1911户，涉及劳动者5.6万人，开展诚信评价88家；联合公安、工商部门打击职业中介领域的违法行为，加强对职业中介的监管，规范用人单位及劳务派遣单位招工行为，检查企业316家；开展解决企业工资拖欠问题专项检查，为701名劳动者追回工资825.8万元。

【劳动争议调解仲裁】 规范案件处理，全市受理劳动人事争议案件759件，涉及职工999人，其中集体争议10件，涉及职工233人。当期审理结案751件，结案率98.9%。案外调解劳动人事争议案件443件。推进全市调解仲裁信息化建设，全市仲裁机构全部完成办案系统上线工作，涵盖调解仲裁办案各个环节，有效提升案件处理效能和服务能力。

【信息化建设】 2017年，基本完成龙岩金保工程二期建设。推动全天候、零距离的社保自助服务，实现全市统一网上申报、移动终端服务、微信服务、网上经办大厅、自助终端服务；推进社会保障卡制发，减少制卡环节，提高效率，日制卡量300余张，至2017年底，全市制作完成326.5万张社保卡，发放320.52万张，发卡率98.15%；推动电子证照全流程网上办事应用，在办理业务过程中，同步生成电子证照100%。

【提升行政效能】 对2002年以来公布的规范性文件进行清理，公布废止（或失效）规范性文件37件；开展“双随机”抽查检查，规范下放事项审批流程办理、报备和监管；及时公布行政审批和服务事项清单、权责清单、办事规程和审查工作细则；市人社局服务窗口有办件事项43项，所有事项办理环节控制在3个以内，承诺时限压缩到法定时限50%以内。全年窗口完成办件1.87万件，其中即办件1.84万件，承诺件254件，当天办结率98%以上。创新经办管理服务模式，服务窗口实行“综合柜员制”，打通业务衔接壁垒，为服务对象提供“一窗式”社保服务，落实“一趟不用跑”，专业技术职务考试和执业资格考试审核实现全流程网办。

（邱小尧　廖海年　撰稿）

民　政

【社会救助】 政策衔接。制定出台《关于加强农村最低生活保障制度与扶贫开发政策有效衔接的实施方案》，建立健全部门协作、信息共享、考核监督等工作机制，精准施策，形成脱贫攻

坚合力。

保障标准。1月起，将各县(市、区)农村低保标准提高到省定扶贫标准(3763元)以上，其中，新罗区提高到家庭年人均收入4800元（每人每月400元），人均月补助水平相应提高到不低于240元；其他6个县(市、区)提高到家庭年人均收入3960元（每人每月330元），人均月补助水平相应提高到不低于220元。7月起，根据最低工资标准调整情况提高城市低保标准，其中，新罗630元/月，永定、上杭、漳平580元/月，长汀、连城、武平538元/月，要求各地平均补助水平不低于当地保障标准的60%。城乡特困人员救助供养标准：分散供养的，基本生活标准618—737元/月，照料护理标准113—540元/月；集中供养的，基本生活标准742—884元/月，照料护理标准136—648元/月。

精准识别。运用省救助申请家庭经济状况核对平台，加强信息比对，全面开展农村低保对象家庭经济状况核对和确认清核工作，科学、精准识别农村低保对象。加强农村低保对象和建档立卡贫困人口“双向筛查”，下半年，全面开展符合低保条件建档立卡贫困人口排查认定工作，新增列入低保的建档立卡贫困人口1741人（未脱贫1262人，已脱贫479人）。认真落实省民政厅《关于增强进一步增强低保制度惠民实效六项措施的通知》精神，推进低保扩面工作。至年底，全市农村低保对象19194户、37487人，其中农村低保对象和建档立卡贫困人口“重叠对象”9678户、20931人，全年发放农村低保金9586.63万元，人均月补助240.6元；城市低保对象1915户、3023人，全年发放城市低保金1343.1万元，人均月补助359.9元；城乡特困人员9427人(其中农村特困人员9147人、城市特困人员280人)，全年发放特困救助供养金9957.43万元，人均月供养金853.9元。

临时救助。全市筹集临时救助基金3545.74万元，全年实施临时救助17061人(户)次、2326.96万元，占全年筹集资金2192.89万元的106.11%，较好地解决了城乡困难群众突发性、临时性生活困难。

精准监督。制定《龙岩市民政系统开展“1+X”专项督查助推精准扶贫工作实施方案》，先后组织开展农村低保政策落实和兜底脱贫情况排查、特困人员救助供养政策落实情况全面排查、2017年度社会救助政策落实和资金管理使用情况专项检查，下发专项检查通报，列出问题清单，提出整改要求并指导、督促整改落实，建立健全长效机制。永定区纪委会同区民政局开展“阳光低保”专项检查，对2016、2017年城乡低保对象和2017年特困供养人员开展全面检查。

【双拥工作】 6月，省创模考评组对龙岩市创建全省双拥模范城(县)进行考评验收。龙岩市及所辖7个县(市、区)同时被命名为“全省双拥模范城(县)”，实现“满堂红”。深入开展各项拥军活动。深化科技文化拥军和司法拥军活动，下发科技拥军专项经费，用于支持部队信息化建设、装(设)备革新及文化设施建设。开展法律服务进军营活动。市法院持续开展“法制讲座进军营”“阳光司法进军营”“庭审进军营”等一系列送法进军营活动。“八一”、春节期间，通过准备文艺演出、图书和邀请书画家现场创作等形式开展“文化进军营”活动。驻龙岩部队持续开展支持闽西老区建设“十项工程”，支持地方重点工程建设。驻龙岩部队重点助力闽西革命老区精准扶贫，旅团级单位就近就便开展1—2个扶贫项目。继续开展“一兵带一户、一连带一村”、团以上干部“1+1”结对助学等活动。

【优抚安置】 完成退役士兵接收安置任务，其中符合政府安排工作条件退役士兵41人，全部安置在事业工勤岗位；动员547名退役士兵报名参加职业教育和技能培训；完成年度军休干部(退休士官)接收安置任务。龙岩、漳平军供站完成接待过往部队和入伍新兵任务；顺利完成各项军供保障任务，做好军供站各项建设。

按政策规定准时足额发放优抚对象抚恤补助金，落实自然增长机制政策，全市各类重点优抚对象抚恤补助标准自然增长率4%以上，全年中央下拨抚恤补助资金8457万元，市级下拨用于在乡老复员军人、带病回乡退伍军人、参战退役人员定期生活补助和农村籍退役士兵老年生活补助配套资金562.65万元。全市向1917户农村义务兵家庭发放优待金2839.7791万元，平均每户优待1.4813万元，达到上年农村人均纯收入的100%；向256户城镇义务兵家庭发放优待金308.0461万元，平均每户优待1.2033万元，达到上年城镇职工平均收入的40%。

全市重点优抚对象都享受“三重医疗保障”，即基本医疗保险、城乡医疗救助、重点优抚对象医疗补助。同时，各县(市、区)均设立定点医疗机构，确定减免项目范围。全年中央和省下拨医疗补助经费1135万元、市财政下拨医疗补助经费77.17万元。全年发放重点优抚对象个人门诊资金115.704万元；有6428名重点优抚对象享受医疗补助，补助总金额660.66万元。对住房有困难的重点优抚对象，给予建房和修房补助，全年计补助30户、54.1万元。对生活有困难的优先给予临时救助，符合条件的优先纳入低保。

全市7所光荣院都按规定落实优抚院民生活、医疗待遇，院民伙食费标准510元/月以上，省民政厅下拨院民生活补助费24.192万元。全市在春节和“八一”期间慰问6428名重点优抚对象，发放慰问金321万元。

9月30日，市、新罗区4套班子和龙岩军分区、区武装部在闽西革命烈士纪念碑举行烈士公祭活动，市、区机关干部职工代表1000余人参加。各县（市）参照市里的做法开展烈士公祭活动。闽西陵园接待观众80余市、县三级按7:2:1的比例分担。对居住在万人次，闽西纪念馆接待观众10余万人次。

【部分优抚对象抚恤和生活补助标准提高】 从10月1日起调整部分优抚对象等人员抚恤和生活补助标准。提高残疾军人（含伤残人民警察、伤残国家机关工作人员、伤残民兵民工）残疾抚恤金、烈属（含因公牺牲军人遗属、病故军人遗属）定期抚恤金、在乡红军失散人员和老复员军人定期生活补助金，调整后的标准见“残疾军人、伤残人民警察、伤残国家机关工作人员、残民兵民工残疾抚恤金标准表”，调标所需经费由中央财政负担。提高带病回乡退伍军人的生活补助标准，每人每月增加50元，达到每人每月520元。此次调整补助标准中，中央财政负担20元，地方财政负担30元。地方财政负担经费，省、市、县三级按7:2:1的比例分担。提高部分参战退役人员生活补助标准，每人每月增加50元，达到每人每月645元。此次调整补助标准中，中央财政负担20元，地方财政负担30元。地方财政负担的经费，省、农村和城镇无工作单位、18周岁之前没有享受过定期抚恤金待遇且年满60周岁的烈士子女（含中共人民共和国成立前错杀后被平反人员的子女）提高生活补助标准，每人每月增加50元，达到每人每月补助390元，调标所需经费由中央财政负担。对从1954年11月1日试行义务兵役制后至《退役士兵安置条例》实施前入伍、年龄在60周岁以上（含60周岁），未享受到国家定期抚恤补助的农村籍退役士兵提高老年生活补助标准，每服一年义务兵役每人每月提高5元，达到每服一年义务兵役每人每月补助30元，此次调整补助标准中，中央财政负担2.5元，地方财政负担2.5元。地方财政负担的经费，由省、市、县按7:2:1的比例分担。提高中共人民共和国成立前加入中国共产党的农村老党员和未享受离退休待遇的城镇老党员的生活补贴标准，每人每月增加50元，调整后的标准：1937年7月6日前入党的，达到每人每月670元；1937年7月7日至1945年9月2日入党的，达到每人每月610元；1945年9月3日至1949年9月30日入党的，达到每人每月550元。调标所需资金扣除中央负担的25%外，其余部分继续按照《关于做好老党员生活补贴发放工作的通知》确定的分担比例，由省管党费承担60%，省财政承担40%。

残疾军人、伤残人民警察、伤残国家机关工作人员、伤残民兵民工抚恤金标准表

表18　　（从2017年10月1日起执行）　　单位：元/年

残疾等级	残疾性质	抚恤金标准	残疾等级	残疾性质	抚恤金标准
一级	因战	72850	五级	因公	32380
	因公	70550		因病	30070
	因病	68240	六级	因战	28940
二级	因战	65930		因公	27380
	因公	62460		因病	23130
	因病	60130	七级	因战	21990
三级	因战	57850		因公	19680
	因公	54360	八级	因战	13880
	因病	50920		因公	12710
四级	因战	47410	九级	因战	11530
	因公	42800		因公	9260
	因病	39330	十级	因战	8100
五级	因战	37040		因公	6930

福建省“三属”“两红”等优抚对象抚恤补助金标准表

表 19　　（从 2017 年 10 月 1 日起执行）　　单位：元/月

对象名称		区域	现行标准	提高标准	新标准
“三属”定期抚恤金	烈属		1859	175	2034
	因公牺牲军人遗属		1615	151	1766
	病故军人遗属		1526	142	1668
“两红”生活补助金	红军失散人员	城镇	1897	173	2070
		农村	1867	173	2040
复员军人生活补助金	抗日战争时期入伍		1090	100	1190
	解放战争时期入伍		1035	100	1135
	中华人民共和国成立后入伍		1000	100	1100
带病回乡退伍军人生活补助金			470	500	520
参战退役人员（含原 8023 部队退役人员）生活补助金			595	50	645
居住在农村和城镇无工作单位、18 周岁之前没有享受过定期抚恤金待遇且年满 60 周岁的烈士子女（含新中国成立前错杀后被平反人员的子女）生活补助金			340	50	390
部分年龄在 60 周岁以上（含 60 周岁）、未享受到国家定期优抚补助的农村籍退役士兵，每服一年义务兵役补助标准			25	5	30

中华人民共和国成立前加入中国共产党的农村老党员和未享受离退休待遇的城镇老党员生活补贴标准表

表 20　　（从 2017 年 10 月 1 日起执行）　　单位：元 / 月

对象名称		现行标准	拟提高标准	新标准
中华人民共和国成立前老党员	1937 年 7 月 6 日前入党	620	50	670
	1937 年 7 月 7 日至 1945 年 9 月 2 日入党	560	50	610
	1945 年 9 月 3 日至 1949 年 9 月 30 日入党	500	50	550

【基层政权和社区建设】 下发《中共龙岩市委关于推进城市社区党建“四有三创”标准化建设的意见》。市委组织部、市财政局、市民政局联合出台《关于加强城市社区党建经费保障工作的通知》，全面推进城市社区建设。新罗区适中镇新祠村被民政部确定为首批“全国农村幸福社区建设示范单位”（福建上榜 4 个村），新罗区被省民政厅确定为“全省社区治理与服务创新实验区”。开展 2017 年度高校毕业生服务社区计划招募工作，招募 45 名高校毕业生，安排到永定、上杭、武平、长汀、连城、漳平 6 个县（市、区）的城市社区从事社区建设工作。对 2015 年度和 2016 年度在岗服务的服务社区高校毕业生进行考核。市民政局与市公安局、综治办联合开展“消防安全示范社区”创建活动。

【婚姻登记及收养】 5 月 12 日，省民政厅批复市民政局《关于将涉外及港澳台居民和华侨婚姻登记权限下放至县级婚姻登记机关登记的请示》，同意自 7 月 1 日起，由各县（市、区）民政局办理所辖区域内居民涉港、澳、台、华侨及外国人婚姻登记，市民政局不再办理相关业务。龙岩市在 6 月 23 日举办 1 期全市婚姻登记员和收养登记员岗位培训班，36 人参加。市民政局选送 8 名收养登记员和 7 名婚姻登记员参加 11 月 6 日–10 日省民政厅举办的婚姻、收养登记员培训班。

对全市婚姻收养工作在登记程序、收费、培训等多方面进行检查。市民政局组织人员陪同省民政厅抽查组分别于 8 月 3 日，11 月 22 日，对长汀县、永定区婚姻登记和收养登记窗口进行重点抽查。同时，督促各县（市、区）民政局做好婚姻登记历史数据补录工作。

【殡葬管理】 开展双随机抽查和调研。市民政局组织人员陪同省民政厅抽查组分别于 8 月 3 日、11 月 22 日，对长汀县松鹤陵园、永定区欓子岐公墓进行双随机抽查。10 月 12—13 日，省民政厅副厅长邱玮带队调研检查经营性公墓及殡葬改革工作，对连城县和武平县两所经营性公墓进行实地督查，对公墓是否规范经营进行督查，对检查中发现的墓地面积超标等问题要求进行整改。

督促各地认真落实《关于进一步加强殡葬改革工作的意见》，要求党员、干部带头，广大群众积极参与。持续开展豪华墓、大墓、“活人墓”专项整治工作，遏制违规建造势头，打击在“三沿五线”范围内的乱埋乱葬不法行为。贯彻落实《龙岩市烟花爆竹燃放管理条例》中对丧事活动中燃放烟花爆竹活动进行限制的规定。清明节前印发《关于做好2017年清明节祭扫工作的通知》，要求各地做好文明祭扫，优化殡葬管理服务，倡导移风易俗，推进殡葬改革。印发《关于开展移风易俗工作的通知》，通知就倡导婚事新办，树立新型婚俗观；倡导丧事简办，树立新型丧葬观做了相关规定。全年全市继续为81841名老人投保银龄安康保险。

【区划地名】 3月，省“二普”办组织地名专家成立验收组并对新罗区、永定区进行“二普”成果验收，龙岩市积极配合并及时对验收发现的问题处理整改。根据省“二普”办下发的《关于做好〈中华人民共和国标准地名词典〉编纂工作的通知》，认真做好词目表和词条的上报工作，全市采集上报词条总数902条，其中龙岩市本级1条、新罗区221条、永定区102条、漳平市150条、上杭县130条、武平县147条、长汀县58条、连城县93条。各地启动本行政区地名图、录、典、志等的编纂出版工作。7个县（市、区）普查办组织做好空间数据检查，特别是跨省界自然地理实体地名接边处理工作，全部提交至国务院地名普查办，各地采集到的地名信息成果数据全部入库。

各县（市、区）认真贯彻落实全国“加强地名文化保护暨清理整治不规范地名工作视频会议”精神，制定实施方案，并结合公安部开展的标准地址二维码管理工作，将街、路、巷、小区住宅等不规范名称进行标准化处理。开展千年古县、千年古镇、千年古村落等地名文化遗产认定和保护工作，收集到一批从第一次全国地名普查以来已消失的旧地名，准备编制《地名文化遗产保护名录》。

【社会组织管理】 全年全市登记社会组织2543家（社会团体1864家、民办非企业单位675家、基金4家），市级社会组织515家，其中社会团体357个，民办非企业单位156个、基金会2个。市级新增加登记注册社会组织23家，其中社会团体17家、民办非企业单位6家；注销登记社会组织18家，办理行政许可646个。贯彻落实市委、市政府关于深化“放管服”改革部署要求，进一步提升行政服务效率，压缩办事时限，提高电子证照应用率，推进智能审批和全程网办，推进信息共享互认；进一步简化行政服务流程，推进行政审批标准化，推行流程再造，简化各类证明材料，规范审批特殊环节；进一步创新行政服务机制，建立一次办结机制，健全窗口动态调整机制，创新审批中介服务机制；进一步强化行政服务监督，拓宽群众投诉渠道，加强行政服务监督，纵深推进社会组织监管，建立健全督查评估通报机制。承诺件实际办理时间比承诺时间提前99.32%，比法定时间提前99.73%，当日办结率99.51%，电子证照生成率100%。

7月，市委、市政府办公室下发《关于改革社会组织管理制度促进社会组织健康有序发展的实施意见》。把好登记初审关，严格履行法定程序，对申请登记的社会组织，重点审核社会组织发起人和负责人的身份、年龄、是否被剥夺政治权利、是否失信被执行人，凡不规范、不符合条件的，坚决不予审批，确保登记质量。

全年有208家社团、66家民非和2家基金会完成年检工作，其中社团合格190家，基本合格18家；民非合格64家，基本合格2家；基金会合格2家。针对社会组织存在的年检率低等问题，通过电话、走访、调查等形式逐个与社会组织负责人沟通交流，全面摸排社会组织的基本情况，进行分类处理。全年有19家二年以上未参加年检的社会组织通过整改年检。注销20家社会组织。对多年以来未按期换届的社会组织开展行政约谈工作，共约谈社会组织10家。

推进行业协会商会与行政机关脱钩工作，开展行业协会商会与行政机关脱钩第二批试点工作，市民政局与市发改委联合调整确定110家（其中2家已注销）行业协会商会脱钩名单。至年底，市级参加第一批、第二批试点脱钩的90家试点单位有86家完成机构分离、职能分离、资产财务分离、人员分离和党建外事分离；清退15名在行业协会商会中兼职的党员干部，其中厅级1人，县处级5人，科级9人，清退行政办公用房12平方米。所辖7个县（市、区）参加第一批、第二批试点脱钩的181家行业协会商会完成165家，清退16名在行业协会商会中兼职的党员干部，其中县处级1人、科级6人、科以下9人，采用租赁和腾退等方式清理行业协会商会占用行政办公用房296平方米。

根据《社会组织评估管理办法》，成立龙岩市评估委员会，开展2017年度全市性社会组织评估工作。7月27日，龙岩市召开社会组织统一信用代码信息系统应用培训会议，部署龙岩市全国社会组织统一信用代码信息纠错数据和补充完善工作。全市社会组织统一社会信用代码换码率100%，换证率94.8%，其中市本级95%、新罗95%、永定99%、上杭91%、武平96%、连城97%、长汀95%、漳平96%。根据市政府办《关于印发龙岩市推进行政权力清单和责任清单整合工作方案的通知》要求，疏理出市民政局权责事项共174项，其中行政许可5项、行政确认2项、行政处罚27项、行政强制4项、行政征用1项、行政给付1项、行政监督检查14项、其他行政权力8项、公共服务事项18项、内部审核(审批)事项15项、其他权责事项79项。上报市审改办审核、市政府法制办合法性审查。

【行政区域界线管理】 完成2013—2017年的全省第三轮省县两级行政区域界线和第二轮乡级行政区域界线的联检工作。按照省民政厅的统一部署,完成龙岩—漳州的2条市间县界(永定—南靖、永定—平和),长汀—上杭,长汀—武平2条市内县界,江山—龙门等48条乡级界线的联合检查工作。政府联检报告10月底前均完成签署并上报省政府。联检档案(含电子档案)报送省民政厅。

4月5日,下发《龙岩市民政局关于做好排查并妥善处理边界纠纷隐患工作的通知》,在全市开展排查活动,建立并落实行政区域界线纠纷隐患排查“零报告”制度,每月对《行政区域界线纠纷隐患排查清单》进行一次对账销账,更新数据,每月在规定时间前上报省民政厅。进一步健全平安边界联席会议制度,市调整充实平安边界联席会议成员,建立完善纠纷隐患防控、纠纷隐患应急处理等相关工作机制。

【福利彩票发行】 全市全年发行福利彩票1.5亿多元,比上年减少248.05万元,市场止跌态势明显。同时,全年为国家筹集公益金4000多万元。

(游奇汀 撰稿)

残疾人事业

【残疾人康复服务】 2017年,全市21052名残疾儿童及持证残疾人得到基本康复服务,其中包括0—6岁残疾儿童964人。得到康复服务的持证残疾人中,有视力残疾人120名、听力残疾人481名、肢体残疾人14348名、智力残疾人3961名、精神残疾人971名、多重残疾人777名。至年底,有残疾人康复机构28个,其中,提供视力残疾康复服务的机构5个,提供听力言语残疾康复服务的机构2个,提供肢体残疾康复服务的机构11个,提供智力残疾康复服务的机构6个,提供精神残疾康复服务的机构3个,提供孤独症儿童康复服务的机构3个,提供辅助器具服务的机构6个。康复机构在岗人员583人,其中,管理人员85人,专业技术人员391人,其他人员107人。

【残疾人教育】 实施残疾人事业专项彩票公益金助学项目,为39人次家庭经济困难的残疾儿童接受普惠性学前教育提供资助。实施“扶贫助残大学圆梦行动”,对70名残疾大学生和低保户残疾人子女大学生给予资助;实施“通向明天——交通银行残疾青少年助学计划”,对15名残疾大学生新生进行资助。开展“扶残助学工程”活动,对全市164名考入大中专院校的残疾考生、低保户残疾人家庭子女及在校残疾学生进行资助。全市有特殊教育普通高中班(部)1个,在校生43人。全市有21名残疾人被普通高等院校录取,109名残疾青壮年文盲接受扫盲教育。

【残疾人就业】 2017年,城乡持证残疾人就业人数20029人,其中按比例就业539人,集中就业596人,个体就业1835人,社区就业123人,公益性岗位就业105人,辅助性就业374人,居家就业1653人,从事种养殖加12938人,灵活就业1866人。全市培训盲人保健按摩人员12名,盲人医疗按摩人员15名;保健按摩机构29个,医疗按摩机构1个。

【残疾人扶贫工作】 2017年,全市有9057名贫困残疾人通过扶贫开发实现脱贫;完成1065户农村贫困残疾人危房改造,各地投入改造资金1769万元;接受实用技术培训的残疾人1894人次。全市68个残疾人扶贫基地安置830名残疾人就业,扶持带动1384户残疾人家庭。

【残疾人社会保障】 2017年,城乡残疾居民参加城乡社会养老保险人数98226名。20421名60岁以下的重度残疾人参保,其中20232名得到政府的参保扶助,代缴养老保险费比例99.1%;23014名非重度残疾人享受全额或部分代缴养老保险费的优惠政策;54791人领取养老金。残疾人托养服务机构8个,其中寄宿制托养服务机构7个,综合性托养服务机构1个,为120名残疾人提供托养服务。接受居家服务的残疾人1300人。

【残疾人文体活动】 全市有电视手语栏目1个,围绕第二十七次全国助残日主题,开展一系列活动。300名残疾人参加第七届“残疾人健身周”,选送5人参加2017年残疾人体育健身指导员培训班。举办龙岩市首届“自强杯”聋人飞镖大赛。组织35名运动员参加2017年全省残疾人田径、乒乓球、羽毛球、飞镖、聋人足球、特奥融合足球等6个单项比赛,其中聋人足球、特奥融合足球赛均获二等奖。组织20名运动员参加福建省第六届特殊奥林匹克运动会,获28金11银13铜。

【残疾人维权工作】 全年开展市县级普法宣传教育活动8次,240人参加。成立残疾人法律救助工作协调机构8个,建立残疾人法律救助工作站8个。残疾人参政议政工作稳步开展,各县(市、区)办理议案、建议、提案12件。系统开展无障碍建设县(市、区)7个;开展无障碍建设检查7次,无障碍培训520人次。

【残疾人组织建设】 2017年,全市县乡共建立残联142个,各县(市、区)残联已建7个,乡(镇、街道)残联已建134个;已建社区(村)残协1896个。市县乡残联实有人员247人，乡镇（街道）、村(社区)选聘残疾人联络员2044名。地市级残联配备残疾人领导干部1人,县级残联配备残疾人干部2人。全市建立市级及以下各类残疾人专门协会38个,其中市级专门协会已建5个,县级专门协会已建33个。在民政系统登记注册的助残社会组织23个。

【残疾人服务设施建设】 2017年,竣工并投入使用的各级残疾人综合服务设施7个,总建设规模12995平方米;竣工并投入使用的残疾人康复设施2个,总建设规模5620平方米;竣工并投入使用的残疾人托养服务设施1个,总建设规模2520平方米,总投资500万元。

【信息化建设】 全年全市在省残联门户网站发稿484篇,在闽西新闻网开辟“龙岩残疾人在线”,在微信平台开辟“闽西残疾人康复服务网”“龙岩市残疾人就业服务信息”微信公众号,及时宣传残疾人工作动态,发稿290篇。上杭县开发手机启能通APP,功能包含残疾人事业新闻宣传、政务公开、信息服务等。继续推广“福建省残疾人综合信息服务平台”应用,为残疾人提供网络无障碍服务。注重加强与纵向、横向部门(单位）的沟通协作，实现数据交换共享。与市人社局交换全民参保的数据,获得80690条全市残疾人参加各类养老保险、医疗保险情况。与市民政局交换低保数据，获得7989名残疾人享受低保的数据。

（林加坚　撰稿）

老龄工作

【概况】 全市有60周岁以上老人50.83万人，占户籍人口313.29万人的16.22%;有80周岁以上老人7.3万名,占60周岁以上老人总数14.36%;有百岁老人246名,最高寿115岁,每10万人口中有百岁老人7.8名。全市有养老机构136家,其中,市、县(市、区)福利中心、福利院、光荣院16家(公建公办8家、公建民营8家),乡(镇)敬老院106家(其中公建民营11家),社会力量兴办的养老机构14家。全市有26个居家养老服务照料中心,360个农村幸福院,291个城乡社区居家养老服务站。全市有养老床位12209张。其中,福利中心、福利院、光荣院养老床位5640张,乡(镇)敬老院床位4292张,居家养老服务照料中心床位492张,农村幸福院床位1388张，居家养老服务站床位397张。

2017年，龙岩市在全省率先召开市委全会和第二阶段养老工作会议,在会上通过《中共龙岩市委关于加快社会事业发展补齐民生短板确保如期全面建成小康社会的决定》。9月30日,市委、市政府印发《关于加快养老事业发展的实施意见》,对居家社区养老服务、机构养老服务、兜底保障、医养结合、精神关爱、智慧养老、养生养老产业培育、养老服务队伍建设、提升养老服务质量等“九大工程”做了翔实规划。随后,成立养老事业补短板工作领导小组,强化统筹协调、分解重点任务。11月,民政部、财政部确定龙岩市为第二批中央财政支持开展居家和社区养老服务改革试点地区，补助龙岩市试点经费3380万元。

【养老机构设立许可和安全达标】 8月10日,市政府办出台《关于抓紧抓好已建养老机构安全达标和设立许可的通知》。9月13日,副市长张朝阳带领市民政局、住建局、国土资源局、规划局、消防支队相关负责人,就养老机构的设立许可和安全达标问题对中心城市养老机构进行调研,并召开专门的座谈会,对存在的问题和解决方案进行讨论。10月上旬,全市136家养老机构全面完成排查。经排查和初步鉴定,可给予许可5家、经整改可给予许可的125家、需搬迁的5家、被关停1家。10月25日,市政府办组织民政、消防等部门专题召开养老机构消防安全达标推进会,会上各县(市、区)公安消防大队汇报已建养老机构消防安全达标排查鉴定情况和整改意见建议。至年底,136家养老机构全部由有资质的技术检测及服务机构进行第一次鉴定。经鉴定，完成许可5家,可许可5家,完成整改5家,正在整改114家,需要搬迁5家,预计需要投入整改资金3400万元,已投入整改资金637.35万元。

【养老服务设施建设】 市、县(市、区)两级开展养老服务设施布局专项规划编制和闲置资产排查工作。县(市、区)及市域规划需经费90万元，市财政已安排75万元,在专项规划中,对居家社区养老服务照料中心、社区居家养老服务站、农村社区养老服务中心(乡镇敬老院业务拓展)、农村幸福院等城乡居家、社区养老服务设施进行规划。

龙岩市在全省率先要求每个街道要建成1—2个面积不少于800平方米的居家和社区养老服务照料中心,每个县(市、区)在2017年底至2018年上半年要建成1个以上的五星级照料中心,预计在2018年上半年均可建成；在往年建成135个城市社区居家养老服务站的基础上,2017年按三星级居家和社区养老服务照料中心标准提升建设18个;截至年底,全市按“六有”标准建设的农村幸福院有408个（其中在建48个)。在建设中,各县(市、区)大力提倡利用接收的社区养老服务用房和城乡社区国有闲置资源去改造建设城乡居家和社区养老服务设施,龙岩中心城区利用国有闲置房产1.56万平方米、接收新建小区社区用房4.7万平方米。

【养老专业化服务组织】 2017年,7个县(市、区)累计投入2000多万元(合同价款),分别引进金太阳、青鸟三盛、禾康智慧、德亨仁厚等“互联网+”养老专业化服务组织，并免费为这些组织提供服务场所。各地专业化服务组织均建立线上信息服务平台、配备线下养老服务队伍，进驻1个以上的社区居家养老服务站。通过政府购买服务，为全市近1.5万名城乡特困供养人员、低保对象、建档立卡的贫困人口、重点优抚对象、计生特殊家庭成员、重度残疾人员中的老年人以及80周岁以上的老年人等七类人员，提供每人每月不少于20元的线上呼叫服务；为近3000名上述前六类人员提供每人每月不少于100元的线下日托、短期托、助洁、助浴、助行、助医、家电维修、代购、代缴等实体上门生活照料服务。中标上杭、长汀两县的禾康智慧专业化服务组织，打造“15分钟居家养老服务圈”，整合联盟商家71家，为“6+1”对象服务，并将业务范围拓展到非服务对象的老人。

【居家社区老人健康管理】 市县（市、区）两级民政、卫计部门加强协作配合，强化“养”“医”对接，督促基层医疗卫生机构与老年人家庭建立医疗契约服务关系，开展居家社区老人健康管理，为全市85%以上的65周岁以上老人建立健康档案，受益老年人32万人。市福利中心引进的市同心圆（香港）护理院与市第一医院签订挂钩协议，作为市第一医院的养老机构医疗门诊点，每周两天派出医护人员上门就诊；漳平市社会福利中心成立德亨仁厚养老养生中心和漳平优抚医院，“养”和“医”顺利结合。武平县在福利中心下设残疾人康复医院，在武平县仁济医院下设福康老年公寓，探索养老机构内设医疗机构和医疗机构内设养老机构等多种医养结合模式。上杭县金秋老年公寓投资3000万元新建医养服务中心，完成投资450万元，率先落实护理型养老机构要建设一级以上医疗机构的要求。永定区下洋镇敬老院依托永定民康医院租赁代管，抚市镇敬老院采取公建民营内设医疗室，推进乡镇敬老院医养结合进程。市龙钢医院推行医疗康复服务进家庭、进社区、进农村等“三进”活动，与8个村居、35个家庭签订协议，通过低价有偿服务的方式，开展上门诊断诊疗和康复护理，使服务对象在居家和社区就能获得方便、快捷、适宜的医疗卫生服务。长汀县新桥卫生院内设养老院，强化“医疗、康复、托养、照护”个性化服务功能，使入住老人得到医养一体服务。

【服务空巢老人】 新罗区针对中心城区的社区空巢老人2812人，重点服务空巢老人753人，建立志愿者队伍295支，结对帮扶重点服务对象904人，全年为空巢老人提供上门志愿服务6000多人次。永定区、长汀县结合平安联防，创新管理模式，建立空巢老人电话捆绑制度和“爱心敲门”服务制度。

【养老服务业投资项目建设】 2017年，省定养老服务业投资工程包涉及龙岩市的项目：省政府养老服务为民办实事项目，含13个社区老年人日间照料中心（居家养老服务照料中心）建设项目、18个社区居家养老服务站完善提升项目和41个农村幸福院建设项目；上杭县古田光荣院、上杭县金秋医养服务中心、永定区福利中心、武平县福康老年公寓康复中心、龙岩冠虹老年颐养公寓项目。项目总投资1.54亿元，完成投资26949.8万元，占年度计划投资174.96%。老年人日间照料中心建设项目计划总投资2600万，完成投资3956万元，占总投资额152.15%；新罗区溪南社区、西安社区，上杭县城东社区、连城县莲西社区，武平县东城社区、河东社区老年人日间照料中心完工并投入使用。除长汀县汀州镇南门社区日间照料中心还在办理供地手续，进程缓慢外，其余6个项目按进度建设。全市18居家养老服务站完善提升项目均已完工，计划总投资900万，完成投资1273.8万元，占总投资额141.53%。41个农村幸福院建设项目完成40个，计划总投资1353万元，完成投资3989.42万，占总投资额294.86%；连城县北团镇下江村农村幸福院正在进行第二层建设。

【乡（镇）敬老院建设】 落实省政府办公厅“机构十条”有关规定，做好乡镇敬老院房屋建筑安全、场所消防安全排查鉴定工作。经排查，全市106所敬老院房屋建筑安全达标但消防安全不达标，各地均按要求整改。推进敬老院社会化运营改革，推动敬老院扩大服务范围、拓展服务功能、实行医养结合，提高床位使用率。全市106所敬老院，投入运营105所，入住2240人（其中特困人员1511人、其他对象729人），平均床位使用率52.2%，床位使用率50%以上的敬老院79所；实行公建民营的敬老院14所，占13.2%。上杭县乡（镇）敬老院连锁化运营取得初步成效，有9家意向养老机构报名。

【宣传《福建省老年人权益保障条例》】 发放1.4万册《福建省老年人权益条例》单行本给各级老龄委成员单位、乡（镇、街道）、村（居）、涉老组织、养老服务机构和老年人。2月14日，《闽西日报》用第四版全版对《福建省老年人权益保障条例》进行解读。5月18日，上杭县民政局、老龄办组织“爱老助老与法同行”《福建省老年人权益保障条例》宣传活动，现场发放老年人防止网络诈骗宣传单页300份。社科科普宣传周，市老年学学会在龙岩市美食城中心广场现场分发《福建省老年人权益保障条例》《老年生活》等系列丛书。

【《龙岩市“十三五”老龄事业发展和养老体系建设规划》】 10月26日，市政府印发《龙岩市“十三五”老龄事业发展和养老体系建设规划》，明确龙岩市“十三五”老龄事业发展和养老体系建设的指导思想、基本原则、发展目标、主要任务、保障措施、责任单位，为老龄事业发展和养老体系建设提供依据。漳平市、长汀县相继制定出台《“十三五”老龄事业发展和养老体系建设规划》。

【落实老年人高龄津贴制度】 加强动态管理，做到按时、准确发放老年人高龄津贴。新罗区制定高龄津贴申报、审批、发放的规范性文件，市老龄办及时转发推广。全年全市发放高龄津贴5011万元，惠及63488名老年人。百岁老人的申报、审核要求各县(市、区)老龄办百岁老人入户见面率必须100%。全市核定百岁老人246人，发放百岁老人长寿营养补贴和老年节慰问金137.76万元。开展2016—2017年度百岁老人长寿营养补贴和慰问金管理使用情况专项检查。

【老年优待工作】 落实各项老年优待政策。全年全市各级老龄部门为12342位老年人办理《福建省老年人优待证》。配合民政部门开展“银龄安康保险”，继续由福彩公益金为户籍在龙岩市辖区的60至79岁的优抚对象、城乡特困人员和80周岁及以上的老年人(不含离退休人员) 投保1份银龄安康险，全市为81841位老年人投保，保费163.68万元。扩大银龄安康保险的覆盖面，发动老人自费投保，按每人每年投保100元制定保险方案，至年底，近6000人投保。

11—12月，市老龄办与中国人寿龙岩分公司在全市7个县(市、区)开展2017年度关爱老年人健康公益讲座活动，由医疗专家团队下基层为老年人传授四季养生健康、慢病防治、颈腰椎保健等医疗健康知识，发放健康服务卡，让老年人享受省内外知名医生免费咨询服务绿色通道、预约挂号、寻医问诊等八大健康服务项目。

【基层老龄工作】 推动基层老年协会规范化建设，开展老年协会登记注册，全市登记村(居)老年协会4个(长汀县1个、上杭县3个)。推动基层老年协会备案，新罗区235个村(居)基层老年协会完成备案，占全区村(居)老年协会总数的70%。继续在全市社区开展“关爱空巢老人”活动。会同市民政局下发《关于在全市社区继续深入开展“关爱空巢老人”活动的通知》，制定方案，指导社区以社区居家养老服务站为依托，建立结对帮扶台账，落实帮扶措施，实现志愿服务的制度化、常态化。配合市老体协推动基层老年体育开展，参与评选表彰“老年人康乐家园”，表彰“全市老年人康乐家园”48个。配合市委老干部局、市老年大学贯彻《老年教育发展规划(2016—2020年)》，共同召开全市老年大学(学校)工作会议，推动乡(镇、街道)、村(社区)办好老年学校。

【敬老月活动】 老年节前夕，龙岩市委副书记、市长林兴禄看望慰问老红军谢毕真、郑霖等离退休人员。市政府副市长、市老龄委主任张朝阳慰问百岁老人梁淑玉和王和荣，给寿星送上“百岁寿星”匾和慰问金。上杭、武平两县实现县领导慰问百岁老人全覆盖，每位百岁老人发放省市县慰问金3000元。

开展为老志愿服务，与“创建文明城市”“讲文明树新风”结合，为老年人办实事、做好事。《闽西日报》先后刊出“孝老爱亲、弘扬美德”“九九重阳节、浓浓敬老情”等专版，围绕“关爱老年人喜迎十九大”这一主题，对各县(市、区)涌现出来的敬老爱老好事迹进行系列报道。老年节当天，市老龄办通过移动信息平台发送10万条老年节祝福短信。

新罗区中城街道在广场举行《喜庆十九大　关爱老年人　助力青少年》大型文艺晚会；永定区在城区商贸广场开展“关心关爱老年人　争创敬老文明号”庆祝2017年老年节文艺晚会、“庆十九大　迎老年节”文艺演出、游园活动、老年人体育比赛等老年文娱活动8场次；上杭县老龄办、文体广新局、老干部局联合主办上杭县老年人腰鼓、广场舞交流展示活动。武平县岩前镇开展门球、地掷球、象棋等老年体育比赛；长汀县老龄办与电信、工行、妇幼及汀州镇政府等9个部门联合在三元阁举办“人间百善孝为先，九九重阳享健康”活动，200多位老人参加；连城县老龄办、老干局等6家部门举办“庆祝党的十九大胜利召开暨老年节文体健身展示活动”。漳平市民政局、文明办、老龄办、德亨仁厚养生养老中心等多家部门在橘子洲公园联合举办“爱在心·孝在行”九九重阳大型公益晚会。

【老龄课题调研】 市老龄办、市老年学学会组织开展全国老年学和老年医学学会“养老供给侧结构改革高峰论坛”征文专题调研，形成调研文章100余篇，向中国老年学和老年医学会“养老供给侧结构改革高峰论坛”和省老年学学会选送87篇，45篇论文获“2017全国老年学和老年医学学术论坛优秀论文”，22篇论文获省学会学术研讨会一、二、三等奖。向省老龄办报送11篇调研论文，上杭县老龄办、老年学学会联合撰写的《医养结合好　实施难度大》被省老龄办选送至全国老龄办。

【市老年学学会换届】 4月21日召开市老年学学会第三次会员代表大会暨“健康老龄化”研讨会，会议选举产生市老年学学会第三届理事会，郑立明当选会长。

【百岁寿星】 2017年，全市百岁寿星246人(其中男46人、女200人)，比上年增加17人；平均每10万人有百岁老人7.8人，比全省平均值高2人。年龄最大的是上杭县通贤乡岭头村的李细兰(女，1902年1月出生)，115岁。

2017年龙岩市百岁老人情况

表21

县别	姓名	性别	出生年月	年龄	住　　址	附注
新罗区	李大姑	女	1908年6月	109	红坊镇下洋村三组	
	张九清	女	1911年3月	106	万安镇西源村	
	赖柏地	女	1911年5月	106	龙门镇朝前村6组	
	邱三奶	女	1912年12月	105	登高东路科技局宿舍	
	张仁兰	女	1913年6月	104	大池镇秀东村	
	郭四姑奶	女	1914年1月	103	江山镇铜钵村	
	麻大姑	女	1914年5月	103	东城阳光托老院	
	邱香玉	女	1914年6月	103	东肖镇洋潭水源山路	
	汤仁山	男	1914年6月	103	雁石镇东南村	
	张洪林	男	1914年7月	103	陵园路91号6号楼	
	廖增连	男	1915年7月	102	永定区高陂镇上洋村	
	王太养姑	女	1915年8月	102	东城军民路41号2#101	
	陈满金	女	1915年9月	102	小池镇赖邦村	
	郭奕贞	男	1915年9月	102	江山镇铜□村	
	郭凤兰	女	1916年1月	101	区委党校教工宿舍201室	
	游秀旺	男	1916年1月	101	曹溪街道坪尾村	
	郑从奉	女	1916年1月	101	大池镇红斜村江南路8号	
	张起地	女	1916年3月	101	龙门镇洋畲村1组	
	陈根尧	男	1916年4月	101	新罗区光荣院	
	林爱芹	女	1916年5月	101	东城幸福路125号	
	马香仔	女	1916年7月	101	江山镇铜钵村30组	
	陈仁凤	女	1916年7月	101	大池镇南燕村南裕路26号	
	叶淑汝	女	1916年7月	101	漳平敬老院	
	谢峰娥	女	1916年10月	101	适中镇中溪村2组	
	王和荣	男	1917年1月	100	红坊镇中联村5组	新增
	杨爱莲	女	1917年1月	100	西城西安二期安置房	新增
	林爱玉	女	1917年1月	100	白沙镇营岐村	新增
	张柏地	女	1917年2月	100	东肖镇榴坑村6组	新增
	卢加銮	女	1917年4月	100	适中镇中溪村土城南路1号	新增
	朱巧地	女	1917年7月	100	红坊镇平洋村10组	新增
	梁淑玉	女	1917年12月	100	东城和平路15号	新增
	范裕坤	男	1917年12月	100	中城虎岭巷55号	新增
永定区	张玉英	女	1907年5月	110	凤城镇书院社区	
	陈灿英	女	1908年8月	109	湖雷镇上南村	
	陈三妹	女	1911年7月	105	陈东乡城东村	
	曾桂兰	女	1911年9月	106	湖雷镇象基村	

续表 21

县别	姓名	性别	出生年月	年龄	住　　址	附注
永定区	赖贞林	女	1912 年 3 月	105	湖雷镇上湖村	
	廖七姑	女	1912 年 9 月	105	凤城镇环城东路	
	赖仁姑	女	1912 年 10 月	105	抚市镇华丰村	
	吴调华	女	1912 年 12 月	105	湖雷镇前坊村	
	胡亚兰	女	1913 年 8 月	104	下洋镇东山村	
	江亚兰	女	1914 年 10 月	103	大溪乡大溪村	
	卢福兰	女	1914 年 11 月	103	古竹乡古竹村	
	陈春兰	女	1914 年 12 月	103	虎岗乡龙溪村	
	陈三妹	女	1915 年 2 月	102	湖雷镇湖瑶村	
	王国英	女	1915 年 4 月	102	合溪乡武北村	
	赖亚翠	女	1915 年 5 月	102	下洋镇霞村	
	沈桂兰	女	1915 年 8 月	102	湖雷镇锦溪村	
	刘阿芬	女	1915 年 11 月	102	湖坑镇洪坑村	
	杨亚云	女	1915 年 12 月	102	下洋镇月流村	
	张周妹	女	1915 年 12 月	102	湖山乡三来村	
	陈添胜	男	1916 年 1 月	101	下洋镇陈正村	
	吴阿加	女	1916 年 1 月	101	龙潭镇联中村东二组	
	黄来妹	女	1916 年 4 月	101	湖山乡杨山村大楼组	
	葛良英	女	1916 年 5 月	101	城郊镇古一村	
	曾万英	女	1916 年 5 月	101	凤城镇温泉路 12 巷	
	黄畅娣	女	1916 年 7 月	101	峰市镇峰市乡大道	
	郑炳娘	女	1916 年 8 月	101	凤城镇东门温泉路	
	张五姑	女	1916 年 8 月	101	东兴路 24 巷 5 栋	
	江国汉	男	1916 年 9 月	101	高头乡高东村万安楼	
	吴金娘	女	1916 年 9 月	101	抚市镇桥河村桥一组	
	程瑞英	女	1916 年 10 月	101	高陂镇富岭村大塘角	
	游瑞英	女	1916 年 10 月	101	培丰镇大排村早二组	
	邓志英	女	1916 年 12 月	101	合溪乡溪南村	
	范秀金	女	1917 年 1 月	100	西溪乡礼田村张屋组	新增
	刘信娣	女	1917 年 3 月	100	峰市镇忠信村长坪组	新增
	邱桂英	女	1917 年 4 月	100	龙潭镇上在村双凤楼	新增
	陈彩娣	女	1917 年 4 月	100	大溪乡湖背村第三组	新增
	沈秀花	女	1917 年 4 月	100	湖雷镇白崇村怡兴组	新增
	苏富兰	女	1917 年 4 月	100	培丰镇洪源村蔡屋组	新增
	王周文	男	1917 年 5 月	100	峰市镇黄寨村大岭组	新增
	黄亚清	女	1917 年 5 月	100	下洋镇霞村霞星组	新增
	苏素招	女	1917 年 8 月	100	古竹乡瑶下村纯裕组	新增
	叶高娘	女	1917 年 8 月	100	湖山乡漳溪村上村组	新增
	周细妹	女	1917 年 11 月	100	下洋镇下洋村太一组	新增
	李美英	女	1917 年 12 月	100	高陂镇平在村	新增

续表 21

县别	姓名	性别	出生年月	年龄	住　　址	附注
上杭县	李细兰	女	1902 年 1 月	115	通贤镇岭头村	
	谢赠赠	女	1912 年 8 月	105	金秋老年公寓	
	薛傅娣	女	1913 年 5 月	104	稔田镇石牌村	
	李美兰	女	1913 年 8 月	104	旧县镇扁山村	
	罗良凤	女	1915 年 7 月	102	古田镇石笋村石笋路	
	洪英春	女	1915 年 10 月	102	庐丰畲族乡太古村	
	江金巴	女	1915 年 12 月	102	白砂镇塘丰村丰西路	
	范向芹	女	1916 年 2 月	101	临城镇西郊村罗屋路	
	钟观监	男	1916 年 4 月	101	南阳镇涂坑村	
	黄福棉	男	1916 年 4 月	101	通贤镇障云村	
	梁才娣	女	1916 年 4 月	101	下都镇吉安村	
	陈爱娇	女	1916 年 6 月	101	临江镇解放路	
	林银金姑	女	1916 年 7 月	101	湖洋镇水埔村	
	华才金	女	1916 年 10 月	101	蛟洋镇中村村	
	江启銮	男	1916 年 11 月	101	旧县镇坝上村	
	张冬连	女	1916 年 11 月	101	溪口镇大丰村湖里路	
	陈堂华	男	1916 年 11 月	101	旧县镇角龙村	
	赖陈娣	女	1917 年 1 月	100	蓝溪镇白水村	新增
	叶玉春	女	1917 年 1 月	100	稔田镇官田村	新增
	丘寿娘	女	1917 年 2 月	100	蓝溪镇载厚村	新增
	谢永金	女	1917 年 3 月	100	旧县镇坝上村	新增
	游阿七	女	1917 年 5 月	100	庐丰畲族乡黄坊村	新增
	吴三连	女	1917 年 5 月	100	通贤镇岭头村	新增
	黄银礼	女	1917 年 6 月	100	通贤镇秀坑村	新增
	邱开凤	女	1917 年 6 月	100	通贤镇大东村	新增
	罗同英	女	1917 年 7 月	100	蛟洋镇再嘉村	新增
	丘凤娇	女	1917 年 7 月	100	新罗区东肖镇地质大队	新增
	罗兆金	女	1917 年 7 月	100	旧县镇石圳村	新增
	李礼荣	女	1917 年 8 月	100	稔田镇祝田村	新增
	廖凤凤	女	1917 年 9 月	100	白砂镇中洋村	新增
	林兰英	女	1917 年 10 月	100	临江镇北园三巷	新增
	黄质章	男	1917 年 11 月	100	旧县镇扁山村	新增
	赖兰招	女	1917 年 11 月	100	白砂镇官洋村	新增
	赖荣妹	女	1917 年 11 月	100	古田镇五龙村	新增
长汀县	范必祯	男	1910 年 3 月	107	汀州镇中心坝黄屋新村	
	陈满嫂	女	1911 年 11 月	106	河田镇上街村	
	兰生贞	男	1912 年 9 月	105	濯田镇连湖村老村 43 号	
	钟发娣	女	1912 年 10 月	105	宣成乡畲心村仓下 4 号	

续表 21

县别	姓名	性别	出生年月	年龄	住　　址	附注
长汀县	郭老郭麻	女	1913 年 5 月	104	汀州镇南熏亭 15 号	
	吕兰妹	女	1913 年 10 月	104	汀州镇铁路小区	
	钟七连	女	1913 年 12 月	104	汀州镇南门街莲子塘	
	江从高	男	1914 年 2 月	103	庵杰乡涵前村圳下组	
	王三嫂	女	1914 年 3 月	103	策武镇策星村	
	刘庭汝	女	1914 年 5 月	103	汀州镇中心坝变电站路	
	胡新年妹	女	1915 年 1 月	102	古城镇苦竹村	
	曾锦秀	女	1915 年 3 月	102	三洲镇三洲村上街 47 号	
	郑益兰	女	1915 年 5 月	102	河田镇黄坑村	
	陈妹子	女	1915 年 5 月	102	大同镇计升村	
	马水生老	男	1915 年 6 月	102	策武镇策星村马屋组	
	邱四嫂	女	1915 年 6 月	102	新桥镇新桥村	
	李俊康	男	1915 年 6 月	102	汀州镇中心坝竹区 5-21	
	陈春英	女	1915 年 7 月	102	新罗区中城文苑新村	
	曹逢兴	男	1915 年 7 月	102	童坊镇青潭村	
	丘火妹子	女	1915 年 7 月	102	大同镇翠峰村 8 组	
	钟九姑	女	1915 年 9 月	102	工贸新城和谐小区 20 栋 209	
	江马长	女	1915 年 10 月	101	南寨二路 104 号	
	李五妹	女	1915 年 11 月	101	羊牯乡周家地村 35 号	
	吴洪申	男	1916 年 1 月	101	南山镇谢屋村 5 组	
	张成有	男	1916 年 2 月	101	策武镇李城村严头组	
	余七哩	女	1916 年 3 月	101	河田镇朱溪村卷头坝 35 号	
	兰老兰	女	1916 年 4 月	101	濯田镇上庙村怀峰路 1 号	
	兰三金	女	1916 年 5 月	101	羊牯乡余家地村罗屋 25 号	
	王新人	女	1916 年 5 月	101	河田镇半坑村半坑口	
	杨巧金	女	1916 年 6 月	101	河田镇蔡坊村	
	付如发	男	1916 年 6 月	101	河田镇潘屋村 3 组	
	王三山	女	1916 年 7 月	101	濯田镇巷头村 6 组	
	张祖三	男	1916 年 7 月	101	童坊镇赖屋村朱乾组	
	刘五哩	女	1916 年 9 月	101	河田镇黄坑村下黄坑 10 号	
	吴功养	男	1916 年 12 月	101	濯田镇长兰村七组	
	王仔	女	1917 年 1 月	100	四都镇圭田村河东 8 号	新增
	蒋满嫂	女	1917 年 2 月	100	策武镇陈坊村刘屋	新增
	刘莲英	女	1917 年 3 月	100	汀州镇和谐小区	新增
	林老被	女	1917 年 3 月	100	南山镇南山村蔡屋	新增
	赖秀英	女	1917 年 3 月	100	铁长乡铁长村	新增
	廖清金	女	1917 年 3 月	100	大同镇红卫村	新增
	张大嫂	女	1917 年 4 月	100	策武镇李城村	新增
	王四妹子	女	1917 年 4 月	100	策武镇策田村	新增
	程木金妹	女	1917 年 4 月	100	策武镇策田村	新增
	曹加麻	女	1917 年 4 月	100	南山镇大田村沙下坝	新增

续表 21

县别	姓名	性别	出生年月	年龄	住　址	附注
长汀县	刘老刘子	女	1917 年 4 月	100	河田镇中坊村岭背 2 号	新增
	余观音妹	女	1917 年 5 月	100	南山镇杨谢村岗下 29 号	新增
	黄淑贞	女	1917 年 5 月	100	汀州镇城关东大街 114 号	新增
	梁老四子	女	1917 年 5 月	100	新桥镇廖家村	新增
	林自福	男	1917 年 6 月	100	南山镇严婆田村 7 组	新增
	张四嫂	女	1917 年 7 月	100	大同镇黄屋村 3 组	新增
	刘仰梁	男	1917 年 7 月	100	河田镇刘源村 5 组	新增
	李亚梅	女	1917 年 8 月	100	南山镇大田村 30 组	新增
	蔡二嫂	女	1917 年 9 月	100	河田镇下修坊村 11 组	新增
	老曾嬷	女	1917 年 9 月	100	河田镇潘屋村八组	新增
	邓立秀妹	女	1917 年 10 月	100	三洲镇戴坊村	新增
	陈　仔	女	1917 年 10 月	100	濯田镇街上村 2 组	新增
武平县	刘三秀	女	1910 年 10 月	107	武东镇六甲村溪西路	
	李　妹	女	1911 年 1 月	106	十方镇十方村	
	李太连	女	1911 年 9 月	106	十方镇十方村	
	谢秀子	女	1912 年 10 月	105	十方镇处明村	
	钟启秀	女	1912 年 11 月	105	永平镇瑞湖村	
	魏新兰	女	1913 年 1 月	104	岩前镇东峰新村	
	王细妹姑	女	1913 年 7 月	104	武东镇丰田村	
	兰满妈	女	1913 年 11 月	104	桃溪镇湘坑村	
	钟富春	男	1914 年 4 月	103	平川镇河东路	
	赖连秀	女	1915 年 9 月	102	十方镇黎畲村	
	李宝安	女	1915 年 9 月	102	平川镇七坊村	
	兰丁妹	女	1915 年 9 月	102	中堡镇章丰村	
	李　麻	女	1915 年 12 月	102	大禾乡贤坑村	
	陈华秀	女	1916 年 1 月	101	城厢镇载文村	
	李亮邦	男	1916 年 4 月	101	城厢镇园丁村	
	王银子	女	1916 年 4 月	101	武东镇安丰村	
	刘三妹	女	1916 年 5 月	101	东留镇苏湖村	
	石妹子	女	1916 年 8 月	101	中堡镇小岭村	
	李寿桂	女	1916 年 9 月	101	万安镇五里村	
	刘樟元	男	1916 年 10 月	101	桃溪镇桃溪村	
	王宝连	女	1916 年 10 月	101	岩前镇灵岩村	
	林桃玉	女	1917 年 3 月	100	平川镇教育路	新增
	钟玉贤	女	1917 年 3 月	100	万安镇下镇村	新增
	李招孜	女	1917 年 3 月	100	城厢镇载文村	新增
	杨富玉	女	1917 年 5 月	100	永平镇帽村村	新增
	钟惠英	女	1917 年 5 月	100	象洞镇联坊村	新增

续表 21

县别	姓名	性别	出生年月	年龄	住　址	附注
武平县	兰永汉	男	1917 年 8 月	100	桃溪镇江坑村	新增
	曾永招	女	1917 年 8 月	100	岩前镇上墩村	新增
	钟新兰	女	1917 年 8 月	100	平川镇红东村	新增
	杨大妹	女	1917 年 9 月	100	桃溪镇小兰村	新增
	钟连连	女	1917 年 9 月	100	岩前镇龙井村	新增
	赖焕春	男	1917 年 11 月	100	岩前镇峰贵村	新增
	练玉子	女	1917 年 11 月	100	象洞镇沾阳村	新增
	温凤孜	女	1917 年 11 月	100	中山镇老城村	新增
	谢八妹	女	1917 年 11 月	100	中赤乡平沿村	新增
连城县	尧云秀	女	1908 年 2 月	109	莲峰镇新兴村	
	杨满菊	女	1908 年 10 月	109	新泉镇联溪村	
	李富珍	女	1911 年 4 月	106	隔川乡隔川村	
	冯仙柳	女	1911 年 11 月	106	赖源乡牛家村郑地组	
	杨生兰	女	1913 年 12 月	104	新泉镇北村冯屋北路	
	廖天昌	男	1914 年 2 月	103	莒溪镇墙里村	
	邓长玉	女	1914 年 5 月	103	庙前镇芷星村	
	伍　凤	女	1915 年 10 月	102	莒溪镇莒市村	
	李金秀	女	1915 年 10 月	102	莲峰镇李彭村	
	谢招莲	女	1916 年 3 月	101	隔川乡联益村	
	谢莱英	女	1916 年 4 月	101	塘前乡上琴村	
	吴继芳	男	1916 年 5 月	101	曲溪乡罗胜村	
	邹瑞娥	女	1916 年 7 月	101	四堡镇中南村	
	郭美兰	女	1916 年 8 月	101	曲溪乡罗胜村	
	邓财金	女	1916 年 9 月	101	姑田镇中堡村	
	邓招妹	女	1916 年 9 月	101	朋口镇朋兴村	
	柯林生	男	1916 年 10 月	101	北团镇柯坊村	
	吴运富	男	1916 年 12 月	101	莲峰镇东街社区	
	罗菊秀	女	1916 年 12 月	101	宣和乡培田村	
	林华英	女	1917 年 2 月	100	莲峰镇北街社区	新增
	童土保	男	1917 年 3 月	100	莲峰镇新兴村	新增
	杨招英	女	1917 年 3 月	100	新泉镇新泉村	新增
	林金英	女	1917 年 3 月	100	庙前镇芷溪村	新增
	张凤孜	女	1917 年 4 月	100	新泉镇西村	新增
	揭三老	男	1917 年 4 月	100	揭乐乡吕屋村	新增

续表 21

县别	姓名	性别	出生年月	年龄	住　址	附注
连城县	罗銮英	女	1917 年 6 月	100	莒溪镇莒市村	新增
	林紫娇	女	1917 年 6 月	100	罗坊乡岗头村	新增
	谢玉凤	女	1917 年 11 月	100	姑田镇中堡村	新增
漳平市	陈秋香	女	1912 年 10 月	105	永福镇和丰松柏岐 13 号	
	黄贤接	男	1913 年 7 月	104	双洋镇坑源村古洋 28 号	
	陈香芝	女	1913 年 11 月	104	永福镇菁中北路 65 号	
	芦 幼	女	1915 年 2 月	102	西园镇逐林村逐林路 49 号	
	曾玉妹	女	1915 年 9 月	102	新桥镇云墩村桥头组	
	陈奇生	男	1916 年 9 月	101	永福镇石洪村后洋三组	
	张莲秀	女	1916 年 10 月	101	新桥镇和睦中路 50 号	
	许香春	女	1916 年 10 月	101	永福镇秋苑村	
	陈水仙	女	1917 年 3 月	100	永福镇兰田村兰田 20 号	新增
	李清森	男	1917 年 4 月	100	和平镇和春村	新增
	陈玉美	女	1917 年 7 月	100	永福镇洪坑村三组	新增
	陈福祯	男	1917 年 7 月	100	永福镇石洪村内洪六组	新增
	易文保	男	1917 年 10 月	100	永福镇封侯村易坑外角	新增
	陈仁銮	女	1917 年 10 月	100	象湖镇上德安村	新增
	苏保孙	男	1917 年 11 月	100	西园镇钟秀村	新增
	黄细迈	女	1917 年 11 月	100	菁城街道福满路 161 号	新增

（鲁志红　游奇汀　撰稿）

民族　宗教

【民族经济加快发展】 向省民族宗教厅争取中央、省级少数民族发展资金 461 万元，争取市本级民族补助款 200 万元、挂钩帮扶官庄、庐丰畲族乡配套资金各 50 万元，用于少数民族乡村基础设施建设。投入 200 多万元资金用于少数民族特色村寨建设。2017 年，上杭县官庄畲族乡树人村、庐丰畲族乡丰康村、漳平市赤水镇香寮村被国家民委评为“中国少数民族特色村寨”。指导、协调、督促市民协调委各成员单位做好挂钩帮扶民族村工作。全年各帮扶单位共投入帮扶资金 469.45 万元，协调有关部门投入 673.8 万元，促进民族村经济社会事业的发展。

【城市民族工作】 组织开展少数民族流动人员情况调查，帮助协调解决在城区摆摊点、租房住宿等实际问题和困难。新罗区曹溪街道龙钢社区被确定为全省少数民族流动人口服务管理工作联系点。

【民族教育发展】 安排专项资金用于民族中小学改善办学条件。争取省民宗厅 4.9 万元，给 13 名家庭贫困的少数民族品学兼优本科大学新生每生 3000 元、5000 元不等的资助。落实少数民族学生中考、高考加分政策，办好内地新疆班。

【民族体育、卫生、文化建设】 举办上杭县纪念畲族民族成分恢复 30 周年暨首届“三月三”畲族文化节。做好参加第五届全省少数民族文艺调演筹备工作，推选和送审龙岩市参演节目。

【民族人才培养】 组织实施《龙岩市 2016—2020 年培养选拔少数民族干部工作规划》。选派 20 余人次参加全省少数民族新型职业农民培训、电子商务培训等。举办全市少数民族水稻高产栽培、种养(林下经济)技术培训班，培训人员 100 多人次。

上杭县传承发展畲族文化，打造“魅力上杭”。图为畲族祭祖场面

【民族团结进步创建活动】 深入开展民族团结进步宣传月活动，通过多媒体、电视台、短信群发、网站等多种形式广泛宣传党的民族理论、民族政策、民族知识、民族法律法规。宣传月期间，播放有关民族团结进步的字幕、标语、口号 64 条次，新闻及专题片 3 条，刊登宣传稿件 20 余篇，出动宣传车辆 4 台次，张贴悬挂标语、横幅 623 条，悬挂空飘气球 6 个，发放宣传资料 7300 余份，短信 6 万余条，展出展板 8 块，出版报 83 块，召开座谈会 15 次、参加 462 人次，发放征求意见表 852 份、征求意见 102 条，接受义务咨询 1103 人次。

【健全宗教工作机构】 理顺基层宗教工作机构，把县（市、区）宗教工作人员编制、机构设置、经费保障等列入 2017 年龙岩市依法管理宗教事务综治工作责任考评内容，保证基层宗教机构执法主体资格和基本人员编制。健全完善县（市、区）、乡（镇、街道）、村（社区）三级宗教工作网络和乡（镇、街道）、村（社区）两级责任制，形成上下贯通、信息灵通、处置及时的宗教工作网络。

【宗教教职人员队伍建设】 采取多种方式对宗教界人士开展培训教育，分期分批选派宗教界人士和教职人员参加国宗局和省委统战部、省民族宗教厅举办的各种培训班。

【宗教团体建设】 指导市基督教三自爱国委员会、市基督教协会等爱国宗教团体做好换届工作。协调解决宗教团体工作中遇到的问题和困难，下拨资金 5 万元，帮助宗教团体改善办公条件。

【宗教慈善公益活动】 龙岩市宗教界采用多种方式开展公益慈善活动，使宗教慈善活动成为创建和谐寺观教堂活动中常态化的重要平台和抓手。全年全市宗教界捐资捐物计 141.95 万元。

（市民族与宗教事务局　供稿）

37 外事　侨务　港澳事务

编辑　饶晓艳

外事工作

【概况】　市外事侨务办公室全年接待重要外宾到访团组8批63人次，审核审批因公出国（境）66批178人次，调整、压缩不合理团组14批26人次。深入推广APEC商务旅行卡，助推企业“走出去”开拓市场，全年为8家企业25人申办APEC商务旅行卡，有55人领用卡。主动服务外向型企业，做好外国人来华邀请工作，全年办理邀请外国人入境56批115人次。协调相关部门，妥善处理涉外事（案）件，全年向省外事侨务办公室上报涉外事（案）件19批31人次。

【尾形武寿到龙岩考察访问】　4月14—17日，日本财团理事长尾形武寿一行在中国社会科学文献出版社社长谢寿光和省外事侨务办公室副巡视员罗冠升等人的陪同下到龙岩市考察访问。代表团主要考察武平、长汀、连城等县城美丽乡村示范点，了解新型城镇化、美丽乡村建设等情况，为日本计划开展“新型城镇化与美丽乡村”建设干部培训项目积累经验。

【法国公共电视台到永定拍摄土楼纪录片】　4月29日至5月4日，法国公共电视一台《7点至8点》栏目记者Lily Eclimont及摄影师Cyril Havoudjian一行到永定拍摄土楼纪录片。法国记者深入世界文化遗产——永定洪坑土楼群、高北土楼群、初溪土楼群及衍香楼进行拍摄。

【“福建省国际友城联络员研修班”学员到龙岩参观访问】　6月19日，“福建省国际友城联络员研修班”中来自美国、波兰、捷克、瑞典、肯尼亚、菲律宾、印尼、马来西亚、日本等国的学员一行9人，到永定参观土楼。市外事侨务办公室为来自龙岩市国际友城——瑞典菲利普斯塔德市研修班学员（该市教育官员帕·诺德斯川德）颁发学习证书。6月20—23日，帕·诺德斯川德前往华侨职业中专学校，就推动双方开展文化交流、师生短期培训和学生夏（冬）令营活动等方面的务实合作事宜进行对接。

【市经贸代表团赴日韩开展经贸活动】　8月24—31日，应韩国首尔市政府、西日本贸易株式会社邀请，副市长王建生率市经贸代表团一行赴日本、韩国开展经贸洽谈和侨务联谊活动。在日期间，代表团走访日本全国农业协同组合联合会株式会社（JA全农）、三菱优嘉力株式会社、日立造船株式会社、西日本贸易株式会社等企业，与企业家们交流座谈；拜访日本福建经济文化促进会、京都华侨总会等日本福建主要社团及在日龙岩籍企业家等，开展侨务联谊，召开投资项目推介会。在韩期间，代表团拜访首尔市政府，与首尔市经济振兴本部部长徐东渌、韩中商务中心部长金惠玉等人交流座谈；走访韩国EXAX公司、AIMPOLE集团RFANT公司、极东重工公司等。

【斯里兰卡企业到龙岩参展】　11月7—11日，斯里兰卡斯中友协组织企业首次到龙岩参加第八届海峡两岸机械产业博览会，设立斯里兰卡馆，展销斯里兰卡乳胶枕、椰子油、红茶等特色产品。市政府副市长王建生前往展馆参观斯里兰卡特色产品。

【澳大利亚达尔文市市长到龙岩访问】　12月22日，澳大利亚达尔文市市长康·瓦茨卡利斯（Kon·Vatskalis）和夫人于爱红（福建长汀籍）访问龙岩，市政府副市长王建生会见康·瓦茨卡利斯夫妇。访问期间，康·瓦茨卡利斯一行前往上杭县紫金矿业集团股份有限公司，考察紫金黄金冶炼厂，观看黄金冶炼操作流程。

【印度共产党(马克思主义)青年干部考察团到龙岩访问】 5月18—20日，印度共产党(马克思主义)喀拉拉邦委会委员苏加塔·贝比率印度共产党（马克思主义)青年干部考察团一行13人，到龙岩访问。考察团实地考察新罗区小池镇培斜村，参观培斜“淘宝村”、龙岩市竹产业展示展销馆，了解“美丽乡村”建设项目、村党支部的组织结构和基层党建工作情况；赴上杭古田，参观古田会议会址、古田会议纪念馆，到市委党校听课，学习中国基层党组织建设。

【姆奔巴到龙岩参观访问】 12月25日，纳米比亚执政党人组党前总书记姆奔巴夫妇到龙岩市参观访问，参观古田会议会址、古田会议纪念馆，瞻仰毛主席纪念园。

5月19日，印度共产党(马克思主义)青年干部考察团参观古田会议纪念馆

侨务工作

【概况】 利用第十五届中国·海峡项目成果交易会(“6·18”)、2017厦门国际投资贸易洽谈会(“9·8”)、第八届海峡两岸机械产业博览会暨第十届中国龙岩投资项目洽谈会(“11·8”)等引资引智和侨务联谊平台，邀请侨商出席龙岩市项目推介会，开展项目对接，达成一批合作意向；做好为侨资企业、侨商服务工作；深化侨资企业服务联系制度，推荐龙岩经开区福建龙生生物科技有限公司温龙平创业团队成为国侨办“第五批重点华侨华人创业团队”，温龙平被吸纳为科创委委员；深化海内外联络联谊工作，拓展联谊内涵；规范海外华裔青少年夏(冬)令营。全年举办5期海外华裔青少年“中国寻根之旅”夏令营活动，新加坡、美国、加拿大、马来西亚等国217名华裔青少年参加。

侨界民生工作。组织开展春节送温暖慰问侨界人士系列活动，市外侨办慰问困难归侨侨眷和侨界代表人士150人，发放慰问金8.23万元；争取李新炎慈善基金会“扶贫助侨”帮扶金20万元；做好散居社会贫困归难侨生活补助工作；省、市、县侨办系统联合举办4场送温暖医疗下乡暨侨法宣传活动和3期归侨侨眷技能培训班。

国内侨政工作。全年办理批准华侨回龙岩定居证9件，出具“三侨子女”高考身份证明2份；做好归侨侨眷来信来访工作，受理侨务来信信访18件，来访41人次；加强侨务专项资金的监督管理；推进《龙岩华侨史》编修工作；开展1969年12月31日前后回国的归侨情况调查摸底工作，落实有关侨务政策。

【新西兰龙岩商会组团到龙岩考察】 4月24—25日，新西兰龙岩商会会长饶金生率商贸考察团到龙岩市参观考察。考察团一行参观考察龙净环保股份有限公司和福建龙马装备环卫股份有限公司，在武平县参观考察福建合信创展科技有限公司、安心农业发展有限公司、客都汇文化创业产业园和美丽乡村云礤村。

【市经贸侨务代表团出访美国、加拿大】 5月13—20日，应美国鑫禧国际集团有限公司、加拿大银河灯饰集团有限公司邀请，市委常委、统战部部长邓菊芳率市经贸侨务代表团赴美国、加拿大开展经贸洽谈和侨务联谊活动。代表团拜会美国和加拿大多个重点社团及知名人士，召开小型招商推介会，宣传龙岩，推介项目，促成多项合作意向。

【《龙岩华侨史》项目组赴泰国、缅甸调研】 5月13—20日，《龙岩华侨史》编委会有关人员赴泰国、缅甸开展侨史资料收集工作与联谊活动。收集大量龙岩籍泰国、缅甸华人华侨迁徙、二次迁徙、创业的史料以及缅甸华人华侨参加抗战的珍贵史料。期间，调研组拜访了泰国福建会馆、泰国客家总会等社团组织，组织数场侨界新生代座谈会，并拜会苏肇基、邱泉斌等龙岩籍侨界重要人士。

【纪录片《客家新丝路》开拍】 7月5日，由市委宣传部、市外事侨务办公室、市文化旅游集团和福建海峡卫视共同策划的纪录片《客家新丝路》开机拍摄。节目组赴印尼、马来西亚采访拍摄客家人发展足迹，先后采访永安堂药业集团、客家公会主席梁福强、马来西亚“锡矿大王”胡曰皆之子胡万铎和胡万乾。7—10月，节目组在国内分别采访回乡探亲的新西兰闽西同乡会创会会长卢绍基、德国汉莎普斯有限公司董事长张兴钦和澳大利亚宋庆龄基金会主席陈星惠等人士。

【陈星惠到龙岩参观考察】 10月7—9日，澳大利亚天士力国际医疗集团董事长、澳大利亚宋庆龄基金会主席陈星惠一行到龙岩市参观考察。市政府副市长王建生会见陈星惠一行。陈星惠一行与新罗区政府商讨2019年将于澳大利亚举行的第八届世界龙岩同乡恳亲大会有关筹备事宜；先后参观了古田会议旧址和永定土楼；并到中城西宫巷等地进行寻根之旅。

【加拿大华人社团联席会到龙岩考察】 11月6—7日，加拿大华人社团联席会执行主席王典奇率社团成员到龙岩考察。市委统战部、市外事侨务办公室、市商务局、市侨联相关负责人与考察团座谈交流。在龙岩期间，王典奇一行考察龙岩城市发展情况，瞻仰古田会议旧址等。

【张胜旺到龙岩参加海峡两岸机械博览会及项目洽谈会】 11月8—9日，美国中国经贸总商会会长张胜旺一行到龙岩参加第八届海峡两岸机械产业博览会暨第十届中国龙岩投资洽谈会。张胜旺一行先后出席开幕式、产业发展高峰论坛、参观巡展、项目推介会等活动；着重了解福龙马、海德馨、侨龙等参展企业的产品；重点了解养老、房地产相关项目的投资情况及可行性，并赴永定和上杭进行相关项目考察。

【第三届胡氏恳亲大会马来西亚代表团到龙岩寻根谒祖】 12月16日，第三届胡氏恳亲大会马来西亚代表团——马来西亚霹雳同乡会及槟城帝君胡公司一行46人，回到祖籍地下洋中川村探亲谒祖。

【召开宣传中共十九大精神座谈会】 12月22日，市海外交流协会、市外事侨务办公室举行“宣传十九大精神暨不忘初心、凝心聚力、共商发展”座谈会，来自巴西、加拿大、澳大利亚、阿根廷、巴拉圭、新西兰等60余人出席。座谈会由市海交会会长江棣章主持，市海交会常务副会长邱玉燕宣讲中共十九大精神，侨领代表巴拉圭华人联谊会会长陈计生、加拿大龙岩同乡会会长林淑如、新西兰龙岩同乡会会长施占金作了发言。出席座谈会的各位代表就如何学习贯彻落实中共十九大精神，加强侨界联合、增进乡情乡谊和发挥侨界优势、服务侨胞、服务龙岩发展等方面畅所欲言，积极建言献策。

港澳工作

【概况】 加强联络交流，做好“请进来”工作，邀请港澳各界到龙岩考察访问、交流合作。加强文化交流和青少年交流，举办香港地区青少年“中国寻根之旅”夏令营·福建龙岩营活动，35人参加，增强“新生代”对家乡的热情与兴趣。接待澳门妇联总会工作骨干团组20人，参观古田会议旧址，听取龙岩市委党校关于古田会议的专题讲座，增强参访人员爱国情怀。

【赴澳门参加缅华泼水节及联谊】 4月21—24日，市外事侨务办公室副主任胡丰林率团赴澳门参加“澳门缅华互助会第二十二届缅华泼水节”系列活动，期间，分别拜会了澳门闽西同乡总会、澳门闽西工商联合会、澳门永靖同乡会等社团组织及部分重点人士江金桐、苏有思等。

【赴港澳开展联谊交流】 10月15—20日，市海交会会长江棣章率团赴香港、澳门，出席香港永定会馆第十一届理监事就职典礼，拜会港澳重点社团和知名人士，开展联谊交流活动。

【澳门妇联总会工作骨干团组到龙岩访问】 12月6日，中央人民政府驻澳门特别行政区联络办公室组织20名澳门妇联总会工作骨干团组到龙岩访问。团组全体成员参观古田会议旧址，学习红色历史，前往市委党校，听取林炳玉教授题为《古田会议是建党建军的里程碑》的专题讲座。

【赴深圳、珠海和澳门开展经贸活动】 12月5—8日，副市长王建生率市发改委、商务局、外事侨务办公室等部门领导前往深圳、珠海和澳门开展经贸、侨务活动，参加“澳门闽西同乡总会成立18周年及第七届理监事就职暨澳门闽西商会成立六周年及第三届理监事就职暨澳门闽西青年协会成立”典礼活动。

（温龙珍　陈玉秀　撰稿）

38

县(市、区)概况

编辑　游友荣

新罗区

【概况】 2017年,新罗区坚持以“稳中求进”的总基调,转方式调结构,惠民生保稳定,“三大战役”取得突破性进展,社会各项事业取得新进步。全年地区生产总值(GDP)759.9亿元(现价,下同),按可比价格计算,比上年增长7.9%。其中,第一产业增加值29.7亿元,增长2.3%;第二产业增加值462.3亿元,增长6.4%;第三产业增加值303.9亿元,增长10.9%。三次产业比重由上年的4.3:57.6:38.1调整为3.7:58.1:38.2。全年财政总收入完成32.3亿元,增长11.6%,其中,地方财政收入完成21.9亿元,增长8.6%。全年财政支出41.4亿元,增长29.3%。龙州工业园区成功创建国家应急产业示范基地,新罗区获全省首个国家畜牧业绿色发展示范区、全省双拥模范城、第五届全国文明城市等称号,继续跻身“中国市辖区综合实力百强区”“最具投资潜力中小城市百强区”。

农业。发展设施农业,推进龙岩花生、山麻鸭等特色种养业发展,打造果蔬种植、生态养殖百亩示范基地,加快百香果深加工、蔬菜采后处理等6个农产品加工项目建设,加快构建新型农业经营体系,新增农业龙头企业23家、示范家庭农场18家、农民专业合作示范社15家。启动区属国有林场改革,新罗区被列为全省2017年重点区位商品林赎买改革试点县(区)之一,完成26片共600多公顷山场的赎买、租赁工作。新获证“三品一标”农业企业5家,适中镇入选福建省农村产业融合发展试点示范镇。全年农林牧渔业实现总产值51.4亿元,增长2.5%。其中,种植业产值12.4亿元,增长0.5%;林业产值5.3亿元,增长6.6%;牧业产值30.7亿元,增长2.2%;渔业产值1.9亿元,增长10.0%;农林牧渔服务业产值1.1亿元,增长5.6%。农林牧渔业产值结构比例由上年24.4:9.8:60.5:3.2:2.0调整为24.1:10.3:59.8:3.7:2.1。

粮食播种面积10091公顷,比上年减少952.2公顷,下降8.6%;粮食总产量62308吨,比上年减少5412吨,下降8.0%;蔬菜种植面积8584公顷,比上年减少151.4公顷,下降1.7%;蔬菜产量217873吨,比上年增加8吨。烟叶种植面积96.47公顷,比上年减少5.4公顷,下降5.3%;油料种植面积797公顷,比上年减少11.61公顷,下降1.7%;百香果产业产值达1.6亿元。斜背茶获得国家级农产品地理标志商标认证。

全年肉蛋奶总产量达12.43万吨,增长2.3%。其中,肉类总产量118043吨,增长0.9%;禽蛋6145吨,增长40.7%;奶类112吨,增长30.2%;生猪出栏98.1万头,下降10.1%;家禽出栏2583.4万只,增长12.2%。全年水产品总产量8344吨,比增10.0%,其中,淡水养殖产量7248吨,增长14.5%;淡水捕捞产量1096吨,下降12.4%。

工业。推进供给侧改革,关闭煤矿、非煤矿山等企业8家,淘汰落后产能72万吨;企业负债率下降至52%,营业利润率增长22%。深化国企改革,组建雁翔、国资、龙盛三大集团公司。龙州工业园区成为全市首个产值突破300亿元园区。全区规模以上企业475家,实现规模以上工业总产值958.5亿元,增长11.8%;实现增加值320.3亿元,增长7.3%。“1+2”主导产业(即1个千亿级机械产业集群,商贸物流、有色金属2个500亿级产业),实现产值297.1元,增长13.1%。其中,机械制造产业实现产值266.3亿元,增长12.3%;生物医药产业实现产值14.3亿元,增长16.0%;光电与新材料产业实现产值16.5亿元,增长23.5%。六大传统产业实现产值598.4亿元,增长11.3%。其中,建材产业实现产值127.7亿元,增长17.3%;农副产品加工产业实现产值138.2亿元,增长16.9%;能源精化产业实现产值178.2亿元,增长12.2%;轻工纺织产业实现产值9.8亿元,下降2.4%;烟草产业实现产值131.6亿元，增长1.2%；有色金属产业实现产值12.9亿元，增长10.4%。当年有亿元企业190家，实现产值816.4亿元，增长13.4%。规模工业企业全年实现主营业务收入895.91亿元，增长13.1%；工业产品销售率99.4%，比上年提升0.4个百分点。

固定资产投资。全年固定资产投资达846亿元，增长11.5%。其中，第一产业投资65.2亿元，增长126.3%；第二产业投资391.9亿元，占46.3%，增长11.7%，其中工业投资383.1亿元，增长12.2%；第三产业投资388.9亿元，增长2.5%。宜居环境日益优化，新增环城森林景观美化造林130公顷，沿河路步栈道等“绿网道”工程有序推进。莲花山海关节点地下通道、溪南路邮政交通节点匝道桥通车，建成凤凰小学及挺秀花园家长接送区，新建社区停车场15个、新增车位1026个。全年房地产开发投资134.9亿元，增长3.2%。商品房施工面积1425.3万平方米，增长6.9%；竣工面积334.7万平方米，增长111.2%。商品房销售面积190.9万平方米，增长19.0%。其中，住宅销售面积158.5万平方米，增长19.5%。全年商品房销售额165.5亿元，增长53.9%。

国内贸易。强化政策激励和示范引领，制定服务业66条优惠政策，设立1000万元产业发展基金，评选奖励“双十佳”“新罗老字号”等46家企业。着力构建龙门物流园区、龙岩公路港等物流产业集聚区，加快推进爱琴海城市广场、北大附属学校元培校区等项目建设。全年实现社会消费品零售总额355.1亿元，增长13.4%。其中限额以上社会消费品零售额261.0亿元，增长16.3%。限额以上批发和零售企业实现网上零售额5亿元，增长17.4%，“正统网”入驻电子商务企业30家。互联网经济加快发展，全年电商交易量在全市率先突破120亿元。限额以下社会消费品零售额完成94.0亿元，增长6.1%。限额以上企业商品零售类值中，汽车类零售额比上年增长13.5%，粮油类下降16.6%，肉禽蛋类增长23.1%，服装类增长26.5%，日用品类增长18.9%，文化办公用品类增长25.3%，通信器材类增长38.2%，化妆品类增长26.7%，金银珠宝类增长36%，中西药品类下降2.7%，家用电器和音像器材类增长31.5%，家具类增长13.8%，建筑及装潢材料类增长37.7%。

对外经济和旅游。全年新签外商直接投资项目10项，利用外资合同金额4958万美元，外贸出口总额88479万美元，实际利用外资5738万美元。“吃住行游购娱”六要素进一步完善，新创1家国家3A级旅游景区、4家省级旅游特色村，山塘兵工厂、万阳文化中心等项目加快推进。全年旅游营业收入86.1亿元，增长34.6%。共接待游客922.9万人次，增长25.8%。其中，接待过夜游客456.2万人次，增长31.4%，接待乡村游游客318.9万人次，增长30.6%。

交通和邮电。国省干线、镇镇有干线、危桥改造工程有序推进，完成农村公路提级改造135公里，新罗区获首批“四好农村路”省级示范县。全年交通运输仓储和邮政业实现增加值40.5亿元，增长7.4%；客货运周转量673672万吨公里，增长11.2%。年末全区公路通车里程2134公里，其中高速公路里程131公里。年末铁路营业长度87公里。全年电信业务总量30.4亿元，年末全区固定电话用户19.2万户，移动电话用户93.2万户，互联网用户31.4万户，3G移动电话户数2.6万户，4G移动电话户数19.8万户。

金融业。年末金融机构人民币各项存款余额935.0亿元，增长5.5%，城乡居民储蓄存款余额349.9亿元，增长0.5%。年末金融机构各项贷款余额992.7亿元，增长14.7%。

社会各项事业。坚持创新引领，全年新增院士专家工作站1家，省、市级科技小巨人企业5家、高新技术企业7家，省级创新平台2家；“双创”成效初显，有众创空间13家、互联网孵化器5家。新培育3家企业获得“福建省知识产权优势企业”称号，5家企业获得“龙岩市知识产权试点企业”称号。全年专利申请总量1300件，专利授权总数508件。出台创建教育名城“1+9”实施意见，推行“阳光招生”，试行校长职级单列考核、校领导竞聘上岗等机制。紫金山实验学校、卧龙幼儿园等5所学校开班招生，北城小学等8个扩容项目加快实施，龙岩侨中被省教育厅批准为第二批“现代学徒制”项目建设学校。当年辖区有高等学校2所，中等职业教育学校6所，普通中学27所，小学52所，特殊教育学校1所，幼儿园186所。普通高中班数225个，招生3849人，在校生21679人，毕业生3143人。初中班数447个，招生7884人，在校生19216人，毕业生5954人。小学班数1226个，招生10039人，在校生54827人，毕业生7711人。特殊教育班数29个，招生86人，在校生495人，毕业生73人。学前教育班数1469个，入园人数18448人，在园人数44211人，离园人数13218人。全区拥有公共文化服务机构数28个，其中，一级公共图书馆1个，三级文化馆1个，三级博物馆1个，山歌戏传习中心1个，电影公司1个，影剧中心2个，县级农村有线广播应急预警系统联播联控中心1个，镇(街道)20个。完善城乡基本医疗及公共卫生服务体系，加强医联体建设，居民健康档案建档率78.2%，家庭医生签约服务19.6万人；全面实行公立医院院长竞聘制，推进社会资本办医，新设置医疗机构12家。年末卫生医疗机构494个，医疗床位6533张。卫生技术人员7905人。

人口和人民生活。年末常住人口73.4万人。户籍总人口53.4万人，比上年末增加11341人，增长2.2%。出生人口11863人，人口出生率22.7‰，比上年上升6.9个千分点，人口自然增长率8.7‰，比上年下降3.1个千分点。城镇居民人均可支配收入36736元，增长

8.2%，；农村居民人均可支配收入18919元，增长8.1%。居民消费价格总水平比上年上升1%。其中，消费品价格下降0.2%，服务项目价格上升2.9%。工业品出厂价格上升5.9%。全年新就业人口8503人，城镇失业人员实现再就业人数5832人，其中就业困难人员1897人，新增农村富余劳动力4835人，全区登记失业率2.56%。全区养老保险参保人数30.4万人（其中企业职工基本养老保险12.3万人，机关事业单位养老保险0.9万人，城乡居民养老保险17.2万人）。年末全区城镇社会福利机构20个，床位2957张。全区城镇居民最低生活保障373户574人，农村居民最低生活保障1180户1915人。社区老年人日间照料中心5个、农村幸福院8个、居家养老服务站20个。全年为1433户3669人提供临时困难生活救助129万元，为20名精减退职老职工发放生活困难救济费9.8万元。新罗区脱贫攻坚全面完成，扶贫成效综合排名连年位居全市前列，首创的竞争性扶贫机制在全市推广，国家扶贫网作经验介绍。实现1个扶贫开发重点镇、10个贫困村摘帽任务，完成脱贫5249人。

问题与不足。与沿海发达城市相比，新罗区经济总量仍然较小、产业结构不够优化、新旧动能转换较慢、自主研发创新能力不强，行业、企业仍面临稳定增长和高效转型的双重压力；城乡发展不平衡、不充分、不协调问题仍然突出，城市建设管理有待加强，基本公共服务和社会保障水平不高，农村基础条件薄弱，生态环保压力较大；社会治理存在薄弱环节。全年发生各类生产安全事故26起，死亡人数为22人，同比分别下降16.1%、12%，未发生较大及以上事故。其中，营运性交通事故20起，死亡16人；高速建设工程事故1起，受伤7人；铁路事故3起，死亡3人；非煤矿山事故1起，死亡2人；煤矿事故1起，死亡1人。

【新罗区获全国综合实力和投资潜力“双百强”城区】 10月，中国中小城市经济发展委员会、中小城市发展战略研究院、中国社会科学院发展与环境研究所等单位在《人民日报》上发布“2017年中国中小城市科学发展指数研究成果”，其中包含2017年全国综合实力百强县市、百强区、千强镇等6个项榜单。评价对象为县级市、县和空间相对独立的市辖区。在2017全国综合实力百强区榜和2017全国投资潜力百强区榜单中，新罗区两项荣获“全国百强”城区。2017年全国综合实力百强区榜，从经济基础、民生改善两方面进行评价，包括人均GDP、公共财政预算收入、城乡居民人均可支配收入、城乡居民最低生活保障标准。福建省有3个区上榜，福州市鼓楼区排名第35位，厦门集美区排名第58位，龙岩新罗区排名第60位。

【龙州工业园区成功创建国家应急产业示范基地】 2017年11月，工业和信息化部、国家发改委、科技部联合公布第二批国家应急产业示范基地名单，福建龙州工业园区等5个产业基地上榜。

近年来，福建龙州工业园区科学规划，引领发展。园区规划200公顷以应急产业为主的应急产业示范基地，委托广东省城乡规划设计院编制战略性规划，整合41家应急产业企业生产技术力量，通过建立专业园区，扩大产业规模，形成产业集聚效应。强化领导，协调推进。成立以市、区主要领导为组长的示范基地创建领导小组，建立健全上下联动、部门协调的工作推进机制，明确责任主体，加强跟踪分析和督促落实，及时协调解决产业发展和项目建设中遇到的困难和问题。狠抓项目，做大产业。园区实施的应急产业重点建设项目有南方应急装备产业基地、海德馨应急特种专用车及检测中心、侨龙专用车二期技改、福建省专用车辆产品质量检验中心等10个，总投资25亿元。加大技改扶持力度，引导通用机械、新格机械等15家机械加工企业，通过引入新设备、新工艺，使产品逐步向应急装备产业转移，提高应急装备产业的比重。创新驱动，优化质量。支持应急产业龙头骨干企业的海德馨二期和侨龙二期等项目建设，推进智能智造改造，增强企业创新能力，使龙头骨干企业在市场竞争中占据越来越重要的地位。加大对园区内企业的技改扶持力度，充分利用园区机械产业较为集聚的优势，引导通用机械、新格机械、金隆机械等15家左右原为机械加工的企业，加大技改的力度，通过引入新设备、新工艺，使生产产品逐步向应急装备产业转移，提高应急装备产业的比重。

【环保攻坚成效突出】 持续推进养殖业污染综合整治工作，关闭拆除养猪场1034户、面积48.37万平方米，清栏生猪21.75万头，16个“养治分离”综合治理示范点完工并运行。严格落实“河长制”，4个省控内河断面水域、中心城市生活饮用水源地水质达标率均为100%。强化大气污染治理，淘汰黄标车2205辆，淘汰燃煤锅炉9台，年度节能减排降碳任务全面完成。加强危险废物和土壤污染治理，新增矿山生态环境恢复治理面积37.8公顷，完成水土流失治理3600公顷，森林覆盖率达78.4%。对中央环保督察组反映的问题及时落实，完成信访反馈问题整改26件。

【小溪河水质20年来首次达到二类标准】 小溪河流域是龙岩中心城区龙津河的重要支流，包括中甲溪和马坑溪流域段。2017年，龙岩市通过制定小溪河流域环境整治实施方案。新罗区以最大的力度、最严的标准、最重的处罚，抓细抓实整改工作。组织水利局、矿管办、环保局等相关部门对小溪河流域开展每周2次的常态化巡查，实行24小时无间断巡查，并开展突击行动，对流域内工矿企业的排污情况及工程施工现场

又见清澈的小溪河

进行巡查。同时,加大对私设暗管偷排、超标排放污染物等违法行为的查处力度,联合巡查执法20余次,对矿山和历史遗留矿区进行全面调查摸底,建立"一企一档"落实小溪河企业的长效监管。6月15日,新罗区监测站监测结果显示,马坑溪的王庄桥、中甲溪的华润水泥厂旁和小溪河登高桥断面水质的铁、锰测值均低于最低参照标准限值,比照集中式生活饮用水地表水源地补充项目标准限值均能达标,小溪河登高桥断面水质20年来首次达到二类水标准。

(刘可明　撰稿)

永定区

【概况】 2017年,永定区实现地区生产总值243.6亿元,增长7.8%;一般公共预算总收入13.9亿元,增长12%,其中地方一般公共预算收入9.2亿元,增长12.4%。全社会固定资产投资290.3亿元,增长19.1%,其中工业投资117.5亿元,增长22.3%。农林牧渔业总产值55.9亿元,增长2.3%;规模以上工业总产值178.7亿元,增长12.6%;社会消费品零售总额87亿元,增长12.3%。实际利用外资2770万美元,外贸出口总值12.6亿元,增长40.5%。城镇居民人均可支配收入34645元,增长7.8%;农村居民人均可支配收入16626元,增长8.3%。金融存款余额152.2亿元,增长0.3%;金融贷款余额99.5亿元,增长5.9%。

项目建设。招商签约项目103个、总投资85.7亿元,分别增长35%、12.8%,工业项目占比52.4%。重点项目开工34个,竣工29个。40个"重中之重"项目完成投资45.14亿元。有31个产业项目签约入驻永定工业园区,其中10个项目实现投产。

产业结构。文旅产业加快发展,永定土楼5A级景区整治提升得到国家旅游局肯定,初溪游客服务中心、天子温泉二期等一批旅游项目顺利推进,客家古镇一期实现竣工,梦幻土楼酒店主体封顶,旅游人数达到837.82万人次,增长23.7%,全市排名第三;实现旅游总收入81.46亿元,增长32.3%;过夜游人数227.8万人次,增长24%。能源产业稳健运行,煤炭销售154万吨,装机4.8万千瓦的华润湖坑风电8台机组并网发电,光伏发电容量扩大到1.6万千瓦。建材产业转型升级,闽福建材实施技改,石材企业整顿规范,首期占地83公顷的"永定红"石材循环经济产业园完成场平56.67公顷,动工兴建8幢3万平方米的标准厂房。新型建材实现产值6.1亿元、增长16%。光电信息产业聚集13家企业,实现产值23.4亿元。酿酒产业加速成长,金丰酒文化创意产业园开工建设,三堡高粱、土楼酿酒产销两旺,实现产值1.9亿元、增长39%。现代农业力推"客家土楼"品牌。成立土楼农业公司,启动实施农业产业化"五统一"工程,有效提升农业效益,增加农民收入。健康养生产业稳步推进。区老年公寓实现竣工,城区"互联网+养老"综合性居家服务项目上线运营,鼍龙鳄鱼小镇项目前期工作有序开展。

城乡建设。寨下新区、古镇新区、礼田片区基础设施更加完善。城南市场、体育中心运动场完成主体工程,碧桂园永定府、南门街二号地块二期实现开工。城建惠民"十个一"工程基本完成,打通体育大道、古镇沿河路、大路巷、寨下沿河路,完成永定河栈道二期工程和银河路拓宽改造,开工建设创业大道。高陂"小城市"建设产业发展与基础设施建设齐头并进,下洋、龙潭新型城镇化建设重点镇实施一批民生项目。湖坑镇入选国家级第二批特色小镇。常住人口城镇化率47%,提高1.7个百分点。在省级、市级美丽乡村试点基础上,集中财力打造一批示范带、示范村,实施村庄河道清理、环境整治等项目。湖坑镇南江村获评全国文明村。完成交通基础设施投资10.8亿元、增长18%。永岐线"白改黑"工程建成通车,湖坎线改造、龙湖客运港搜救码头竣工,永梅出省公路完成路基工程。永杭高速永定段建设顺利推进,靖永高速永定段实现开工,城区公交首末站投入使用。8座危桥改造工程实现竣工。投资4.7亿元实施水利项目,汀江防洪工程(一期)西溪段开工、培丰段竣工，湖坑下黄水库投资过半，南溪万里安全生态水系项目全面完工。

民生保障。全年共投入22.6亿元发展民生事业。脱贫攻坚取得实效。组织开展季度攻势行动，产业脱贫、小额信贷、“雨露计划”、扶贫搬迁等措施成效明显，合溪乡、岐岭乡、金砂乡、堂堡乡四个省级贫困乡扶贫成效明显，其中，堂堡乡实现整乡脱贫，14个贫困村实现摘帽，2437户8210人如期脱贫，7个易地搬迁集中安置区全面竣工，709户2372人搬入新居。社会事业加快发展。总投资5.7亿元的“六校联建”工程已开工建设5所学校，城关中心小学、龙凤幼儿园建成投入使用。出台强化基础教育1+11份政策措施，新招127名年轻教师。高考再创佳绩，本一上线率比上年提高3.8个百分点。投入1.25亿元实施一批医疗卫生项目，中医院整体迁建全面启动，湖坑、下洋卫生院综合大楼竣工落成。社会保障持续提升。机关事业单位和企业退休人员人均月增资196元、136元，1052名原公办、民办、代课教师享受养老补助。城乡就业更加充分，组织500多名工人到工业园区就业，城镇登记失业率2.6%。城乡低保、特困人员、孤儿、残疾人生活补贴标准提高。为336个低收入家庭分配公租房。成立传统文化研究会，实施传统文化“五进”工程。完成客家家训馆提升改造。中央红色交通线资源得到初步开发利用。成功举办第二届环土楼国际山地马拉松赛、民间篮球赛等体育运动。在全市运动会上取得第二名的好成绩。社会治安和谐稳定。“平安永定”深入推进，安保维稳“八项行动”“雪亮工程”取得实效，圆满完成“金砖会晤”安保任务。社会防控体系建设初显成效，刑事发案率下降15.4%。上访秩序持续好转，各类矛盾纠纷化解成功率99.7%。成功摘掉“全省涉麻制毒重点关注地区”帽子。

生态环境。环保设施逐步完善。投入1.94亿元建设环保基础设施，治污能力得到提升。实施13个汀江—韩江流域生态补偿项目，乡镇污水处理厂和垃圾中转站建设加快推进，完成11座污水处理厂、14个中转站建设，18个乡镇配备压缩式垃圾运输车。污染整治强力推进。投入2.9亿元，关闭拆除生猪养殖场3458户、115.5万平方米，减少生猪存栏30万头，完成404户规模场标准化改造。全面关停非法矿山和石材加工企业，矿山复绿、石渣清理等综合整治效果明显。“河长制”建设全面展开，汀江永定段、永定河、金丰溪流域水质全面提升，年均值达到国家Ⅲ类水标准。顺利通过中央环保延伸督察。通过国家级水土保持生态文明工程验收。节能减排卓有成效。深入开展大气治理，淘汰黄标车833辆、燃煤锅炉5台，关闭机砖厂10家、石灰石矿8家、煤矿7家，城区大气环境监测24小时全覆盖，城区空气质量持续优良。单位规上工业增加值能耗、碳排放强度、二氧化硫排放量同比下降6%、4.7%、7.7%。

【永定客家家训馆提升改造】 1月6日，全国首家客家家训馆——永定客家家训馆完成提升改造，重新对外开放。家训馆位于洪坑土楼群的“庆成楼”，于2014年建成开放，先后接待海内外游客近200万人次。改造后的家训馆展板面积757平方米，展线长度303平方米，比改造前增加一倍。展厅按客家源流、家训家规、客家厅堂、楹联匾额、家训故事、客家私塾、客家俗语、家庭美德、资料查阅电子屏、客家家训馆宣传折页等10个部分进行展陈。

【首批“永定十大名菜”“永定十大名小吃”评选】 3月10日，永定区分别评选出首批“永定十大名小吃”：牛肉兜汤、大肉圆、鸡肠面、猪肠板、油炸子、高陂晒花生、牛肉巴、珍珠粉（老鼠粄）、艾糍、泡鸭爪。首批“永定十大名菜”：酒酿鸡、永定菜干扣五花、爆炒牛八脆、客家四大盘（猪肉、线面、浮豆腐、芋卵板）、羊肉煲、盐水鸭、鸭肉炖牛丸、客家香肉、晒猪头皮、溪黄炖鱼头。

【永定红石材循环经济产业园开工建设】 6月30日，永定红石材循环经济产业园项目在洪山乡田梓村开工建设。该项目总投资15亿元，总用地面积161.93公顷，总建筑面积46.1万平方米，主要规划建设精品大理石加工区、永定红精品加工区、永定红面板加工区三大板块，并配套建设商务办公、科研办公、会展、企业会馆等商业设施和员工宿舍。同时设置石粉处理站、污水处理厂、垃圾转运站，给水厂、变电站、加油站、汽修站、停车场等配套基础设施。项目一期建设周期9个月，将于2018年3月实现石材加工企业入园加工生产。一期项目建成后，预计全区石材产业销售收入可达10亿元以上，完成工业增加值3.8亿元以上，实现税费收入4000万元以上。

【华润永定（湖坑）风电场首台机组并网发电】 11月28日，全省内陆第二个、龙岩市第一个风电项目——华润永定（湖坑）风电场首台机组成功并网发电。该项目计划总投资4.2亿元，建设规模为48兆瓦，包括24台2兆瓦级风力发电机组、1座110千伏升压变电站。全部建成投产后，年上网电量达到1.09亿千瓦时。

【永定客家古镇一期项目竣工】 12月28日，投资6.1亿元的永定客家古镇一期项目全面完工，迎来首批游客。该项目总投资32亿元，是集吃、住、行、游、购、娱为一体的综合性文化旅游项目，按国家5A级旅游景区的标准进行规划建设，在恢复和保护原有客家风貌和文化的基础上，建设与精致古建筑元素相配套的旅游文化古镇群落，打造一个凸显客家风情的旅游胜地。

（林添茂　撰稿）

上杭县

【概况】 2017年，上杭县实现地区生产总值318.9亿元，增长8.9%；财政总收入33.3亿元，增长4.9%，其中地方级收入25.1亿元，增长9.6%；固定资产投资312.1亿元，增长21.3%；社会消费品零售总额85.6亿元；实际利用外资4099万美元，增长6.6%；城镇居民人均可支配收入35991元，增长9%；农村居民人均可支配收入15355元，增长9.1%。三次产业结构比从上年12.9:54.8:32.3调整为11.4:56.2:32.4。年末全县户籍总人口52.9万人，全县常住人口37.5万人，城镇率48.3%。创建第五届省级文明县城取得明显成效，被省文明委推荐为新一届全国文明城市提名城市。2017年，首次入选“全国投资潜力百强县”，再次被评为“福建经济实力十强县”“福建县域经济发展十佳县”。

主导产业不断壮大。2017年，金铜产业亮点纷呈。实现规模以上金铜工业总产值523.3亿元，增长30.5%，竣工投产思康有机氟/硅新型合成材料产业化项目、铭麟过硫酸盐生产、紫金铜业生产末端物料综合回收扩建、紫金佳博键合金丝生产等7个项目；开工建设太阳铜业22万吨连铸连轧低氧铜杆生产等8个项目，其中低氧铜杆项目建成投产后产值有望突破100亿元。锂电新材料产业发展起步稳健，开工建设龙德六氟磷酸锂生产项目，签约落地鑫昌龙石墨烯和改性PE新材料、金山锂科锂离子电池高性能储能材料等一批成长性好、科技水平高的项目。建筑业稳步转型。实现建筑业总产值441.6亿元，增长12.2%，回流政策效益显现，实现在地建筑业产值154.2亿元，增长31.7%；新成立建筑施工总承包企业35家，全县建筑施工资质企业增加到137家。积极推动建筑企业向绿色建筑产业转型发展，特级资质建筑企业申报和建工集团组建工作有序推进。

现代农业稳步发展。2017年，实现农林牧渔业总产值61亿元，增长3.3%，农业产业化水平进一步提高，新增市级龙头企业1家、示范企业4家，农民专业合作社17家、家庭农场50家；新增“三品一标”(无公害农产品、绿色食品、有机农产品和农产品地理标志）认证产品30个，增量位居全省第一。27家规模以上农副产品加工企业实现总产值14.3亿元，增长10.2%。农村土地承包经营权确权登记颁证工作完成合同签订336个行政村，完成率99.41%。第三次全国农业普查工作通过省级验收。

服务业持续向好。2017年，实现服务业增加值103.4亿元，增长12.7%；深入开展服务业发展“三比一看”(比规模以上服务业企业发展、比服务业项目建设、比服务业行业发展，看服务业增速）竞赛，新增规模以上服务业企业21家，总数达39家。成立全省首个县级家庭服务业协会。电子商务加快发展，实现交易额40.1亿元。金融生态环境持续改善，全县金融机构人民币存贷款余额450.14亿元，增长10.27%。旅游业快速增长，接待游客700.9万人次，增长21.4%，实现旅游收入49.4亿元，增长26%。红色教育培训产业蓬勃发展，承接各类红色教育培训2540期12.7万人次。

创新环境更加优化。2017年，县科技创业园基本建成，入园孵化企业5家。培育省、市级科技小巨人领军企业8家。创新投融资机制，设立规模为5亿元的兴杭纳斯特产业基金，引进总规模30亿元的兴源私募股权基金。人才战略深入推进，大力推进科技特派员制度，对重点产业人才实行“一事一议”。引进各类人才288人，其中省级以上高层次人才18人；重点产业人才158人，教育卫生人才130人。

政务服务不断健全。2017年，推进“互联网+政务服务”模式迈出坚实步伐，在全市率先建成全流程网上办事大厅，审批和服务承诺时限缩减到法定时限的一半以内。深化商事制度改革，加强电子营业执照管理，全面实施“五证合一、一照一码”登记制度，新增市场主体4751户。持续推动“放管服”，梳理“一趟不用跑”“最多跑一趟”办事清单1037项。落实小微企业税收优惠政策，减免税额3593万元。整合设立蛟洋工业区管理委员会，强化园区管理和企业服务。

脱贫攻坚扎实推进。2017年，实现3075户9896人脱贫，蓝溪镇和10个贫困村实现脱贫摘帽。精准帮扶扎实有效。实施“企业+合作社+贫困户”等帮扶模式，269家经营主体带动946户贫困户，解决贫困户就业2295人，培育出华润五丰、擎荣农业、同福鸽业、傲农槐猪等典型。实施激励性扶贫项目63个，受益贫困户907户3433人。增强贫困户“造血”功能，发放扶贫小额信贷资金1715户4274.3万元，全县累计发放扶贫小额信贷资金2222户6144.4万元，覆盖面达31.72%；举办47期雨露计划培训班、培训贫困户4640人次。政府保障覆盖有力。贫困户住房安全问题基本得到解决，实施造福工程946户2984人、危房改造1407户，完成4个造福工程集中安置点建设。贫困户就学就医难题得到较好解决，4417名次贫困户子女享受各类教育助学补助544.031万元，发放贫困户参合参保和健康扶贫保险补助2332.9万元。

生态环境持续改善。2017年，生态环保战役取得阶段性成效，47个生态环保攻坚项目完成投资10.3亿元。抓好中央环保督察反馈问题整改，生态环保“四大提升工程”(洁净蓝天、清新水域、清洁土壤、绿满青山提升工程）扎实推进。空气质量持续提升，城区空气环境质量均达到或优于国家二级标准。全面推行河长制，实现县、乡、村三级河长（河段长）、专管员管理责任体系全覆盖。养殖业污染整治有新进展，关闭拆除生猪养殖场4004家58万平方米，实施规模养殖场标准化改造134家；“一江两河”及支流水质明显提升，Ⅲ类水质达标率96.7%。在全市率先实现农村生活垃圾、污水处理设施建设全覆盖。调整完善土地利用总体规划，修编第三轮矿产资源总体规划。完成植树造林2万亩，森林覆盖率达77.2%；完成水土流失综合治理4500公顷，获评国家水土保持生态文明综合治理工程。

民生事业不断改善。2017年，贯彻以人民为中心发展理念，坚持新增财力90%以上用于改善和保障民生，20项重点为民办实事项目基本完成。教育事业更加均衡。新开工建设3所幼儿园，推进10所学校“全面改薄”(改善贫困地区义务教育薄弱学校基本办学条件)和校安长效机制项目。项目。实施乡村教师支持计划，提高乡村教师生活待遇。继续推行普通高中教育免费政策，受益学生1.3万人次。“阳光招生”政策深入人心，教育更加公平优质。医疗卫生水平稳步提高。县级公立医院综合改革和基层医药卫生体制改革持续推进，投入2000万元用于提升县级医疗机构和乡镇卫生院医疗水平，分级诊疗和医疗联合体制度稳步实施；有序推进县医院整体搬迁、妇幼保健院搬迁、6个乡镇卫生院用房建设。文化体育事业蓬勃发展。群众精神文化生活更加丰富，“月月有戏”文艺演出精彩纷呈，举办纪念畲族民族成份恢复30周年暨首届“三月三”畲族文化节等活动。文体惠民工程扎实推进，所有行政村实现广电光纤全覆盖，完成30个薄弱村文体设施提升改造。县图书馆获批国家一级馆，县少儿业余体校获评国家重点高水平体育后备人才基地。社会保障覆盖更趋完善。实现城乡居民基本医疗保险和社会养老保险参保全覆盖；实现城镇新增就业1813人、促进下岗失业人员再就业1306人，城镇登记失业率2.68%。实施城市棚户区改造357户，配租配售各类保障住房228套。养老服务水平显著提升，被评为2017年中国候鸟旅居小城，被确定为全省乡镇敬老院社会化改革试点示范县。

【交流合作巩固深化】 2017年，中国证监会挂钩帮扶上杭县；与兴业证券签订为期五年的战略合作协议。军民融合深度发展，与海军装备部、中电科集团等建立共建关系，签订军民融合项目23个，新开工4个，带动投资24.9亿元，民品参军销售收入突破4亿元。政银企校产学研合作对接和“百名教授博士下基层”活动成果丰硕。大力实施杭商“回归工程”，签约落地索利普先进制造与智慧城市公共服务平台、伊维菌素医药研发生产等项目。外向型经济日益拓展，古田海关、国检工作机构正式设立，生产性出口首次突破4亿美元，被评为省外贸转型升级示范县。

【基础设施逐步完善】 2017年，铁路建设取得重要进展，龙岩至龙川铁路项目召开可研审查会，基本明确上杭城区设站。厦蓉高速(上杭段)扩容建设、永杭高速(上杭段)建设项目加快推进。完成大中线(庐丰至中都段)建设，梅花山路一期、古蛟快速通道一期、黄太线、大中线（大池至溪口段）建设稳步推进，“2345”(县通乡二级公路、各乡镇30分钟内上高速、行政村40分钟内到集镇、所有乡镇50分钟内达县城）交通圈加快形成。农村公路管养得到加强，完成生命防护工程183公里、危桥改造8座。万里安全生态水系、烟草水源、汀江防洪等重大水利工程进展顺利，“小农水”重点县建设全面完成。

【城乡面貌明显改观】 2017年，完成《上杭县城总体规划修编（2015－2030)》，并获龙岩市政府批准实施。新建、续建53个城建项目，累计完成投资18.8亿元。启动实施汀江绿道一期工程，慢行系统近期可交付使用，一条集观光旅游、休闲健身、文化体验为一体的景观带将呈现在汀江两岸。城市交通进一步改善，张滩大桥及接线工程二期、上杭大道(建设路段)、江滨中路、人民路西段、振兴路改造基本完成，城区新增停车位571个，潭头大桥等项目有序推进。加快打造“15分钟生活圈”，杭川公园、水上运动中心综合楼、城乡规划展示馆、博物馆新馆等项目建成投入使用。全面推进17个省级“千村整治、百村示范”工程示范点、21个市级美丽乡村路网一期工程和2个新型城镇化重点镇建设，启动古田红色小镇三年提升行动，新增2个中国少数民族特色村寨、2个全国文明村镇，村镇面貌明显变化。

【“平安上杭”建设】 2017年，“平安上杭”建设深入推进。古田派出所被国务院授予“人民满意派出所”荣誉称号，县公安局再次获评“全国优秀公安局”称号。圆满完成党的十九大、厦门金砖会晤安保维稳任务，开展“红土肃毒2017”、项目建设领域治安治理、打击电信网络新型犯罪等专项行动，社会更加安定稳定。扎实推进社会主义核心价值观建设，实验小学教师温金娥获评第六届全国道德模范，受到习近平总书记亲切接见。创新完善社会管理模式，在全市率先实行县域综合治理季度分析会制度，军警民联勤联防工作机制得到完善。“七五”普法工作扎实推进，人民调解工作多元化调解“上杭模式”在全省推广，“一村一法律顾问、一社区一法律诊所”更加完善。社会管理逐步完善。全面实施“两孩”政策，推进计生服务改革。食品药品安全监管进一步强化，实现中型以上餐馆、学校食堂明厨亮灶率100%，古田省级食品安全示范街通过省级验收。全面深入推进安全生产大检查，全县安全生产形势稳定好转。双拥工作巩固加强，被评为全省“双拥模范县”和全省征兵工作先进单位。

（上杭县方志委　供稿）

武平县

【概况】 2017年,武平县以认真迎接、学习、宣传、贯彻党的十九大为主线,以习近平新时代中国特色社会主义思想为指引,深入贯彻落实习近平总书记对福建林改的系列重要指示精神和省、市决策部署,加快实施生态立县、工业强县、旅游富民"三大战略",坚持打好打赢项目落地、生态环保、脱贫攻坚"三大战役",抓早抓紧抓实各项工作,全县经济呈现稳中有进、稳中向好的良好态势,社会各项事业健康协调发展,先后荣获全国文明城市、国家园林县城、全国平安建设先进县、中国天然氧吧等一系列国字号荣誉,蝉联福建省"县域经济发展十佳县"。

2017年,武平县实现地区生产总值182.5亿元、增长8%,其中第一产业增加值35.2亿元、增长2%,第二产业增加值77亿元、增长6.4%,第三产业增加值70.3亿元、增长13.1%;500万元以上固定资产投资280.8亿元,增长8.3%;社会消费品零售总额75.8亿元,增长12.3%;财政总收入11.7亿元、增长12.2%,其中地方级财政收入8亿元、增长8.8%;城镇居民人均可支配收入31027元,增长9.1%;农村居民人均可支配收入14852元,增长8.6%。

"三大战役"成效显著。项目落地攻坚战役取得新成果。坚持招商先行,持续开展"3个30"项目竞赛,修订工业项目招商引资优惠政策,招商工作机制进一步完善。新签约亿思达激光显示产业园、岳凯电子智能穿戴设备等38个项目,新开工普集农光互补光伏发电等45个项目,新建成宇田汽配智能技改、嘉喜不锈钢餐厨用品生产等41个项目。重点项目建设"六个一"工作机制、"一线工作法"得到较好落实。109个省、市、县重点项目完成投资74.5亿元,超额完成年度投资计划。县继续教育基地、5万吨省级粮食直属库等43个项目加快建设。获得省委、省政府第三季度"五个一批"项目正向激励奖励。县级财政多渠道筹集资金20.1亿元,投入重点项目建设。全县获批项目建设用地71.2公顷、林地67公顷,完成土地征收156.67公顷、房屋征收2.2万平方米。脱贫攻坚战役实现预期目标。全年投入扶贫资金1.8亿元,实现一个贫困乡、12个贫困村摘帽退出,9913名贫困人口脱贫。贫困户实现干部挂钩帮扶全覆盖,100%落实脱贫措施。发放农业产业扶持资金1965万元,扶持5708户贫困户增加生产性收入。为1028户贫困户发放扶贫小额担保贷款3633万元。实施激励性扶贫项目58个。举办"雨露计划"培训班69期,培训3806人。建设造福工程易地扶贫搬迁安置点6个,全年完成建档立卡贫困户搬迁620户、2003人。全面落实贫困人口医疗保险叠加政策,补助1699人次。解决了1279名建档立卡贫困人口的饮水安全问题。投入2180万元扶持58贫困村建成分布式光伏发电项目,投入1260万元实施21个贫困村集体经济扶贫试点。投入2000万元实施贫困乡村道路提升工程,完成湘店店下至羊牯、民主至岭下公路改造。主动对接省直部门和厦门市思明区,争取脱贫帮扶资金9074万元。生态环保攻坚战役取得较大进展。河长制全面落实,总河长办实质性运作,河道巡查保洁常态化开展。认真总结象洞溪整治经验,以开展岩前、十方生猪养殖业污染综合整治"百日攻坚行动"为重点,投入9477万元开展生猪养殖业污染整治,全年关闭拆除猪舍64.2万平方米,削减生猪存栏42.6万头。建成岩前、十方、中山、东留等4个乡镇生活污水处理厂,武东等8个乡镇生活污水处理厂开工建设。建成17座乡镇压缩式垃圾转运站,11个乡镇垃圾简易填埋场关停整治。水环境质量稳步提升,29个省、市、县考核断面水质达到或优于Ⅲ类水。中山河国家级湿地公园高依山白鹭风景区项目加快推进。全年完成植树造林1533.33公顷,水土流失治理3666.67公顷,矿山恢复治理7.33公顷。环保执法不断加强,取缔拆除非法加工窝点23家,移送涉嫌污染环境犯罪案件2件。黄标车治理、燃煤锅炉改造和危险废物处置任务全面完成。城区空气质量优良天数比例达99.7%,保持全省前列。武平县获评中国天然氧吧,梁野山国家级自然保护区获评中国森林氧吧。

产业实力稳步提升。现代农业平稳增长。2017年,武平县实现农林牧渔业总产值61.7亿元,增长2.1%,总量位居龙岩市第一。粮食、烟叶、果蔬、茶叶、食用菌、花卉苗木、中药材、渔业发展良好。启动万亩出口农产品备案基地建设。新增市级农业产业化龙头企业2家、省级农民专业合作社示范社4家、省级示范家庭农场4家、市级示范家庭农场6家。新增绿色食品认证企业1家、无公害农产品认证企业1家、市知名商标8件。"梁野翠芽"获评第四届海峡两岸茶王赛"茶王",黄金果、象洞鸡入选厦门金砖会晤专供产品。省级农产品质量安全县创建扎实开展。工业经济不断壮大。制订实施了"四个一批"重点工业企业规模与效益倍增计划、精准服务规模工业企业、服务"四个一批"重点工业企业招用工等政策措施。全力支持宇田汽配、龙兴木业、嫫洁日用品二期等22个省、市重点技改项目建设。对武平紫金、星河电路实行"一企一策"支持。新增岳凯科技、世能科泰等7家规模以上工业企业和合信创展等3家亿元企业。钢泓科技等9家企业被列入2017年福建省重点上市后备企业。全县实现规模以上工业增加值44.6亿元,增长8.9%。矿产品加工、不锈钢加工、机械制造、新型显示与智能制造、农林产品精深加工五个产业实现产值155.5亿元,占规模以上工业总产值的89.5%。新增三级及以上资质建筑业企业17家,建筑业企业总数居龙岩市第三。投入1.8亿元，完善工业园区基础设施。成功创建福建省首个县域省级高新技术产业园区。省级科技孵化器建设加快。现代服务业提速发展。开展服务业“三比竞赛”，制订实施了扶持物流业、快递业和乡村旅游发展的政策措施，国家全域旅游示范区和国家电子商务进农村综合示范县建设取得积极成效。梁野山创国家AAAAA级景区、狮岩创国家AAAA级景区、中山古镇保护与开发、兴贤坊历史文化街区等一批旅游重大项目加快实施，武平环梁野山自行车最美骑游路线入选2017年中国体育旅游精品项目。尧禄、新礤等5个村被评为省级乡村旅游特色村。全年，武平县共接待旅游人数207.07万人次、增长21.6%，实现旅游收入19.27亿元、增长26.2%。新增注册电商企业78家，实现电商交易额40亿元。金融机构存贷款余额203.7亿元、增长11%，存款余额112.8亿元、增长8.1%。实现商品房销售面积29.6万平方米，增长9.8%，销售面积居龙岩市第二。

城乡建设步伐加快。基础设施加快完善。龙岩经梅州到龙川高速铁路完成可研审查，确定在武平设站。浦城至武平高速公路（武平段）完成省级工可审查。省道309线十方至县城“白改黑”项目和环城南路建成通车。环城东路、环城北路准备开工建设。改造农村公路57公里、危桥11座。完成水利投资4.8亿元。实现移动4G网络、电信光纤网络全覆盖。县城面貌日新月异。建成平桥翠柳城市森林公园、平川河绿廊慢道（二期）等园林景观，新增城区绿地面积15.3万平方米。新增公交车8辆。城区公共自行车（一期）项目建成投入使用。实施背街小巷整治，完成夜景灯光工程和七坊路立面改造。新建城区供水管网12.5公里，排污管网10公里，燃气管网15公里。城区建筑垃圾处理场（一期）建成投入使用。拆除“两违”面积72.5万平方米。第九期旧城改造项目取得新突破，全面完成征迁工作。城区年新增人口超过8000人，常住人口突破10.6万人。乡村建设力度加大。全年投入建设资金5.1亿元。平川镇再次获评全国文明乡镇，城厢镇园丁村、中堡镇远富村获评全国文明村。岩前新显小镇成功列入全省第二批特色小镇创建单位，完成新南街改造提升和狮岩景区提升工程。十方镇富坊街改造、集镇供水工程全面完成，新农贸市场已投入使用。东留镇桂坑村等15个美丽乡村试点建设成效良好。

改革开放扎实推进。加快“放管服”改革，大力推进简政放权。在龙岩市率先实行行政服务中心星期六上班服务制度。完善网上政务服务和电子监察系统，全面推行“双随机一公开”监管。商事制度改革全面推进，新增个体工商户2695户，注册资本4.2亿元，分别增长33.5%、10.6%；新增内资企业613户，注册资本22.4亿元，分别增长35.6%、6.1%。创新能力显著提升。制订实施了促进企业科技创新十五条措施。首家院士专家工作站在梁野山农牧股份公司正式成立。钢泓科技成功创建全县首个省级企业技术中心。正德光电荣获第六届中国创新创业大赛优秀企业奖。新增国家高新技术企业6家、省级科技小巨人企业2家、省级创新型企业2家、省级创新型试点企业1家。对外开放迈出新步伐。对外开放不断拓展。积极融入中国（福建）自由贸易试验区等重大改革试验区建设。全年新增外资企业4家，注册资本1808万美元；实际利用外资2673万美元，增长6.6%；实现外贸出口12.11亿元，增长22.8%。定光佛文化园区被国台办确定为海峡两岸交流基地。第六届海峡两岸定光佛文化旅游节成功举办。

社会事业全面发展。出台加强基础教育十条措施，鼓楼幼儿园、文山幼儿园、第三实验小学建成投入使用，教育教学质量稳中有升。县医院创建“三级乙等”综合性医院有序推进，县中医院业务配套用房项目投入使用，妇幼保健院完成整体迁建，东留、中山、中堡卫生院业务用房建成投入使用。客都汇文化创意产业园被确定为福建省13家、龙岩市唯一一家省级文化产业重点园区。大型古装汉剧《百姓镇轶事》荣获福建省百花文艺奖。成功举办“元初客家欢”乡村春晚，实现全球同步直播。成功承办福建省中小学生手球锦标赛。获市级以上体育赛事金牌56枚。城区部分学校体育设施免费向社会开放。民生保障水平不断提升。农村低保从每人每年2650元提高到3960元，城市低保从每人每年3600元提高到5700元。建成河东、东城社区日间照料中心。新建11个村级幸福院，4家社会养老机构服务能力进一步提升。新增城镇就业1472人，农村转移就业2028人。2017年武平县被列入全国第三批农民工返乡创业试点县。社会治理成效显著。“法治武平”“平安武平”建设不断深化。圆满完成党的十九大、厦门金砖会晤等重大安保任务。严厉打击涉骗涉毒涉枪等违法犯罪活动，市涉麻制毒重点整治乡（镇）十方、东留实现摘帽。在龙岩市率先实行城区烟花爆竹禁燃限放，被省纪委列为移风易俗试点县。

【全国深化集体林权制度改革现场经验交流会在武平县召开】 7月27日，全国深化集体林权制度改革现场经验交流会在福建省武平县召开，这是武平有史以来承办的最高规格的国家级会议。中央政治局委员、国务院副总理汪洋出席会议并作重要讲话。

汪洋强调，武平是习近平总书记在福建当省长时亲手抓起、亲自主导的集体林权制度改革的发源地；这次全国深化集体林权制度改革现场经验交流会在武平召开，重走习近平总书记当年推动集体林权制度改革之路，能更深刻、更系统、更全面领会习近平总书记关于生态文明建设的一系列新理念新思想新战略，为持续深化集体林权制度改革提供了强大的思想武器。

福建省副省长黄琪玉在会上作了典型发言,介绍了福建集体林权制度改革的经验做法。国家发改委副主任张勇,中央农办主任、中央财办副主任韩俊,国家林业局局长张建龙,财政部副部长胡静林,国家工商总局副局长甘霖,国务院法制办副主任刘炤,国务院研究室党组成员、农村司司长郭玮,中国人民银行行长助理刘国强等中央有关部门负责同志和13个集体林权制度改革任务较重的省(区、市)政府有关负责同志参加了会议。

会前,汪洋到武平县万安镇捷文村和县林权服务中心,实地了解集体林权改革进展和林权登记、流转、抵押等工作情况。

武平县是全国集体林权制度改革的发源地,经过15年的接力奋斗,实现了生态环境改善和农民脱贫致富协调发展,为全国林改探索了路子、树立了标杆,被誉为"全国林改第一县"。

【武平县获评第五届全国文明城市】 11月14日,第五届全国文明城市名单公布,武平县获评第五届全国文明城市,成为龙岩市唯一的全国县级文明城市。

11月17日,县委书记陈厦生代表武平县在北京接受第五届"全国文明城市"表彰和人民大会堂金色大厅受到习近平总书记的亲切接见。

武平县自2006年开始探索文明城市创建工作以来,历届县委、县政府为创建工作打下了良好的基础,市民道德素质不断提升,生态文明建设不断强化,城乡基础设施不断完善,全县经济社会呈现出持续健康稳步发展的良好态势。期间,武平先后荣获福建省文明县城、全国文明县城、全国县级文明城市提名城市等荣誉称号,是龙岩市唯一的全国文明县城、县级全国文明城市。

【武平县定光佛文化园区获批"海峡两岸交流基地"】 5月,国台办批复同意在武平县定光佛文化园区设立海峡两岸交流基地。12月3日,海峡两岸交流基地授牌仪式暨第六届海峡两岸定光佛文化旅游节开幕式在武平县岩前均庆院广场隆重举行。国务院台湾事务办公室交流局局长黄文涛宣读中共中央台湾工作办公室、国务院台湾事务办公室《关于同意在福建省武平县定光佛文化园区设立海峡两岸交流基地的批复》,并为基地授牌。

定光佛被誉为"客家人的保护神",位于福建省武平县岩前镇的定光佛祖庙均庆院是海内外客家人的朝圣之地。近年来,武平发挥定光文化的桥梁和纽带作用,连续举办4届海峡两岸定光文化旅游节,规划建设定光佛文化园区。2016年,第五届海峡两岸定光文化旅游节首次跨越海峡入台举办。

(吴汝丰　供稿)

长汀县

【概况】 2017年,长汀县深入贯彻落实党的十八大和十九大精神以及习近平新时代中国特色社会主义思想,践行新发展理念,经济社会发展取得新成效,再次获得"福建省县域经济发展十佳县"称号。全年完成地区生产总值209.4亿元,比上年增加7.9%,其中第一产业增加值31.92亿元,比增3.4%;第二产业增加值101.3亿元,比增7%;第三产业增加值76.2亿元,比增11.1%。财政总收入10.9亿元,比增16.1%;其中地方公共财政收入7.2亿元,比增11.4%。社会消费品零售总额78.8亿元,比增13.3%。实际利用外资4616万美元,比增6.6%。外贸出口总值2.97亿美元,比增13.7%。城镇居民人均可支配收入23330元,比增9.7%,增速比全市平均高出1.1个百分点,位居全市首位。农村居民人均可支配收入13991元,比增9.6%,增速比全市平均高出0.8个百分点,位居全市第三。

农业经济。实现粮食总产22.3万吨,烟叶收购16.3万担,农副产品加工产业实现产值19.8亿元,比增8.8%。出台加快农业优势特色产业发展实施意见,建设22个示范基地,新增设施农业15.23公顷,市级龙头企业2家,"三品一标"(即针对无公害、绿色、有机农产品的认证和农产品地理标志的登记)农产品11个,新培育农民专业合作社71家、家庭农场198家。农村集体产权制度改革稳步实施,土地确权登记及流转工作进展顺利,新增土地流转面积400公顷。补充耕地100公顷,高标准农田改造4533.3公顷。除险加固病险水库3座,建成烟草援建水库4座。

工业经济。出台促进工业发展六条措施,稀土产业实现产值80.1亿元,比增66.1%,拉动规模工业产值增速15.5个百分点,贡献率92.2%。中石油裂化催化剂、金龙稀土钛酸钡粉体项目开工建设。金龙稀土钕铁硼永磁元器件项目竣工投产。纺织服装产业实现产值86.4亿元,比增2%,占全县规模工业总产值的42.1%。宏鑫纺织等8个项目完成技改,亿来实业5万纱锭等4个项目竣工投产。医疗器械产业实现贸易额及产值5.1亿元,医疗器械产业园区一期投入使用,新签约进驻缔康医械等12家生产企业。阿美龙生物科技医疗器械项目开工建设。新能源产业实现产值2.5亿元。华润红山风电项目开工建设,比高新能源光伏发电项目、盼盼二厂食品生产线、谊美吉斯光电新材料等项目竣工投产。

第三产业。文化旅游产业全年接待游客263.6万人次,实现旅游收入30.2亿元,分别比增20.6%和36.9%。成立旅游发展委员会,完成全域旅游发展规划编制,红色旧址群创建国家AAAAA级旅游景区和国家全域旅游示范区创建工作全面铺开,杨成武将军故居被评为国家AAA级旅游景区,成功承办第九届海峡论坛海峡客家(长汀)风情节。电子商务产业实现网络交易额40亿元，比增38.9%，其中上行12亿元，比增48.1%。汀州电商物流城一期投入使用，新增村级服务网点97个，电商企业17家。供销合作社进入全国百强县级社。健康养老产业实现产值5250万元，完成健康养老产业规划编制，“互联网+”养老信息服务平台和普亲养护院等养老机构投入运营，新桥卫生院医养结合试点全面推广。

项目建设。“五个一批”(谋划一批项目、签约一批项目、开工一批项目、投产一批项目、增资一批项目)项目建设和七大领域项目会战成效明显，投资增速排在全市前列。省市重点项目33个，完成投资78亿元，占年度计划的135%；省行动计划重大投资项目37个，完成投资109.9亿元，占年度计划的141%；重中之重项目51个，完成投资133.8亿元，占年度计划的136.3%；投资工程包项目24个，完成投资39.2亿元，占年度计划的148.3%。上海比路电子、中电科11所激光（闪烁）晶体等项目签约落地，稀土铝合金电缆等项目达成投资意向，亿元以上企业签约30家。

生态建设。完成水土流失治理9400公顷，植树造林2533.3公顷，分别占年度任务的122.4%、224.8%。长汀县南方水土流失治理典型案例被列为全国典型模式案例推广。全面推行河长制，关闭拆除生猪养殖场7.8万平方米，升级改造416家。通过全国水生态文明城市建设试点县评估验收。开展生态环保攻坚战役，排查问题企业70家，督促30家企业限期整改，突出环保问题整改完成率达100%。全县集中饮用水源水质达标率100%。环境空气质量优良天数比例达99.4%。成为首批国家生态文明建设示范县和“绿水青山就是金山银山”实践创新基地。入围中国候鸟旅居小城。

城乡建设。出台名城历史地段管理、历史街区零星私有房屋收储办法，“一江两岸”景观修复、四大街区改造工程进展顺利。河田镇入选省级特色小镇创建名单。河田蔡坊、馆前黄湖、羊牯吉坑被列为省级第二批传统村落，17个省级“千村整治、百村示范”工程开工建设，农村环境和一户多宅综合整治专项行动深入开展。启动多规合一，修编县城总体规划和历史文化名城保护规划。完成319国道策武黄馆至城关改扩建、省道205线新民至李城及梅林大道路面“白改黑”工程，建成农村公路129公里、安保工程147公里，完成危桥改造12座。兆征路停车场、首批公共自行车投入使用，铺设城市天然气管道100公里。第二污水处理厂投入使用，实现城乡垃圾污水处理设施全覆盖。完成电网改造189公里。

社会事业。脱贫攻坚战役成效显著，5个贫困乡、46个贫困村、10870名贫困群众实现脱贫摘帽。52个竞争激励性扶贫项目带动贫困户1071户3842人脱贫增收。新建10个造福工程集中安置区，完成造福工程易地扶贫搬迁2543户9152人。发放小额扶贫贷款8215.2万元，覆盖面达40%。帮助无生产劳动能力的464户贫困户申请小额信贷资金投资产业园，每户每年可分红3000元。公共财政用于各类民生支出29.6亿元，比增7.1%。10件为民办实事项目基本完成。新增农村劳动力转移就业7533人，新增城镇就业3052人，城镇就业率97.9%。城市低保标准每人每月提高至538元。城乡居民基本医疗保险“三保合一”全面完成。城乡居民养老保险续保率达96.8%，企业基本养老保险、失业保险、工伤保险提前完成年度参保任务。出台加快教育事业发展实施意见，新开工12个中小学及公办幼儿园项目，新增中小学及公办幼儿园学位1152个，完成罗坊小学及实验幼儿园整体搬迁，9所中小学通过省级标准化学校验收。出台加快医疗卫生事业发展实施意见，完成河田医养康复大楼和涂坊、古城、庵杰卫生院主体工程建设。长汀一中体育场、红军体育场投入使用。歌剧《松毛岭之恋》被列入文化部“中国民族歌剧传承发展工程”，长汀客家九连环、汀州客家酿酒技艺列入第五批省级非物质文化遗产目录。再次荣获省级双拥模范县称号。平安县乡村三级联创深入开展，“平安三率”(群众安全感率、平安建设知晓率、执法工作满意率)测评居省、市前列。成功举办全国禁毒重点整治工作推进会，由制毒物品流失严重通报警示地区降为重点关注地区。推进诉访分离，有效化解信访积案11件。开展食品药品、环保、交通、消防等重点领域大排查大整治行动，成为全省首批食品安全社会共治示范县。

【汀江国家湿地公园试点建设项目通过省级预验收】 2月17—18日，福建省林业厅组织专家对汀江国家湿地公园试点建设项目进行预验收。在实地检查和听取汇报后，验收组对汀江国家湿地公园试点工作给予充分肯定，并在提升水质、加强管理、完善档案材料等方面提出意见和建议。

汀江湿地公园试点建设是国家林业局于2014年1月30日正式批准的项目。3年来，围绕国家湿地公园建设目标，长汀坚持“生态优先、保护为主、利用为辅”的原则，有针对性地组织实施退耕还湿、砂场整治、养殖场整治等系列措施，公园范围内湿地资源得到较好保护和恢复，野生动物栖息环境明显改善，鱼类增加1目4科12种，鸟类增加1目5科26种。公园宣教展示区基础设施业已完善，是全省唯一能对外开放展示湿地保护恢复成果，发挥重要宣教功能的湿地公园。

【长汀“国家生态文明建设示范县”通过验收】 8月23日，福建省环保厅受环保部委托，组织评估考核验收组，对长汀县申报第一批国家生态文明建设示范县项目进行评估和考核验收。通过查阅档案资料、实地考察和听取相关情况汇报后,考核组认为,长汀县在创建国家生态文明建设示范县过程中成效显著,有关创建国家生态文明建设示范县的6个方面37个建设指标均达到考核要求。据此,考核组同意长汀县通过国家生态文明建设示范县评估和考核验收,并将按有关程序报国家环境保护部审批。

【国家林业局专家组调研评审汀江源保护区总体规划工作】 6月18—20日,国家林业局自然保护区研究中心专家组深入汀江源国家级自然保护区,现场调研评审保护区总体规划工作。专家组召开专题座谈会,听取规划编制单位福建省林业勘察设计院对保护区初步规划成果的介绍和保护区管理建设情况的汇报,对保护区总体规划(2016—2025年)存在的问题和需要完善的地方提出指导意见,要求规划的实施须有利于保护区域的发展和生态效益、经济效益、社会效益的发挥。

福建汀江源国家级自然保护区于2014年12月5日经国务院批准设立,坐落于武夷山脉南段延伸支脉区域,涉及长汀四都镇、铁长乡、庵杰乡、古城镇、新桥镇等5个乡(镇)15个行政村。保护区森林覆盖率93.1%,主要保护对象为原生性的中亚热带常绿阔叶林生态系统、典型的中亚热带溪流生态系统、丰富的大型真菌资源和汀江源头重要水源涵养林,属森林生态系统类型自然保护区。

【国家发改委到长汀调研基础设施投融资项目】 5月19日,国家发展改革委城市和小城镇改革发展中心调研组到长汀开展基础设施投融资项目调研工作,实地走访、考察县城北环路沥青路面铺设工程、城南片区污水管网改造工程、城南片区供水管网改造工程和城南片区综合管廊工程。此项调研活动目的主要是了解各地方政府在开展基础设施投融资体制改革创新工作中的好经验和遇到的问题,为日后的基础设施投融资体制改革创新工作提供更多创新的经验。

【长汀中石油催化剂项目开工建设】 9月21日,长汀中石油催化剂项目举行开工仪式,央企入驻长汀实现零的突破。该项目工期预计16个月,总投资约7.9亿元,按国家标准建设年产5万吨石油裂化催化剂生产线,建成后预计年均新增销售收入约10亿元,年均上缴税收约1亿元。

中石油催化剂项目从立项、设计、选址、环评到开工建设,历时5载,是中石油集团落实党中央总书记习近平重要指示,大力支持长汀水土流失治理和加快经济发展,与长汀县建立对口帮扶关系的重要举措;是中石油集团秉持“全力履行中央企业政治、经济、社会责任,服务地方经济建设”的理念,发挥各方优势,立足区位优势、技术优势、政策优势和资源优势的重要成果。

【全省首个县级北斗综合应用示范项目建成】 2月初,利用北斗卫星导航系统提供的导航、定位、通信三大功能的北斗综合应用示范项目在长汀建成,从而为长汀的灾害预警、水土监测提供及时可靠、长期持续的传输信息化服务。

长汀县北斗综合应用示范项目由4个“业务平台”组成,即国土局国土灾害预警信息传输及发布平台、林业局防火巡防指挥监控平台、水利局防汛监控平台、水土保持事业局水土监控平台。该项目由中国电子科技集团第10研究所下属的成都天奥电子科技公司负责提供项目所需的软件平台及终端设备,并负责对长汀县进行安装、使用和维护等培训。

【晋江(长汀)工业园管委会揭牌】 8月5日,晋江市和长汀县两地市县、部门和乡镇的领导,共同为晋江(长汀)工业园区管委会、服务中心揭牌,并共植友谊树,晋江与长汀山海协作对口帮扶迈上新台阶。

在“晋江——长汀山海协作对口帮扶座谈会”上,晋江市向长汀县捐赠对口帮扶资金2000万元,支持晋江(长汀)产业园区基础设施配套建设和水土流失治理、社会事业及民生保障项目建设。两地9个乡镇签订挂钩帮扶框架合作协议,两地农业局、福建汇新农业开发有限公司签订长汀县优质农产品晋江营销中心协议。晋江市和长汀县主要领导表示,将进一步推动“晋江精神”和“长汀精神”的完美融合,走好山海协作的新长征路,把晋江和长汀对口帮扶打造成在全省具有样板意义的山海协作典范。

2017年是晋汀两地真情协作5周年。5年间,晋江市委、市政府全面贯彻落实省委、省政府统一安排,扎实推动山海协作,协作领域和成效不断扩大,对口帮扶扎实推进,累计帮扶长汀资金1.5亿元,有力促进晋汀两地合作不断深化,极大地推动了长汀经济社会各项事业加快发展。

【晋江长汀两地旅游推介会举行】 2月18日,“清新福建、山海协作”晋江长汀两地旅游推介会在长汀举行。来自两地的旅游主管部门、旅行社、旅游公司、星级饭店的负责人齐聚一堂,共同推介两地特色旅游资源,为推动山海旅游协作向纵深发展出谋划策。

晋江是古代“海上丝绸之路”重要起点之一,是闽南金三角的组成部分,与台湾一水之隔。晋江市的旅游资源分为地文景观类、水域风光类、生物景观类、古迹与建筑类、求知休闲健身类与购物类等六大类35种,旅游资源十分丰富。长汀围绕历史文化、客家文化、红色文化和绿色文化“四位一体”的旅游文化特色,以打造全国知名旅游目的地为目标,“一江两岸”旅游主景区、汀江源漂流、汀江国家湿地公园、客家山寨丁屋岭等项目相继打造，旅游发展活力不断。长汀有山的“青秀”，晋江有海的“壮美”，两地的旅游资源有很多可以互补的地方，发展空间非常巨大。

【闽赣长征出发地实现电网互联】 2月初，跨越福建、江西两省的长汀10千伏古瑞线与瑞金10千伏象黄线的供电线路合环送电成功，闽赣两省突破行政区域，实现福建长汀和江西瑞金两个红军长征出发地交界地区配电网互联转供。

汀瑞线路合环投运后，长汀古城镇、江西瑞金黄沙乡在变电站检修或事故应急处置时，可以互相依托对方进行供电，运行方式灵活多变，供电质量和供电可靠性得到显著提升。

【汀瑞共铸平安边界走廊】 9月13日，长汀县和江西省瑞金市司法局在瑞金市召开闽赣边际司法行政协作联席会第一次会议。龙岩市司法局、赣州市司法局领导，长汀县和瑞金市领导共60多人参加会议。

会上，就长汀和瑞金两地司法行政工作如何巩固协作、提升层次、服务大局、协同发展、抓好落实、增进友谊等方面进行了探讨。会议认为，长汀和瑞金两地司法行政部门有着悠久的合作历史，2002年成立边界区域人民调解委员会，为两地涉边矛盾纠纷的预防、排查和化解工作发挥重要作用。在巩固边际区域人民调解协作机制的基础上，2017年又将社区矫正、安置帮教、法律援助、法律咨询以及公证信息等业务纳入司法行政协作范围，赋予两地司法行政边际协作新内涵，提升两地协作交流的层次和水平。会上还讨论通过《闽赣边际司法行政协作联席会协议书》和《闽赣边际汀瑞司法行政协作实施细则》，两县签订闽赣边际汀瑞司法行政协作联席会协议书。

【长汀获“国家级妇幼健康优质服务示范县”称号】 2018年1月15日，长汀县被国家卫生计生委评为“2017年度国家级妇幼健康优质服务示范县”，福建省仅3个县获此荣誉。

长汀县妇幼保健院成立于1985年，开展以妇女保健、儿童保健、围产保健为基础，妇科、产科、儿科为龙头，乳腺外科、宫颈专科、不孕不育专科为特色的大专科、小综合医疗保健服务。2006年，积极发展山海协作，得到厦门市妇幼保健院对口帮扶，制定并完善长汀县妇幼院产科诊疗规划，成为全龙岩市第一家拥有靶机的医院。2012年，率先在全省创建县级“二级甲等达标专科医院”。2015年，被省妇儿工委、省卫计委列入“两纲”妇幼保健院重难点项目。2016年，撤销县计划生育服务站，在县妇幼保健院成立长汀县计划生育服务中心，组建计划生育服务技术服务科，把计生技术服务纳入基本公共卫生服务项目。同年，在全省率先启动妇幼健康与计生技术服务整合后的“大部制”改革，建立孕产保健部、儿童保健部、计生技术服务部、医学配套部，创新“月宣传、季随访、年体检”的计生服务新模式，获得2016年福建省计划生育工作创新奖。2017年，实现孕产妇系统保健管理率92.29%，住院分娩率100%，孕产妇产前筛查率65.54%，孕产妇死亡率为0，婴儿死亡率降为3.71%，5岁以下儿童死亡率5.32%，新生儿代诊和听力筛查率达97%以上，7岁以下儿童健康系统保健管理率达95%以上，0—6月婴儿母乳率95%以上。

【全国禁毒重点整治工作推进会在长汀召开】 2017年4月25日，全国禁毒重点整治工作推进会在长汀召开。国家禁毒委员会副主任、公安部党委委员、反恐专员刘跃进，副省长、省禁毒委员会主任、公安厅厅长王惠敏出席会议并讲话，国家禁毒办常务副主任梁云主持会议。

刘跃进在会上强调，要全面落实禁毒重点整治责任，坚持问题导向，聚焦补齐短板，利用一切手段，采取过硬措施，全面打赢禁毒重点整治这场攻坚战。各地要进一步提高政治站位，增强“四个意识”，持之以恒地推进禁毒重点整治工作，构建条块结合、以块为主、横向到边、纵向到底的责任体系，切实补齐措施不硬、整治不力、手段不足和基础不牢的短板。努力实现“责任全面压实，问题有效解决，成果得到巩固，形式明显好转”的目标。

王惠敏代表省政府、省禁毒委在会上表示，中共福建省委、省政府高度重视禁毒工作，坚决贯彻落实习近平总书记关于禁毒工作的重要指示精神和中央关于禁毒工作的系列决策部署，把禁毒工作纳入经济社会发展、重要建设和社会综合治理整体规划，加强组织领导，加大投入，着力健全工作机制，推进预防管理，强化打击整治，切实强化措施，为禁毒工作的开展提供强有力的保障，不断提升毒品问题治理实效。福建省积极作为，真抓实干，坚决打赢这场禁毒的人民战争，不断开创禁毒工作新局面，以优异成绩迎接党的十九大胜利召开。

【长汀供销社综合改革全国专项试点工作启动】 7月25日，长汀县供销合作社综合改革全国专项试点工作动员大会召开，由长汀县供销社承接的“中华全国供销总社强化基层社合作经济组织属性专项试点工作”正式启动。

6月20日，全国供销总社正式发文，确定长汀县供销社作为“强化基层社合作经济组织属性”专项试点单位。这一专项试点单位在全国仅5个，长汀县供销合作社是福建省唯一入选单位。全国供销总社还批复了长汀县供销社的《专项试点实施方案》。

【纪念省总工会成立85周年座谈会在汀举行】 8月10日，纪念省总工会成立85周年座谈会在长汀举行，省人大常委会副主任、省总工会主席张广敏出席会议并讲话，省总工会党组书记、副主席丁文清主持会议，中共龙岩市委常委、统战部部长、市总工会主席邓菊芳参加会议。

85年前，福建省总工会在长汀宣告成立，揭开了福建省工人运动新的历史篇章。85年来，福建省工会组织始终在党的领导下，与时代发展同步伐，与职工群众心连心，与人民事业共命运，为党和人民事业做出重要贡献。张广敏在座谈会上指出，工会组织要始终坚定不移听党话跟党走，团结带领广大职工围绕核心、维护核心，在新的时代、新的征程上坚决同以习近平同志为核心的党中央保持高度一致，争取更大光荣。要坚定理想信念，补足“精神之钙”；坚定围绕中心，自觉把工会工作放在全党战略布局中去思考和谋划，放在“再上新台阶、建设新福建”中心任务中去部署和落实；坚定职工为本，认真贯彻党的方针，保障职工主体地位，提升职工综合素质，维护职工合法权益；坚定改革创新，坚持增强工会政治性、先进性、群众性的改革方向，切实把工会组织建设成可信赖的职工之家，把工会干部造就成可信赖的职工“娘家人”。

座谈会期间，参会人员参观了省职工联合会旧址、省苏旧址，参加了《星火燎原——中央苏区时期福建工运史话》《映像长汀——红色的记忆》发行仪式等活动。

【世界客属第23次公祭客家母亲河大典在汀举行】 10月17日，“寻根客家首府汀州”暨世界客属第23次公祭客家母亲河大典在长汀客家母亲缘广场举行。参加典礼的有台湾世界客属总会、香港南源永芳集团有限公司、马来西亚客家联合会、香港客属社团首长联谊会、厦门客家经济文化促进会、南平市客家联谊会、三明市明溪县客联会等海内外30多家客属社团、祭祖团，共千余人。

大典活动期间还举办“汀江缘·客之桥”客家经济文化交流协作启动仪式和国家历史文化名城、客家首府、生态长汀旅游推介会。

【第九届海峡论坛·海峡客家（长汀）风情节开幕】 6月19日上午，第九届海峡论坛·海峡客家(长汀)风情节在长汀客家母亲缘广场开幕。开幕式上，精彩的刻纸龙灯展示，九连环、踩马灯、山歌对唱等客家特色文艺演出，以及白斩河田鸡、麒麟脱胎、鸡肠面等独具乡土特色的200多种汀州客家风味小吃，赢得现场台海两岸客家乡亲的一致好评。

风情节期间，两岸嘉宾兴致勃勃参观了长汀水土保持科教园、三洲国家湿地公园、客家山寨丁屋岭、汀江源头龙门以及龙岩高新区长汀产业园、稀土工业园和晋江(长汀)工业园，先后举行客家文化(闽西)生态保护实验区建设研讨会、历史文化名城建设与“一江两岸”旅游开发文创研讨会，以及医疗器械、稀土工业、机电产业投资推介会，以此为平台，进一步传承弘扬客家文化，深化两岸产业对接，促进两岸经贸、旅游、文化的交流合作。

【南山严婆田村成为省级家风家教示范基地】 2月17日，长汀严婆田村被福建省妇联命名为福建省家风家教示范基地，是全省被命名的21个单位之一。

严婆田村位于长汀县南山镇东隅，距城约40公里。这里产生的“严婆女性文化”约形成于明朝万历初年，融合了古越族的女尊文化、客家文化和中原文化，是全国唯一以“严”为律、以“婆”为尊的优秀传统文化遗产。它具有故事传说、处世箴言、匾额楹联、儿童歌谣、日常节仪等载体，教育人们敬畏尊崇、孝亲敦睦、从善自省、勤奋进取、戒除恶习。随着村里严婆觐明园女性文化景区及其核心景观严慈宫古迹的修复开发，“严婆女性文化”对家庭教育、婚恋教育、廉政教育和构建社会主义和谐社会，越来越显示出切实而持久的警世价值。

（游焙章　陈李萍　供稿）

连城县

【概况】 2017年，连城县生产总值184.6亿元，增长9%；规模以上工业增加值43.4亿元，增长9.5%；城乡500万元以上固定资产投资263亿元，增长18.1%；社会消费品零售总额60.3亿元，增长13.9%；财政总收入7.4亿元，地方级财政收入4.78亿元，分别增长15%和10.8%；城镇、农村居民人均可支配收入为28708元和14091元，分别增长9.3%和10%。

工业经济。规模工业企业达128家，实现产值176.7亿元，增长22.9%；亿元企业达55家，其中产值超5亿元企业3家。光电新材料产业、生物医药产业、矿冶化工产业分别实现产值32亿元、8.2亿元、33亿元，增长45.5%、12.5%和26%。允升复合材料年产10万吨复合不锈钢管、赛特新材年产660万平方米真空绝热板等一批优质项目开工建设；爱的电器年产200万台高性能直流水泵(一期)、全国最大电池级硫酸锰等项目竣工投产。冠睿电子成为全县首个产值突破10亿元企业，富润建材成为全县首个“新三板”挂牌企业。

农业经济。全年实现农林牧渔业总产值53.2亿元，增长3.4%。2月，连城县获评“中国客家硒都”，打造富硒农产品生产示范基地12个，完成产值5.5亿元。加工地瓜干12万吨，产值32亿元。出栏白鹜鸭288万羽，产值3.6亿元，白鹜鸭与红衣花生入选厦门“金砖会晤”国宴食材供应榜单。顺利举办第五届中国兰花大会，被评“世界兰花之乡”，成功创建首个国家级出口国兰质量安全示范区。

文旅产业。全年接待游客966.5万人次，实现总收入46.5亿元，分别增长30%和31%。连城县获“福建省森林县城”称号。冠豸山国家地质公园被评为福建省最美(十佳)地质公园，冠豸山联合申报龙岩世界地质公园，入选第十批世界地质公园推荐名单。培田村入选福建省二十佳旅游特色村。县旅游集散服务中心和松毛岭纪念广场建成投入使用，冠豸山客运索道、竹安寨悬空栈道等重点项目有序推进。

现代服务业。实现增加值72.3亿元。全年销售商品房21.87万平方米，销售额9.91亿元。顺利通过省级农村电子商务示范县验收，成功列入国家级电子商务进农村综合示范县创建名单，莲冠电商物流产业园建成投入使用，全县电子商务交易额42.5亿元，增长86.7%。

项目开发建设。2014—2018年行动计划重大投资项目完成投资70.3亿元，32个省市重点项目完成投资71.2亿元，32个市县“重中之重”项目完成投资57.6亿元，投资工程包项目完成投资51.2亿元。福地水库、城区主干道“白改黑”、文川河综合治理等112个项目开工建设，揭隔公路、姚坊保障性住房等49个项目顺利建成。西环路改扩建、北部新城颐养园等一批停滞已久的项目重新启动；投资20亿元的中国·连城国际物流商贸城项目开工建设，福地水库上坝公路全线贯通，莲冠电商物流产业园建成投入使用。

城乡建设。浦梅铁路连城段全线动工，完成冠豸山火车站站前广场改造提升工程(一期)，铁路客运量93.1万人次，增长48%。冠豸山机场旅客吞吐量14.45万人次，增长23.37%，增开“昆明—连城—南京”和“北京(南苑)—连城”航线并实现稳定运营。莲北大道基本完成主体工程建设、西环路全线贯通、江林大道林坊段实现通车，完成莲中路实验小学段800米“白改黑”，西城文教片区和北部新城路网配套更加完善。基本建成省道“横八线”一期莒朋公路，完成国道“白改黑”35公里，新增县道8公里、村道59公里。完成高速连接线、职业中学至隔川省道204线道路景观改造提升。城区东市场建成投入使用，建成班竹桥至邓光陂沿河景观步道，建成城乡公园8个、公厕21个，新增停车位450个。完成朋口等6个乡镇污水处理厂主体工程建设，实现乡镇垃圾转运站全覆盖。实施新泉红色旅游公路、朋口市场综合体等各类重点镇建设项目25个。四季药花海观赏园、培田古村落重要节点草药景观工程等18个项目有序实施。开展市县美丽乡村试点村建设，新培育省级示范村2个、市级试点村17个，初步打造北团石丰等5个“精品村”和曲溪美丽乡村“景观带”。曲溪冯地村被评为第五届全国文明村镇，宣和培田村入选全国第四批美丽宜居村庄示范名单，罗坊富地村被评为“2017福建最美乡村”，赖源黄宗、四堡田茶等7个村获评第二批省级传统村落。

民生保障。实施民生社会事业和产业发展补短板项目127个。基本完成十二项惠民工程为民实事。建成县职业中专实训楼、慈济幼儿园和朋口中心幼儿园。开工建设县微创治疗中心(县医院二期病房楼)，改造提升8个乡镇卫生院，完成县疾控中心整体搬迁。新建7个农村幸福院和4个社区居家养老服务照料中心，改造提升5个社区居家养老服务站，建成莲峰社区福利中心。全年新增城镇就业1185人、再就业845人，转移农村劳动力就业5109人，城镇登记失业率2.33%。新建保障性住房955套，分配公共租赁住房146套。发放城乡低保金1568万元、特困供养保障金1318万元、医疗救助金732万元、残疾人两项补贴资金980万元。城乡居民基本养老保险参保率99.5%，城乡居民基本医疗保险参保率100%。

脱贫攻坚。落实干部挂钩和帮扶措施全覆盖，实现2016年建档立卡贫困户全部脱贫，赤岭、上琴等13个村和林坊镇完成脱贫摘帽。发放小额扶贫贴息贷款2053户、6928万元，创建产业扶贫示范点42个、竞争性产业扶贫示范点36个，47个贫困村光伏扶贫总投资1677万元、带动793户贫困户实现增收，贫困户“造血”脱贫能力持续增强。建成67个集中安置点，全面完成易地扶贫搬迁和造福工程搬迁任务，贫困户生产生活条件显著改善。

【深化改革】 深化财税体制改革，调整乡镇财政收支范围、基数及奖励分成办法，科学考核财税收入增量与增幅，有效激发乡镇创收积极性。完善招商工作机制，在全市率先制定出台《招商引资专项经费管理有关规定》，增加招商引资责任单位，为重点项目配备“项目服务秘书”和“项目代办员”。改革征迁工作机制，采取“指挥部政策把关、乡镇为主体、工作组具体推进”的新模式，建立健全绩效考评、协调调度、产权认定等新机制，强力开展重点项目保护性施工，有力保障项目建设。推动教师进出机制改革，加强教师队伍管理。深化公立医院综合改革，在全市率先成立覆盖全县医疗机构的医疗联合体。有序实施供销社综合改革，组建供销集团。全面开展农村土地确权，签约率达98%。深入推进供给侧结构性改革，科学推进“三去一降一补”重点工作，淘汰落后砖瓦企业，关闭赖源煤矿；实施化解房地产库存政策，刺激拉动购房刚性需求；全力打通库存商品房与保障性住房转换通道，大力推进棚改货币化安置。充分发挥县中小企业担保基金、还贷应急资金作用，降低企业融资成本；鼓励支持企业赴“新三板”等场外市场挂牌交易，拓宽企业直接融资渠道；加强政府性债务管控，稳妥清退城市发展基金，有效降低债务风险。扎实有力降成本，全面实施营改增，落实税收优惠政策，规范各类涉企收费，减轻企业税费负担

1.2亿元。

【连城县首家企业在“新三板”挂牌上市】 2月6日，全国中小企业股转系统公告显示，福建富润建材科技股份有限公司(证券简称：富润科技，证券代码：870558)的挂牌申请获得批准，并挂牌交易，成为连城县首家在“新三板”挂牌的企业。

【《毒海净莲》到连城县开展禁毒宣传巡展活动】 2月16日，中国禁毒爱心大使、著名军旅书画家戴文军携“世界第一禁毒书画长卷”《毒海净莲》到连城县开展禁毒宣传巡展活动。该作品全长158米，宽1.20米，总重量140公斤，是作者耗时1年4个月零28天创作完成的。作品主旨是开展禁毒宣传教育，呼吁人们“远离毒品，珍爱生命”。

【连城培田吴氏家风家训登上中纪委监察部网点】 3月21日，中纪委监察部网站“中国传统中的家规”栏目第八十七期推出《福建连城培田吴氏：兴养立教 善风可行》，讲述连城宣和乡培田村的家风家训故事。

【林占熺获得“中国生态英雄”“全国脱贫攻坚贡献获”】 5月，由中国林学会、光明日报社等联合举办的第二届“中国生态英雄”颁奖大会在北京举行。福建连城人、福建农林大学国家菌草工程技术研究中心首席科学家林占熺教授获得“中国生态英雄”殊荣，成为福建省获得这一奖项的第一人。10月，林占熺获“全国脱贫攻坚奖贡献奖”。

【龙岩冠豸山机场新增航线开航】 6月5日，龙岩冠豸山机场“昆明—连城—南京”航线正式开航。该航线由祥鹏航空公司运营，波音737-800机型执飞，航班号8L9709/10，每周一、三、五、七执飞。9月26日，“北京(南苑)—连城—佛山”航线正式开航，该航线由中国联合航空执飞，航班号KN5917/8，每周二、四、六、日执飞。

【连城多人获埃菲勒斯世界之最国际评审委员会颁发奖项】 11月16日，埃菲勒斯世界之最国际评审委员会授予连城县“世界兰花之乡”称号。同时，向中国禁毒爱心形象大使、著名军旅书画家戴文军颁发“兰花颂世界第一书画长卷”奖项，向福建连城兰花股份有限公司董事长饶春荣颁发“世界兰花培育之星”奖项，向连史纸技艺传承人邓金坤颁发“连史纸非遗传承第一人”奖项。

【中国骑都·金土地杯2017环冠豸山自行车大赛】 11月5日，中国骑都·金土地杯2017环冠豸山自行车大赛在连城县举行，来自福建、广东、江西、湖南、安徽及波兰等国内外的223名自行车爱好者，在国家级风景名胜区冠豸山脚下的观景路赛道上竞逐争先。

【第五届中国(冠豸山)兰花大会】 11月21-26日，第五届中国(冠豸山)兰花大会在福建省连城县兰花博览园开幕。国内外兰花界专家、学者、领导和客商700多人齐聚连城，共商兰事、共叙兰谊。此次兰花大会由中国植物学会兰花分会、福建农林大学主办。开幕式上，连城县获授牌“中国兰花文化之乡”，同时宣布连城县成功建成全国首个出口国兰质量安全示范区，并颁发“冠豸山‘连天福’牌铁皮石斛国家质量监督检验检疫局生态原产地产品保护证书”。“福建连城兰花股份有限公司院士工作站”“福建农林大学博士后流动站连城兰花公司基地”也揭牌成立。

【福建省首个采用PPP合作模式水利项目签约】 2月21日，连城县举行福地水库PPP项目合同签约仪式。福地水库是福建省在水库工程建设中引入PPP模式首个成功落地的案例，项目总投资4.2亿元，坝址位于文川河上游文亨镇福地村，水库水面150公顷，总库容量1900万立方米。

【“兰花颂世界第一书画长卷”在连城完成创作】 11月13日，在连城县朋口镇兰花博览园，著名军旅书画家戴文军完成“兰花颂世界第一书画长卷”创作，这是作者继“世界第一禁毒书画长卷”《毒海净莲》之后又一部宏篇巨作。

戴文军创作的“兰花颂”通过埃菲勒斯世界之最国际评审机构评审，确认颁发“兰花颂世界第一书画长卷”奖项。该作品历时百天创作，长近百米，画面描绘一百个品种兰花在争艳绽放，将一百首古今兰花诗词佳句融入其中，创作元素完整完美，寓意深刻到位，让观赏者深深感受到兰花高洁典雅、幽香清远、花容端庄的品格。

【慈济在福建捐建首所幼儿园启用】 12月20日，慈济在福建捐建首所幼儿园连城县慈济幼儿园正式启用。

连城县慈济幼儿园坐落在AAAA级风景区冠豸山下，是2015年该县“7.22”特大洪灾中被损毁的城区原莲花幼儿园异地重建项目，校园面积4333.62平方米，现有三个年段10个班，近300名幼儿。幼儿园总投资1800万元，其中慈济慈善事业基金会捐资近800万元，基金会还捐赠价值124万元的教学设备。幼儿园环境优美，设施设备先进齐全。

【福建首个矿山治理光伏发电站项目在连城开工建设】 4月7日，在连城县庙前镇连城锰矿兰桥矿区，福建省首个矿山治理光伏发电站项目——连城中电光伏发电站项目正式开工建设。

连城中电光伏发电站由国家电力投资集团公司下属企业中电国际新能源控股有限公司投资兴建，结合采矿沉陷区生态治理和废弃矿山治理进行光伏发电项目建设，属于国家可再生能源鼓励类项目。项目总投资4.06亿元，规划建设总容量50兆瓦，占地总面积约86.67公顷，分两期建设，一期建设容量为20兆瓦，二期建设容量为30兆瓦。一期项目建成后可为电网提供清洁电力2391.67千瓦时，每年可节约标准煤约0.75万吨，减排二氧化碳约2.29万吨、二氧化硫约1340吨、烟尘36.46吨，实现矿区生态恢复、环境改善。

【连城县举办第三届冠豸山·塘前荷花节】 7月7日，连城县在塘前乡举办第三届冠豸山·塘前荷花节。活动以“荷韵漫塘前·亲子漂乡间”为主题，开展漂流、捉鱼、烧烤、篝火晚会、放河灯等一系列亲子互动活动。整个荷花节持续到8月，还举办手机摄影大赛，沙滩烧烤活动等。

（陈炳旺　供稿）

漳平市

【概况】 2017年，漳平市实现地区生产总值232.56亿元、增长8.8%；农业总产值47.25亿元、增长3.1%；规模以上工业增加值50.03亿元、增长9.3%；一般公共预算总收入10.57亿元、增长11.1%；地方一般公共预算收入6.81亿元、增长9.7%；500万元以上固定资产投资253.88亿元、增长17.3%；社会消费品零售总额70.64亿元、增长13.6%；外贸出口23.72亿元、增长8.2%；实际利用外资3412万美元、增长6.6%；城镇居民人均可支配收入31497元、增长8.4%，农村居民人均可支配收入15902元、增长9.7%。

工业经济。2017年，全市工业固定资产投资127.61亿元，工业技改投资82.01亿元，规模以上工业28个大类行业中，有25个行业总产值同比实现增长，增长面89.3%；规模工业效益指数261.3、增长34.1%。轻纺、建材、矿冶、机械四大主导产业产值95.4亿元、增长20.9%；能源、化工、农产品加工三大优势工业产值97.1亿元、增长24.1%。49家亿元以上工业企业产值131.1亿元、增长23.4%，其中，红狮水泥、天守超纤、木村林产等3家省级龙头企业完成产值39.9亿元、增长37.5%。市本级23家重点新增长点企业新增产值20亿元。列入省级高成长型企业2家、工业新增长点企业3家。拥有高新技术企业11家、省级知识产权优势企业7家，具有省级以上工程技术研究中心的企业3家。全年工业用电量8.4亿千瓦时、增长2.4%。

农业经济。2017年，粮食作物播种面积1.28万公顷，产量7.7万吨，省粮食储备库漳平直属库建成使用，高标准基本农田建设0.19万公顷，耕地补充86.47公顷。全国农村产业融合发展试点示范县、全国绿色食品原料(茶叶)标准化生产基地建设取得新进展，省级现代竹业、油茶及竹(笋)精深加工示范县项目加快建设。国家级农业科技园区建设稳步推进，农业公共技术服务平台建设加快，引进花、茶、菜新品种、新技术100多个(项)、开发茶叶新产品6个、认定有机产品1项，制定技术标准1项。特色农产品实现稳步增长，“木、竹、花、茶、菜”特色产业产值21.2亿元、增长5.8%，其中，木业产值2.1亿元、增长3%，竹业产值1.8亿元、增长4%，花卉产值2.4亿元、增长6%，茶叶产值8.9亿元、增长9.3%，漳平水仙茶获得第十五届中国国际农产品交易会地标展金奖，桂花新品永福紫绚、永福彩霞、朝阳金钻获国家林业局专家组命名；宝桂家庭农场被列入省“百香果标准化示范基地建设项目”；引导和支持发展林下种养殖业，制订林下经济发展规划，林下经济产值25亿元、增长10%。发展设施农业，新增面积128.87公顷；推进新型农业经营主体建设，全市经工商注册登记的家庭农场总数2382家，其中培育龙岩市级示范家庭农场28家，省级示范家庭农场12家。2017年，新增4家省级示范家庭农场、3个省级农民合作社示范社。全市经工商注册登记的农民专业合作社有351家，其中龙岩市级以上示范合作社38家，省级以上农民合作示范社23家。全面完成农村土地承包经营权确权验收，被确定为全国农村集体产权制度改革试点县（市、区)之一。创新治水投入机制，与省水利厅成功对接项目9个，总投资5.6亿元。

第三产业。2017年，第三产业增加值102.5亿元、增长12.8%，限上商贸企业零售额33.3亿元、增长25.8%，公路客货运周转总量5.6亿吨千米、增长11.2%；金融机构人民币存贷款余额201亿元、增长5.7%。有农村淘宝村级服务点47个，列入省级农村电子商务示范村2个。旅游集散服务中心建成使用，创建永福AAAA级景区，推进南洋国家湿地公园、官田翡翠谷世外桃源等项目，九鹏溪露营公园景区列入省级旅游示范基地，北寮村入选全省二十佳旅游特色村，永福台品樱花茶园被评为全省首批优秀创意旅游产品。全年接待游客310万人次、旅游总收入16.6亿元，分别增长15%、16%。

项目攻坚。2017年，安排财政资金15.9亿元推进项目落地。全市谋划项目82个、签约项目57个、开工项目42个、投产项目25个、完成增资11亿元。市本级重点项目116个，完成投资81.8亿元，其中，省、龙岩市重点项目31个，完成投资68.1亿元。户外木竹制品产业示范园完成控制性详规编制，首期11.53公顷、10万平方米标准化厂房的木竹制品孵化园开工建设，美丽家园木屋及构件自动化生产制造、工业园区集中供热等项目加快实施；厚福大道、“镇镇有干线”桂林至黄祠段等项目竣工，南龙铁路(漳平段)工程、新桥东坑尾至双洋溪口村公路等项目建设取得阶段性成效。向上争取各类专项补助资金6.5亿元，新增地方政府债券资金3亿元。全力支持实体经济发展，兑现产业发展各项奖励补助资金6280万元，为企业提供过桥资金1.3亿元，汇菁担保公司注册资本金增至5200万元；运用PPP模式、EPC工程总承包模式开工建设永福后盂水库及集镇供水工程、国省干线联六线芦芝至和平段公路、漳平一中改扩建等项目。完成林地报批65.13公顷、土地报批80公顷；盘活闲置厂房18万平方米，收回闲置用地33.33公顷。完成征地拆迁157.5万平方米、交地136.7万平方米。帮扶企业解决用工1894人，其中漳平市农民进工业园区务工621人。

生态攻坚。2017年，以“农村治水、城区治气”为重点，纵深推进“河长制”，“清新水域、洁净蓝天、清洁土壤、绿满青山”四大提升工程建设，通过中央环保督察。《“一江两岸”生态综合治理规划》通过省里专家评审，并经竞争立项评选被列入全省第一批综合治水试验县，九龙江北溪断面、支流断面水质大幅提升，拱桥溪、双洋溪、下浙溪、大深溪等四大支流水质实现Ⅱ类水标准，城区2个饮用水源地及14个乡镇饮用水源地水质达标率100%；城区空气优良天数比例为99.7%，六项污染物平均浓度均达国家二级标准，综合指数3.41(其中SO_2降低56%、PM2.5降低16.7%、PM10降低16.7%)，同比降低1.0，实现全年无酸雨天气。关闭拆除生猪养殖场面积55.4万平方米、消减生猪20.7万头。全面关停机砖厂20家，淘汰黄标车248辆。水土流失治理面积2600公顷，造林绿化1600公顷，森林覆盖率78.6%。加大环境执法力度，立案查处环境违法行为53起。在南洋镇、吾祠乡召开农村家园清洁行动专题现场会，验收并授牌农村家园清洁行动示范村40个，农村污水处理设施正常运营195套。

脱贫攻坚。2017年，对贫困人口实行“九措到户”，组织开展脱贫攻坚季度攻势行动，突出产业扶贫、搬迁扶贫、金融扶贫、健康扶贫等举措，完善精准扶贫信息平台，建立贫困户退出机制，对贫困人口实施动态监测和管理，注重扶贫与扶志、扶智相结合。全年投入扶贫资金1.1亿元，贫困人口脱贫5421人，达到退出贫困村条件的8个，龙岩市级扶贫开发重点乡镇南洋镇各项指标均达到“摘帽”条件，完成易地扶贫搬迁2460人、危房改造305户，“雨露计划”培训2855人次，发放扶贫小额贷款3236万元，新型经营主体带动贫困户脱贫增收465户；实施村集体经济稳定增收机制改革，在28个贫困村开展折股量化试点。助力就业扶贫，政府购买公益性岗位122个，实施激励性扶贫项目49个、参与2265人。落实政策兜底扶贫，贫困人口享受低保3890人、医疗救助4222人、教育资助1058人。

城乡建设。2017年，坚持规划先行，完善城市综合交通、停车场、防洪排涝、内河整治、地下雨污管网、公共服务设施、绿地系统等专项规划。践行“城市双修”理念，城区基础设施补短板项目完成投资15亿元，桂中路“白改黑”、中和路二期、城北保障房二期等项目建成使用。加快南龙铁路西园站前广场及通站道路、东坑口新大桥及连接线工程、福满北路提升改造、菁城文化驿站、顶郊大桥改造、城区污水管网管道等项目建设。实施环城森林景观改造，城区“绿化率”40.9%。完善“一江两岸”“一主轴”夜景工程建设。创建省级文明城市，抓好城市执法体制改革，建立健全城市管理长效机制，强化职能整合、部门联动，对违法建设、交通秩序、建筑渣土、占道经营、环境卫生等实行常态化整治，推行“八不”行为规范，开展“城管体验日”“不文明行为随手拍”等活动，提高城市精细化、智能化管理水平。持续推进新型城镇化、美丽乡村建设。西园、和平、芦芝等乡镇逐步建成承载城镇化、产业化的城郊产业型精品城镇，实施九龙江防洪工程(一期)芦芝段、拱桥溪生态水系、黄祠溪水土保持等项目。永福镇完成省级特色小镇、田园综合体创建规划，被列为省级田园综合体建设试点，策划生成一批产业、基础设施、民生补短板项目，迎宾大道完成主体工程，环台品茶山道路、福坊山庄休闲体育文化园、红尖山风电场、大西岭风电场等项目开工建设。新桥镇引进忆知青生态农业、康宝硅橡胶制品等项目，森昌广利肉牛养殖、九龙江防洪工程(一期)新桥段等项目进展良好。南洋生态小镇、双洋古镇等特色乡镇加快建设，南洋国家湿地公园获省发改委“新开工好项目”，国家AAA级景区象湖杨美红军革命旧址群不断完善。市本级23个美丽乡村完成投资2.9亿元，列入省级美丽乡村示范村2个，入选第二批省级传统村落名录17个，永福镇西山村被评为第五届全国文明单位。

社会事业。2017年，全市实施10个为民办实事项目，合计投资5.5亿元。民生支出19亿元，占一般公共预算支出比重达82.1%。漳平国家知识产权试点城市建设扎实推进，拥有有效发明专利42件、万人拥有发明专利量1.7件。教育补短板项目完成投资3.2亿元，城关小学改扩建和第二实验小学、第二附属小学建成使用，“一校多区”管理学校增至13所，薄弱初中学校整体委托漳平三中或漳平二中管理的有3所，获得全省安全教育示范市、全国义务教育发展基本均衡市称号。卫生补短板项目完成投资3000万元，完成西园卫生院、20个村卫生所规范化建设，通过全国基层中医药工作先进单位评审。文化体育事业，实施4个文体惠民工程，开展4项群文、17项文艺、14项全民健身赛事等活动。2017年全国青少年举重锦标赛中，运动员严佳媚(芦芝藉)获女子48公斤级三项总冠军，黄羽杰(新桥藉)获女子58公斤级三项总冠军，曾念谦(吾祠藉)获男子56公斤级三项亚军；在2017年全国射箭重点学校比赛中射箭运动员曾丽娟荣获个人一项第一，一项第二，二项第三名。新增城镇就业1654人、农村劳动力转移4758人，城镇登记失业率2.2%。建成乡镇人力资源和社会保障平台14个，失业保险扩面参保人数3.2万人。有乡镇敬老院12个、社区居家养老服务站25个、村级幸福院33所、社区日间照料中心2个、民办养老机构3家。行政服务中心通过国家级社会管理和公共服务综合标准化试点单位中期验收。乡镇(街道)便民服务中心标准化建设更加完善,公共资源交易电子化招投标全面推进,"互联网+行政审批"平台建设深入推进。简政放权,取消行政审批和服务事项30项,简化办理环节211个,42个单位1218个事项进驻市行政服务中心,"一趟不用跑"和"最多跑一趟"事项达89.7%,所有审批事项均提前办结;建立并联审批事项72项。法律援助、公证办理入驻行政服务中心,建成市公共法律服务中心、16个乡镇(街道)公共法律服务站、198个村(居)公共法律服务点。

【精美漳平入镜央视节目】 2月16—20日,中央电视台七套《美丽中国乡村行》栏目摄制组一行到漳平市进行为期五天的采访拍摄,展示漳平市永福镇台品樱花茶园内的千亩樱花美景,还有古法熬糖、体验挖笋和做米浆粿等漳平乡村的独特魅力。

【漳平市农民漆画亮相金砖国家"三合一"论坛】 6月11日,金砖国家政党、智库和民间社会组织论坛在福州召开。漳平市农民漆画作为福建省非遗项目展示内容之一亮相会场。时任中央政治局常委、书记处书记刘云山等领导听取省艺术馆关于农民漆画介绍后,对来自闽西革命老区的农民漆画非常关注,详细询问了漆画的创作材料、制作周期及制作工序等问题。农民漆画是漆工艺与农民画结合的产物,是省文化厅、省艺术馆扶持群众文化,精准扶贫工作的创新性举措。

【漳平春季茶王走进福州三坊七巷】6月24日,漳平市政府和福建省茶业协会在福州著名文化街区三坊七巷举行漳平春季茶王品鉴推介会。推介会通过茶王赛、茶文化展览、茶叶品鉴、茶艺表演等活动,向游客展示漳平茶文化的魅力,让漳平好茶走向全国。开幕式现场揭晓2017漳平市春季茶王赛结果,并对获奖者进行颁奖。

【王景弘史迹在昆明晋宁郑和纪念馆展出】 7月11日,"郑和纪念馆"在郑和故里昆明晋宁开馆,漳平籍明代伟大航海家、外交家王景弘史迹在郑和纪念馆中设展板介绍。郑和纪念馆位于昆明市晋宁区昆阳街道月山的郑和公园内,占地0.48公顷,建筑面积4721平方米,外形为仿明式建筑。纪念馆设三个固定展厅和一个临时展厅,共收藏文物800余件,展出实物300余件套。

【龙岩首个团体标准《漳平水仙茶》制定发布】 11月,龙岩首个团体标准《漳平水仙茶》制定发布。龙岩市质监局派员作为主要起草人查阅大量茶叶相关的国家、行业标准,检测150多个茶叶样品,规范编写要求,帮助漳平茶叶协会制定发布《漳平水仙茶》团体标准。该标准规定漳平水仙茶产品的术语和定义、分级、要求、试验方法、检验规则、标志标签、包装、运输、贮存,适用于漳平市行政区域内种植、加工的紧压四方形漳平水仙茶产品,该标准于2017年12月1日实施。

【福建省首个台生农业教学实践基地在漳平设立】 2017年,福建省农业厅和省台办同意在漳平台湾农民创业园设立台湾高校学生农业教学实践基地,这是福建省首个台湾高校学生农业教学实践基地。2月,台盟中央在漳平台创园设立台湾青年产业融合示范基地。

【漳平台湾农民创业园亮点纷呈】2017年,漳平台湾农民创业园综合考评位居大陆29个台湾农民创业园第一名,成为全国首个"台湾青年产业融合创业示范基地"、全省首个"台湾高校学生农业教学实践基地",拥有两岸交流示范基地、青年创业示范营及示范场;"永福高山茶"入选厦门金砖会晤指定用茶和"砥砺奋进的五年"国家大型成就展,并荣获第十五届中国国际农产品交易会参展农产品金奖。

(陈龙林　陈波秀　供稿)

39 人物 先进集体

编辑　饶晓艳

先进人物

【2017 年龙岩市获省、部级以上表彰先进人物】

2017 年龙岩市获省、部级以上表彰先进人物

表 22

姓名	性别	工作单位及职务	荣誉称号	授予机关	授予时间
兰思军	男	福建省武平县机构编制委员会办公室副主任科员	全国机构编制工作先进工作者	人社部	2017 年 1 月
林淑惠	女	龙岩市劳动保障监察支队　支队长	全国维护妇女儿童权益先进个人	全国妇联	2017 年 3 月
刘五连	女	上杭县人民法院临城人民法庭　庭长	全国维护妇女儿童权益先进个人	全国妇联	2017 年 3 月
包芳芳	女	长汀县妇幼保健院　副院长	全国维护妇女儿童权益先进个人	全国妇联	2017 年 3 月
林新玉	女	龙岩信亚金属有限公司	第二届全国“全国敬老爱老助老模范人物”	全国老龄办	2017 年 3 月
黄香妹	女	龙岩市漳平双洋镇人民政府	第二届全国“全国敬老爱老助老模范人物”	全国老龄办	2017 年 3 月
秦宇红	女	龙岩市新罗区光荣院	第二届全国“全国敬老爱老助老模范人物”	全国老龄办	2017 年 3 月
范朝辉	男	龙岩市长汀县烈属光荣院	第二届全国“全国敬老爱老助老模范人物”	全国老龄办	2017 年 3 月
苏银华	女	龙岩市永定区地方税务局	第二届全国“全国敬老爱老助老模范人物”	全国老龄办	2017 年 3 月
温兆洪	男	龙岩市武平县武东镇六甲村	第二届全国“全国敬老爱老助老模范人物”	全国老龄办	2017 年 3 月
陈莲秀	女	龙岩市上杭县临城镇城北社区	第二届全国“全国敬老爱老助老模范人物”	全国老龄办	2017 年 3 月
陈如金	男	龙岩市新罗区司法局西陂司法所　所长	全国司法行政系统先进工作者	人力资源社会保障部、司法部	2017 年 4 月
饶虹燕	女	福建龙洲运输股份有限公司出租客运分公司　驾驶员	全国五一劳动奖章	中华全国总工会	2017 年 4 月

续表 22

姓名	性别	工作单位及职务	荣誉称号	授予机关	授予时间
黄家焱	男	福建龙岩金磊律师事务所　律师	全国五一劳动奖章	中华全国总工会	2017 年 4 月
郭秀生	女	龙岩市新罗区人民法院　特邀调解员	全国巾帼建功标兵	全国妇联	2017 年 4 月
丁晓红	女	上杭鑫源乌兔专业合作社理事长　理事长	全国巾帼建功标兵	全国妇联	2017 年 4 月
刘洪荣	男	龙岩市公安局禁毒支队　副支队长	全国优秀人民警察	公安部	2017 年 5 月
黄银富	男	新罗分局东城派出所警务八队　队长	全国优秀人民警察	公安部	2017 年 5 月
李聪伶	女	上杭县公安局指挥中心　教导员	全国优秀人民警察	公安部	2017 年 5 月
陈志强	男	龙岩市中医院　院长、副主任医师	全国卫生计生系统先进工作者	人力资源社会保障部、国家卫生计生委、国家中医药管理局	2017 年 8 月
陈国强	男	龙岩市第二医院　主任医师	全国卫生计生系统先进工作者	人力资源社会保障部、国家卫生计生委、国家中医药管理局	2017 年 8 月
郑作俐	女	民革龙岩市委　副主委	民革全国组织建设工作先进个人	民革中央	2017 年 10 月
张炜斌	男	龙岩市体育发展有限公司　副总经理	民革全国社会服务工作先进个人	民革中央	2017 年 10 月
周荣祥	男	龙岩市新罗区建龙培训中心常务副校长	参政议政工作先进个人	民革中央	2017 年 10 月
温晓红	女	武平县平村镇河东居委会双喜稻米专业合作社基地　负责人	全国农业劳动模范	人力资源社会保障部、农业部	2017 年 12 月
李吉明	男	连城县文亨镇亨明村吉明鱼苗养殖场场长	全国农业劳动模范	人力资源社会保障部、农业部	2017 年 12 月
林煜春	男	永定区坎市镇农业技术推广站　站长、高级农艺师	全国农业先进工作者	人力资源社会保障部、农业部	2017 年 12 月
翁俊梅	女	龙岩市建设工程质量监督站、龙岩市建筑安全生产监督站　站长	全国住房城乡建设系统先进工作者	人力资源社会保障部、住房城乡建设部	2017 年 12 月
张元坤	男	龙岩市城市管理综合执法支队北城大队主任科员	全国住房城乡建设系统先进工作者	人力资源社会保障部、住房城乡建设部	2017 年 12 月
陈润平	男	龙岩市环境卫生管理处　工人	全国住房城乡建设系统劳动模范	人力资源社会保障部、住房城乡建设部	2017 年 12 月
温秀珍	女	龙岩市永定区环境卫生管理处　工人	全国住房城乡建设系统劳动模范	人力资源社会保障部、住房城乡建设部	2017 年 12 月

【王瑞泉入选“中国好人榜”】 4 月 5 日，中央文明办在山东济南举办全国道德模范与身边好人现场交流活动，发布 2017 年 3 月“中国好人榜”。王瑞泉以“老区人民创办红色纪念馆传播红色文化”事迹入选“助人为乐”类好人。

王瑞泉是闽西红色山庄纪念馆馆长。2005 年 2 月，自筹资金开始建设红色山庄纪念馆。2009 年，王瑞泉被评为龙岩市党史优秀宣传员。2011 年 8 月 1 日，投资 200 多万元的红色山庄被授予“福建省党史教育基地”暨“红色交通线”展览开展仪式举行。红色山庄占地 10000 多平方米、建筑面积 1000 多平方米，有红色老人传奇陈列室、革命根据地古田室、后田室、瑞金室、云海室、“红色长廊”“红色交通线”等展览室。拥有 5000 多册红色书籍，展示原国务院副总理邓子恢等领导相关事迹，以及原中央苏区红色地下交通站王志海（王瑞泉父亲）在地下交通站工作的简况介绍。王瑞泉当起红色义务讲解员，免费为参观人员讲解。他在红色山庄每个交通站之间，种植豆角等普通农家菜，放养家禽，把红色教育和农家乐融合起来，使游客在休闲的同时，了解了闽西革命历史。至2017年底，参观红色山庄接受红色教育50多万人次，王瑞泉义务讲解200多场次。红色山庄纪念馆先后被省、市党史部门和其他有关单位定为“福建省党史教育基地”“党史育人工程基地”“革命史教育基地”“传承革命历史教育基地”。

王瑞泉的事迹经2011年11月中国纪检监察报专稿《红色情缘》报道后向全国推广；2012年，王瑞泉当选市政协委员后，先后撰写《关于对闽西红色山庄民办博物馆（纪念馆）实行国家扶持的建议》《关于龙岩博物馆其他专题陈列应抓紧设立、开放的建议》等议案。2012年11月，中央电视台新闻频道播出《福建龙岩：老区农民的红色纪念馆》。2013年，玩瑞泉以红色山庄名义向闽粤赣边革命史纪念馆个人捐款3000元。2014年11月，王瑞泉承办全国首届“闽西工农通讯社与‘红色交通线’暨85周年学术理论研讨会”，让全国各地更多的人了解闽西革命历史和“红色交通线”。

【钟宜龙入选“中国好人榜”】 6月6日，中央文明办发布2017年5月“中国好人榜”，长汀县的钟宜龙以“老党员为无名烈士守墓60余载　寻英雄故事办红色家庭”事迹入选“诚实守信”类好人。

钟宜龙，男，1929年5月生，长汀县新桥镇党委退休干部。1951—1952年，时任长汀县中复乡治安和武装委员会主任的钟宜龙号召当地的村民、党员干部在松毛岭山间收集红军战士遗骸，然后分点安放，在隘岽头建起一座两米多高的烈士纪念碑。60多年来，每年清明，钟宜龙和村里的红军后代们一道祭扫牺牲在这片土地上的英烈。2016年钟宜龙将自己的养老积蓄5万元掏出来修缮老屋，在自己家里办起了红色家庭展。

【郭金香入选“中国好人榜”】 7月28日，中央文明办在福建龙岩举办7月“中国好人榜”发布仪式暨全国道德模范与身边好人现场交流活动，龙岩山歌传承人郭金香以“山歌皇后退休后创艺术团建传唱点　18年致力山歌传承”事迹入选“助人为乐”类好人。

郭金香，1944年3月出生，新罗区文学艺术团团长。1999年退休后，作为福建省龙岩山歌传承人，郭金香创立了民间山歌团体——新罗区文联艺术团，先后培养传承骨干100多人。2014年，新罗区东肖镇中心幼儿园在郭金香的指导下成立龙岩市第一支幼儿采茶灯表演队。表演队自成立以来经常走进福利院、养老院慰问表演。2015年，她应邀走进中国音乐学院的“原声民歌的传承与研究”课堂，教学生演唱具有代表性的龙岩山歌。2016年，她在龙岩市新罗区建立6个山歌传唱点，通过传唱点汇聚民间山歌爱好者，提升山歌影响力，吸引更多人加入到民间文化特色的保护传承中。18年来，郭金香一直奔走于龙岩城市与农村的各大舞台中，也经常自费到养老院、残疾院及部队慰问演出，年均演出100多场，观众人数超过几十万人次。

【郭永富入选“中国好人榜”】 7月28日，中央文明办在福建龙岩举办7月“中国好人榜”发布仪式暨全国道德模范与身边好人现场交流活动，闽西村民郭永富以“好村民坚持诚信做人5年还清30多万元债务”入选“诚实守信”类好人。

郭永富，1980年8月生，上杭县临城镇九洲村村民。2011年7月，郭永富父亲患病去世。面对给父亲治病欠下的30多万元债务，郭永富开始开荒种植果树。5年来，他在3公顷多的果树园里辛勤劳作，省吃俭用。至2017年6月，郭永富终于还清了债务。

【温金娥获第六届全国孝老爱亲模范称号】 11月，温金娥获第六届全国孝老爱亲模范称号。温金娥，女，汉族，1978年6月生，福建省龙岩市上杭县实验小学教师。2007年，丈夫不幸因公牺牲，温金娥既要照顾年迈的公婆和5岁的儿子，还要承担一大笔债务。更不幸的是，公公膀胱癌屡次复发，婆婆又出了车祸。2009年，温金娥带着儿子、公婆一起改嫁汤云辉，重新组合成一个和美的大家庭，双方的老人孩子互敬互爱。温金娥不仅孝顺老人，还帮助照顾大小姑子家庭。汤云辉姐姐常年在龙岩打工，儿子从小学三年级到高中一直寄养在温金娥家。温金娥视如己出，照顾生活起居，接送上下学，指导学习。2009年，小姑子带着两个女儿投奔温金娥，不到100平方米的家里住着9个人，孩子没地方写作业，温金娥就在自己卧室里摆上沙发床，每天晚上都得先把床收起来，摆上课桌陪孩子们做功课。2017年5月15日，汤云辉、温金娥家庭被省妇联、省委文明办联合评为福建省“最美家庭”。

正高级专业技术职务人员

【2017年龙岩市获正高级专业技术职务人员】

2017年龙岩市获正高级专业技术职务人员

表23

姓　名	工作单位	专业及任职资格	任职资格确认时间	文　　号
钟礼义	武平县食用菌技术服务推广站	农业技术推广研究员	2017.1.25	龙人社〔2017〕98
何胜生	龙岩市农科所	食品工程研究员	2017.1.23	龙人社〔2017〕100
卢煜中	福建互华土木工程质量监督站	享受教授、研究员待遇高工	2017.5.19	龙人社〔2017〕315
翁俊梅	龙岩市建设工程质量监督站	享受教授、研究员待遇高工	2017.5.19	龙人社〔2017〕315
郑添寿	福建永强岩土股份有限公司	享受教授、研究员待遇高工	2017.5.19	龙人社〔2017〕315
吕国梁	龙岩市园林管理局	享受教授、研究员待遇高工	2017.5.19	龙人社〔2017〕315
赖世桂	龙岩市公路局	享受教授、研究员待遇高工	2017.5.19	龙人社〔2017〕315
黄怀国	紫金矿业集团股份有限公司	享受教授、研究员待遇高工	2017.5.19	龙人社〔2017〕315
郑国强	福建龙净环保股份有限公司	享受教授、研究员待遇高工	2017.5.19	龙人社〔2017〕315
衷水平	紫金矿业集团股份有限公司	享受教授、研究员待遇高工	2017.6.2	龙人社〔2017〕433
修海明	福建龙净环保股份有限公司	享受教授、研究员待遇高工	2017.6.2	龙人社〔2017〕433
王建春	福建龙净环保股份有限公司	享受教授、研究员待遇高工	2017.6.2	龙人社〔2017〕433
陈海生	龙岩市第一医院	主任医师	2017.11.20	龙人社〔2017〕724
黄建清	龙岩市第一医院	主任医师	2017.11.20	龙人社〔2017〕724
肖惠琴	龙岩市第一医院	主任医师	2017.11.20	龙人社〔2017〕724
陈钦棋	龙岩市第一医院	主任医师	2017.11.20	龙人社〔2017〕724
黄敏红	龙岩市第一医院	主任医师	2017.11.20	龙人社〔2017〕724
温裕庆	龙岩市第一医院	主任医师	2017.11.20	龙人社〔2017〕724
吴木振	龙岩市第一医院	主任医师	2017.11.20	龙人社〔2017〕724
杨永东	龙岩市第一医院	主任医师	2017.11.20	龙人社〔2017〕724
张丽华	龙岩市第一医院	主任医师	2017.11.20	龙人社〔2017〕724
范卫英	龙岩市第一医院	主任医师	2017.11.20	龙人社〔2017〕724
林胜阳	龙岩市第一医院	主任医师	2017.11.20	龙人社〔2017〕724
卢海川	龙岩市第一医院	主任医师	2017.11.20	龙人社〔2017〕724
石添元	龙岩市第二医院	主任医师	2017.11.20	龙人社〔2017〕724
陈　荣	龙岩市第二医院	主任医师	2017.11.20	龙人社〔2017〕724
张环照	龙岩市第二医院	主任医师	2017.11.20	龙人社〔2017〕724
简垣材	龙岩市第二医院	主任医师	2017.11.20	龙人社〔2017〕724
徐　清	龙岩市第三医院	主任医师	2017.11.20	龙人社〔2017〕724
陈庆平	龙岩市疾病预防控制中心	主任医师	2017.11.20	龙人社〔2017〕724
傅其添	龙岩人民医院	主任医师	2017.11.20	龙人社〔2017〕724

续表 23

姓　名	工作单位	专业及任职资格	任职资格确认时间	文　号
邓宇春	龙岩人民医院	主任医师	2017.11.20	龙人社〔2017〕724
陈启富	龙岩人民医院	主任医师	2017.11.20	龙人社〔2017〕724
廖广宇	龙岩人民医院	主任医师	2017.11.20	龙人社〔2017〕724
王越平	武平县医院	主任医师	2017.11.20	龙人社〔2017〕724
曾昭良	福建汀州医院	主任医师	2017.11.20	龙人社〔2017〕724
唐洪鸿	福建汀州医院	主任医师	2017.11.20	龙人社〔2017〕724
谢永渊	福建汀州医院	主任医师	2017.11.20	龙人社〔2017〕724
李玉俊	漳平市医院	主任医师	2017.11.20	龙人社〔2017〕724
高振文	龙岩市第一医院	主任医师	2017.11.20	龙人社〔2017〕724
邱　蕊	龙岩市第一医院	主任医师	2017.11.20	龙人社〔2017〕724
李　胜	龙岩市第二医院	主任医师	2017.11.20	龙人社〔2017〕724
钟和祥	龙岩市第二医院	主任医师	2017.11.20	龙人社〔2017〕724
谢建谋	龙岩市中医院	主任医师	2017.11.20	龙人社〔2017〕724
范文东	龙岩市中医院	主任医师	2017.11.20	龙人社〔2017〕724
赖伟强	武平县中医院	主任医师	2017.11.20	龙人社〔2017〕724
卢海燕	龙岩市第一医院	主任医师	2017.11.20	龙人社〔2017〕724
苏文芳	龙岩市第二医院	主任医师	2017.11.20	龙人社〔2017〕724
廖柏兰	龙岩市第一医院	主任医师	2017.11.20	龙人社〔2017〕724
詹笑春	龙岩市第一医院	主任医师	2017.11.20	龙人社〔2017〕724

（市人社局　供稿）

先进集体

【2017 年龙岩市获省、部级以上表彰先进单位】

2017 年龙岩市获省、部级以上表彰先进单位

表 24

获奖单位	荣誉称号	授予机关	授予时间
龙岩市儿童保育院	全国三八红旗集体	全国妇联	2017 年 3 月
龙岩市文物局	第一次全国可移动文物普查先进集体	国务院第一次全国可移动文物普查领导小组办公室、国家文物局	2017 年 3 月
龙岩市国网龙岩供电公司“古田之光”共产党员服务队	第二届全国“敬老文明号”	全国老龄办	2017 年 3 月
兴业银行股份有限公司龙岩新罗支行	第二届全国“敬老文明号”	全国老龄办	2017 年 3 月
长汀县新桥中心卫生院医养服务中心	第二届全国“敬老文明号”	全国老龄办	2017 年 3 月
长汀县水土保持事业局	全国五一劳动奖状	中华全国总工会	2017 年 4 月

续表 24

获奖单位	荣誉称号	授予机关	授予时间
漳平市国联玩具礼品有限公司模具车间	全国工人先锋号	中华全国总工会	2017 年 4 月
上杭县公安局古田派出所女警巡逻服务队	全国巾帼文明岗	全国妇联	2017 年 4 月
武平县地方税务局办税服务厅	全国巾帼文明岗	全国妇联	2017 年 4 月
龙岩市气象科技信息中心	全国巾帼文明岗	全国妇联	2017 年 4 月
龙岩市人大常委会内务司法委员会	全国维护妇女儿童权益先进集体	全国妇联	2017 年 4 月
龙岩市教育局	全国维护妇女儿童权益先进集体	全国妇联	2017 年 4 月
龙岩市新罗区人民检察院未成年人刑事检查科	全国维护妇女儿童权益先进集体	全国妇联	2017 年 4 月
龙岩市新罗区妇联	全国维护妇女儿童权益先进集体	全国妇联	2017 年 4 月
长汀县公安局刑侦大队 jiao	全国维护妇女儿童权益先进集体	全国妇联	2017 年 4 月
上杭县公安局古田派出	全国公安机关先进模范集体	国务院	2017 年 5 月
上杭县公安局	全国优秀公安局	公安部	2017 年 5 月
龙岩市交通运输局 12328 服务监督中心	2017 年春运“情满旅途”活动先进集体	交通运输部、公安部、国家安全监管总局、中华全国总工会、共青团中央	2017 年 6 月
武平县万安镇捷文村	全国集体林权制度改革先进集体	人力资源社会保障部国家林业局	2017 年 7 月
长汀县林业金融服务中心	全国集体林权制度改革先进集体	人力资源社会保障部国家林业局	2017 年 7 月
中共龙岩市纪律检查委员会	全国纪检监察系统先进集体	中共中央纪委机关、人力资源社会保障部	2017 年 8 月
龙岩市关工委	“关爱明天·普法先行——青少年普法教育活动‘先进单位	中国关工委、司法部和中央综治办	2017 年 8 月
龙岩市第一医院	全国卫生计生系统先进集体	人力资源社会保障部、国家卫生计生委、国家中医药管理局	2017 年 8 月
龙岩市体育局	全国体育系统先进集体	人力资源社会保障部、体育总局	2017 年 8 月
永定文体广电新闻出版局	2013—2016 年度全国群众体育先进单位	体育总局	2017 年 8 月
上杭文体广电新闻出版局	2013—2016 年度全国群众体育先进单位	体育总局	2017 年 8 月
连城文体广电新闻出版局	2013—2016 年度全国群众体育先进单位	体育总局	2017 年 8 月
武平文体广电新闻出版局	2013—2016 年度全国群众体育先进单位	体育总局	2017 年 8 月
新罗区地税局	2013—2016 年度全国群众体育先进单位	体育总局	2017 年 8 月

续表 24

获奖单位	荣誉称号	授予机关	授予时间
龙岩市体育中心青少年俱乐部	2013—2016 年度全国群众体育先进单位	体育总局	2017 年 8 月
福建省龙岩市人民检察院	检察机关保障律师执业权利示范单位	最高人民检察院	2017 年 9 月
民革龙岩市委会	民革全国社会服务工作先进集体	民革中央	2017 年 10 月
新罗区检察院控申科	第九届全国检察机关“文明接待室”	最高人民检察院	2017 年 10 月
上杭县检察院控申科	第九届全国检察机关“文明接待室”	最高人民检察院	2017 年 10 月
武平县检察院控申科	第九届全国检察机关“文明接待室”	最高人民检察院	2017 年 10 月
连城县检察院控申科	第九届全国检察机关“文明接待室”	最高人民检察院	2017 年 10 月
龙岩市知识产权局	2016 年度国家知识产权试点示范城市工作先进集体	国家知识产权局	2017 年 10 月
龙岩市	第五届全国文明城市	中央文明委	2017 年 11 月
武平县	第五届全国文明城市	中央文明委	2017 年 11 月
永定区湖坑镇南江村	第五届全国文明村镇	中央文明委	2017 年 11 月
新罗区万安镇竹贯村	第五届全国文明村镇	中央文明委	2017 年 11 月
上杭县古田镇五龙村	第五届全国文明村镇	中央文明委	2017 年 11 月
武平县城厢镇园丁村	第五届全国文明村镇	中央文明委	2017 年 11 月
连城县曲溪乡冯地村	第五届全国文明村镇	中央文明委	2017 年 11 月
武平县中堡镇远富村	第五届全国文明村镇	中央文明委	2017 年 11 月
中国人民财产保险公司龙岩分公司	第五届全国文明单位	中央文明委	2017 年 11 月
龙岩市国家税务局	第五届全国文明单位	中央文明委	2017 年 11 月
紫金矿业集团股份有限公司(本部)	第五届全国文明单位	中央文明委	2017 年 11 月
龙岩市新罗区中城街道北门社区	第五届全国文明单位	中央文明委	2017 年 11 月
福建省龙岩市教育局	全国未成年人思想道德建设工作先进单位	中央文明委	2017 年 11 月
龙岩第一中学	第一届全国文明校园名单	中央文明委	2017 年 11 月
龙岩市住建局	全国住房城乡系统先进集体	人力资源社会保障部、住房城乡建设部	2017 年 11 月

【钟亮生家庭获“最美家庭”称号】 5月24日，全国妇联在北京召开2017年全国“最美家庭”揭晓会。会上，钟亮生、钟爱香家庭被评为“最美家庭”。

钟亮生、钟爱香家庭来自武平县万安镇，夫妇俩在生活上相濡以沫，在事业中相互扶持，组成一个助人为乐、诚实守信的家庭。2006年，夫妇俩开始养殖蜜蜂。2008年的大雪与中蜂囊状幼虫病爆发使他们损失近7万元。钟亮生在妻子的鼓励下重新开始，他结合武平独特的地理位置和丰富的资源优势，改变养蜂管理方法，革新技术，终于掌握了蜜蜂的生活习性和病害防治。2011年，钟亮生夫妇成立养蜂专业合作社，采用“合作社+公司+基地+农户”的先进管理模式，带动更多的山区农民致富。合作社成立以来，他们热心扶持残疾人养蜂事业，免费为残疾人传授养蜂技术和提供养蜂资料。几年来，他们投入60多万元，扶持130多名残疾人养蜂创业。2017年，合作社社员发展到近200人，拥有蜜蜂9000多群，年产蜂产品90多吨，产值1000多万元，大多数残疾人贫困户都走上了脱贫致富之路。他们生产的“石燎阁”蜂蜜绿色环保，获“闽西八大鲜”称号。

【李贞煜家庭获“最美家庭”称号】 5月24日，全国妇联在北京召开2017年全国“最美家庭”揭晓会。会上，李贞煜、董美英家庭被评为“最美家庭”。

李贞煜、董美英家庭来自连城县莲峰镇，一家人互敬互爱、勤俭持家、积极进取、乐于助人，组成一个温馨和睦、热心公益的家庭。年轻时，李贞煜参加了知识青年上山下乡，回城后在街办工厂做蜡烛、修理轮胎，他的妻子就在家门口卖凉水、摆地摊、租小人书。在这样的生活环境下，他们不离不弃，恩爱有加。一家人时常交流思想，互相取长补短，遇到困难互相开导，遇到磨难一起克服。李贞煜对孩子重言传、重身教，教知识，育品德。在他的支持下，儿子李杰积极投入公益事业中，被评为全省第二届热心消防公益事业先进个人，2015年度全国社区消防宣传大使。李贞煜长期从事十番音乐的演奏和传承活动，2012年12月被国家文化部命名为首批国家级非物质文化遗产项目十番音乐(闽西客家十番音乐)第四批国家级代表性传承人。此外，李贞煜继承和弘扬革命前辈的红色家风，以淳朴的家风教育孩子刻苦学习，遵守社会公德，热心公益事业。在传承家庭美德、培育良好家风中为社区居民树立了榜样，深受邻里和社会的好评。

【龙岩市抗洪救灾及防汛防台应急演练先进集体】 5—9月，龙岩市连续遭遇“苗柏”“纳沙”“海棠”等多个台风侵袭，引发洪涝灾害，给群众生产生活带来严重影响并造成重大损失。面对灾情，全市上下积极参与抗洪救灾。11月1日，龙岩市人民政府印发《龙岩市人民政府关于表扬2017年度龙岩市抗洪救灾及防汛防台应急演练先进集体的通报》，表彰在抗洪救灾和防汛防台应急演练过程中涌现出的一大批先进集体，授予福建成森建设集团有限公司、龙岩市西安建筑工程有限公司、龙岩市龙达建筑工程有限公司、福建荣建集团有限公司、福建省同源建设工程有限公司、福建永旺建设集团有限公司、福建惠丰建筑工程有限公司、福建省杭辉建设工程有限公司、福建省中木建设集团有限公司、福建西南建设有限公司、恒亿集团有限公司、福建新华夏建工有限公司等12家建筑施工企业为“龙岩市抗洪救灾先进集体”荣誉称号；授予福建新华夏建工有限公司和福建省泰宏建设工程有限公司为“龙岩市防汛防台应急演练先进集体”荣誉称号。

逝世人物

【龙岩市2017年去世厅级老干部】

龙岩市2017年去世厅级老干部

表25

序号	姓名	性别	籍贯	原工作单位及职务	出生时间	去世时间	享受待遇
1	陈天祺	男	福建龙岩	龙岩市政协助理巡视员	1937.07	2017.1.24	副厅级
2	雷震东	男	江苏江宁	龙岩地区纪委书记	1920.1	2017.4.04	副厅级
3	林　丁	男	福建龙岩	新罗区东肖中学副校长	1925.11	2017.7.10	地专级
4	李　达	男	江苏阜宁	龙岩行署副专员	1929.09	2017.9.27	副厅级

（市老干局　供稿）

40

附　录

编辑　游友荣

统计资料

各时期龙岩市主要经济指标年平均增长速度

表 26　　　　单位:%

项目	"六五时期"	"七五时期"	"八五时期"	"九五时期"	"十五时期"	"十一五时期"	"十二五时期"
1. 地区生产总值(GDP)	10.8	11.3	14.2	11.2	10.1	14.6	10.9
第一产业	8.9	4.5	9.6	8.4	4.6	3.4	4.0
第二产业	14.7	8.7	19.4	11.9	11.7	18.1	13.6
第三产业	8.6	26.2	13.3	12.9	11.8	14.9	8.9
2. 财政总收入	15.4	17.3	23.4	16.7	15.8	23.0	10.6
3. 工农业总产值	9.1	10.1	16.3	13.2	11.3	20.0	11.8
工业总产值	15.2	13.3	19.5	14.7	13.8	24.4	14.1
农林牧渔业总产值	4.0	5.7	10.3	9.0	4.4	3.5	4.0
4. 全社会固定资产投资	28.2	8.2	55.4	7.1	12.8	36.4	28.4
# 国有经济	25.1	4.8	48.6	13.8	-10.0	42.7	28.8
5. 职工平均工资	8.9	13.7	18.9	13.1	12.2	13.6	12.4
城镇居民可支配收入	9.8	14.3	23.1	10.6	11.9	11.7	11.0
农民人均可支配收入		12.9	20.4	12.1	6.9	10.9	13.3
6. 社会消费品零售总额	16.1	18	24.4	10.4	12.2	19.1	15.4

1978—2017 年龙岩市主要年份国民经济主要指标

表 27

项目	单位	1978 年	1980 年	1985 年	1990 年	1995 年	2000 年	2005 年	2010 年	2015 年	2016 年	2017 年
1. 地区生产总值(GDP)	亿元	5.18	6.99	14.81	37.85	124.73	209.51	399.59	990.90	1738.49	1895.67	2153.13
# 第一产业	亿元	2.35	2.99	5.74	11.32	38.51	55.75	78.06	128.89	200.62	223.39	227.88
第二产业	亿元	1.78	2.42	5.85	12.87	47.68	78.90	175.11	527.69	914.82	966.67	1026.66
第三产业	亿元	1.05	1.58	3.22	13.66	38.54	74.86	146.42	334.32	623.05	705.61	898.59
人均地区生产总值	元	245	323	627	1451	4519	7782	15179	38795	66865	72354	81713
工农业总产值	亿元	7.97	9.22	19.25	48.90	170.34	285.37	520.79	1490.91	2324.39	2614.00	2899.99
财政总收入	亿元	0.87	1.04	2.13	4.73	13.55	28.61	57.95	163.32	269.81	266.07	274.24
# 地方财政收入	亿元					6.26	10.91	20.83	66.75	124.61	131.41	138.75
财政支出	亿元	0.77	0.89	1.98	4.17	10.71	17.63	31.65	110.81	257.97	274.27	299.81
年末金融机构人民币存款余额	亿元	1.63	2.04	6.29	17.23	65.55	140.68	295.88	784.76	1562.85	1753.76	1844.45
年末金融机构人民币贷款余额	亿元	2.04	2.23	6.12	18.74	57.36	106.82	211.02	723.39	1360.65	1434.19	1642.10
2. 年末总人口	万人	212.46	218.08	238.12	265.38	277.92	285.89	286.83	295.73	309.38	313.29	315.89
3. 城镇从业人员	万人	17.02	16.20	20.46	22.99	26.80	25.27	29.65	47.38	65.69	74.16	67.58
# 职工	万人	17.02	16.20	19.67	21.45	23.01	19.83	20.17	29.28	28.44	28.68	28.83
4. 全社会固定资产投资	亿元	0.50	0.76	3.09	4.21	41.53	67.73	123.65	553.23	1934.21	2188.04	2519.13
# 国有经济	亿元	0.42	0.72	2.21	2.79	20.22	38.57	22.87	125.42	445.22	659.33	604.71
集体经济	亿元	0.08	0.03	0.40	0.56	4.41	12.87	7.61	11.08	150.22	171.66	116.65
5. 物价指数												
居民消费价格指数(上年=100)	%		104.6	110.4	98.1	114.8	101.9	103.4	103.9	101.6	101.5	101.0
6. 人民生活												
职工工资总额	亿元	0.84	1.17	2.08	4.44	11.2	18.59	32.26	86.61	154.26	167.76	179.31
职工平均工资	元	576	740	1098	2091	4962	9177	16309	30836	55438	59329	64211
城镇居民人均可支配收入	元	334	415	662	1291	3655	6048	10596	18406	28218	30348	33022
农民人均可支配收入	元	134	203	360	661	1671	2959	4125	6931	13274	14429	15698
城乡居民人民币储蓄存款余额	亿元	0.50	0.68	2.45	10.10	41.15	89.82	178.85	394.48	727.01	809.30	851.52
7. 农业总产值	亿元	4.14	4.43	8.00	17.27	59.14	88.26	126.30	212.31	337.53	378.03	395.46
主要农产品产量												
粮　食	万吨	74.53	75.89	85.52	97.80	112.23	116.86	96.06	98.63	109.96	109.80	81.93
烤　烟	万吨	0.28	0.43	2.13	2.28	2.68	3.13	3.24	3.53	3.89	4.01	2.99
茶　叶	吨	348	410	1461	1795	3268	4908	6362	13392	21702	22882	21034
水　果	万吨	0.21	0.31	1.11	3.04	11.31	21.60	38.56	33.79	43.96	47.22	33.93
肉类总产量	万吨	1.95	2.42	4.89	7.85	15.58	24.98	41.74	43.25	47.96	48.77	60.44
水产品	吨	468	840	3373	7247	20365	39484	41513	62115	75941	81100	53254

注：年末总人口为公安户籍人口；2000 年起职工人数、职工工资总额、职工平均工资均为在岗职工数据，2013 年以前农民人均可支配收入数据为农民人均纯收入

续表 27

项　目	单位	1978 年	1980 年	1985 年	1990 年	1995 年	2000 年	2005 年	2010 年	2015 年	2016 年	2017 年
8. 工业总产值	亿元	3.84	4.8	11.24	31.64	111.2	197.12	387.2	1278.60	1986.86	2235.97	2504.53
主要工业产品产量												
黄　金	千克					91	4018	11480	24281	71235	76824	98676
卷　烟	万箱	10.06	10.68	21.7	31.01	34.22	48.5	61.5	87.45	99.83	88.22	88.31
布	万米	602	755	746	1335	1197	1335	1581	9824	27576	27665	29458
纱	吨		411	5787	4570	7963	11410	26172	91525	196905	22.31	22.32
机制纸及纸板	万吨	0.54	0.82	1.41	3.09	5.26	8.73	10.52	8.11	3.78	3.59	2.93
化肥(折纯)	万吨	1.42	2.42	3.46	5.61	7.26	7.02	8.05	8.44	22.20	17.30	11.34
水　泥	万吨	16.56	22.96	49.59	137.00	558.63	646.62	1200.28	2926	3591	3732	3772
环境污染防治专用设备	台(套)							235	2551	1959	13105	7485
发电量	亿千瓦时	4.28	3.22	5.18	17.92	36.55	44.14	68.91	100.81	85.07	93.80	75.59
9. 交通、邮电												
公路货运量	万吨	159	176	93	91	906	1573	3261	8889	10299	8281	9293
公路货物周转量	万吨公里	8593	10766	11533	9512	82300	123316	296923	796464	1151204	115.65	127.99
公路客运量	万人	483	716	1420	1372	1209	1658	2610	3881	2094	2023	2034
公路旅客周转量	万人公里	16457	25189	54777	62994	78562	108919	182169	213455	121861	12.08	12.01
移动电话用户数	万户					0.52	21.1	87.56	201.60	252.89	260.33	258.56
10. 社会消费品零售总额	亿元	2.20	3.11	6.56	14.99	44.68	73.25	130.41	312.17	639.58	729.00	813.19
11. 外贸出口总额	万美元				783	4605	4498	16439	131336	257708	231778	232962
实际利用外资	万美元			84	145	7978	4015	5161	16637	26000	27768	29553
12. 教育												
普通高校在校学生数	人	657	1168	1149	1282	1752	3820	11488	14100	17846	18044	17313
普通中学在校生数	万人	12.53	12.11	11.52	10.77	15.59	20.76	25.11	15.23	12.46	12.42	12.68
13. 医院数	个	123	132	134	143	155	157	156	150	157	158	158
卫生技术人员数	人	4470	4795	5488	7102	7348	7796	7260	12592	17858	18275	18677
医疗床位数	张	4452	4489	4982	6100	6199	8648	7928	11213	16601	16955	17519

（市统计局　供稿）

2017年闽粤赣边四市主要经济指标

表28

指标	单位	龙岩市		三明市		赣州市		梅州市	
		12月止累计	比上年增长(%)	12月止累计	比上年增长(%)	12月止累计	比上年增长(%)	12月止累计	比上年增长(%)
地区生产总值	亿元	2167.49	8.20	2136.06	7.90	—	—	—	—
规模以上工业增加值	亿元	632.52	8.10	847.18	8.10	—	—	—	—
社会消费品零售总额	亿元	813.19	11.50	533.43	11.00	—	—	—	—
全社会固定资产投资	亿元	2519.13	15.10	2498.50	16.70	—	—	—	—
出口总值	亿元	144.42	3.80	146.90	12.10	—	—	—	—
财政总收入	亿元	274.24	3.10	147.28	9.60	—	—	—	—
地方一般预算收入	亿元	138.75	5.60	—	—	—	—	—	—
金额机构本外币存款余额	亿元	1860.95	5.50	1674.37	11.60	—	—	—	—
金额机构本外币贷款余额	亿元	1664.61	14.50	1313.42	3.80	—	—	—	—
城镇居民可支配收入	元	32022.00	8.60	32261.00	8.70	—	—	—	—
农民人均现金收入	元	15698.00	8.80	15212.00	9.30	—	—	—	—
居民消费价格指数（以上年同期为100）	%	—	—	100.70	0.70	—	—	—	—

（来源：龙岩市统计局、三明市统计局、赣州市统计局、梅州市统计局）

2017年闽粤赣边四市经验评价指标

表29

指标	单位	龙岩市			三明市			赣州市			梅州市		
		2015年12月止累计	12月止累计	比上年增长(%)	2015年12月止累计	12月止累计	比上年增长(%)	2015年12月止累计	12月止累计	比上年增长(%)	2015年12月止累计	12月止累计	比上年增长(%)
全社会用电量	亿千瓦时	—	—	—	132.50	143.08	8.00	144.88	—	—	84.30	—	—
工业用电量	亿千瓦时	—	—	—	97.72	105.96	8.40	86.79	—	—	45.99	—	—
公路客运周转量	亿人公里	12.08	12.00	-0.60	18.58	17.64	-5.00	—	—	—	—	—	—
公路货运周转量	亿吨公里	115.65	127.99	10.70	101.30	112.17	10.70	—	—	—	—	—	—
金融机构本外币存款余额	亿元	1763.93	1860.95	5.50	1500.45	1674.37	11.60	3355.91	—	—	1819.19	—	—
金融机构本外币贷款余额	亿元	1454.14	1664.61	14.50	1264.91	1313.42	3.80	2297.55	—	—	830.00	—	—

（来源：龙岩市统计局、三明市统计局、赣州市统计局、梅州市统计局）

2017 年 12 月闽粤赣边四市主要食品价格

表 30

品 种	规 格	计价单位	龙 岩	三 明	赣 州	梅 州
早籼米	标一	元/500 克	—	—	—	—
晚籼米	标一	元/500 克	2.70	2.48	—	—
面粉	标准粉	元/500 克	2.40	1.98	—	—
花生油	一级桶装 5 升	元/桶	115.40	119.90	—	—
猪肉	瘦肉	元/500 克	13.20	15.00	—	—
牛肉	新鲜去骨	元/500 克	40.00	37.00	—	—
白条鸡	无	元/500 克	14.50	12.00	—	—
鸡蛋	新鲜完整	元/500 克	5.70	5.26	—	—
草鱼	活	元/500 克	8.20	5.78	—	—
黄瓜	新鲜	元/500 克	3.00	3.48	—	—
苹果	新鲜	元/500 克	5.60	3.88	—	—

（来源：福建省物价局　赣州市物价局　梅州市物价局）

2017 年 12 月闽粤赣边四市资源产品价格

表 31

商 品	属性与规格	价 格	环比(%)	同比(%)
动力煤	发热量:5500 千卡/千克	599.33 元/吨	-0.17	-3.73
碳酸稀土	REO 42.0-45.0%	22500.00 元/吨	0.00	0.00
铜(市场)	品名:1# 电解铜	46395.00 元/吨	1.15	13.84
螺纹钢	品种:Ⅲ级螺纹钢	2940.67 元/吨	15.08	40.31
水 泥	代号:P.O	290.00 元/吨	31.56	18.39
黄 金	Au 不小于(%):99.99	264.54 元/克	-2.06	3.95
铁矿石	PB 粉	636.67 元/吨	9.00	-25.55

（来源：七禾网-期货　中国矿秘书网　搜材网）

索　　引

说　明

1. 本索引采用主题分析索引方法，按主题词汉语拼音字母顺序排列。用拉丁字母、阿拉伯数字开头的索引词依次排在汉字索引主题的后面。

2. 特载、大事记和附录(随文附录除外)不作索引。

3. 表格、图片分别注明“(表)”“(图)”字样。

4. 标引词后的数字表示内容所在页码，数字后面的 a、b、c 分别表示左、中、右栏。

5. 本索引编有附见系统和参见系列化。附见条目在主条目下行缩后一格排印;索引标引词后第二个及以后的页码为参见。

6. 索引标引词一般采用中心词和简称,龙岩市市级党政机关、事业单位和社会团体名称前一般不冠“龙岩”二字。

D

E

F

G

H

J

K

L

M

N

P

Q

R

S

Y

Z